VALORES MOBILIÁRIOS ESCRITURAIS
UM NOVO MODO DE REPRESENTAÇÃO E CIRCULAÇÃO DE DIREITOS

AMADEU JOSÉ FERREIRA
Assistente da Faculdade de Direito da Universidade de Lisboa

VALORES MOBILIÁRIOS ESCRITURAIS
UM NOVO MODO DE REPRESENTAÇÃO
E CIRCULAÇÃO DE DIREITOS

LIVRARIA ALMEDINA
COIMBRA — 1997

TÍTULO:	VALORES MOBILIÁRIOS ESCRITURAIS UM NOVO MODO DE REPRESENTAÇÃO E CIRCULAÇÃO DE DIREITOS
AUTOR:	AMADEU JOSÉ FERREIRA
EDITOR:	LIVRARIA ALMEDINA – COIMBRA
DISTRIBUIDORES:	LIVRARIA ALMEDINA ARCO DE ALMEDINA, 15 TELEF. (039) 4191902 FAX (039) 4191901 3000 COIMBRA – PORTUGAL LIVRARIA ALMEDINA – PORTO R. DE CEUTA, 79 TELEF. (02) 319783 FAX (02) 2026510 4050 PORTO – PORTUGAL EDIÇÕES GLOBO, LDA. R. S. FILIPE NERY, 37-A (AO RATO) TELEF. (01) 3857619 1250 LISBOA – PORTUGAL
EXECUÇÃO GRÁFICA:	G.C. – GRÁFICA DE COIMBRA, LDA.
TIRAGEM:	1 600 EX.
	JANEIRO, 1997
DEPÓSITO LEGAL:	106 460/97

Aos meus pais

O presente estudo foi apresentado como dissertação de mestrado em Ciências Jurídicas à Faculdade de Direito da Universidade de Lisboa em 28 de Fevereiro de 1994. Foi discutido publicamente em 18 de Julho de 1995 perante um júri constituído pelos Professores Doutores José de Oliveira Ascensão, Paulo de Pitta e Cunha, Miguel Teixeira de Sousa e Carlos Ferreira de Almeida, da Faculdade de Direito da Universidade de Lisboa e o Professor Doutor António Pinto Monteiro, da Faculdade de Direito da Universidade de Coimbra.

Publica-se o texto original com algumas alterações sem que tenha sido objecto de qualquer actualização bibliográfica. Apesar de algumas alterações entretanto sofridas pelo Código do Mercado de Valores Mobiliários, considerei mais adequado não as ter em conta no texto por não serem significativas para o objecto deste trabalho. Este texto, como qualquer outro, é datado e nada mais é que a manifestação de uma reflexão que se desenvolve permanentemente, parecendo-me importante torná-lo público tal como foi concebido.

É impossível aqui nomear todas as pessoas, e foram muitas, que de alguma forma contribuiram para que este trabalho chegasse ao seu termo quer na fase da sua elaboração quer, posteriormente, na preparação da discussão pública.

Cumpre, antes de mais, agradecer ao Conselho Directivo da Comissão do Mercado de Valores Mobiliários, então presidido pelo Sr. Dr. Fernando da Costa Lima, nomeadamente por me ter permitido utilizar um mês e meio de licença sem vencimento para redigir esta dissertação. Desejo, ainda, fazer uma particular referência ao meu colega da CMVM, o Dr. Alexandre Veiga que, com o seu rigor, competência e, sobretudo, amizade, muito me apoiou na fase de preparação da discussão pública. Quero ainda salientar a apoio e incentivo recebido de muitos outros colegas e amigos, como a Dr.ª Sofia Galvão, a Dr.ª Teresa Serra, a Dr.ª Ana Paula Costa e Silva, o Dr. Luís Guilherme Catarino, a Dr.ª Isabel Alexandre e o Dr. Paulo Câmara, entre outros. Foi para mim importante o incentivo recebido do Sr. Prof. Doutor Carlos Ferreira de Almeida, nomeadamente pela troca de impressões sobre temas em que muitas vezes divergimos. No tratamento de algum material bibliográfico tive o apoio inestimável de Reto Störi. Também os meus colegas da cadeira de Obrigações, os Drs. Paulo Almeida e Abel Ferreira, me facilitaram a prepração da discussão substituindo-me em vários exames orais.

Quero, por fim, agradecer o apoio de muitos amigos e de toda a minha família, em particular da Cristina, do José Pedro e do João Miguel. Este, continuando a exigir-me que lhe contasse a "história" antes de adormecer, muito contribuiu para relativizar a importância deste trabalho, lembrando-me permanentemente que há coisas, apesar de tudo, muito mais importantes.

MODO DE CITAR E PRINCIPAIS ABREVIATURAS USADAS

1. Modo de citar

– Nas citações utiliza-se o sistema conhecido como "autor-data": cada obra é citada pelo nome do autor seguido do ano, conforme o índice bibliográfico, donde constam todos os elementos relativos a cada obra e ao autor.

– Salvo indicação expressa em contrário, todos os artigos citados pertencem ao Código do Mercado de Valores Mobiliários (CdMVM), aprovado pelo Decreto-Lei n.º 142-A/91, de 10 de Abril.

2. Principais abreviaturas utilizadas

AAFDL	Associação Académica da Faculdade de Direito de Lisboa
AA.VV.	Autores vários
al(s).	alínea(s)
Art.	Artigo
BBTC	Banca Borsa e Titoli di Credito
BMJ	Boletim do Ministério da Justiça
BT	Bilhetes do Tesouro
CCm	Código Comercial
CCiv	Código Civil
CdMVM	Código do Mercado de Valores Mobiliários
CdRC	Código de Registo Comercial
CdRP	Código de Registo Predial
Central	Central de Valores Mobiliários
CLE	Commercial Laws of Europe
CMVM	Comissão do Mercado de Valores Mobiliários
COB	Commission des Opérations de Bourse
CPC	Código de Processo Civil
CSC	Código das Sociedades Comerciais
DB	Der Betrieb
DepotG	Depotgesetz (Lei alemã dos depósitos, de 1937)
DieB	Die Bank
DL	Decreto-Lei
DN	Derecho de los Negócios
ed.	edição

ED	Enciclopedia del Diritto
FI	Il Foro Italiano
GC	Giurisprudenza Commerciale
JCP	Jurisclasseur Périodique
JZ	Juristenzeitung
La Ley	Revista Jurídica "La Ley"
LMV	Ley 24/1988, de 28/7, del Mercado de Valores (Espanha)
NvDI	Novíssimo Digesto Italiano
RB	Revista da Banca
RCDI	Revista Crítica de Derecho Inmobiliário
RDB	Revue de Droit Bancaire
RDBB	Revista de Derecho Bancário y Bursátil
RDC	Rivista di Diritto Civile
RDCL-B	Revista de Direito Comparado Luso-Brasileiro
RDES	Revista de Direito e Estudos Sociais
RDM(B)	Revista de Direito Mercantil (Brasil)
RDM(E)	Revista de Derecho Mercantil (Espanha)
RDP	Revista de Direito Público (Brasil)
RivDC	Rivista del Diritto Commerciale
RivS	Rivista delle Società
RIW	Rech der Internationalen Wirtschaft
RLJ	Revista de Legislação e Jurisprudência
RS	Revue des Societés
RTDC	Revue Trimestrielle du Droit Commercial
SEGA	Schweizerische Effektengiro-AG (Suíça)
SICOVAM	Société Interprofessionelle pour la Compensation des Valeurs Mobiliéres
ss	seguintes
UCC	Uniform Commercial Code
vd.	veja-se
WM	Wertpapiere Mitteilungen
ZBJ	Zeitschrift des bernischen Juristenvereins
ZHW	Zeitschrift für Handels – und Wirtschaftsrecht
ZKW	Zeitschrift für das gesamte Kreditwesen

INTRODUÇÃO

I. O presente trabalho tem como objecto o estudo dos valores mobiliários escriturais, enquanto forma de representação de direitos de crédito ou participação social e outros, subordinados a um regime especial de circulação.

Realidade recentemente introduzida no nosso ordenamento jurídico, os valores mobiliários escriturais ganharam particular importância a partir da publicação do Código do Mercado de Valores Mobiliários. Este não só consagrou um regime geral para os valores mobiliários escriturais e para os titulados fungíveis, em depósito centralizado, como ligou esse regime ao mercado onde os valores são negociados.

A importância prática do tema não necessita ser provada. Neste momento, a maioria dos valores mobiliários integrados na Central[1] assumem a forma escritural[2]. Mesmo os valores mobiliários não negociados em bolsa podem assumir essa forma de representação[3].

---

[1] Sobre a Central de Valores Mobiliários, vd., em particular, pág. 80, nota 251 e pp. 101 ss.

[2] No final de 1992 o número total de valores mobiliários titulados carregados na Central, uma ano depois da sua criação, ascendia a 897 231 469, enquanto o de valores mobiliários escriturais era de 709 817 179 (Vd. o Relatório da CMVM para o ano de 1992, "A Situação Geral dos Mercados de Valores Mobiliários, 1992", 161-172). Porém, ao que pudemos apurar, a situação no final de 1993 era a seguinte: os valores mobiliários escriturais integrados na Central ultrapassava 1 300 000 000, enquanto os valores mobiliários titulados em pouco iam além de 907 000 000. A posição relativa dos valores mobiliários escriturais e dos valores mobiliários titulados continuou a evoluir no sentido da prevalência dos primeiros, como se pode concluir pelos dados de 1994: 2 703 000 000 de valores escriturais carregados na Central e 718 000 000 de valores titulados na mesma situação (Vd. o Relatório da CMVM relativo ao ano de 1994, pp. 129-130). Estes números mostram que uma grande quantidade de valores mobiliários titulados tem sido convertida em valores mobiliários escriturais.

Portanto, três anos após a criação da Central, os valores mobiliários escriturais constituíam cerca de 75% de todos os valores mobiliários aí carregados. É de prever que a evolução continue a mostrar-se favorável aos valores mobiliários escriturais.

[3] Embora aqui nos interesse a importância dogmática do tema, não podemos ignorar que é a sua relevância prática que coloca o jurista mais frequentemente em confronto com problemas a que tem de dar resposta no dia a dia.

Do ponto de vista jurídico, a representação escritural dos valores mobiliários consubstancia uma mudança histórica na forma de representação dos direitos de crédito, de participação social e outros análogos. A representação escritural dos valores mobiliários aparece, pois, como o que é novo externamente. Com o seu surgimento, um domínio em que a dogmática jurídica atingiu um grande desenvolvimento, o dos títulos de crédito, é posto em crise. A nova forma de representação dos valores mobiliários tem importantes consequências. Porém, decidimos dar particular atenção áquela que mais tem preocupado a doutrina, em relação aos títulos de crédito: a circulação dos direitos representados.

A complexidade dos problemas com que nos iremos deparar, para além da novidade do tema, é acrescida pela diversa natureza das regras jurídicas chamadas a intervir no seu tratamento: desde o direito dos títulos de crédito, o direito das sociedades comerciais, o direito das obrigações, os direitos reais e o direito registral, em particular o registo predial, até ao direito dos mercados de valores mobiliários e mesmo normas de direito público, em particular de direito administrativo, entre outras. É, portanto, uma análise que obriga a fazer apelo a diversos ramos da enciclopédia jurídica, com a agravante de que, muitas vezes, as normas em questão ganham um significado diverso quando inseridas no todo que é o direito dos valores mobiliários. Em suma, podemos dizer que o nosso estudo se situa particularmente no âmbito do direito económico [4].

---

[4] Dizemos "particularmente" pois exigia-se uma análise detalhada para poder retirar uma conclusão mais segura, análise que não cabe nos limites deste trabalho. Tradicionalmente, o direito dos valores mobiliários era inserido no âmbito do direito comercial, a propósito das sociedades anónimas ou, mais em geral, dos títulos de crédito. Hoje em dia, porém, pensamos que essa perspectiva é redutora e incapaz de dar cabal resposta a todos os problemas que se colocam no âmbito do direito dos valores mobiliários. Este, como sub-ramo do direito económico, apresenta autonomia científica a que deveria corresponder uma autonomia pedagógica. Não duvidamos que, progressivamente, esta perspectiva acabará por se impôr, ganhando a dignidade científica e pedagógica que merece. Sendo um sub-ramo do direito económico ainda nos seus primórdios, entre nós, serão decisivos todos os contributos que a universidade e a jurisprudência trouxerem ao seu estudo. Afinal, foi essa a evolução que se verificou em muitos outros países, como pensamos que este trabalho demonstra, apesar de limitado a uma parte do direito dos valores mobiliários.

Por ora, limitamo-nos a algumas indicações, sumárias e incompletas, que nos levam a incluir o direito dos valores mobiliários, enquanto valores mobiliários, dentro do direito económico:

a) As suas normas são orientadas à organização e direcção de um importante sector da economia, os mercados de valores mobiliários;

Apesar de existirem entre nós desde 1985 para a dívida do Estado e desde 1988 para as acções e obrigações emitidas pelas sociedades, os valores mobiliários escriturais não têm despertado grande atenção por parte da doutrina jurídica[5]. Assim, sendo um tema novo, apresenta-se repleto de dificuldades e levanta problemas a que não seria possível dar resposta, na sua totalidade, neste trabalho. Impõe-se, portanto, uma delimitação do tema.

II. Antes de mais, limitaremos o nosso estudo aos valores mobiliários escriturais regulados no CdMVM, nomeadamente nos seus arts. 56.° a 76.°. Outros diplomas que regulam concretos valores mobiliários escriturais, apesar de serem tidos em conta, não serão objecto de tratamento desenvolvido. Trata-se, portanto, de um estudo de direito positivo, cujo núcleo normativo está claramente delimitado.

A documentação de direitos em papel visou, historicamente, ultrapassar os problemas ligados à circulação desses direitos. Por isso a segurança do tráfico, em particular do terceiro adquirente de boa fé "a non domino", é o problema central a que a documentação de direitos em papel visou dar resposta. Ao ser alterada a forma de representação dos valores mobiliários torna-se essencial verificar até que ponto a circulação dos

---

b) Os problemas de sistematização são evidentes, sendo o mercado o mais importante elemento de conexão para essa ordenação sistemática;

c) O seu carácter interdisciplinar não deixa lugar a dúvidas, pois integra normas oriundas do direito administrativo, do direito penal, do direito de mera ordenação social, do direito registral, do direito comercial, entre outras; tal proveniência deve ser tida em conta, mas isso não afecta a unidade sistemática do direito dos valores mobiliários;

d) A necessidade de ter em conta o elemento teleológico da interpretação é fundamental, sendo essa teleologia orientada por princípios claramente definidos pelo legislador, nomeadamente nos artigos 4.° e 5.° do CdMVM e de que se destacam: a defesa dos mercados de valores mobiliários; a defesa dos investidores, considerados como verdadeiros consumidores de produtos financeiros; a defesa das entidades emitentes e dos intermediários financeiros; a canalização da poupança para os mercados de valores mobiliários;

e) Assumem, ainda, particular importância dois outros aspectos: o facto de praticamente todas as normas terem sanções contraordenacionais associadas à sua violação, o que também tem importantes reflexos ao nível da interpretação; a preocupação do legislador em criar defesas administrativas.

Quanto ao conceito de direito económico, vd., entre outros, CORDEIRO (1986, 5 ss. e 97 ss.) e FRANCO (1982/83, I, 43 ss.).

[5] Mesmo em França, onde tal realidade existe há mais tempo, a doutrina também não é abundante. Como refere CAUSSE (1993, 320), "largement relatée, la dématérialisation n'a pas fait l'object de la réflexion en profondeur esperée".

valores escriturais respondia aos mesmos objectivos e qual o regime jurídico instituído para atingir esse desiderato.

O legislador aplica a forma de representação escritural aos valores mobiliários e não a todos os direitos susceptíveis de representação documental, tradicionalmente identificados com os títulos de crédito. Portanto, só o regime jurídico dos valores mobiliários estará em causa. Dada a amplitude do conceito de valor mobiliário, a que acresce a ausência de reflexão da doutrina jurídica portuguesa sobre esse conceito, havia que delimitar os direitos que são objecto do nosso estudo. Assim, teremos essencialmente em conta aqueles que podemos considerar como os valores mobiliários clássicos, isto é, as acções e as obrigações. Fica, portanto, arredada dos nossos objectivos qualquer investigação exaustiva sobre o conceito de valor mobiliário quer quanto ao seu conteúdo quer quanto à sua extensão [6].

Uma análise global do tema exigiria uma investigação histórica e de direito comparado de grande amplitude, bem como de toda a doutrina sobre os títulos de crédito, em particular daqueles que podem ser considerados como valores mobiliários. Exigiria, igualmente, a consideração do regime de todos os valores mobiliários que, não podendo ser títulos de crédito, podem no entanto adoptar a forma escritural. Tal investigação, porém, não cabe dentro dos objectivos que nos propusemos.

Tomando o regime jurídico dos valores mobiliários, consagrado entre nós, muitos temas exigiriam uma aprofundada reflexão: o sistema de registo e controlo de valores mobiliários escriturais, de todas as entidades que o integram e das relações que entre todas elas se estabelecem e das técnicas utilizadas nesse sistema; o problema da constituição de direitos sobre valores mobiliários escriturais, quer sejam direitos reais ou outros; a emissão de valores mobiliários escriturais; uma leitura das normas que foram elaboradas para valores mobiliários titulados, à luz da nova forma de representação, sempre que a inexistência de norma jurídica expressa o justifique; os problemas ligados com erros do registo e sua resolução, bem como os relativos às falhas da técnica informática de registo e sua resolução; os contratos celebrados entre os vários interessados na emissão, registo, administração e transacção de valores mobiliários escriturais; os problemas ligados à conversão de valores mobiliários

---

[6] O conceito de valor mobiliário é um tema que, só por si, mereceria um tratamento aprofundado e desenvolvido. Trata-se de uma reflexão que urge fazer entre nós e se apresenta repleta de escolhos. Para um tratamento genérico do tema vd., em particular, CAUSSE (1993) e RIGHINI (1993), nas ordens jurídicas francesa e italiana, respectivamente.

titulados em escriturais e de escriturais em titulados para negociação no estrangeiro; problemas em torno da negociação de valores escriturais no âmbito do espaço comunitário; o regime jurídico dos valores mobiliários fora do sistema de registo e controlo, etc. Alguns aspectos relacionados com os problemas referidos serão aflorados aqui e ali, mas sempre em ordem ao objectivo traçado: a circulação dos valores mobiliários escriturais.

Fruto de uma evolução que vem de há algum tempo mas, apesar disso, muito recente, os valores escriturais não podem deixar de ser encarados historicamente. Tal como não podem ser ignoradas as experiências estrangeiras, nomeadamente aquelas que mais possam ter influenciado a nossa lei.

III. Metodologicamente é importante alertar, desde já, para um certo pendor descritivo de alguns pontos deste trabalho. É o tributo que tivemos de pagar pela novidade do tema: há que dar a conhecer com rigor os contornos do objecto do trabalho o que, por vezes, implica considerações de pormenor. Outros que tenham de reflectir posteriormente sobre a mesma realidade, já terão o caminho mais aplainado. Agora, qualquer outra forma de proceder arriscava-se a ser acusada de formalista ou conceptualista. Seria insensato deixar a descrição da realidade a estudar fora deste trabalho ou como seu pressuposto, correndo o risco de uma reflexão dogmática vazia ou, pior ainda, de impossibilitar o diálogo sobre o objecto do trabalho na medida em que esse diálogo poderia estar condicionado por diferentes perspectivas de entendimento desse objecto.

Consciente do que acaba de ser dito e das tentações de exegetismo que uma nova lei sempre provoca[7], procurámos ultrapassar essas limitações reduzindo a descrição ao mínimo indispensável e concentrando-nos na análise dos grandes problemas dogmáticos suscitados.

IV. O plano do trabalho decorre das considerações anteriormente feitas. Começaremos por dar atenção aos problemas da evolução histórica e comparatística (1ª Parte), quer no respeitante à evolução do conceito de valor mobiliário (Cap. I) quer quanto à linha evolutiva que conduz da representação documental dos direitos ao valor mobiliário escritural, as suas razões e as diversas experiências que têm sido tentadas nos ordenamentos jurídicos mais significativos (Cap. II).

A reflexão sobre o regime jurídico dos valores mobiliários escriturais constituirá o fulcro desta dissertação, na perspectiva limitada que

---

[7] CORDEIRO (1984, I, 516).

acima definimos (2.ª Parte). Depois de brevemente analisado o sistema de registo e controlo de valores escriturais (Cap. I), debruçar-nos-emos sobre o objecto do registo na conta dos valores escriturais (Cap. II) e o processo e as técnicas preconizadas pelo legislador (Cap. III). Estaremos, então, em condições de abordar mais directamente os problemas relacionados com a circulação dos valores escriturais, nomeadamente os relativos à sua transmissão e transferência entre contas (Cap. IV), bem como os que se prendem com a segurança desse tráfico, isto é, a legitimação pelo registo e a protecção de terceiros adquirentes de boa fé de valores escriturais (Cap. V).

Analisado o regime dos valores escriturais estaremos em condições de reflectir sobre ele de forma integrada, em ordem a uma melhor compreensão dos próprios valores escriturais (3.ª Parte). Reflectiremos sobre as características e fundamento do regime de circulação de valores escriturais, as relações que se estabelecem entre os sucessivos titulares e a protecção dos terceiros adquirentes de boa fé (Cap. I). Por último, abordaremos os valores escriturais tanto de um ponto de vista estrutural como funcional, tentando uma delimitação jurídica das suas características essenciais e uma aproximação ao regime geral dos valores mobiliários (Cap. II).

Terminaremos, apontando algumas das principais conclusões que retirámos da investigação realizada.

PRIMEIRA PARTE
OS VALORES MOBILIÁRIOS – EVOLUÇÃO DO CONCEITO E DAS FORMAS DE REPRESENTAÇÃO

CAPÍTULO I
EVOLUÇÃO DO CONCEITO DE VALOR MOBILIÁRIO

1. RAZÃO DE ORDEM

I. A polissemia do conceito de valor mobiliário, tanto no nosso como em outros ordenamentos jurídicos [8], o facto de ter sido recentemente introduzido na nossa ordem jurídica e o alheamento da doutrina quanto ao delineamento dos seus contornos, impõe-nos que comecemos por lhe dedicar alguma atenção. Atendendo às normas jurídicas cuja aplicação depende daquele conceito [9], exigia-se uma pesquisa mais aprofundada. Porém, limitar-nos-emos aos aspectos que têm relevância para a nossa reflexão. Trata-se, fundamentalmente, de delimitar o âmbito com que utilizamos o conceito, a começar pelo título deste trabalho. Nesse sentido, tentaremos recortá-lo historicamente, pois pensamos ser essa a melhor maneira de apreender o sentido das normas legais que se lhe referem.

---

[8] Essa plussignificatividade é comum a vários ordenamentos jurídicos, quer o termo utilizado seja valor mobiliário ou outro. Refere CASTELLANO (1987, 24) que o termo francês *valeurs mobilières*, o italiano *titoli di massa* e o anglosaxónico *securities*, deviam ser considerados como sinónimos, pois estavam sempre em questão títulos de crédito. Hoje, acrescenta o autor (22, nota), tal sinonímia está posta em causa, pois, no ordenamento jurídico italiano, *tilolo di massa* e valor mobiliário são realidades que não se equivalem. No mesmo sentido RABITTI (1992, 123). Por sua vez, FERRI (1993, 781) considera que as categorias de valor mobiliário e *titoli di massa* estão entre si numa relação de género e espécie. Esta é uma discussão ainda em curso e que ganha contornos diversos conforme os ordenamentos jurídicos.

[9] Todo o CdMVM tem a sua aplicação balizada pelo conceito de valor mobiliário (vd. os arts. 1.º e 2.º). Porém, aquele diploma legal não se aplica integralmente a todas as realidades jurídicas que considera como valores mobiliários. Regimes jurídicos especiais, relativos à sua emissão ou negociação, à supervisão e fiscalização das entidades emitentes ou que intervêm na sua negociação e regras particulares de defesa dos investidores, sobretudo no que respeita à informação, dependem, na sua aplicação, do conceito de valor mobiliário que estiver em causa. No caso do CdMVM apenas estão em causa os valores mobiliários negociáveis em mercado, pelo que aí os conceitos de valor mobiliário e de mercado se implicam e delimitam mutuamente. Da conjunção de ambos resulta o *conceito de mercado de valores mobiliários que é o conceito verdadeiramente estruturante de todo o CdMVM*.

Acresce que o tratamento exaustivo do conceito de valor mobiliário seria descabido num trabalho como este, na medida em que tal conceito não tem apenas a ver com os valores mobiliários escriturais, nem importa ter apenas em conta o regime traçado no CdMVM. Por outro lado, não seria possível chegar a um conceito de valor mobiliário antes de definido o seu regime. Assim, as reflexões aqui produzidas a esse respeito devem ser entendidas com limitações.

II. O termo valor mobiliário só recentemente começou a ser utilizado na lei portuguesa. Numa primeira fase, com um âmbito restrito, reconduzível a certos tipos de títulos de crédito, as acções e obrigações e, ainda, alguns títulos de dívida pública [10]. Porém, até ao CdMVM, o termo nunca foi plenamente adoptado, mas utilizado em sinonímia e simultaneamente com os termos, mais tradicionais entre nós, de títulos de crédito ou, simplesmente, títulos [11]. *Hoje, porém, o conceito de valor mobiliário pode considerar-se definitivamente adquirido para a enciclopédia jurídica portuguesa* [12]. Além

---

[10] Sempre se distinguiram, dentro dos títulos de crédito, várias espécies, conforme o critério de classificação utilizado. O conceito unitário de título de crédito foi construído, sobretudo, pela doutrina alemã e, sob influência desta, pela doutrina italiana (seguida pelos países ibéricos) com algumas diferenças. Porém os ordenamentos jurídicos francês e da *common law* sempre fizeram uma distinção entre "os títulos cambiários por um lado (*effets de commerce, negotiable instruments*) e títulos de investimento (*valeurs mobilières, securities*) e, ainda, títulos representativos de mercadorias". Vd. PELLIZI (1984, 12). Hoje, conclui o mesmo autor, "a natureza das coisas revela-se e dá razão aos franceses e aos anglosaxónicos" (13). Para uma distinção entre a perspectiva italiana e alemã sobre os títulos de crédito, em geral, vd. o autor citado e EIZAGUIRRE (1982, 2 ss.).

[11] Era tradicional, entre nós, a expressão "mercado de títulos" ou "mercado de capitais". Nomeadamente a partir da publicação do CdMVM foram substituídas, em particular a primeira, pela expressão "mercado de valores mobiliários".

[12] Não é aqui o lugar para discutir eventuais consequências dessa adopção. Nomeadamente quanto ao facto de a doutrina portuguesa sobre os títulos de crédito ser de matriz italiana e, portanto, unitária, ao invés da concepção francesa, claramente dualista sobre a mesma matéria. Em qualquer circunstância o legislador não parece preocupado em saber se é ou não título de crédito, nem estamos neste momento em condições de dizer se houve ou não uma fractura entre os valores mobiliários e os títulos de crédito, isto é, uma ruptura com a nossa tradição.

Note-se que mesmo ordens jurídicas como a francesa, onde o termo tem história, têm alguma relutância em utilizar o conceito. Como refere CAUSSE (1993, 16, nota 69), "La réticence à utiliser les mots "valeurs mobilières" prouve la jeunesse du concept", acrescentando, que "le Code de commerce ne connaissait pas l'expression "valeurs mobilières" qui aujourd'hui fait fortune" (15), datando a sua generalização após a segunda guerra mundial. Apesar disso, é ainda muito frequente o uso da palavra "titre" para designar a mesma realidade. Vd., em geral, MARIN (1971).

disso, o seu âmbito alargou-se fruto da evolução dos próprios mercados financeiros nos anos oitenta. Os novos instrumentos de captação da poupança dos particulares foram sendo, genericamente, qualificados como valores mobiliários [13]. Para a evolução verificada entre nós, mais recentemente, parecem-nos ter sido decisivas tanto as influências externas, em particular do direito comunitário [14] e do ordenamento jurídico francês [15], como o estabelecimento de um regime jurídico unitário para toda uma categoria de valores. Porém, parece-nos, ainda, importante verificar como é encarado o mesmo conceito em duas ordens jurídicas próximas da nossa, a italiana e a espanhola [16], que também recentemente adoptaram aquele conceito.

III. Atendendo à amplitude do conceito, poderá perguntar-se se todos os valores mobiliários podem assumir a forma escritural de representação. Pode igualmente perguntar-se se, assumindo a forma titulada de

---

[13] Quanto às razões dessa qualificação divergem os autores. Considera-se, em geral, que isso tem a ver com a *tendência para estender ao máximo os controlos administrativos sobre as novas formas de investimento, em ordem à tutela dos investidores*. Vd. D'ALCONTRES (1992, 5-6 e nota 14). A mesma ideia ressalta, claramente, do CdMVM (vd. os arts. 4.° e 5.°). Vd., a seguir, p. 23.

[14] Quanto ao conceito de valor mobiliário propriamente dito e ao seu âmbito, não nos parece que o legislador português tenha sofrido, *influência directa* do direito americano, em particular do conceito de *security*, tal como é delimitado pelo *Securities Act* de 1933 (vd., infra, neste capítulo, nota 80), ao contrário do que aconteceu noutros ordenamentos jurídicos, como o italiano (vd., infra, pp. 33 ss.). Há influências do direito americano ou inglês, mas são pontuais e relativamente a outras realidades como é, por exemplo, o caso da criação do papel comercial (vd. pp. 131 ss.) e da previsão de realização de contratos sobre futuros financeiros e opções financeiras (art. 424.°), ou das características que vieram a assumir determinadas actividades de intermediação em valores mobiliários, em particular o surgimento das sociedades corretoras (*brokers*) e das sociedades financeiras de corretagem (*dealers*), ou, ainda, na organização dos próprios mercados secundários. Em qualquer caso, deve notar-se que as *influências indirectas* do direito anglosaxónico são significativas pois se exercem através de ordens jurídicas continentais.

[15] Quanto ao regime jurídico unitário dos valores escriturais, que o legislador expressamente reconhece ter-se inspirado no modelo francês, vd. o Preâmbulo ao DL n.° 142-A/91, de 10/4, ponto 14. Vd., ainda, o cap. II da 3.ª parte deste trabalho, quanto ao regime geral dos valores mobiliários.

[16] Quanto à ordem jurídica italiana, é conhecida a influência que desde sempre exerceu no direito português dos títulos de crédito, em particular na doutrina. Já o *ordenamento jurídico do país vizinho teve uma particular influência no regime jurídico dos valores mobiliários escriturais*, como veremos adiante por confronto entre as soluções jurídicas adoptadas em ambos os países. Apesar de não haver trabalhos preparatórios da elaboração do CdMVM, o regime jurídico adoptado é por vezes tão semelhante que não podemos estar perante meras coincidências, facto que nos foi confirmado, particularmente, por elementos pertencentes à comissão que elaborou aquele código.

representação, todos os valores mobiliários são títulos de crédito [17]. É evidente que a primeira pergunta tem mais sentido para o nosso trabalho. Porém, a segunda, como veremos, está também ligada com ela e merece uma resposta, ainda que indicativa [18].

O regime dos valores mobiliários está hoje disperso, entre nós, por diversos diplomas, muitas vezes difíceis de conciliar entre si, obedecendo a sistematizações e objectivos diversos. Trata-se de uma dificuldade que aqui não pode ser ignorada, embora se imponha, com alguma urgência, um tratamento unitário de toda a matéria do ponto de vista legislativo [19]. Apesar disso, tomaremos o CdMVM como diploma básico no tratamento do conceito de valor mobiliário, inserindo-o na perspectiva histórica que aqui adoptamos.

2. A DIVERSIFICAÇÃO DOS VALORES MOBILIÁRIOS

I. Sobretudo a partir da década de oitenta, surgem novos instrumentos financeiros [20] orientados à captação da poupança dos particulares,

---

[17] A pergunta faz sentido pois a categoria de valor mobiliário costuma ser recortada como uma espécie dentro do género títulos de crédito. Vd., por ex., HUECK/CANARIS (1986, 26 e 276-303) que, de acordo com o critério da função económica, distinguem entre: títulos de pagamento e de crédito; valores mobiliários ou títulos do mercado de capitais; títulos representativos de mercadorias. Porém, já o Prof. Fernando OLAVO (1978, 18, nota 17) advertia que em expressões como o alemão *Wertpapiere*, *negociable instruments*, *effets de commerce* e *valeurs mobilières* se compreendiam títulos que não eram propriamente títulos de crédito. O referido Professor tomava como matriz o conceito unitário de título de crédito consagrado na lei italiana e essencialmente herdado de Vivante (vd. 7-8).

[18] Vd. o cap. II da 3.ª parte deste trabalho.

[19] Podemos encontrar normas relativas aos valores mobiliários em diplomas tão diversos como o Código Comercial, o Código das Sociedades Comerciais, o Código do Mercado de Valores Mobiliários, o Decreto Lei n.º 408/82, de 29/9, o Código de Processo Civil, o Decreto Lei n.º 187/70, de 30/4 (alterado pelos Decretos Leis n.º 524/79, de 31/12 e 366/87, de 27/11). A estes haveria a acrescentar numerosos diplomas que versam sobre concretos valores mobiliários e, de alguma forma, contêm importantes elementos para a definição de um regime geral. Toda esta dispersão gera dificuldades e concursos de normas extremamente complexos, a que urge pôr cobro. Pelas suas características e objecto, o diploma adequado para estabelecer um regime jurídico geral dos valores mobiliários será o CdMVM, onde já hoje se encontram os elementos mais importantes desse regime geral.

[20] Utilizamos o termo para abarcar diversas realidades que, em termos gerais, se incluem no conceito de valor mobiliário em sentido amplo, a que nos referiremos mais adiante. Quanto a um possível sentido jurídico do termo, vd. BERCOVITZ (1988).

até então quase exclusivamente limitados às acções, às obrigações e aos títulos de dívida pública[21]. O conceito de valor mobiliário não oferecia grandes dificuldades pois, estando filiado na matriz francesa[22], reconduzia-se, de uma maneira geral, aos títulos de crédito negociáveis em bolsa[23]. Porém, o termo começou a ser aplicado a novas realidades e, sobretudo por influência do direito americano e do direito comunitário, conforme os casos, é introduzido mesmo em países com terminologia sedimentada e com uma longa história nessa matéria. É o caso da Itália que, tradicionalmente, utilizava a expressão *titoli di massa*[24]. A esse con-

---

[21] Não entramos em linha de conta com os chamados *instrumentos do mercado monetário*. Também não vamos aqui analisar as razões de tal evolução, pois são de índole diversa: o desenvolvimento da economia de mercado e a perda de importância relativa da intervenção do Estado na economia; os chamados fenómenos de desintermediação bancária que levaram a uma aproximação do mercado tradicional de crédito ao mercado de valores mobiliários, devido aos problemas derivados do risco dos créditos concedidos aos países em vias de desenvolvimento a pôr em causa a própria solvência dos bancos; o recurso à técnica bancária de "titularização" (traduzimos assim, à falta de melhor, a expressão anglosaxónica *securitisation*) em que os créditos são assumidos por entidades específicas que, por sua vez, recorrem ao crédito dos particulares através da emissão de instrumentos diversos, em particular obrigações. Estas técnicas foram sobretudo desenvolvidas nos USA e no Reino Unido, mas também em França, através da lei 88/1201, de 23/12, que regula a "titrisation" através dos "Fonds Communs de Créances". Em Espanha esta técnica está, por ora, limitada ao mercado hipotecário, onde foram criados os "Fondos de Titulización Hipotecaria", pela Lei 19/1992, de 7/7 (vd. FERNÁNDEZ-ARMESTO e CARLOS BERTRÁN, 1992, 45-46 e 389-391). Quanto ao crédito hipotecário entre nós, vd. RIBEIRO MENDES (1990, 59 ss).

[22] Embora o legislador francês não tenha dado uma definição de valor mobiliário (só muito recentemente o fez e com objectivos limitados), a doutrina entendia-os, em sentido restrito. De uma maneira geral as definições coincidem quanto aos elementos essenciais. Por ex., DÉFOSSÉ/BALLEY (1987, 8-9) dão a seguinte noção: "Titres représentatifs d'une créance ou d'une quote part d'actif dans une societé par actions, emis a long terme et négociables sur un marché ouvert au public". Por sua vez MARIN (1971, 3): "Les termes valeurs mobilières désignent dans le sens restreint consacré par la pratique, les titres émis par les collectivités publiques et priveés, qui sont susceptibles de cotation et de negociatión sur un marché de bourse". Vd., ainda, JUGLART/IPPOLITO (1991, 747). Também a França acompanhou o movimento de diversificação dos valores mobiliários. Vd., RIPERT/ROBLOT (1992, 7 ss).

[23] Trata-se de um entendimento tradicional. Já, entre nós, assim pensava ULRICH (1906, 61-62). Vd., por ex., HUECK/CANARIS (1986, 26) que, dentro da categoria geral dos títulos de crédito e de acordo com a função económica desempenhada, distinguem os valores mobiliários ou títulos do mercado de capitais ao lado dos títulos de pagamento e dos títulos representativos de mercadorias.

[24] É curioso referir que CASTELLANO (1987, 22) nota que, ao escrever um artigo sobre *titoli di massa* para uma enciclopédia, não o publicou tal como o escreveu pois, mal

ceito restrito não eram recondutíveis certas realidades novas, embora muito próximas do ponto de vista funcional[25]. Daí a discussão doutrinária em torno dos chamados títulos de crédito atípicos[26] e mesmo da utilidade prática do conceito de valor mobiliário[27].

Entre nós a situação era idêntica até ao CdMVM pois só então o conceito de valor mobiliário se alarga, expressamente, para além dos títulos de crédito e dos títulos de dívida do Estado, ganhando um novo significado, ao mesmo tempo que se desenvolvem novos aspectos do regime jurídico dos valores mobiliários. Apesar de a inovação financeira não estar, entre nós, ao nível de outros países, convém referir os futuros, as opções e outras realidades que a lei equipara a valor mobiliário, como veremos.

Nos países anglosaxónicos é alargado constantemente o conceito de *security*[28], surgindo a nova terminologia de *investment contract*[29] que inclui realidades que já nada têm a ver com *securities* em sentido tradicional, mas que ainda cabem dentro de um conceito amplo de *security*.

---

tinha acabado, já o artigo não fazia sentido, nem sequer o próprio título. Com efeito, o autor considera que no conceito de valor mobiliário se incluem realidades que não são títulos de crédito (*di massa*). Esta opinião é partilhada por diversos autores de que destacamos CARBONETTI (1989, 301 e 1992, 33), FERRARINI (1989, 741 ss.) e FERRI (1993, 784). O conceito de valor mobiliário foi introduzido em Itália pela lei n.º 77 de 23 de Março de 1983, relativa aos fundos comuns de investimento mobiliário. Sobre o debate havido em Itália no seguimento dessa lei e as motivações do legislador, vd. RABITTI (1992, 113 ss.), para onde se remete, pois não é possível aqui resumir tal debate, aliás de pouca importância para o tema que nos ocupa.

[25] Eis como, ao fenómeno, se refere PELLIZI (1984, 1-2): "Dopo un lungo letargo, infatti, é tornata la stagione selvaggia dei titoli di credito". Refere, ainda, o autor que, nos primeiros decénios deste século, floresceram os *novos meios de pagamento*, mas hoje florescem os *novos meios de financiamento* e que o termo *titolo atipico,* que parecia relegado para a zona dos casos de escola, entrou na prática quotidiana.

[26] Vd., D'ALCONTRES (1992, maxime 141 ss.). Esta discussão tem uma certa importância dada a existência de um regime geral para os títulos de crédito, consagrado no CCiv italiano.

[27] RABITTI (1992, 107), por ex., refere que os intérpretes continuam a interrogar-se não apenas sobre o significado técnico da figura e sobre o seu âmbito, como também sobre a sua utilidade prática. Mas esta posição não é unânime, como se conclui das indicações dadas pelo autor referido na nota anterior.

[28] Mas deve notar-se que já é muito amplo o conceito de *security* nos USA, definido pelo *Securities Act* de 1933. De acordo com o Supremo Tribunal Federal, a noção de *insvestment contract* contém "um princípio dinâmico... capaz de se adaptar por forma a *compreender toda a infinidade de propostas que visam utilizar o dinheiro de outrem em troca de uma promessa de lucro*", citado por RABITTI (1992, 126). Vd. nota 80 e 68.

[29] Vd. ALPA (1991, 393 ss) e RABITTI (1992, 107 ss).

II. A razão deste desenvolvimento reside sobretudo na necessidade de submeter a um determinado regime jurídico unitário novos instrumentos financeiros aptos a captar poupanças, a mobilizar a riqueza dos particulares e, em particular, a permitir a cobertura e a transferência do risco emergente da actividade económica[30]. Os casos mais conhecidos são os contratos de futuros sobre instrumentos financeiros[31], as opções financeiras, os "swaps"[32] e outros contratos a prazo.

Esta evolução não se identifica com a desmaterialização nem esta é causa daquele desenvolvimento. Mas há uma relação indirecta entre os dois fenómenos, pois é o grande desenvolvimento quantitativo dos instrumentos financeiros em circulação aliado ao desenvolvimento tecnológico que "empurra" no sentido da desmaterialização, como veremos.

Em todos os casos há algo que unifica as várias realidades abrangidas pelo termo valor mobiliário: *a necessidade de proteger o investidor, sobretudo exigindo uma informação suficiente e verídica sobre os instrumentos em causa e a respectiva entidade emitente, estando a veracidade de tal informação sujeita ao controlo de entidades com funções administrativas*[33]. Esta protecção aparece como um princípio e objectivo essencial das normas sobre valores mobiliários consagradas no CdMVM (art. 4.°).

Parece-nos essencial concluir que a diversificação e alargamento do conceito de valor mobiliário nada tem a ver com os títulos de crédito ou com com qualquer necessidade de afastar o seu regime. Trata-se de um dado histórico da máxima importância na compreensão do conceito de valor mobiliário.

III. A diversificação dos valores mobiliários, enquanto fenómeno, impõe o estudo do conceito de valor mobiliário como matriz a que podem ser reconduzidas realidades novas que venham a ser criadas. De igual modo, esse fenómeno impõe que tal estudo não prescinda da análise de cada uma das realidades que podem ser integradas no conceito. Em última instância, trata-se de determinar o regime jurídico aplicável a essas realidades.

---

[30] Vd. LOBUONO (1992, 249), FERNÁNDEZ-ARMESTO e CARLOS BERTRÁN (1992, 517 ss).

[31] Vd. DIAZ RUIZ (1992, 176 ss.), RIGHINI (1993, 264 ss.) e CARBONETTI (1992, 43 ss.). Para maiores desenvolvimentos, vd. o que é dito adiante, neste capítulo, sobre os futuros e opções.

[32] Sobre a possibilidade de considerar os *swaps* como valores mobiliários, vd. CAPRIGLIONE (1991, 792-796) e RIGHINI (1993, 287-306).

[33] Vd. RABITTI (1992, 130). Vd., ainda, as notas 8 e 89.

Porém, o problema da diversificação dos valores mobiliários coloca múltiplos outros problemas o menor dos quais não é certamente o da *tipicidade desses mesmos valores mobiliários* e, mesmo, das entidades que os podem emitir. Este é um problema tradicionalmente debatido, entre nós, a propósito da tipicidade dos títulos de crédito, em regra afirmada pela doutrina[34], nomeadamente partindo da qualificação desses títulos como negócios jurídicos unilaterais, sujeitos por lei ao princípio da tipicidade[35]. A aceitarmos este princípio, a inovação financeira, pela via da diversificação dos valores mobiliários, estaria fortemente limitada entre nós, com sérios prejuízos ao nível do financiamento das empresas e da intervenção dos investidores. Com efeito, tal princípio postula que todas as inovações devam porvir da própria lei. Não é nosso propósito desenvolver aqui esta questão, dado não caber nos limites deste trabalho. Apesar disso, não quisemos deixar de a colocar, pois nos parece que a sua resolução exige respostas novas, assentes em construções dogmáticas novas[36].

3. SURGIMENTO E EVOLUÇÃO DO CONCEITO DE VALOR MOBILIÁRIO EM PORTUGAL

I. O conceito de valor mobiliário nem sempre foi utilizado entre nós, ao menos nos textos legislativos. Tradicionalmente era sobretudo

---

[34] Afirmam a tipicidade dos títulos de crédito, entre outros Ascensão (1992, 60-62), embora o autor chame a atenção para a possibilidade de entre nós ser admissível uma solução como a sugerida na Alemanha para os títulos à ordem, admitindo-se a "anologia legis" para a criação de novas formas. A quase totalidade da nossa doutrina reflecte sobre a questão com base no conceito de acto jurídico unilateral: Olavo (1978, 84-88), Figueiredo (1919, *maxime* 173 s.) e Correia (1975, 79 s.), embora menos explicitamente. Ao invés, defende a liberdade de emissão dos títulos de crédito, Serra (1956, n.° 60, 5-30) que, consequentemente, propõe a inclusão no CCiv. de princípios gerais dos títulos de crédito.

[35] Quanto ao princípio da tipicidade dos negócios jurídicos unilaterais, vd., entre outros, Varela (1986, 368 ss.), Costa (1994, 385), Teles (1989, 161). Contra Cordeiro (1980, I, 560-562).

[36] O problema da tipicidade dos valores mobiliários deve ser colocado em termos novos. Por um lado, deve partir dos objectivos fixados pela lei para a emissão e negociação de valores mobiliários. Por outro, deve ter em conta os controlos administrativos a que está sujeita a emissão desses valores mobiliários. Deve ter ainda em conta as necessidades das empresas e dos investidores. Por fim, deve partir da existência de um regime geral dos valores mobiliários, problema que abordamos no cap. II da 3.ª parte. Esta, por ex., é uma questão essencial para Ascensão (1993, 60) referindo-se ao ordenamento jurídico italiano: "os títulos de crédito serão um *numerus clausus*? (...). A pergunta encontra respostas positivas em Itália. Mas há que observar que *nesse país há na lei uma disciplina geral dos títulos de crédito que falta quase completamente na nossa ordem jurídica*".

utilizada a expressão "título de crédito" como categoria geral, embora não fosse a única. *A expressão valor mobiliário só passou a ser regularmente utilizada pelo legislador a partir da reforma do sistema financeiro de 1959-62.* A doutrina, por sua vez, nunca atribuiu grande importância ao conceito de valor mobiliário, ignorando-o quase por completo [37].

Podemos fixar três períodos distintos quanto à utilização e sentido da expressão valor mobiliário na legislação portuguesa: um primeiro período em que a expressão não é utilizada (até à reforma do sistema financeiro de 1959/62); um segundo período em que o conceito é utilizado progressivamente e com um sentido restrito (até à entrada em vigor do CdMVM); e um terceiro que se inicia com este diploma legal, caracterizado pela atribuição de uma importância fundamental ao conceito e pela diversificação das realidades jurídicas que nessa noção podem ser incluídas. Vejamos, agora, as características de cada período.

II. Durante o primeiro período não encontrámos, na legislação nacional, qualquer utilização do conceito de valor mobiliário. Ao contrário, deparámos com uma grande diversidade terminológica [38] para significar

---

[37] O Prof. Ruy ULRICH (1906, 61-62 e 431, entre outros locais) utiliza a expressão valor mobiliário no sentido de títulos de crédito negociáveis em bolsa. Refere, em particular, os títulos de dívida pública (surgidos entre nós em 1796), as acções das sociedades anónimas e as obrigações. Globalmente considera-os como "cousas essencialmente fungíveis". Compreende-se a não utilização pela doutrina do conceito de valor mobiliário, dada a sua falta de relevância dogmática, por não existir entre nós um regime geral dos títulos de crédito, nem para esses valores. Mas a esse facto não será também alheia a influência da doutrina italiana sobre títulos de crédito, sendo certo que tal conceito nunca foi utilizado pelos autores italianos. Não se referem a ela, por exemplo, FIGUEREDO (1919) ou OLAVO (1978). Que a nossa doutrina seguiu, genericamente, a concepção unitária, de matriz italiana, sobre títulos de crédito é opinião pacífica. Para uma distinção entre a concepção italiana e alemã, vd. ASCENSÃO (1993, 3 ss.), PELLIZI (1984, 1 ss.), EIZAGUIRRE (1982, 8 ss.) e SERRA (1956, 5-13, nota 1a).

[38] O Código Comercial é um exemplo dessa diversidade terminológica. Utiliza, indistintamente e com o mesmo significado, as seguintes expressões: "títulos" (arts. 352.º, 355.º, 356.º, 477.º, 478.º e 479.º), "títulos de crédito" (art. 399.º e a epígrafe do Título XX, revogado com a ratificação das Convenções de Genebra relativas à letra, cheque e livrança), "títulos negociáveis" (art. 362.º), "títulos de crédito negociáveis" (arts. 463.º/2 e 3 e 477.º), "títulos de crédito mercantil" (epígrafe do Título XX),"valores comerciais" (art. 351.º, n.º 2). Na mesma linha se situa O Decreto de 10/10/1901, que aprovou o Regimento do Ofício de Corretor e o Regulamento do Serviço e Operações das Bolsas e fundos públicos e outros papéis de crédito, que utiliza várias expressões com significado equivalente: "títulos cotados" ou apenas "títulos", "papéis de crédito" ou apenas "papéis" (arts. 54.º, 58.º e 75.º do Regimento do Ofício de Corretor e os arts. 1.º, 22.º, 27.º, 29.º, 31.º, 36.º, 41.º, 52.º e 56.º do Regulamento do Serviço de Operações de Bolsa).

realidades jurídicas várias, em regra recondutíveis à categoria dos títulos de crédito, que é dada como pressuposta. A esta diversidade terminológica não será alheio o facto de, então, quase todos os títulos de crédito serem negociáveis em bolsa[39]. Então, dificilmente poderia dizer-se que os valores mobiliários eram os títulos negociáveis em bolsa. São enumerados como títulos ou papéis de crédito[40]: os fundos do Estado e outros fundos públicos nacionais ou estrangeiros; obrigações; acções; conhecimentos e respectivas cautelas de penhor de depósitos de géneros e mercadorias em armazéns gerais autorizados; papéis cambiais; "outros quaisquer títulos ou papéis de crédito, conforme deliberações da respectiva Câmara de Corretores". Em suma, tudo ou quase tudo, desde que fosse negociável.

O Decreto n.º 12 852, de 20/12/1926, que criou as Câmaras de Compensação de Lisboa e Porto, utiliza diversas vezes a expressão *efeitos comerciais*[41], que serão taxativamente enumerados nos regulamentos internos de cada uma das câmaras de compensação (art. 6.º, § único)[42].

Em diplomas posteriores continua a ser utilizada, apenas, a expressão genérica de títulos de crédito[43].

---

[39] Segundo o art. 351.º do CCm podiam ser objecto de contratos de bolsa: os fundos públicos, as letras, livranças, cheques, acções e obrigações e toda a espécie de valores.

[40] Vd. o art. 27.º do Regulamento do Serviço e Operações de Bolsa.

[41] Vd. os arts. 1.º e 6.º. Note-se que se trata de uma tradução da expressão francesa "effets de commerce".

[42] O regulamento da Câmara de Compensação de Lisboa, aprovado pelo Decreto n.º 16 909 de 30/05/1929, considera como efeitos comerciais, para efeito de liquidação obrigatória através da Câmara de Compensação, o cheque (art. 8.º), o mesmo valendo para a Câmara de Compensação do Porto, cujo regulamento foi aprovado pelo Decreto n.º 17 162, de 29/07/1929. Porém, o Decreto n.º 22 025, de 24/12/1932, que alterou os regulamentos das Câmaras de Compensação, acrescentou dois novos efeitos comerciais: as letras e as livranças. Ora, a categoria dos efeitos comerciais pressupõe a existência de toda uma série de títulos de crédito que não são efeitos comerciais, isto é, os valores mobiliários. Porém, o legislador não procede a qualquer qualificação, até porque não era esse o seu objectivo.

[43] O Decreto-Lei n.º 29 833, de 17/08/1939, no seu artigo 3.º, utiliza a expressão títulos de crédito a propósito do penhor sobre os mesmos constituído. Este diploma continua em vigor. Porém, não dá qualquer definição nem faz qualquer enumeração dos títulos de crédito. Aliás o próprio VAZ SERRA (1956, n.º 60, 31), apesar de ser adepto da formulação dos princípios gerais dos títulos de crédito, a incluir no CCiv., considera desnecessária uma noção de títulos de crédito "visto que ela é corrente e ainda porque a incorporação do direito no título resultará de outras disposições". No entanto, considera (32) que "talvez não seja inútil dar uma definição das várias espécies de títulos de crédito, uma vez que parece conveniente facilitar aos interessados a escolha entre os diferentes tipos desses títulos e há que fixar o regime de cada um deles".

Em conclusão, durante este período o número de valores mobiliários era pouco diversificado, reduzindo-se, praticamente, às acções e obrigações (públicas ou privadas), não lhe correspondendo uma qualificação legal privativa, nem um regime jurídico geral. Além disso, praticamente todos os títulos de crédito eram negociáveis em bolsa, o que tornava de pouca relevância qualquer distinção.

III. A expressão valor mobiliário apenas começa a ser utilizada, na legislação, a partir do Decreto-Lei n.º 42461, de 12/11/59 [44], que, no art. 53.º, se refere à "compra ou venda de títulos de crédito e mais valores mobiliários". Ao que pudemos apurar, foi a primeira vez que um texto legal nacional utilizou a expressão "valor mobiliário" [45].

O texto legal que, pela primeira vez utiliza a expressão valor mobiliário com alguma pretensão de rigor, é o DL n.º 46342, de 20/05/65 [46] que, no art. 2.º, define os fundos de investimento mobiliário como "conjuntos de valores mobiliários". Porém, logo no artigo 3.º, acrescenta que esses fundos "têm por fim exclusivo a constituição de uma carteira diversificada de títulos..." [47]. Portanto, *conjuntos de valores mobiliários ou carteira diversificada de títulos são expressões utilizadas como sinóni-*

---

[44] Este DL contém disposições destinadas à execução do DL n.º 41 403, de 27/11/57 que reorganizou o sistema do crédito e a estrutura bancária. Admitimos que outros diplomas anteriores tenham já utilizado a expressão, dado que a nossa pesquisa foi limitada e, sobretudo, procurou estabelecer grandes períodos quando à utilização da expressão em causa.

[45] Esse mesmo DL utiliza, com o mesmo significado, expressões como "papéis de crédito" depositados ou entregues em penhor em instituições de crédito. É também utilizada a expressão "valores" e "títulos" (art. 68.º) com o significado de acções e obrigações cuja emissão pode ser objecto de tomada firme por instituições de crédito (art. 20.º). Parece que os títulos são considerados como uma espécie dentro da categoria mais ampla dos valores mobiliários, mas estes nem sempre seriam títulos de crédito. Aparentemente, tudo teria a ver com a inclusão dos fundos públicos dentro dos valores mobiliários mas não dos títulos de crédito.

[46] No preâmbulo deste DL, que regulou, pela primeira vez entre nós, a constituição e funcionamento dos fundos de investimento mobiliário e das correspondentes sociedades gestoras, faz-se alusão à experiência de outros países, embora sem os nomear. Porém, deve recordar-se que, em França, os "Fonds Communs de Placement" (FCP) foram criados por decreto de 28/12/1957, embora não tenham tido grande sucesso até 1979. Vd. JUGLART/IPPOLITO (1991, 765). Apesar da influência da terminologia francesa, não deixa de ser curioso verificar que o conceito de valor mobiliário surja entre nós a propósito dos fundos de investimento, isto é, como fenómeno de globalização da poupança e não como fenómeno meramente societário.

[47] Mas logo a seguir, no § único do art. 4.º, volta a ser utilizada a expressão "valor mobiliário", o mesmo acontecendo nos arts. 16.º e 17.º, § 2.

mos. Ao referir a composição do fundo de investimento, o art. 10.º diz que ele pode ser constituído por: dinheiro (al. a)); títulos não cotados em bolsa, mas que o possam vir a ser (al. b)); valores mobiliários emitidos por empresas (al. c)). Subjacente ao art. 1.º aflora uma noção de valor mobiliário, para efeitos de aplicação deste diploma: seriam "...títulos de entidades públicas e privadas...". Se relacionarmos esta noção com o preâmbulo do mesmo diploma e com a enumeração das als. b) e c) do art. 10.º, podemos concluir que *serão valores mobiliários os títulos negociáveis em bolsa*[48].

Temos de esperar pelo DL n.º 397/71, de 22/9, que autoriza as sociedades anónimas a emitir obrigações convertíveis, para encontrarmos novamente a expressão valor mobiliário[49].

O DL n.º 55/72, de 16/2, fixou as normas a observar na emissão de acções das sociedades comerciais e adoptou medidas visando a protecção dos investimentos particulares em valores mobiliários. Remete para portaria do Ministro das Finanças[50] as condições em que podem ser oferecidos ao público quaisquer "títulos ou valores mobiliários" (art. 3.º). Trata-se de valores objecto de emissão para oferta ao público, aflorando aqui a ideia de que os valores mobiliários são títulos objecto de *emissão em massa* (art. 5.º, n.º 2), orientados para captar o investimento dos particulares, que deve ser protegido.

A expressão "valor mobiliário" torna-se de uso normal e frequente, nos textos legais, a partir do DL n.º 8/74, de 14/1, que regulou a organização e o funcionamento das bolsas de valores e estabeleceu o Regimento do Ofício de Corretor[51]. Há uma importante indicação logo no artigo 1.º, ao considerar os valores mobiliários como o objecto das operações de

---

[48] Parece-nos que, neste caso, a palavra "título", mais do que o conceito de título de crédito, pretende inculcar a ideia de forma de representação titulada, independentemente da natureza jurídica das realidades representadas.

[49] No preâmbulo, o referido diploma inclui as obrigações convertíveis dentro do que designa como "novos tipos de valores mobiliários". Implicitamente, ao contrapor os novos e os velhos tipos de valores mobiliários, o legislador inclui dentro destes últimos as acções e as obrigações já existentes.

[50] Trata-se da Portaria n.º 103/72, de 21/2, em que a palavra "títulos" e a expressão "valores mobiliários" aparecem sempre ligadas pela disjuntiva "ou", nomeadamente no preâmbulo, embora por vezes se dê a ideia de que os títulos são uma das espécies de valores mobiliários: "títulos ou quaisquer outros valores mobiliários". Por isso, tanto na portaria como no DL, não é claro o significado que assume aquela disjuntiva. O que realmente está em causa é a emissão de acções destinadas à subscrição pública (art. 1.º), além de quaisquer outros valores mobiliários (art. 3.º), de que a acção aparece como uma espécie.

[51] Neste diploma, as expressões "títulos" e "valores mobiliários" ou apenas "valores" são utilizadas como sinónimos (vd. por ex., o art. 2.º/2).

bolsa[52]. O termo valor mobiliário é utilizado como conceito amplo que engloba todos os títulos que podem ser transaccionados em bolsa, evitando-se, assim, uma enumeração casuística[53]. Portanto, embora não havendo uma fixação de terminologia, *o que ressalta, como principal característica dos valores mobiliários, é a sua negociabilidade em bolsa*[54].

Em conclusão, podemos dizer que, durante este segundo período, o termo valor mobiliário é utilizado como sinónimo de acções, obrigações e fundos públicos. Podem apontar-se como *características genéricas dos valores mobiliários*: *a emissão em massa* (o que resulta da natureza das realidades jurídicas enumeradas) e *a negociabilidade em bolsa*. Estamos, portanto, perante uma noção com conteúdo semelhante ou idêntico ao que lhe era dado em França[55].

VI. O Código do Mercado de Valores Mobiliários representa uma alteração qualitativa pois a expressão valor mobiliário, praticamente "expulsa" a expressão "títulos". Se é certo que o desaparecimento quase por completo desta expressão se deve à consagração dos valores escriturais, passando a utilizar-se as expressões valores mobiliários titulados e valores mobiliários escriturais, o CdMVM não se limita a uma alteração da terminologia em consequência da desmaterialização. Para além disso, consagra todo um corpo de normas que disciplinam sob os mais diversos

---

[52] O que corresponde à concepção tradicional de valor mobiliário. Este mesmo DL, no art. 34.º/1, dá-nos uma noção descritiva de valores mobiliários que podem ser admitidos à cotação em bolsa: os fundos públicos, as acções e obrigações legalmente emitidas por empresas privadas nacionais ou estrangeiras e "quaisquer outros valores mobiliários que por disposição de lei ou portaria do Ministro das Finanças, possam ser objecto de cotação oficial" . No mesmo sentido dispõe o art. 52.º, ao definir os títulos que podem ser transaccionados nas bolsas de valores.

[53] Mas, em geral, pode dizer-se que a palavra "título" continua a ser muito mais utilizada que a expressão valor mobiliário, embora ambas sejam consideradas como sinónimos. O mesmo pode ser comprovado através de outros diplomas que, embora relativos às bolsas de valores, não utilizam a expressão valores mobiliários, como é o caso da Portaria n.º 1063/80, de 12/12, que aprovou o Regulamento interno da Bolsa de Valores do Porto.

[54] Embora deva referir-se que a essa noção já aparecem ligadas preocupações de defesa do investidor, nomeadamente quanto à informação a que deve ter acesso.

[55] Essa noção correspondia a uma das categorias de títulos de crédito, genericamente designados como títulos de investimento ou emitidos em massa, etc. não havendo porém uma designação adoptada como acontecia em Itália com os *titoli di massa*. Aliás, é curioso observar que, apesar da influência da doutrina italiana dos títulos de crédito, nunca uma expressão semelhante tenha sido adoptada entre nós. Quanto à noção tradicional em França, vd., por ex., JUGLART/IPPOLITO (1991, 747) e MARIN (1971, 3).

aspectos os valores mobiliários[56]. Por último e pela primeira vez entre nós, consagra vários conceitos distintos de valor mobiliário, com características e amplitude diversas. Entre as noções adoptadas há uma que se mantém dentro da noção tradicional e consta da al. a) do n.º 1 do art. 3.º. Mas desenvolveremos este aspecto mais abaixo.

O DL n.º 298/92, de 31/12, que aprovou o regime geral das instituições de crédito e sociedades financeiras, para apenas referir o mais importante diploma surgido após o CdMVM no domínio das instituições e mercados financeiros, continua, na mesma esteira, apenas a utilizar a noção de valor mobiliário. Nomeadamente assume particular importância a distinção entre as competências do Banco de Portugal e da CMVM, ficando esta restringida à "área das actividades de intermediação em valores mobiliários"[57].

4. O CONCEITO DE VALOR MOBILIÁRIO NO DIREITO COMUNITÁRIO E NOUTROS ORDENAMENTOS JURÍDICOS

I. O direito comunitário[58] toma como ponto de referência o conceito de valor mobiliário utilizado em França[59], na Recomendação n.º 77/534, de 27/7, relativa ao Código de Conduta Europeu a observar

---

[56] Muitas dessas normas não são novas, na medida em que o citado Código, em muitos casos, se limitou a compilar normas já existentes embora inserindo-as num sistema novo. No discurso de posse dos membros da "Secção Especializada para o Decreto-Lei n.º 8/74 do Conselho Nacional das Bolsas de Valores" (de cujos trabalhos resultou o CdMVM), dizia o Ministro das Finanças de então (21/7/88): "O que agora se pretende não é propriamente uma mudança do quadro legal existente. Mas sim a substituição de uma manta de retalhos – nem sempre de bons retalhos, cosidos e remendados ao longo de 15 anos – por um diploma estabilizado e congregador da disciplina do mercado de capitais. Não se trata, pois, de instabilizar o quadro legal. Mas de lhe dar uma arquitectura de conjunto coerente e completo". Vd. Ministério das Finanças (1988, 27).

[57] Vd. o Preâmbulo do DL n.º 298/92, de 31/12. Um problema que pode colocar-se tem a ver com a amplitude com que o conceito de valor mobiliário é utilizado nesse diploma. Pensamos que tal conceito é delimitado pela definição do CdMVM, dado que para aí se remete a maior parte das vezes. Portanto, parece-nos estar fora de causa o seu entendimento nos termos da 2.ª directiva de coordenação bancária (Directiva 89/646/CEE, de 15/12/89), transposta por esse diploma. Mas esta é uma questão que mereceria maior aprofundamento e sobre a qual pretendemos tomar uma posição definitiva.

[58] Para uma análise de toda a legislação comunitária sobre valores mobiliários até 1990, vd. LÓPEZ-ARCAS (1991, 218-273).

[59] Nesse sentido, VALENZUELA CARACH (1993, 91).

nas transacções sobre valores mobiliários. Segundo esta Recomendação, são valores mobiliários "todos os títulos negociados ou negociáveis num mercado organizado"[60]. Pode daqui concluir-se que os valores mobiliários são uma espécie dentro do género "títulos". A expressão é utilizada com regularidade nos textos comunitários, sobretudo a partir do início da década de oitenta e tem a ver com o rápido desenvolvimento dos mercados de valores mobiliários durante essa década.

Mas dificilmente encontraremos um conceito unitário de valor mobiliário nos textos comunitários. Em várias directivas comunitários o conceito atinge uma grande extensão englobando realidades novas que já nada têm a ver com os títulos de crédito. Assim, passam a ser considerados como valores mobiliários os "warrants", as "opções" e os "futuros" que se refiram a tais valores mobiliários. Mas as qualificações variam quanto ao mesmo instrumento financeiro que, nuns casos é considerado como valor mobiliário e, noutros, é expressamente afastada essa qualificação.

A Directiva 89/646/CEE, de 15/12/89, conhecida como segunda directiva de coordenação bancária, no n.º 7 da lista anexa, distingue entre operações sobre: instrumentos do mercado monetário (cheques, letras e livranças, certificados de depósito, etc.); instrumentos financeiros a prazo e opções; instrumentos sobre divisas ou sobre taxas de juro; valores mobiliários. Por sua vez no n.º 8 da mesma lista anexa refere-se à "participação na emissão de títulos e prestação de serviços relativos a essa participação"; o n.º 12, porém, refere-se a "conservação e administração de valores mobiliários"[61].

Assume particular importância a Directiva 89/592/CEE, de 13/11/1989 relativa às operações de iniciados (também conhecidas por

---

[60] A utilização cada vez mais frequente, nos textos comunitários, da expressão "valor mobiliário", substituindo o lugar antes ocupado pela expressão "título de crédito" teria a ver, segundo alguns autores, com a tendência para a fixação de um conceito unitário de valor mobiliário como "qualquer instrumento que persiga a recepção de poupança e a mobilização da riqueza, orientado, pois, à defesa do investidor" (VALENZUELA CARACH, 1993, 92). Porém, não encontramos nos textos comunitários a confirmação dessa ideia, com carácter de generalidade. Ao invés, deparamos com múltiplas noções de valor mobiliário, conforme o objectivo pretendido e havendo sempre o cuidado de salvaguardar as noções seguidas em cada Estado. Tende-se, assim, a adoptar uma noção restrita. Este entendimento parece ter sido definitivamente consagrado na Directiva n.º 93/22CEE, de 10 de Maio de 1993, relativa aos serviços de investimento no domínio dos valores mobiliários (DSI).

[61] Esta directiva foi transposta para o nosso ordenamento jurídico pelo DL n.º 298/92, de 31/12, que aprovou o Regime geral das Instituições de Crédito e Sociedades Financeiras. Veja-se, em particular, o art. 4.º, als. e), f) e h).

insider trading)[62], em que o conceito de valor mobiliário atinge uma grande extensão [63]. Porém, ao contrário de outros documentos comunitários, apenas são considerados como valores mobiliários os direitos ou contratos desde que relativos a acções e obrigações ou valores a eles equiparáveis.

Por vezes é utilizada uma técnica diversa. É o que acontece com a já referida Directiva n.° 89/646/CEE, que distingue os "valores mobiliários" dos "instrumentos financeiros a termo e opções" (als c) e e) do ponto 7). Portanto, de acordo com esta directiva, estes últimos não seriam valores mobiliários [64].

Também a Directiva n.° 93/22/CEE, de 10/05/1993, relativa aos serviços de investimento no domínio dos valores mobiliários (DSI), no Anexo B, distingue entre os valores mobiliários (n.° 1, al. a)[65], as unidades de participação em organismos de investimento colectivo (n.° 1, al. b)[66], os futuros sobre instrumentos financeiros (n.° 3) e as opções relativas a qualquer dos instrumentos financeiros referido no anexo (n.° 6)[67].

---

[62] O art. 1.°/2, da referida Directiva, faz a seguinte enumeração: "a) as acções e as obrigações, bem como os valores equiparáveis a acções e obrigações; b) os contratos ou direitos que permitem subscrever, adquirir ou ceder os valores referidos na alínea a); os contratos a prazo, as opções e instrumentos financeiros a prazo relativos aos valores referidos na al. a); os contratos indexados relativos aos valores referidos na alínea a), quando sejam admitidos à transacção num mercado regulamentado e fiscalizado por autoridades reconhecidas pelos poderes públicos, de funcionamento regular e directa ou indirectamente acessível ao público".

[63] Esta directiva foi transposta para o ordenamento jurídico português pelo CdMVM que, no art. 666.°, tipifica o crime de abuso de informação. Deve notar-se que há realidades que a directiva comunitária considera como valores mobiliários e que aquele artigo não contempla, como se conclui por simples comparação dos dois textos.

[64] Essa distinção entre "instrumentos financeiros a prazo e opções" e os valores mobiliários está consagrada no art. 4.°/1/e do DL n.° 298/92, de 31/12.

[65] Diz-se nos considerandos iniciais: "Considerando que por valores mobiliários se entende as categorias de títulos habitualmente negociadas no mercado de capitais como, por exemplo, os títulos de dívida pública, as acções, os valores negociáveis que permitem a aquisição de acções por subscrição ou troca, os certificados de acções, as obrigações emitidas em série, os *warrants* sobre índices e os títulos que permitem adquirir tais obrigações por subscrição". Vd. o art. 1.°/5.

[66] Na versão inicial estavam incluídas entre os valores mobiliários. Porém, na versão final, essa qualificação não se manteve.

[67] A própria directiva, nos considerandos, alerta para o facto de a "definição extremamente lata de valores mobiliários e de instrumentos do mercado monetário consagrada na presente directiva é apenas válida para esta directiva e que como tal em nada prejudica as diferentes definições de instrumentos financeiros consagradas nas legislações nacionais para outros fins, nomeadamente de ordem fiscal".

II. Apesar do conceito (ou conceitos) de valor mobiliário veiculado pelo direito comunitário, é diverso o conceito (legal e doutrinário) em cada um dos países comunitários que o utilizam. Hoje, o conceito de valor mobiliário é utilizado com regularidade, para além da França e países da sua influência como a Bélgica e o Luxemburgo, pelos ordenamentos jurídicos italiano, espanhol e português [68].

Também em países como a França e a Bélgica [69] o conceito de valor mobiliário tem perdido os seus contornos originais para se alargar a novas realidades. Em França, as noções dadas variam muito de autor para autor [70], porém todos aceitam a negociabilidade como sua característica essencial [71], entendida como susceptiblidade de cotação em bolsa e não

---

[68] Embora não utilizem o conceito de valor mobiliário, outros países utilizam expressões que visam incluir toda uma série de realidades, muitas vezes novas. Por ex. no Reino Unido o conceito de título, para operações de investimento, começou por ser "security". Porém o *Financial Services Act* de 1986 (Part. 1, Schedule 1) passou a utilizar o conceito de "investment". Este compõe-se de doze categorias que abarcam, para além das acções e obrigações (públicas e privadas), os títulos representativos de direitos sobre elas constituídos e vários outros títulos e instrumentos financeiros não necessariamente cartulares. O termo valor mobiliário é ainda utilizado em países fora das Comunidades Europeias, como é o caso do Brasil e países da América Latina. Quanto ao sentido do termo no Brasil, vd., por ex., WALD (1985, 5-15), BULGARELLI (1980, 94 ss.) e MATTOS FILHO (1985, 30 ss).

[69] É particularmente ampla a noção dada pelo art. 22.° da lei de 10/7/64, integrado depois na lei de 10/7/69, como seu art. 1.°: "Actions, titres ou parts de beneficiairès, directement ou indirectement représentatifs de droits d'associés dans toutes les societés civiles, commerciales, ou a forme commerciale ou dans des associations commerciales; obligations, bons de caisse et autres titres d'emprunt, quel qu'en soit l'emprunteur; toutes valeurs mobilières ou titres *négociables ou non*, ainsi que tous documents representatifs de telles valeurs ou de tels titres ou conférent droit a leur aquisition; operations ayant directement ou indirectement pour object des droits sur des biens, meubles et immeubles, organisés en associations, indivision ou groupement, de droit ou de fait, impliquant abandon par les titulaires de la jouissance privative de ces biens dont la gestion, organisée collectivement, est confiée à une personne agissant a titre profissionel". A noção de valor mobiliário dada pela Lei Belga é claramente inspirada no conceito de "*security*" dado pelo *Securities Act* dos USA. Vd., *infra*, nota 80.

[70] Vd. um apanhado dessas definições em BONNEAU (1988, 583 ss.) que por sua vez dá a seguinte definição: "Un titre qui représente un droit de créance colletif à long terme et qui, émis par une persone morale pour le financement de son activité, est négociable et susceptible d'être coté en bourse". Este autor, porém, põe em causa a utilização da palavra "titres" depois de a lei de 30/12/81 ter procedido à desmaterialização dos valores mobiliários (584).

[71] RIPERT/ROBLOT (1992, 6). Porém acrescenta, em regra, a doutrina como características: tratar-se de um direito de crédito (*droits de créance*) ou de participação social

como negociabilidade em geral[72]. A lei deu recentemente definições de valor mobiliário como aconteceu com a circular de 08/08/83[73] e a lei de 23/12/88[74], relativa aos organismos de colocação colectiva de valores mobiliários. Sobretudo nos anos oitenta houve uma diversificação dos valores mobiliários[75].

Em Itália é utilizada[76] uma noção amplíssima de valor mobiliário, variando de acordo com o fim visado. Esta noção tem sido objecto de acesa discussão doutrinária, nomeadamente devido aos contornos difusos[77] que a figura veio a assumir nos textos legislativos italianos[78] e à

(*droits d'associés*), a longo prazo, integrando uma emissão em que os titulares têm os mesmos direitos, sendo esses valores fungíveis. Vd. BONNEAU (1988, 587 ss) e JUGLART/ /IPPOLITO (1991, 747).

[72] Vd. BONNEAU (1988, 589) e JUGLART/IPPOLITO (1991, 747-749).

[73] "Le terme valeur mobilière s'entend d'un ensemble de titres de même nature, cotés ou susceptibles de l'être, issus d'un même émetteur et conférant, par eux-mêmes, des droits identiques à leurs détenteurs. Tous droits détachés d'une valeur mobilière et négociables sont eux-mêmes assimilables a une valeur mobilière".

[74] "Sont considérés comme valeurs mobilières pour l'ápplication de la présente loi les titres émis par des personnes morales publiques ou privés, transmissibles par inscription en comptes ou tradition, qui confèrent des droits identiques par categorie et donnent accès, directement, a une quotité du capital de la personne morale émetrice ou à un droit de créance général sur son patrimoine". Semelhante a esta é dada ainda uma definição no Regulamento geral da SICOVAM. Vd. RIPERT/ROBLOT (1992, 5).

[75] Aí se incluem hoje, por exemplo, os "*certificats d'investissement*" que resultaram de um desmembramento da acção, neles ficando incluídos os direitos patrimoniais, enquanto os direitos não patrimoniais ficaram agrupados nos "*certificats de droit de vote*". Estes últimos, apesar de não serem considerados como valores mobiliários pela lei, foi permitida a sua negociação em mercado pela COB, a partir de 5/1/88, o que tem levado a doutrina a considerá-los como valores mobiliários atípicos. Vd. RIPERT/ROBLOT (1992, 9 e nota 1). A lei considerou como valores mobiliários as "parts communs de placement" e os "fonds communs de créance" (23/12/88), tendo a prática acrescentado também os *warrants*. Vd. RIPERT/ROBLOT (1992, 7 e 133-134), JUGLART/IPPOLITO (1991, 746-747) e DÉFOSSÉ/BALLEY (1987, 27 ss)

[76] A expressão "mercado nacional de valores mobiliários" aparece pela primeira vez na legislação italiana no art. 7.° do d.P.R. de 31/3/75, n.° 138, tendo-se o termo difundido a partir dos anos 80. Vd. CARBONETTI (1992, 34-35).

[77] Vd., em particular, as críticas de CARBONETTI (1989, 289 e 1992, 34 ss.), CAPRIGLIONE (1991, 792 ss.), FERRARINI (1989, 741 ss) e FERRI (1993, 780 ss.).

[78] O art. 18-bis da Lei n.° 216 de 1974, introduzido pela Lei n.° 77 de 1983, de 23/3, dá, talvez, a noção mais ampla (COTTINO, 1992, 276, chama-lhe "elástica") de valor mobiliário: "Per l'applicazione delle disposizioni di cui all'art. 18, per valore mobiliare è da intendere ogni documento o certificato che direttamente o indirettamente rappresenti diritti in società, associazioni, imprese o enti di qualsiasi tipo, ivi compresi i fondi di investimento italiani od esteri, ogni documento o certificato rappresentativo di un credito

relação que se procura estabelecer com os títulos de crédito[79]. A doutrina tende a considerar que a noção legal de valor mobiliário tem como fonte o Securities Act de 1933 (USA)[80] e o direito Belga. Também é crescente a tendência para considerar que o conceito de valor mobiliário não coincide com os "titoli di credito di massa", o que colocaria o problema da utilidade da categoria[81] ou levanta dificuldades ao intérprete[82].

Em Espanha, é utilizada a expressão "valor negociable"[83], mas tam-

---

o di un interesse *negoziabile e non*; ogni documento o certificato rapprasentativo di diritti relativi a bene materiali o proprietà immobiliari, nonchè ogni documento o certificato idoneo a conferire diritti di acquisto di uno dei valori mobiliari sopra indicato". CARBONETTI (1989, 289) considera tratar-se de "uma pseudo-definição, dado que é intrinsecamente inidónea para indicar qualquer elemento de distinção entre o "valor mobiliário" e qualquer outra situação juridicamente relevante com conteúdo patrimonial". E conclui: "Se "valor mobiliário" é, por definição, tudo, então não é nada para individualizar uma *facti specie*" (301). Recentemente o autor retoma as críticas (1992, 36). Vd., no mesmo sentido, CAPRIGLIONE (1991, 792-796).

[79] Vd. CASTELLANO (1991, 22ss.). Recentemente a lei n.º 1 de 1991 (art. 1.º/2) considera também como valores mobiliários os "contratti a termine su strumenti finanziari collegati a valori mobiliari, tassi d'interesse e valute...". Em relação a essa definição diz CARBONETTI (1992, 48-49) que "os contratos de futuros e opções, que pela sua natureza não são valores mobiliários, são assimilados por lei a valores mobiliários exclusivamente pelo facto de serem susceptíveis de ser objecto de negociação". Vd., ainda, RIGHINI (1993, 4s.).

[80] O *Securities Act* de 1933, Título I, secção 2(1), dá a seguinte noção de *security*: "The term "security" means any note, stock, treasury stock, bond, debenture, evidence of indebtedues, certificate of interest or participation in any profit-sharing agreement, collateral-trust certificate, investment contract, voting-trust certificate, certificate of deposit for a security, fractional undivided interest in oil, gas, or other mineral rigts, any put, call, straddle, option, or privilege on any secutity, certificate of deposit on group or index of securities (including any interest the rein or based on the value thereof), or any put, call, straddle, option, or privilege entered into a national securities exchange relating to foreing currency, or in general any interest, or instruments commonly known as a "security" or any certificate of interest or participations in, temporary or interim certificate for, receipt for, guarantee of, or warrant or right to subscribe to ou purchase, any of the foregoing". Sobre a recente discussão nos Estados Unidos a propósito do conceito de *security*, vd. VALENZUELA CARACH (1992, 95) e *supra*, nota 28. A noção de *security* foi clarificada em 1934 pelo Securities Exchange Act, que dela excluiu os instrumentos do mercado monetário ("short-term instruments").

[81] Assim, por ex., D'ALCONTRES (1992, 5 ss., maxime nota 14) e COTTINO (1992, 251).

[82] Assim, COTTINO (1992, 251).

[83] Vd. Real Decreto n.º 291/1992, de 27/3, art. 2.º/1/f): "...qualquer direito de conteúdo patrimonial, qualquer que seja a sua denominação, que, pela sua configuração jurídica própria e regime de transmissão, seja susceptível de tráfico generalizado e impessoal num mercado de índole financeira". Considera-se que os valores incluídos na noção

bém a expressão valor mobiliário[84]. Aparentemente seriam realidades equivalentes, porém, tal não é pacífico[85] pois o "valor negociable" parece incluir valores não emitidos em massa[86]. Os autores consideram necessária uma noção ampla de "valor negociable" ou valor mobiliário por forma a englobar, num único conceito, todos os instrumentos financeiros negociados nos mercados de valores[87].

III. Em conclusão, quer no direito comunitário quer nos países comunitários que adoptam a expressão não encontramos uma noção unitária de valor mobiliário. Entendida em sentido amplo, a figura perde contornos e os autores tendem a considerar que é reduzida a sua importância dogmática, como categoria geral. O sentido do termo é limitado, em regra, ao diploma que o utiliza e lhe traça os contornos. Porém, podemos encontrar *duas ideias comuns quer ao conceito mais amplo quer ao conceito mais restrito de valor mobiliário*: a negociabilidade em mercado secundário organizado[88] e a defesa dos investidores, dado tratar-

---

devem ser homogéneos. O art. 4.º do mesmo diploma considera como critérios de homogeneidade: os valores fazerem parte da mesma operação financeira ou responderem a uma unidade de fim; terem igual natureza e regime de transmissão; atribuirem aos seus titulares um conteúdo substancialmente similar de direitos e obrigações. Vd., FERNÁNDEZ-ARMESTO/CARLOS BERTRÁN (1992, 433-435). O conceito foi introduzido pela LMV que, no ponto 2 da sua Exposição de motivos, refere: "La Ley reposa sobre el concepto de "valores" o, para mayor precisión, de "valores negociables", concepto difícil de definir de forma escueta en el articulado de un texto legal, pero no por ello carente de realidade".

[84] Vd. o art. 51.º da Ley de Sociedades Anónimas, a respeito das acções e o art. 200.º, quanto às obrigações. ALONSO ESPINOZA (1992, 35) considera a expressão valor mobiliário como mais adequada para designar as acções. Alguma doutrina tem criticado o facto de o legislador ter utilizado o termo "valor negociable" na LMV, enquanto na Lei das Sociedades Anónimas utilizou o termo valor mobiliário. Sobre a representação das acções das sociedades anónimas, por referência às acções sem voto, vd., PORFIRIO CARPIO (1991a, 266 ss.).

[85] CACHON BLANCO (1992, I, 130), sublinha que o conceito de valor negociável põe mais ênfase na sua especial aptidão para a negociação pública e distingue os dois conceitos (vd., 302, nota 54).

[86] CACHON BLANCO (1992, I, 140) distingue entre valores de emissão isolada – como a letra de câmbio, pagarés, certificados de depósito ou instrumentos análogos – e valores emitidos em massa.

[87] CACHON BLANCO (1992, I, 131, nota 85), sublinha a necessidade de abranger as opções, os futuros e os "pagarés de empresa" não emitidos em série. Em geral, vd. VALENZUELA CARACH (1993, 92-95), AROSTEGUI (1993, 73-81) e DIAZ RUIZ (1993, 176 ss.).

[88] No entanto esta ideia não aparece, como vimos, na noção de valores mobiliários do direito belga, (vd. nota 69), bem como numa das noções que é dada pela Lei italiana (vd. nota 78).

-se de instrumentos financeiros aptos à circulação e orientados à mobilização da riqueza quer sob a forma de captação de poupança quer de cobertura ou transferência do risco. Aqueles dois elementos, só por si, podem ser a base de uma disciplina legal para determinadas actividades, bem como constituir o fundamento para uma intervenção administrativa, orientada à sua fiscalização. O seu carácter amplo justificar-se-ia dada a impossibilidade de enumerar, casuisticamente, todas as formas de mobilização de riqueza em que o investidor necessita de protecção [89].

Do ponto de vista que nos interessa directamente, isto é, a forma de representação dos valores mobiliários em ordem ao modo de circulação, as leis dos vários países não revelam quaisquer preocupações gerais quanto a esse aspecto. O essencial residiria mais na caracterização das operações económicas que através deles se desenvolvem pois, consideram, só é possível haver uma verdadeira tutela dos investidores através das regras de mercado onde se transaccionam e não através da sua documentação ou cartularização [90]. Ao longo do trabalho teremos oportunidade de voltar a esta questão delimitando mais claramente os seus contornos.

5. O CONCEITO DE VALOR MOBILIÁRIO NO CÓDIGO DO MERCADO DE VALORES MOBILIÁRIOS

5.1. Os diversos conceitos subjacentes à actual lei

I. Na altura da elaboração do CdMVM o legislador não pode deixar de se confrontar com dois distintos conceitos de valor mobiliário: por um

---

[89] Assim, FENGHI (1983, 481), VALENZUELA CARACH (1993, 95). FERRI (1993, 781-782) resume a três as funções que podem ser desempenhadas pela noção de valor mobiliário, referindo-se ao ordenamento jurídico italiano: controlo por parte das autoridades creditícias; exigências de tutela dos investidores; acautelar o interesse geral de segurança e funcionalidade dos mercados, nomeadamente quanto à punição do crime de *insider trading*.

[90] Expressamente no sentido do texto, MARTORANO (1992, 162-164), referindo-se ao problema, na perspectiva dos chamados títulos atípicos: *"O perigo, para a tutela dos investidores, reside não na atipicidade do título mas na atipicidade das operações ...* Nesta perspectiva a consagração da posição subjectiva, atribuída ao investidor individual através de um documento circulante sujeito à disciplina do título de crédito, joga um papel absolutamente irrelevante...". E conclui que *"a tutela do investimento público não pode ser realizada através de um controlo sobre a tipicidade do título, mas através de um controlo sobre a operação subjacente à sua emissão"*. Em sentido coincidente FERRI (1993, 783-784).

lado, *um conceito restrito*, já utilizado pela lei portuguesa desde os anos 60, no sentido tradicional que o termo tinha em França, em regra associado a uma das espécies dos títulos de crédito; por outro, *um conceito amplo* que transparece sobretudo nos textos comunitários (que o legislador teve de transpor para o ordenamento jurídico nacional), conceito esse já destacado da matriz francesa e progressivamente utilizado na legislação de outros países comunitários, em que são claras as influências anglo-saxónicas e que, só por si, se desdobra em vários outros conceitos de valor mobiliário.

Os dois conceitos de valor mobiliário, do ponto de vista económico, correspondem a diferentes formas de captação das poupanças (mesma função económico-social), mas, juridicamente, englobam realidades de natureza diversa. *É a função económico-social desempenhada por determinados instrumentos financeiros que aponta o sentido da evolução e alargamento do conceito de valor mobiliário.* A própria ideia de captação de poupanças, parece hoje ultrapassada para dar lugar a novas realidades, sobretudo relacionadas com a *cobertura do risco dos investimentos*. Assim, já não está apenas em causa a necessidade de as empresas captarem capitais junto do público. Hoje, há instrumentos financeiros que não desempenham essa função e, no entanto, são genericamente considerados como valores mobiliários ou a eles equiparados. Tal é o caso, nomeadamente, dos chamados contratos de futuros sobre instrumentos financeiros e das opções financeiras que os têm por objecto (art. 424.º). Porém, o conceito de valor mobiliário parece atingir a sua máxima amplitude com o art. 607.º/2 conjugado com o art. 608.º. Aqui podem, nomeadamente, incluir-se as unidades de participação dos fundos de investimento abertos, como valores mobiliários. Em conclusão, como referimos no início deste capítulo, *também no CdMVM o conceito de valor mobiliário é polissémico.*

II. Ora, o legislador do CdMVM não fez qualquer opção entre aquelas noções de valor mobiliário. Ao contrário, acolheu-as a ambas, com a característica de a noção de valor mobiliário em sentido amplo não ser, ela própria, unitária mas incluir vários outros conceitos de valor mobiliário. O que parece importante referir, desde já, e essa é uma característica da nossa lei, é que *a noção restrita de valor mobiliário* (art. 3.º/1/a) *funciona como ponto de referência para todas as outras noções.* Isto significa que o legislador acolheu uma noção de valor mobiliário que parte sempre da noção clássica, em sentido restrito. Apesar disso, a flutuação terminológica é grande, não se mantendo essa perspectiva unitária ao longo de todo o diploma[91]. Assim, no n.º 5 do art. 666.º é-nos dada uma noção de valor mobiliário exclusivamente para efeitos do crime de informação privilegiada. O que no artigo 3.º, n.º 2 são direitos equiparados a valores mobiliários, noutros artigos aparecem-nos qualificados como valores mobiliários, propriamente ditos. E outros exemplos podem ser dados[92]. Portanto, resta-nos delimitar cada uma dessas noções e determinar até que ponto lhes é aplicável um regime jurídico unitário, com particular destaque para a noção do art. 3.º/1/a)[93].

5.2. O conceito de valor mobiliário em sentido restrito

I. Para isolar os elementos essenciais do conceito restrito de valor mobiliário, partiremos[94] da noção legal, dada pelo art. 3.º/1/a): "Para os efeitos deste diploma consideram-se: a) Valores mobiliários, as acções, as obrigações, títulos de participação e quaisquer outros valores, seja qual for a sua natureza ou forma de representação, ainda que meramente escritural, emitidos por quaisquer pessoas ou entidades, públicas ou pri-

---

[91] Esse facto dificulta a tarefa de determinar a extensão do conceito, para efeito do regime aplicável. Parece-nos que valem para o conceito de valor mobiliário as palavras de PELLIZI (1984, 2) a propósito dos títulos de crédito: "É pois, necessário – não para o teórico, mas para o juiz – saber onde começa e onde acaba a categoria do título de crédito, categoria da qual o legislador de 1942 fala com desenvoltura, pressupondo que todos sabemos que coisas compreende".

[92] Um dos que pode levantar maiores dificuldades é o conceito de valor mobiliário subjacente ao art. 608.º. Para além da cláusula extensiva do art. 607.º/2, *o próprio art. 608.º pode ser analisado no sentido de determinar o que é valor mobiliário para efeitos de considerar uma determinada actividade como de intermediação em valores mobiliários e*, consequentemente, determinar o âmbito de aplicação de todo o título VII do CdMVM. O problema maior levanta-se em relação às unidades de participação nos fundos de investimento mobiliário que, noutros passos deste trabalho, teremos oportunidade de abordar.

[93] Que seja do nosso conhecimento, é a primeira vez que o conceito de valor mobiliário aparece, de alguma forma, definido. Apesar das limitações do conceito legal, ele é extremamente importante, pois dele depende a determinação do âmbito de aplicação de todo o CdMVM e de outros diplomas com ele relacionados. Além disso, parece-nos que deve ser a referência fundamental para uma investigação do conceito e âmbito dos valores mobiliários.

[94] Trata-se de um mero ponto de partida. Com efeito, um estudo aprofundado do conceito de valor mobiliário devia ir muito mais longe e exigiria uma postura metodológica distinta. Nomeadamente, não poderia limitar-se ao CdMVM. Este ponto de partida, porém, é inteiramente justificado dado que este estudo está centrado naquele diploma.

vadas, em conjuntos homogéneos que confiram aos seus titulares direitos idênticos, e legalmente susceptíveis de negociação num mercado organizado". A partir da cláusula geral, inserida na parte final da definição, podemos isolar os seguintes elementos: são valores (direitos); que adoptem uma das formas de representação permitidas por lei (escritural ou titulada); são objecto de emissão em conjuntos homogéneos; são legalmente negociáveis num mercado organizado [95].

Devemos, porém, realçar a limitação que o legislador impõe à definição por ele formulada: "Para os efeitos deste diploma". *Trata-se, portanto, de uma definição com objectivos precisos e claramente delimitada, não podendo, por isso, aspirar a delinear, só por si, o conceito de valor mobiliário*. Aliás nem para todas as normas do CdMVM é válido o conceito do artigo 3.º/1/a, como expressamente se refere no art. 666.º/5. Por isso, a própria delimitação feita pelo legislador deve ser entendida com cautelas. Essas cautelas devem ainda ser reforçadas se tomarmos em conta que o conceito de valor mobiliário sujacente ao art. 608.º, que qualifica certas actividades como de intermediação em valores mobiliários, vai muito além do conceito do art. 3.º/1/a. Desse preceito pode resultar, nomeadamente, que as unidades de participação em fundos de investimento mobiliário, ainda que se trate de fundos abertos, são valores mobiliários.

II. A lei, na própria definição [96], enumera alguns valores que considera como valores mobiliários: as acções, as obrigações e os títulos de participação (art. 3.º/1/a), os fundos públicos (art. 47.º/1) [97]. Ao enume-

---

[95] FERREIRA DE ALMEIDA (1993, 28), partindo dos arts. 3.º/1/a e 47.º/1, dá a seguinte definição: "direitos de crédito e direitos sociais, representados por títulos de crédito de papel ou inscritos em contas registrais, que são emitidos em séries homogéneas e que são susceptíveis de negociação em mercados organizados, sem dependência das regras comuns da cessão de créditos".

[96] Só impropriamente pode ser considerada como uma definição. Trata-se, antes, de uma descrição das características essenciais do conceito, combinando uma enumeração exemplificativa com uma cláusula geral extensiva.

[97] Deve notar-se o paralelismo entre a noção do art. 3.º/1/a e a que resulta do art. 47.º/1. Enumerações são também feitas em outras normas. O art. 130.º/1 apresenta uma longa lista de valores mobiliários a cuja emissão não se aplica o regime das ofertas públicas de subscrição consagrado no CdMVM, lista a que hoje podemos acrescentar as obrigações de curto prazo conhecidas como papel comercial. De acordo com esse preceito, serão valores mobiliários: os fundos públicos nacionais; as obrigações de caixa; as unidades de participação em fundos de investimento abertos; os títulos de capital, emitidos pelas caixas de crédito agrícola mútuo; valores mobiliários emitidos por associações beneficientes ou humanitárias ou por fundações de interesse social. Outra enumeração consta do art. 292.º, quanto aos valores que podem ser admitidos à negociação em bolsa.

rar estes valores, a lei pretende abarcar todos os tipos ou modalidades que cada um daqueles valores pode assumir[98]. Portanto devem considerar-se aí abrangidos todos os tipos de acções, de obrigações e de títulos de participação.

Quanto às acções incluem-se todas as modalidades previstas ou permitidas por lei: as acções ordinárias, privilegiadas, remíveis, sem voto, etc.[99].

Quanto às obrigações, a lei utiliza o termo em sentido amplo por forma a abranger todos os valores que, estruturalmente, incorporem um direito de crédito. Daí que tanto caberão aí as obrigações emitidas pelo Estado como por outras entidades públicas ou privadas[100].

Os valores enumerados preenchem, por natureza, as condições exigidas por lei para serem considerados como valores mobiliários. Assim poderemos, em certos casos, estar perante valores que estruturalmente são obrigações, mas a que não se aplica, no todo ou em parte, o CdMVM, porque a lei que os regula ou o próprio CdMVM exclui essa aplicação. Essa exclusão, em nada afasta a sua consideração como valores mobiliários, como resulta expressamente da al. b) do n.° 2 do art. 2.°[101] ou do já referido art. 130.°/1.

III. *Os valores mobiliários são, antes de mais, valores, isto é, formas de representação de direitos.* Trata-se, porém, de direitos de natureza diversa, como resulta da própria lei e da enumeração que é feita: acções, obrigações e títulos de participação. Assim, os valores mobiliários tanto

---

[98] O art. 149.°/1 refere-se a "valores mobiliários de crédito" e o art. 53.°/2 refere-se a "obrigações e outros valores mobiliários representativos de dívida".

[99] Sobre as várias espécies e categorias de acções, vd., entre nós, PINTO COELHO (1955, 193 ss), LABAREDA (1988, 39 ss) e CUNHA (1989, maxime 150 ss).

[100] Quanto às várias espécies de obrigações vd., por ex., BRITO CORREIA (1989, 499 ss.), TORRES ESCAMEZ (1992, 100 ss), CACHON BLANCO (1990, 67 ss), JUGLART/IPPOLITO (1991, 768-771), DÉFOSSEZ/BALLEY (1987, 27-70), FERRI (1993, 772-774).

[101] Pensamos que estão nesse caso as obrigações de curto prazo, conhecidas como "papel comercial". Estas obrigações foram reguladas pelo DL n.° 181/92, de 22/8. Note-se que a designação de papel comercial tem origem na expressão *commercial paper*, de origem americana, sendo utilizada no preâmbulo da própria lei. Igualmente *a lei qualifica estas obrigações como títulos de crédito, apesar de prever que possam assumir a forma escritural, não os qualificando como valores mobiliários.* Porém, apesar de a lei inserir a criação do papel comercial dentro do processo de "modernização e reforma dos mercados monetários", parece-nos que nada impede a sua qualificação como valores mobiliários em sentido amplo (vd., adiante, pp. 131 ss.). Também os valores a que se refere o art. 130.°, apesar de não lhes ser parcialmente aplicável o CdMVM, são por este considerados como valores mobiliários.

poderão representar um direito de crédito, como acontece com as obrigações, um direito de participação social [102], como é o caso das acções, ou um direito misto, como acontece com os títulos de participação [103] ou com as entidades de participação em fundos de investimento [104]. Se, por um lado, este elemento permitiria englobar no conceito de valor mobiliário todos os títulos de crédito, por outro permite considerar realidades que a eles se não reconduzem pois nada na noção legal exige a presença das características típicas dos títulos de crédito. Porém, outros elementos do conceito permitirão restringir o seu âmbito.

Mas poderemos estar perante valores mobiliários com natureza distinta daquela que foi referida acima. Com efeito, como refere a lei, a natureza dos direitos em causa é irrelevante. Pode não se tratar de um direito de participação social ou de um direito de crédito no sentido em que este é entendido para as obrigações. Duma maneira geral, noutros países têm vindo a ser considerados como valores mobiliários direitos que não se reconduzem a nenhuma daquelas categorias. É o caso dos *warrants* [105] e dos *swaps* [106], por exemplo.

---

[102] Quanto à natureza jurídica das acções vd. MENDES (1989, *maxime* 99 ss)

[103] Os títulos de participação, regulados pelo DL n.º 321/85, de 5/8 (sucessivamente alterado pelos DL n.ºs. 407/86, de 6/12, 229-A/88, de 4/7, 311/89, de 21/9 e 213/91, de 17/6), embora representativos de empréstimos contraídos por empresas públicas e sociedades anónimas pertencentes maioritariamente ao Estado (art. 1.º/1 do referido DL), dão direito a uma remuneração composta por uma parte fixa (tal como as obrigações) e uma parte variável (tal como as acções), sendo os fundos obtidos em virtude da emissão de títulos de participação equiparáveis a capitais próprios (art. 5.º e Portaria n.º 37/86, de 27/1). BRITO CORREIA (1989, 501, nota 4) considera os títulos de participação como uma figura intermédia entre as acções e as obrigações.

[104] Quanto aos certificados representativos das unidades de participação nos fundos de investimento, referem HUECK-CANARIS (1986, 28 e 299) que não são títulos fáceis de classificar, embora os considerem como "uma forma mista de título de crédito e título jurídico-real". Seriam "títulos obrigacionais" na medida em que representariam "direitos" do participante face ao fundo; mas seriam "títulos jurídico-reais" porque o direito documentado é a posição jurídica do investidor incluindo a participação real no património separado (isto caso tenha havido opção pelo regime da compropriedade)".

[105] Não estão aqui em causa os *warrants* a que se referem os arts. 408.º ss. do C.Comercial e os Decretos n.ºs 206 de 7/11/1913 (Regulamento dos Armazéns Gerais Agrícolas) e 783 de 21/8/1914 (Regulamento dos Armazéns Gerais Industriais). Modernamente o *warrant* assume significados muitos diversos, podendo, no entanto caracterizar-se como o direito de subscrição ou aquisição de um determinado activo financeiro. Por isso, há quem os qualifique como *warrants* financeiros. Entre nós, tais espécies de *warrants* foram regulados pelo DL n.º 229-B/88, de 4/7 que criou as obrigações com direito de subscrição de acções (ou obrigações com *warrants*) . Quanto aos *warrants* a

Os valores mobiliários devem assumir uma das formas de representação determinadas por lei. Refere a lei que é irrelevante a forma assumida pelos valores mobiliários[107]. Pela palavra forma o legislador quer referir-se à forma de representação, que pode ser escritural ou titulada (art. 47.º/1). No entanto, os valores mobiliários devem assumir, obrigatoriamente, uma dessas duas formas de representação, apesar da expressão legal, "seja qual for a sua ... forma de representação". *Portanto, a existência de uma qualquer forma de representação é essencial para o conceito de valor mobiliário. Assim, um direito, ainda não representado por qualquer forma, não é um valor mobiliário*. Este problema não se colocava até à criação dos valores mobiliários escriturais pois, até então, os valores mobiliários deviam ser representados por títulos. Daí que a questão da representação dos valores mobiliários, na sua forma escritural, assuma uma importância fundamental neste trabalho.

Dizer forma de representação é abrir a porta para inúmeras questões que não podem ser aqui desenvolvidamente tratadas. Uma delas, porém, merece referência: a representação é uma forma de tornar palpáveis, de objectivar realidades que, em si, o não são. Essa é uma das funções do título, no sentido de documento, nos títulos de crédito. O mesmo parece-nos que é válido para os valores mobiliários, devendo questionar-nos se os valores mobiliários escriturais são ainda documentos[108]. Adiante teremos oportunidade de abordar a questão, bem como as consequências daí derivadas, embora não se trate de uma questão central deste estudo. Por agora fique a conclusão, provisória, de que *os valores mobiliários escriturais (registos) ou titulados são documentos*.

---

opinião da doutrina estrangeira é que estamos perante valores mobiliários. Essa é também a posição que deve ser adoptada, entre nós, face à noção do art. 3.º/1/a, acima transcrita, como veremos adiante. Sobre os *warrants* financeiros, vd. CACHÓN BLANCO (1990, 155 ss.), RIPERT/ROBLOT (1992, 133-134) e RIGHINI (1993, 242-250).

[106] Quanto aos *swaps* a qualificação já levanta maiores problemas, nomeadamente devido à sua dificuldade em serem negociados em mercado organizado. Vd. CAPRIGLIONE (1991, 792 ss.).

[107] Quanto à importância deste aspecto, vd. o cap. II da 3.ª parte, a propósito do que consideramos como *o princípio da irrelevância ou da indiferença da forma de representação dos valores mobiliários*. Dele retiraremos importantes consequências para o regime dos valores mobiliários e para a compreensão dos valores mobiliários escriturais.

[108] A "representação" de uma pessoa, coisa ou facto é uma das finalidades atribuídas por lei aos documentos, como resulta da noção dada pelo artigo 362.º do Código Civil: "diz--se documento qualquer objecto elaborado pelo homem com o fim de reproduzir ou *representar* uma pessoa, coisa ou facto".

IV. *Os valores mobiliários são objecto de emissão em conjuntos homogéneos.* De acordo com este elemento, e em primeiro lugar, os valores mobiliários são emitidos em massa por qualquer entidade. Assim, *aos valores mobiliários opõem-se os direitos que são emitidos individualmente* e, portanto, com características únicas, de acordo com a decisão do emitente [109]. Assim, não serão valores mobiliários as letras, as livranças, os cheques, os extractos de factura, os *warrants* sobre mercadorias, os conhecimentos de embarque, etc., tradicionalmente considerados como títulos de crédito. Porém, alguns desses instrumentos podem ser emitidos em série, como é o caso das letras [110]. Pensamos que a lei nos permite distinguir os dois casos conforme estejamos ou não perante um mercado primário, ele próprio objecto de regulamentação. Aí o conceito de série tem um significado próprio e é considerado como uma das modalidades de emissão em massa (art. 53.°/2 e art. 114.°/1).

A emissão em massa dos valores mobiliários é uma característica decisiva desses valores. Como refere um autor, enquanto nos títulos emitidos individualmente é adoptada uma perspectiva micro-jurídica (relação titular-adquirente), nos valores mobiliários está presente uma perspectiva macro-jurídica (relação emitente/mercado-investidores) [111]. Por isso, embora se deva continuar a colocar a questão de saber se os valores mobiliários, nomeadamente os valores mobiliários escriturais, são títulos

---

[109] É tradicional a doutrina que se tem debruçado sobre os títulos de crédito, distingui-los, quanto ao modo de emissão em títulos singulares e títulos emitidos em série. Vd. OLAVO (1978, 62 ss.). De acordo com este autor, "os títulos em série são os emitidos em massa".

[110] CASTELLANO (1987, 25-26) considera que deve distinguir-se a emissão em massa da emissão em série, pois haveria títulos individuais emitidos em série. A emissão em massa seria uma espécie dentro do género emissão em série. Também, assim, MARTORANO (1992, 73).

[111] SPADA (1994, 508). Segundo este autor, "os predicados ("individual" e "de massa"), não respeitam ao título, mas ao uso que dele se faz". E acrescenta: "*O título de crédito (...) é um dispositivo que resolve um conflito micro-jurídico*, que tem a ver com as razões de aquisição e as razões de quem é titular de uma situação jurídica circulante que dá acesso a uma riqueza "assente"; *ao valor mobiliário fazem recurso normas que respeitam a conflitos macro-jurídicos*: o que é evidente nos casos em que o valor mobiliário concorre para condicionar a aplicação do regime do prospecto, um regime ao serviço de interesses não já individuais mas colectivos, interesses à informação do investidor não profissional e ao conhecimento quanto à aplicação das suas poupanças". Portanto, com o conceito de valor mobiliário, o legislador visa resolver conflitos que não têm a ver com a relação titular-adquirente. Conclui sugestivamente aquele autor: "Il vecchio francesismo è morto...".

de crédito, deve ter-se presente que essa pergunta é colocada fora dos interesses que se pretendem tutelar através do regime a que estão sujeitos os valores mobiliários e, por isso, acaba por ser lateral ao objecto do presente trabalho. Com efeito, adoptar a perspectiva micro-jurídica que é, necessariamente, a do título de crédito seria desfocalizar os problemas essencias colocados pelos valores mobiliários e não perceber a inversão operada na lei e na realidade dos nossos dias. A doutrina dos títulos de crédito, em muitos dos seus aspectos essenciais, é impotente para enquadrar e resolver os novos problemas, suscitados pelos valores mobiliários. A viragem de perspectiva que é exigida não pode significar o abandono da teoria dos títulos de crédito, mas colocá-la em termos correctos. É o que tentaremos fazer mais adiante [112].

Não são objecto de emissão os direitos de natureza patrimonial inerentes aos valores mobiliários [113]. Este direitos, por isso, não exigem um mercado primário caracterizado como o mercado das emissões dos valores mobiliários (art. 3.º/1/c). Aqui fica, pois, um aspecto essencial do conceito de valor mobiliário: eles *são emitidos em um mercado próprio, disciplinado por lei, o mercado primário, sobretudo orientado à fixação das regras de protecção dos investidores.*

Para o conceito de valor mobiliário é indiferente a natureza da entidade emitente, podendo tratar-se de entidade pública ou privada (sociedades comerciais anónimas ou por quotas, sob forma comercial ou mesmo de sociedade civis, associações, fundações ou cooperativas) [114]. O mesmo acontece com pessoas colectivas públicas, como o Estado, as regiões autónomas ou as autarquias locais. Assim, dada a amplitude e fluidez da natureza da entidade emitente, esta não pode constituir elemento essencial do conceito de valor mobiliário. Há, no entanto, um princípio de tipicidade a que estão subordinadas as entidades emitentes de valores mobiliários [115], porém não dependendo essa emissão, em regra, de autorização administrativa (art. 110.º).

---

[112] Vd., infra, o cap. II da 3.ª parte. Aí colocaremos a questão de saber se os valores mobiliários escriturais ainda são títulos de crédito, pois só então estaremos em condições de responder à pergunta, uma vez analisado o regime desses valores mobiliários.

[113] Tratamos destes direitos já a seguir, no ponto 5.3.2.1., deste capítulo.

[114] O art. 130.º/1, refere-se a vários tipos de entidades emitentes de valores mobiliários, onde se incluem "associações beneficientes ou humanitárias, fundações de interesse social, com vista à obtenção dos meios necessários à realização dos seus fins desinteressados" (al. e). Em concreto haverá que ver a lei ou estatutos que regem essas regras entidades.

[115] Essa tipicidade está consagrada no art. 109.º. Podem, no entanto, levantar-se algumas dúvidas na medida em que se prevê que os estatutos possam autorizar uma deter-

Subjacente a este elemento está a *contraposição emitentes/investidores* (vd. art. 3.º/1/h e i)[116]. As entidades emitentes necessitam de se financiar e, para isso, recorrem à emissão de valores mobiliários[117]. Trata-se da função típica dos valores mobiliários: são instrumentos de captação de poupança entre grandes massas de pessoas[118], apresentando-se, assim, como alternativa à obtenção de capitais junto da banca[119] ou, vistas as coisas pelo lado do investidor, como instrumento de investimento alternativo aos instrumentos classicamente oferecidos pelas instituições de crédito. Esta função sócio-económica, porém, embora continue a ser essencial, deve considerar-se ultrapassada pela prática, como referimos acima, a propósito da evolução verificada recentemente. Por isso, talvez seja mais correcto considerar os valores mobiliários como instrumentos de mobilização de riqueza, em geral.

Além de emitidos em massa, os valores mobiliários devem ser emitidos em *conjuntos homogéneos*, isto é, devem apresentar um conjunto de características comuns. Entre estas a lei realça a necessidade de confe-

---

minada entidade a emitir valores mobiliários. Porém, pensamos que tal só será permitido quanto a própria lei fizer depender a emissão de valores mobiliários dos próprios estatutos. De qualquer forma bastará uma referência genérica da lei (geral ou especial por que se rejam as entidades em causa), que remeta para os estatutos a autorização para a emissão de valores mobiliários, nesse sentido devendo ser interpretada a expressão legal "quando for o caso". Questão distinta, como vimos acima, é a que respeita à tipicidade dos valores mobiliários. (vd. nota 36).

[116] HUECK/CANARIS (1986, 26 e 24-25): "os valores mobiliários ou títulos do mercado de capitais servem aos que os emitem para reunir capital e a quem os adquire para investir".

[117] Tal financiamento pode, obviamente, ser obtido por outros meios. Porém a lei procura incentivar a canalização da poupança em valores mobiliários, pois define como um dos objectivos gerais das normas reguladoras dos mercados de valores mobiliários "estimular a formação da poupança e a sua aplicação em valores mobiliários" (art. 4.º/a).

[118] Mas não é o grande número de subscritores que caracteriza os valores mobiliários. Basta que os próprios valores sejam emitidos em grandes quantidades e, portanto, sejam susceptíveis de subscrição em massa. É o caso, por exemplo, de uma sociedade anónima que se constitua com um número mínimo de sócios. Poderá, por exemplo, perguntar-se se as acções de uma sociedade anónima cujo único accionista seja o Estado, como é o caso da Caixa Geral de Depósitos, são valores mobiliários. Pensamos que a resposta oferece algumas dificuldades, embora deva ser, em abstracto, afirmativa: tratando-se de acções, estamos perante valores mobiliários por natureza. Em concreto, deve atender-se à lei que rege aquela instituição.

[119] A emissão de alguns valores mobiliários, como é o caso das obrigações, integra o conceito de fundos reembolsáveis, cuja recepção do público para aplicação por conta própria é um dos elementos característicos da noção de instituição de crédito, de acordo com o art. 2.º do DL 298/92, de 31/12. Quanto ao conceito de fundos reembolsáveis, vd. NUNES (1992/93, 163 ss.).

rirem aos seus titulares direitos idênticos. O conceito de homogeneidade, dentro de cada emissão, apenas pode referir-se a valores mobiliários da mesma natureza e com o mesmo valor nominal [120]. Além disso, devem estar todos sujeitos a um regime idêntico, definido nas próprias condições da emissão: datas de entrada em circulação, condições de subscrição ou colocação, forma de representação, etc. Em síntese e utilizando a terminologia legal, devem pertencer todos à mesma categoria (art. 53.°/3 e art. 302.°/2 do CSC). É dessa homogeneidade que decorre a sua negociabilidade em mercado secundário organizado, bem como a sua fungibilidade.

V. *Os valores mobiliários são legalmente susceptíveis de negociação em mercado organizado.* O conceito de negociabilidade deve ser entendido em abstracto, embora por referência a um mercado organizado [121]. *Não se exige que cada valor mobiliário seja negociado em mercado secundário organizado. Basta a potencialidade para essa negociação, mesmo que em concreto haja obstáculos a essa negociação.* Essa negociabilidade deve decorrer da lei, o que significa uma remissão implícita para as regras que regem cada um dos mercados organizados, nada impedindo que um valor mobiliário seja negociado em mais de um mercado organizado, desde que a lei o permita [122] (vd. o art. 180.°/1).

A remissão para as normas que regem cada um dos mercados organizados levanta dificuldades. Desde logo devemos excluir o mercado chamado monetário onde são negociados os valores monetários [123]. Deve-

---

[120] Fernando OLAVO (1978, 63), considera que, quando emitidos em série, "os títulos do mesmo tipo e emitente incorporam direitos idênticos, correspondendo a cada unidade o mesmo valor nominal, a mesma percentagem no dividendo ou de juro, e por isso são *fungíveis*" (subl. do autor). Em contraste, "os títulos individuais divergem uns dos outros, incorporam direitos diferentes e são consequentemente infungíveis".

[121] Com efeito, todos os valores são negociáveis, isto é, podem ser objecto de negócios jurídicos. Mas tal não significa que sejam negociáveis em mercado organizado. Quanto à distinção entre negociabilidade e transmissibilidade, face ao ordenamento jurídico espanhol, vd. DIAZ MORENO (1991, 360), em que o conceito de negociabilidade está mais ligado com a ideia de mercado.

[122] A doutrina italiana, no seguimento de Chiomenti, tem particularmente realçado o facto de os "titoli di massa" não serem destinados a uma circulação limitada, mas emitidos em função da existência de um mercado onde poderão ser objecto de uma grande quantidade de transacções. Diverge, porém, a doutrina quanto ao alcance a atribuir a essa função. Vd. MARTORANO (1992, 71 ss.) e D'ALCONTRES (1993, 84 ss). Quanto à importância do mercado e das particulares regras que o regem, na segurança da circulação dos valores escriturais, vd., infra, o cap. I da 3.ª parte.

[123] Por exemplo os certificados de aforro (vd. ADEGAS, 1989, 86) e o papel comercial emitido até um ano (vd. o cap. I da 2.ª parte). No entanto podem levantar-se dificul-

tratar-se de um mercado de valores mobiliários. Este é definido no art. 3.º/1/b como "o conjunto dos mercados organizados ou controlados [124] pelas autoridades competentes e onde esses valores se transaccionem". Há aqui uma certa *posição circular* na medida em que as noções de mercado e de valor mobiliário remetem uma para a outra [125]. Por sua vez, o art. 3.º/3 é bem explícito ao considerar que apenas pretende deixar fora dos mercados de valores mobiliários as transacções que sejam realizadas directamente entre os investidores. Assim, no conceito de mercado organizado incluir-se-á também o mercado de balcão (art. 499.º ss.) pois a lei não distingue o grau de organização exigido para o mercado, como resulta da expressa qualificação legal. A exigência de negociabilidade conferida por lei é reforçada pelo art. 176.º/1/b, quanto ao chamado mercado de balcão [126].

Este elemento sublinha, por um outro prisma, a função económica dos valores mobiliários. A negociabilidade em mercado secundário organizado assume tal essencialidade que influencia decisamente o regime jurídico dos valores mobiliários, bem como a sua forma de representação, entre outros aspectos [127]. É devido a este facto que muitos autores consideram que o desenvolvimento dos valores mobiliários se produziu fora dos limites dos títulos de crédito [128].

---

dades, na medida em que nada impede que um determinado valor mobiliário possa ser negociado também em mercado monetário, não nos repugnando que isso possa acontecer com as OT's.

[124] A distinção entre "mercados organizados" e "mercados controlados pelas autoridades competentes" não é clara. Uma interpretação possível é a que resulta das noções de mercado primário (art. 3.º/1/c) e mercado secundário (art. 3.º/1/d) em que só este é considerado como um mercado organizado. Assim, os mercados primários seriam mercados controlados, enquanto os mercados secundários seriam mercados organizados.
Distinto é o conceito de mercado organizado que está consagrado na Directiva de Serviços de Investimento em valores mobiliários (DSI).

[125] A forma de romper o círculo parece resultar da própria lei, na medida em que ela própria resolve o problema de saber quais as realidades negociáveis em mercado organizado. Ora, de acordo com o art. 500.º, todos os valores mobiliários são legalmente negociáveis em mercado de balcão, ainda que não sejam negociáveis em bolsa por força das restrições constantes do art. 292.º.

[126] O mercado de balcão é considerado como um mercado secundário pela al. b) do art. 174.º/1. Embora se preveja a organização do mercado de balcão (art. 510.º ss.), presentemente é um mercado não organizado centralmente, mas disperso pelos vários intermediários financeiros aí autorizados a intervir. Aplicam-se-lhe, no entanto, as regras gerais dos mercados secundários. Em rigor, trata-se de um mercado fora de bolsa, mas qualificado pela intervenção de um intermediário financeiro.

[127] Vd. o cap. I da 3.ª parte.
[128] Vd. o cap. II da 3.ª parte.

As regras do mercado de valores mobiliários são a pedra de toque de protecção dos investidores e, consequentemente, da circulação dos valores mobiliários. Tal protecção não resulta, essencialmente, das regras derivadas da forma de representação, como acontece nos títulos de crédito em que o regime deriva da forma de representação titulada. Para efeitos do CdMVM estão apenas em causa os mercados aí definidos e regulamentados. Mas pode haver valores mobiliários, como tal qualificados por lei ou cuja qualificação resulte das suas características intrínsecas, não negociáveis em nenhum dos mercados previstos no art. 174.º. Tal é o caso das unidades de participação nos fundos de investimento mobiliário abertos que, apesar de poderem ser qualificadas como valores mobiliários, não são negociáveis em nenhum desses mercados. Daqui tanto poderíamos concluir que não estamos perante valores mobiliários, ou que a noção de mercado não é essencial ao conceito, ou que deveríamos procurar uma noção mais ampla de mercado. Adiante voltaremos a esta questão. Em qualquer caso, fique desde já a ideia das limitações da noção de valor mobiliário que consta do art. 3.º/1a.

5.3. O conceito de valor mobiliário em sentido amplo

5.3.1. *Valores mobiliários monetários e não monetários*

O art. 2.º tem subjacente uma distinção entre valores mobiliários de natureza monetária e valores mobiliários de natureza não monetária. Trata-se de conceitos económicos que, em regra, costumam ser preenchidos através do prazo de reembolso desses valores, isto é, seriam valores mobiliários de natureza monetária os emitidos por prazos curtos, em regra até um ano[129]. O elemento do prazo é o único que aqui se tem presente como critério de não aplicação do CdMVM, mas não ficariam, por isso, excluídos do conceito de valor mobiliário. Parece-nos criticável esta posição do legislador. Em última instância a distinção é feita por remissão para os mercados onde são negociados, isto é, ou o mercado monetário ou o mercado de valores mobiliários. Poderá dizer-se que de comum com os valores mobiliários em sentido restrito apenas têm a função de mobilização de riqueza[130].

---

[129] Assinalámos acima o facto de a doutrina francesa considerar que os valores mobiliários são sempre emitidos a longo prazo. Vd., *supra*, notas 70 e 71.

[130] Alguma doutrina defende a utilização do conceito de instrumento ou activo financeiro como abrangendo as duas realidades. Embora tais noções tenham carácter predomi-

Entre os valores mobiliários monetários podemos distinguir os que são emitidos pelo Estado, como é o caso dos BT's[131], ou emitidos por particulares[132]. Só com uma análise aprofundada do conceito de valor mobiliário, que aqui não terá lugar como já referimos, é que poderíamos desenvolver o conceito de valor mobiliário subjacente ao art. 2.°.

5.3.2. *Os valores mobiliários por equiparação ou direitos equiparados a valores mobiliários*

I. O preceito fundamental é o que consta do artigo 3.°/2, que contém uma cláusula geral de equiparação: "Equiparam-se aos valores mobiliários referidos na al. a) do número anterior os direitos de conteúdo económico destacáveis desses valores ou sobre eles constituídos, desde que susceptíveis de negociação autónoma no mercado secundário"[133].

De acordo com o preceito citado, são três os requisitos de equiparação: que se trate de direitos de conteúdo económico; que esses direitos tenham uma estreita relação com os valores mobiliários quanto à sua constituição – ou porque deles se destacam ou porque são constituídos sobre eles; que sejam susceptíveis de negociação autónoma num mercado secundário.

II. Ao utilizar o termo equiparados, *a lei considera tais direitos como valores mobiliários*. Têm, porém, uma característica essencial: são derivados dos valores mobiliários a que se refere o art. 3.°/1/a[134]. Por isso, *podemos caracterizá-los como valores mobiliários derivados,* no sentido de que o seu regime jurídico estará mais ou menos dependente do valor mobiliário de onde derivam. Porém, a expressão valores derivados,

---

nantemente económico, autores como BERCOVITZ (1988), tentam uma definição jurídica. Neste momento, porém, entre nós, não lhe corresponde um regime jurídico comum mínimo.

[131] Vd., ADEGAS (1989, 80-81).

[132] A Directiva n.° 93/22/CEE, de 10 de Maio de 1993, relativa aos serviços de investimento no domínio dos valores mobiliários define instrumentos do mercado monetário "as categorias de instrumentos habitualmente negociadas no mercado monetário como, por exemplo, os bilhetes do Tesouro, os certificados de depósito e o papel comercial".

[133] O preceito transcrito foi alterado já depois de realizada e discutida esta dissertação, pelo DL n.° 196/95, de 29/7. Apesar das alterações, a análise aqui feita continua actual relativamente à presente al. a) do n.° 2 do art. 2.°.

[134] O que afasta a possibilidade de considerar como direitos equiparados a valores mobiliários os direitos destacáveis ou constituídos sobre valores mobiliários de natureza monetária.

deve ser reservada para os futuros e opções e outras realidades a que nos referiremos adiante.

O problema que se coloca é saber se todos os valores mobiliários derivados devem ou não ser incluídos na categoria dos direitos equiparados ou se ainda cabem na noção de valor mobiliário em sentido estrito. A lei dá-nos poucos elementos para retirar uma conclusão segura. Nada se dizendo quanto à emissão dos direitos, parece estarem em causa direitos que não são objecto de emissão autónoma em mercado primário. Tal pode significar que, *caso os direitos em causa sejam objecto de emissão, devem ser considerados como valores mobiliários em sentido estrito* e não como direitos equiparados [135].

III. O legislador considera como equiparados a valores mobiliários duas espécies distintas de direitos: *os direitos* de conteúdo económico *destacáveis de valores mobiliários* e susceptíveis de negociação autónoma em mercado secundário; *os direitos constituídos sobre valores mobiliários* e susceptíveis de negociação autónoma em mercado secundário. Assim, em qualquer caso, estamos perante *direitos derivados de valores mobiliários* ou direitos de segundo grau na medida em que a sua existência depende de um outro valor mobiliário.

Além da cláusula geral referida e que devemos ter como essencial na nossa análise, outras referências são feitas ao longo do CdMVM [136].

---

[135] É esse, em nossa opinião, o caso dos *warrants* autónomos, isto é, que são emitidos sem estarem directamente dependentes da emissão de um outro valor mobiliário. Este tipo de valores mobiliários não têm sido emitidos entre nós, ao menos que seja do nosso conhecimento. Porém, nada parece impedir que isso aconteça, se tivermos em conta que os valores mobiliários não estão sujeitos a um princípio de tipicidade. Caso tal aconteça, estarão sujeitos às regras relativas às formas de representação, de emissão e de negociação de valores mobiliários. Embora estruturalmente se configurem como direitos de opção, os *warrants* são valores mobiliários que, ao contrário das opções, podem ser negociados a contado e estão sujeitos a todas as regras dos valores mobiliários em sentido estrito, não se lhes aplicando as regras específicas dos mercados de derivados. Embora esta posição necessitasse de maior desenvolvimento, bastemo-nos com esta observação, suficiente para os objectivos que nos propomos com este trabalho. Vd., notas 105, 482 e 505.

[136] O art. 266.º/ 2 aplica aos direitos equiparados as normas relativas ao objecto do fundo de garantia: "O disposto no presente artigo e nos artigos seguintes aplica-se igualmente, com as devidas adaptações, aos direitos equiparados a valores mobiliários a que se refere o n.º 2 do art. 3.º, e aos instrumentos financeiros previstos no n.º 1 do art. 424.º". Não se percebe que o legislador tenha esquecido de elencar as opções, salvo se as considerou directamente incluídas no art. 3.º/2. A ser assim, tal significa que não considerou aí incluídos os instrumentos financeiros a que se refere o art. 424.º/1. O art. 420.º/ 3 con-

Essas referências são importantes quer para determinar o âmbito da equiparação quer para concretizar os direitos tidos em conta pelo legislador. Porém, como veremos, a terminologia legal nem sempre é segura.

5.3.2.1. Os direitos destacáveis de valores mobiliários

I. A expressão direitos *destacáveis* suscita inúmeras dificuldades, dado que a terminologia legal é flutuante e por vezes as mesmas expressões são usadas com significados diversos e outras vezes são utilizadas como sinónimas expressões que, em rigor, não se reportam às mesmas realidades.

Inúmeras vezes a se lei refere aos direitos *inerentes* a valores mobiliários[137]. Ora, estes nem sempre são destacáveis dos valores mobiliários,

---

sidera que "As opções de venda e as opções de compra referidas nos números anteriores são equiparadas a valores mobiliários para efeitos da sua transacção em bolsa...". É claramente referido o âmbito da equiparação: a negociação em bolsa. Referem-se a instrumentos financeiros equiparados a valores mobiliários o art. 409.°/1/c e o art. 424.°/1.

[137] Como é sabido, o conceito de inerência é sobretudo usado para qualificar os direitos reais, sendo essa uma das suas características fundamentais. Como refere ASCENSÃO (1993b, 615-616), "Analiticamente, a inerência de uma situação jurídica a uma coisa traduzir-se-ia na oponibilidade dessa situação a quem entre em contacto, material ou jurídico, com a coisa. Concebe-se facilmente como um momento dinâmico, anteposto ao momento estático de absolutidade". Porém, acrescenta o mesmo autor, "um direito inerente a uma coisa, mesmo sendo absoluto, não é necessariamente um direito real" (617), embora todo o direito real seja um direito inerente (620). Ora, os valores mobiliários não são coisas. Que significado pode ter o conceito de inerência de um direito a um valor mobiliário, que também é um direito, ou complexo de faculdades?

A terminologia "direitos inerentes" já era utilizada pelo CSC, limitando-se o CdMVM a copiá-la. Não cabe aqui fazer uma análise desenvolvida dessa matéria. Relativamente às acções, os direitos inerentes são uma "categoria que abrange também aquele conjunto de faculdades, poderes e expectativas jurídicas que integram o conteúdo desta" (MENDES, 1989, I, 113-114). Também o CdMVM considera sinónimos as expressões "direitos inerentes" e "direitos integrantes" (vd., por ex. os arts. 69.°/2 e 266.°/1/e).

A expressão "direitos inerentes a valores mobiliários" é usada em inúmeros preceitos: 54.°/1, 54.°/5, 64.°/5, 66.°/6, 69.°/2, 71.°/1/b, 90.°/1, 94.°/2/a, 98.°/1/c, 144.°/1, 184.°/2, 266.°/1/e, 267.°/2/b, 344.°/1/b, 344.°/2/d, 345.°/2, 346.°/1, 346.°/1/g, 409.°/1/a, 411.°/4/e, 447.°/4, 466.°/1 e 467.°/2/c, 529.°/g. Dos preceitos citados, resulta que são direitos inerentes, os direitos susceptíveis de exercício ou cessão, os direitos patrimoniais e sociais, os direitos de conteúdo económico ou patrimonial, o direito de voto, os direitos de conversão relativos a obrigações convertíveis em acções, etc. Neste sentido e para efeitos do CdMVM a titularidade (propriedade) não pode ser considerada como direito inerente aos valores mobiliários, questão que tem consequências a diversos níveis (vd., infra, o cap.iv da 2.ª parte, a propósito do art. 405.°).

Evolução do conceito e das formas de representação 53

embora os direitos destacáveis sejam sempre direitos inerentes[138]. É uma relação de género e espécie que se estabelece entre eles.

Porém, deve ainda atender-se ao facto de nem todos os direitos destacáveis serem susceptíveis de negociação em mercado secundário. Portanto, nada impede que possam ser negociados fora do mercado secundário[139]. Porém, como resulta expressamente da letra do preceito em análise, aqui apenas estão em causa os direitos destacáveis que sejam susceptíveis de negociação em mercado secundário[140]. Os direitos desta-

---

[138] De entre os direitos destacáveis, a lei refere-se constantemente aos "direitos susceptíveis de exercício ou transacção autónoma": art. 54.º/3, 56.º/2/i e l, 67.º/2, 90.º/3, 292.º/2/f e 409.º/1/a. Portanto, *a lei considera pelo menos duas categorias de direitos destacáveis dos valores mobiliários*: os que são susceptíveis de exercício ou transacção autónoma e os que não são susceptíveis de exercício ou transacção autónoma. Porém, esta distinção legal deve ser entendida em relação com os mercados secundários de valores mobiliários, pelo que a conclusão correcta deve ser a que resulta do art. 3.º/2: por um lado os *direitos destacáveis que são susceptíveis de transacção autónoma em mercado secundário e*, por outro, os *direitos destacáveis que apenas são susceptíveis de negociação fora do mercado secundário*. Assim, o elemento essencial, para efeitos de equiparação a valor mobiliário é a sua negociabilidade ou não em mercado secundário.

[139] Este aspecto é importante pois está em causa a aplicabilidade das regras dos mercados secundários. Fora destes a lei não coloca quaisquer entraves, deixando a porta aberta a que possam ser negociados direitos que, à primeira vista, não têm conteúdo económico, como é caso do direito de voto, embora este aspecto seja apenas marginalmente abordado nos arts. 345.º/2 e 346.ª/1/f, onde se alude aos direitos de voto "que o interessado ou qualquer outra das pessoas ou entidades referidas nas alíneas anteriores possam adquirir, por sua exclusiva iniciativa, em virtude de acordo escrito que tenham celebrado com os respectivos titulares".

Também serão negociáveis fora de mercado secundário outros direitos como o direito ao dividendo, uma vez que se trata de um direito destacável, como tal considerado tradicionalmente pela doutrina. MENDES (1989, 113 ss) critica o facto de o CSC considerar o direito ao dividendo como um direito inerente pois, "o direito ao dividendo deliberado deve considerar-se como um direito autónomo em relação à posição jurídica fundamental que constitui a sua fonte, podendo o titular da participação dispor dele mantendo esta e vice-versa e constituindo as duas realidades objectos distintos de penhora". O mesmo autor reflete igualmente sobre as dificuldades que podem surgir da titulação desse direito ao dividendo já deliberado (115 ss.).

[140] Ainda que tais direitos destacáveis sejam negociados com a intervenção de um intermediário financeiro autorizado, não estaremos perante operações de mercado secundário precisamente porque a lei considera tais direitos como não susceptíveis de negociação em mercado secundário. Temos dúvidas sobre a correcção da opção do legislador, pois parece-nos mais correcto que tais transacções devessem ser ainda consideradas como operações de mercado de balcão, sendo-lhes aplicáveis todas as regras gerais relativas aos mercados secundários e às actividades de intermediação em valores mobiliários.

cáveis susceptíveis de negociação em mercado secundário, apenas podem ser objecto de oprerações de bolsa a contado [141].

Trata-se de direitos que estão, por natureza, integrados (são inerentes) nos valores mobiliários referidos no art. 3.º/1/a, enquanto complexo de faculdades. Esses direitos podem existir apenas potencialmente integrados num valor mobiliário, concretizando-se em determinadas condições [142]. Assim, estamos perante direitos que não são objecto de criação, pois sempre existiram, potencialmente, dentro do valor mobiliário de base. Por isso, não faz sentido falar em emissão destes valores mobiliários.

Entre estes direitos podemos enumerar: os direitos de preferência na subscrição de outros valores mobiliários e os direitos de incorporação (art. 54.º/2) [143]. Em rigor estamos perante verdadeiros valores mobiliários, por natureza. Estão sujeitos ao regime dos valores mobiliários escriturais quer no que respeita ao seu registo quer no que respeita à sua circulação (art. 56.º/2/i), com as limitações inerentes ao facto de se tratar de valores mobiliários destacados de outros valores mobiliários e, portanto, com um regime jurídico parcialmente moldado pelo valor mobiliário de que se destacaram. Igualmente devem assumir uma forma de representação titulada ou escritural [144].

II. A própria lei, em diversas ocasiões, trata estes direitos como valores mobiliários [145]. É, desde logo, a enumeração dos valores mobiliá-

---

[141] Vd. art. 409.º/1/a e 2. (Preceitos entretanto alterados pelo DL n.º 196/95, de 29/7).

[142] Como acontece com o direito de subscrição e de incorporação que, potencialmente, integram a acção, mas apenas se concretizam após a deliberação da assembleia geral de aumentar o capital. Vd., quanto ao direito de preferência na subscrição, ALBUQUERQUE (1993, 118 ss), CORDEIRO (1990, 135 ss.), VENTURA (1988, 202) e MENDES (1989, 11 ss). Quanto ao direito de incorporação, vd. VENTURA (1988, 260 ss).

[143] O art. 67.º/2, refere o "exercício ou transacção de direitos de subscrição ou quaisquer outros direitos destacáveis de valores mobiliários escriturais e susceptíveis de ser exercidos ou transaccionados separadamente".

[144] Essa forma de representação, em regra, é idêntica à do valor mobiliário a que são inerentes. Porém, nem sempre assim será, como resulta do disposto no art. 54.º/3 em que os direitos destacados de valores escriturais poderão assumir a forma de representação titulada, como veremos adiante.

[145] O que também acontece em outros quadrantes legislativos. Assim, por ex., o art. 2.º da lei brasileira n.º 6.385/76, relativa ao mercado de valores mobiliários, qualifica como valores mobiliários, entre outros, "as acções, partes beneficiárias e debêntures, os cupões desses títulos e os bônus de subscrição". Vd. VIDIGAL e MARTINS (1980, 5). Também a lei francesa os considera como valores mobiliários. Vd. JUGLART/IPPOLITO (1991, 750 e nota 32).

rios que podem ser admitidos à negociação em bolsa onde, entre outros, se referem "os direitos de conteúdo económico destacáveis dos valores mobiliários referidos nas alíneas precedentes ou sobre eles constituídos e que sejam susceptíveis de negociação autónoma" (art. 292.º/1/f).
Também o art. 379.º/a, que enumera os valores negociáveis no mercado sem cotações (vd., também, os arts. 380.º/a, 381.º e 392.º), inclui entre eles "os direitos de subscrição e os direitos de incorporação relativos a valores mobiliários admitidos à negociação no mercado de cotações oficiais, no segundo mercado ou no próprio mercado sem cotações, e bem assim quaisquer direitos de natureza semelhante previstos nas normas a que se refere a al. a) do n.º 1 do artigo anterior"[146].
Igualmente os considera como valores mobiliários o art. 666.º/5/b, "quando permitam subscrever, adquirir ou alienar os valores indicados na alínea anterior", embora tal qualificação seja apenas para os efeitos do crime de informação privilegiada.

III. Em conclusão, podemos dizer que a lei faz uma equiparação quase plena dos direitos destacáveis e susceptíveis de negociação autónoma em mercado secundário aos valores mobiliários. A principal diferença reside no facto de não haver um mercado primário de direitos, pois não são objecto de emissão, e na limitação legal de não poderem ser objecto de operações a prazo (art. 409.º/1/a e 2)[147]. Por isso, não lhes são aplicáveis as regras relativas às emissões de valores mobiliários. No entanto, comungam do carácter massivo dos valores mobiliários de que se destacam, da sua homogeneidade e da negociabilidade em mercado secundário. O mais correcto teria sido considerá-los como valores mobiliários por natureza e não como direitos equiparados a valores mobiliários. Apesar disso, não cremos que a qualificação legal traga consigo grandes consequências em termos de regime jurídico, uma vez que o objectivo da equiparação reside na aplicabilidade às transacções sobre esses direitos das regras gerais sobre os mercados secundários de valores mobiliários e sobre as actividades de intermediação em valores mobiliários. Igual-

---

[146] Já no domínio do DL n.º 8/74, de 14/1, os autores consideravam estes direitos como valores mobiliários, embora não fossem expressamente referidos no art. 34.º desse diploma entre os valores admissíveis à cotação. VENTURA (1988, 202) admite que eles podem "considerar-se incluídos nos valores mobiliários referidos na al. c), isto é, que "por disposição de lei ou portaria do Ministro das Finanças, possam ser objecto de cotação oficial".

[147] Situação que foi alterada pela redacção dada ao n.º 2 do art. 409.º pelo DL n.º 296/95, de 29/7.

mente lhes são aplicáveis as regras relativas à forma de representação uma vez que tais direitos tenham sido destacados.

5.3.2.2. Os direitos constituídos sobre valores mobiliários

I. Torna-se difícil determinar que tipo de direitos estão aqui em causa. A terminologia legal parece apontar para direitos que não são inerentes aos valores mobiliários, isto é, são exteriores a esses valores não necessitando, portanto, de ser deles destacados. Assim, tudo parece indicar que estamos perante direitos estruturalmente diferentes dos referidos no ponto anterior.

Para além do art. 3.º/2, encontramos mais quatro referências a direitos constituídos sobre valores mobiliários, nos arts. 64.º/3 ("os direitos registados *sobre* os mesmos valores mobiliários prevalecem uns sobre os outros..."), 64.º/5 ("os titulares de quaisquer direitos *sobre* valores mobiliários escriturais só poderão transmiti-los ou onerá-los"), 64.º/6 ("As pessoas em nome das quais se encontrem definitivamente inscritos... quaisquer direitos *sobre* os valores nelas registados presumir-se-ão seus legítimos titulares") e 292.º/2/f) (podem ser admitidos à negociação em bolsa "os direitos de conteúdo económico...*sobre* eles constituídos e que sejam susceptíveis de negociação autónoma"). A simples referência a estes preceitos, mostra o pouco rigor da expressão "direitos de conteúdo económico ...*sobre eles constituídos*".

No art. 64.º/3, 5 e 6, estamos perante direitos resultantes de negócio jurídico que tenha os valores mobiliários como objecto (titularidade, usufruto, penhor, etc.). Já os direitos a que se refere o art. 292.º/1/f) estão claramente integrados nos direitos a que se refere a primeira parte do art. 3.º/2 e analisados no ponto anterior, não fazendo qualquer sentido considerá-los também incluídos na 2.ª parte do preceito.

Assim, cabe perguntar se direitos como o penhor ou usufruto de valores mobiliários podem ser equiparados a valores mobiliários. Somos de opinião que a resposta deve ser negativa e que o legislador não os quis incluir no art. 3.º/2. Tal não significa que esses direitos, em geral, não possam ser objecto de negócios jurídicos[148], mas que esses negócios não

---

[148] É sabido, não necessitando aqui de qualquer demonstração particular, que o penhor e o usufruto são direitos que podem ser cedidos, a título oneroso ou gratuito. Quanto à transmissão do penhor vd. o art. 676.º do CCiv., que remete para os arts. 729.º ss.

podem ser considerados como operações de mercado secundário [149]. Com efeito, consideramos que esses direitos sobre valores mobiliários não respeitam quaisquer das características a que devem obedecer os valores mobiliários, não se verificando, assim, quaisquer requisitos para que possa funcionar a cláusula da equiparação: não são emitidos em massa, não têm carácter de homogeneidade, nem são negociáveis em mercado secundário. Em conclusão, devemos afastar direitos como o penhor ou o usufruto da previsão do art. 3.º/2, não os considerando como equiparados a valores mobiliários.

II. Parece-nos que o único caminho para determinar quais os direitos que estão aqui em causa é recorrer à enumeração, feita pela própria lei, de outras realidades negociáveis em mercado secundário e relativas a valores mobiliários. Com efeito, a lei refere-se às seguintes realidades: os instrumentos financeiros equiparados a valores mobiliários (art. 424.º/1); os contratos celebrados sobre estes instrumentos financeiros (art. 424.º/1/a e b); as opções constituídas sobre aqueles instrumentos financeiros (art. 424.º/2); as opções constituídas sobre valores mobiliários (art. 420.º/3).

Porém, a lei não é clara pois, por vezes, parece dar a entender que se trata de realidades distintas das que são referidas na segunda parte do art. 3.º/2, uma vez que constantemente as distingue [150]. Ao invés, a lei equipara expressa e especificamente essas realidades a valores mobiliários, parecendo dar a entender que se trata de uma equiparação especial, que não resulta da cláusula geral do art. 3.º/2.

O art. 411.º/1 refere dois tipos de relações que os instrumentos financeiros e as opções podem ter com os valores mobiliários: ou que *os tenham por objecto* ou que *neles se baseiem*. Portanto, de acordo com esse preceito, podemos dizer que são direitos constituídos sobre valores mobiliários aqueles que os têm como objecto ou aqueles que se baseiem

---

do mesmo diploma, podendo igualmente ser cedido o grau de prioridade do penhor, por aplicação do art. 729.º do CCiv.

[149] Apenas podem ser consideradas como operações de mercado secundário aquelas que tenham os valores mobiliários como objecto (vd. o art. 176.º). Tais operações, portanto, devem ser consideradas como operações fora de mercado secundário, ainda que realizadas com intervenção de um intermediário financeiro.

[150] É o que acontece, por exemplo, no art. 666.º/5/c, que as trata como realidades distintas. Porém, o argumento daí retirado não é decisivo pois a noção de valor mobiliário que aí é dada é limitada à aplicação desse artigo e porque decorre directamente da directiva comunitária, à luz da qual deve ser interpretada.

em valores mobiliários. Este último caso permite-nos abarcar realidades muito distintas e que apenas mantêm com os valores mobiliários uma relação indirecta, em que estamos perante direitos sucessivos, cuja derivação dos valores mobiliários de base poderá ser em segundo ou terceiro grau. Seguramente estamos perante instrumentos financeiros que podem ser objecto de operações de bolsa, como resulta expressamente do art. 409.º/1/b e c). Assim, estamos perante realidades que, pelo menos, respeitam uma das características essenciais dos valores mobiliários, isto é, a negociabilidade em mercado secundário.

Em conclusão, parece-nos que o legislador apenas quis incluir no art. 3.º/2 os chamados futuros e opções e não quaisquer outros direitos sobre valores mobiliários. Com efeito, parece-nos que só aí se verificam os requisitos de que depende uma equiparação a valores mobiliários. Mas a questão merece ser vista com mais cuidado, dadas as características especiais dos futuros e opções e, além disso, devido ao facto de se tratar de realidades que nunca tiveram qualquer existência efectiva entre nós.

III. Os futuros não são definidos por lei. Esta, por um lado, fala em "operações a futuro", a que também chama "operações a prazo liquidáveis por compensação" (art. 418.º); por outro lado, refere que tais operações, além de valores mobiliários, podem ter como objecto "instrumentos financeiros equiparados, para o efeito, a valores mobiliários" (art. 424.º/1, "corpo"); por fim, refere que esses instrumentos financeiros podem compreender, nomeadamente, "contratos sobre taxas de juro", "contratos sobre índices" e "contratos sobre outros instrumentos de natureza semelhante" aos anteriores (art. 424.º/1, als. a, b e c.)[151].

---

[151] Não é nosso objectivo reflectir aqui sobre os futuros e as opções enquanto operações de bolsa. Por muito interessante que essa reflexão possa ser, afastar-nos-ia do objecto do nosso trabalho e levar-nos-ia a desenvolvimentos que tornariam desiquilibrada a abordagem feita. Trata-se de operações de grande complexidade técnica e, que saibamos, nunca foram objecto de análise jurídica que tenha sido publicada entre nós. A inexistência de um mercado de futuros e opções pensamos que é a verdadeira justificação para tal ausência. No estrangeiro, porém, a bibliografia tem vindo a desenvolver-se sobretudo desde o início dos anos 90. Deixamos aqui algumas referências, onde o tema é abordado com maior ou menor profundidade, sem qualquer pretensão de exaustividade: CACHÓN BLANCO (1992, I, 373-402), CARBONETTI (1992, 43-49), CAUSSE (1993, 434 ss.), DÍAZ RUIZ (1992), FERNÁNDEZ-ARMESTO e CARLOS BERTRÁN (1992, 517-523), GIL DEL MORAL e MOREU SERRANO (1994, 498-515), GRÉGOIR (1994, 28-31), MADRID PARRA (1992, 1-15); NAYER (1991), PEZARD (1994, 37-48, 147-161, 177-187 e 229-237), DIDIER (1993, 253 ss.).

Das referências legais citadas parece resultar que *a equiparação a valores mobiliários é estabelecida com os instrumentos financeiros, sob a forma de contratos, que podem ser objecto de operações a futuro*[152]. Estes contratos não são direitos, pois tais direitos apenas podem resultar das operações sobre eles realizadas[153]. Estamos apenas perante contratos estandardizados que são susceptíveis de serem negociados em mercado secundário[154]. Assim, parece difícil considerar tais instrumentos financeiros como incluídos na 2.ª parte do art. 3.º/2, dado que aí apenas estão em causa direitos[155].

Os futuros não são objecto de emissão em sentido técnico[156], tal como não há um mercado primário no sentido em que é definido por lei. Não lhes são, portanto, aplicáveis as regras relativas à emissão de valores

---

[152] Este entendimento que resulta da nossa lei pode ser objecto de discussão e os juristas nem sempre se entendem quanto a esta questão em outras ordens jurídicas. Por ex., RIGHINI (1993, 271-274), refere que "si è escluso che costituiscano valori mobiliari i contratti di future su merci, valute o indici nel loro momento genetico, in quanto in tal caso si avrebbe la semplice offerta del bene o valore sottostante o la mera proposta di operare a termine su un indice, mentre lo sarebbero i contratti di future già conclusi, qualunque ne sia l'oggetto, di cui venga offerta ai risparmiatori la cessione o l'acquisto, poiché ciascun contratto assumerebbe allora un autonomo valore di mercato rispetto al bene sottostante, tale da configurarlo come rilevante anche sotto il profilo giuridico".

[153] Em rigor chamam-se contratos não porque tenham resultado de um processo de contratação, mas porque são susceptíveis de contratação. Na prática estamos perante meras condições gerais de contratos que as partes podem celebrar em mercado secundário, sem que essas condições estejam na sua disponibilidade, mas apenas da entidade responsável do mercado onde sejam negociáveis.

[154] Mas, em si mesmos, os futuros não são negociáveis, isto é, não são objecto de transmissão. Embora sejam objecto de contratação, as posições desfazem-se não pela transmissão do contrato de futuro, mas pela celebração de outro contrato de futuro de conteúdo económico inverso. Assim, DIAZ RUIZ (1993, 177). Vd. os arts. 418.º e 424.º.

[155] Ainda que se considerasse que a equiparação a valores mobiliários é estabelecida com os direitos resultantes da celebração de contratos de futuros, igualmente os não podemos incluir no art. 3.º/2. Com efeito tais direitos não têm autonomia nem são negociáveis em mercado secundários. Trata-se de direitos a uma prestação a que correspondem as obrigações correspectivas: por um lado o direito à entrega de um determinado número de valores mobiliários e a correspondente obrigação de pagar o preço; por outro lado trata-se do direito a receber o preço pela entrega de uma determinada quantidade de valores mobiliários. Portanto, mais que direitos, estamos perante posições negociais válidas por um determinado período de tempo e em que pode não haver qualquer direito a valores mobiliários ou a um preço, mas apenas o direito a liquidar a operação de que pode resultar tanto o direito a pagar como a receber um determinado saldo. Portanto, nunca estaríamos perante um direito que pudesse ser incluído no art. 3.º/2.

[156] Também assim, DIAZ RUIZ (1993, 176).

mobiliários. Igualmente não existe uma entidade emitente que esteja obrigada ao seu cumprimento [157].

Os contratos não são transaccionáveis, tal como o não são os instrumentos financeiros que constituem o seu objecto. Mas devemos entender essa característica correctamente, isto é, eles não são transaccionáveis no sentido em que o são os valores mobiliários ou os direitos a eles equiparados. Com efeito, não é possível transmitir, em mercado secundário, um futuro de um titular para outro. Essa transmissão opera através da realização de uma operação de sentido inverso, o que permite desfazer a posição contratual que se tinha no mercado [158].

Nada impede que os futuros assumam a forma escritural. Mas não é por isso que estão sujeitos às regras dos valores mobiliários escriturais. Basta o registo que é feito pela entidade gestora do mercado de futuros e que deve reger-se por planos contabilísticos próprios (art. 411.º/2/a). Não parece, em qualquer caso, que estejamos perante uma verdadeira forma de representação, facto que pode levar a colocar em questão se todos os valores mobiliários por equiparação devem assumir uma forma de representação.

IV. Ao contrário do que acontece com os futuros o art. 420.º/1 define "opção, para efeitos do presente artigo, o direito atribuído por um investidor a outro, em contrapartida do pagamento a contado de uma importância denominada prémio, de lhe comprar ou vender, numa data futura pré-estabelecida ou em qualquer momento até essa data, uma certa quantidade de um determinado valor mobiliário, a um preço fixo para o efeito estipulado". Mas o legislador hesita na sua qualificação, pois em vários outros preceitos parece ter subjacente a ideia de opção não como um direito, mas como um contrato, nos mesmos termos em que o fez para os futuros (vd. os arts. 420.º/2, 421.º/1/a e 421.º/3).

De acordo com a noção dada, o art. 420.º/3 equipara as opções a valores mobiliários para efeitos da sua transacção em bolsa, "podendo negociar-se nela a contado". Ora esta equiparação, nos termos em que é

---

[157] Essa função é desempenhada pela entidade gestora do mercado, mas esta tem natureza distinta de uma entidade emitente. Apenas fixa as condições gerais e actua como contraparte dos contratos nos negócios celebrados (vd. o art. 411.º/2/b). Ao assumir a contraparte em todos os negócios a entidade responsável pelo mercado ou uma câmara de compensação autónoma assume o chamado risco de contraparte, o que constitui uma das principais vantagens dos futuros negociados em mercado secundário.

[158] A impossibilidade de transmissão em mercado secundário não afasta, porém, outras formas de transmissão, nomeadamente através de sucessão por morte.

feita, levanta inúmeras dificuldades. Por um lado trata-se de equiparar a valores mobiliários um direito que é autonomizado do contrato donde emerge, ao contrário do que vimos acontecer com os futuros, onde a realidade equiparada eram os prórpios contratos ou instrumentos financeiros objecto das operações a futuro; por outro lado, ao permitir a negociação do direito de opção através de operações a contado, destrói o próprio mercado onde são realizadas as operações sobre opções, uma vez que este apenas se justificaria para criar novos direitos que não pudessem ser adquiridos no mercado a contado [159].

Se considerarmos que as opções, uma vez objecto de negociação, podem ganhar autonomia em relação aos negócios de que derivam e serem elas próprias objecto de negócios no mercado a contado, podendo mesmo ser cotadas (art. 420.º/3), então estarão incluídas na 2.ª parte do art. 3.º/2. Ora estas opções ao terem necessidade de circular, em regra circularão sob a forma escritural e, enquanto tais, subordinam-se às regras dos valores escriturais, devendo ser registadas em conta e aplicando-se-lhes todas as regras privativas dos valores mobiliários escriturais [160]. Essa perspectiva, porém, parece-nos que deve ser abandonada, de acordo com a análise acima feita. O mais correcto é considerar os próprios contratos de opção como equiparados a valores mobiliários, nos mesmos termos que referimos para os futuros, não as considerando incluídas na cláusula de equiparação do art. 3.º/2.

V. Em conclusão, podemos dizer que a cláusula da 2.ª parte do art. 3.º/2, nos termos em que está redigida, ou tem um conteúdo vazio ou apenas poderá referir-se aos direitos de opção tal como são definidos no artigo 420.º/1. Tal não impede, porém, que os contratos de futuros e

---

[159] Trata-se de uma especialidade que não conhecemos que exista em qualquer mercado de opções a funcionar em múltiplos países. Tal apenas poderá ser explicado por não se ter assumido que as opções são contratos estandardizados e negociados em um mercado próprio, de acordo com a mesma técnica que é seguida para os futuros. Assim, trata-se de um resquício das velhas operações a prazo sobre opções, concebidas como operações de bolsa não estandardizadas, mas cujo desenho não corresponde ao que resulta dos arts. 420.º a 423.º. Embora a questão merecesse um tratamento mais atento, parece-nos que os preceitos onde se estabelece a negociabilidade dos direitos de opção a contado devem ser objecto de uma interpretação abrogante.

[160] URÍA (1992, 633), considera que as opções dificilmente poderão ser consideradas como valores. Em sentido contrário, CACHON BLANCO (1992, I, 146) inclui as opções e os futuros num conceito amplo de "valor negociável", equivalente à categoria de "activo financeiro" ou de "instrumento financeiro" apenas caracterizada pela incorporação de direitos económico-financeiros e pela negociabilidade em mercado organizado.

opções devam ser considerados como equiparados a valores mobiliários, como resulta da expressa equiparação que é feita pelo legislador no art. 420.º/3 e no art. 424.º/1.

6. CONCLUSÕES

I. Chegados ao fim deste capítulo, fica bem claro que uma análise aprofundada do conceito de valor mobiliário exigia ir muito mais longe, tal como ficou claro que uma reflexão desse género ultrapassa em muito os objectivos e limites deste trabalho. Algumas questões foram, no entanto, levantadas e ensaiadas tentativas de resposta, tanto quanto o exigia o objecto do nosso trabalho.

A análise histórica que foi feita justificava-se dado o uso recente do conceito de valor mobiliário na lei portuguesa. O facto de este conceito ser ignorado pela doutrina exigia que se determinasse quanto aos elementos legais mínimos, dado que se trata de um conceito que é adoptado neste trabalho.

II. A análise do conceito legal de valor mobiliário permitiu-nos descobrir, antes de mais, a sua complexidade e polissemia; permitiu-nos identificar a existência de valores mobiliários para os quais a lei exige uma forma de representação como elemento essencial e constituinte do conceito, aquilo a que chamámos os valores mobiliários em sentido estrito; descobrimos que é essencial a ligação dos valores mobiliários ao mercado, considerando que o legislador adopta uma perspectiva macro-jurídica, de massa, enquanto nos títulos de crédito adopta uma perspectiva micro-jurídica, individualizada; determinámos que a qualificação de muitos valores mobiliários, nomeadamente aqueles que integrámos no conceito em sentido amplo, é feita pelo legislador para permitir a aplicação não do regime derivado da representação dos valores mobiliários, mas para aplicar a esses valores ou às actividades sobre eles exercidas determinados controlos de natureza administrativa e determinadas regras de actividade. Assim, parece-nos ter ficado claro que não foi objectivo do legislador tornar aplicáveis a todas as realidades qualificadas como valores mobiliários as regras dos valores escriturais, enquanto forma de representação. Em suma, ficou mais claramente delimitado o âmbito do nosso trabalho.

CAPÍTULO II
DA DOCUMENTAÇÃO DOS DIREITOS EM PAPEL AOS VALORES MOBILIÁRIOS ESCRITURAIS

1. OS PROBLEMAS DERIVADOS DA DOCUMENTAÇÃO DOS DIREITOS EM PAPEL

I. A documentação dos direitos em papel [161], que culminou na construção da teoria dos títulos de crédito, é considerada como uma das grandes contribuições do direito para o desenvolvimento do comércio [162]. Alguns chamaram-lhe invento maravilhoso e foi mesmo comparado, em importância, à máquina a vapor. O facto de os títulos de crédito permitirem a circulação da riqueza, com celeridade e segurança, deveu-se também à doutrina que, em torno deles, foi elaborada e ao regime jurídico específico a que ficaram sujeitos. A "corporização" ou "coisificação" dos direitos de crédito foi o caminho encontrado para os subtrair ao direito das obrigações e subordiná-los ao regime do direito das coisas [163]. Por este meio, estavam asseguradas a certeza e a segurança jurídicas, em particular a protecção de terceiros de boa fé [164].

Porém, apesar deste entusiasmo pelos títulos de crédito, depressa se concluiu que não tinha plena correspondência nas necessidades da vida prática que, pouco a pouco, foi procurando fugir-lhe quer criando sucedâneos sujeitos a uma disciplina jurídica mais flexível quer amputando o

---

[161] Usamos a expressão "documentação em papel", porque são possíveis outras formas de documentação e porque não queremos afastar a consideração dos valores escriturais como documentos. Vd. a referência feita no capítulo anterior, pág. 43.

[162] ASCARELLI (1943, 3) considera os títulos de crédito como "uma das melhores demonstrações da capacidade criadora da ciência jurídica nos últimos anos".

[163] Vd., por ex. ZÖLLNER (1974, 283), MARTORANO (1992, 9-13), HUECK/CANARIS (1986, 4), embora essa perspectiva se encontre em qualquer manual ou estudo sobre os títulos de crédito.

[164] "Direito plenamente objectivado e despersonalizado ... um bem, um valor", no dizer de ASCARELLI (1943, 15).

seu regime jurídico de alguns dos aspectos que mais dificultavam a sua circulação. Tal evolução tende ao abandono da documentação em papel, na medida em que este se converteu num verdadeiro entrave ao êxito dos títulos de crédito [165]. Trata-se de um processo de evolução longo e que ainda não terminou. As causas desta evolução são várias e complexas, mas é possível identificar as principais, como faremos a seguir.

II. *A massificação das operações bancárias* [166] do mais diverso tipo, abrange progressivamente a área dos títulos de crédito e dos valores mobiliários. Nos bancos acumulam-se milhões de documentos que têm de ser guardados e conservados ou pura e simplesmente manejados [167]. E tais documentos são tanto valores mobiliários como títulos de crédito em sentido estrito [168]. Exigem grandes quantidades de pessoal [169], tarefas

---

[165] OLIVENCIA (1987, 17), sugestivamente, trata a situação como análoga à do aprendiz de feiticeiro.

[166] RIPERT fala em "bancarização da sociedade" pois hoje não apenas as empresas, mas mesmo os particulares com economias modestas estão, de uma ou outra forma, relacionados com os serviços bancários. Vd., PEREZ ESCOBAR (1991, 988).

[167] Já no fim do séc. XIX se começou a generalizar a prática de conferir a administração e a custódia dos títulos aos bancos evitando, assim, os incómodos dessa administração, bem como os problemas de roubo ou extravio. Vd. RIPERT-ROBLOT (1992, 17-18), que se referem às contas correntes de valores mobiliários tentadas em França desde meados do séc. passado e GARRIGUES (1975, 394-395) que referem os aspectos essenciais da prática de então. EIZAGUIRRE (1982, 80) considera este depósito como o início da transição da forma jurídico-cartular para formas essencialmente bancárias. Entre nós, já o CCm previa e regulava o depósito de papéis de crédito (art. 405.º), colocando a cargo do depositário a obrigação de cobrança e todas as demais diligências para a conservação do seu valor e efeitos legais. O art. 406.º previa mesmo a possibilidade de o depositário utilizar a coisa depositada, regendo-se esse depósito de acordo com o contrato celebrado (empréstimo, comissão, etc.)

[168] VASSEUR (1976, 1-2), referindo-se a 1974, cita números de títulos de crédito, em particular letras e cheques, que passavam pelos bancos franceses. O autor descreve os problemas surgidos em França na década de 60 e que levaram à criação de uma comissão para estudar a reforma do regime da letra de câmbio. Vd., também, ZÖLLNER (1974, 251). ARONSTEIN (1988, 43) refere que, em 1967 a NYSE (New York Stock Exchange) negociava à volta de 30 milhões de acções/dia. Porém, em 1987 esse número elevava-se a 150/200 milhões de acções/dia.

[169] MEIER-HAYOZ (1986, 387) dá conta de que os bancos suíços ocupavam cerca de um terço do seu pessoal no sector de custódia e administração de títulos. Segundo o Conselho Superior Bancário espanhol, no início da década de 80 "quase um terço do pessoal da banca está dedicado de maneira directa ou indirecta à manipulação dos efeitos comerciais nos seus distintos estádios". Vd. QUINTANA CARLO (1985, 382).

rotineiras de grande desgaste[170] e, consequentemente, grandes gastos adicionais para os bancos[171].

Estes problemas exigiam uma solução[172] e os bancos estiveram na primeira linha de pressão para forçar a alteração deste estado de coisas por via legislativa[173], embora, muitas vezes, tenham avançado por si próprios sem esperar pelo legislador[174]. Exigiam a supressão[175] dos papéis ou, ao menos, a sua imobilização para impedir a sua circulação, manejamento, controlo, classificação, envio, etc. É assim que surge na Alemanha o depósito conjunto ou colectivo de títulos (*Sammelverwahrung*),

---

[170] Por exemplo, de cada vez que uma grande empresa pagava dividendos, caso os títulos estivessem depositados numa instituição de crédito como era normal acontecer, era necessário cortar milhões de cupões, cujo destaque se tornava necessário para os poder apresentar à sociedade que, por sua vez, se via também a braços com enormes problemas devidos à necessidade de manipular tantos papéis. Refere PEREZ ESCOBAR (1991, 989) que estas operações de cortar cupões se converteram, muitas vezes, mais numa sanção para os empregados dos bancos. EIZAGUIRRE (1982, 80, nota 272) refere que o corte de cupões para receber os juros dos empréstimos emitidos na Alemanha durante a 1.ª Grande Guerra exigia anualmente da banca cerca de 300 a 400 milhões de actos materiais.

[171] A Comissão Bancária Espanhola contabilizava assim o tempo gasto e o dinheiro dispendido: "Dedicar um minuto mais de trabalho a cada letra, uma vez que são manejados actualmente (em 1981) pelo conjunto da banca que opera em Espanha uns 400 milhões de letras, seriam necessários mais 400 milhões de minutos de trabalho, que a um custo médio calculado de 30 pts/minuto, exigiriam 12 mil milhões de pesetas por cada minuto adicional, que teriam de ser suportados pelo usuário do crédito, pelos serviços bancários e pela economia nacional". Vd. QUINTANA CARLO (1985, 382).

[172] Na síntese de FERREIRA DE ALMEIDA (1993, 24), "Tornou-se evidente que seria necessário encurtar o tempo das transacções, reduzir o espaço ocupado pelos documentos e baixar os custos do seu manuseamento".

[173] É, por ex., o caso da vizinha Espanha em que o anteprojecto de lei sobre a letra de câmbio teve de esperar vários anos até se poder converter em lei (Ley 19/85, de 16/7), afastando assim os velhos preceitos do Código de Comércio, do século passado, uma vez que a Espanha nunca aderiu às Convenções de Genebra sobre essa matéria. A Comissão Bancária Nacional criticava o anteprojecto por apresentar "uma letra concebida no ano de 1930 (data da LUG) trazida para a era dos computadores ... é algo como ressuscitar a figura do amanuense nos despachos notariais. (...) A LUG no seu conjunto é tão arcaica e insuficiente como o Código de Comércio para facilitar o tratamento informático da letra de câmbio". Vd. QUINTANA CARLO (1985, 382).

[174] Foi o caso da Alemanha com o depósito centralizado de títulos, em bancos de títulos (*Kassenverein* ou *Wertpapiersammelbanken*), logo a seguir à primeira Grande Guerra, da Itália com a criação da primeira *Monte Titoli,* da Suíça com a criação da SEGA, etc.

[175] Na expressão poética de ANGULO RODRIGUEZ (1992, 266), os títulos de crédito começaram a morrer de êxito.

regulado pela lei dos depósitos de 4/2/1937 (*Depotgesetz*), mas iniciado muito antes, na prática bancária[176].

III. *A liquidação física das operações de bolsa*, que tinha valores titulados por objecto, era extremamente morosa, complicada e burocratizada, dificultando o normal desenrolar das operações[177]. As operações de entrega dos títulos arrastavam-se, com prejuízo para o rápido desenrolar das transacções em bolsa. Daí que uma boa parte dos sistemas de depósito centralizado visaram resolver, antes de mais, o problema da liquidação das operações de bolsa[178]. As bolsas confrontavam-se com uma autêntica avalanche de papelada[179].

IV. *O custo da emissão dos títulos* foi outro dos factores que pesou no seu abandono[180]. A emissão dos títulos, em grandes quantidades, por vezes em número de muitos milhões, representava custos vultuosos para as empresas e para o Estado[181]. Dadas as grandes quantidades em que é

---

[176] ZÖLLNER (1974, 251) fala em "efeito de racionalização" que leva as necessidades práticas a fazer irromper figuras jurídicas muitas vezes "contra legem". Aliás, os próprios títulos de crédito foram um fruto da prática, como refere ASCARELLI (1943, 3). Aquele efeito de racionalização é referido pelos vários autores alemães na análise do processo de imobilização dos títulos em depósito colectivo. Vd., por ex., DELORME (1980, 604 ss. e 1981, 431 ss) e ANDREAS SCHMITGALL (1972, 815 ss).

[177] O problema punha-se, sobretudo, nas operações a contado. Por ex., o art. 39.º do Regulamento do Serviço e Operações de Bolsa, aprovado pelo Decreto de 10/10/1901, impunha que as liquidações das operações a contado deviam ficar concluídas até às três horas da tarde do dia imediato àquele em que forem contratadas, apenas se admitindo a prorrogação por um dia quando aquele fosse feriado. Não é difícil concluir que os corretores tinham de lidar com poucos papéis, senão o prazo não seria cumprido.

[178] Ou outros sistemas orientados a facilitar a liquidação das operações de bolsa, como aconteceu entre nós com o sistema de depósito criado pelo DL n.º 210-A/87, de 27/5, depois substituído pelo DL n.º 59/88, de 27/2. Vd. PESSOA JORGE (1989, 94-95) e BRITO CORREIA (1989, II, 385-388). Porém, vd. *infra*, sobre a desmaterialização da dívida do Estado (pp. 93-94).

[179] A expressão é de ARONSTEIN (1988, 43), referindo-se ao movimento diário de títulos na bolsa de Nova Iorque.

[180] Vd. PESSOA JORGE (1989, 98-99). Em geral, salienta o autor, "o serviço de acções de uma sociedade fica muito mais aliviado quando elas tenham forma escritural". Quanto aos títulos representativos de mercadorias, vd. COSTA (1989, 613). Este autor acrescenta que a informatização visou igualmente obviar aos problemas relacionados com a perda dos documentos e a chamada "fraude documentária" no comércio internacional (614-615). Vd., ainda, KOZOLCHYK (1992, 39 ss).

[181] Este aspecto, por exemplo, foi decisivo para a desmaterialização da dívida pública na Alemanha durante a 2.ª Grande Guerra. Assim, ZÖLLNER (1974, 252).

emitida, talvez isso explique que a dívida do estado tenha estado na vanguarda da desmaterialização total. Essa foi uma das razões que levou à criação dos títulos globais (*Globalurkunde*) na Alemanha [182].

V. *A lentidão na circulação dos documentos representativos de mercadorias e no crédito documentário entram em contradição com a rapidez de circulação dos bens.* Tal problema tem-se colocado com particular gravidade ao nível das mercadorias. Estas, devido ao desenvolvimento das técnicas de transporte, muitas vezes acabam por chegar primeiro que os próprios documentos que as titulam [183]. Assim, acaba por deixar de ter interesse negociar os chamados conhecimentos de carga e, em consequência, deixa de ter qualquer interesse a emissão do documento enquanto título representativo das mercadorias. É um caso concreto de perda absoluta da função do documento [184]. Porém, há autores que sublinham que a causa da crise do documento negociável, nestes casos, deve encontrar-se no escasso interesse na negociabilidade. É que, sobretudo no caso do transporte marítimo, a elaboração dos documentos origina outras dificuldades, nomeadamente a exigência de grande número de cópias para os mais diversos destinatários. Hoje, a documentação para um moderno transporte por meio de contentor chega a pesar mais de 40 kg, pelo que já ninguém tem tempo de controlar tantas cópias [185].

VI. *Problemas de ordem fiscal*, sobretudo derivados da multiplicação dos títulos ao portador, foram também uma causa do avanço da desmaterialização. É o caso da França em que a obrigatoriedade de representação escritural dos valores mobiliários resultou de uma lei fiscal de 30/12/1981(art. 94-II) [186]. Também em Portugal a criação do sistema de

---

[182] Assim, por ex., ZÖLLNER (1974, 253).

[183] DEVESCOVI (1991, 1-2). COSTA (1989, 615) refere que em certos domínios tende a inverter-se a relação entre a velocidade de circulação das mercadorias e a velocidade de circulação do título representativo dessas mercadorias. O meio de transporte é mais "veloz" que o correio.

[184] Refere DEVESCOVI (1991, 3), que "a maior rapidez dos meios de transporte marítimo tende a determinar, no comércio internacional, o declínio da função circulatória dos títulos representativos das mercadorias". Desenvolveu-se internacionalmente o sistema SWIFT (Society for Worldwide Interbank Financial Telecomunications), para permitir a circulação dos "documentos" desmaterializados. Sobre o funcionamento do sistema vd. COSTA (1989, 615 ss) e KOZOLCHYK (1992, 41 ss). Ainda sobre a desmaterialização dos títulos representativos de mercadorias, vd. BASEDOW (1988, 67 ss).

[185] COSTA (1989, 176), citando GROENFORS.

[186] RIPERT/ROBLOT (1992, 21) referem que a lei visou facilitar o recenseamento da fortuna mobiliária dos franceses para poder lançar um imposto sobre as grandes fortunas.

registo e depósito de acções, instituído pelo DL n.º 408/82, teve razões fiscais, entre outras, como causa [187].

VII. Enumeradas as que nos parecem ser as principais [188] causas da perda de função do papel e do surgimento dos direitos desmaterializados, é fácil concluir que *nenhuma das causas enumeradas é de natureza jurídica*. Ao invés, trata-se exclusivamente de problemas de ordem prática [189]. Com efeito, os títulos, nomeadamente os títulos de crédito, continuam a oferecer plena eficácia e segurança jurídica quanto à determinação do direito incorporado, à sua circulação e ao exercício desse direito. *Assim, os problemas jurídicos originados pelas novas soluções técnicas adoptadas colocam-se fora do espaço jurídico dos títulos de crédito, que nunca esteve em causa* [190]. Tal não significa que a nova realidade deva cortar todos os laços com o passado. Ao invés, consideram alguns autores que devem ser feitos esforços no sentido de construir uma teoria unitária, encontrando princípios comuns ou adaptando os velhos

---

E acrescentam: "A desmaterialização completa dos valores mobiliários merece ser inscrita na longa lista de medidas introduzidas no direito comercial sob a influência de considerações fiscais". No mesmo sentido, HUBRECHT, COURET et BARBIÉRI (1988, 181). Há autores, porém, que referem este aspecto para desvalorizar a reforma e mesmo com um certo sentido depreciativo, como é o caso de OPPO (1988, 595).

[187] Assim, MENDES (1989, 180) que caracteriza o sistema instituído como forma de aumentar o formalismo e a burocratização do tráfico accionário, sobretudo quanto às acções registadas. Porém, no contexto em que surgiu aquele Decreto Lei, o autor não tem completa razão como veremos adiante. Vd. BRITO CORREIA (1989, II, 379 ss.).

[188] Outras poderiam ter sido enumeradas, como a informatização da gestão dos valores mobiliários pelos bancos.

[189] URÍA (1987, 274-275) realça este aspecto como fundamental, a propósito da introdução da forma escritural para a emissão da dívida pública em Espanha. Parece-nos elucidativo transcrever parte da Nota do Gabinete do Ministro das Finanças de Portugal, de 26/10/88, sobre as grandes linhas de orientação estratégica para a modernização dos mercados de valores mobiliários: "Com o mesmo objectivo fundamental (assegurar a eficiência, rapidez e segurança das transacções de bolsa), e também para simplificar, facilitar, desonerar e dinamizar o processamento de todas as operações com valores mobiliários e o próprio exercício dos direitos que lhes são inerentes, haverá que ampliar o movimento já iniciado no sentido da sua desmaterialização, embora sem esquecer o gradualismo que a implantação do sistema tem de revestir dadas as características e hábitos do mercado e do investidor nacionais". Ministério das Finanças, 1988, 34).

[190] HUECK/CANARIS (1988, 24) consideram que o desenvolvimento surgiu à margem do direito dos títulos de crédito e no âmbito estrito do direito bancário: "...hoje os valores mobiliários não se regem já pelas regras dos títulos de crédito, mas pelas formas jurídicas criadas especificamente pelos bancos". Na 3.ª parte deste trabalho retomaremos o tema com mais desenvolvimento.

princípios dos títulos de crédito às novas realidades [191]. Em qualquer caso, não perceber este fenómeno como novo e limitar a sua interpretação à luz da teoria dos títulos de crédito, pode levar a que os problemas jurídicos por ele suscitados não cheguem a ser verdadeiramente formulados.

2. A DESMATERIALIZAÇÃO COMO TENDÊNCIA OU FENÓMENO COMUM AOS TÍTULOS DE CRÉDITO

I. A desmaterialização, traduzida no abandono do papel, no todo ou em parte, é hoje um fenómeno geral que não respeita apenas aos valores mobiliários e atinge praticamente todos os títulos de crédito [192] e, pode mesmo dizer-se, todos os aspectos da vida em sociedade. É um processo ainda em curso e cujas consequências, do ponto de vista jurídico, são difíceis de avaliar [193]. Foi, porém, no domínio dos valores mobiliários que a desmaterialização conheceu maiores desenvolvimentos e acumulou maior experiência [194].

Quanto a outros títulos de crédito, o conhecimento de carga e os títulos representativos de mercadorias foram aqueles onde a desmaterialização avançou com maior êxito, tendo a informática vindo a ocupar um lugar que hoje se pode considerar adquirido [195].

---

[191] Abordaremos algumas dessas questões na 3.ª parte deste trabalho.

[192] Assim, também, FERREIRA DE ALMEIDA (1993, 23-26), referindo-se à crise dos títulos de crédito. O mesmo autor refere que tal evolução é uma inevitabilidade cultural. Com efeito, considera que a substituição do papel e da escrita físico-química pelo suporte magnético e pela escrita informática é um problema civilizacional.

[193] Há autores que falam em revolução ou em "terramoto jurídico-mercantil próprio do direito ficção" (PEREZ ESCOBAR, 1991, 987). No mesmo sentido se exprime COTTINO (1992, 250), considerando que uma "revolução pode estar à porta, devido à desmaterialização do próprio documento".

[194] Porém, há autores que pretendem limitar o fenómeno aos valores mobiliários, o que está em flagrante contradição com a prática (HUECK/CANARIS, 1986, 25). Portanto, a limitação só pode ser de ordem legal.

[195] Assim, FERREIRA DE ALMEIDA (1993, 24). Este autor distingue mesmo dois grupos conforme a substituição do suporte em papel tenha sido experimentado com êxito (guia de transporte, conhecimento de carga e valores mobiliários) ou não (cheque e letra) Neste segundo caso, a inadequação dos títulos à informatização tem levado à sua substituição progressiva por outros instrumentos mais ágeis e sem esses problemas. Sobre a questão, desenvolvidamente, vd. DEVESCOVI (1991, 5 ss.). Sobre o conhecimento de carga em particular, vd. COSTA (1989, 613 ss.).

No que respeita à letra de câmbio é hoje cada vez mais limitada a tendência para a sua circulação, em particular através da utilização do chamado sistema de truncagem, isto é, da imobilização do documento original numa instituição de crédito, apenas passando a circular um sinal em fita magnética. Este sistema é já praticado em vários países e está consagrado legislativamente [196]. Muitos autores tendem a considerar que o sinal/impulso que circula através da fita magnética já não é um título de crédito, mas um valor sem título, desmaterializado [197]. Mas não são poucos os autores que consideram que a categoria dos títulos de crédito não está em causa, pois apenas terá mudado o suporte do direito [198]. O êxito destas experiências, porém, tem sido relativo. Por isso, existe uma tendência para o abandono da letra como instrumento de crédito, sendo a sua função desempenhada por outros instrumentos [199].

A experiência francesa da *lettre de change relevé* [200], que consiste numa letra electrónica [201] circulando apenas entre os bancos, procurou

---

[196] É o caso da Espanha que, através da lei 19/85, de 16/7, instituiu um sistema que permite a circulação informática da letra, sem circulação do documento. O art. 43.°, n.° 2 dessa lei, estabelece: "Quando se trate de letras de câmbio domiciliadas numa conta aberta em entidade de crédito, a sua apresentação a uma Câmara ou sistema (informatizado) de compensação equivalerá à sua apresentação a pagamento".

[197] QUINTANA CARLO (1985, 867) fala em "bit-valor". No mesmo sentido referido no texto se pronunciam outros autores. Quanto ao direito suíço, vd. DALLÈVES (1987, 43 e nota 3).

[198] Assim DEVESCOVI (1991, 97), PEREZ ESCOBAR (1991, 1014-1015), BERCOVITZ (1988, 90 ss.). Este último autor propõe uma nova noção de títulos de crédito, que passariam a dividir-se em títulos de crédito cartulares e títulos de crédito informatizados.

[199] Assim, FERREIRA DE ALMEIDA (1993, 25). Eis como GRAZIADEI (1991, 324) coloca o problema: "Ma non perché la vecchia e buona cambiale non piace più alle aziende e alle banche: costa troppo; impegna a formalità "brucianti", che mal si conciliano con un sistema di trasmissione "legale" delle notizie inefficiente ed arretrato. I maggiori vantaggi non compensano gli inconvenienti".

[200] VASSEUR (1976, 11 ss.). O autor dá conta das experiências tentadas em França para resolver os problemas derivados da enorme quantidade de letras a circular nos bancos (2 ss.), nomeadamente a criação do CMCC (crédit de mobilisation de créances commerciales) que foi um completo fracasso, quer por razões de ordem económica quer psicológica. Foi no seguimento de novos estudos que surgiu a *lettre de change-relevé*, utilizada a partir de 2/7/1973.

[201] Esta experiência só foi possível graças à evolução da informática. Como refere VASSEUR (1976, 8), durante muito tempo a letra foi considerada rebelde à revolução informática.

manter[202] as características essenciais da letra, mas evitando a sua circulação material e a manipulação do papel[203].

Também desde há muito se enveredou pela truncagem dos cheques[204]. Trata-se da desmaterialização de uma das suas fases de circulação[205]: o título é transformado numa mensagem electrónica, enquanto o documento original fica retido junto do sujeito que envia a mensagem, o banco que recebe o cheque. As câmaras de compensação foram substituídas pela telecompensação. Mas outros meios de pagamento surgidos recentemente têm vindo progressivamente a limitar o recurso ao cheque, como é o caso do cartão de crédito[206] e, em geral, as transferências electrónicas de fundos[207].

Mas foi no campo dos valores mobiliários que a desmaterialização obteve maiores desenvolvimentos, porque também aí se situaram os principais problemas[208].

II. A combinação da tecnologia informática e das telecomunicações – a chamada telemática[209] – permitiu a elaboração e transmissão dos dados à distância e a grandes velocidades[210], sem o que a desmaterialização, tal como hoje é necessária e entendida, não teria sido

---

[202] Sobretudo por razões de ordem psicológica, ligadas aos hábitos. Vd. VASSEUR (1976, 7).

[203] Vd., ainda, RIPERT/ROBLOT (1992, 171-172, 232-233 e 244).

[204] A *"check truncation"* foi adoptada a partir das experiências do mercado financeiro americano. Quanto às várias modalidades desse fenómeno e os problemas jurídicos que levanta, em particular face ao ordenamento jurídico italiano, vd., desenvolvidamente, MACCARONE (1988, 377-400). Vd., ainda, o documento do Governo do Canadá, citado na nota 209 (1979, 5 ss.).

[205] De uma maneira geral, hoje, a circulação física é entendida como sinónimo de atraso e ineficiência do sistema financeiro. Assim, MACCARONE (1988, 386).

[206] Assim, entre outros, FERREIRA DE ALMEIDA (1993, 25),

[207] Vd. nota 318.

[208] Como refere DALLÈVES (1987, 43), não está ainda próximo o desaparecimento do direito dos títulos de crédito dos manuais. Por isso, é preferível falar na desmaterialização dos valores mobiliários.

[209] Sobre a aplicação da telemática às operações bancárias em geral e suas consequências e referido a uma altura em que dava os primeiros passos, vd. o documento do Governo do Canadá, "en Pleine mutation: les opérations bancaires à l'ère èlectronique" (1979, maxime 141 ss), com indicações de direito comparado.

[210] AMORY e THUNIS (1987, 684 ss). E também a criação de um mercado global ou globalização, isto é, mercados que vão funcionando na sequência dos fusos horários.

possível[211]. A telemática permite mesmo a transmissão de dados transfronteiras, tendo vindo a ser criados mecanismos cada vez mais complexos a esse nível.

III. Não é objectivo deste trabalho analisar em pormenor toda a evolução surgida ou em curso no seio dos títulos de crédito nem as consequências jurídicas dessa evolução. Não que tal investigação não tivesse interesse do ponto de vista jurídico, bem pelo contrário. As indicações que referimos limitaram-se apenas a tentar um enquadramento da desmaterialização como fenómeno geral e não apenas limitada aos valores mobiliários. Porém, a nossa investigação limita-se ao domínio dos valores mobiliários que, como referimos, é um dos domínios onde a desmaterialização e informatização têm sido ensaiadas com maior êxito e atingiram grande desenvolvimento.

3. AS VÁRIAS EXPERIÊNCIAS E GRAUS DA DESMATERIALIZAÇÃO DOS VALORES MOBILIÁRIOS

I. Apesar dos problemas derivados da documentação em papel, este não foi completamente abandonado, nem os problemas por ele colocados foram resolvidos de um dia para o outro, nem sequer se devem considerar plenamente resolvidos[212]. Como todas as coisas também os valores mobiliários escriturais não surgiram de um dia para o outro. As causas da desmaterialização referidas atrás não são apenas de hoje e motivaram experiências[213] (passadas ou actuais), variando de país para

---

[211] Como se refere o preâmbulo do Real Decreto 507/1987, de 3/4 que em Espanha criou as chamadas "anotaciones en cuenta de deuda del Estado", a aparição dos novos sistemas informáticos "contribui para resolver as dificuldades ligadas ao manejamento material dos títulos", uma vez que "a rapidez no tratamento da informação, a possibilidade de incorporar mecanismos que evitem ou resolvam os erros cometidos, assim como as facilidades de interconexão, que permitem a troca à distância de centenas de milhares de dados, fazem com que hoje em dia o tratamento informático permita a substituição do velho suporte documental por simples referências processadas por computadores".

[212] Vivemos há muitos séculos na era de Gutemberg e o papel e a imprensa fazem parte de algo de muito profundo e essencial na cultura moderna.

[213] Falamos em experiências por duas razões: por um lado as várias soluções surgiram, em regra, da prática bancária antes de serem consagradas na lei; por outro, porque não se trata de soluções definitivas, mas sujeitas a evolução. Algumas dessas experiências foram, entretanto, abandonadas. Assim FERREIRA DE ALMEIDA (1993, 24).

país. Inserem-se dentro de um processo há muito iniciado e que ainda não terminou.

Abordadas as causas da desmaterialização debrucemo-nos agora sobre as várias etapas ou graus de desmaterialização encontradas na experiência de vários países. Dada a extensão do fenómeno, é evidente que não as poderemos referir todas nem deter-nos pormenorizadamente sobre cada uma delas. Reportar-nos-emos àquelas que nos parecem ser mais importantes face ao ordenamento jurídico português ou porque, de alguma forma, o influenciaram ou porque consagram soluções avançadas ou porque suportam reflexões dogmáticas mais elaboradas.

II. Consideramos duas etapas [214] ou graus de desmaterialização dos valores mobiliários como fundamentais: a desmaterialização da circulação, em que o título continua a existir embora deixando de circular; a desmaterialização total, em que o próprio título deixa de existir, sendo o direito apenas representado por registos em conta [215]. Outros graus de desmaterializa-

---

[214] Dado que não se trata sempre de etapas temporalmente sequenciais, mas de realidades que podem coexistir, é preferível falar em graus. Porém, e apesar disso, não é completamente descabido falar em etapas, como no caso da França. Quanto às etapas da desmaterialização em França, Vd. RIPERT-ROBLOT (1992, 17 ss.). No sentido do texto, vd. SPADA (1986, 626-627), OLIVENCIA RUIZ (1987, 19), MADRID PARRA (1991, 364-365), OPPO (1988, 584-586), D'ALCONTRES (1992, 113-114), ANGULO RODRIGUEZ (1992, 266--267). Por sua vez, distinguem três graus de desmaterialização, HUECK/CANARIS (1988, 19--24): o depósito colectivo, a criação dos documentos globais, os direitos-valor. No mesmo sentido, FERREIRA DE ALMEIDA (1993, 4-5). Estas três etapas são, em geral, apresentadas pelos diversos autores alemães, pois correspondem aos momentos mais significativos da desmaterialização dos valores mobiliários nesse país, embora deva acrescentar-se que, temporalmente, os valores escriturais precederam o surgimento dos documentos globais. Vd., por ex., BRINK (1976, 62-65), DELORME (1981, 431-435) e DROBNIG (1988, 16-24).

[215] Várias combinações são possíveis entre as modalidades de desmaterialização referidas. Por ex., LENER (1989, 8-10), distingue cinco graus de desmaterialização até agora experimentados: a desmaterialização total obrigatória (correspondente à experiência francesa); a desmaterialização total facultativa (o autor refere-se à futura experiência suíça, mas nós poderíamos acrescentar as experiências portuguesa e espanhola); a desmaterialização da circulação (experiência italiana após a criação da *Monte Titoli*, s.p.a., pela lei n.º 289, de 19/6/86, a experiência alemã das *Kassenvereine*, o sistema suíço, o espanhol e o japonês), que comportaria duas subvariantes; o depósito fiduciário dos títulos num único gestor (a experiência italiana antes da lei n.º 289 e o sistema inglês *Talisman*); a experiência suíça da *Einwegaktien*, em que a entidade emitente funciona como entidade gestora dos títulos. O autor descreve sumariamente cada um dos sistemas nas pp. 10-40. DALLÈVES (1987, 43) refere que a desmaterialização pode ir desde a desmaterialização total, definitiva e irreversível, operada em França, até formas de abandono dos títulos por etapas. DROBNIG (1988).

ção podem ser considerados, dentro de cada um dos anteriores. Particular atenção será dedicada às soluções que foram sendo consagradas entre nós.

III. A maioria dos autores considera que a evolução para a desmaterialização é inevitável. Muitos prevêm uma evolução para a desmaterialização total dos valores mobiliários à medida que a "revolução informática" avançar [216]. Para outros [217], a desmaterialização total operada em França é o princípio do fim dos títulos pelo que deve dizer-se adeus aos títulos de crédito, figura jurídica que, na sua opinião, já não se justifica [218]. Porém, não falta quem defenda o contrário, considerando que a informatização do mercado financeiro não comporta necessariamente o fim da documentação em papel dos valores mobiliários como essencial, argumentando com a experiência alemã e mesmo suíça [219].

4. EXPERIÊNCIAS QUE ASSENTAM NA SUBSISTÊNCIA DO TÍTULO: A DESMATERIALIZAÇÃO DA CIRCULAÇÃO

4.1. Primeiras manifestações da perda de função do título

I. Não é fácil estabelecer quais foram as primeiras experiências que, de alguma forma, limitaram a função do documento. Talvez devam referir-se quatro experiências que, de alguma forma, apontam para a

---

[216] DALLÉVES (1987, 48).

[217] MEIER-HAYOZ (1987, 388 e 396). Sobre o mesmo lema reuniu em Insbruck, em 19/9/87, uma conferência subordinada ao tema *Abschied vom Wertpapier?*

[218] Pelo significado que assume, quanto a saber de onde sopram os ventos da mudança e qual a sua força, não podemos deixar de referir a Resolução do Parlamento Europeu de 13/10/81, sobre a criação de um sistema de mercado europeu de valores mobiliários, em que se pede à Comissão o estudo de medidas sobre a desmaterialização generalizada dos títulos, particularmente para simplificar e harmonizar os mercados de bolsa. A Resolução foi publicada no JOCE n.° C287, de 9/11/81. Vd., também LOPEZ--ARCAS (1991, 303, ss), que transcreve todo o documento e o analisa.

[219] Trata-se de uma posição muito típica dos autores italianos que não aceitam facilmente ver posta em causa a teoria dos títulos de crédito. Assim, D'ALCONTRES (1992, 113). Mas são muitos os autores na Alemanha, nomeadamente, que consideram a documentação em papel como necessária, advogando outros como melhor um sistema misto de valores escriturais, tanto em depósito centralizado como fora dele. Vd., por ex., DELORME (1981, 431), que considera preferível o sistema americano de liberdade de escolha pelo investidor e KUMPEL (1984, *maxime* 613 ss) que defende a superioridade do sistema de títulos em depósito colectivo em relação aos valores escriturais.

diminuição da quantidade de papel ou visam superar os inconvenientes do seu manuseamento, embora sem prescindir dele: os títulos múltiplos, o depósito simples de valores, o depósito colectivo ou centralizado e os títulos globais.

II. As empresas emitem títulos representativos de vários valores mobiliários *(títulos múltiplos),* prevendo, caso seja necessário, o seu desdobramento[220] sobretudo para negociação em bolsa[221]. Trata-se de uma realidade que sempre existiu e por vários autores é considerada como um dos graus da desmaterialização dos valores mobiliários[222]. Pensamos que essa apreciação não é correcta, na medida em que o título desempenha todas as suas funções. É, apenas, uma forma de recorrer em menor medida ao papel, incorporando num só título vários direitos.

II. É também antiga a prática de depositar os títulos nos bancos, não apenas para guarda e conservação, mas também para administração (vd., entre nós, o art. 405.° do CCm). Aqui, porém, não há uma verdadeira desmaterialização uma vez que, tal como no caso anterior, o papel continua a ser necessário. Porém, os bancos passam muitas vezes a exercer direitos em nome dos titulares, nomeadamente direitos patrimoniais e os títulos deixam muitas vezes de ter de ser apresentados, sendo a apresentação substituída por declarações comprovando que os valores estavam depositados no banco. Portanto, ao menos neste último aspecto,

---

[220] O desdobramento é um fenómeno distinto da divisão do título de crédito. Esta é considerada, em regra, como inaceitável (Vd., por ex., MENDES (1989, 19-20) em relação à Alemanha). Porém, essa divisão, particularmente entre os direitos patrimoniais e sociais das acções, tem vindo a ser feita nos nossos dias, recorrendo a diversas técnicas: desde as acções sem voto que incorporam direitos patrimoniais, mas não dão aos seus titulares direito a voto (vd., desenvolvidamente, PORFIRIO CARPIO, 1991, maxime 351 ss.); à admissibilidade da transmissão independente dos direitos patrimoniais e sociais nas acções nominativas do direito suíço e, recentemente, a emissão em França de títulos representativos apenas de direitos patrimoniais inerentes às acções *(certificats d'investissement),* bem como de títulos apenas representativos de direitos de voto *(certificats de droit de vote).* Para estes foi mesmo criado um mercado próprio. Vd. RIPERT/ROBLOT (1992, 9 e nota). Vd. a nota 75.

[221] O desdobramento pode tornar-se obrigatório por exigências de negociação em bolsa sobre grandes lotes de valores mobiliários incorporados num único título. Vd., por ex., os arts. 444.° e 446.° do CdMVM. Mas, já anteriormente, o art. 54.°/2 do DL n.° 8/74, de 14/1 (na redacção que lhe foi dada pelo DL n.° 272/77, de 2/7) e a Portaria n.° 800/84, de 12/10 e o DL n.° 168/86, de 27/6, todos revogados.

[222] Assim, DALLÈVES (1987, 45).

há uma perda de função dos documentos, que deixam de poder ser considerados como documentos de apresentação [223].

III. Por último, deve referir-se que sempre as sociedades de maior dimensão tiveram dificuldades para emitir os títulos. Assim, gerou-se um certo "hábito de não emitir os títulos definitivos, sobretudo em aumentos de capital", como refere o preâmbulo do DL n.º 104/83, de 18/2 [224]. Estamos perante uma forma de desmaterialização *de facto*, embora "de iure", o título em nada seja afectado quanto à sua necessidade [225]. Trata-se, é óbvio, de uma prática anómala, mas ilustrativa das dificuldades colocadas pela emissão dos títulos. O mesmo fenómeno pode ser observado noutros países.

4.2. O depósito colectivo ou centralizado de valores mobiliários

4.2.1. *Experiências em direito comparado*

I. A massificação dos valores mobiliários é um fenómeno antigo na Alemanha, sendo de 1925 as primeiras medidas tendentes a resolver os problemas daí derivados [226]. Em 4/2/1937 é publicada a *Depotgesetz* [227] que institui o depósito conjunto ou colectivo (*Sammelverwahrung*) de valores [228] e que é considerada a primeira grande experiência da desmateria-

---

[223] No sentido de os títulos de crédito serem documentos de apresentação, vd. HUECK/CANARIS (1986, 15-16).

[224] "Não obstante as disposições legais em vigor permitirem que as sociedades que estejam impossibilitadas de entregar os títulos definitivos aos accionistas os substituam por títulos provisórios (cautelas), verifica-se, por vezes, que nos aumentos de capital por incorporação de reservas as sociedades não procedam à emissão dos respectivos títulos", o que dificultava o exercício dos direitos pelos seus detentores e os impedia de requerer em tempo útil a admissão à cotação em bolsa dos novos títulos".

[225] Nomeadamente, em nada é afectado o "direito ao título" que cada accionista ou obrigacionista, por ex., pode exercer frente à entidade emitente.

[226] Os autores realçam, sobretudo, as grandes quantidades de dívida pública emitida pelo Reich para financiar os gastos com a 1.ª Grande Guerra e a enorme inflação do pós-guerra. Vd. ZÖLLNER (1974, 251-254) e EIZAGUIRRE (1982, 79 e nota 269).

[227] Esta lei substitui a lei de 5/7/1896 sobre os deveres dos comerciantes quanto à custódia de valores alheios. A *DepotG* teve nova redacção em 1972.

[228] A *DepotG* prevê o depósito conjunto de valores, fungíveis entre si, de onde estão excluídos os títulos nominativos. O depositante adquire a compropriedade sobre a carteira colectiva de valores depositados, passando a ser proprietário de uma quota ideal (§ 9, I) e apenas pode exigir títulos da mesma espécie e quantidade, o que é corolário da fungibilidade dos valores. Vd. HUECK/CANARIS (1986, 18-25).

lização, inspiradora das que se lhe seguiram [229]. Os depósitos são realizados através de bancos especializados em depósitos colectivos de valores (*Wertpapiersammelbanken* ou *Kassenverein*) – §24, I) DepotG) – através da figura do depósito de 2.ª grau (*Dritterwahrung*), funcionando os bancos como depositantes dos bancos de valores (*Kassenverein*). Assim, os valores "circulam" [230] sem que seja alterada a posse dos mesmos, através de registos em contas abertas nos *Kassenverein* e entre os bancos intervenientes na transmissão da titularidade [231]. Ficava, assim, resolvido o problema da manipulação dos títulos cuja necessidade é posta em causa [232].

Continuava, porém, a colocar-se o problema da emissão e armazenagem de grandes quantidades de títulos. Essa dificuldade é superada através da emissão dos chamados títulos globais (*Globalurkunde*) [233], introduzidos pelo § 9a DepotG em 1972, embora já existissem na prática bancária [234]. Assim, acaba muitas vezes por ser emitido um só título representativo de toda uma emissão. Esse título é depositado e nunca circula fisicamente. Podem, porém, ser emitidos documentos individuais. Noutros casos, o documento global é duradoiro, isto é, não pode nunca ser conver-

---

[229] RIPERT/ROBLOT (1992, 18) referem que a experiência da CCDVT e, depois, da SICOVAM se basearam na experiência alemã.

[230] De facto o que circula é a quota de contitularidade detida por cada um dos comproprietários e apenas existe uma alteração da posse mediata dos valores depositados. Vd. KOLLER (1972, 1860-1861).

[231] HUECK/CANARIS (1986, 21) referem expressamente que foi aproveitada a experiência das transferências de dinheiro sem movimentação do numerário. O movimento dos títulos depositados (*Effektengiroverkeher*) é feito entre os *Kassenverein* através de *Wertpapierschecks* (que de cheques apenas têm o nome, configurando-se, antes, como ordens de movimento e variando conforme a modalidade de movimento pretendido). Vd. GUALANDI (1983, 14).

[232] Sobre o sistema vd. ZÖLLNER (1974, 250 ss), HUECK/CANARIS (1986, 19-22), DRUEY (1987, 65-66), DELORME (1981, 431 ss), DROBNIG (1988, 17-22), PETERS (1975, 6 ss.) e GUALANDI (1983, 12 -15).

[233] Como refere DALLÈVES (1987, 44), a propósito da experiência semelhante da SEGA, verificou-se que mais de 80% dos títulos em depósito nunca de lá saíam. Daí a possibilidade os substituir por certificados representativos de muitos valores (*certificats jumbo*) ou de representar uma emissão por um só título global (*Globalurkunde*). Mas esta substituição não resultou apenas da verificação empírica de que a maioria dos títulos não circulavam, mas é uma consequência de os títulos "não representarem já qualquer papel no exercício e na transmissão do direito documentado", como referem HUECK/CANARIS (1986, 23).

[234] ZÖLLNER (1974, 254).

tido em títulos individuais (*Dauerglobalurkunde*)[235]. Trata-se de uma mera formalidade que mostra até que ponto o papel, como suporte de toda a teoria dos títulos de crédito, tem força e é difícil de substituir, se não na prática, pelo menos dogmaticamente[236]. Estes documentos globais nada mais são que uma forma desenvolvida da experiência de desmaterialização da circulação que é o depósito colectivo de valores mobiliários.

II. Em França, a imposição do depósito obrigatório[237] para as acções ao portador cotadas na Bolsa data de 1941 e, curiosamente, parece ter-se devido também à penúria de papel, para além da conveniência de facilitar a manipulação dos títulos. O depósito era feito num estabelecimento criado para o efeito (por lei de 18/6/1941), a CCDVT (*Caisse Central de Dépôts et Virements de Titres*)[238]. Porém, esta instituição é extinta em 1949, sendo criada no mesmo ano (*Décret* 49/1105, de 4/8/49) a SICOVAM (*Société Interprofessionelle pour la Compensation des Valeurs Mobilières*), passando o depósito de valores a ter natureza facultativa[239] e sendo feito nos bancos e *agents de change* que, por sua vez, os depositavam na SICOVAM (*dépôt a deux degrés*). As transmissões e demais operações relativas aos títulos são feitas através de simples registos em conta corrente[240].

---

[235] Vd. DELORME (1981, 433-434).

[236] Fortemente crítico em relação a esta prática, ZÖLLNER (1974, 258), que refuta a necessidade do título para a possibilidade da aquisição por terceiro de boa fé e de esta ser baseada na aplicação do regime jurídico dos direitos reais. No mesmo sentido CANARIS (1981, 1031 ss.) e HUECK/CANARIS (1986, 22-23). CANARIS (1981, 1032) considera que o documento global representa um "compromisso podre" com a tradição e um ofuscamento da situação jurídica que se pretendia. Em sentido contrário, defendendo a necessidade do documento global duradoiro (*Dauerglobalurkunde*), KUMPEL (1984, 621-623) considera-o como a forma de documentação adequada ao trânsito de direitos incorporados em documentos que não circulam.

[237] A obrigatoriedade era reforçada com sanções penais para as sociedades emitentes que entregassem títulos ao portador e sanções civis para os titulares dos valores. Além disso, quando os títulos eram entregues na CCDVT, eram inutilizados por perfuração para não mais poderem circular. Foi a reacção contra a obrigatoriedade que levou ao fim da CCDVT. Vd. RIPERT/ROBLOT (1992, 18).

[238] A CCDVT era uma sociedade anónima (tal como, posteriormente, a SICOVAM) de que eram accionistas o Banco de França, os principais bancos franceses e as companhias dos *agents de change*.

[239] Vd. RIPERT/ROBLOT (1992, 19).

[240] Em geral, sobre o sistema, vd. MARIN (1971, n.os 61-126). Dispunha o art. 7.º/1 do Décret 49/1105: "Les établissements affiliés ne pourront se livrer entre eux les actions versées à leur comptes courrants ou susceptibles d'y être versées que par le moyen d'un virement effectué par l'organisme interprofessionnel".

IV. Outras experiências se seguiram às experiências alemã e francesa[241]. Na Bélgica, em 1967, é criado um sistema baseado na experiência da SICOVAM francesa. Na Suíça, em 1970, é criada a SEGA (*Schweizerische Effektengiro-AG*), tendo como modelo o sistema da SICOVAM francesa[242], mas apenas para depósito de títulos ao portador. Para as acções nominativas foi seguido um outro caminho, dado considerar-se que as suas características não permitiam a inserção num depósito global[243].

Em Espanha o sistema de depósito foi instituído pelo Decreto 1128/1974, de 25/4, relativo ao sistema de liquidação e compensação de valores mobiliários. O princípio consistia em imobilizar os títulos, que eram substituídos por referências ou numerações que representavam um número determinado de valores[244]. Porém, este sistema apenas vigorava para os títulos ao portador, dado que, os títulos nominativos[245] só foram incorporados em 1990.

Na Itália é criada em 1986 a sociedade *Monte Titoli* (Lei n.º 289 de 19/6)[246]. A principal característica deste sistema tem a ver com o facto de a lei se preocupar em adaptar a disciplina dos títulos de crédito à nova realidade, dela procurando salvaguardar todos os aspectos possíveis (em

---

[241] Não é possível referir aqui todas as experiências existentes noutros países, em particular os USA, o Reino Unido e o Japão, entre muitos outros pois se pode considerar que esta é uma experiência difundida em todos os países ditos mais desenvolvidos. Para uma visão geral vd. LENER (1989, 1-40) e GUALANDI (1983, 12 ss).

[242] Porém, DRUEY (1987, 69) considera que se trata de uma combinação entre os modelos alemão e francês. Sobre o sistema suíço vd., também, MEIER-HAYOZ (1986, 392--395), DALLÈVES (1987, 44 ss), PAVONE LA ROSA (1988, 319-320) e LENER (1989, 18-19).

[243] DALLÈVES (1987, 45). Este autor refere que, desde o fim dos anos 70, várias sociedades substituiram as acções nominativas tradicionais por certificados que indicam o número total de acções de que cada accionista é titular. Tais certificados não podem circular, pelo que, em caso de transferência das acções, o certificado é destruído e substituído por outro em nome do novo titular. Por outro lado, tais certificados não são munidos de cupões, sendo o dividendo depositado no banco do accionista, passando este a ser identificado pelo registo no banco. Conclui que estamos perante uma desmaterialização de *facto*.

[244] Vd. GARRIGUES (1976, 402 ss), JIMENEZ SANCHEZ (1987, 44-47), CACHON BLANCO (1992, I, 126-127), AROSTEGUI (1993, 73-78) e MADRID PARRA (1990a, 77 ss.).

[245] JIMENEZ SANCHEZ (1987, 44-45) considera como princípios fundamentais do sistema: a voluntariedade; a fungibilidade dos títulos inseridos no sistema; a supressão do manuseamento físico dos títulos; a criação do Serviço de Liquidação e Compensação.

[246] Porém, o sistema tem origem em 1978, altura em que se constituiu a *Monte Titoli* por iniciativa do Banco de Itália e de várias instituições de crédito. Este sistema começou a funcionar em 1981. Para uma descrição e avaliação pormenorizada do sistema, vd. GUALANDI (1983, 1-42 e 99-141).

modelo muito próximo da *DepotG*, embora de acordo com as disposições do CCiv sobre títulos de crédito). Embora as funções dos títulos fiquem restringidas, elas não são eliminadas[247]. É criado um duplo mecanismo de depósito[248]: do titular dos valores em intermediários autorizados e destes na *Monte Titoli*. A lei distingue entre o exercício de direitos patrimoniais que está a cargo da *Monte Titoli* e dos direitos pessoais que estão a cargo do depositante[249]. Salvaguarda-se, igualmente, o regime dos títulos nominativos quanto à sua lei de circulação, exigindo a inscrição nos livros da entidade emitente[250].

4.2.2. *O depósito de valores mobiliários em Portugal*

I. Um sistema de depósito centralizado de valores mobiliários com características semelhantes aos atrás descritos, em particular da SICOVAM, apenas foi criado entre nós em 1991 com a entrada em funcionamento da Central de Valores Mobiliários[251], criada na sequência da entrada em vigor do CdMVM. Porém, este sistema foi antecedido por várias outras experiências, em particular as criadas pelos DLs n.os 210--A/87, de 27/5 e 59/88, de 27/2 para facilitar as liquidações das operações de bolsa. Neste aspecto, o CdMVM culmina o processo iniciado com aquele primeiro diploma[252].

---

[247] OPPO (1986a, 550).

[248] A lei, no seu art. 3.º, configura este depósito como regular, embora preordenado a criar uma fungibilidade entre títulos do mesmo género. OPPO (1986b, 577).

[249] Sobre o exercício de direitos, vd. LENER (1989, maxime 107 ss.).

[250] São inúmeros os estudos sobre o sistema de depósito na *Monte Titoli*. Vd., entre outros, OPPO (1986a, 548-575 e 1986b, 576-583), AULETTA/SALANITRO (1987, 721-726), PAVONE LA ROSA (1988, 289-324), LENER (1989, 41 ss.) e MARTORANO (1993, 163-207).

[251] A Central de Valores Mobiliários entrou em funcionamento em Setembro de 1991. É gerida por uma associação civil sem fins lucrativos, a INTERBOLSA – Associação para a Prestação de Serviços à Bolsa de Valores (constituída por escritura de 2/4/1993), com sede no Porto, de que são associados obrigatórios as Associações de Bolsa de Valores de Lisboa e do Porto, constituída nos termos dos arts. 481.º ss. do CdMVM. As suas funções são definidas no art. 188.º. Desenvolvidamente, vd. pp. 101 ss..

[252] Essa evolução já era anunciada em 1988 pelo Ministro das Finanças da altura, Miguel Cadilhe, na sequência do *crash* bolsista de Outubro de 1987 – aliás propiciador de outras reformas, nomeadamente no Reino Unido, na altura em que foi criada a "Secção Especializada para o DL n.º 8/74, no âmbito do Conselho Nacional das Bolsas de Valores, por Despacho do Ministro das Finanças n.º 144/88-XI, de 11/6". Sobre toda esta evolução, vd. Ministério das Finanças, (1988, *maxime* 23 ss., 27 ss. e 31 ss.).

Para bem compreender a evolução desta situação, porém, importa ir um pouco mais atrás, nomeadamente à legislação surgida na sequência de 25/4/74, dado o peso do sector público no conjunto da economia e a orientação dominante de controlo pelo Estado da economia. Esta a razão por que começaremos a nossa investigação por uma fase mais atrasada.

II. Uma primeira fase é sobretudo norteada por razões fiscais e de controlo do poder económico privado, no seguimento das nacionalizações iniciadas em 11/3/1975, e consta do DL n.º 150/77, de 13/4 e do DL n.º 408/82, de 29/9. Tentativas, parcelares, de reformar o sistema dos valores mobiliários, em particular das acções ao portador, foram norteadas pelos mesmos objectivos, mas não chegaram a ser postas em prática, como aconteceu com o sistema previsto no DL n.º 211/75, de 19/4 [253]. Aliás o sistema de registo de acções ao portador foi sempre norteado por razões de ordem fiscal.

O DL n.º 150/77, de 13/4 prevê a possibilidade de as acções, nominativas ou ao portador, serem depositadas [254] junto de uma instituição de crédito (art. 1.º). Porém, não se trata de um depósito centralizado, nem o sistema instituido visava resolver os problemas ligados à circulação dos valores que, na altura passavam mais pela abertura das Bolsas de Valores, encerradas no seguimento do 25/4/74.

O DL 408/82, de 29/9 [255], alterou parcialmente o sistema de registo e depósito de acções, previsto no diploma anterior [256]. De acordo com este diploma o registo é feito junto da entidade emitente (art. 7.º, n.º 1) [257] e o depósito é feito em instituição de crédito (art. 16.º) e apenas é obrigatório para as acções nominativas. Aquelas instituições cobrarão, obrigatoriamente, os juros, dividendos, reembolso, etc. (art. 32.º, n.º 3), abrindo uma conta de depósito (art. 16.º, n.º 2). Também aqui não se trata de um

---

[253] O sistema previa a substituição das acções ao portador (que contimuariam a ser emitidas) por certificados globais representativos da quantidade de acções detidas por cada titular, sendo emitidos novos certificados sempre que ocorresse uma transmissão das acções em causa. Sobre este sistema, vd. BRITO CORREIA (1989, 379-380). Vd. nota 83.

[244] Em alternativa era previsto um sistema de registo junto da entidade emitente, dependendo a opção do titular dos valores.

[255] Este diploma foi sucessivamente alterado pelos DL n.º 198/86, de 19/7, n.º 243/89, de 5/8 e 116/91, de 21/3.

[256] Sobre o regime instituído por este diploma, vd. CORDEIRO (1989, 75-90 e 1990, 158, ss), LABAREDA (1988, 245 ss.) e BRITO CORREIA (1989, II, 380 ss.).

[257] Não nos interessa, para os nossos objectivos, tanto o regime de registo. Porém, deve salientar-se que as acções ao portador sujeitas a esse regime perderam as características dessa modalidade. Assim, PESSOA JORGE (1989, 93, nota 2).

depósito centralizado [258] destinado a facilitar a circulação dos títulos [259]. Assim, o sistema instituído sai fora das tendências que então se verificavam noutros países. O que bem se compreende se atentarmos que, na época, a economia portuguesa era esmagadoramente dominada pelo Estado. As tendências intervencionistas do Estado na economia que então se verificavam estão bem expressas no sistema consagrado [260]. Apesar disso o diploma foi mantido em vigor até hoje, tendo sobrevivido ao CSC [261], ao DL n.º 210-A/87, de 27/5 e ao próprio CdMVM [262]. O que de mais significativo o diploma em análise trouxe foi a possibilidade de transmissão das acções através da movimentação entre as contas do banco depositário, mas apenas quanto às transmissões efectuadas fora de bolsa (art. 27.º).

O Código das Sociedades Comerciais manteve em vigor o DL anterior, embora introduzindo algumas alterações ao regime de depósito e

---

[258] O art. 17.º prevê a existência de um registo central organizado pelo Banco de Portugal com base nas comunicações efectuadas pelas instituições depositárias. Porém desse registo apenas constarão os títulos depositados nos termos do art. 2.º (acções emitidas por sociedades com sede e direcção efectiva fora do território nacional) e 32.º/1 (títulos pagáveis em moeda estrangeira). Assim, é, no mínimo, apressada a conclusão de BRITO CORREIA (1989, II, 384), quando enquadra esse registo dentro das tendências de desmaterialização de que cita como exemplos a SICOVAM, a NASDAQ (*National Association of Securities Dealers Automatic Quotation System*) e o SEAQ (*Stock Exchange Automated Quotations System*). De facto, nada tem uma coisa a ver com a outra e muito menos com as duas últimas instituições que são organizações de enquadramento do chamado mercado fora de bolsa ou mercado de balcão nos Estados Unidos.

[259] Não se ignoram as proclamações preambulares quanto aos objectivos de dinamizar o mercado de capitais e sem dúvida que o carácter facultativo do registo das acções ao portador foi nesse sentido. Porém, pouco se alterou ao nível da transmissão das acções. Como acentua o Prof. Menezes CORDEIRO (1990, 160), se o titular pretendesse negociar as acções em bolsa devia fazer cessar o depósito, solicitando a entrega das acções ao corretor, salvo se a ordem de bolsa fosse dada directamente ao depositário, caso em que este ficava obrigado a transmitir essa ordem e a remeter as acções ao corretor (161).

[260] No sentido do texto, MENDES (1989, 180). Além dos aspectos focados, deve referir-se, também, a ausência de um verdadeiro mercado organizado de valores mobiliários nessa época.

[261] O CSC ressalva expressamente a vigência do DL n.º 408/82, no art. 5.º das disposições preambulares.

[262] O CdMVM não só mantém em vigor o referido diploma (vd. os arts. 79.º, n.ᵒˢ 2 e 3, 87.º, n.º 1, 89.º, n.º 1, al. a), como nele se inspira para algumas das soluções consagradas quanto ao regime dos valores mobiliários titulados fungíveis e dos próprios valores escriturais, como veremos adiante. É criticável que o legislador tenha optado por manter em vigor aquele diploma pois cria inúmeras dificuldades à sua aplicação.

registo de acções (arts. 326.º, ss. e 330.º, ss.)²⁶³. Na matéria que nos interessa, nada traz de novo, ressalvando a necessidade de cumprimento das formalidades atinentes ao registo nos livros da sociedade emitente das acções nominativas depositadas (art. 336.º/1).

III. Uma segunda fase corresponde à criação de um sistema centralizado de imobilização de títulos, para facilitar a liquidação das operações de bolsa. Neste sentido, o DL 210-A/87, de 27/5²⁶⁴, prevê um sistema de imobilização dos títulos para responder aos problemas da liquidação das operações de bolsa, que classifica como "necessidade de carácter eminentemente técnico"²⁶⁵. O sistema instituído consiste num *depósito facultativo* em instituições financeiras (art. 1.º, n.º 1)²⁶⁶ e apenas aplicável aos valores mobiliários admitidos à cotação em bolsa e abrangidos pelo sistema de liquidação e compensação de operações de bolsa. Estabelece-se igualmente a fungibilidade dos títulos em depósito na instituição financeira (art. 1.º, n.º 3, al. c), o que facilita a liquidação das operações de bolsa²⁶⁷ e permite a movimentação das contas de depósito apenas para regularizar os saldos apurados pelos serviços de liquidação e compensação (art. 1.º, n.º 1)²⁶⁸. Os mais importantes aspectos a salientar neste diploma prendem-se com a fungibilidade dos títulos, a sua movimentação através de registos nas contas da entidade depositária e a imobilização (parcial, dada a necessidade de movimentação para regularização de saldos) dos títulos através do sistema de

---

[263] Sobre a nem sempre fácil conjugação do CSC com o DL 408/82, vd. LABAREDA (1988, maxime 243 ss) e CORDEIRO (1990, 151, ss). BRITO CORREIA (1989, II, 382) refere que essa articulação suscita, por vezes, algumas dúvidas.

[264] Vd. BRITO CORREIA (1989, II, 385).

[265] Refere-se expressamente no preâmbulo: "O crescimento das transacções efectuadas nas Bolsas de Valores de Lisboa e do Porto veio revelar a inadequação do mecanismo de circulação dos títulos, pois que, devido à sua grande quantidade e ao sistema utilizado, o prazo de liquidação das operações, que deve ser curto, se mostra difícil de cumprir".

[266] Às instituições de crédito depositárias é equiparada a Junta de Crédito Público, no que respeita aos valores mobiliários representativos da dívida do Estado (art. 5.º, n.º 2).

[267] O sistema de liquidação de operações de bolsa era complicadíssimo e muito moroso. Basta ver, a título de exemplo, a forma como é desenhado pela Circular n.º 6/80-série A, da BVP. Vd. MONTEIRO, (1987, 104).

[268] Paralelamente a este sistema, a circular n.º 1/87, de 8/1, da BVP (vd. MONTEIRO, 1987) exige que as cautelas representativas de valores mobiliários, "para garantir a segurança das transacções", sejam depositadas em instituição financeira "antes da transmissão da respectiva ordem de bolsa, mantendo-se no circuito bancário e dos corretores, enquanto forem objecto de operações de bolsa".

depósito instituído. A publicação deste diploma, embora tenha representado um passo importante na simplificação da liquidação das operações de bolsa[269], ficou muito aquém do desejável, como já observou, na altura, o Prof. Pessoa Jorge[270].

O DL n.° 59/88, de 27/2[271], veio substituir o diploma referido no ponto anterior, mas manteve as mesmas orientações de fundo. Prevê a emissão de um documento representativo do depósito que substitui o título para exercício dos direitos a ele inerentes (art.6.°) e deixa de ser necessária a declaração do transmitente escrita no título, tal como o pertence (art. 7.°/3), o que significa que a transferência destas acções também é exclusivamente feita através de registo em conta.

III. Pela primeira vez entre nós, um verdadeiro sistema de depósito centralizado de títulos foi criado pelo CdMVM (arts. 77.°-96.°), o chamado sistema de depósito e controlo de títulos fungíveis. Este sistema tem como objectivo principal facilitar a liquidação das operações de bolsa realizadas sobre valores mobiliários titulados, substituindo o incipiente sistema instituído pelo DL n.° 210-/87 e o DL n.° 59/88. O sistema é integrado por diversas entidades, sendo o depósito efectuado em intermediários financeiros autorizados a prestar esse serviço e efectuando estes, por sua vez, o depósito na Central (depósito em 2 graus, referido já a propósito dos *Kassenverein* e da SICOVAM). Deixa de haver qualquer movimentação física dos títulos, que passam a estar representados por registos em conta de depósito. Além disso, o sistema é aberto, pela primeira vez, a todos os valores mobiliários. O modelo adoptado para o registo e transmissão dos valores mobiliários em regime de depósito é praticamente idêntico ao sistema criado para os valores escriturais. Este funciona pois, como regime regra. Por isso, a maior parte dos aspectos relativos ao regime jurídico dos valores escriturais, descrito na 2.ª parte

---

[269] BRITO CORREIA (1989, II, 387) refere expressamente: "Dá-se, assim, mais um passo preparatório da futura "desmaterialização" dos títulos (cuja introdução está em estudo)".

[270] Refere esse professor que o avanço na via apontada pelo DL n.° 210-A/87 "passa necessariamente pela imposição desse regime com carácter geral e obrigatório e pela progressiva concentração de todos os títulos num único depósito central, pois a existência de diversos depósitos em instituições financeiras e em bolsas não evita a necessidade de proceder entre eles, de tempos a tempos, à circulação física de títulos, para acerto de saldos" (PESSOA JORGE, 1989, 95). Como pode ver-se, estavam perfeitamente identificados os problemas.

[271] Sobre este diploma vd. LABAREDA (1988, 251 ss.) e BRITO CORREIA (1989, 385-388)

deste trabalho, valerão também para os títulos fungíveis inseridos no sistema de depósito e controlo de valores mobiliários titulados. Quanto às consequências ou significado da opção do legislador, reflectiremos no cap. II da 3.ª parte onde se indicam, também, as correspondências entre os dois regimes. Por tudo isso, consideramos desnecessário tratar aqui, mais desenvolvidamente, o sistema de depósito de títulos fungíveis.

Paradoxalmente, o CdMVM deixou em vigor o DL n.° 408/82. Essa vigência, porém, é apenas parcial. Existe assim entre nós um sistema muito complexo de depósito e registo de títulos, fonte de inúmeras dificuldades e anacronismos.

4.2.3. Balanço da experiência de depósito centralizado de títulos

I. Há quem chame a estes sistemas de depósito *"sistemas correctores"*, na medida em que não eliminam os títulos, mas imobilizam-nos ou substituem o título singular por títulos múltiplos, também eles depositados[272], em contraposição aos sistemas escriturais que seriam *"sistemas substitutivos"*, na medida em que o título desaparece. Duma maneira geral, são sistemas moldados sobre o regime jurídico dos títulos de crédito, que lhes é aplicado devido à equiparação legal entre as novas realidades e os títulos. Em Portugal, ao invés da totalidade dos sistemas descritos, o sistema de depósito centralizado tem como regime jurídico regra o dos valores escriturais e não o regime dos títulos de crédito.

II. Apesar de recentes, as várias experiências tornaram-se irreversíveis. As economias modernas já não poderiam passar sem as instituições de depósito centralizado de valores e de liquidação e compensação das operações realizadas em bolsa e em outros mercados secundários[273].

III. Segundo alguns autores[274], o passo jurídico decisivo não está na passagem para o título sem papel, mas na criação do depósito centralizado, pois já aí os títulos perdem a sua função. Assim, estas experiências foram

---

[272] MADRID PARRA (1990, 77), OLIVENCIA (1987, 19).
[273] Assim, DALLÈVES (1987, 48).
[274] DROBNIG (1988, 22-23). Porém, segundo o mesmo autor, embora *na prática* o salto dos sistemas de títulos em depósito centralizado para os sistemas de valores sem papel, seja pequeno, *na teoria* é um passo enorme (22).

e ainda são o maior ponto de apoio para a reflexão jurídica sobre a desmaterialização, nomeadamente em países como a Alemanha e a Itália

IV. Duma maneira geral, as experiências enumeradas foram realizadas sob pressão dos problemas suscitados pela prática, sem atentar resolver prévia ou simultaneamente os problemas jurídicos e dogmáticos delas derivados. A reflexão dogmática é, em regra, posterior tal como a própria intervenção do legislador é, em regra, posterior à prática bancária, procurando regulá-la e discipliná-la[275]. Por isso, muitos dos problemas jurídicos criados pelo sistema de depósito centralizado e o seu reflexo em relação à teoria dos títulos de crédito estão ainda por resolver, sendo sustentadas diversas posições doutrinárias. Abordaremos, na 3.ª parte deste trabalho, alguns desses problemas jurídicos.

5. EXPERIÊNCIAS DE DESMATERIALIZAÇÃO QUE IMPLICAM O ABANDONO DO PAPEL: OS VALORES ESCRITURAIS

5.1. Experiências estrangeiras de desmaterialização

I. Foi na Alemanha que surgiu a primeira experiência de desmaterialização integral. O Decreto de 5/1/1940 previa a desmaterialização dos títulos de dívida pública que passariam a ser representados através de registos no livro da dívida (*Schuldbuchfordenungen*). A estes valores desmaterializados é aplicável o regime jurídico consagrado na *DepotG*. Para além do seu pioneirismo, esta experiência foi sobretudo importante pelo debate que abriu quanto à natureza jurídica dos registos em conta. Esse debate foi sobretudo marcado pela criação do novo conceito de direitos-valor *(Wertrechte)*, por Opitz, e pela proposta de reanálise global da teoria dos títulos de crédito[276].

---

[275] É o caso da Alemanha e da Espanha. Porém, em Itália o percurso foi relativamente mais amadurecido. Vd. PAVONE LA ROSA (1988, 290-291).

[276] OPITZ definiu os *Wertrechte* (direitos-valor) como direitos não documentados equivalentes a direitos documentados relativos às mesmas prestações. Na terceira parte deste trabalho abordaremos alguns aspectos relacionados com este conceito. Porém, a teoria de OPITZ parece não ter tido muito sucesso, tendo sido rejeitada pela doutrina alemã. Assim, CANARIS (1981, 1032 ss.). Porém, o termo *Wertrecht* foi adoptado e a teoria teve o mérito de levantar importantes problemas. Sobre a experiência alemã de desmaterialização da dívida do Estado vejam-se os autores citados atrás, a propósito do depósito colectivo. Vd., ainda, BRIK (1976, 64 ss).

II. Foi, porém, a desmaterialização total[277] dos valores mobiliários levada a cabo em França que mais profundo impacto haveria de ter, inspirando reformas noutros países. Esse impacto deve-se, sobretudo, ao carácter radical da reforma operada: duma assentada, o legislador francês acabava com a documentação dos valores mobiliários e, assim, interrompia uma tradição centenária. As consequências jurídicas estão ainda completamente por apurar, como veremos mais adiante.

A desmaterialização começou por obedecer a razões de ordem fiscal[278] (lei de 30/12/1981), procurando evitar a fraude fiscal[279]. Só dois anos depois é que é tornada obrigatória a desmaterialização de todos os valores mobiliários pelo Décret n.º 83-359, de 2/5/83, que, no seu art. 1.º, não deixava qualquer margem para dúvidas: "Dix-huit mois aprés la date de publication[280] du presént décret, les titres de valeurs mobilières ne sont plus matérialisés que par une inscription au compte de leur proprietaire".

Como principais características do sistema podemos referir as seguintes[281]: obrigatoriedade da forma escritural para todos os valores mobiliários; manutenção da anterior distinção entre valores nominativos e ao portador, cabendo a escolha ao titular[282]; sistema descentralizado de registo junto de intermediário financeiro escolhido pelo titular; regime

---

[277] Apenas ficaram de fora da aplicação do novo regime as obrigações emitidas antes do decreto de 2/5/1983, amortizáveis por sorteio de acordo com a sua numeração, dada a incompatibilidade da numeração com a desmaterialização dos valores.

[278] Alguns autores realçam, talvez mais do que seria desejável, este aspecto, até com intuitos de desvalorizar a reforma introduzida. Vd. OPPO (1992, 595) que considera a eliminação do título de crédito como trazendo "perda de independência, de liberdade, de reserva, não apenas na constituição mas na gestão, na disposição dos direitos, ... mecanismos particularmente tutelados sobretudo pelos títulos ao portador, para cuja substituição é difícil pensar num mecanismo de registo anónimo".

[279] Mas essas não foram as únicas razões. Para um resumo das vantagens e inconvenientes da reforma, tanto do ponto de vista económico como psicológico, vd. RIPERT/ /ROBLOT (1992, 18-19). GUYON (1984, 453-454), aponta as três principais vantagens enumeradas pela "Commission Perouse": modernizar os métodos de gestão de títulos; facilitar o esforço comercial dos intermediários colectores de ordens, que seriam libertos de tarefas materiais fastidiosas; acelerar as operações sobre títulos, graças à utilização da informática.

[280] O decreto em causa foi publicado no Jornal Oficial de 3/5/83.

[281] Vd. JUGLART/IPPOLITO (1991, 749 ss), GAVALDA (1992, 380 ss.), HUBRECHT, COURET et BARBIÉRI (1988, 180 ss), CHARTIER (1985, 322 ss.), VASSEUR (1988/89, 1734 ss.) e CARRIERO (1987, 142 ss).

[282] Mas são muito importantes os casos de obrigatoriedade da forma nominativa. Vd. RIPERT/ROBLOT, (1992, 35-36). Quanto à diversidade de regime dos valores escriturais nominativos e ao portador, vd. o cap. II da 2.ª parte.

distinto para os valores conforme estejam ou não admitidos na SICOVAM, o que dá uma certa flexibilidade ao sistema. Ao analisarmos o regime jurídico dos valores escriturais em Portugal, teremos oportunidade de ver mais em pormenor algumas das características e soluções do sistema francês.

III. Em Espanha começou por ser desmaterializada a dívida do Estado, inicialmente limitada aos "pagarés del Tesoro"[283] e, depois, com carácter de generalidade, através do Real Decreto n.º 507/1987, de 3/4[284]. Posteriormente a desmaterialização estendeu-se a todos os valores mobiliários com a Ley 24/1/1988, de 28/7 (LVM) que no § 1.º do seu artigo 5.º previa: "Los valores negociables podrán representarse por medio de anotaciones en cuenta o por medio de títulos"[285]. Hoje todos os valores negociáveis em bolsa devem assumir, obrigatoriamente, a forma escritural[286]. Quanto ao regime jurídico, todos os autores do país vizinho con-

---

[283] Sobre esta experiência e com particular desenvolvimento, vd. JIMENEZ SANCHEZ (1987, 47 ss).

[284] Vd. a obra colectiva, *Anotaciones en cuenta de deuda del Estado*, onde é analisado, sob vários aspectos, o citado decreto e se contém apêndice com a principal legislação. Vd., ainda, DIAZ MORENO (1991, 374 ss) e BERCOVITZ (1988, 67 ss). Antes de aprovado o Real Decreto, foi por muitos posta em causa a bondade da adopção de um sistema de "anotaciones en cuenta", tendo-se debatido aqueles que defendiam essa solução como um corte radical com a doutrina dos títulos de crédito e aqueles que se inclinavam para uma solução que mantivesse uma relação estreita com aquela doutrina. Neste último sentido, a Junta Sindical do Ilustre Colégio de Agentes de Câmbio e Bolsa de Madrid propunha a adopção do sistema de título de crédito global, pois de outra forma estabelecer-se-ia uma perigosa ruptura, diziam: "ese dato lleva a esta Junta a destacar que, al construir el sistema de anotaciones en cuenta como un sistema ajeno, por completo, a la figura de los titulos-valores, el Proyecto ahora considerado representa una ruptura y un salto cualitativo trascendental respecto del Ordenamiento jurídico donde deberá integrarse. Esa ruptura no parece la mejor y más sencilla para introducir, entre nosotros, un moderno sistema de anotaciones en cuenta, ya que tal ruptura exigirá y conllevará un difícil, peligroso e incierto período y esfurzo de adaptación de todo nuestro Ordenamiento jurídico" (AA VV, 1988, 335).

[285] Esta lei (Disposição Transitória 10) estabelecia a obrigatoriedade de transformação em escriturais dos valores incluídos no sistema de liquidação do Decreto de 25/4/74. Sobre o sistema no âmbito da LMV, vd., entre outros, DIAZ MORENO (1991, 374 ss.), MADRID PARRA (1990a, 72 ss. e 1990b, 8 ss), DIAZ MORENO/PRIES PICARDO (1992, 309 ss.), FARRANDO (1991, 818 ss), PÉREZ ESCOBAR (1991, 1 ss.) e TÁPIA HERMIDA (1992, 276 ss.).

[286] Esta obrigatoriedade foi imposta pelo Real Decreto de 14/2/92 que regulamentou a LMV no tocante aos valores escriturais. A mesma obrigatoriedade já tinha sido estabelecida para as acções e obrigações pelo Texto Refundido da Lei das Sociedades Anónimas.

cordam que é inspirado no regime dos títulos de crédito com as adaptações que a inexistência de documento implica, embora haja divergências quanto à apreciação desse regime [287].

Não existe um único sistema de registo, antes varia conforme se trate de dívida do Estado [288], de valores admitidos à negociação em bolsa [289] ou de valores não admitidos à negociação em bolsa [290].

IV. A Dinamarca foi o primeiro país Europeu a desenvolver um sistema de acções escriturais [291]. Também a Noruega implantou um sistema de valores escriturais [292].

Na Itália só muito recentemente foi consagrada a desmaterialização para a dívida do Estado [293]. Para os restantes valores mobiliários apenas funciona o sistema de depósito centralizado, já acima referido (*Monte Titoli*). A doutrina, face à desmaterialização, tem vivido sobretudo preocupada com a aplicação da teoria geral dos títulos de crédito consagrada no Código Civil italiano, sendo vários os autores que defendem

---

[287] Assim DIAZ MORENO (1991, 375),

[288] O registo é da competência da *Central de Anotaciones*, que funciona como registo central, e das entidades gestoras do mercado de dívida pública escritural. Sobre a *Central de Anotaciones*, vd. ZUBIZARRETA (1987, 135 ss). Quanto às entidades gestoras do sistema, vd. PIÑEL LOPEZ (1987, 153 ss).

[289] O registo e a sua gestão deve ser obrigatoriamente feito no *Serviço de Liquidação e Compensação*. Porém, são admitidas duas modalidades: ou o registo é feito em exclusivo naquela entidade, ou é feito nessa entidade em colaboração com as entidades aderentes ao sistema. Nesta última situação o registo no *Serviço de Liquidação e Compensação* funciona como registo central (vd. os arts. 76.° a 79.° do Real Decreto de 14/2/91, sobre as entidades aderentes ao *Serviço de Liquidação e Compensação* e a Ordem de 6/7/92 que estabelece os requisitos exigidos a essas entidades). Prevê-se, ainda, para os valores admitidos numa só bolsa radicada numa comunidade autónoma que o serviço de registo possa ser prestado pela sociedade gestora dessa bolsa. É o que acontece, por exemplo, com a bolsa de Valência. Vd. CACHON BLANCO (1992, I, 135-137). Sobre o sistema, vd., ainda, ANGULO RODRIGUEZ (1992a, 261 ss e 1992b, 1 ss).

[290] O serviço de registo é prestado por uma Agência de Valores ou por uma Sociedade de Valores, designada pela entidade emitente. Vd. Real Decreto de 14/2/92, arts. 45.° a 54.°. Sobre os valores escriturais não admitidos à negociação em bolsa, em particular quanto à sua transmissão, vd. MEJÍAS GOMEZ/MELLADO RODRIGUEZ (1993, 15 ss.).

[291] Vd. DRUEY (1987, 67) e LENER (1989, 17). Desde Março de 1988, assumem obrigatoriamente a forma escritural as acções cotadas na bolsa. Vd. DROBNIG (1988, 23).

[292] DRUEY (1987, 67) e DROBNIG (1988, 23).

[293] Vd. OPPO (1992, 584-596). O autor considera que o Banco de Itália está orientado para a desmaterialização dos valores representativos da dívida do Estado (591).

a sua integral vigência, dado que apenas estaríamos perante uma alteração do suporte material [294].

Na Suíça o título das acções nominativas só é emitido se for solicitado pelo próprio titular (*acções nominativas com impressão adiada*). Trata-se de uma verdadeira desmaterialização das acções nominativas, embora facultativa e reversível [295].

V. Nos Estados Unidos, a necessidade de desmaterializar as acções fez-se sentir com mais premência a partir da década de 60 [296]. Desde o início dos anos 70 que funciona em Nova Iorque um depósito colectivo de valores em que a entrega física dos títulos era substituída por registos. O processo culminou com a alteração, em 1977, do art. 8.º do UCC, que passou a permitir a emissão de *uncertificated securities* [297], não representadas por títulos, sendo a sua transmissão registada em livros ou pelo emissor ou por outra pessoa em seu nome. Essa transmissão ou a constituição de direitos sobre os valores produz-se quando seja efectuado o seu registo (UCC, § 8-313-(1)-(b), que poderá ser feito numa "*clearing corporation*" onde o adquirente tenha aberta uma conta de "*securities*", directamente ou por intermédio de outra entidade (outra "*clearing corporation*", banco, etc.). Apesar do seu elevado grau de desenvolvimento, este processo de desmaterialização não é obrigatório, até porque ainda

---

[294] É particularmente incisivo, a este respeito, DEVESCOVI (1991, *maxime* 111 ss)

[295] Assim, DALLÈVES (1987, 45). DRUEY (1987, 69) considera o sistema das acções nominativas tipicamente helvético. Como exemplo, refere que, se assim não fora, a Nestlé já não seria suíça. Desenvolvidamente, sobre o sistema e alguns dos problemas jurídicos colocados, vd., FORMSTER/LORTSCHER (1987, 50 ss).

Esta situação mantém-se após a recente reforma do direito suíço das sociedades, com a lei federel de 4/10/91, que entrou em vigor em 1/7/92. De acordo com o art. 685.º/f, mantêm-se limitações à aquisição de acções nominativas cotadas em bolsa e adquiridas fora de bolsa, pois o adquirente deve ser reconhecido como tal pela sociedade. Caso este reconhecimento não exista, o adquirente será inscrito como "*accionista sem voto*", podendo exercer todos os restantes direitos sociais. Para um panorama desta reforma e as principais críticas que lhe foram dirigidas pela doutrina suíça, vd. SPOLIDORO (1993, 213, ss.).

[296] ARONSTEIN (1988, 43).

[297] O § 8-102-(1)-(b), do UCC definia as "*uncertificated secutities*" como "not represented by an instrument and the transfer of wich is registered upon books maintained for that purpose by an behalf of the issue". Esta alteração ao UCC resultou de proposta apresentada por uma comissão da *American Bar Association* em 1975. Essa comissão propôs, ainda, que a lei das sociedades fosse alterada para permitir (não exigir) a emissão de *securities in uncertificated form* (*book-entry*).

nem todos os Estados federados adoptaram as alterações introduzidas no § 8 do UCC [298].

Hoje, toda a dívida pública dos Estados Unidos é emitida sob a forma escritural desde 1977 [299]. Igualmente a maioria dos principais organismos públicos norte-americanos e alguns bancos internacionais de desenvolvimento fazem emissões de dívida sob a forma escritural através da Reserva Federal. Porém, desde os anos 20 deste século que os títulos eram transmitidos utilizando o telégrafo entre os vários Bancos da Reserva Federal [300]. Na década de 60 foram criados sistemas locais de transferências electrónicas de títulos, fazendo-se a compensação entre os vários bancos e o envio físico dos títulos, diariamente, através da Reserva Federal.

O sistema actual funciona integralmente através dos 12 bancos da Reserva Federal que mantêm contas de valores escriturais em nome das entidades depositárias (bancos comerciais, cooperativas de crédito, *trust companies*, associações de crédito, etc.), que, por sua vez, manterão registos apropriados em nome dos seus clientes. É igualmente através deste sistema que se efectuam as transferências [301].

Em Outubro de 1986 o Congresso aprovou a Lei de Dívida Pública. De acordo com esta lei, todos os operadores em dívida pública, como

---

[298] Sobre a desmaterialização dos valores mobiliários nos Estados Unidos, vd. ARONSTEIN (1988, 43-45) e DIAZ MORENO (1991, 370-372).

[299] RINGSMUTH, D.N. (1987, 65). O processo de emissão de dívida pública sob a forma escritural iniciou-se em 1968. Toda a exposição sobre a dívida pública dos Estados Unidos é baseada neste autor, director da Reserva Federal.

[300] Um exemplo de como operava essa transferência, é assim descrito por RINGSMUTH (1987, 66): "Um banco em Nova Iorque podia enviar um título físico ao Banco da Reserva Federal de Nova Iorque, o qual cancelava o título e telegrafava ao Banco da Reserva Federal de S. Francisco para que o remetesse e enviasse ao banco comprador de S. Francisco".

[301] Pelo grau avançado de elaboração pensamos que tem interesse referir sumariamente a forma como se realizam as transferências. A maioria destas é realizada por acesso directo ao sistema informático, isto é, *on-line*. Assim, o banco vendedor inicia uma transferência *on-line* através do sistema de *Fedwire*, enviando electronicamente as suas ordens ao Banco da Reserva Federal para que remeta os registos contra o pagamento de uma determinada quantidade pelo banco comprador. Recebida a ordem, o Banco da Reserva Federal verifica se o banco vendedor possui os títulos objecto da operação. Feita esta verificação são efectuados os registos de valores escriturais a débito na conta do banco vendedor e a crédito na conta do banco comprador. Este sistema permite efectuar mais de 30 000 transacções por dia, enquanto um sistema *off-line*, que exige o manuseamento dos títulos, não permite efectuar mais de 420 transacções por dia.

brokers ou *dealers*, devem estar registados junto do Governo Federal. Esta lei trouxe várias inovações nomeadamente quanto à regulamentação do processo de transferência dos títulos e ao controlo dos descobertos diários (*daylight overdrafts*) originados pelo sistema de registo.

VI. Dada a influência que teve no modelo criado entre nós das acções escriturais, justifica-se uma referência ao Brasil. Ao que sabemos [302], foi o primeiro país a prever a desmaterialização das acções das sociedades anónimas [303], prevendo a emissão de acções escriturais no art. 34.° da lei n.° 6.404/76 [304]. Justifica-se uma alusão a essa experiência dada a influência que teve nas soluções consagradas no DL 229-D/88, de 4/7. Para a maioria da doutrina as acções escriturais não passam de um particular modo de ser das acções nominativas [305].

---

[302] Dada a amplitude que a desmaterialização tem vindo a assumir em praticamente todos os países do mundo, torna-se muito difícil estabelecer quem deve ganhar essa medalha. Daí o tom dubitativo por nós utilizado. De qualquer forma, parece que todos os autores a que tivemos acesso estão de acordo que a primeira experiência terá sido a desmaterialização da dívida do Estado na Alemanha.

[303] Ao contrário do que afirmam alguns autores, como é o caso de DRUEY (1987, 67) e, no seu seguimento, LENER (1991, 17), que consideram que a Dinamarca foi o primeiro país do mundo a adoptar a desmaterialização, pensamos que tal se deve a um desconhecimento da ordem jurídica brasileira. Com efeito o art. 34.° da Lei n.° 6404/76 (Lei das Sociedades Anónimas), previa a possibilidade de as acções não serem representadas por certificados: "O estatuto da companhia pode autorizar ou estabelecer que todas as acções da companhia, ou uma ou mais classes delas, sejam mantidas em conta de depósito, em nome de seus titulares, na instituição que designar, *sem emissão de certificados*".

[304] Segundo o próprio legislador, na Exposição de motivos à referida lei, "O objectivo é permitir a difusão da propriedade das ações entre grande número de pessoas com a segurança das ações nominativas, a facilidade de circulação, proporcionada pela transferência mediante ordem à instituição financeira e mero registro contábil e eliminação do custo dos certificados". Citado *in* VERÇOSA (1986, 41).

[305] VIDIGAL e MARTINS (1980, 89), citando Modesto Carvalhosa. Seguem a mesma orientação autores como COMPARATO (RDM(B) 17/121), onde propõe que todas as ações nominativas passem a escriturais; Rubens Requião (in *Curso de Direito Comercial*, S. Paulo) e Waldírio Bulgarelli (in *Manual das Sociedades Anónimas*, S. Paulo), segundo indicação colhida em VERÇOSA (1986, 41 e nota 1)

5.2. A experiência portuguesa

5.2.1. *A desmaterialização dos títulos representativos da dívida pública*

I. A dívida pública portuguesa de há muito que tem vindo a ser desmaterializada. Embora ainda não estejamos perante uma desmaterialização total, parece que essa é uma tendência segura. Tal como noutros países (Alemanha, USA, Espanha, Itália), *foi neste domínio que, entre nós, se verificaram as primeiras experiências de desmaterialização*[306] quer no domínio dos valores monetários quer dos valores mobiliários.

II. O DL n.° 321-A/85, de 5/8 (alterado pelos DL n.° 218/88, de 27/6, 444-A/88, de 2/12 e 132/90, de 20/4) que regulamentou os Bilhetes do Tesouro (BT), estipulava no art. 3.°/1 que a colocação dos BT se faria sem emissão física dos títulos, podendo as entidades subscritoras colocá-los junto do público mediante a emissão de certificados nominativos (art.7.ª/2). Porém, previa-se que a emissão desses certificados pudesse ser dispensada pelo adquirente (art. 7.°/3). Nesses casos, a contabilização e movimentação dos BT deveria ser efectuada por forma meramente escritural (art. 8.°). Os BT são emitidos por prazos de 91, 182 e 364 dias (art. 2.°/1), configuram-se como valores monetários.

Também os fundos públicos denominados Crédito em Leilão ao Investimento Público (CLIP), emitidos ao abrigo do DL n.° 445-A/88, de 5/12 (alterado pelo DL n.° 132/90, de 20/4), a sua tomada é efectuada "sem emissão física de títulos" (art. 2.°/1) e a sua "colocação e a subsequente movimentação dos certificados efectuar-se-à de forma meramente escritural" (art. 8.°). Também aqui estamos perante valores mobiliários monetários pois são emitidos por prazos máximos de seis meses.

III. As Obrigações do Tesouro de médio prazo (OT), cujo regime consta do DL 364/87, de 27/11 (alterado pelo DL n.° 11/92, de 4/2), são desmaterializadas a partir dessa data. *Por aquilo que nos foi dado apurar,*

---

[306] Já depois de concluido o nosso trabalho foi publicada a tese de doutoramento do Prof. Eduardo PAZ FERREIRA, *Da Dívida Pública e das Garantias dos Credores do Estado*, (1995) em que o problema da forma de representação não é abordado. No entanto, salienta que os mais recentes empréstimos do Estado "é, porventura, a circunstância de, crescentemente, a sua colocação e lançamento serem feitos de harmonia com mecanismos de mercado, afastando-se, radicalmente, da prévia fixação de condições pelo Estado" (258). Ora, parece-nos, a forma de representação escritural adoptada não será alheia a essa preocupação de harmonia com os mecanismos do mercado.

são os primeiros valores mobiliários não monetários que, entre nós, assumem a forma escritural. Curiosamente, a lei continua a chamar-lhes títulos. De acordo com o preâmbulo daquele diploma legal, a desmaterialização visa "facilitar as operações" e reduzir os custos de emissão. E acrescenta: "Admite-se que estas obrigações possam vir a ser transaccionadas nas Bolsas de Valores de Lisboa e do Porto, *caso o sistema de liquidação das operações o torne viável*"[307].

O referido DL tem a particularidade de considerar fungíveis as OT "emitidas com a mesma taxa de juro e data de reembolso ..., ainda que emitidas em datas diferentes" (séries diferentes). O art. 7.º estabelece que "A colocação e subsequente movimentação das OT efectuam-se por forma meramente escritural entre contas-título". Estas contas serão abertas nas instituições que as hajam subscrito[308].

Este exemplo de desmaterialização foi seguido em outras obrigações representativas da dívida pública, como as que foram reguladas pelo DL 327-A/88, de 23/9, mas em que a desmaterialização é apenas apresentada como uma possibilidade (art. 4.º/2). Já assim não aconteceu com as Obrigações Bicentenário do Ministério das Finanças (OBMT) ou as Obrigações Tesouro Familiar (OTF), emitidas ao abrigo do DL 327-B/88, de 23/9.

A emissão de dívida pública sob forma escritural, porém, tem vindo a tornar-se uma constante. É o caso das "Obrigações do Tesouro-Capitalização automática, 1991-1996 e 1991-1997" (vd. o n.º 4 da Resolução do Conselho de Ministros n.º 1/91, de 1/2), as obrigações "Tesouro familiar, 1991" (vd. os n.ᵒˢ 8 e 9 da Resolução do Conselho de Ministros n.º 2/92, de 1/2) e as "Obrigações do Tesouro-FIP, 1991-1997, FIP 1991-1998, FIP 1991-1999 e FIP 1991-2000" (vd. o n.º 4 da Resolução do Conselho de Ministros n.º 5/91, de 1/2). Adiante, no cap. I da 2.ª parte, abordaremos alguns aspectos do regime jurídico destas obrigações escriturais.

---

[307] Esta norma mostra como a liquidação das operações de bolsa não teve grande peso na desmaterialização operada, ao contrário do que aconteceu noutros países. Tal deve-se ao facto de as bolsas de valores ainda terem, então, um movimento quase insignificante e as transações se ressentirem da grande falta de liquidez. Daí que se tenha tratado de uma desmaterialização com um pequeno alcance pois foi determinante a redução dos custos das emissões.

[308] Instituições de crédito, ou entidades especializadas em transacção de valores mobiliários para o efeito autorizadas pelo Ministro das Finanças.

5.2.2. As acções escriturais

I. O DL n.° 229-D/88, de 4/7 [309] permitiu entre nós a desmaterialização das acções (art. 1.°) e das obrigações e outros valores emitidos por sociedades anónimas (art.15.°). Foi uma etapa extremamente importante no caminho da desmaterialização dos valores mobiliários, numa altura em que, na Europa, a desmaterialização daqueles valores apenas tinha sido consagrada na França, na Dinamarca, na Noruega e, fora da Europa, nos Estados Unidos.

O sistema instituído, moldado na lei brasileira [310], centralizava os registos na entidade emitente ou numa única instituição de crédito por ela indicada. Previa a conversão de valores titulados em escriturais e destes em titulados. Portanto, a forma de representação escritural era reversível, ao contrário do que acontece com o sistema do CdMVM e com outros sistemas como o francês ou o espanhol. A principal fraqueza do sistema residia no facto de não dar uma resposta cabal para a liquidação das operações de bolsa.

Ao longo da nossa exposição entraremos em constante diálogo com o regime consagrado no DL n.° 229-D/88, de 4/7, pelo que nos dispensamos de agora o expôr mais desenvolvidamente.

II. Na sequência do diploma anterior outros vieram prever a possibilidade da desmaterialização de outros valores mobiliários. É o caso do DL n.° 125/90, de 16/4, que criou as obrigações hipotecárias. O art. 5.°, n.° 2, prevê a possibilidade de as obrigações hipotecárias poderem revestir a forma escritural, mandando aplicar, com as devidas adaptações, o disposto no DL n.° 229-D/88, de 4/7 [311].

---

[309] O projecto deve-se ao Prof. Fernando PESSOA JORGE que o publicou, juntamente com algumas notas justificativas, na revista *O Direito*, ano 121-I (1988) pp. 93-114. Apesar de sucintas, as referidas notas revestem-se de grande importância pois foi a primeira vez que entre nós o problema foi abordado a nível doutrinário. Pena foi que não tivesse, como merecia, suscitado o estudo e discussão aprofundada da matéria. Ressalvem--se, no entanto, as referências que lhe são feita por João LABAREDA (1988), Brito CORREIA (1988) e, sobretudo, Evaristo MENDES (1989) que, na sua dissertação de mestrado (não publicada) fornece preciosos elementos para o estudo dos problemas levantados pelas acções escriturais à luz do DL n.° 229-D/88.

[310] É o próprio autor do projecto de Decreto-Lei quem o afirma expressamente. Vd. PESSOA JORGE (1988, 99-102), referindo a evolução e os resultados do sistema.

[311] Como o DL 229-D/88 foi revogado pelo art. 24.° do DL n.° 142-A/91, de 10 de Abril, a remissão deve ser entendida para o CdMVM que substituiu o diploma revogado.

5.2.3. *O Código do Mercado de Valores Mobiliários e os valores mobiliários escriturais*

I. O CdMVM representa um grande desenvolvimento da desmaterialização, entre nós: por um lado prevê a possibilidade de todos os valores mobiliários poderem assumir a forma escritural (art. 47.º)[312] tornando irreversível essa forma de representação, salvo para negociação no estrangeiro (art. 48.º/1); cria um sistema de registo e controlo de valores mobiliários escriturais (arts. 56.º, ss.); prevê a criação de um sistema de negociação informático a nível nacional (arts. 438.º ss.)[313]; cria o sistema de liquidação e compensação de operações de bolsa a nível nacional (arts. 459.º ss.). Este "pacote" de inovações deve ser visto em conjunto, pois só no seu conjunto assume o seu pleno significado. Assume um particular significado, também para os valores escriturais, a criação da Central de Valores Mobiliários, já atrás referida.

II. Consagra-se um sistema que se afasta do anteriormente fixado pelo DL n.º 229-D/88, de 4/7, moldado sobre o sistema brasileiro. Agora o legislador vai inspirar-se no sistema francês para traçar o sistema de valores mobiliários escriturais. Na época em que foi elaborado o CdMVM, o legislador podia ter acesso, para além dos citados, aos sistemas espanhol, dinamarquês e dos Estados Unidos. Pensamos que a reforma introduzida em Espanha pela LMV teve uma significativa influência no nosso legislador, em múltiplos aspectos, como salientaremos mais adiante. Porém, a não publicação de quaisquer estudos preparatórios da reforma, sobretudo quanto aos seus aspectos essenciais e mais inovadores, dificultará a nossa tarefa.

---

[312] No que toca aos valores escriturais, é alargada a possibilidade de desmaterialização de todos os valores mobiliários. Até então apenas as acções e as obrigações emitidas pelas sociedades podiam assumir a forma escritural (art. 15.º do DL 229-D/88), bem como parte da dívida do Estado

[313] Trata-se de um sistema que é gerido pela Interbolsa e que na prática funciona como um mercado a nível nacional, embora a lei o não considere formalmente como tal. Deve distinguir-se o sistema de negociação informático dos sistemas tradicionais que são sistemas de negociação presencial, conhecidos entre nós por "viva voz".

6. PERSPECTIVAS DE EVOLUÇÃO

I. Há autores que consideram os títulos em papel como coisa de alfarrabista[314]. Portanto, a tendência seria no sentido do desenvolvimento da desmaterialização e de alargamento a cada vez maior número de valores mobiliários. Porém, encontramo-nos, ainda, num momento de transição[315], em que os títulos conservam ainda uma grande importância, embora esta se manifeste sobretudo através do regime jurídico adoptado para os sistemas de depósito colectivo de títulos.

II. Cada vez são mais frequentes os casos de "trades without papers" e a orientação parece ser no sentido de um sistema que já foi definido como sociedade sem dinheiro, sem moeda[316] ou sem papel e para uma representação dos direitos de crédito e outros numa rede informatizada[317]. O sector bancário está na vanguarda deste movimento, onde os meios de pagamento electrónico atingiram um alto grau de desenvolvimento[318].

III. O CdMVM (art. 49.º) prevê a possibilidade de tornar obrigatória a forma escritural para os valores negociados em bolsa. Porém, até agora, tal obrigatoriedade ainda não foi imposta. Entre nós, após a entrada em vigor desse diploma e no âmbito dos mercados secundários de valores mobiliários, os papéis perderam já toda a sua função tradicional uma vez que nunca circulam enquanto tais, estando obrigatoriamente sujeitos a depósito.

IV. A reflexão jurídica sobre os valores desmaterializados está no seu início. Em muitos aspectos, pensamos que só a prática permitirá o seu

---

[314] MEIER-HAYOZ (1986, 389). O mesmo autor acrescenta que já não se justifica a figura do título no mercado de capitais, tendo chegado a hora de o desmitologizar (396).

[315] EIZAGUIRRE (1982, 88). Passados mais de dez anos, podemos dizer que o período de transição continua. Porém, hoje são mais claras as metas e a direcção da evolução actual. Segundo ANGULO RODRIGUEZ (1992, 226), falando do significado desta fase de transição, o sistema desmaterializado "supõe passar da era de Gutemberg à era de Mac Luhan".

[316] Depois da moeda e do cheque, há autores que consideram o cartão de crédito como a terceira geração dos meios de pagamento. Vd. SPADA (1976, 908), a propósito dos cartões de crédito.

[317] CLARIZIA (1985, 75); DEVESCOVI (1991, 8), AMORY e THUNIS (1987, 685).

[318] Sobre os meios electrónicos e as transferências electrónicas de fundos, vd., entre nós, VELOSO (1987, 5-85), NABAIS (1987, 71-85), RAPOSO (1988, 5 ss.) e MONTEIRO (1992, 123 ss.).

desenvolvimento. Porém, a reflexão jurídica pode desempenhar um importante papel, quer colocando as questões levantadas pela nova forma de representação, quer ajudando a encontrar respostas para os problemas que ainda subsistem. Entre nós, pensamos que a generalidade da doutrina jurídica ainda não despertou para esta nova realidade[319].

---

[319] O estudo do prof. Ferreira de Almeida, já várias vezes citado é uma excepção. Referências importantes são feitas em MENDES (1989), fazendo-lhe também pequenas alusões BRITO CORREIA (1989) e LABAREDA (1988), todos antes da publicação do CdMVM. Porém, relativamente ao regime anterior ao CdMVM, o estudo fundamental publicado entre nós continua a ser o do prof. PESSOA JORGE (1989).

SEGUNDA PARTE
DO REGIME DE REPRESENTAÇÃO E CIRCULAÇÃO DOS VALORES ESCRITURAIS

CAPÍTULO I
O SISTEMA DE REGISTO
E CONTROLO DE VALORES MOBILIÁRIOS ESCRITURAIS

1. CARACTERIZAÇÃO GERAL DO SISTEMA

I. Os valores escriturais e o seu regime jurídico apenas podem ser inteiramente compreendidos quando analisados dentro do sistema de registo e controlo de valores mobiliários escriturais [320], em que se integram. Embora inspirado no sistema francês [321], tem características próprias. Impõe-se, por isso, uma prévia abordagem do sistema, em termos necessariamente sumários.

O sistema tem como componente central um conjunto de contas [322] ligadas entre si e é assegurado pela Central, pelas entidades emitentes e

---

[320] É a lei que assim o qualifica e descreve no art. 58.º. Ao ao longo deste trabalho designá-lo-emos, muitas vezes, apenas por "sistema". O art. 3.º/2 do RgCentral dá uma noção mais restrita de Sistema e que aqui não iremos adoptar, pois não corresponde inteiramente ao conceito do art. 58.º e é apenas válida para os efeitos desse regulamento: "é o conjunto de equipamentos informáticos e de instruções lógicas, bem como a rede de comunicações que integra aqueles equipamentos, interligando a Central e os intermediários financeiros e demais entidades que, por força do presente Regulamento, se encarreguem, participem ou colaborem no desempenho das actividades a desenvolver para efeitos do cumprimento do disposto no artigo anterior". No CdMVM o conceito de "sistema" é frequentemente utilizado e com significados diferentes: sistema de depósito e controlo de valores mobiliários titulados (por ex. os arts., 85.º e 86.º); sistemas de negociação (arts. 437.º, 438.º, 439.º e 519.º); sistemas de formação de cotações (art. 437.º); sistemas de liquidação e compensação (art. 459.º). Fica apenas feita a referência pois não nos parece importante, para este trabalho, determinar o significado que o termo assume nos diversos casos.

[321] Como é expressamente reconhecido no preâmbulo do DL 142-A/91, de 10/4 (ponto 14), ao mesmo tempo que se refere o abandono do modelo brasileiro seguido pelo DL n.º 229-D/88, de 4/7.

[322] Refere PESSOA JORGE (1989, 104) que "A palavra "conta" talvez não seja muito rigorosa para exprimir o elemento-base do registo das acções escriturais, mas parece suficientemente clara. Afastou-se, porém, a expressão "conta de depósito" incorrectamente usada na lei brasileira". Apesar disso, a palavra "conta" é correntemente usada e não ape-

pelos intermediários financeiros autorizados a prestar o serviço de registo dos valores escriturais em nome dos seus titulares (art. 58.º/1)[323].

II. A estruturação e gestão do sistema, bem como o controlo de cada emissão de valores escriturais cabem à Central. A esta entidade são atribuídos poderes regulamentares, de orientação e de iniciativa para propor à CMVM as normas e orientações que entender necessárias (art. 58.º/4/a) e, ainda, poderes de controlo do funcionamento do sistema (art. 58.º/4/b) e dos valores em circulação (art. 58º/4/d)[324].

Além da Central, participam no sistema as entidades emitentes de valores escriturais e os intermediários financeiros autorizados. O papel das entidades emitentes no sistema esgota-se na abertura das contas que estão a seu cargo (art. 58.º/2)[325], pelo que a elas nos referiremos a propósito de tais contas. Aos intermediários financeiros está reservado o papel de

---

nas no ordenamento jurídico brasileiro. Já entre nós era utilizada a expressão "contas-título" para a dívida do Estado sob forma escritural e é correntemente utilizada nos diversos ordenamentos jurídicos.

[323] O funcionamento prático do sistema exige ter em conta o RgCentral, que regula todo o processo. Contém normas essenciais relativas à circulação dos valores dentro do sistema, ao registo das emissões e ao exercício de direitos, entre outras. O facto de algumas dessas normas não constarem do CdMVM dificulta a compreensão do sistema e, sobretudo, torna menos linear o regime jurídico dos valores escriturais.

[324] As atribuições da Central não se limitam às enumeradas no texto. Estão igualmente a seu cargo o sistema de depósito e controlo de valores titulados fungíveis, a negociação em bolsa quando processada a nível nacional através de sistema de negociação a nível nacional e a liquidação e compensação das operações de bolsa (vd. os arts. 85.º, 188.º, 438.º e 439.º, 459.º e 481.º a 498.º). De acordo com o art. 2.º do RgCentral, a Central tem por funções assegurar: "a) a estruturação, administração e funcionamento do sistema de registo e controlo de valores mobiliários escriturais e, nos termos dos artigos 15.º e seguintes do presente Regulamento, do sistema de depósito, guarda e controlo de valores mobiliários titulados fungíveis; b) a liquidação e compensação das operações sobre valores mobiliários registados ou depositados; c) a prestação de um serviço adequado para o exercício dos direitos de conteúdo patrimonial respeitantes aos valores mobiliários registados ou depositados; d) a prestação de outros serviços de interesse do mercado de valores mobiliários em geral para os quais se encontre devidamente autorizada". Esta enumeração tão ampla de funções face ao disposto no art. 188.º só se compreende porque, para o referido regulamento, a palavra Central designa simultaneamente a Central de Valores Mobiliários e o Sistema de Liquidação e Compensação de Âmbito Nacional (vd. o art. 1.º do RgCentral).

[325] Outros ordenamentos jurídicos concedem um papel mais activo às entidades emitentes, nomeadamente no que respeita aos valores nominativos e ao registo dos valores escriturais fora de um sistema centralizado e às empresas de menores dimensões. É o que acontece, por ex. em França. Vd. RIPERT/ROBLOT (1992, 52-53, 55, 58-59). Também um papel activo cabia às entidades emitentes no anterior regime das acções escriturais (vd. *supra*, p. 95).

registadores dos valores escriturais e de prestação de múltiplos serviços relacionados com esse registo e são, podemos dizer, o elemento de conexão do sistema com o exterior, com os titulares dos valores escriturais.

III. O sistema de contas está organizado de maneira a poder cumprir duas funções essenciais: por um lado, registar os valores mobiliários e todas as situações jurídicas a eles atinentes, facilitando e permitindo a sua circulação e, por outro, permitir o controlo dos registos e das entidades que os têm a seu cargo. Podemos distinguir duas espécies de contas: as *contas individualizadas*, abertas pelos intermediários financeiros autorizados, em nome dos seus titulares; as *contas globais*[326], abertas junto dos mesmos intermediários financeiros, da entidade emitente dos valores em causa ou da Central, conforme o tipo de conta.

As contas globais podem conter o registo de toda a emissão de valores mobiliários – *contas de emissão* – e, então, estarão a cargo da entidade emitente e da Central (art. 58.º/2/c e 4/c) ou podem conter o registo agregado de todas as contas de registo individualizado abertas em cada intermediário financeiro e estão a cargo destes e da Central – *contas de intermediários financeiros* (art. 58.º/3/b/c e 4/c).

As contas de registo individualizado, em nome do titular dos valores mobiliários, são abertas junto dos intermediários financeiros autorizados (arts. 58.º/3/a e 59.º). A lei qualifica-as como contas de registo e ocupam o lugar central no sistema instituído, delas dependendo, fundamentalmente, o regime jurídico estabelecido para os valores escriturais.

Os registos ou lançamentos em cada um desses tipos de contas obedecem a regras próprias e desempenham funções distintas. Para apreender a sua natureza torna-se necessário identificar tais funções e descrever o regime jurídico a que estão sujeitos os registos em cada uma delas. Torna-se, igualmente, necessário clarificar as relações que se estabelecem entre todos esses registos. Perceber essas relações permitir-nos-á por um lado identificar o modo particular de circulação dos valores escriturais e, por outro, fazer uma avaliação de todo o sistema de registo e controlo de valores escriturais, das suas vantagens e das dificuldades com que se depara. Só após tal indagação estaremos em condições de reflectir sobre a natureza jurídica de tais registos[327].

---

[326] A expressão não consta da lei. Porém a sua utilização justifica-se por oposição a contas individualizadas, porque os registos naquelas contas não identificam os titulares dos valores mobiliários.

[327] No mesmo sentido, DRUEY (1987, 69), face ao direito suíço, advoga que devem

IV. O sistema consagrado pode ser caracterizado como um *sistema misto ou de duplo escalão*, pois combina um registo central obrigatório com registos dispersos pelos vários intermediários financeiros[328]. Trata-se, no entanto, de um sistema único, na medida em que não são admissíveis, genericamente[329], registos fora do sistema. O legislador afastou-se, assim, do sistema consagrado pelo DL n.º 229-D/88 que era um sistema unitário ou de registo único para cada emissão[330], mas sem nenhuma estrutura que centralizasse todas as emissões. Igualmente se afastou dos sistemas francês[331] e espanhol, que consagram diversos tipos de registos, entre eles o sistema centralizado de duplo escalão[332].

O legislador poderia ter feito outras opções e não o fez. Também essa opção deve ser objecto de avaliação pois tem a ver com o futuro dos valores escriturais entre nós, a evolução do seu regime e a disseminação que se pretende dar a esses valores. Tendo a preocupação fundamental de

---

ser determinadas as funções dos diferentes lançamentos, isto é, na SEGA, nos bancos e na entidade emitente.

[328] O sistema centralizado de duplo escalão foi pela primeira vez consagrado pela *DepotG* para o depósito de valores titulados. Actualmente é adoptado em França para os valores escriturais nominativos administrados e para os valores escriturais ao portador admitidos à negociação em bolsa (vd. RIPERT/ROBLOT, 1992, 35 ss.) e em Espanha para os valores escriturais negociados em bolsa (vd. DIAZ MORENO, 1991, 380-381). Para o caso francês vd., *infra*, p. 170, nota 549.

[329] Dizemos como regime geral, porque não ignoramos que existem *determinados* valores escriturais fora do sistema, como acontece, por ex., com as obrigações de caixa e o papel comercial, a que nos referiremos adiante (vd. pp. 129 ss.).

[330] Este diploma, relativamente ao registo das acções escriturais, consagrava várias opções: ou registo directo na entidade emitente; ou registo em entidade diversa, à escolha da entidade emitente, caso as acções fossem negociadas em bolsa (essa entidade tanto podia ser uma instituição financeira como uma bolsa de valores ou uma entidade por estas constituída para esse efeito (vd. o n.º 1 do art. 3.º do referido Decreto-Lei). Porém, esta última hipótese permitiria a instituição de um sistema misto, embora nunca tivesse sido posto em prática. O Prof. PESSOA JORGE (1989, 105), explicando as razões da opção tomada, considera que *apenas no caso de as acções escriturais estarem disseminadas pelo público (hipótese relativa às acções negociadas em bolsa) se justificava o registo por entidade distinta da entidade emitente*. Nos restantes casos, a segurança necessária seria assegurada pela faculdade atribuída aos titulares das acções de pedirem a sua conversão em tituladas.

[331] Vd. RIPERT/ROBLOT (1992, 53 ss.). Em França são admitidos três regimes fundamentais: o dos valores admitidos na SICOVAM; o dos valores não admitidos na SICOVAM (57 ss.), distinguindo-se dentro destes um regime "normal" e um regime simplificado.

[332] Quanto às vantagens dos diversos sistemas, vd. FERNANDEZ-RIO (1987, 99-100), DIAZ MORENO (1991, 380-381) e DIAZ MORENO/PRIES PICARDO (1992, 315-316). Quanto ao caso espanhol vd., *supra*, p. 89, notas 288 a 290.

reformar o mercado de valores mobiliários, também o sistema instituído para os valores escriturais deriva dessa preocupação. Parece não ter querido abalançar-se à tarefa de tentar uma reforma mais profunda do regime dos valores mobiliários o que, trazendo alguns problemas, não deixa de constituir uma *experiência que poderá servir de base a novos e necessários desenvolvimentos*. As experiências existentes em direito comparado eram ainda poucas e recentes, pelo que talvez não tivesse sido fácil ir mais longe [333].

2. AS CONTAS GLOBAIS

2.1. As contas de emissão

I. São abertas duas [334] contas por cada emissão de conteúdo rigorosamente idêntico: uma na entidade emitente, em nome da Central (art. 58.º/2/a) e outra na Central, em nome da entidade emitente (art. 58.º/2/b). Tais contas contêm o registo global (pois não identificam os titulares dos valores) e completo dos valores mobiliários de uma determinada emissão [335], de acordo com *o princípio da unidade de representação de cada emissão de valores mobiliários* [336]. Nestas contas estão registadas todas as características dos valores mobiliários e da entidade que os emitiu. Apenas podem ser movimentadas, a crédito ou a débito, pela Central e os movimentos efectuados na conta aberta junto da Central devem reflectir-se rigorosamente na conta aberta junto da entidade emitente. Como re-

---

[333] Em muitos países ainda se discute a conveniência e os problemas dos valores escriturais e noutros continuam a ser acesas as críticas ao sistema instituído, nomeadamente ao seu carácter complexo, o que leva a que nem sempre seja observada a regulamentação traçada. Vd. RIPERT/ROBLOT (1992, 60)

[334] Estamos a referir-nos exclusivamente às contas de emissão. Porém, podem ser abertas contas especiais (vd. art. 58.º/4/c) como as contas para a inscrição de valores titulados ainda não convertidos em escriturais (art. 51.º/4/a) e as contas provisórias de subscrição (art. 57.º/1), entre outras.

[335] O n.º 1 do Anexo 3 da Portaria n.º 834-A/91, de 14/8, chama-lhe *conta emissão total*.

[336] O princípio da unidade de representação dos valores mobiliários que integram cada emissão está consagrado no art. 47.º/3. O mesmo princípio é consagrado pela lei espanhola (vd. LMV, art. 5.º § 1). Porém, a lei é mais exigente quando se trate de valores mobiliários cotados em bolsa, em que a unidade de representação é estendida a toda a categoria (art. 48.º/2/b), que pode abranger várias emissões (art. 53.º/3).

fere Vasseur, são contas em espelho[337] ou de "partidas dobradas", de acordo com a linguagem contabilística[338].

II. A conta aberta junto da entidade emitente, em nome da Central, tem *exclusivamente funções de controlo, pela entidade emitente, dos movimentos efectuados pela Central*. Com efeito, os movimentos apenas são efectuados na conta aberta junto da Central, reflectindo-se, posteriormente, esses movimentos na conta aberta nos livros da entidade emitente (art. 58.º/2/b). Assim, esta conta dificilmente poderá ser qualificada como conta de registo, dado que os movimentos nela efectuados são um mero reflexo dos movimentos da conta de emissão aberta na Central[341]. Preferimos qualificá-la como *conta de controlo da emissão,* de acordo com a indicação legal (art. 58.º/2/b). Nada impede que as entidades emitentes tenham outras contas especiais, quer nos casos em que a lei ou os estatutos o imponham, quer quando assim o entenderem para melhor controlar os valores emitidos. Assume particular importância a inscrição especial a que se refere o art. 55.º/b, para controlo de limites à titularidade de acções[340].

É tradicional o registo em livro próprio das entidades emitentes dos valores por elas emitidos. O caso mais importante respeita ao livro de

---

[337] É uma característica geral das contas globais serem sempre contas em espelho: são sempre em número de duas, sendo uma delas a imagem da outra. Por isso pensamos que a imagem do espelho exprime, de maneira sugestiva, a relação entre as contas globais. VASSEUR (1988/89, 1734) utiliza o termo a propósito da relação entre a conta da entidade emitente e a conta do intermediário financeiro escolhido pelo titular, relativamente aos valores mobiliários nominativos administrados. Quanto a estes valores vd., p. 170, nota 549.

[338] Apesar da importância do aspecto contabilístico no sistema de contas, cabe referir que, neste caso, o direito da contabilidade foi mediado pelo direito bancário.

[339] O plano de contas das entidades emitentes é desenvolvido no Anexo 1 da Portaria n.º 834-A/91, de 14/8. Aí se refere que as contas de valores escriturais emitidos por cada entidade devem ser subdivididas em outras contas ou conter subcontas que expressem, separadamente, os valores mobiliários de acordo com a forma de representação escritural ou titulada. Além disso, acrescenta-se, "as entidades emitentes deverão manter um adequado *sistema de informação que permita o conhecimento permanente da quantidade de valores emitidos* e, sendo caso disso, de valores convertidos em titulados para negociação no estrangeiro, nos termos do art. 72.º do CdMVM, e dos valores mobiliários titulados ainda não convertidos em escriturais, nos termos do art. 51.º do CdMVM". Quanto às informações a prestar pela Central às entidades emitentes, vd. o art. 71.º.

[340] Adiante damos uma particular importância a esse registo especial. Vd., *infra,* pp. 179 ss..

registo das acções das sociedades anónimas [341] (art. 305.° do CSC), pela especial função que lhe está destinada quanto ao registo da transmissão das acções nominativas (art. 326.°/1 do CSC). Coloca-se, pois, o problema da relação entre a conta de emissão de valores escriturais aberta junto da entidade emitente e o registo no livro das acções das sociedades anónimas [342] Dadas as suas características, *a conta global de emissão aberta pela Central junto da entidade emitente substitui o livro de registo a que se refere o CSC* ou, dito por outras palavras, é a forma que assume o livro de registo dos valores escriturais junto da entidade emitente. Salvo quanto às acções nominativas, ambos os registos têm idênticas funções e coincidem temporalmente, pelo que não faria qualquer sentido a sua duplicação [343]. O problema é, porém, mais complexo no que respeita aos registos das acções escriturais nominativas. Mas essa questão será abordada adiante [344]. Desde já, porém, deve dizer-se que *a conta aberta junto da entidade emitente nunca pode desempenhar as funções do livro de registo das acções nominativas, dado que as características de um e de outra são incompatíveis*. Além disso, a valer como livro de registo das acções nominativas, essa conta perderia a sua natureza, pois só pode ser movimentada por contrapartida dos movimentos efectuados na conta de emissão aberta na Central [345].

III. *A conta de emissão aberta na Central*, em nome da entidade emitente, tem como função registar a emissão de valores mobiliários

---

[341] O modelo de livro de registo de acções foi aprovado pela Portaria n.° 647/93, de 7/7/93.

[342] O art. 330.°/1, do CSC, exige que a sociedade faça um primeiro registo, inscrevendo "no livro de registo todas as acções em que o seu capital se divide, quer no momento da constituição quer por aumento de capital". Trata-se, portanto, de um registo realizado quando a sociedade emite acções, isto é, temporalmente coincidente com o registo na conta de emissão referida no texto.

[343] Assim, quando o livro de registo das acções insere uma rubrica relativa a acções escriturais deve ser entendida como a conta de emissão aberta pela Central na entidade emitente. O facto de o art. 305.°/4 e 5 do CSC permitir que o livro de registo das acções possa ser substituído por um registo informático não altera os dados da questão, pois o suporte dos enunciados não é determinante. Além disso, note-se, o art. 305.°/3/a exige que do livro de registo das acções constem "os números de todas as acções", o que é incompatível com o disposto no art. 56.°/1 quando refere que "os valores mobiliários escriturais não têm número de ordem".

[344] Vd., *infra*, pp. 168 ss., a propósito do regime das acções escriturais nominativas e ao portador.

[345] Em Itália, sobre o livro dos sócios, nos casos em que os títulos estejam depositados na *Monte Titoli* e a natureza dos registos aí feitos, vd. LENER (1989, 78 ss. e 82 ss.).

escriturais e todos os factos supervenientes que alterem qualquer dos aspectos essenciais característicos dessa mesma emissão. Essa conta *representa* a totalidade dos valores integrantes da emissão (art. 58.º/2/a). Os registos nessa conta são exclusivamente feitos pela Central com base nos elementos fornecidos pela entidade emitente [346]. Em qualquer momento, essa conta deve reflectir fielmente a situação dos valores mobiliários que integram cada emissão [347]. Quer a inscrição [348] da emissão e o seu registo em conta quer as alterações posteriores quanto às características dos valores mobiliários ou da entidade emitente devem ser obrigatoriamente feitos com base em documentos [349]. Tais documentos devem ser arquiva-

---

[346] Vd. o n.º 3/a da Portaria n.º 834-A/91, de 14/8. Os termos concretos do fornecimento desses informações e elementos constam do RgCentral (art. 8.º ss.).

[347] Sendo os valores escriturais convertidos em titulados para negociação no estrangeiro haverá lugar à abertura de uma sub-conta, denominada "Títulos em circulação no estrangeiro", que integrará a conta de emissão aberta junto da Central (art. 72.º/4). Todo este processo de conversão se desenrola sob a orientação da Central. A conversão a que se refere o art. 72.º levanta inúmeros problemas, nomeadamente tratando-se de acções nominativas ou, em geral, de valores escriturais sujeitos ao regime do art. 55.º. De alguma forma deixa de haver um controlo da titularidade desses valores, utilizando a lei o conceito de "legítimo detentor" (n.ºs 5, 6 e 7), apenas se exigindo que "os interessados comprovem havê-los adquirido mediante transacção realizada no estrangeiro", isto é, a lei parece reconhecer eficácia translativa a essas transacções, ao arrepio do regime de transmissão das acções nominativas consagrado no art. 326.º do CSC. Já no que toca à eficácia dessas transmissões perante a entidade emitente, nomeadamente para exercício dos direitos sociais e patrimoniais inerentes aos títulos em causa, parece que deve observar-se o disposto no CSC (art. 72.º/6). A lei nada diz quanto ao destino da conta do titular aberta em um intermediário financeiro, mas tudo indica que essa conta será definitivamente encerrada. Igualmente não se refere a participação da entidade emitente neste processo, salvo quanto à emissão dos títulos (n.º 2). Pode ainda discutir-se se a negociação no estrangeiro exige sempre a conversão dos valores escriturais em titulados, uma vez que o art. 72.º/1 parece limitar essa conversão aos casos em que "tal se mostre necessário" e apenas nos casos que não sejam excluídos nos termos do n.º 2 do mesmo preceito. Em suma, trata-se de um preceito que, pelas dificuldades que levanta, exigiria uma atenta reflexão que aqui não pode ser levada a cabo.

[348] A inscrição da emissão, nos termos do art. 11.º/1 do RgCentral, "... consiste na atribuição e disponibilização, através do Sistema, de uma designação para a emissão dos valores mobiliários em causa". Cada emissão deve ser identificada por um código para efeitos de operações, de liquidação e de difusão de informação, sendo através desse código que se verificam as subcontas de valores mobiliários abertas na Central (vd. o n.º 2 do art. 11.º do RgCentral). Assim, a inscrição da emissão junto da Central e o registo dos valores emitidos em conta aberta na Central são realidades distintas.

[349] Os documentos exigidos para a inscrição da emissão e a fornecer à Central pela entidade emitente são enumerados no n.º 1 do art. 9.º do RgCentral:
"*a*) Exemplar actualizado da lei orgânica da entidade emitente;

dos conjuntamente com o pedido de registo da emissão, feito pela entidade emitente. Esta documentação é fundamental para o regime dos valores escriturais pois dela constam as suas características gerais, que não podem ser alteradas e são um ponto de referência fundamental desses valores mobiliários. Essas características gerais dos valores devem também constar das contas de registo individualizado, de acordo com a natureza causal dos valores mobiliários em geral e, portanto, também dos valores escriturais[350]. Esta é uma relação essencial entre as contas de emissão e as contas de registo individualizado, como adiante veremos com mais atenção.

Dadas as características referidas, esta conta apresenta-se como conta de registo da emissão. Assim, deve concluir-se que *os valores mobiliários são emitidos no momento em que são registados na conta da Central*[351]. Antes desse momento, quaisquer contas relativas aos valores mobiliários a emitir considerar-se-ão como meras contas de

---

b) Indicação da quantidade de valores mobiliários emitida e respectivo valor nominal, a forma de representação dos valores mobiliários, eventuais direitos e obrigações especiais ou privilégios da respectiva categoria de valores e eventuais limites à titularidade dos valores mobiliários a inscrever, bem como, sendo caso disso, do período de subscrição;

c) Certidão de registo comercial ou, tratando-se de entidade que não lhe esteja sujeita, documento comprovativo da existência da entidade emitente, se for o caso, do seu capital social, da identificação de todos os membros dos seus órgãos de administração e fiscalização e de quem pode obrigá-la;

d) Cópia autenticada das actas das deliberações ou resoluções dos órgãos sociais da entidade emitente, ou quando for o caso, dos diplomas e actos administrativos que, nos termos das disposições legais e estatutárias aplicáveis, aprovaram, conforme o caso, a emissão ou conversão;

e) Quaisquer outros documentos que venham a ser estabelecidos pela Central ou que o requerente fundadamente entenda dever apresentar".

[350] Adiante voltaremos a esta questão com mais desenvolvimento. Desde já, porém, deve ser dito que são diversos os autores que aplicam aos valores escriturais esta terminologia retirada da teoria geral dos títulos de crédito, que os divide em abstractos e causais. Vd., a título de exemplo, ALONSO ESPINOSA (1992, 38-45) que, referindo-se às acções, sublinha que a forma escritural não afecta o seu carácter causal. Quanto às características dos títulos de crédito causais, vd., por todos, HUECK/CANARIS (1986, 35-36 e 291-292).

[351] O mesmo valerá para os valores escriturais que resultem da conversão de valores titulados. A conversão só se considera realizada com o registo dos valores na conta da Central, desde que tenham sido cumpridas as formalidades exigidas anteriormente a esse registo (vd. o art. 51.° do CdMVM e os arts. 64.° a 69.° do RgCentral).

subscrição[352], isto é, contas representativas dos negócios de subscrição celebrados entre os particulares e os intermediários financeiros, dado que a emissão dos valores em causa ainda não se pode considerar terminada[353]. As emissões de valores mobiliários que adoptem a forma escritural de representação embora, no essencial, não estejam subordinadas a um regime especial, levantam problemas específicos que não estão suficientemente regulados e que respeitam à inexistência de títulos[354]. Para este efeito, o registo na conta de emissão deve ser completado com o registo nas contas individualizadas dos titulares, pois só estas são constitutivas dos valores escriturais, enquanto tais, como veremos no capítulo seguinte.

IV. A conta de emissão aberta junto da Central não desempenha apenas a função de registo da emissão. Com efeito, exige-se que os valores mobiliários nela registados quer quanto à quantidade quer quanto às suas características sirva de ponto de referência às contas globais de cada intermediário financeiro junto da Central. Os registos nestas contas em relação a cada emissão de valores mobiliários deve coincidir, fiel e rigorosamente, com a conta de registo da emissão. Assim, *esta conta desempenha também funções de controlo,* já não directamente da emissão, mas *dos valores em circulação,* registados nas contas individualizadas e traduzidos nas contas dos intermediários financeiros[355]. Podemos, por

---

[352] Vd. o art. 57.º/1 que aponta outras situações em que se deve considerar que as contas abertas junto dos intermediários financeiros são apenas contas transitórias de subscrição.

[353] Quanto à emissão de valores mobiliários, vd. arts. 109.º ss. A subscrição de valores mobiliários está genericamente regulada nos arts. 115.º ss. Esta regulamentação, porém, deve ser conjugada com eventuais regimes especiais a que está sujeita a emissão particulares espécies de valores mobiliários. Quanto à emissão de valores mobiliários em França, vd. DIDIER (1990, 399 ss.), nos Estados Unidos, vd. DUCA (1990, 603 ss.), no Japão, vd. TAKAMORI (1990, 616 ss.), em Espanha, vd. ZURITA (1990, 490 ss.), na Alemanha, vd. ABELTHAUSER (1990, 427 ss.), na Itália, vd. ASSONIME (1990, 656 ss.). Entre nós, não existe nenhuma obra que até agora tenha analisado o regime geral consagrado no CdMVM. Porém, pode ver-se, quanto à emissão de obrigações convertíveis em acções, SANTOS (1991, 93 ss, 128 ss.), embora só parcelarmente se debruce sobre o regime do CdMVM.

[354] Note-se, por ex., que o CSC apenas aborda a emissão dos títulos, dedicando-lhe uma particular atenção (art. 304.º). Já o processo dos vários registos, na sequência de uma emissão de valores escriturais, apenas está regulado de forma dispersa e lacunar no CdMVM e no RgCentral que devem ser conjugados com o CSC ou outros diplomas, conforme os casos.

[355] RIPERT/ROBLOT (1992, 57) chama-lhe "um controlo de regularidade de fundo", que se distinguiria de um "controlo de regularidade formal" que procura controlar se a

isso, qualificá-la, também, como *conta de controlo dos valores mobiliários em circulação*. Esta função aflora no art. 58.º/4/d, devendo a Central prevenir e, quando necessário, corrigir qualquer divergência que se verifique entre aquelas contas[356].

estrutura das contas é correcta, se os registos são feitos de acordo com a técnica exigida por lei, se os documentos estão convenientemente arquivados e conservados, etc.

[356] A lei nada diz quanto à forma de corrigir as divergências que venham a verificar-se. Trata-se de um problema que pode ser delicado e de difícil solução. Em princípio, deve presumir-se que a conta de controlo dos valores mobiliários em circulação regista correctamente a emissão em causa (presunção ilidível). Assim, o problema passa, sobretudo, pela fiscalização das contas a cargo dos intermediários financeiros, nomeadamente as contas de registo individualizado. Detectado o erro ou deficiência, a Central ordenará a rectificação das contas onde esse erro ou deficiência tenham sido detectados. Note-se, porém, que a Central não tem poder jurisdicional. Se houver sanções a aplicar só a CMVM tem competência para tal. Que seja do nosso conhecimento, não existem estatísticas (nem sabemos se são possíveis) que permitam atestar a existência de valores a circular em excesso ou, por ex., de eventuais erros de registo na Central. Quanto à SICOVAM, em 1978, portanto antes da reforma, verificou-se a existência de um erro em cada 62 888 registos. Vd. RIPERT/ROBLOT (1992, 56, nota 1).

O problema mais geral do controlo dos valores mobiliários escriturais em circulação é delicado particularmente devido à possibilidade de esses valores poderem ser artificialmente multiplicados se não forem proibidas determinadas práticas. Entre estas práticas conta-se a venda de valores mobiliários por alguém que não é titular desses valores. Nesses casos a venda dos valores ocorre fora do sistema de controlo e dificilmente poderá ser remediada depois de o registo haver sido feito na conta do adquirente, dado que os valores são representados por mera inscrição em conta e não têm número de ordem, sendo fungíveis entre si. O principal mecanismo de controlo desta multiplicação artificial de valores mobiliários escriturais reside nos bloqueios em conta a que nos referiremos adiante com algum detalhe. Seria possível um controlo distinto se as contas na Central fossem abertas em nome dos titulares dos valores mobiliários, mas esse não foi o sistema adoptado entre nós, como já referimos, isto para não falar em inúmeras outras vantagens que esse sistema teria.

O perigo da multiplicação artificial dos valores mobiliários escriturais é igualmente abordado pelo prof. FERREIRA DE ALMEIDA (1993, 39-40), embora numa outra perspectiva: "A maior e mais angustiante dúvida reside provavelmente em saber se a história do dinheiro se repetirá na história dos valores mobiliários. No passado recente, a conjugação da concessão de crédito com o depósito irregular de dinheiro retirou efectivamente ao Estado o monopólio da emissão de moeda, conferindo aos bancos o poder paralelo de criação de moeda escritural. Perante factores e circunstâncias semelhantes, relativas agora à função registral de valores mobiliários, não haverá o risco sério de os bancos serem tentados a interferir no monopólio das empresas na emissão de acções e obrigações, passando eles mesmos a concorrer na criação de acções e obrigações escriturais?". A pergunta é pertinente e a tentação existe, potenciada pelo facto de os valores circularem no mercado não só com grande velocidade mas já muito desligados das funções para que foram emitidos, isto é, nos casos em que predomine absolutamente a concepção dos valores como meios de investimento.

V. Dadas as características apontadas, *estas contas têm a natureza de registos centrais, mas apenas quanto às características gerais dos valores mobiliários e da entidade emitente*. Tais características constam da documentação que serve de suporte a essas contas. Assim, qualquer divergência entre as contas globais e as contas individualizadas abertas junto dos intermediários financeiros, quanto às características gerais dos valores mobiliários inscritos, deve ser resolvida prevalecendo as características constantes dos registos centrais. Porém, estes registos não têm natureza constitutiva dos próprios valores escriturais como acontece, por exemplo, em Espanha[357].

2.2. As contas de intermediários financeiros

I. *As contas de intermediários financeiros*[358] são abertas na Central em nome de cada intermediário financeiro (art. 58.º/3/b), e no próprio intermediário financeiro em nome da Central (art. 58.º/3/c).

As contas de intermediários financeiros abertas na Central devem estar organizadas por forma a reflectir a situação dos valores mobiliários, nomeadamente quanto à sua titularidade e a regimes jurídicos especiais a que esses valores estejam sujeitos[359]. Assim, devem ser abertas contas distintas que reflitam: o saldo de todas as contas de registo individualizado, abertas pelos titulares junto desse intermediário financeiro (art. 58.º/3/b); os valores escriturais de que o próprio intermediário financeiro é titular (art. 56.º/1 e PRT n.º 834-A/91); os valores escriturais sujeitos a um regime especial, nomeadamente os sujeitos a controlo legal e estatutário

---

[357] Art. 8.º, § 1.º, da LMV: "Los valores representados mediante anotaciones en cuenta se constituirán como tales en virtud de su inscripción en el correspondiente registo contable, que, en su caso, será el de carácter central, quedando desde entonces sometidos a las disposiciones de este capítulo". Sobre este aspecto, vd. PEREZ ESCOBAR (1991, 1012). Em sentido contrário DIAZ MORENO/PRÍES PICARDO (1992, 316-320), defendendo que tal constituição só ocorre com o registo em nome dos titulares, pois "não é concebível uma acção escritural se não estiver inscrita em nome do sócio". Admite essa possibilidade FERNANDEZ DEL POZO (1990, 270).

[358] É a designação que consta do n.º 1 do Anexo 3 da Portaria n.º 834-A/91, de 14/8, onde são definidas como "o saldo credor que expressa a quantidade de valores mobiliários e de direitos registados nas contas dos intermediários financeiros abertas junto da Central de Valores Mobiliários. Esta conta deve conter tantas subcontas quantas as constituídas por cada intermediário financeiro nos termos do n.º 2/3".

[359] Devem ser abertas tantas subcontas quantas as categorias de valores mobiliários ou de direitos e todas as que se mostrem convenientes à concretização da situação jurídica dos valores mobiliários (Anexo 3/4, da Portaria n.º 834-A/91, de 14/8).

(art. 55.º e PRT n.º 834-A/91). A todas essas situações devem corresponder contas distintas. Igualmente devem ser abertas contas para os direitos inerentes aos valores mobiliários e deles destacados para efeitos de exercício desses direitos. Podem ainda ser abertas contas globais especiais quando, por qualquer razão, determinado número de valores não possam ser transferidos ou apenas em condições determinadas[360]. Igualmente deverão ser abertas contas especiais para valores escriturais infungíveis, nomeadamente quando ainda não integralmente liberados[361].

Todas estas contas são contas globais, na medida em que *apenas traduzem saldos de intermediação, delas não constando a titularidade dos valores*[362]. Estas contas só podem ser movimentadas pela Central, tanto a crédito como a débito, de acordo com as transferências operadas entre as contas dos vários intermediários financeiros. Essa movimentação pela Central traduz-se na alteração dos saldos das contas e, em regra, é feita entre contas de diferentes intermediários financeiros. É este um aspecto central a referir pois é através dele que se concretiza a circulação dos valores escriturais, em conjugação com os registos nas contas de registo individualizado. Nele reside um dos elementos fulcrais da segurança e fiabilidade do sistema, a que havemos de voltar com maior desenvolvimento[363].

II. Uma primeira função desempenhada por estas contas é *reflectir a quantidade de valores mobiliários registados nas contas individualizadas*, abertas junto de cada intermediário financeiro e em relação a cada emissão. Nesta perspectiva, são *contas de controlo dos valores mobiliários em circulação junto de cada intermediário financeiro*.

É igualmente nestas contas que a Central efectua os lançamentos a crédito ou a débito exigidos pela transferência dos valores de ou para um outro intermediário financeiro, de conta própria ou alheia. Tais lançamentos podem resultar tanto de pedido de transferência feito por um intermediário financeiro como da liquidação física de operações de

---

[360] Essa situação tanto poderá resultar de uma decisão judicial como de negócio jurídico celebrado pelo titular dos valores escriturais (caução, penhor, etc.). Dada a fungibilidade dos valores escriturais bastará que sejam imobilizados os saldos.

[361] Sobre a fungibilidade dos valores escriturais, vd. *infra,* pp. 165 ss..

[362] O n.º 4 do Anexo 2 da Portaria n.º 834-A/91, de 14/8 exige que os intermediários financeiros mantenham "um adequado sistema de informação que permita o conhecimento permanente dos valores inscritos nas contas a seu cargo e nas contas abertas em seu nome junto da Central".

[363] Quanto às transferências entre contas de valores escriturais, sua importância e significado, vd. *infra,* pp. 247 ss..

bolsa[364]. A única exigência para que a Central possa efectuar lançamentos a débito (e a que corresponda um crédito na conta de outro intermediário financeiro) é que a conta disponha de saldo positivo, independentemente da titularidade dos valores, salvo se se tratar de valores do próprio intermediário financeiro. Como pode concluir-se, estas contas globais não serão movimentadas se a transferência dos valores for entre contas de titulares diferentes, mas abertas junto do mesmo intermediário financeiro[365]. Portanto, esta conta, tem a natureza de uma conta de *registo de negociação e instrumento de circulação dos valores mobiliários entre as contas dos vários intermediários financeiros*[366].

III. A conta aberta, em nome da Central, junto de cada intermediário financeiro, deve reflectir rigorosamente a posição e os movimentos efectuados na conta anterior[367]. Assim, a sua função primordial é reflectir os registos efectuados pela Central, isto é, desempenhar uma função de controlo dos movimentos efectuados pela Central, quer eles tenham resultado directamente de pedido do intermediário financeiro quer da liquidação de operações que tenham por objecto os valores mobiliários registados. Portanto, estas contas funcionam como *contas de posição e trânsito dos valores de umas contas individuais para outras*.

2.3. Principais características e funções das contas globais

I. De acordo com a análise feita, podemos enumerar como *principais características das contas globais*: são contas de valores de que não consta o nome do seu titular, mas que traduzem meros saldos; são contas em espelho, isto é, são contas duplas em que uma corresponde rigorosa-

---

[364] Todas as operações sobre valores mobiliários escriturais, quer sejam realizadas em bolsa ou em mercado de balcão, são sempre liquidadas fisicamente através da Central, desde que nessas operações tenha havido a intervenção de um intermediário financeiro (art. 459.º/2/a).

[365] Salvo se uma das contas respeitar a valores do próprio intermediário financeiro. O RgCentral prevê transferências entre contas do mesmo intermediário financeiro (art. 35.º/2 do RgCentral), mas deve tratar-se de contas de valores em situação jurídica distinta, e portanto integrados em contas diferentes. Por ex. podem ser transferidos valores de uma conta penhorada para uma conta livre ou vice-versa (vd. o art. 38.º do RgCentral).

[366] Os termos em que opera essa circulação serão abordados adiante. Vd. pp. 247 ss..

[367] Como refere o art. 58.º/3/c, é uma "*conta correspondente* à mencionada na alínea anterior".

mente à outra e sendo uma delas obrigatoriamente aberta na Central; interligam-se formando um sistema fechado, integrado pela Central, as entidades emitentes e os intermediários financeiros; organizam-se por emissão ou por categorias de valores mobiliários; apenas podem ser movimentadas pela Central.

II. Quanto às *funções das mesmas contas* podemos referir: a função de registo das emissões de valores, das características gerais dos valores mobiliários e da entidade emitente; o controlo da emissão e dos valores mobiliários em circulação; o exercício de direitos patrimoniais inerentes aos valores mobiliários; permitir a circulação ou transferência dos valores entre contas; identificar a "posição" de cada intermediário financeiro quanto aos valores de que é titular ou tem registados junto de si; identificar, globalmente, a situação jurídica dos valores mobiliários de cada emissão.

3. AS CONTAS DE REGISTO INDIVIDUALIZADO: FUNÇÕES E CARACTERÍSTICAS

I. As únicas[368] contas individualizadas de valores mobiliários escriturais, são abertas junto de cada intermediário financeiro, correspondendo uma conta a cada titular dos valores mobiliários. Assim, o registo dos valores escriturais organiza-se em torno dos seus titulares[369], ao passo que nas contas globais os registos efectuados são organizados de acordo com cada emissão ou categoria de valores mobiliários ou por intermediários financeiros. Nas contas individualizadas[370] uma mesma emissão estará, em regra, dispersa por várias contas abertas junto de diferentes intermediários financeiros.

---

[368] Apesar de os intermediários financeiros deverem ter junto da Central uma conta relativa aos valores mobiliários de que são titulares, essa conta não pode ser caracterizada como conta individualizada. Com efeito, embora esteja, por natureza, identificado o titular dos valores mobiliários, ela não possui as restantes características nem desempenha as funções das contas individualizadas.

[369] Embora a conta de cada titular deva conter sub-contas, de acordo com a emissão ou categoria dos valores registados, isso em nada altera a natureza fundamentalmente pessoal dos registos. Este é um aspecto essencial que os registos dos intermediários financeiros devem respeitar.

[370] Chamamos-lhe contas individualizadas e não contas de titularidade, apesar da presunção do art. 64.º/6. É que tais contas não só não atribuem a titularidade como podem, em alguns casos, não estar abertas em nome do titular dos valores escriturais (vd. pp. 142 ss. e pp. 310 ss.).

II. As funções desempenhadas por estas contas constam do art. 56.º/1 e podem resumir-se a:

– materializar os valores mobiliários escriturais (*função de materialização*);

– provar a natureza, características e situação jurídica dos valores mobiliários escriturais (*função de prova*);

– assegurar a circulação dos valores mobiliários escriturais em condições de regularidade, rapidez e segurança (*função de circulação*);

– *função de legitimação*.

Analisemos com algum cuidado cada uma das funções referidas. Tal não significa que as funções desempenhadas pelos registos em conta se resumam às que são referidos no art. 56.º. Outras funções serão abordadas à medida que formos analisando o regime dos valores escriturais. Estas, porém, devem ser consideradas como estruturantes das próprias contas e dos valores escriturais.

3.1. Função de materialização do direito

I. De acordo com o art. 56.º/1, "Os valores mobiliários escriturais ... são *exclusivamente materializados* pela sua inscrição em contas abertas em nome dos respectivos titulares". Daqui retiramos a primeira função desempenhada pela inscrição na conta do titular dos valores escriturais: a função de materializar, com exclusividade, esses valores. Esta expressa referência à exclusividade da materialização através da inscrição em conta, tem dois objectivos: por um lado afastar a consideração de quaisquer documentos como materializadores dos valores escriturais[371]; por outro lado negar a quaisquer outros registos, nomeadamente os referidos no ponto anterior, o desempenho dessa função[372].

Porém, o maior problema reside em determinar qual o significado da "materialização" a que se refere a lei, dadas as várias interpretações possíveis e, sobretudo, as consequências jurídicas que daí podem

---

[371] Sobre a natureza e funções dos documentos relativos aos valores mobiliários, vd., pp. 212 ss. e 298 ss.. O que se afirma no texto não afasta a possibilidade de considerar os registos de valores mobiliários escriturais como documentos, como já referimos (vd. p. 43). Utilizamos o termo documento por oposição a registo, no sentido de documento em suporte de papel.

[372] O que em nada contradiz as funções dessas contas globais, nomeadamente a conta de registo da emissão e a importância que desempenha no controlo material das próprias contas individuais.

derivar[373]. São possíveis três entendimentos para essa materialização: como incorporação do direito nos registo em conta; como constituição do valor mobiliário escritural; como representação do valor mobiliário escritural. O debate sobre o problema dura já há algum tempo e está longe de ter atingido o seu termo. Temos por isso consciência das dificuldades que devemos enfrentar.

Ao referir-se à inscrição em conta como materialização dos valores escriturais, o legislador está a recorrer a uma ficção cuja análise exige que antecipemos alguns aspectos do regime dos valores mobiliários escriturais. Por isso o problema não poderá ser integralmente tratado agora, avançando apenas com a colocação dos problemas, devendo as eventuais respostas ser consideradas como provisórias ou hipóteses de trabalho a desenvolver adiante e a confirmar ou não.

II. A redacção do art. 56.º/1 é muito próxima do Décret n.º 83-359, de 2/5/83, cujo art. 1.º tem a seguinte redacção: "... les titres de valeurs mobilières ne sont plus *materialisés* que par une inscription au compte de leur proprietaire". Dado o facto de o legislador se ter directamente inspirado no sistema francês, pensamos que não é descabido concluir que teve presente a redacção adoptada pela lei francesa[374]. Noutros locais, a lei, porém, em vez de empregar o termo materializar prefere o termo representar, como acontece, por exemplo, no art. 47.º[375]. Eventualmente, nesses casos, o legislador poderá ter tido influências diferentes, que devem ser

---

[373] OPPO (1988, 593) coloca a mesma pergunta a propósito de idêntica expressão no direito francês: "que valor jurídico pode atribuir-se à afirmação de que o direito é ainda "materializado" através da inscrição?"

[374] Tal redacção foi criticada por vários autores, nomeadamente GUYON (1984, 462, nota 18). O legislador português parece (pois dada a não publicação de estudos preparatórios não o podemos afirmar com certeza) ter tomado em conta, parcialmente, a crítica desse autor, ao utilizar o termo *titular* em vez de *proprietário*. Nota GUYON que "a referência à materialização e à propriedade parecem traduzir a hesitação dos redactores do decreto. Em vez desta terminologia minimalista teria sido preferível escrever que os valores mobiliários são exclusivamente *representados* (ne sont plus représentés que) por uma inscrição na conta do titular" (sublinhado meu). LENER (1989, 11 e 12) refere que o legislador francês continua a utilizar uma terminologia cartular, o que além de traduzir hesitações, dificulta uma correcta compreensão do sistema. No mesmo sentido de GUYON, embora sem o citar, refere JIMENEZ SANCHEZ (1987, 49) que "continuar a falar de materialização... é pelo menos anacrónico e um equívoco do ponto de vista técnico e quase físico. Seria preferível falar em representação ... ou instrumentação".

[375] De acordo com o art. 47.º/1 os valores mobiliários podem "assumir a forma meramente escritural", sendo esta considerada como "forma de representação" (epígrafe e n.º 2 do mesmo artigo) ou "modalidade de representação" (n.º 3 do referido preceito).

tidas em conta[376]. Deve ainda notar-se o emprego, pela doutrina, de terminologia aparentemente contraditória, na medida em é habitual considerar os valores escriturais como "*des*materializados"[377].

III. Não basta recorrer à discussão que, sobre esta matéria, tem tido lugar no estrangeiro. Exige-se tomar em conta o regime concreto estabelecido pelo legislador português, tendo presente que quando se inova, seja em que domínio for, é muito difícil encontrar uma linguagem inteiramente nova e sem pontes com o passado. Esse será o aspecto decisivo e não qualquer reflexão abstracta, baseada em meras palavras ou conceitos, cheia de perigos[378]. Por isso, a abordagem agora feita não pode deixar de ser considerada como provisória. Só na terceira parte desta dissertação estaremos em condições de a levar mais longe, uma vez descrito o regime jurídico estabelecido para os valores escriturais na legislação portuguesa[379].

3.1.1. *A materialização dos valores escriturais como incorporação do direito no registo em conta*

I. A palavra materialização evoca, antes de mais, os conceitos utilizados em relação ao títulos de crédito[380]. Quanto a estes, é usual a dou-

---

Porém, o nome *representação* tanto é aplicada aos títulos como aos registos, o que poderá exigir um entendimento equivalente da expressão para os dois casos. Tal poderá significar que o legislador quis ser cauteloso, adoptando uma postura neutra nesta matéria. Em qualquer caso não podemos deixar de referir que o termo representar é tradicionalmente utilizado a propósito das funções dos documentos (vd. p. 43 e p. 124).

[376] É sabido que o sistema francês apenas admite os valores mobiliários escriturais, pelo que a legislação desse país não tem correspondente ao nosso art. 47.°. Porém, não pode deixar de ser notada a sua grande semelhança com a redacção do § 1.° do art. 5.° da LMV, espanhola: "Los valores negociables podrán *representar-se* por medio de anotaciones en cuenta o por medio de títulos". Note-se, igualmente, que o legislador se afasta claramente da redacção do art. 1.°/1 do DL 229-D/88, de 4/7, que também deve ter tido presente: "As acções das sociedades anónimas podem *revestir forma* meramente escritural, *sem incorporação* em títulos". PESSOA JORGE (1989, 106) utiliza a expressão "*imaterialização* de acções".

[377] Há, por isso, autores que preferem falar em *descartularização*. Assim DEVESCOVI (1991, 97).

[378] Como refere ANGULO RODRIGUEZ (1992, 306), deve evitar-se o perigo de nos deixarmos contagiar pelas reformas legislativas, "rodeando de excessivo carinho o objecto do nosso comentário". Por outro lado e sobre os perigos do conceptualismo e do irrealismo metodológico a que conduz, vd. CORDEIRO (1989 a XXV, ss.).

[379] Vd., em particular, pp. 389 ss..

[380] Aliás, essa é uma constante das várias legislações que, deste ponto de vista, vão muito mais longe que a legislação portuguesa. Por ex., em França, o legislador continua a designar como "titres" os valores desmaterializados. Em Espanha (art. 9.° da LMV), o

trina referir que o direito está materializado no título de tal forma que o direito fica nele incorporado[381]. No mesmo sentido, alguns autores consideram que o direito passa a estar incorporado nos registos efectuados. A única diferença em relação aos títulos residiria no diferente suporte para essa incorporação: agora esse suporte já não seria um papel, mas um suporte de natureza informática[382]. Daí que se distinga entre *incorporação*

---

legislador equipara a inscrição a favor do adquirente à tradição dos títulos (vd. também o art. 10.º do mesmo diploma a propósito do penhor de valores escriturais). Como refere GAMBARO (1990, 434), o que poderia ser uma profunda alteração é gerido pelo legislador da forma mais conservadora possível. Também a lei portuguesa utiliza o termo "entrega" referido aos valores escriturais (art. 66.º/2) e equipara o registo em conta de depósito, no caso de valores titulados fungíveis, à tradição dos títulos ao portador (art. 89.º/1/c). O próprio termo "materialização" é utilizado, por ex., pelo Pof. Gabriel PINTO COELHO (1955, 162) a propósito da noção de acção: "a acção é, ao mesmo tempo que fracção do capital social, a *materialização do direito social*" (subl. meu).

[381] É antiga a polémica quanto ao significado da incorporação do direito no título de crédito e mesmo quanto à sua real valia. De acordo com ASCENSÃO (1992, 25), "De incorporação se falará quando o regime jurídico estiver arquitectado de maneira que o exercício do direito exija a posse do título de crédito. Portanto, quando o sujeito passivo só estiver obrigado a satisfazer a quem for detentor de um título válido". E acrescenta. "... a incorporação não representa fenómeno novo, em relação aos já examinados. É antes a característica que exprime a função de legitimação passiva que é própria do título de crédito". Em geral e com referência aos valores escriturais por comparação com os títulos de crédito, vd. DEVESCOVI (1991, 96 ss.). Entre nós, em geral quanto aos títulos de crédito, vd. FIGUEIREDO (1919, 50 ss.), PINTO COELHO (1963, 226-227). OLAVO (1978, 17-18) considera que a incorporação é uma metáfora que significa a ideia de que "o documento é necessário para se exercer o direito que menciona". Vd., também, VASCONCELOS (1989, 22 ss.) e CORREIA (1975, 39 ss.).

[382] Na doutrina francesa consultada não encontramos referências desenvolvidas quanto a este aspecto, para além da já citada crítica de GUYON ao texto legal. Em geral, considera-se que o novo regime é, de certa forma, o culminar de uma evolução mais que uma revolução. Assim, RIPERT/ROBLOT (1992, 51).

Na doutrina espanhola, vd. BERCOVITZ (1988, 85-86), PEREZ ESCOBAR (1991, 1041), ANGULO RODRIGUEZ (1992, 304-306), DIAZ RUIZ (1993, 173). Em sentido contrário, vd. OLIVENCIA (1987, 25-28), que com particular vigor rejeita aquela posição; JIMENEZ SANCHEZ (1987, 42 e 49); MADRID PARRA (1990a, 82); DIAZ MORENO (1991, 376), ANGULO RODRIGUEZ (1992, 2).

Na doutrina alemã e, no seguimento de OPITZ, os valores escriturais são considerados *direitos-valor*, entendidos como direitos que não foram incorporados num documento. Critica-se o art. 9.º da *DepotG*, por utilizar o termo incorporação, dado que se trata de uma ficção sem qualquer sentido. Assim, ZÖLLNER, (1974, 258) CANARIS (1981, 1031 ss.) e HUECK/CANARIS (1988, 22-23). Quanto ao conceito de direito-valor vd., ainda, entre nós, MENDES (1989, 34 ss.).

Na doutrina italiana, vd., por todos, DESVESCOVI (1992, 84 ss. e 94 ss.), que reflete não apenas a propósito dos valores mobiliários mas dos títulos de crédito que sejam

documental e *incorporação não documental*[383], *incorporação material* ou *incorporação imaterial*[384]. Tanto o suporte em documento de papel como o informático nada mais seriam que simples instrumentos ou elementos secundários de uma realidade jurídica básica: a representação ou incorporação de direitos.

Esta orientação, partilhada por inúmeros autores, não é juridicamente inocente, mas tem um significado preciso. Visa manter os pressupostos para aplicar aos valores escriturais os princípios dos títulos de crédito, particularmente por se considerar que não existe um regime geral alternativo que ofereça a mesma segurança. Tal orientação conforta-se na própria terminologia utilizada pela lei, o que acontece com termos como

---

representados informaticamente. O autor defende a existência de uma incorporação informática, sendo toda a obra citada dedicada a tentar demonstrar esse aspecto, o que leva o autor a concluir pela existência de um *título de crédito informático*.

[383] A expressão "incorporação não documental" pode levantar algumas dúvidas quanto à consideração do registo dos valores escriturais como documento, dúvidas essas que devem desde já ser afastadas. Mesmo que se trate de um registo informático, nada impede a sua consideração como documento. Com efeito a admissibilidade de documentos informáticos é hoje pacífica, sendo considerados como documentos particulares não assinados a que se aplica o art. 368.º do C.Civ., fazendo prova plena dos factos representados, se a parte contra quem forem apresentados não impugnar a sua exactidão. Vd., por ex., RIBEIRO MENDES (1991, 521). Este mesmo autor, aliás, considera (em 1991, note-se) que no CdMVM é "onde se vai mais longe na relevância probatória dos documentos informáticos" pois aí "são frequentes as referências à informatização de dados relativos a acções e valores mobiliários escriturais e a operações de bolsa" (513), referindo em particular os arts. 61.º/2 e 6, 70.º/6, 426.º/3, 456.º/3 e 4, 506.º/1, 639.º/2/c e 640.º. Por sua vez, FERREIRA DE ALMEIDA (1992, II, 672-673, nota 25) refere, quanto aos documentos informáticos, que "no direito português, não há razão para não adoptar uma posição entre as mais favoráveis ao alargamento da noção de documento escrito particular, tendo em conta o valor probatório das reproduções mecânicas (art. 368.º do C.Civ.)". Vd. p. 43.

[384] As expressões são retiradas de FERNANDEZ-RIO (1987, 108-109), no resumo que faz das referidas posições. Acrescenta o mesmo autor que: "Para o legislador é assunto puramente *convencional* determinar se o registo em conta pode constituir ou não uma espécie de incorporação, uma incorporação imaterial e espiritualizada (ou neoincorporação). O que realmente importa é determinar se as funções para que serviu e serve o dogma da incorporação são ou não específicas dos títulos de crédito e, em suma, se o ordenamento jurídico pode dar o mesmo ou semelhante tratamento a direitos (documentalmente) incorporados e a direitos não (documentalmente) incorporados. As exigências da realidade obrigam a romper a correlação entre a *estrutura* (título de crédito) e a *função* (regime jurídico)". Considera, porém, o autor que a ruptura deve ser legal, o que exige um regime jurídico completo para os valores escriturais. Realça sobretudo a ruptura entre a estrutura e a função URÍA (1987, 296). Sobre estas questões vol. a 3.ª parte desta dissertação, pp. 381 ss..

"materialização", "representação", "tradição", constituição de direitos reais e a fungibilidade que seria própria das coisas materiais[385]. O legislador português não estabeleceu, nem fazia sentido que o fizesse, qualquer norma de equiparação geral entre os valores escriturais e os títulos de crédito ou os valores mobiliários titulados, dado não existir entre nós um regime legal genericamente aplicável aos títulos de crédito[386]. Além disso, e este aspecto é o essencial, não se coloca o problema com que se debatem os referidos autores pois existe, entre nós, um regime legal para os valores escriturais.

II. Para outros autores, por natureza, os valores escriturais representariam a fase final e mais avançada da desmaterialização ou desincorporação (*Enstuckung*) dos valores mobiliários[387]. Trata-se de uma realidade completamente nova em relação à qual não faz sentido falar em incorporação com tudo o que isso implica em termos de regime jurídico. Não haveria qualquer materialização no sentido de incorporação: o direito existiria sem qualquer incorporação, mas apenas por si próprio. Seria, sob certo ponto de vista, um regresso às origens[388]. Mas tal regresso teria apenas a ver com este aspecto e não com o regime jurídico. Portanto, *nem estruturalmente, nem funcionalmente estaríamos perante uma incorporação, no sentido em que é entendida para os títulos de crédito.*

3.1.2. *A materialização através da inscrição na conta do titular como constituição do valor escritural*

I. Uma outra maneira de entender a materialização tem a ver com a constituição dos próprios valores mobiliários escriturais: estes apenas passariam a existir enquanto tais a partir da sua inscrição na conta do ti-

---

[385] Vd. JIMENEZ SANCHEZ (1992b, 433-434).

[386] Vd., no entanto, o art. 52.º/2 e a interpretação feita nas pp. 168 ss.. Em Espanha o legislador defrontou-se com problemas semelhantes. Vd. FERNANDEZ-RIO (1987, 111--112), a propósito da dívida do Estado sob a forma escritural. Segundo este autor, *a técnica da remissão seria a técnica mais primitiva* mas, acrescenta, "seria aquela que menos problemas de compreensão suscita nas mentes consevadoras dos juristas". A técnica da regulação directa e independente corresponde, segundo o autor, a uma fase de maturidade, em que os entraves dogmáticos foram rompidos (110).

[387] ZÖLLNER (1974, 251 ss), CANARIS (1981, 1032 ss) e HUECK/CANARIS (1988, 24). Veja-se, também, EIZAGUIRRE (1982, 110) que traduz "desincorporação" por "desdocumentação".

[388] Assim, PESSOA JORGE (1989, 93-94) em relação às acções escriturais.

tular. Este entendimento permitiria considerar que não tem essa função qualquer dos registos centrais[389]. Portanto, os valores escriturais, enquanto tais, não existiriam antes da inscrição em conta individualizada. Até lá apenas existiriam direitos que não seriam valores escriturais[390]. Antes da inscrição em conta estariam subordinados ao regime geral da cessão de créditos, tal como sempre aconteceu a esses direitos antes de serem incorporados em títulos. Daqui poderíamos concluir que *a lei consagra um princípio do registo*: os direitos que não estão registados não existem como valores escriturais, mas apenas como direitos[391]. Daqui decorre o *direito ao registo* por parte do titular dos direitos[392].

II. Sendo assim, haveria como que uma realidade distinta antes e depois do registo na conta do titular, do ponto de vista do regime jurídico. Em favor deste entendimento pode invocar-se o facto de os valores escriturais apenas poderem circular através do sistema de registo. Fora desse sistema circulariam não como valores escriturais propriamente, mas como direitos não subordinados ao regime dos valores escriturais e, portanto, não beneficiando da protecção própria desse sistema de registo[393]. Portanto, *o registo não conforma o conteúdo dos direitos, apenas os sujeita a um determinado regime jurídico*, como veremos mais desenvolvidamente na terceira parte deste trabalho.

---

[389] Esta seria uma diferença fundamental em relação ao regime espanhol que expressamente reporta a constituição dos valores mobiliários ao registo central, como já referimos. Contra, DIAZ MORENO/DIAZ PICARDO (1992, 319).

[390] Segundo alguns autores, tal significaria consagrar uma teoria semelhante à "teoria da entrega", relativa à constituição dos títulos de crédito. Vd., os já citados DIAZ/MORENO/PRIES PICARDO (1992, 319). Sobre a teoria da entrega e as restantes teorias sobre a constituição dos títulos de crédito, vd. HEUCK/CANARIS (1986, 37) e, entre nós, OLAVO (1978, 88 ss.) e Correia (1975, 80 ss.).

[391] Algo de semelhante acontece nos títulos de crédito, quando o título tenha sido destruído, perdido ou desaparecido e seja objecto de um processo de reforma. Então poderá conceber-se um título sem valor e um direito sem título, embora este direito não possa ser exercido sem o título (Vd. ASCENSÃO, 1993, 76).

[392] Trata-se de um direito análogo ao direito ao título no caso de valores mobiliários titulados. Porém, no caso dos valores escriturais, o direito ao registo não é apenas oponível à entidade emitente mas também ao intermediário financeiro que deve abrir a conta de registo desses valores ou até a outras entidades como a Central, conforme os casos. Embora nenhum preceito consagre expressamente *o direito ao registo, ele deriva da necessidade do registo para que o direito possa ser exercido ou transaccionado*.

[393] Vd., abaixo, o que é dito a propósito da circulação registral e extra-registral (caps. IV e V).

Parece que o direito nasce exactamente ao mesmo tempo que o registo, mas não é rigorosamente assim. *O direito nasce antes desse registo de acordo com as condições e regras da emissão*, devendo ter-se presentes os aspectos de regime particular de emissão de cada direito, que terá influência na resposta a dar em cada caso (registo de constituição da sociedade, escritura pública do aumento de capital, etc.). Podem entretanto ser efectuados negócios sobre os direitos que ainda não são valores escriturais? A resposta deve ser afirmativa, porém não seguem o regime traçado para os valores mobiliários escriturais a não ser na medida em que entrem em contacto com esse registo[394].

3.1.3. *A materialização nos registos como representação dos valores escriturais*

Por fim poderá entender-se que o registo é a forma que a lei exige imperativamente para os valores escriturais, para que possam estar subordinados ao regime para eles traçado. Nesse sentido parece apontar o facto de a inscrição ser equiparada ao título quanto à representação dos valores mobiliários (art. 47.º). Deste ponto de vista, não estaríamos longe da teoria da incorporação. Documenta particularmente esta posição a mais recente doutrina espanhola, para quem estaríamos perante mais um estádio de evolução dos próprios títulos de crédito que, no dizer de um autor, "se enriquece com o aparecimento de um valor documentado sem título de papel, em suporte informatizado"[395]. O registo seria a forma de tornar palpável o direito, perceptível aos sentidos, dado seu carácter imaterial.

Dizer que os valores mobiliários escriturais são representados através de registos em conta significa atribuir a esses registos, informáti-

---

[394] A terminologia legal é pouco rigorosa. Com efeito, ao referir que "os valores mobiliários ... são exclusivamente materializados", parece sugerir que o valor mobiliário escritural já existe antes da inscrição em conta, só que não estaria materializado. A ser assim, caberia perguntar o que é um valor mobiliário escritural não materializado através de inscrição na conta do seu titular. A resposta só poderia residir na consideração de um outro registo como constitutivo do valor mobiliário, sendo a inscrição na conta do titular a única forma de ele ficar sujeito ao regime consagrado no art. 56.º e ss. A ser assim, este registo não teria natureza constitutiva do valor mobiliário escritural. Porém, desde já avançamos que não é aceitável tal interpretação demasiado escrava da letra da lei, embora adiante curemos de abordar a questão com mais atenção, a propósito da constituição dos valores mobiliários escriturais, enquanto tais.

[395] ANGULO RODRIGUEZ (1992, 304-306). Saliente-se, porém, que o registo não tem que ser, necessariamente, informatizado.

cos ou não, a natureza de documentos. Porém esta afirmação deve ser clarificada, pois tais documentos não têm a mesma função que o documento em papel tem no título de crédito, isto é, o documento não influencia o regime de circulação do valor escritural, pois neste nunca é o documento que circula[396]. Neste sentido podemos afirmar que os valores mobiliários escriturais não são títulos de crédito. Porém, há *pelo menos* três aspectos para que pode ser relevante a consideração do valor escritural como documento: para efeitos probatórios[395]; para efeitos de reforma[398]; para efeitos penais[399].

---

[396] Mesma que haja uma "circulação" física, por ex. através da entrega de uma "diskete", não é esse tipo de circulação que interessa ao caso, mas antes uma circulação em sentido jurídico.

[397] Vd. o que é dito a seguir a propósito da função de prova dos registos de valores escriturais, função essa que não pode deixar de estar ligada com a sua consideração como documentos (pp. 126 ss.).

[398] Se consideramos os registos de valores escriturais como documentos não pode deixar-se de colocar o problema da aplicabilidade da reforma dos documentos e dos títulos de crédito a esses registos. Nos termos do art. 367.° do C.Civ., "Podem ser reformados judicialmente *documentos escritos* que por qualquer meio tenham desaparecido". Portanto, a reforma é limitada aos documentos escritos. O processo consta dos arts. 1069 ss. do CPCivil. Temos porém sérias dúvidas que tal regime seja aplicável aos valores escriturais. Em rigor, dada a amplitude da previsão legal, o processo regulado no CPCivil parece aplicável aos valores escriturais, enquanto documentos. Suscita-se no entanto a dúvida de que sejam documentos escritos. Em qualquer caso, as características de tais documentos exigiriam grandes adaptações do regime legal. Um dos maiores problemas deriva da característica de fungibilidade dos valores escriturais, não se vendo como é que o tribunal pode declarar sem valor o registo desaparecido, ao menos em certos casos. Com efeito, uma tal decisão exige uma total especificação dos valores e não se vê como é que isso pode acontecer com os valores escriturais. Embora se coloque o problema da destruição total ou parcial dos registos de valores escriturais, mais que um problema de reforma desses registos coloca-se o problema da sua reconstituição que deve obedecer a requisitos próprios, nomeadamente por recurso aos documentos de suporte desse registo ou a outros meios de prova. Vd., *infra*, pp. 138, 215 e 403.

[399] O Código Penal não tem directamente em conta os valores mobiliários escriturais, mas apenas os títulos de crédito incorporados em documentos de papel. Com efeito, o art. 267.°/1 equipara a moeda os "títulos de crédito constantes, por força de lei, de um *tipo de papel e de impressão* especialmente destinados a garanti-los contra o perigo de imitações e que, pela sua natureza e finalidade, não possam, só por si, deixar de incorporar um valor patrimonial" (sublinhado meu). Portanto, é elemento do tipo tanto um tipo especial de papel como um tipo especial de impressão. Ora, nenhuma destas realidades pode ser aplicada aos valores mobiliários escriturais. Por sua vez o art. 256.°/3 refere-se a "letra de câmbio, a cheque, ou a outro documento comercial transmissível por endosso, ou a qualquer outro título de crédito não compreendido no art. 267.°". Porém, apesar desse alargamento, não é defensável que aí caibam os valores mobiliários escriturais.

3.1.4. *Posição adoptada e indicação metodológica*

I. Em primeiro lugar, convém sublinhar que a discussão referida atrás deve ser encarada criticamente quando feita em abstracto e entendida a materialização em sentido naturalístico. Com efeito, nada há que permita comparar, do ponto de vista material, um registo e um papel[400].

Em segundo lugar, a discussão perde todo o sentido quanto é colocada na dependência das concepções de incorporação retiradas da teoria geral dos títulos de crédito. Poderá tornar-se numa discussão vazia e sem qualquer significado quando não é referida a um concreto regime jurídico. Por isso, tal discussão apenas fará sentido quando o seu objectivo for o de aplicar aos valores escriturais as normas e princípios dos títulos de crédito, nos casos em que exista tal regime geral, como acontece em Itália ou a propósito dos regimes estabelecidos para cada um dos concretos valores mobiliários titulados. Assim, a discussão, entre nós, poderá fazer sentido por exemplo para saber até que ponto ou em que medida são aplicáveis às acções escriturais as regras estabelecidas para as acções tituladas, consagradas no CSC.

Em terceiro lugar, o caminho para a discussão deve ser inverso e partir do regime jurídico estabelecido pelo legislador e apenas retirar conclusões a partir dele e não de meras palavras utilizadas pela lei. É esse o caminho que seguiremos. Uma tal discussão apenas terá lugar na terceira parte desta dissertação.

II. Provisoriamente, da reflexão feita, podemos dizer que a materialização dos valores mobiliários escriturais significa:

– do *ponto de vista estrutural*, o valor escritural não existe fora do registo na conta do titular e constitui-se como tal com esse registo; o di-

---

Apesar disso, não pode negar-se que *os valores mobiliários escriturais cabem na noção penal de documento que é dada pelo art. 255.º/a*: "À declaração corporizada no escrito é equiparada a registada em disco, fita gravada ou qualquer outro meio técnico". Em conclusão, *para efeitos penais os valores mobiliários escriturais não podem ser considerados como títulos de crédito pelo que a sua falsificação não é punível nos termos do art. 267.º/1* ("Títulos de crédito"), *mas nos termos gerais da falsificação de documentos*. Vd. p. 403.

[400] Tal não significa que entre um registo e um papel não possa haver pontos de contacto, mas sob outros pontos de vista que agora não nos interessam. Por exemplo, do ponto de vista da teoria da comunicação ambos podem ser suportes de enunciados negociais.

reito que existe antes desse registo, como existirá em regra [401], não é um valor escritural; o registo é o particular modo de ser dos valores mobiliários escriturais, isto é, a sua forma de representação;

– do *ponto de vista funcional*, a materialização significa o momento a partir do qual os direitos registados ficam subordinados a uma lei de circulação que lhe é própria, distinta daquela que lhe corresponde fora do registo; dito por outras palavras, apenas é aplicável o regime jurídico previsto nos arts. 56.° ss. a partir do momento em que o direito é registado na conta do titular.

3.2. Função de prova

I. A inscrição na conta do titular, além de materializar o valor escritural, tem ainda a *função de comprovar a natureza, características e situação jurídica do valor mobiliário escritural* (art. 56.°/1). Esta função é desempenhada através de registos adequados a cada um dos aspectos que se tem em vista comprovar [402].

II. As duas primeiras funções – comprovar a natureza e as características do valor escritural – resultam das inscrições a que se refere o art. 52.°/2/b e são de natureza geral, pois referem-se a toda a emissão e não apenas aos concretos valores inscritos na conta. Portanto, tais registos têm a função de ligar o valor registado às normas de emissão e à entidade que os emitiu. Em suma, trata-se de identificar os aspectos que têm a ver com a relação substancial que está na base do valor mobiliário que, nesta perspectiva, se configura causal e não como abstracto, de acordo com as características dos próprios direitos, independentemente do modo de representação. Esta função está ligada ao registo central da emissão, como já observámos.

III. Quanto à função de provar a situação jurídica do valor mobiliário escritural, ela resulta também dos restantes registos que devem ser

---

[401] O que também é válido para o caso de os valores mobiliários serem incorporados em documentos. Estes não criam o direito, isto é, não são constitutivos do direito. Em sentido contrário OLAVO (1978, 17-nota15, 47, 70 e 71-75).

[402] A prova feita pelos registos pode ser directa ou indirecta. Será indirecta quanto for obtida a partir de documentos passados pelos intermediários financeiros com base na conta de registo (art. 54.° e 70.°). Dada a natureza do registo, impõe-se muitas vezes a prova indirecta pois não há acesso generalizado a esse registo. Vd. pp. 298 ss..

efectuados na conta do titular (art. 56.°). Sobre esse aspecto dispõe, nomeadamente, o art. 64.°, quanto à eficácia do registo na conta do titular e de que ressalta, nomeadamente, a presunção de titularidade a favor de quem o valor se encontrar inscrito bem como a legitimidade para exercer os direitos ligados aos valores registados[403].

3.3. Função de circulação

I. Os registos em conta desempenham, ainda, a função de permitir a realização de todas as operações sobre os valores registados, como de exercer os direitos de conteúdo patrimonial a eles respeitantes. Tal significa que o valor escritural apenas pode circular através do registo na conta aberta em nome do titular. Tal é o significado da expressão legal, "através das quais (inscrições) se *processam* e *registam*, mediante lançamentos e anotações adequadas, *todas as operações* de que são objecto" (art. 56.°/1).

Esta já não é uma mera função de natureza probatória em relação aos valores mobiliários, mas uma *função de assegurar a circulação*, por uma forma imperativamente imposta na lei. Tendo verificado que os títulos em papel dificultavam ou impediam a circulação dos valores mobiliários, o legislador cria um veículo substitutivo desses títulos, mais apto à circulação dos valores mobiliários. Pela capacidade para assegurar essa função se poderá avaliar da viabilidade do novo instituto[404]. Os valores mobiliários são particularmente aptos à circulação. Valores que não possam circular não podem merecer aquele qualificativo.

II. Esta preocupação ficou igualmente expressa no texto da lei quando define as *características que essa circulação deve ter*: "a regularidade, rapidez e segurança das transacções" (art. 56.°/2/n). Embora a rapidez seja essencial na óptica do legislador[405], ele não esquece as preocupações de segurança e a regularidade[406]. A tal ponto as considera impor-

---

[403] Relativamente à importância que a consideração do registo como documento pode ter, para efeitos probatórios, já atrás dissemos o suficiente. Vd. p. 124.

[404] Não tem faltado quem tenha assegurado a "morte" prematura dos valores escriturais, particularmente devido aos problemas derivados da sua circulação e, em particular, da falta de autonomia. Vd., por ex., LABAREDA (1988, 240-241, nota 1), a propósito do regime anterior das acções escriturais.

[405] Sobre a necessária celeridade na circulação mobiliária a que é dado corpo pelas bolsas de valores, vd. CORDEIRO (1990, 152).

[406] O art. 59.°/2 faz depender a autorização para a prestação do serviço de valores escriturais da posse pelos intermediários financeiros de todos os meios e da capacidade

tantes que prevê uma *cláusula geral aberta, para que possam ser efectuados em conta os lançamentos e as anotações que se tornarem indispensáveis para assegurar estas características que deve assumir a circulação dos valores mobiliários escriturais*[407].

Assim, as funções da inscrição em conta ligadas à circulação dos valores mobiliários escriturais estão na primeira linha do regime traçado pelo legislador para esses registos. Por isso, *a regularidade, a rapidez e a segurança, devem ser considerados como princípios da circulação dos valores escriturais* que, não apenas, assumem natureza estruturante das contas de registo individualizado, como são um importante ponto de apoio na interpretação das normas relativas à circulação dos valores mobiliários escriturais, bem como relativamente aos institutos que visam concretizar cada um desses princípios.

III. Ao referir que através do registo em conta "*se **processam**... todas as operações ... e o exercício dos direitos...*", fica bem claro o carácter novo do registo em conta dos valores escriturais inseridos no sistema, em relação aos registos tradicionais, por ex., o registo predial. É a diferença entre registar apenas e registar e processar ou, melhor, processar registando. Nos registos tradicionais registam-se factos que acontecem fora do registo e que fora dele podem ter vida e regras próprias: a *circulação é extra-registral*, embora deva reflectir-se no registo e este possa influenciar aquela circulação; regista-se para publicitar, em ordem à segurança. No sistema de registo de valores escriturais já nada se passa assim. O registo é a forma que assume a circulação regular dos valores escriturais, esta é *uma circulação registral*. Daí que, em regra, não se reg-

---

técnica e financeira indispensáveis para garantir a prestação desse serviço "em condições adequadas de *eficiência* e *segurança*".

[407] Poderá perguntar-se a quem cabe a concretização desta cláusula geral. Pensamos nada impedir que tal seja feito quer pelo titular da conta quer pelo intermediário financeiro, dado que a própria lei prevê a possibilidade de se efectuarem registos orientados à "defesa dos direitos e interesses dos investidores". A lei fala ainda em registos orientados à defesa da entidade emitente e não parece que esta possa, por qualquer forma, interferir nos registos efectuados nas contas dos titulares. Porém, nada impede que a entidade emitente intervenha ao nível de outras contas, desde que o faça em conjugação e através da Central.

Os registos orientados à defesa daquelas entidades (investidores e entidades emitentes) visam o objectivo de acautelar a segurança na transacção dos valores mobiliários. Estes são registos gerais e essenciais que devem ser superiormente acautelados. Assim, não vemos qualquer impedimento a que tal concretização possa ser feita por via regulamentar, nos termos do art. 76.º. Quanto ao registo de acções judiciais, vd., *infra*, p. 202.

iste algo que se passa fora do sistema de registo, pois *a circulação é imanente ao próprio sistema de registo*. Por isso, dizemos que este é o aspecto mais inovador e de mais pesadas consequências em termos de regime jurídico. A tentativa de aplicar as regras do registo predial[408] aos registos dos valores escriturais deve ser olhada com cuidado, pois pode trazer dificuldades se não se tiver em conta o carácter distinto dos dois registos e poderá levar a uma interpretação menos aceitável dos preceitos em causa. Adiante abordaremos com desenvolvimento estes aspectos que nos parecem já concentrados na própria letra do art. 56.º/1.

3.4. Função de legitimação

Esta função de legitimação resulta da parte final do art. 56.º/1: "através das quais (inscrições) se *processam* e registam (...) *o exercício dos direitos* de conteúdo patrimonial que lhes respeitam". Trata-se de uma legitimação face à entidade emitente apesar de apenas se tomarem em conta os direitos patrimoniais. Com efeito os direitos sociais não vêm o seu exercício registado em conta razão pela qual o legislador os não refere no art. 56.º/1. No entanto tais direitos apenas podem ser exercidos se os valores estiverem registados em conta e apenas pela pessoa em nome de quem estiverem registados.

A função de legitimação é formulada de maneira mais clara no art. 64.º/5 ao fazer depender da inscrição em conta o exercício dos "direitos patrimoniais e sociais que lhes sejam inerentes". Note-se que o exercício dos direitos sociais e, por vezes, o exercício dos direitos patrimoniais, não implica a circulação dos valores mobiliários entre contas de diferentes titulares. Adiante voltaremos a esta questão a propósito do exercício dos direitos inerentes aos valores mobiliários escriturais[409].

4. VALORES MOBILIÁRIOS ESCRITURAIS FORA DO SISTEMA DE REGISTO E CONTROLO

I. Já antes da publicação do CdMVM vários diplomas, para além do Decreto-Lei n.º 229-D/88, de 4/7, previam a possibilidade de alguns

---

[408] Sobre o registo predial e o registo dos valores escriturais vd. pp. 183 ss..
[409] Vd. pp. 301 ss..

valores mobiliários adoptarem a forma escritural, e com um regime diverso do consagrado naquele diploma. Tal passava-se, nomeadamente, com os valores mobiliários representativos da dívida pública[410]. Noutros casos, remetia-se para aquele Decreto-Lei, mas com as devidas adaptações[411].

II. Hoje continuam a ser legalmente consagrados regimes especiais para determinados valores escriturais. A principal característica desses valores escriturais reside no facto de não estarem necessariamente integrados no sistema de registo e controlo de valores mobiliários escriturais e de o seu regime jurídico ser particularmente simplificado. Porém, trata-se de regimes jurídicos especiais, apenas aplicáveis a esses valores.

Embora não seja objecto desta dissertação analisar todos os regimes consagrados para os valores mobiliários escriturais, não podemos deixar de lhes fazer referência, até porque se trata de *regimes por vezes posteriores ao CdMVM e que, portanto, visaram expressamente a sua não aplicação*. A existência destes regimes especiais de valores escriturais pode dar indicações importantes sobre a *necessidade de elaborar um regime geral simplificado* para todos os valores escriturais que não sejam integrados no sistema de registo e controlo de valores escriturais. Em qualquer caso, a existência de tais valores escriturais pode ser vista como uma *crítica do próprio legislador ao carácter demasiado rígido e fechado do regime dos valores escriturais consagrado nos arts. 56.° e ss. do CdMVM*.

III. Pode colocar-se o problema de saber até que ponto é possível, ou mesmo necessário, construir um *regime jurídico geral para todos os valores mobiliários escriturais* quer estejam ou não integrados no sistema de registo e controlo. Esse é um problema que aqui não iremos resolver pois nos afastaria muito do objecto do nosso trabalho. No entanto não podemos deixar de registar a sua importância, nomeadamente face ao regime lacunar dos valores mobiliários escriturais que não estão integrados no sistema de registo e controlo[412].

---

[410] Era, por exemplo o caso das OT. Vd., supra, cap. II da 1.ª parte.

[411] Era o caso do art. 5.°/2 do Decreto-Lei n.° 125/90, de 16/4, que aprovou o regime das obrigações hipotecárias. Tendo sido revogado o DL n.° 229-D/88, de 4/7, aquela remissão deve considerar-se como sendo feita para o CdMVM, indicação que valerá para todas as situações em que havia remissão para o regime daquele diploma.

[412] Vd., infra, pp. 405 ss..

4.1. As obrigações de caixa e o papel comercial

I. O regime actual das obrigações de caixa consta do DL n.º 408/91, de 17/10[413]. As obrigações de caixa são valores mobiliários, como tais qualificados por lei[414], que podem ser emitidos sob a forma escritural "registando-se a sua colocação e movimentação em contas abertas em nome dos respectivos titulares nos livros da instituição emitente" (art. 6.º/2).

Sendo a entidade emitente competente para o registo[415] todo o regime jurídico está construído em torno desse registo. Trata-se de um regime extremamente simplificado que visou responder a preocupações de ordem prática ligadas ao financiamento das empresas e essencialmente no interesse destas[416]. Estas preocupações levaram a que o legislador descurasse quase completamente o regime jurídico desses valores mobiliários, salvo quanto à sua emissão[417]. O registo na entidade emitente desempenha simultaneamente as funções de registo global da emissão e de registo individualizado em nome dos titulares das obrigações de caixa.

---

[413] O regime jurídico anterior constava do DL n.º 117/83, de 25/2, alterado pelo DL n.º 329/88, de 27/9. Já este diploma traçava um regime especial quanto a vários aspectos, nomeadamente a sua emissão (a que não era aplicável o regime geral constante do DL n.º 371/78, de 31/11) e a admissão à cotação nas bolsas de valores regulada, então, pela Portaria n.º 686/83, de 20/6 (revogada pelo DL n.º 142-A/91, de 10/4).

[414] Essa qualificação consta do art. 1.º do DL n.º 408/91, de 17/10 e do próprio CdMVM, (art. 130.º). De qualquer forma, essa qualificação sempre resultaria da noção dada no art. 3.º/1/a, dado que, apesar das suas especificidades, as obrigações de caixa são obrigações no sentido desse preceito. Enquanto valores mobiliários apresentam algumas características próprias, com particular destaque para o seu regime de emissão contínua.

[415] Note-se que as entidades autorizadas por lei a emitir obrigações de caixa são apenas instituições de crédito, algumas das quais podem ser autorizadas a prestar o serviço de valores escriturais nos termos do art. 59.º do CdMVM.

[416] Como é expressamente referido no preâmbulo do citado diploma, visa-se tornar o financiamento das empresas em causa mais expedito e desburocratizado, menos dispendioso e sujeito a um controlo mais flexível, sendo dispensadas várias das formalidades que em regra são exigidas. Trata-se, aliás, de objectivos já presentes no regime anteriormente consagrado pelo DL n.º 117/83, de 25/2.

[417] Não é nosso objectivo fazer aqui uma análise do regime de emissão das obrigações de caixa e respectiva oferta pública de subscrição que, de acordo com o art. 3.º do DL n.º 408/91, se regem "exclusivamente, pelo disposto no presente diploma", aliás em consonância com os arts. 130.º e 2.º/2/b, do CdMVM. Porém, o regime lacunar instituído levanta alguns problemas. Somos de opinião, embora não caiba aqui a análise que nos levou a esta conclusão, que o regime do CdMVM apenas é parcialmente afastado, nomeadamente quanto ao registo da emissão na CMVM e ao prospecto (arts. 109.º a 114.º e 129.º a 173.º do mesmo diploma).

Esse registo da emissão e colocação tem natureza constitutiva dos valores escriturais em causa. Trata-se, assim, de um regime alternativo ao consagrado no CdMVM[418].

Às obrigações de caixa escriturais é aplicado o mesmo regime das obrigações de caixa tituladas nominativas, estando ambas registadas em livros da entidade emitente e exactamente com os mesmos elementos. A única diferença reside no facto de, além desse registo, umas serem representadas por títulos e outras não, o que pode ter importantes consequências em termos de regime jurídico[419]. O legislador, preocupado com aspectos práticos, não teve em vista essas questões o que ainda reforça a

---

[418] Tal não significa que esse regime não lhe seja aplicável. Com efeito, o DL n.º 408/91 não impede o registo da emissão de obrigações de caixa escriturais na Central, nomeadamente para permitir a sua negociação em bolsa. Esta possibilidade de negociação em bolsa resulta do art. 10.º do referido DL bem como do art. 292.º/1/b do CdMVM. *Neste caso é obrigatório o registo da emissão na Central* e a integração dos valores no sistema de registo e controlo de valores mobiliários escriturais. Tanto poderá tratar-se de uma integração no momento da emissão caso haja o pedido simultâneo de admissão à cotação, como posteriormente. O regime especial é estabelecido em função de interesses da entidade emitente, em particular. Assim, *não parece impeditivo que uma emissão seja, desde logo, inscrita na Central, ainda que não haja qualquer pedido de admissão à cotação*. Seria uma espécie de mandato conferido à Central para organizar o registo da emissão, por parte de entidades que não têm condições para serem elas próprias a efectuar e gerir esses registos.

[419] Pode também concluir-se, do art. 6.º/3 do Decreto Lei n.º 408/91, de 17/10, que é distinto o regime de transmissão: "A produção dos efeitos de transmissão dos títulos nominativos ou das obrigações emitidas sob a forma escritural só se opera relativamente à entidade emitente após comunicação a esta efectuada pelo transmissário". Devemos concluir que o registo nos livros da sociedade apenas visa a eficácia face à sociedade. Quaisquer outros efeitos, inclusive face a terceiros, operam directamente com a celebração do contrato de transmissão. Muitas questões ficam no ar, pois estamos perante um regime muito lacunar. O objectivo do legislador foi apenas o de facilitar a emissão dos títulos sem grandes preocupações com o seu regime de circulação. Ora, como pode verificar-se pelo preceito transcrito, as obrigações de caixa escriturais circulam, normalmente, fora do registo. Ao equiparar os efeitos deste aos do registo das obrigações de caixa nominativas, parece que o legislador consagrou mais obrigações de caixa nominativas não tituladas do que verdadeiras obrigações de caixa escriturais. Assim, é *pertinente colocar a questão de saber se as obrigações de caixa escriturais não acabam por circular de acordo com o regime aplicável à cessão de créditos, pois, não circulando de acordo com o documento não é criada outra forma alternativa de circulação*. Fica a questão aflorada, pois não pode ser aqui tratada de maneira aprofundada. Haveria, nomeadamente, que reflectir sobre o grau de ligação entre a circulação destes valores e o registo, saber até que ponto estes registos são uma verdadeira "materialização" ou um mero controlo da circulção pela entidade emitente e, em geral, qual a dependência dos próprios valores escriturais em relação ao registo.

ideia da necessidade de um regime geral simplificado para os valores escriturais que existem e circulam fora do sistema de registo e controlo de valores escriturais.

As obrigações de caixa podem ser admitidas à cotação em bolsa. Nesse caso, sendo apenas representadas escrituralmente, deve seguir-se obrigatoriamente o regime do CdMVM, devendo a emissão ser integrada na Central. Tal regime é imposto pelo sistema de liquidação das operações de bolsa sobre valores mobiliários escriturais. Também nada obriga a entidade emitente a registar os valores mobiliários nos seus livros, podendo, desde o início registar a emissão na Central[420] podendo os titulares dos valores abrir contas em intermediários para o efeito autorizados, nos termos dos arts. 56.º ss.[421].

Em conclusão, o regime das obrigações de caixa escriturais é muito lacunar[422], mas distinto do que é consagrado no CdMVM.

II. Também as obrigações de curto prazo, conhecidas por "papel comercial" e reguladas no Decreto Lei n.º 181/92, de 22/8[423], estão sujeitas a um regime especial quando emitidas sob a forma escritural, distinto do consagrado no CdMVM e próximo[424] do que é fixado para as obrigações de caixa.

A lei distingue conforme as obrigações em causa sejam emitidas até um ano ou até dois anos. No primeiro caso, nunca estará em causa a apli-

---

[420] Um problema que poderia colocar-se é o da obrigatoriedade de os registos continuarem a ser feitos nos livros da entidade emitente. Dificilmente poderia ser afastada a obrigatoriedade de tal registo a que a lei condiciona a eficácia da transmissão. Porém, uma vez registada na Central, parece dever concluir-se que as obrigações de caixa escriturais seguem integralmente o regime consagrado para os valores escriturais inseridos no sistema.

[421] Pensamos, aliás, que o sistema instituido para as obrigações de caixa é, de certa forma, uma resposta à rigidez do modelo criado pelo CdMVM, pouco adequado a certos tipos de valores mobiliários, cujas entidades emitentes não pretendem a sua admissão a um mercado secunário organizado. Resta saber se as actuais soluções pontuais serão o melhor caminho a seguir para a segurança e certeza do tráfico destes valores.

[422] E, além de lacunar, é muito incipiente. Basta lembrar que o art. 11.º, do Decreto Lei n.º 408/91, de 17/10, que consagra o regime de contabilização das obrigações de caixa é decalcado do art. 11.º do Decreto Lei n.º 117/83, de 25/2, que não previa a possibilidade de as obrigações de caixa poderem ser emitidas sob a forma escritural.

[423] Sobre os *commercial papers*, em geral, vd. GIULIANI (1993, 224 ss).

[424] Pode até dizer-se que o regime foi decalcado do regime das obrigações de caixa. Por isso, muitas das reflexões que fizemos a propósito do regime das obrigações de caixa escriturais são aplicáveis ao papel comercial emitido sob forma escritural.

cação do CdMVM[425] nem, consequentemente o seu registo na Central e consequente integração no sistema de registo e controle de valores escriturais. São apenas registadas na entidade emitente em nome do seu titular. Caso venham a ser cotados em bolsa, o que só será possível se as obrigações tiverem sido emitidas por mais de um ano e até dois anos, será obrigatório o seu registo na Central e aplicação integral do CdMVM.

A movimentação é feita em conta aberta em nome dos seus titulares, nas condições a fixar por aviso do Banco de Portugal (art. 4.º/2).

4.2. As unidades de participação dos fundos de investimento

I. As unidades de participação nos fundos de investimento[426], tanto mobiliários como imobiliários, podem adoptar a forma escritural de representação[427]. A lei é omissa quanto à forma de efectuar o registo das

---

[425] Como resulta expressamente dos arts. 12.º e 13.º do Decreto Lei n.º 181/92, de 22/8, o papel comercial emitido a um ano não é susceptível de cotação em bolsa e, portanto, de negociação em mercado secundário organizado. Porém, como já vimos acima, isso não afasta a sua qualificação como valores mobiliários. Apenas impede a aplicação do regime consagrado no CdMVM, pois a definição da al. a) do n.º 1 do art. 3.º apenas é dada "para efeitos de aplicação deste código". Trata-se de valores mobiliários monetários, de acordo com a noção subjacente ao art. 2.º/1 do CdMVM e que tem relevância para outros efeitos legais. Poderá ser o caso, por exemplo, da constituição dos fundos de investimento mobiliário, nos termos do art. 2.º/1 e 2/c, da Portaria 422-B/88, de 4/7.

[426] Que saibamos, não foram, até agora, publicadas quaisquer normas por parte do Banco de Portugal.

[427] Art. 14.º/3 do Decreto Lei n.º 229-C/88, de 4/7, alterado pelo art. 1.º do Decreto Lei n.º 417/91, de 26/10. As unidades de participação emitidas sob a forma de certificados podem ser convertidas em escriturais. Essa conversão depende de acordo do portador, se se tratar de certificados não negociáveis em bolsa ou, caso contrário, nos termos do art. 48.º e ss. do CdMVM (art. 14.º/3 do citado Decreto-Lei). No primeiro caso, a forma de conversão adoptada permite que existam simultaneamente unidades de participação sob a forma escritural e sob a forma de certificados. Trata-se de uma excepção ao princípio de que uma emissão de valores mobiliários deve adoptar a mesma forma de representação. E bem se compreende dadas as particulares características da emissão de unidades de participação que é feita de forma contínua até perfazer o capital fixado no acto de constituição dos fundos fechados ou até à liquidação do fundo no caso dos fundos abertos. Porém, uma vez convertidas em escriturais esta forma de representação torna-se irreversível, nos termos do art. 48.º/1 do CdMVM? Inclinamo-nos para uma resposta afirmativa. Porém, o facto de a lei admitir a "convivência" entre unidades de participação escriturais e sob a forma de certificados, parece apontar em sentido inverso, apenas quanto àqueles casos em que a conversão depende de acordo do portador. As duas soluções parecem admissíveis, devendo o problema ser resolvido por lei.

unidades de participação nem qual o regime jurídico a seguir[428]. Uma conclusão, porém, parece segura: nada exige, em regra, a sua integração no sistema de registo e controlo de valores escriturais. Podem ser, portanto, valores escriturais fora do sistema[429].

II. O regime, porém, poderá ser diverso conforme as unidades de participação sejam ou não negociáveis em bolsa. Nos termos do n.º 4 da Portaria n.º 422-B/88, de 4/7, apenas são negociáveis em bolsa as unidades de participação dos fundos de investimento fechados e desde que tenha sido integralmente colocado o capital a investir, fixado no acto de constituição. A estas unidades de participação é aplicável o CdMVM para efeitos de conversão dos certificados de participação em unidades de participação escriturais (art. 14.º/3 do referido DL). Estas, caso venham a ser admitidas à cotação em bolsa, devem ser integradas no sistema de registo e controlo de valores escriturais, sendo aplicável o regime dos arts 56.º ss. (art. 4.º da Portaria 422-B/88, de 4/7). Os principais problemas colocam-se quando estas unidades de participação não estão integradas no sistema, pois a lei não traça qualquer regime jurídico para a sua circulação e só muito lacunarmente para o seu registo. Essa situação tanto se verifica antes como depois de ter sido integralmente colocado o capital do fundo. Mais uma vez, verificamos que o sistema de valores escriturais instituído não resolve os problemas destes valores e que se torna *necessário criar um regime geral para os valores escriturais que circulam fora do sistema*. Este regime geral permitiria salvaguardar as especificidades de cada valor escritural e daria maior certeza e segurança ao tráfico.

---

[428] Um dos problemas que pode levantar-se tem a ver com a qualificação das unidades de participação nos fundos de investimento abertos como valores mobiliários, já que dúvidas não pode haver quanto às unidades de participação nos fundos de investimento fechados. Pensamos que a resposta deve ser afirmativa e a isso se não opõe a sua não negociabilidade em mercado secundário organizado. Já acima reflectimos sobre as limitações do conceito de valor mobiliário em sentido restrito, consagrado no art. 3.º/1/a. Embora aí não caibam as unidades de participação a que nos estamos a referir, elas cabem no conceito amplo de valor mobiliário, que está subjacente ao CdMVM e que aflora expressamente em vários preceitos, em particular no art. 608.º. Além disso a qualificação, embora indirecta, resulta expressamente do art. 130.º/1/c do CdMVM.

[429] Já depois de concluída esta dissertação a lei veio a qualificar directa e expressamente as unidades de participação como valores mobiliários e a exigir a sua integração no sistema da Central. Vd. o DL n.º 276/94, de 2/11 (relativo aos fundos de investimento mobiliário) e o DL n.º 294/95, de 17/11 (relativo aos fundos de investimento imobiliário).

III. As unidades de participação dos fundos de investimento abertos, que revistam a forma escritural estão sujeitas a um regime especial, nunca se integrando no sistema de registo e controlo de valores escriturais. Desde logo, a sua particular forma de emissão e reembolso não se adequa àquela integração, dada a variabilidade diária das unidades de participação existentes, por força da possibilidade de emissão e reembolso permanentes. Não existe um mercado secundário para estas unidades de participação, dada a facilidade do reembolso das mesmas (art. 17.º do citado DL)[430]. Assim, nestes casos, o registo das unidades de participações escriturais estará a cargo da entidade gestora do fundo e das entidades depositárias, nos termos estabelecidos no contrato a que se refere o art. 30.º do mesmo diploma.

4.3. Valores mobiliários representativos de dívida do Estado

I. Também os valores mobiliários representativos da dívida do Estado, como já vimos, podem ser emitidos sob a forma escritural[431], sendo obrigatória essa forma de representação em alguns casos. Da lei resulta expressamente que estamos perante valores mobiliários. Qual o regime a que devem subordinar-se? A própria lei que cria essas obrigações é que deve estabelecer esse regime. Ele, porém, é em regra muito lacunar, o que levanta dificuldades quando tais valores mobiliários não sejam admitidos à negociação em bolsa.

II. Caso venham a ser admitidos à negociação em bolsa, devem ser integrados no sistema de registo e controlo de valores escriturais. Mesmo nesses casos, o seu regime pode sofrer variações, nomeadamente quanto aos intermediários financeiros encarregados de prestar o serviço de registo e controlo, que poderá ser prestado por entidades especialmente designadas pelo Ministro das Finanças[432], em substituição dos inter-

---

[430] Apesar de não existir um mercado secundário para estas unidades de participação pensamos que nada impede a sua existência pois a lei não o proibe expressamente. Poderão os titulares das unidades de participação estar interessados em transmiti-las evitando, assim, o pagamento das comissões de resgate. Por outro lado serão sempre transmissíveis por via sucessória e nada impede que possam ser doadas, casos que não poderão integrar o conceito de mercado secundário.

[431] Vd., supra, pp. 93-94.

[432] A lei equipara a Junta de Crédito Público a intermediário financeiro autorizado a prestar o serviço de valores escriturais, desde que esteja filiada na Central e no sistema de liquidação e compensação (art. 59.º/1).

mediários financeiros ou em conjunto com eles e da Central[433] (art. 60.°/1). Nestes casos continuará a aplicar-se o CdMVM, com adaptações.

5. VALORES DESMATERIALIZADOS QUE NÃO SÃO VALORES MOBILIÁRIOS ESCRITURAIS

I. O primeiro caso é configurado pelos direitos já constituídos, mas cujos títulos ainda não foram emitidos. É, por exemplo, o caso das acções antes de incorporadas em títulos[434] quando a obrigatoriedade dessa incorporação resulte do contrato ou das condições da emissão[435]. Então, já existe a acção[436], só que ela ainda não constitui um valor mobiliário[437]. Porém, pode colocar-se o problema em relação às acções nominativas que já estão registadas em nome dos seus titulares, nos livros da sociedade emitente.

Problema semelhante se pode colocar em relação aos direitos que devam seguir a forma escritural de representação e ainda não estão registados em conta[438]. Porém, somos de opinião que o problema se coloca

---

[433] Neste caso, estaremos perante sistemas alternativos ao actual, em termos de organização e de controlo dos valores escriturais representativos da dívida do Estado (art. 60.°/2). Tal sistema não foi implantado entre nós, ao menos com carácter de generalidade. Em Espanha porém, a dívida do Estado rege-se por normas específicas e está sujeita a um sistema de registo e controlo prestado por entidades especificamente criadas para esse efeito.

[434] Há casos em que os títulos nunca chegam a ser emitidos e, noutros, apenas são emitidos os títulos provisórios. No primeiro caso pode dizer-se que as acções nunca chegam a ter qualquer tipo de representação.

[435] Vd., com desenvolvimento e face ao ordenamento jurídico espanhol, CRUZ BLANCO (1992, 252-259) e ALONSO ESPINOSA (1992, 47-62, maxime 59ss.).

[436] Vd. VENTURA (1988, 119-122) e os arts. 88.° e 274.° do CSC. DIAZ MORENO/ /PRÍES PICARDO (1992, 308): "Enquanto a inscrição (das acções) não se produza, as acções existirão e serão perfeitamente transmissíveis (...), mas a sua disciplina será a que é comum à transmissão de créditos".

[437] Como já referimos, a forma de representação, titulada ou escritural, é um elemento essencial para estarmos perante um valor mobiliário (vd. arts. 3.°/1/a e 47.°). Porém, o art. 54.°/4 do RgCentral considera que devem ser tratados como escriturais os direitos destacados de valores mobiliários e as acções tituladas antes de os respectivos títulos definitivos serem entregues no Cofre. Esse tratamento, no entanto, é apenas adoptado para efeitos operacionais sem qualquer reflexo no regime jurídico.

[438] Aborda a questão no âmbito do regime do DL n.° 229-D/88, de 4/7, MENDES (1989, 133-134), considerando que é de admitir a transmissão das acções ainda não registadas em conta, aplicando-lhes as regras relativas às acções tituladas mas ainda sem títulos emitidos.

hoje de forma diferente dado que a emissão de valores escriturais está sujeita a registo na Central ainda antes de se ter concretizado, só se considerando concluída com o registo da emissão nas contas de emissão junto da Central e da entidade emitente.

II. O segundo caso é o dos títulos perdidos ou roubados e em que há recurso ao processo especial de reforma consagrado nos arts. 1069.º a 1073.º do CPC. Nesse caso poderemos estar perante um direito sem título.[439]

Não é aqui o local para abordar a problemática relativa à possível reforma dos valores escriturais, caso tenha havido destruição dos registos[440]. Por ora, limitamo-nos a remeter para o que é dito noutros locais deste trabalho[441].

III. Temos ainda o caso dos valores titulados cujo regime de circulação é meramente escritural e são, igualmente, registados em conta. Também aqui se prescinde do documento, que é depositado e não circula nem desempenha quaisquer das funções para que foi criado, enquanto se mantiver depositado. É o regime consagrado nos artigos. 77.º ss. . Em rigor, nestes casos continua a haver materialização dos direitos em títulos, embora estes já não desempenhem qualquer função ao nível da circulação, depois

---

[439] A este propósito refere ASCENSÃO (1993, 76): "A primeira conclusão a tirar é a da inadmissibilidade de uma teoria materialística extrema, que visse no título de crédito apenas o papel, como coisa valiosa. Tanto não é assim que é o mesmo direito que continua a existir, agora incorporado no título reformado (...) Vemos assim que o direito cambiário (pois só este pode estar em causa) se mantém mesmo separado provisoriamente do título, embora necessite da incorporação para se poder exercer".

[440] Os valores escriturais colocam problemas específicos quanto a estes aspectos. Por ex., não parece que faça sentido falar em roubo de um valor mobiliário escritural, embora pareça já fazer sentido falar na sua perda, embora em sentido diferente do que acontece para os valores titulados. Embora com dúvidas, inclinamo-nos no sentido de não ser aplicável aos valores escriturais o regime constante dos arts. 1069.º-1073.º do CPC. Mas essa é uma questão cuja resolução não cabe dentro dos objectivos que nos propusemos neste trabalho. Sobre os problemas relativos à subtracção, destruição e perda dos títulos de crédito, com uma ampla perspectiva de direito comprado, vd. VARA DE PAZ (1986, 21 ss.) com especial referência aos valores escriturais, (30 ss.), concluindo que "os riscos do desapossamento do título alteram-se para os que derivam do desaparecimento do rasto dos valores escriturais que o novo sistema introduz e que requerem um novo tratamento jurídico".

Problemas delicados podem também colocar-se nos casos de registos falsos ou de burla informática, tipo de crime previsto no Código Penal (art. 221.º), aplicável em nossa opinião aos valores mobiliários escriturais que sejam objecto de registos informáticos.

[441] Vd., *supra*, p. 124 e, *infra*, p. 215.

de estarem inseridos no sistema[442]. Portanto não estamos perante uma desmaterialização dos valores mas, apenas, perante uma desmaterialização da circulação. Embora esses valores sejam também objecto de registo em conta, tais registos não têm a mesma natureza dos registos de valores escriturais.

IV. Os valores referidos nos pontos I e II não estão submetidos ao regime jurídico dos valores mobiliários escriturais[443]. Assim, a secção II do cap. III do Título I do CdMVM, não contém um regime geral aplicável a todos os valores, de alguma forma desmaterializados ou ainda não materializados, mas apenas áqueles que possam ser qualificados como valores escriturais.

Já no que respeita aos valores mobiliários titulados inseridos no sistema de depósito e controlo, referidos no ponto III, não pode considerar-se válida a conclusão anterior. Com efeito, o regime dos valores mobiliários escriturais funciona como regime regra para esses valores mobiliários, posição que é característica da nossa lei. Sem prejuízo dos desenvolvimentos que terão lugar mais adiante, fixemos desde já a ideia de que o regime dos valores escriturais se aplica aos valores mobiliários titulados inseridos no sistema de depósito e controlo em tudo quanto não dependa da existência do título[444].

Igualmente é de concluir que *nem todos os valores mobiliários desmaterializados ou objecto de registo são valores mobiliários escriturais. Só a lei pode atribuir tal natureza ao registo de valores mobiliários*, dadas as consequências que tal qualificação implica em termos de regime.

---

[442] O regime consagrado para estes valores, constante dos arts. 77.º ss., exigiria um adequado estudo, que aqui não pode ser levado a cabo por razões que nos parecem óbvias. Tal estudo deveria tomar em conta a existência de outros regimes de depósito de valores titulados e ter em conta a proximidade entre o regime legal desses valores e o regime dos valores escriturais. Com efeito, a lei remete constantemente de um para o outro e o próprio RgCentral trata as duas situações como se fossem idênticas. Porém, abstraindo dos aspectos práticos mais imediatos que o RgCentral visa resolver, os valores titulados fungíveis, inseridos num depósito centralizado, levantam problemas jurídicos específicos, alguns de grande complexidade. Nomeadamente os que se prendem com a qualificação do depósito em causa e os direitos dos participantes sobre os valores fungíveis inseridos nesse depósio. Dessa qualificação poderão decorrer importantes consequências para o regime de circulação desses valores, nomeadamente quanto a saber se a circulção dos valores não deve ser entendida como um ficção e o que realmente circula e se transmite é a parte alíquota que cada um dos depositantes tem sobre o depósito colectivo. Quanto a estes aspectos vd., por ex., MARTORANO (1992, 165 ss.).

[443] Assim, para o caso espanhol, DIAZ MORENO (1991, 358-359).

[444] Para um maior desenvolvimento e fundamentação, vd. pp. 383 ss..

CAPÍTULO II
CARACTERÍSTICAS DO VALOR ESCRITURAL E OBJECTO DO REGISTO NA CONTA DO TITULAR

1. A INSCRIÇÃO EM NOME DO TITULAR DOS VALORES: SITUAÇÕES OBRIGATORIAMENTE SUJEITAS A REGISTO

O art. 56.º/2 enumera de forma não taxativa, mas com muito pormenor, as "menções e factos" que devem ser registados na conta aberta em nome do titular dos valores. Embora não resulte expressamente do art. 56.º/2 [445], distinguiremos dois tipos de registos: os registos efectuados no momento da abertura da conta [446] e que denominaremos como *inscrição dos valores mobiliários*; os registos posteriores, resultantes das vicissitudes sofridas por esses mesmos valores escriturais [447], que designaremos como *registos subsequentes* [448]. Esta terminologia e a dis-

---

[445] Parece-nos que está subjacente ao art. 56.º/1, quando distingue entre, por um lado, a *inscrição* dos valores em conta, através da qual se comprovam a natureza, características e situação jurídica dos valores em causa (o que no capítulo anterior identificámos como as funções de materialização e de prova desempenhadas pela conta individualizada) e, por outro, *o registo, mediante lançamentos e anotações* de todas as operações e o exercício dos direitos de conteúdo patrimonial.

[446] Essa abertura tanto poderá acontecer em consequência de uma emissão de valores escriturais ou da conversão de valores mobiliários titulados em escriturais, como da aquisição dos valores em causa de um anterior titular.

[447] As menções e factos sujeitos a registo obrigatório na conta do titular, tal como são enumerados pelo art. 56.º/2, apresentam uma notável proximidade com o art. 2.º/2 e 4 do DL 229-D/88, de 4/7, que criou as acções escriturais. Tal proximidade permite-nos presumir que o legislador se terá inspirado naquele diploma. Porém, acrescenta-lhe elementos novos que têm sobretudo a ver com o carácter geral do art. 56.º, aplicável a todos os valores escriturais e não apenas às acções. Quanto à fundamentação do art. 2.º daquele diploma vd. PESSOA JORGE (1989, 103-105), onde é perceptível que o autor se terá inspirado no art. 305.º do CSC, quanto às menções que devem constar do livro de registo de acções.

[448] Esta terminologia deve ser tomada em termos relativos dado que o registo em conta dos valores não tem, necessariamente, a mesma duração temporal que esses valores

tinção[449] adoptada são baseadas no registo predial[450] e, parcialmente, no próprio CdMVM[451].

1.1. A inscrição dos valores escriturais em nome do titular

I. A inscrição dos valores escriturais deve permitir identificar claramente: a conta; o titular ou titulares[452] dos valores e a entidade emitente; os próprios valores objecto de registo.

Os registos relativos à conta e ao titular ou titulares dos valores são novos (no sentido de que não constam das contas globais) e vamos encontrá-los pela primeira vez nesta conta individualizada. Eles têm como fonte: no que toca à conta, o contrato celebrado entre o titular dos valores e o intermediário financeiro autorizado a registar[453]; no que respeita ao

---

atendendo à dispersão das contas de registo por vários intermediários financeiros e a circulação dos valores entre essas contas. Assim, uma transmissão dos valores tanto pode dar lugar a um registo subsequente na conta do alienante (registo negativo de saída dos valores da conta), como a uma inscrição na conta do adquirente, caso essa conta tenha sido expressamente aberta para registar os valores adquiridos.

[449] Embora não faça expressamente essa distinção, FERREIRA DE ALMEIDA (1993, 27-29) enumera, de forma diferenciada, os elementos cujo registo caracteriza os valores mobiliários escriturais, embora se limite aos elementos referidos no art. 56.°/2/c (27-28) e o registo das "situações jurídicas incidentes sobre valores mobiliários escriturais" (29).

[450] No registo predial distingue-se entre: a descrição do prédio, as inscrições e os averbamentos. Vd. GUERREIRO (1993, 165-246). Sobre cada uma das técnicas, vd. *infra*, pp. 183 ss..

[451] Vd., além do art. 56.°/1, o art. 58.°/3/a que distingue entre a *abertura da conta* e a sua *movimentação*. Vd., ainda, o art. 608.°/g.

[452] A inscrição em nome do titular é a regra. Porém, o disposto no art. 56.°/1 não deve levar-nos a concluir que a conta apenas pode ser aberta em nome do titular. Com efeito, quer por virtude da lei quer da natureza ou características dos titulares, a conta pode não ser aberta em nome destes. Por isso é que a conta não é uma conta de titularidade mas uma conta que apenas faz presumir essa titularidade (art. 64.°/6). Vd., *infra*, pp. 308 ss..

[453] O art. 608.°/g considera como uma actividade de intermediação em valores mobiliários, a "Abertura e movimentação das contas ... de registo de valores mobiliários escriturais, bem como a prestação de serviços relativos aos direitos inerentes aos mesmos valores". Igualmente a lei apresenta o registo dos valores em conta e a sua movimentação como um serviço prestado pelos intermediários financeiros autorizados aos titulares dos valores mobiliários escriturais (vd. arts. 58.°/3/a e 59.°/1). Não vamos aqui desenvolver este aspecto pois sai fora do âmbito desta dissertação, porém, a ele voltaremos mais adiante, numa outra perspectiva, quando nos debruçarmos sobre os intermediários financeiros autorizados a registar (pp. 191 ss.). Sobre este contrato, vd., em relação a outros

titular, no contrato celebrado entre ele (directamente ou através de intermediário financeiro) e a entidade emitente desses mesmos valores[454] ou um anterior titular[455].

Quanto aos registos relativos à entidade emitente e aos valores mobiliários, já constam, como vimos[456], das contas globais abertas junto da entidade emitente e da Central e o seu conteúdo é independente da titularidade desses mesmos valores. Têm a sua fonte, por um lado nos estatutos da entidade emitente[457] e, por outro lado, nas condições de emissão desses mesmos valores[458-459].

---

ordenamentos jurídicos, face a situações idênticas ou similares: CARBONETTI (1992), sobre os diversos contratos de intermediação em valores mobiliários, face ao ordenamento jurídico italiano; CACHON BLANCO (1993, II, 13-41), face ao ordenamento jurídico espanhol; RIPERT/ROBLOT (1992, 39 e 540-541), face ao ordenamento jurídico francês e no que respeita à conta de valores nominativos administrados.

Os contratos de intermediação em valores mobiliários são contratos de prestação de serviços que têm como característica comum mais saliente a intervenção de um intermediário financeiro. Sendo contratos que têm em comum a prestação de um serviço por um intermediário financeiro autorizado, este está sujeito a um conjunto de regras de conduta e de procedimentos que informam o conteúdo daqueles contratos como autênticas cláusulas gerais de natureza legal ou corporativa (como acontece com as regras que integram códigos de conduta). Atentos os aspectos referidos, tem sentido falar da existência de uma categoria de contratos de intermediação em valores mobiliários? Apesar do regime específico e da complexidade de alguns desses contratos, como acontece, por exemplo, com a gestão de fundos de investimento e com a gestão de carteiras de valores mobiliários, há elementos comuns no seu regime jurídico que não podem ser escamoteados.

[454] Trata-se do contrato celebrado na sequência da emissão de valores mobiliários sob a forma escritural, subscrevendo esses mesmos valores.

[455] Estes contratos serão analisados mais adiante e apenas parcialmente, relativamente à transmissão dos valores escriturais. Mas nada impede que se trate de um qualquer outro contrato, nomeadamente a compra e venda, a doação e a troca. Haverá casos em que a fonte não é contratual como acontece, por ex., nas transmissões "mortis causa".

[456] Vd., *supra,* pp. 105 ss..

[457] Ou em em outros instrumentos, conforme a natureza da entidade emitente ou dos valores a registar, e podem ser desde a lei orgânica dessa entidade ou a lei que aprovou a emissão (por ex. no caso de dívida pública), a deliberação que aprovou a emissão ou a escritura pública do aumento de capital, etc.

[458] As condições da emissão constam da deliberação de emissão, da escritura pública de constituição da sociedade ou de aumento de capital, do prospecto de emissão no caso de se tratar de uma oferta pública de subscrição ou de outros documentos exigidos por lei, conforme os casos.

[459] Pode perguntar-se *se a relação que se estabelece entre as entidades emitentes e a Central, mais precisamente a Interbolsa,* associação que gere a Central de Valores Mobiliários, *têm natureza contratual.* Sem prejuízo de uma análise mais aprofundada, que não pode caber no objecto deste trabalho, inclinamo-nos para uma resposta afirmativa,

1.1.1. *A abertura da conta de valores escriturais*

I. A abertura da conta em nome do titular dos valores mobiliários, resulta como obrigação para o intermediário financeiro do contrato celebrado com esse titular[460]. A exigência de autorização administrativa e registo na CMVM para prestar o serviço de valores mobiliários escriturais (art. 59.°) é um mero pressuposto de validade desse contrato[461], mas, só por si, não constitui o intermediário financeiro em qualquer obrigação de registar[462].

II. A conta de registo individualizado de valores escriturais deve ter um número e dela deve constar a data de abertura (art. 56.°/2/a). O número de ordem da conta permite a sua fácil identificação, o que é particularmente importante nas relações entre o titular desses valores e o intermediário financeiro. Mas pode[463] desempenhar um papel importante dentro do sistema de registo e controlo de valores escriturais. Em regra

---

apesar da limitada liberdade de estipulação das partes e, nalguns casos, ausência de liberdade de celebração pois, como dissemos atrás, os valores mobiliários escriturais devem ser obrigatoriamente registados na Central. Porém, já assim não acontece com os valores titulados cuja inserção no sistema de depósito e controlo gerido pela Central depende de decisão da entidade emitente.

[460] Quanto ao contrato de registo de valores mobiliários, vd. pp. 191-192.

[461] Pensamos que o contrato fica inquinado devido à falta de legitimidade do intermediário financeiro para celebrar o contrato. No entanto a validade dos registos efectuados não pode ser posta em causa sob pena de o titular dos valores ou terceiros que com ele tenham contratado serem prejudicados. O mesmo valerá, para as operações realizadas e que tenham como objecto os valores mobiliários registados. A consequência daquela invalidade, para além da responsabilidade do intermediário financeiro por eventuais danos, deve ser a obrigatoriedade de transferência dos valores mobliários para conta aberta em intermediário financeiro autorizado e a expensas do intermediário financeiro infractor.

[462] Nem sequer o constitui na obrigação de contratar. Um intermediário financeiro pode estar autorizado a prestar o serviço de registo de valores escriturais e não estar interessado, temporariamente, na prestação desse serviço.

[463] Dizemos *pode* e não *deve* dadas as características das contas de intermediários financeiros junto da Central, como contas globais. Apesar disso, parece nada impedir que essas contas contenham subcontas identificadas pela sua numeração, em ordem a facilitar as transferências de valores entre contas. Portanto, nada parece impedir, salvo razões de ordem técnica, que a Central organize as contas globais com essa estrutura. Essa estrutura, levada às últimas consequências, poderá tornar o sistema da Central muito mais ágil e seguro. Para tal bastaria que cada conta global dos intermediários financeiros junto da Central identificasse o saldo de cada um dos titulares dos valores mobiliários, embora sem os identificar mas podendo concidir os números das contas. *Com essa estrutura as contas globais poderiam assumir novas funções, tal como a própria Central.*

esse número será codificado, isto é, os vários números assumem um determinado significado. O mesmo valerá para as subcontas integrantes da conta geral do mesmo titular.

III. Quanto à data de abertura tem relevância para determinar o momento em que se constituem os direitos e obrigações das partes no contrato de abertura de conta para registo dos valores (o titular e o intermediário financeiro)[464]. Mas essa relevância estende-se ao momento da materialização dos próprios valores mobiliários, enquanto tais, e, portanto, da sua sujeição ao regime jurídico dos valores escriturais[465].

1.1.2. *A titularidade da conta*

I. Uma segunda menção sujeita obrigatoriamente a registo em conta, respeita à identificação do titular ou titulares da conta e dos valores mobiliários nela inscritos (art. 56.º/2/b), através de três elementos: nome, domicílio e número fiscal de contribuinte. Esta identificação mostra-nos que *o registo de valores escriturais se organiza em torno do titular* desses valores[466].

Se a conta for colectiva[467] devem ser indicados os mesmos elementos relativamente a cada um dos contitulares e expressamente referido o seu representante comum. Se as quotas dos contitulares não forem iguais, deve identificar-se a quota de cada um. Caso nada se diga deve entender-se, por interpretação "a contrario" do preceito citado, que essas quotas são iguais[468].

---

[464] O intermediário financeiro deve enviar ao titular da conta um extracto da conta na data da sua abertura (art. 70.º/1/b).

[465] Se a conta de registo resultar da conversão de uma conta transitória de subscrição (vd. art. 57.º/1), deve constar da conta a data da conversão.

[466] Vd. PESSOA JORGE (1989, 104), a propósito de idêntico sistema no regime do DL n.º 229-D/88, de 4/7. Nada exigia que assim fosse, como já atrás observámos. Podia ser organizado um registo central do qual ficariam dependentes e onde se integrariam todos os registos individualizados.

[467] Parece-nos nada impedir que essa conta colectiva siga um regime de solidariedade ou um regime de conta conjunta. Os poderes do representante comum serão aqueles que resultam da lei ou de convenção entre os contitulares, nos casos em que essa convenção é possível. Quanto à contitularidade de acções, regime que é aplicável às acções escriturais pois em nada está dependente da forma de representação das acções, vd. os arts. 303.º, 323, 324.º e 330.º/2 e 3, todos do CSC.

[468] A conclusão referida, porém, apenas deve valer como mera presunção de igual-

A identificação do titular ou titulares da conta, nos termos em que é feita, visa múltiplos objectivos que aqui não poderão ser integralmente analisados. Porém devem ser referidos os que nos parecem ser essenciais: "individualizar" os valores mobiliários em nome do seu titular ou titulares, com todas as consequências daí resultantes, nomeadamente em termos de imputação da eficácia dos registos em conta; permitir a continuidade das relações entre o intermediário financeiro e o titular da conta; facilitar o controlo e o cumprimento de obrigações fiscais. Vejamos cada um destes aspectos, começando pelos últimos.

II. Embora as obrigações fiscais resultantes da titularidade dos valores mobiliários e das transacções sobre eles efectuadas não estejam a cargo do intermediário financeiro na sua totalidade, este é obrigado a reter na fonte os impostos devidos pela transacção dos valores registados na conta a seu cargo [469].

Além disso, deve enviar aos proprietários e usufrutuários dos valores registados, no fim de cada ano, e sempre que necessário, os elementos indispensáveis ao cumprimento das obrigações fiscais decorrentes da titularidade desses valores (art. 70.º/4) [470].

III. Quanto ao objectivo de facilitar a continuidade das relações entre o titular dos valores e o intermediário financeiro, basta referir a obrigatoriedade que incumbe ao intermediário financeiro de enviar, periodicamente, ao titular elementos relativos à movimentação e situação da própria conta (avisos de lançamento, extractos de registo e outros – vd. art. 70.º). No caso de conta em contitularidade essas relações serão estabelecidas com o representante comum.

IV. Conforme já foi referido, a inscrição dos valores em nome dos titulares tem, entre outras, a função de "materializar" esses valores. Por isso, não faz qualquer sentido distinguir dois momentos: o momento da constituição dos valores escriturais que coincidiria com o registo da emissão nas contas de emissão abertas na Central e na entidade emitente;

---

dade das quotas, devendo essa presunção ser ilidível através de prova em contrário. Com efeito, é aqui aplicável, com adaptações, o disposto no art. 64.º/6-1.ª parte.

[469] Quanto à conveniência de incluir ou não esta menção na conta de registo, vd. PESSOA JORGE (1989, 105). Esta menção não consta do livro de registo das acções nominativas.

[470] O cumprimento desta obrigação pode tornar-se muito complexa dada a circulação dos valores entre contas e a própria "mudança" da conta de um intermediário financeiro para outro.

o momento da inscrição dos valores em nome dos seus titulares. A nossa lei afasta este entendimento decalcado da emissão dos valores titulados[471]. A inscrição em nome do titular é elemento constituinte do valor escritural[472], não sendo concebível um valor escritural sem titular[473]. Só a partir desse momento o valor escritural existe como tal e fica sujeito ao regime jurídico dos valores escriturais.

A titularidade da conta coincide, em regra, com a titularidade dos próprios valores, dado que o registo constitui presunção (ilidível) dessa titularidade (art. 64.º/6)[474]. Esta não incide sobre os registos, mas sobre os próprios direitos registados e é anterior à própria realização do registo em conta, no caso do primeiro titular. Por isso, deve considerar-se errada a ideia de que o primeiro titular adquire o direito no momento da inscrição a seu favor[475]. Com efeito, por ex., alguém é accionista não porque as acções de que é titular estejam registadas em conta, mas pelo facto de as ter adquirido validamente, por ex. no decurso da constituição da sociedade ou de um aumento de capital[476]. A qualidade de accionista

---

[471] A doutrina discute a constituição do direito documentado no título por referência a várias teorias: a teoria criacionista, a teoria contratualista, a teoria da aparência e teorias mistas. Sobre esta discussão, vd. HUECK/CANARIS (1986, 37-47) e autores citados na p. 119, nota 61. Há vários autores que pretendem aplicar esta mesma discussão à constituição do valor escritural, nomeadamente em Espanha. Assim, de acordo com a teoria criacionista, os valores constituir-se-iam com a sua inscrição no registo central e de acordo com a teoria contratualista ou da entrega, os valores seriam constituídos com o registo na conta do titular, considerando o registo aí feito como o equivalente da entrega do título. Porém, esta metodologia de análise deve ser rejeitada pois tem tendência a assentar em ficções que não são aptas a explicar a realidade dos valores mobiliários escriturais.

[472] Deve distinguir-se a constituição do valor escritural da constituição do direito sujeito a registo. Este nasce e constitui-se de acordo com regras próprias, independentes do registo, aliás em paralelo com o que acontece se, em vez de registado, for titulado.

[473] No sentido do texto e em crítica ao disposto na lei espanhola que considera o registo central como constitutivo, vd. DIAZ MORENO/PRÍES PICARDO (1992, 318-320). Em sentido contrário, FERNANDEZ DEL POZO (1990, 1214)

[474] Quanto à presunção de titularidade derivada da conta de registo, vd., *infra*, pp. 310 ss..

[475] Assim, MADRID PARRA (1990a, 87).

[476] O art. 88.º do CSC considera que, para efeitos internos, as participações sociais se consideram constituídas a partir da celebração da escritura pública de aumento de capital, independentemente do registo comercial. Já quanto à constituição da sociedade tal só ocorrerá com o registo do contrato de sociedade (art. 5.º do CSC). Ora, a produção de efeitos internos pode assumir grande importância, como sucede com a atribuição do direito a lucros. Vd. VENTURA (1988, 130).

tem a ver com a relação que se estabelece entre o sócio e a sociedade e não passa pelo registo do direito em conta, ainda que as acções devam assumir a forma escritural, tal como não passa pela emissão do título, caso as acções devam assumir essa forma. Portanto, neste aspecto, nada se alterou em relação a idênticos considerandos feitos a propósito da incorporação do direito num título, pela doutrina que sobre esse aspecto se tem debruçado. O que dissemos para as acções vale, em termos gerais, para os restantes valores mobiliários[477]. O que fica dito não é contraditório com o afirmar-se que o registo é essencial para legitimar o accionista para exercer os seus direitos, como veremos. Ao invés, permite definir a situação do titular do direito antes do seu registo em conta, mas depois de já se ter constituído como direito.

Identificar o titular dos valores é identificar um dos sujeitos da situação jurídica que subjaz ao próprio valor mobiliário. E não poderia ser de outro modo, dado que o registo, por natureza, não é susceptível de posse como acontece em relação aos títulos, quer essa posse valha por si mesma e, portanto, o título não tem que identificar o titular (valores mobiliários titulados ao portador) quer esteja subordinada ao titular identificado no título (valores mobiliários titulados nominativos). Assim, *a única forma de materializar o vínculo entre os direitos e o seu titular é o registo.*

V. O art. 57.º/1 parece levantar dificuldades a algumas das afirmações anteriores[478]. Com efeito, desse preceito parece resultar que os valores mobiliários se constituem antes do seu registo em conta, na

---

[477] É entendimento quase unânime da doutrina que há direitos que se constituem apenas a partir do momento em que são incorporados num título, caso em que este será constitutivo do próprio direito, e direitos que existem antes e independentemente da sua incorporação em títulos, caso em que o título será meramente declarativo. Vd. HUECK/ /CANARIS (1986, 34-35).

[478] A dificuldade é agravada pelo facto de esse artigo remeter, em regra, para legislação elaborada para valores mobiliários titulados e que não teve em conta a possibilidade de os valores poderem assumir a forma escritural, pois não estava prevista a sua existência no ordenamento jurídico português. Por isso as dificuldades de interpretação são acrescidas, pois em regra não é possível estabelecer um paralelismo entre o regime dos valores escriturais e dos valores titulados. O carácter isolado e desgarrado do regime estabelecido pelo CdMVM suscita, assim, inúmeras dificuldades que poderiam ter sido evitadas. Nomeadamente exigia-se e continua de pé a necessidade de adaptação do CSC, entre outros diplomas, ao novo regime dos valores mobiliários. Esse foi o procedimento seguido pelo legislador espanhol que, no seguimento da LMV, alterou a respectiva lei das sociedades anónimas. Quanto a um regime geral dos valores mobiliários, vd. pp. 408 ss..

medida que se refere "a qualquer facto ... ou formalidade *de que dependa*, por força de legislação especial que os regule, *a constituição dos valores mobiliários* em causa..." (vd, o art. 61.°/4, quanto à comunicação da ocorrência desses factos ou do cumprimento das formalidades exigidas).

Mas a letra do artigo não deve induzir-nos em erro pois o legislador não é rigoroso na terminologia que utiliza. Em caso algum distingue, como devia, entre os direitos que são objecto de registo em conta e os valores escriturais. Ao invés, fala sempre de valores mobiliários, mesmo em casos em que, manifestamente, não estamos perante valores escriturais ou titulados. O próprio art. 56.°/1, na sua letra, parece sugerir que os valores mobiliários já existem antes do registo na conta do titular, sendo este apenas a sua materialização. Isto é, parece dar a entender que existem valores escriturais materializados através de registo em conta e valores escriturais não materializados[479]. Ora os direitos ainda não registados, exactamente por não estarem registados, não são ainda valores escriturais.

Porém, essa confusão é aparente. O que, daquele preceito resulta é que *a inscrição dos valores mobiliários em nome do seu titular não basta para a constituição desses valores, enquanto valores escriturais. Essa constituição pressupõe que os valores tenham sido emitidos nas condi-*

---

[479] Esta mesma falta de rigor ressalta de inúmeros outros artigos. Ela resulta, parece-nos, da utilização do termo valor mobiliário como designação genérica dos direitos que podem constituir valores mobiliários. Por ex. refere a lei que são emitidos valores mobiliários, o que não corresponde rigorosamente à realidade. Com efeito, o que se emitem são acções, obrigações, etc. Estas, em si mesmas, são direitos mas ainda não são valores mobiliários. Estes só existem quando o direito assumir uma forma de representação ou titulada ou escritural, isto é, não são valores titulados nem valores escriturais. O problema é relativamente claro para os valores titulados: uma coisa é a emissão dos valores, outra a emissão dos títulos onde são incorporados. Trata-se de conceitos de emissão completamente distintos, até temporalmente. Como vimos acima (pp. 41-43), o assumir uma determinada forma é um elemento constituinte do próprio conceito de valor mobiliário. A própria lei define a emissão de valores mobiliários como um processo em várias fases (vd. os arts. 109.° ss.). O art. 7.° da Portaria n.° 935/91, de 16/9, refere-se ao registo prévio da emissão de valores mobiliários, numa altura em que, se devem adoptar a forma escritural, ainda não existem como tais. *Portanto, o sentido do termo empregado por lei só pode ser processual.* Podemos igualmente entender que o legislador, por facilidade de expressão embora sem rigor técnico, se está ora a referir a *valores mobiliários potenciais* (em que ainda não estamos perante valores mobiliários mas apenas perante direitos que se irão transformar em valores mobiliários) e ora a *valores mobiliários actuais* (direitos que já reúnem todas os requisitos exigidos para os valores mobiliários).

ções *legalmente exigidas*. Portanto, o legislador, no art. 57.º/1, não pretendeu resolver o problema da constituição dos valores escriturais, apesar da epígrafe do artigo, mas regular a não verificação de pressupostos de que depende essa constituição através da sua inscrição em conta de registo de valores escriturais. Aqueles pressupostos funcionam como condições de perfeição da constituição.

Estas conclusões podem ser comprovadas através do disposto no CSC para as acções e obrigações, pois o disposto no artigo 274.º é aplicável às acções que venham a assumir a forma escritural. Assim, devemos concluir que a qualidade de sócio não depende do registo das acções na conta desse sócio, mas surge com o registo do contrato de sociedade no registo comercial ou da outorga da escritura pública do aumento de capital [480].

1.1.3. *A identificação da entidade emitente dos valores escriturais*

I. A lei não nos diz como deve ser identificada a entidade emitente. Porém, bastarão os elementos mínimos que permitam essa identificação, completada por remissão para a documentação de suporte (art. 61/2). Assim, há a possibilidade de identificação através de um código que seja seguido por todos os intermediários financeiros nas contas de registo de uma mesma entidade emitente. Esse código pode mesmo ser indicado pela Central, dado que isso resulta das funções que lhe são atribuídas por lei no âmbito do sistema de registo e controlo de valores escriturais (art. 58.º/4) [481].

---

[480] O mesmo valerá, por exemplo, para o art. 304.º/6. Também, por força desse artigo, as acções não podem ser registadas em conta antes da inscrição definitiva do contrato de sociedade ou do acto de aumento de capital no registo comercial e sua publicidade. As contas de registo que tenham sido abertas considerar-se-ão como simples contas transitórias de subscrição e não como contas de registo de valores mobiliários escriturais, como decorre, pensamos, do art. 57.º/1. Sobre esta problemática, mas apenas no respeitante aos títulos emitidos antes do registo, vd. VENTURA (1988, 131-132).

[481] Pensamos que não valem aqui os elementos de identificação exigidos em outra legislação. Por ex., em relação aos títulos das acções, o art. 304.º/5 do CSC exige como elementos que podemos considerar identificadores da empresa: a firma e a sede da sociedade (al. a); a data e o cartório notarial da escritura de constituição, a data da publicação e o número de pessoa colectiva da sociedade (al. b); o montante do capital social (al. c). Por sua vez, o art. 352.º/1 do CSC, quanto às menções que devem constar dos títulos das obrigações, exige a menção dos elementos referidos no art. 171.º do mesmo Código

II. *A identificação da entidade emitente é um elemento essencial, constituinte do próprio valor escritural.* Com efeito, trata-se de identificar o outro sujeito da relação consubstanciada no direito registado. Em regra estaremos perante o sujeito passivo [482], o devedor obrigado a efectuar determinadas prestações ao titular dos direitos. Assim, registar em conta 100 obrigações sem mencionar quem é a entidade emitente é o mesmo que nada, isto é, trata-se de "direitos" que não podem ser efectivados perante ninguém. Portanto, um tal registo deve ser considerado irregular. Caso não haja elementos que permitam sanar a irregularidade, deve ser considerado como inexistente, não podendo produzir qualquer tipo de efeitos [483].

III. A identificação da entidade emitente permite, ainda, que através da conta de registo dos valores seja acreditado o titular para exercer os seus direitos face à entidade emitente, bem como para o intermediário financeiro, quando for o caso, lhe fornecer todas as informações que a lei lhe impõe (vd. art. 71.° e 663.°/1/a).

---

quanto aos actos externos da sociedade, a saber: a firma, o tipo, a sede, a conservatória do registo comercial onde se encontre matriculada a sociedade, o seu número de matrícula e, sendo caso disso, a menção de que a sociedade se encontra em liquidação. Além disso, as sociedades anónimas devem ainda mencionar o capital social e bem assim o montante do capital realizado se for diverso. Em todos estes casos estamos perante menções expressamente exigidas para os títulos, isto é, dependentes da forma de representação dos valores em causa. Ora, no caso dos títulos, não existe documentação de suporte, ao menos nos termos em que é entendida para os valores escriturais.

[482] Dizemos, em regra, porque poderá não ser assim. Por ex. nos *warrants* de venda (aqueles em que o titular se compromete a comprar os valores mobiliários que são objecto do *warrant*, a um determinado preço) pode ser o sujeito activo, isto é, o emitente, numa certa perspectiva, identifica-se com o credor. Vd. CACHON BLANCO (1990, 160). Quanto aos *warrants* como valores mobiliários vd. as referências feitas *supra*, notas 105 e 135 e, *infra*, 505.

[483] O mesmo acontece em relação aos valores mobiliários titulados, de cujo título deve constar obrigatoriamente a identificação da entidade emitente. Se estivéssemos perante uma nulidade, o registo ainda poderia produzir alguns efeitos. Nos títulos, além disso, exige-se a assinatura do emitente. Vd. SERRA (1956, 46-48).

1.1.4. *A identificação dos valores inscritos e da sua situação jurídica*

1.1.4.1. *A inscrição inicial*

I. Os registos relativos aos valores mobiliários devem permitir identificar[484] esses valores através da descrição das suas principais características:

— a natureza dos valores mobiliários, isto é, se se trata de acções, de obrigações, de títulos de participação, unidades de participação ou outra[485]. Mas deve ainda acrescentar-se se são acções ordinárias ou privilegiadas[486] ou dizer qual o tipo de obrigações[487];

— se seguem o regime dos títulos nominativos ou o dos títulos ao portador (art. 52.°/2);

— a categoria, identificando[488], quando for caso disso[489], a emissão ou a série[590];

---

[484] As normas de identificação dos valores mobiliários devem constar de portaria do Ministro das Finanças, sob proposta ou com audiência prévia da CMVM (art. 76.°/1), ou do RgCentral (art. 76.°/2).

[485] É este o entendimento do CdMVM quanto à "natureza" dos valores mobiliários, no art. 53.°. FERREIRA DE ALMEIDA (1993, 28) refere o "tipo" do valor mobiliário (acção, obrigação, etc.), reservando a palavra natureza (quanto ao modo de transmissão) para a inscrição do carácter nominativo ou ao portador dos valores. No sentido do texto, o Prof. FERNANDO OLAVO (1978, 63 e nota 73), ao falar em diferentes *tipos* de acções, refere-se às acções ordinárias e às acções privilegiadas. Sobre a tipicidade nos títulos de crédito, em geral, vd. D'ALCONTRES (1992, 13 ss).

[486] Quanto às acções privilegiadas, vd. CUNHA (1989, maxime 150 ss.). Este autor distingue as seguintes categorias de acções privilegiadas: acções privilegiadas sem conteúdo patrimonial e acções privilegiadas atípicas de conteúdo patrimonial (art. 302.° e 341 ss. do CSC). Dentro destas inclui as acções preferenciais sem direito de voto. Além disso, enumera vários tipos de acções afins: acções que conferem vantagens de fundador, acções de fruição, etc.

[487] FERREIRA DE ALMEIDA (1993, 28), chama-lhes "qualificações especiais". Para uma visão jurídica aprofundada e na perspectiva do mercado de valores, quanto às obrigações emitidas pelas sociedades anónimas, vd. TORRES ESCAMEZ (1992, maxime 100 ss.). Para o direito francês, vd. JUGLART/IPPOLITO (1991, 768-771) e DÉFOSSÉ/BALLEY (1987, 27-70).

[488] A emissão é identificada através da designação e código que lhe forem atribuídos pela Central, no momento do seu registo (vd. o art. 11.°/1 do RgCentral)

[489] O conceito de categoria permite incluir mais que uma emissão ou série (vd. art. 53.°/3). Quanto ao entendimento a ter a propósito do conceito de categoria, para efeitos de inscrição em conta, vd. o que abaixo se diz sobre a fungibilidade dos valores escriturais.

– o valor nominal [491] e a moeda em que é expresso esse valor [492];
– outras características: se há limitações à sua transmissão [493], por ex.

II. *Os elementos acabados de referir constituem o tipo do valor mobiliário escritural, indicam-nos a sua estrutura, entendida esta como o conjunto da forma e do conteúdo* (aqui apenas entendido em sentido estático, pois ao aspecto dinâmico nos referiremos adiante). São elementos que não estão, em regra, sujeitos a alteração e que são idênticos para todos os valores da mesma categoria. O conteúdo destes elementos em nada depende do titular dos valores, mas é fixado pela entidade emitente.

III. Deve ser indicada a quantidade dos valores inscritos e que em cada momento pertençam ao titular (saldo credor), se se encontram liberados e, caso contrário, o valor em dívida (art. 56.º/2/d). Dado que os valores escriturais não têm número de ordem, basta indicar a quantidade de valores inscritos ou, dito de outra forma, o saldo da conta em cada momento [494]. Todos os valores inscritos numa conta terão as mesmas características [495]. Os problemas que se levantam quanto aos valores não

---

[490] Uma mesma emissão pode ter várias séries e cada uma destas ter condições distintas das restantes. Nesse caso deve ser identificada a série que, por si só, constitui uma categoria. Trata-se de uma excepção ao princípio da unidade da emissão quanto aos direitos atribuídos aos titulares dos valores dessa mesma emissão (art. 53.º/1 e 2).

[491] Há valores mobiliários que não têm valor nominal como acontece com as unidades de participação. Assim, o registo das unidades de participação escriturais não deve conter o valor nominal, mas a fórmula que permita calcular esse valor ou a remissão para a fórmula constante do regulamento de gestão do fundo de investimento.

[492] Vários preceitos referem essa possibilidade (vd., por ex., o art. 111.º/2/a).

[493] Vd. o art. 328.º/4 do CSC, LABAREDA (1989, 286) e BRITO CORREIA (1989, II, 370 ss). Quando à admissibilidade de os valores mobiliários com limitações à sua transmissibilidade assumirem a forma escritural, vd., no ordenamento jurídico espanhol, DIAZ MORENO/PRIES PICARDO (1992, 339-345). Entre nós não pode haver quaisquer dúvidas quanto à possibilidade de este tipo de valores poder assumir a forma escritural pois tal resulta expressamente da lei (vd., por ex., o art. 55.º, quanto às acções). Já o art. 6.º do DL 229-D/88, de 4/7, estabelecia que "O contrato de sociedade pode sujeitar a transmissão de acções escriturais às mesmas limitações que podem ser estabelecidas para a transmissão das acções nominativas".

[494] Este facto apresenta inúmeras vantagens face ao títulos, a menor das quais não será a desnecessidade de efectuar desdobramentos de títulos múltiplos. Juridicamente tal em nada afecta a individualidade de cada valor, com todas as consequências daí derivadas, inclusive a susceptibilidade de titularidade individual. Assim, ALONSO ESPINOSA (1992, 63).

[495] É algo de semelhante ao que se passa com os títulos múltiplos, em que as mesmas características são válidas para a quantidade de valores inscrita no título.

liberados serão abordados a propósito da fungibilidade dos valores escriturais[496].

1.1.4.2. Alterações nas características dos valores inscritos

I. Os valores mobiliários podem, ao longo da sua existência, sofrer alterações mais ou menos profundas quanto às suas características fundamentais. Essas alterações podem incidir sobre a natureza dos valores (por ex. obrigações convertíveis em acções que sejam efectivamente convertidas; acções ordinárias convertidas em privilegiadas, etc.). Sendo ao portador podem ser convertidas em nominativas e vice-versa. Podem conferir direitos e estes deixarem de estar ligados ao valor mobiliário ou porque foram destacados ou porque foram exercidos (por ex., obrigações com *warrants*). Essas alterações podem, ainda, resultar de vicissitudes ocorridas com a entidade emitente (alteração da designação social, fusão, cisão, transformação, liquidação, etc.).

Todas essas alterações devem ser registadas na conta. Com efeito, na medida em que respeitam às características fundamentais dos valores inscritos ou porque se alargou ou restringiu o complexo de direitos inerentes ou por outras razões, esses registos alteram a inscrição inicialmente feita[497].

Essas alterações, dado o seu carácter fundamental em relação aos valores inscritos, não resultam, em regra, da intervenção do titular desses valores (art. 61.º/3). São o mero reflexo das alterações introduzidas nas contas de emissão abertas junto da Central e da entidade emitente. Por isso também será a Central que, em regra, comunicará tais alterações aos intermediários financeiros que têm a seu cargo as contas de registo individualizado.

II. Variando de acordo com a natureza dos valores inscritos, estes conferem ao seu titular direitos de natureza patrimonial (dividendos, juros, prémios, participações em resultados, etc.), cujo exercício deve ser

---

[496] Vd. *infra,* pp. 165 ss..

[497] Se os valores forem titulados, também o título será alterado mais ou menos profundamente, podendo até ser substituído por um outro como acontece nos casos de conversão das obrigações em acções. Fora desses casos, bastarão simples alterações feitas no próprio título ou por carimbagem ou por destaque de cupões, por ex.

feito através da conta onde os valores se encontram inscritos[498]. Estas remunerações em numerário, atribuídas e pagas aos valores inscritos (art. 56.º/2/e), devem ser registadas[499]. Estamos perante direitos que a lei considera como "inerentes ao valor mobiliário"[500].

---

[498] Os direitos referidos no texto são exercidos através da colaboração entre a Central, os intermediários financeiros e a entidade emitente, isto é, através do sistema de registo e controlo, nos termos do art. 52.º do RgCentral. Os aspectos fundamentais do processamento dos direitos são os seguintes (tomando como exemplo a distribuição de dividendos): após ter decidido o pagamento de dividendos, a entidade emitente avisa desse facto a Central, informando-a ainda de qual o intermediário financeiro através do qual se processará o pagamento; é decidida a interrupção técnica da negociação (art. 51.º do RgCentral e 447.º do CdMVM), não podendo durante esse período ser registado qualquer pedido feito através do sistema; a Central calcula os montantes a pagar de acordo com os saldos das contas, até ao dia útil imediatamente anterior ao começo da interrupção técnica, comunicando esse montante ao intermediário financeiro encarregado de asseguarar os pagamentos, no dia útil anterior à data fixada para esse pagamento; nesta data as contas correntes dos intermediários financeiros junto do Banco de Portugal são creditadas por contrapartida da conta, junto do Banco de Portugal, do intermediário financeiro encarregado do pagamento; os intermediários financeiros registam nas contas dos titulares o pagamento dos dividendos procedendo ao seu pagamento.

[499] Em geral, *estamos perante os chamados direitos inerentes aos valores mobiliários e que deles são destacáveis, embora não possam ser objecto de negócios jurídicos autónomos em mercado secundário.* Por isso, não integram o conceito de direitos equiparados a valores mobiliários a que se refere o art. 3.º/2.

Nomeadamente no que toca ao direito ao dividendo colocam-se alguns problemas, na medida em que o regime consagrado parece pressupor uma restrição à transmissão desses direitos, pois parece não se permitir o destaque desses direitos. Em rigor, o direito ao dividendo, depois de deliberado, deve ser considerado como direito destacável. Questão distinta e aí parece-nos residir o lapso do legislador tem a ver com o destaque desses direitos para negociação em bolsa, o que não é possível pelo facto de a lei não admitir a negociação em bolsa desses direitos. Como já atrás referimos (cap. I da 1.ª parte), há direitos destacáveis dos valores mobiliários que não são autonomamente negociáveis em bolsa. Porém, *nada impede que esses direitos possam ser negociados fora de bolsa* pois nada na lei impede as partes de efectuarem essa negociação. Pensamos que os mecanismos de interrupção técnica da negociação para exercício de direitos e as suas consequências em termos de transferência dos valores negociados não impedem a celebração de contratos fora de bolsa que tenham por objecto o direito ao dividendo já concretizado. Em qualquer caso deve notar-se que o registo não está muito adaptado a estas situações.

[500] O art. 302.º/1 do CSC inclui entre os direitos inerentes às acções, o direito ao dividendo e o direito à partilha do activo resultante da liquidação. Para uma crítica, vd. MENDES (1989, 113-116). Refere este autor, tomando como base o CSC: "quando o legislador fala em direitos inerentes à participação social, está, na realidade, a referir-se, por um lado, a direitos que são autónomos e não "inerentes" a essa participação e, por outro, a realidades que (pelo menos algumas delas) não são direitos mas simples elementos não

A distinção que a lei estabelece entre os direitos atribuídos e não pagos e os direitos já pagos justifica-se fundamentalmente por razões de certeza quanto ao complexo de direitos que acompanham o valor mobiliário em caso de transmissão.

Foi esta a forma que o legislador encontrou para "substituir" os cupões (vd., por ex., o art. 301.° CSC) anexos ao título e que vão sendo destacados à medida que os direitos são exercidos (cupões esses que, por natureza, não podem existir nos valores escriturais). Nesses casos, o próprio título revela em cada momento os direitos que já foram exercidos. O destaque do cupão constitui uma alteração ao título[501]. Ora, dado que tal operação não é possível com os valores escriturais, a conta deve registar os direitos já exercidos ou a exercer.

III. Os direitos conferidos (seja a que título for) pelos valores inscritos à atribuição, gratuita ou onerosa, ou à subscrição de outros valores mobiliários, devem ser também objecto de registo em conta (art. 56.°/2/f). Este preceito abrange várias situações. As mais frequentes são as que respeitam ao direito de subscrição[502] de valores mobiliários e ao direito de incorporação[503], em casos de aumento de capital. Tais direitos apenas podem ser inscritos em conta a partir do momento da sua con-

---

autónomos que integram o seu conteúdo e são dela indissociáveis, mesmo que se entenda a participação social como mera posição contratual" (116).

[501] Os cupões, em regra, são considerados como títulos acessórios, embora não possam ser objecto de transmissão autónoma. Vd. HUECK/CANARIS (1986, 282-283). O direito alemão considera os cupões (de juros, dividendos) como títulos ao portador (§ 803.° BGB). Sobre o mesmo assunto, vd. SERRA (1956, 231 ss).

[502] Sobre o direito de subscrição de acções vd., ALBUQUERQUE (1993, 117 ss.), CORDEIRO (1990, 135-150) e MENDES (1989, 119 ss.).

Os direitos de subscrição inerentes aos valores escriturais são exercidos através do sistema. Os respectivos procedimentos constam dos arts. 56.° a 60.° do RgCentral. Durante o período de subscrição os intermediários financeiros registam no sistema os pedidos de subscrição e após o termo desse período devem enviar à Central uma relação que contenha, para a cada pedido e por cada cliente: a quantidade de valores subscrita; a quantidade pretendida sobre valores que não venham eventualmente a ser subscritos; o n.° da sua conta na Central onde se encontrem registados os direitos de subscrição; o número do pedido atribuído pelo sistema. Após isso o sistema exerce os direitos de subscrição de acordo com o pedido do intermediário financeiro, registando os valores daí resultantes na conta indicada no pedido. Após o período de subscrição o próprio sistema procede ao cancelamento das contas de direitos. O pagamento dos valores subscritos será feita através do Banco de Portugal com base em relação dos movimentos a efectuar, fornecida pela Central.

[503] Quanto ao direito de incorporação, resultante de aumento de capital por incorporação de reservas, vd. os arts. 91.°-93.° do CSC e VENTURA (1988, 260 ss.).

O exercício dos direitos de incorporação processa-se também através do sistema,

cretização, isto é, após a deliberação do aumento de capital[504]. Incluem--se aí os direitos de subscrição inerentes às obrigações com direito de subscrição de acções ou obrigações com *warrants* (arts. 360.º/d, 372.º-A e 372.º-B do CSC)[505].

IV. Os direitos referidos anteriormente podem ser exercidos pelo seu titular através da conta ou dela ser destacados[506]. Este destaque pode visar tanto o exercício autónomo dos direitos como a sua alienação ou cedência a terceiros. Então o destaque desses valores deve ser objecto de registo em conta (art. 56.º/2/i)[507]. Esta exigência de registo do destaque dos valores em causa prende-se com razões de certeza e segurança na transacção dos valores[508]. Estes, uma vez que os direitos tenham sido destacados, apenas poderão ser negociados sem aqueles direitos. Por sua vez os direitos destacados passam a ser registados numa conta autónoma

---

nos termos dos arts. 54.º e 55.º do RgCentral. Tal exercício é feito mediante lançamento pela Central dos valores resultantes do exercício nas contas globais dos intermediários financeiros.

[504] Quanto ao sentido do termo vd. ALBUQUERQUE (1993, 118). Em sentido divergente, VENTURA (1988, 202) considera possível a alienação do direito de preferência, genericamente e para o futuro. Ora esta posição, quando as acções assumirem a forma escritural não pode realizar-se através da conta de registo, mas apenas como negócio extra-registral, portanto sem a protecção do registo.

[505] Nas obrigações com *warrants* e dado que estes têm a ver com as características originárias do valor mobiliário há, desde logo, a inscrição exigida pela alínea c) do n.º 2 do art. 56.º. Este registo que é meramente enunciativo das catacterísticas dos valores mobiliários inscritos, distingue-se do registo a que se refere al. f) do mesmo preceito, pois este é um registo novatório só sendo registado *o warrant*, de forma independente, a partir do momento em que seja destacado, o que pode acontecer em qualquer momento após a emissão. Então o *warrant* deve ser inscrito em conta autónoma como valor mobiliário que é.

Porém já aí não se incluem os chamados *warrants* independentes que são inscritos desde logo como valores mobiliários numa conta própria. Após o seu exercício devem ser registados na conta os valores resultantes desse exercício, nos termos do art. 52.º/2/g. Quanto aos *warrants*, vd. CACHÓN BLANCO (1990, 157 ss.).

[506] Já atrás reflectimos sobre o conceito de direitos destacáveis, tentando uma construção geral sumária sobre essa matéria. Vd. cap. I, ponto 5.3.2.1., da 1.ª parte.

[577] O registo do destaque dos direitos nas contas de valores mobiliários donde foram destacados é uma vicissitude do registo que mostra até que ponto este é dinâmico, ficando essa dinâmica aí registada.

[508] O art. 54.º/2 e 3 prevê procedimentos especiais em algumas situações. Vd., *infra*, a propósito dos bloqueios e dos documentos passados pelos intermediários financeiros (pp. 301 ss.).

(vd. o art. 67.°/2), passando eles próprios a ser considerados como valores mobiliários[509]. Estas contas duram apenas até ao exercício do direito e devem conter os elementos mínimos de identificação dos direitos. Não têm, porém, que descrever os valores escriturais de que foram destacados, bastando que remetam para as contas onde estão registados.

Há, no entanto, uma segunda categoria de direitos que devem considerar-se integrados na al. i): são os direitos destacáveis e susceptíveis de negociação autónoma mas apenas fora de mercado secundário, caso tenham sido destacados para exercício ou transacção autónoma. Estará nesse caso o direito ao dividendo, como já referimos anteriormente.

V. Também deve ser registada a conversão dos valores registados em valores de natureza diferente (art. 56.°/2/g)[510]. Pensamos que estão aqui abrangidos, entre outros: a conversão das obrigações convertíveis em acções[511]; o exercício dos *warrants* independentes[512]. Nestes casos não há um mero registo da conversão, pois esta pode dar lugar a uma nova subconta. Se a conversão for parcial, haverá lugar ao registo da conversão e à alteração da quantidade dos valores registados. Quanto aos valores resultantes da conversão deve abrir-se uma nova conta de registo. Se a conversão for total então devem cancelar-se os registos respeitantes aos valores convertidos e devem ser inscritos os valores resultantes da conversão. Neste caso não será aberta nova conta, mantendo-se a conta anterior com o mesmo número.

---

[509] Embora o art. 3.°/2 os considere como direitos equiparados a valores mobiliários. Em França os direitos destacados dos valores mobiliários são considerados como valores mobiliários e é obrigatório o seu registo em conta. Vd. JUGLART/IPPOLITO (1991, 750 e nota 32).

[510] O CdMVM utiliza o termo conversão, referido a valores mobiliários, com múltiplos significados: alteração da forma de representação (conversão de valores titulados em escriturais ou de valores escriturais em titulados); alteração do regime jurídico a que estão sujeitos (conversão de valores nominativos em valores ao portador ou de valores ao portador em valores nominativos); alteração da sua natureza (conversão de obrigações convertíveis em acções), etc.

[511] Quanto à conversão de obrigações convertíveis em acções, vd. SANTOS (1991, 152 ss.). Porém – embora trate desenvolvidamente o problema dos títulos e seu conteúdo, bem como da negociabilidade dos direitos após a conversão das obrigações mas antes da emissão e entrega dos títulos representativos das acções –, o autor apenas tem presente a forma titulada de representação, não abordando os eventuais problemas relativo à forma escritural de representação.

[512] Vd. CACHON BLANCO (1990, 157 ss) e FERNANDEZ-ARMESTO/CARLOS BERTRÁN (1992, 427 ss)

1.1.4.3. *As características básicas dos valores inscritos na conta do titular devem coincidir com as que constam das contas de emissão abertas na Central e na entidade emitente*

I. As alterações nas características fundamentais dos valores escriturais devem ser registadas na conta do titular. Porém, além disso, devem constar das contas de emissão globais abertas na Central e na entidade emitente. Tal concordância entre as contas será relativamente fácil de conseguir dado que muitas das alterações são comunicadas pela própria Central aos intermediários financeiros, após ter alterado os registos centrais, pois os movimentos em causa são processados através do sistema e respeitam a toda uma emissão de valores escriturais. Mas sempre que essas alterações se verifiquem ao nível de cada conta, devem ser comunicadas pelo intermediário financeiro à Central que fará os registos adequados.

II. Esta necessidade de concordância entre as contas tem a ver com o funcionamento do próprio sistema de registo e controlo. Como atrás dissemos ao descrever o sistema, as contas de registo individualizado estão dependentes dos registos feitos nas contas globais quanto às características fundamentais dos valores mobiliários. Em caso de divergência, devem presumir-se válidos os registos efectuados na Central, não sendo tais divergências oponíveis à entidade emitente, seja para que efeito for[513]. Porém, acarretam responsabilidade para o intermediário financeiro faltoso.

III. Tudo quanto acaba de ser dito comprova como *a natureza causal dos valores escriturais se manifesta através do complexo funcionamento do sistema de registo e controlo*[514]. Resultam daqui características essenciais dos valores escriturais e da natureza ou autonomia das contas de registo individualizado dos valores escriturais. Os aspectos referidos permitir-nos-ão mais adiante reflectir quanto à eventual literalidade dos valores escriturais bem como quanto à autonomia do direito adquirido por terceiros e a sua oponibilidade à entidade emitente.

---

[513] Com efeito, o que prevalece sempre são os documentos em que assentam os dois tipos de registo. São esses que consubstanciam a relação substancial subjacente ao registo. Quanto à presunção (ilidível) de validade dos registos na Central, resulta, parece-nos das funções que por lei são atribuídas a essa entidade, nomeadamente pelos arts. 58.º e 188.º.

[514] A natureza causal dos valores mobiliários escriturais é tratada desenvolvidamente no cap. I da 3.ª parte.

1.1.4.4. *Registos em conta, estrutura dos valores escriturais e transferências entre contas*

I. O legislador não distingue de forma clara, no art. 56.º, a diferente natureza dos registos aí considerados, o que em nada facilita a tarefa do registador e a gestão da própria conta de registo. Com efeito teria sido conveniente que constassem de norma autónoma os registos relativos aos *elementos constituintes do valor escritural* e os que resultam de meras alterações ao nível da conta do próprio titular e que são *vicissitudes dos concretos valores registados*. Porém, o legislador preferiu seguir uma técnica decalcada do registo predial em que os factos sujeitos a registo são indistintamente enumerados num longo artigo (vd. o art. 2.º do CdRP). Tal técnica não parece muito adequada ao registo dos valores escriturais. Aliás, se virmos bem, os registos de factos relativos a um determinado imóvel pressupõem a descrição deste imóvel.

II. Esta distinção teria relevância a vários níveis de que a mais importante respeita à determinação da própria *estrutura do valor escritural*. Com efeito, nem todos os registos feitos em conta têm a mesma importância quanto à definição dos elementos essenciais do valor escritural, pois a falta de algum ou alguns desses registos tem consequências diversas. Por ex., tem consequências distintas a falta de registo em conta da natureza dos valores ou da sua espécie ou a falta de registo de uma penhora, por exemplo.

Nos títulos de crédito fala-se em forma ou requisitos da declaração cambiária[515]. Parece-nos mais adequado, quanto aos valores escriturais, falar em estrutura do valor escritural, aí incluída a forma e o seu conteúdo. Assim *os elementos acima referidos seriam definidores da estrutura dos valores escriturais.*

III. Porém, não se esgotam aí as consequências daquela distinção. Tal distinção seria importante para outros efeitos. Nomeadamente são de destacar as exigências em caso de transferência dos valores entre contas a cargo de distintos intermediários financeiros[516]. O intermediário financeiro para onde os valores são transferidos pode estar a abrir pela primeira vez uma conta relativa aos valores em causa. Desconhece, pois, as características fundamentais desses valores. Por isso necessita da

---

[515] Vd. FERRER CORREIA (1975, 103 ss.). A forma tanto se refere ao título (suporte da escrita) como aos elementos dele constantes. Vd. MARTORANO (1992, 46).

[516] Quanto às transferências, vd., infra, pp. 247 ss. .

documentação que possa servir de suporte a esse primeiro registo. Em lado algum se prevê quem deve enviar essa documentação. Porém, tal como o sistema está pensado, só faz sentido que tais documentos devam ser enviados pelo intermediário financeiro de onde os valores foram transferidos. Trata-se de um aspecto que nos parece fundamental e que deveria merecer alguma atenção do legislador, sobretudo no sentido de evitar grande movimentação e duplicação de papéis entre os intermediários financeiros. Senão corre-se o risco de os registos que visaram acabar com o papel, como que por um efeito perverso ainda gerarem mais papéis que os títulos que visaram substituir. Assim deveriam prever-se procedimentos que, sem afectar a necessária segurança, funcionassem com a movimentação de papéis estritamente necessária. Por exemplo, não seria necessário o envio de documentos que o intermediário financeiro já tivesse em seu poder ainda que para fundamentar outra conta mas de valores escriturais da mesma categoria. Igualmente, em caso de transferências originadas em operações de bolsa bastaria a nota de compra ou de venda elaborada pelo corretor para fundamentar o registo pois tal nota contém todos os elementos necessários para esse registo (vd. o art. 456.º)[517].

1.2. Registos especialmente respeitantes aos concretos valores registados em conta

I. Os registos anteriormente referidos, por defenirem as características fundamentais dos valores inscritos, são gerais, respeitando a toda a emissão dos valores em causa. Por isso, não documentam toda a situação jurídica dos valores concretos, registados numa determinada conta. Há vicissitudes que os valores podem sofrer e que apenas respeitam a uma determinada conta, em nada afectando as características fundamentais dos restantes valores pertencentes à mesma emissão e registados em outras contas. Nomeadamente os registos referidos até agora não nos dão conta de eventuais alienações e aquisições realizadas ou em curso, do seu eventual empréstimo e da finalidade deste, tal como não nos dizem se os valores estão, por qualquer forma onerados, etc. *Estes são registos especiais (respeitam apenas aos valores inscritos numa determinada conta) por contraposição aos anteriores que são gerais (respeitam a toda a emissão).*

---

[517] Note-se que uma das funções das notas de compra ou de venda é servir de base aos registos decorrentes das operações de bolsa (art. 457.º/4 e 5).

O art. 56.º/2 (al. h e ss.) fornece-nos uma lista (aberta) dessas situações obrigatoriamente sujeitas a registo na conta do titular e que, até certo ponto, estão na disponibilidade do titular dos valores escriturais, ao contrário dos registos gerais que, em regra, não dependem dele. Cada uma das situações ou factos sujeitos a registo mereceria uma análise detalhada, mas não iremos aqui fazê-la, por duas razões: algumas irão ser analisadas adiante, embora numa outra perspectiva (nomeadamente no tocante à alienação ou aquisição dos valores escriturais, ligada com a problemática da transmissão desses valores); uma tal análise afastar-nos-ia do objecto fundamental desta dissertação. Por isso, por agora, limitar-nos-emos a uma rápida descrição destes registos especiais.

II. As alienações ou aquisições de valores escriturais estão obrigatoriamente sujeitas a registo na conta do titular (art. 56.º/2/h). Trata-se, sobretudo, de alteração da quantidade dos valores representados na conta (alteração do saldo), uma vez que já se encontram inscritos. Mas outros registos podem estar relacionados com a alienação dos valores em causa. Assim acontece com os bloqueios que são consequência de ordem de venda em mercado secundário. O registo destes bloqueios é obrigatório se o processo de alienação tiver sido desencadeado em mercado secundário (art. 56.º/2/m)[518].

III. Os direitos constituídos sobre os valores registados, devem ser objecto de registo em conta: usufruto (art. 56.º/1/j), penhor[519], caução e a consignação de rendimentos. Também devem ser registados outros ónus ou encargos, providências cautelares, como o arresto, registo de penhora[520], de apreensão em processo de falência[521]. O empréstimo dos valores

---

[518] Quanto aos bloqueios, vd. infra, pp. 237 ss..

[519] Sobre o penhor de títulos de crédito, vd., em geral, SERRA (1956 (61), 35 ss).

[520] Um problema que aqui pode ser levantado, em sede de processo executivo, é saber se, por exemplo, as obrigações escriturais constituem títulos executivos ou se essa função pode ser desempenhada por qualquer dos documentos a que se refere o art. 70.º. Pensamos que a resposta deve ser negativa atento o disposto, nomeadamente, no art. 46.º do CPC.

[521] A concretização de alguns destes procedimentos poderá revelar-se de grande complexidade dada a fungibilidade dos valores escriturais e a rapidez com se podem processar as alienações e aquisições de valores em bolsa. Só para dar um exemplo, prevê o art. 403.º/2 do CPC que o arresto possa ser "requerido contra o adquirente dos bens do devedor". Como seguir o rasto dos bens tendo havido transmissões sucessivas? É que, apesar da exigência de trato sucessivo no registo em conta, os valores são fungíveis. Portanto não é possível o arresto de valores determinados. A única possibilidade consiste

para caucionamento ou realização de operações de bolsa deve também ser objecto de registo (al. l) e art. 66.°).

Alguns destes registos darão obrigatoriamente origem a sub-contas específicas, nomeadamente porque implicam indisponibilidade[522] ou limites à disponibilidade dos valores em causa pelo titular[523]. Essa técnica de registo em contas separadas parece-nos ser mais segura que os bloqueios na própria conta do titular, nomeadamente quando apenas está em causa uma parcela dos valores registados. Dada a grande complexidade que muitas destas situações envolvem seria de todo conveniente que a lei ou o regulamento da Central lhe prestassem mais atenção, no âmbito do plano de contas dos intermediários financeiros, evitando práticas e procedimentos diversos de acordo com cada um dos intermediários financeiros. Parece que sairia reforçada a segurança que a lei pretende ver salvaguardada[524].

O registo e constituição dos direitos anteriormente referidos reveste-se de grande importância no contexto do regime jurídico dos valores mobiliários escriturais. Porém, essa questão não será por nós tratada dado que nos desviaria do tema central que move o nosso trabalho, relacionado com o regime de circulação dos valores escriturais.

IV. O art. 56.°/2/n deixa a porta aberta para outros registos desde que sejam necessários para garantir a circulação dos valores em condições de celeridade e segurança. Mas a própria lei se refere a *outros registos obrigatórios ou facultativos e que não constam do elenco do artigo 56.°/2*. Tal é o caso do registo da conversão dos valores escriturais em titulados para negociação no estrangeiro (art. 72.°/4); inscrição em

---

no arresto de saldos de contas. Vd. a polémica sustentada pela doutrina francesa a propósito da acção de reivindicação de títulos fungíveis no sistema da SICOVAM de 1949, em RIPERT/ROBLOT (1992, 50-51). Embora o problema aqui levantado seja distinto, há aspectos suscitados pela fungibilidade que são semelhantes.

[522] Por ex., se forem alienados ou onerados valores arrestados, esses negócios são ineficazes em relação ao requerente do arresto (vd. os arts. 622.° e 819.° do CCiv.).

[523] Em todos estes casos deve considerar-se obrigatória a imobilização dos correspondentes saldos na conta global do intermediário junto da Central, através da sua colocação em contas globais específicas. Doutra forma, eles continuarão a ser normalmente usados nas transferências entre contas (vd. o art. 38.° do RgCentral). Porém, a segurança deste procedimento está inteiramente dependente do intermediário financeiro, pelo que a solução consagrada no art. 38.° do Reg. Central não é a melhor.

[524] Parece-nos que o desiderato apontado no texto não é cumprido nem pela PRT n.° 834-A/91, de 14/8, nem pelo RgCentral. O problema é ainda mais premente porque os intermediários financeiros autorizados a registar não são propriamente funcionários altamente qualificados, como acontece com os conservadores dos registos públicos.

conta da não negociabilidade dos valores (art. 57.º/2); data de cada uma das inscrições registrais, através de anotações e o número de arquivo da documentação de suporte (art. 61.º/2); registo de acções judiciais (art. 63.º/2/f); registo de passagem de documento para exercício de direitos (art. 54.º/2 e 3), etc.

2. CARACTERÍSTICAS GERAIS DO REGISTO DE VALORES ESCRITURAIS NAS CONTAS INDIVIDUALIZADAS

I. É um *registo organizado em torno do titular dos valores mobiliários*[525]. As contas são abertas por cada titular e não por cada valor mobiliário (embora cada categoria de valores escriturais deva constar de subcontas que integram a conta geral do titular). Porém, se o titular deixar de ter os valores registados, é o próprio registo que é cancelado e os valores registados na conta do novo titular[526].

II. É *um registo completo*[527] quer das características gerais dos valores mobiliários quer de todas as situações jurídicas especialmente incidentes sobre eles ou das operações de que tenha sido objecto. As situações sujeitas a registo obrigatório estão tipicadas na lei, mas de forma não taxativa.

III. É *um registo numa conta e com a estrutura de uma conta*[528]. Tal significa que os registos se processam como se de meros registos contabilísticos se tratasse, em que seja possível efectuar lançamentos a crédito e a débito, por forma a considerar como essencial o saldo existente

---

[525] Não é assim no registo predial, que se organiza em torno do prédio, inscrevendo-se o nome dos sucessivos titulares sempre nesse mesmo registo, que subsiste indefinidamente.

[526] Apesar do cancelamento do registo dos valores mobiliários parece-nos que nada impede a continuidade da conta, ainda que sem qualquer valor mobiliário registado. Essa situação será, em regra, transitória e funda-se na natureza contratual do serviço de registo de valores mobiliários.

[527] FERNANDEZ DEL POZO (1989, 1220) qualifica-o, quanto ao objecto da inscrição, como um registo completo ou pleno.

[528] Essa terminologia nem sempre é seguida pelo legislador que, às mesmas realidades chama conta ou livro de registo, como acontece com a conta que a Central deve manter aberta junto dos intermediários financeiros e das entidades emitentes. Mas a designação utilizada parece-nos irrelevante.

em cada momento. Trata-se do modelo da conta corrente (em sentido contabilístico), parcialmente adoptado[529].

IV. *É um registo parcelar de uma emissão de valores e, portanto, reportado a uma conta global de emissão.* Cada emissão de valores escriturais pode estar registada em múltiplas contas, tantas quantos os titulares, a cargo de diferentes intermediários financeiros. Tal exige um sistema de lançamentos coerente, isto é, a um crédito em conta deve corresponder um débito noutra conta do mesmo ou de outro intermediário financeiro[530].

V. *É um registo indisponível,* tanto pelo titular como pelo intermediário financeiro registador. Em consequência, o próprio registo não pode ser objecto de negócios jurídicos, devendo obedecer rigorosamente às exigências legais e regulamentares.

Outras características deste registo irão sendo realçadas, em devido tempo, à medida que a nossa análise for avançando.

3. A FUNGIBILIDADE DOS VALORES ESCRITURAIS

I. A fungibilidade dos valores mobiliários, em geral, é uma das principais preocupações do legislador, tendo em conta a resolução dos problemas colocados pela liquidação física das operações de bolsa[531].

---

[529] É a opinião seguida na doutrina estrangeira quer quanto às contas de registo de valores escriturais quer quanto às contas de depósito de valores mobiliários titulados. Teria todo o interesse elaborar uma *teoria geral das contas e subcontas (individualizadas)* em que são registados os valores mobiliários escriturais, porém, mais uma vez temos de reconhecer que tal levaria demasiado longe este trabalho. Essa teoria geral deveria atender a todos os elementos característicos dessas contas, às relações entre elas e com as contas globais, à forma como garantem a segurança do sistema e acautelam o interesse do titular e de terceiros, a sua ordenação relativamente ao princípio do trato sucessivo, etc. Muitos desses aspectos serão analisados ao longo deste trabalho embora não de forma sistemática.

[530] Assim, o sistema de registo em conta revela-se um elemento importante do controlo dos valores escriturais em circulação. Com efeito, esse controlo é feito através dos saldos apurados nas contas de intermediários financeiros junto da Central, uma vez realizada a compensação entre os lançamentos a débito e crédito sobre os mesmos valores, efectuados por cada um nas contas de registo individualizado.

[531] Usamos a expressão liquidação física no sentido de entrega ou colocação à disposição dos valores mobiliários pelo comprador ao vendedor. Vd. o art. 458.º. Tratando-se de liquidação através do Sistema de Liquidação e Compensação essa liquidação con-

Tradicionalmente a fungibilidade dos valores mobiliários dependia da relevância do número [532] de ordem desses valores. Por isso, nos valores titulados sujeitos a um regime de fungibilidade, o número de ordem era declarado por lei como irrelevante [533].

Referem alguns autores que a aplicação da categoria da fungibilidade, própria das coisas móveis [534], aos valores escriturais mostra como o legislador tem uma concepção desses valores muito assente nos títulos de crédito. Porém, devemos entender tais afirmações com cuidado dado que esses autores, em regra, utilizam tal argumento exactamente para considerarem os valores escriturais como títulos de crédito, ainda que dentro de um conceito alargado de título de crédito.

II. A lei estabelece cinco requisitos para a fungibilidade dos valores escriturais (art. 56.º/3): que os valores tenham a mesma natureza; o mesmo valor nominal; tenham sido emitidos pela mesma entidade; confiram aos seus titulares direitos iguais; se encontrem integralmente liberados [535]. Esses cinco requisitos podem resumir-se a dois, isto é, serão fungíveis os valores pertencentes à mesma categoria desde que se encontrem inteiramente liberados.

O facto de os valores mobiliários escriturais não terem numeração não é essencial à noção de fungibilidade [536]. O importante é que tal nume-

---

sidera-se efectuada com o lançamento a crédito ou a débito nas contas dos intermediários financeiros na Central.

[532] Quanto à relevância dessa numeração, para as acções tituladas, vd., sucintamente, PESSOA JORGE (1989, 103).

[533] O DL n.º 210-A/87, de 27/5 (revogado) declarava como fungíveis os "valores mobiliários da mesma espécie e valor que confiram direitos idênticos, qualquer que seja a sua numeração" (arts. 1.º/3 e 2.º). Quanto aos valores mobiliários titulados fungíveis, vd. os arts. 77.º ss. do CdMVM.

[534] Vd., por ex., VALENZUELA CARACH (1991, 106 ss).

[535] O estarem ou não liberados os valores é um facto que está obrigatoriamente sujeito a registo em conta (art. 56.º/2/d). Tal significa que pode haver valores mobiliários escriturais não liberados e, portanto, infungíveis.

[536] Referem JUGLART/IPPOLITO (1991, 750) que "a fungibilidade dos valores mobiliários é inerente à sua inscrição em conta corrente, não se exigindo a numeração dos títulos desmaterializados". PESSOA JORGE (1989, 104) justifica assim a não exigência de número de ordem para as acções escriturais: "O regime das acções escriturais, tal como é proposto, elimina a exigência do número de ordem, *com o objectivo de lhes conferir fungibilidade*". Acrescenta o autor que esse facto não traz problemas de maior, apenas se exigindo um controlo mais apertado por parte da entidade emitente: "É evidente que será necessário tomar certas precauções especiais, como, por exemplo, verificar diariamente, no caso de haver grande movimento de acções, se a quantidade das que se encontram

ração, mesmo existindo, seja irrelevante, como acontece com os valores titulados inseridos no sistema de controlo e depósito a que se referem os arts. 77.° ss.. Ora, não parece que deva exigir-se uma numeração que acaba por não ter qualquer relevância. Esse parece ser o raciocínio do legislador.

III. Não serão fungíveis os valores da mesma categoria que não estejam integralmente liberados. Mas esta parece ser uma infungibilidade relativa, isto é, esses valores não serão fungíveis em relação aos valores da mesma categoria que se encontrem liberados. Porém, nada impede que sejam fungíveis entre si pelo simples facto de estarem inscritos em conta. Por isso, não nos parece adequada a formulação do texto da lei. O mais adequado parece-nos que será considerar os valores escriturais não inteiramente liberados como uma categoria ou, se se preferir, como uma subcategoria. Esses valores seriam fungíveis dentro dessa categoria ou subcategoria[537]. Em conclusão, o problema não reside na noção de fungibilidade mas na noção de categoria que, se necessário, deve ser adequada a estas situações.

A fungibilidade é, pois, inerente à inscrição em conta. Com efeito, não é possível inscrever na mesma conta valores mobiliários fungíveis e infungíveis, pois deixariam de poder ser referidos a uma determinada quantidade e desaparecendo a importante função desempenhada pelo saldo da conta. Só é possível representar quantitativamente valores que tenham as mesmas características, incluindo aquelas que constituem requisitos da fungibilidade[538].

O art. 56.°/2/d exige que a conta especifique se os valores estão integralmente liberados ou não e qual o valor em dívida. Nestes casos resta saber se os valores devem considerar-se integrados no sistema de

---

registadas coincide com o total das existentes; mas essa conferência é operação que o computador faz em segundos".

[537] Passar-se-ia algo de semelhante ao que acontece com as emissões feitas por séries e em que cada série tem características distintas. Nesse caso, a categoria não respeita à emissão mas à série. Assim, também os valores não liberados devem constituir uma categoria e serem fungíveis dentro dela. O facto de essa categoria ser, por natureza, temporária, não nos parece que constitua qualquer problema.

[538] Devem ser abertas tantas subcontas da conta geral de um determinado titular quantos os valores com características essenciais distintas. Portanto, dentro de cada subconta os valores mobiliários escriturais devem ter rigorosamente as mesmas características, pelo que são fungíveis entre si. Fora dessa situação, se não for possível, resta o registo individual dos valores mobiliários o que, de alguma forma, nos aproxima da situação resultante da numeração.

registo e controlo de valores mobiliários[539]. Não se vê qualquer problema desde que os valores não inteiramente liberados constem de conta específica. Em conclusão, consideramos que a fungibilidade dos valores escriturais, apesar da deficiente redacção do art. 56.º/3, deve ser considerada como uma característica essencial dos valores escriturais, desde que referida a uma categoria ou subcategoria de valores. Os valores escriturais regulados nos artigos 56.º ss., por natureza, estão integrados num sistema que pressupõe a fungibilidade desses valores. É assim porque o sistema foi desenhado a pensar na facilitação da liquidação das operações de bolsa[540]. Talvez seja essa a explicação para a redacção daquele preceito, expressão da menor preocupação do legislador com os valores não admitidos àquele mercado.

4. VALORES MOBILIÁRIOS NOMINATIVOS E AO PORTADOR

4.1. Colocação do problema

I. A lei impõe que os valores mobiliários escriturais sigam um de dois regimes: ou o regime dos títulos nominativos ou o regime dos títulos ao portador[541] (art. 52.º/2). Estaremos, sempre, ou perante valores escriturais que seguem o regime dos títulos nominativos ou o regime dos títulos ao portador. Este é um elemento obrigatoriamente sujeito a inscrição na conta de registo individualizado (art. 56.º/2/c)[542] e, de acor-

---

[539] Um lugar paralelo (parcialmente) consta do art. 83.º, que traça o regime dos valores mobiliários titulados depositados, em que tenha cessado a fungibilidade. É particularmente importante o n.º 4 desse artigo que, em relação aos títulos infungíveis, estipula que sejam lançados em conta autónoma do depositante. A partir da cessação da fungibilidade não se integrarão no sistema de valores mobiliários titulados fungíveis ou serão dele excluídos, caso nele estejam incluídos.

[540] O art. 291.º/2 expressa exactamente essa ideia. Aí, embora de forma analítica, o legislador nada mais exige que a fungibilidade dos valores mobiliários, para que possam ser admitidos à negociação em bolsa (vd. também o art. 304.º/1/g). Como é óbvio não há verdadeiro mercado de bolsa se os valores negociados não forem fungíveis.

[541] Este regime é consagrado apesar de o preâmbulo do DL 142-A/91, de 10/4, realçar "a nominatividade intrínseca dos valores escriturais".

[542] Nas obrigações de caixa e do papel comercial não há essa distinção, mas uma certa equiparação entre o regime jurídico a estão sujeitos os valores que assumem a forma escritural e a forma titulada nominativa. Dessas normas resulta que o legislador não estende aos valores escriturais a classificação que distingue entre valores nominativos e valores ao portador. Mas também não se vê como essa distinção poderia ser feita, uma vez

do com a distinção feita atrás, insere-se dentro das características fundamentais dos valores escriturais.

A opção quanto ao regime a seguir pode ser determinada: ou pela lei[543]; ou pelos estatutos da entidade emitente; ou pelas condições da emissão[544]; ou de acordo com a opção dos titulares, se não for proibida[545].

II. A primeira questão a que devemos responder tem a ver com a determinação dos aspectos em que varia o regime dos valores mobiliários escriturais num caso e no outro. Mas a resposta a esta questão exige a resolução prévia de uma outra: como deve ser entendida a remissão que é feita pelo legislador, no art. 52.º/2, uma vez que não existe entre nós um regime geral (completo) dos títulos de crédito?[546]

Várias hipóteses se podem colocar: ou o legislador está a remeter para o regime próprio de cada um dos títulos conforme seja nominativo ou ao portador; ou está a remeter para o regime dos títulos fungíveis, regulados nos arts. 77.º ss., também eles nominativos ou ao portador; ou a remissão é feita para as duas realidades. Pensamos que a remissão deve ser entendida neste último sentido.

Assim, o regime dos valores escriturais nominativos ou ao portador resultará: em primeiro lugar, da aplicação das disposições do CdMVM relativas aos valores titulados em regime de depósito; em segundo lugar, da aplicação das disposições (gerais ou especiais) relativas aos títulos nominativos ou ao portador em tudo quanto não contrarie as disposições daquele diploma.

III. O legislador parece ter querido evitar qualificar os valores mobiliários escriturais como nominativos ou ao portador, pois apenas refere que "seguem o regime ...". Tal problema tinha-se já colocado no

---

que o registo desses valores escriturais está a cargo da entidade emitente, tendo sempre esta conhecimento dos titulares dos valores registados.

[543] Por vezes podem suscitar-se dúvidas. A maioria das disposições legais são anteriores à criação dos valores escriturais e, portanto, referem-se a valores titulados. Porém, parece nada impedir que se apliquem aos valores escriturais, uma vez que a sua aplicação não depende da forma de representação. Vd., por ex., o art. 299.º/2 do CSC quanto às acções que devem seguir, obrigatoriamente, o regime dos títulos nominativos.

[544] Numa emissão com oferta pública de subscrição, tanto o anúncio de lançamento (art. 135.º/1/b) como o prospecto (art. 148.º/1/d) devem indicar a natureza e características dos valores mobiliários objecto da emissão. Ora, entre outras características, devem ser informados os investidores se os valores mobiliários objecto da oferta seguem o regime dos títulos nominativos ou ao portador.

[545] Quanto às acções vd. o processo descrito no art. 300.º do CSC.

[546] Vd. nota 36.

domínio da legislação anterior[547], tendo dado origem a alguma polémica[548]. A soluções consagradas no direito comparado variam. O legislador francês manteve a distinção entre valores escriturais nominativos e ao portador, fazendo-lhes corresponder um regime de inscrição diverso[549].

---

[547] O DL 229-D/88, de 4/7, no art. 3.º/1, dispunha que "As acções escriturais seguem o regime das nominativas ou ao portador, conforme esteja previsto no contrato de sociedade, com as alterações constantes do presente diploma". Trata-se, claramente, de um preceito que inspirou o art. 52.º/2 do CdMVM.

[548] A polémica teve como origem o facto de o projecto inicial ter sido alterado pois nele apenas se previa que as acções escriturais seguissem o regime das nominativas. O próprio autor do projecto manifestou a sua perplexidade perante a redacção do preceito (PESSOA JORGE, 1989, 93, nota 3), só a entendendo caso se considerasse que apenas estavam em causa as acções ao portador sujeitas ao regime de registo ou de depósito, pois esse regime retirava-lhe as suas principais características. Por sua vez, João LABAREDA faz uma interpretação abrogante da parte do preceito respeitante às acções ao portador, pois concluía não ser "extensível às acções escriturais o regime das acções ao portador" (1988, 241, nota 1). A conclusão deste autor é baseada na consideração de que "todo o regime particular criado pelo Decreto-Lei n.º 229-D/88 que se mostra incompatível com a espécie ou natureza das acções ao portador, designadamente no que respeita às regras da transmissão e às limitações a que, quanto a ela, as acções escriturais podem ficar sujeitas", o que tem base nas próprias palavras do autor do projecto que entendia que "...a supressão dos títulos é impossível quando se trate de acções ao portador" (PESSOA JORGE, 1989, 103). Em sentido não coincidente, MENDES (1989, 177-178) considera a opção do legislador como acertada, defendendo até a necessidade de um aprofundamento da distinção tradicional. No tocante ao DL n.º 229-D/88, de 4/7, defende que o art. 2.º/2/d e o art. 6.º devem ser interpretados restritivamente, sendo apenas aplicáveis às acções escriturais que sigam o regime das nominativas.

[549] Quanto aos *valores escriturais ao portador*, que são admitidos na SICOVAM, a inscrição é feita junto de um intermediário financeiro habilitado, escolhido pelo titular dos valores mobiliários.

Quanto aos valores escriturais nominativos, o legislador prevê dois regimes diversos, aplicáveis de acordo com a escolha do titular: os valores escriturais nominativos puros e os valores escriturais nominativos administrados.

Os *valores escriturais nominativos puros* têm as seguintes características: a inscrição é feita na entidade emitente ou num mandatário designado por essa entidade (Decreto 83-358, de 2/5/83, art. 1.º/2); o titular desses valores apenas é conhecido pela entidade emitente. Apontam-se como vantagens deste regime: a gratuidade das operações correntes; uma mais rápida entrega dos dividendos; uma melhor informação do titular; maior facilidade de acesso às assembleias gerais.

O regime dos *valores escriturais nominativos administrados* caracteriza-se por ser o próprio titular a escolher o intermediário financeiro habilitado que há-de gerir a sua conta aberta na entidade emitente. Porém, a matriz da inscrição em conta continua centralizada na entidade emitente, que conserva os meios necessários para dirigir aos accionistas as informações exigidas, etc., devendo o intermediário administrador da conta comunicar à entidade emitente qualquer mudança na propriedade dos valores. Os valores

Já o legislador espanhol, por sua vez, ignora tal distinção[550], o mesmo tendo feito o legislador dinamarquês[551]. Por sua vez, a lei brasileira tende a considerar as acções escriturais como uma espécie das acções nominativas, linha em que foi redigido o projecto de DL n.° 229--D/88, de 4/7, pelo Prof. Pessoa Jorge[552]. Alguns autores consideram que esta distinção é um reflexo das hesitações do legislador quanto à ruptura com a tradição dos títulos de crédito[553].

Mas permanece de pé a questão: *faz sentido qualificar os valores escriturais como nominativos ou ao portador ou a sua natureza é avessa a essa qualificação*[554]? Terminologicamente, a questão é secundária[555], já

---

que sejam negociados em bolsa ou que devam obrigatoriamente ser nominativos seguem obrigatoriamente o regime dos valores escriturais nominativos administrados. (Decreto 83-358, art. 5.°).

Este regime é diversamente valorado pela doutrina francesa. Assim, há autores que desvalorizam a distinção legal, como é o caso de RIPERT/ROBLOT (1992, 34): "O título nominativo é aquele cujo titular é conhecido da entidade emitente. Literalmente, a expressão título ao portador nada mais significa após o desaparecimento dos instrumentos materiais; designa um título cujo titular é anónimo". Por sua vez, outros autores, consideram que pouco se alterou: "Porém, esta distinção fundamental não alterou substancialmente a distinção fundamental entre os títulos ao portador e os títulos nominativos, mas aproximou significativamente os modos de transmissão" (JUGLART/IPPOLITO, 1991, 749), o que, em nossa opinião, é contraditório, uma vez que o fundamental daquela distinção respeita ao diferente modo de transmissão. Aliás este modo de circulação já se tinha aproximado, com o desenvolvimento do sistema de contas correntes a partir da criação da CCDVT (JUGLART/IPPOLITO, 1991, 750) e com base na distinção entre "títulos vivos", que circulavam materialmente e eram numerados, e "títulos em conta corrente", que apenas circulavam por registos em conta. Portanto, a tradição francesa poderá explicar facilmente o actual sistema.

[550] ALONSO ESPINOSA (1992, 71 e nota 73) considera que as acções escriturais são implicitamente nominativas, mas que essa expressão nenhuma relação tem com o seu regime de circulação. Daí que seja preferível considerá-las como "nominais".

[551] Vd. LENER (1989, 17). Este autor apresenta o facto como uma vantagem face ao sistema francês, pois não gera confusão. Porém, de acordo com a lei dinamarquesa, também os titulares dos valores escriturais podem ser ou não conhecidos pela entidade emitente, sem que isso implique a distinção tradicional entre valores nominativos e ao portador.

[552] Assim, MENDES (1989, 177).

[553] Vd. LENER (1989, 11).

[554] PESSOA JORGE (103) observava: "É duvidoso que a acção escritural possa qualificar-se como nominativa: embora tenha de comum com esta a identificação do seu titular". Porém, o mesmo autor era concludente quanto a considerar que "... a supressão dos títulos é impossível quando se trate de acções ao portador: as não tituladas, que apenas existem na escrituração da sociedade, têm necessariamente de se identificar pelo respec-

quanto aos problemas de regime que podem estar subjacentes à distinção, importa tomar posição.

4.2. O regime dos títulos nominativos e ao portador

I. Desde há algum tempo que se tem vindo a verificar a perda de importância dos títulos ao portador [556], com o consequente reassumir de importância por parte dos valores nominativos. Esta tendência deveu-se a razões de ordem vária: fiscal [557], de segurança [558], de controlo de certos limites à tomada de participações sociais [559] ou de controlo do domínio da própria sociedade [560]. Estes problemas, há muito sentidos, não poderiam deixar de ter reflexos no regime dos valores mobiliários escriturais,

---

tivo titular e, sob esse aspecto, configuram-se como nominativas". Por isso, este autor mandava aplicar às acções escriturais o regime das acções nominativas, embora com algumas modificações resultantes da lei (art. 3.°/1 do Projecto de Pessoa Jorge sobre as acções escriturais). Note-se que, de acordo com o Projecto Pessoa Jorge havia sempre um registo na entidade emitente.

[555] Assim, também, MENDES (1989, 178).

[556] Foi o que aconteceu com as acções ao portador sujeitas ao regime de registo, junto da entidade emitente. Assim, PESSOA JORGE (1989, 93, nota 2). Para uma perspectiva global desta evolução, vd. MADRID PARRA (1990a, 55 ss.) que se refere a um regresso à nominatividade. Mas não devem exagerar-se os aspectos fiscais. Vd., por ex., LENER (1989, 54), para quem a nominatividade é também exigida por controlos públicos sobre os accionistas (por ex., os administradores), para efeitos de *insider trading* e fenómenos análogos.

[557] Assim, MADRID PARRA (1990a, 55) que refere os títulos ao portador como "opacos", do ponto de vista fiscal, por oposição aos títulos à ordem que são "transparentes" pois revelam o nome do titular.

[558] Os títulos ao portador, embora tendo vantagens quando ao modo de circulação, colocam problemas devido ao facto de bastar a mera posse para legitimar o seu portador. MADRID PARRA (1990a, 58).

[559] Vd., por exemplo, o art. 55.° do CdMVM e a obrigatoriedade de controlo dessa situação por parte dos intermediários financeiros. A questão ainda, importante para efeito de lançamento de OPA obrigatória. Note-se que o art. exige que as acções sejam registadas, o que as descaracteriza como acções ao portador.

[560] Trata-se de limites, sobretudo estatutários, à transmissibilidade das acções. Particularmente elucidativo é o caso da Suíça, em que o problema foi ainda recentemente objecto de acesa discussão por ocasião da revisão da lei das sociedades. Entre nós as acções com limites à sua transmissibilidade são obrigatoriamente nominativas (art. 299.°/2 do CSC), preceito que é aplicável às acções escriturais dado que os limites fixados em nada respeitam à forma de representação das acções.

muitos dos quais ficam resolvidos[561]. Note-se, porém, que alguns autores defendem a necessidade de um alargamento da distinção entre os títulos nominativos e ao portador[562].

II. Os títulos ao portador caracterizam-se, para além do anonimato[563] dos seus titulares, por um regime especial de transmissão e de legitimação: a mera posse do título tem efeitos de legitimação do portador para exercício dos direitos incorporados[564] e a transmissão da titularidade do direito dá-se com a entrega do título ou a aquisição da propriedade sobre este[565].

Por sua vez, os títulos nominativos têm inscrito o nome do titular[566]

---

[561] Nomeadamente deixam de se verificar todos os problemas resultantes da legitimação derivada da posse do documento, nomeadamente em consequência de perda ou furto. Muitos destes problemas tinham já sido resolvidos com a criação dos depósitos centralizados ou da criação de um regime de registo para as acções ao portador. Vd. VARA DE PAZ (1986, 30 ss.).

[562] Assim, MENDES (1989, 176-177)

[563] Esta é a sua característica essencial, sublinhada pelos mais diversos autores. Como refere ASCENSÃO (1992, 42), "Para o título ser ao portador não é necessário designá-lo como tal. A sua caracterização resulta de se não indicar o nome do titular". Deve notar-se que a falta de anonimato não afecta o seu regime jurídico fundamental, no que respeita à circulação. Porém, o anonimato é um incentivo para o seu uso, que decairá se esse anonimato desaparecer. Assim MADRID PARRA (1990a, 55-56). Quanto às acções ao portador, Evaristo MENDES (1989, 176) considera como fundamentais duas características distintivas: "é, por imperativo legal, livremente transmissível, não tem no seu conteúdo ou ligada a si qualquer obrigação (de entrada ou de prestações acessórias) e o seu titular pode manter-se anónimo (cf. os arts. 299.°, 328.°/1 e 2 do CSC)". Sobre os títulos ao portador, em geral, vd. MARTORANO (1992, 91-102).

[564] Tanto de legitimação passiva como activa, favorecendo-se ao máximo a circulação, embora sacrificando a segurança. Vd. ASCENSÃO (1992, 41); MADRID PARRA (1990a, 67-68).

[565] Não são concordantes as opiniões sobre esta matéria. Enquanto uns autores consideram que a transmissão da propriedade opera como a entrega do título, com base no art. 483.° do CCm (entre nós, por ex., PINTO COELHO, (1963, 243 ss. e 257 ss.) e OLAVO (1978, 56 e 60-66), consideram outros que ela se verifica com o consenso entre os contratantes. Vd. SERRA, (1956 (61), 18 ss e 124 ss). Refere este último autor: "A simples entrega ou tradição não pode determinar a sua transferência, por ser um mero acto material. A entrega ou tradição deve ser acompanhada da vontade de transmitir o título. Este pode ser entregue por muitas razões, independentemente da vontade de transmitir ... Além do acordo sobre a transferência da propriedade, é, porém, necessária, em princípio, a entrega". Em Espanha exige-se um título (causa da tradição) que transmita a propriedade, além da tradição. Vd. MADRID PARRA (1990a, 62). Este autor distingue entre a transmissão do título e a transmissão do direito, que não tem que coincidir.

[566] Trata-se de uma característica intrínseca às acções nominativas. Porém deve notar-se que o nome do titular não consta apenas do título, mas também dos registos da

e a sua transmissão[567] opera por declaração no próprio título, feita pelo transmitente e registo no livro da entidade emitente com declaração por ela escrita no próprio título. Sobre esta matéria, porém, deve haver algum cuidado, pois os autores não coincidem quando ao modo de circulação cartular destes valores que, segundo uns, exige os dois momentos referidos e, segundo outros, tem apenas a ver com o chamado *transfert*[568]. Em qualquer caso, o registo no livro da entidade emitente é sempre elemento necessário de legitimação do titular face a essa entidade.

III. Se ressalvarmos o registo do titular dos títulos nominativos no livro de registo da entidade emitente[559], todo o regime traçado está dependente da existência do título em papel. Por isso, o primeiro problema que se levanta em relação aos valores escriturais é a inexistência desse mesmo título em papel, suporte do regime jurídico.

Em relação aos valores escriturais ao portador, não faz sentido falar em posse[570], uma vez que um registo é insusceptível de

---

entidade emitente. Em geral, sobre os títulos nominativos, vd. MARTORANO (1992, 129 ss.), SERRA (1956 (60), 374 e (61, 73 ss.).

[567] Não é unânime o entendimento quanto ao momento da transferência dos títulos nominativos. A maioria da doutrina (ASCENSÃO, 1992, 45), entre nós, considera que o averbamento no livro de registo da entidade emitente não é constitutivo para efeitos de transmissão. Esta seria mero efeito do contrato e o averbamento no livro da sociedade apenas permitiria que a transmissão fosse oponível à entidade emitente. Assim, SERRA (1956 (61), 73 ss e 1968 (177), *maxime* 79 ss.). É essa também a posição da doutrina alemã como referem HUECK/CANARIS (1986, 288). Em sentido contrário, ASCENSÃO (1992, 46), para quem a declaração no título "integra necessariamente o modo de circulação do título nominativo. Acordo de transmissão sem reflexo literal tem mero significado extra-cartular". No mesmo sentido LABAREDA (1989, 244ss), OLAVO (1978, 57-58). À luz do art. 326.º do CSC parece-nos que, no tocante às acções nominativas, a razão está com esta última posição.

[568] Para uma análise do problema, relativamente às acções nominativas, vd. MENDES (1989, 161 ss.), nomeadamente quanto às diferenças entre a concepção alemã e a concepção italiana, seguida tradicionalmente entre nós. Para uma panorâmica global do mesmo problema, sua evolução histórica e perspectivas de evolução, vd. PELLIZI (1984, 1 ss.).

[569] Por vezes não chegava a haver emissão do título, nomeadamente para as acções. Vd. JUGLART/IPPOLITO (1991, 750). Na Suiça a sua emissão está dependente da vontade do titular (vd. p. 79).

[570] Apesar da afirmação do texto, não ignoramos que há autores que consideram os valores escriturais como susceptíveis de posse. Assim JUGLART/IPPOLITO (1991, 774), que trata o valor escritural como "titre", e também DEVESCOVI (1991, 271 ss.). Porém, a quase totalidade da doutrina por nós consultada não considera os valores escriturais como susceptíveis de posse, embora haja autores que equiparam os efeitos do registo aos efeitos da posse.

posse [571]. Também não faz qualquer sentido falar em entrega (*traditio*) do valor escritural, pelas mesmas razões [572]. Portanto, tanto *a especial forma de legitimação como de transmissão dos títulos ao portador são incompatíveis com a forma registral dos valores escriturais*. Assim, e em conclusão, do regime dos títulos ao portador, resta-nos o anonimato do titular. Ora, como já verificámos, os valores escriturais são sempre inscritos em nome do seu titular, o que afasta a sua consideração como valores anónimos. Assim e quanto aos títulos ao portador, o seu regime parece estar liminarmente excluído, dadas as características dos valores escriturais.

Quanto ao títulos nominativos, também não faz sentido falar em "transfert" e pertence lavrados no verso do título, dado que essa exigência pressupõe a existência do título em papel. Portanto, a *particular forma de transmissão dos títulos nominativos é incompatível com os valores escriturais*. Porém, já não contraria a forma dos valores escriturais condicionar a eficácia da sua transmissão "inter vivos" ao averbamento nos livros da entidade emitente. Igualmente, e tal como os títulos nominativos, os valores escriturais são registados em conta em nome do seu titular, nada impedindo que sejam também registados em livro da entidade emitente [573].

Mas analisemos cada um destes aspectos de *per si*, atendendo ao regime jurídico traçado no CdMVM.

4.3. O regime legal dos valores escriturais nominativos e ao portador

I. A única referência que, no CdMVM, encontramos aos valores escriturais que seguem o regime dos títulos nominativos, consta do 71.º/1/c. De acordo com esse preceito, a Central deve fornecer às entidades emitentes desses valores mobiliários relações dos proprietários e

---

[571] Vd., em geral, ASCENSÃO (1993b, *maxime* 65), no sentido de que, de acordo com a nossa lei, as coisas incorpóreas não são susceptíveis de posse. Expressamente quanto aos valores escriturais, vd., por ex., FERREIRA DE ALMEIDA (1992, 28).

[572] RIPERT/ROBLOT (1992, 59) considera que "a operação material de inscrição em conta não pode ser assimilada a uma entrega". Vd., *infra,* a propósito das transferências entre contas entendidas como entrega, pp. 247 ss..

[573] A doutrina francesa, em geral, continua a defender a aplicação do regime anterior, dado o carácter lacunar, o atabalhoamento (*maladresse*) do decreto de 1983. Vd. RIPERT/ROBLOT (1992, 24)

usufrutuários. A Central deve fornecer directamente [574] tais informações, após solicitar os elementos necessários aos intermediários financeiros que tenham a seu cargo as contas de registos individualizado.

Não é consagrada qualquer especial referência à transmissão dos valores escriturais que seguem o regime dos títulos nominativos. Portanto, *cabe perguntar se aquela transmissão exige o averbamento no livro da entidade emitente.*

Uma primeira abordagem permite dizer que não foi intenção do legislador do CdMVM revogar ou "desaplicar" os preceitos relativos à transmissão dos títulos nominativos consagrados noutros diplomas. Se atendermos, em geral, ao regime consagrado no CdMVM, podemos concluir que procurou salvaguardar, ao máximo, os regimes anteriores [575], nomeadamente no CCm [576] e no CSC [577]. Portanto, tais preceitos serão, em princípio, aplicáveis aos valores escriturais que seguem o regime dos títulos nominativos [578]. Só o não serão se pudermos concluir que isso resulta

---

[574] Em caso algum o podendo fazer através dos intermediários financeiros, como resulta "a contrario" do art. 71.º/2. Note-se que em preceito paralelo (art. 94.º), relativo aos valores titulados fungíveis, se dispõe de modo diverso, o que nos deixa alguma perspectiva.

[575] Apesar das profundas alterações introduzidas o CdMVM, em muitos aspectos, limita-se a compilar legislação anterior muitas vezes sem qualquer adaptação, o que levanta problemas de ordem sistemática difíceis de resolver. Este facto é particularmente claro face ao DL n.º 8/74, de 14/1.

[576] Foram expressamente revogados os arts. respeitantes às bolsas de valores, seus corretores e operações sobre valores mobiliários: arts. 64.º a 92.º e 351.º a 361.º (vd. art. 24.º do DL n.º 142-A/91, de 10/4).

[577] Apenas foram expressamente revogados os arts. 307.º e 524.º a 525.º (vd. o art. 24.º do DL n.º 142-A/91, de 10/4). No entanto, o legislador poderia ter optado por regular de novo e de forma integral o regime das OPA's, dado que lhe dedica uma particular atenção. Porém, não o fez, mantendo em vigor a disciplina traçada pelo CSC, o que por vezes levanta difíceis problemas de articulação (vd. a justificação no n.º 21 do preâmbulo àquele DL). Sobre este aspecto vd. VENTURA (1992, 132-135). Já depois de redigida e discutida esta tese tal regime foi revogado pelo DL n.º 261/95, de 3/10. São revogados os arts. 306.º e 308.º a 315.º do CSC.

[578] É essa a posição defendida, mas sem referir qual a base legal, pelo Prof. FERREIRA DE ALMEIDA (1992, 28, nota 11): "... o regime jurídico dos valores escriturais nominativos caracteriza-se pelos dois aspectos seguintes: 1.º) os registos que lhes dizem respeito são cognoscíveis pelas entidades emitentes; 2.º) a *eficácia da sua transmissão "inter vivos" depende de averbamento junto da entidade emitente respectiva*" (subl. meu). No entanto, mais adiante, parece esquecer este aspecto quando se refere, genericamente, à transmissão dos valores escriturais. Trata-se de uma posição que não pode ser aceite, pois contraria o regime estabelecido para os valores escriturais.

de outras disposições do CdMVM, como decorre do art. 52.º/2[579], ou se tal for incompatível com a natureza ou o regime jurídico estabelecido para os valores escriturais. A análise seguinte será baseada, por facilidade de exposição, no regime das acções nominativas.

II. O legislador, ao remeter para o regime dos títulos nominativos teve em vista, antes de mais, o regime dos títulos fungíveis, regulados nos arts. 77.º e ss. do CdMVM, cuja circulação é também desmaterializada como acontece com os valores escriturais. Assim, caso haja disposições sobre a matéria que nos ocupa, elas serão aplicáveis aos valores escriturais que sigam o regime dos títulos nominativos, por força da remissão do art. 52.º/2 para as "modificações resultantes deste diploma".

Quanto às acções nominativas tituladas fungíveis, estabelece o art. 89.º/1/a que o registo na conta de depósito substitui, *para todos os efeitos*, "as formalidades estabelecidas para a sua transmissão no Decreto Lei n.º 408/82[580], de 29 de Setembro, e nos artigos 326.º e ss. do CSC[581], designadamente a declaração do transmitente escrita no título, o pertence lavrado no mesmo a favor do adquirente e o correspondente averbamento no livro de acções da sociedade, que não serão exigíveis"[582].

Portanto *não são exigíveis* para a transmissão dos títulos depositados fungíveis:

– as formalidades que são consequência directa do facto de o título se encontrar depositado e, portanto, não circular fisicamente mas apenas através de registos em conta, como acontece com a declaração do transmitente escrita no título e o pertence lavrado no título a favor do adquirente;

– o averbamento no livro de acções da sociedade, formalidade que é

---

[579] Nomeadamente quando refere que "os valores mobiliários escriturais seguirão, com as *modificações resultantes deste diploma*...".

[580] O transmitente deve enviar à instituição depositária uma declaração com instruções para que proceda ao depósito das acções transmitidas a favor do adquirente, na mesma ou em outra instituição. Parece defensável que o regime do DL 408/82 não se aplica à transmissão das acções nominativas.

[581] Exige-se: a declaração do transmitente (ou pelo chefe da secção do tribunal em caso de transmissão por acto judicial) escrita no título e reconhecida notarialmente; o pertence lavrado no título pela sociedade; o averbamento no livro de acções da sociedade efectuado por esta (art. 326.º do CSC)

[582] A al. b) do n.º 1 do mesmo artigo estabelece um regime similar para os restantes títulos nominativos: "Se se tratar de outros títulos nominativos, as formalidades de natureza idêntica ou semelhante às mencionadas na alínea precedente, que se encontrem estabelecidas para a transmissão desses títulos na legislação que lhes respeite, as quais serão igualmente dispensadas".

dispensada não em atenção ao modo de circulação do título, mas devido a outras razões, como veremos a seguir[583].

O regime acabado de referir é completado e confirmado pelo disposto no art. 94.º/1. Este, em relação às acções nominativas depositadas nos termos do art. 79.º/1, *isenta os interessados ou os intermediários financeiros que intervenham nas repectivas operações de fazer qualquer comunicação às entidades emitentes e isenta estas de proceder a qualquer registo ou averbamento*[584] *nos seus livros de registo de títulos.*

Todo o regime acabado de descrever é aplicável aos valores escriturais que sigam o regime dos títulos nominativos, por força do art. 52.º/2.

III. Em contrapartida[585] das isenções concedidas, a lei impõe à Central e aos intermediários financeiros que têm a seu cargo as contas individualizadas o envio de relações dos titulares dos valores nominativos à entidade emitente. Apresenta, assim, uma via alternativa para salvaguardar os interesses da sociedade quanto ao conhecimento que deve ter das transmissões de acções nominativas por ela emitidas.

As comunicações às entidades emitentes e os registos ou averbamentos que estariam a cargo destas são expressamente substituídos pelo envio, periódico ou esporádico, de relações[586] que sejam solicitadas pela entidade emitente. Dessas relações deve constar a identificação dos proprietários e dos usufrutuários bem como a quantidade de valores detidos

---

[583] Assim, para o direito espanhol, ALONSO ESPINOSA (1992, 65 e nota 61). Em França os registos em conta desempenham um papel de legitimação comparável à inscrição sobre o registo dos *transferts* no regime anterior dos títulos nominativos. Vd. RIPERT/ROBLOT (1992, 43).

[584] Transcreve-se na íntegra o art. 94.º/1: "O regime de depósito do n.º 1 do art. 79.º *substitui para todos os efeitos* o regime de registo dos valores mobiliários titulados que dele sejam objecto, quer se trate de acções nominativas quer dos valores referidos na al. b) do art. 80.º, *não tendo os interessados, ou os intermediários financeiros que intervenham nas respectivas operações, de fazer, enquanto o regime de depósito se mantiver, qualquer comunicação às entidades emitentes sobre as transacções, onerações e outros actos jurídicos de que esses valores sejam objecto, nem as entidades emitentes de proceder a qualquer registo ou averbamento das mesmas operações nos seus livros de registo de títulos*, designadamente tratando-se de acções, no livro a que se refere o artigo 305.º do Código das Sociedades Comerciais".

[585] A palavra, que não deixa de ser sintomática, consta da própria letra do art. 94.º/2.

[586] Em Espanha são enviadas relações de todas as acções escriturais, pois aí não se distingue entre nominativas e ao portador (art. 22.º do RD 116/1992). Não deixa de haver autores que sublinham que tal se deve a razões fiscais e de controlo de riqueza para fins tributários (ALONSO ESPINOSA, 1992, 66).

por cada um deles. Estas relações são enviadas à entidade emitente pela Central (do art. 94.º/2).

A lei consagra um regime idêntico para os valores escriturais que sigam o regime dos titulos nominativos. Porém, não estipula expressamente que as relações enviadas pela Central substituem as comunicações que devam ser feitas à entidade emitente pelos interessados ou pelos intermediários financeiros. Mas não tinha de o fazer, dado o disposto no art. 52.º/2.

IV. Tudo quanto acaba de ser dito, é reforçado pelo facto de *o CdMVM não estabelecer um distinto modo de transmissão dos valores escriturais, conforme sejam nominativos ou ao portador e*, ainda, pelo facto de o regime de transmissão dos valores titulados fungíveis ser idêntico aos dos valores escriturais (art. 89.º/2).

Por fim, também o particular modo de transmissão das acções escriturais aponta no mesmo sentido. O transmitente dos valores escriturais na situação descrita não poderá enviar qualquer declaração à entidade emitente. Com efeito, se as acções escriturais forem negociadas em bolsa, ele desconhece o nome do transmissário[587]. Este, por sua vez, desconhece o nome daquele. Igualmente, os intermediários financeiros intervenientes na operação desconhecem os comitentes um do outro, salvo se for um só intermediário financeiro a intervir na operação ou esta for realizada de conta do próprio intermediário financeiro. É certo que este era um problema que a lei poderia resolver, mas não o fez.

4.4. O regime especial das acções escriturais sujeitas a controlo legal ou estatutário

I. Um regime especial resulta do artigo 55.º. Tal regime aplica-se apenas aos casos em que haja limites à titularidade das acções, impostos por lei ou pelo contrato social e essa "limitação respeitar ao conjunto de accionistas que pertençam a determinada categoria ou categorias de pessoas colectivas".

Nesses casos, "a sociedade emitente manterá relativamente a todas as suas acções nominativas, bem como, se for o caso, às acções ao portador sujeitas obrigatoriamente ao regime de registo ou depósito, um registo

---

[587] As operações realizadas em bolsa devem respeitar, rigorosamente, o princípio do anonimato dos investidores, não podendo os intermediários financeiros encarregados de realizar as operações revelar o nome dos seus comitentes (vd. o art. 184.º/1/e/f).

actualizado da percentagem de capital em cada momento detida por cada uma dessas categorias de pessoas, facultando prontamente tal informação aos interessados que a solicitem, quer sejam accionistas, quer não".

II. Essa informação deve ser prestada pela Central que centraliza as informações parcelares de cada um dos intermediários financeiros, de acordo com o disposto no artigo 94.º/3 para as acções tituladas fungíveis. Naquele preceito, exige-se que o intermediário financeiro faça constar tais valores de sub-conta autónoma dentro das suas contas globais (sub-conta de valores com limitações à sua titularidade [588]). A Central, por sua vez, reflectirá tal informação na conta de emissão (art. 85.º/3/a [589]), aberta junto dela, transmitindo imediatamente a informação à entidade emitente, a fim de esta poder cumprir o disposto no art. 55.º/b, isto é, actualizar o registo especial que detém junto dela.

III. Ora, tanto o art. 55.º como o art. 94.º/3 são aplicáveis às acções escriturais cuja titularidade esteja sujeita a controlo legal ou estatutário, independentemente de seguirem o regime dos títulos nominativos ou ao portador. Parece-nos que este preceito revela alguma incoerência do legislador. Bastaria que todas as acções descritas fossem obrigatoriamente nominativas.

4.5. Características gerais do regime dos valores escriturais conforme sejam nominativos ou ao portador

I. Da análise feita nos pontos anteriores pode concluir-se que o regime dos valores escriturais que seguem o regime dos títulos nominativos tem as seguintes características essenciais:

– o seu titular é conhecido da entidade emitente desses valores;

– não é exigível o envio de qualquer declaração de transmissão à entidade emitente por parte do transmitente ou do intermediário financeiro que tem a seu cargo a conta de registo dos valores em causa;

– não é exigível qualquer averbamento nos livros da entidade emitente para efeitos de transmissão "inter vivos" desses valores mobiliários;

---

[588] Vd. o Anexo 2 da Portaria n.º 834-A/91, de 14/8.

[589] E não art. 85.º/3/b, como consta do texto da lei e não foi objecto de qualquer rectificação. Parece-nos tratar-se de um lapso pois a Central não pode movimentar a conta a que se refere o art. 85.º/3/b.

– aquela comunicação e este averbamento são substituídos por relações que, periódica ou esporadicamente, a Central deve enviar a pedido da entidade emitente, contendo o nome dos titulares e usufrutuários dos valores e a quantidade de que cada um deles é detentor.

II. Os valores mobiliários escriturais que sigam o regime dos títulos ao portador têm como única característica distintiva o facto de os seus titulares serem desconhecidos da entidade emitente [590].

III. Tudo reside no conhecimento ou não que a entidade emitente tenha dos titulares dos valores mobiliários escriturais. Daí que seja pertinente colocar a questão de saber se ainda faz sentido a distinção consagrada na lei [591]. Parece-nos que a questão deve ser posta em termos diferentes: faz sentido manter a distinção de regime que está na base da distinção entre títulos nominativos e ao portador? Assim colocado, o problema faz sentido e exigia-se um aprofundamento da distinção em termos de regime jurídico, não o reduzindo a uma mera questão de anonimato [592]. Nomeadamente tal distinção poderá ter interesse caso venha a ser consagrado legalmente um regime geral para os valores escriturais não integrados no sistema de registo e controlo de valores mobiliários escriturais. Nesse caso, os valores escriturais, conforme fossem nominativos ou ao portador, poderiam seguir um distinto regime de inscrição em conta. Mesmo então, continuará a não existir o fundamento para a distinção entre os dois tipos de valores, ao menos no sentido tradicional, isto é, um distinto regime de circulação e legitimação. Esta, parece-nos, é a questão essencial.

IV. Não faz sentido colocar aqui aspectos de regime das acções nominativas que não dependem da sua forma de representação. Tal é o caso, por ex., do disposto nos arts. 299/2 e 328.º/2 do CSC. Estes preceitos, portanto, são directamente aplicáveis às acções escriturais nomi-

---

[590] Assim OPPO (1988, 591), LENER (1989, 11).

[591] Refere OPPO (1988, 591) a propósito do sistema francês: "Si potrebbe concludere che *il titolo al portatore "di massa" non esiste più, né nel senso tradizionale, né in altro senso*: infatti il diritto risulta sempre da una iscrizione e si trasferice sempre com una iscrizione".

[592] Nesse sentido apontam HUECK/CANARIS (1986, 288), quando referem: "*A finalidade das acções nominativas é sobretudo advertir o adquirente de que provavelmente a acção é nominativa porque não foi completamente liberada, ou que existem prestações acessórias a cargo do titular ou que é necessário o consentimento da sociedade para a sua transmissão*".

nativas por força do princípio da indiferença da forma de representação, de que falaremos mais adiante. Ter em conta este aspecto é essencial por forma a não confundir o regime que releva directamente do direito das sociedades com o regime que tem a ver com o título ou forma de representação. De outra forma corre-se o risco de atribuir ao art. 52.º/2 um âmbito que não tem.

CAPÍTULO III
O PROCESSO E OS ACTOS DE REGISTO DOS VALORES ESCRITURAIS

1. RAZÃO DE ORDEM

I. Continuando a análise do regime jurídico dos valores escriturais, vamos aglutinar neste capítulo diversos aspectos que se prendem com o processo de registo[593] junto dos intermediários financeiros, deixando de fora o processo na Central. Analisado o sistema e o objecto do registo, importa agora ver *quem efectua os registos, a pedido de quem e em que termos*. Assim, trataremos sucessivamente: a competência para efectuar o registo, dando particular atenção aos deveres e responsabilidades das entidades registadoras; a legitimidade para pedir o registo, nos casos em que deva ser pedido; as principais regras e os princípios a que se subordinam os actos de registo e a forma de os praticar; a natureza da actividade registral; a impugnação dos actos de registo. Por focar ficam muitos aspectos e outros mereceriam um tratamento mais desenvolvido. No entanto, a perspectiva de abordagem está subordinada aos objectivos que nos propusemos atingir com este trabalho. Assim, serão apenas aflorados ou ignorados aspectos que com ele não tenham uma relação tão directa, o que não significa qualquer valoração da nossa parte quanto à sua importância.

II. Como procuraremos mostrar, *a actividade registral de valores escriturais está muito moldada no registo predial*[594]. Nalguns casos, o

---

[593] A palavra registo tem vários sentidos, nomeadamente o normativo e o sentido gráfico, físico ou comunicacional. Embora o segundo sentido também apareça em alguns locais deste trabalho, é sobretudo o primeiro que nos interessa. Com efeito, *é no seu sentido jurídico que o registo nos aparece como um instituto, um sistema que que integra diversos tipos de normas:* regras de determinação do objecto, regras de competência, regras processuais, sanções para os casos de incumprimento, etc.

[594] Em lado algum a lei é expressa quanto a esta questão. Porém a essa conclusão se chega pela comparação dos preceitos. Aliás, o registo predial é subsidiário em relação

legislador limitou-se a transcrever os correspondentes preceitos do Código do Registo Predial (CdRP) e, noutros, introduziu ligeiras alterações, essencialmente nos casos em que aquele registo estava directamente ligado à natureza dos bens a registar (bens imóveis). Como é acentuado pelos diversos autores, o registo predial foi aquele sofreu maior elaboração dogmática[595], sendo portanto aquele que tem um regime jurídico mais desenvolvido. Por isso, o legislador o terá tomado como ponto de partida (ou modelo) para a elaboração do regime de registo dos valores escriturais. *Tal não significa que não encontremos desvios significativos entre os dois regimes e que nos permitem afirmar que, na essência, são distintos.* Porém, estas diferenças não apagam as semelhanças.

Assim, e na medida em que tal for relevante para a nossa análise, não deixaremos de ter em conta as disposições do registo predial sobre a matéria em análise, bem como a jurisprudência e a doutrina que sobre elas tem sido produzida. Ao elaborar um regime tão importante e de forma tão desenvolvida, como é o dos valores escriturais, o legislador não terá certamente ignorado esses aspectos. Estaremos particularmente atentos às diferenças pois serão sintomáticas em relação às intenções da lei. Evitaremos, no entanto, retirar conclusões assentes na opção do legislador, nomeadamente quanto à natureza dos valores a registar como se se tratasse de um mero registo de bens, entre outros.

III. Seguir o modelo do registo predial não era a única alternativa que o legislador tinha à sua disposição. Com efeito, *é já longa a prática bancária assente em registos em conta, como nas transferências de valores entre contas.* À medida que a desmaterialização da moeda se foi acentuando[596], os registos bancários passaram a assumir um papel chave na gestão e administração e mesmo na criação da moeda. Podia, portanto, o legislador ter recorrido em mais larga medida a essa experiência, até porque as entidades que têm a seu cargo os registos de valores escriturais são instituições financeiras, na maior parte dos casos instituições

---

a outros registos, como o registo automóvel e ao registo comercial, até à publicação do actual código, aprovado pelo DL n.º 403/86, de 3/12. Por isso, a disciplina desse registo é considerada prototípica (Vd. ASCENSÃO, 1993b, 333). Sobre a evolução do registo pre-dial, entre nós, vd. FERREIRA DE ALMEIDA (1966, 146-151) e GUERREIRO (1993, 11ss.). Em Espanha, FERNANDEZ DEL POZO (1989, 1216) assinala que o funcionamento do registo de valores escriturais "revela uma surpreendente semelhança com o Registo da Propriedade".

[595] ASCENSÃO (1993b, 331 ss.), GUERREIRO (1993, 13 ss.).
[596] Sobre o assunto vd., por ex., DEVESCOVI (1991, 14 ss.).

bancárias[597]. Além disso, muitas das experiências de desmaterialização tiveram origem na prática bancária, muitas vezes "contra legem" devido à pressão para a resolução de problemas práticos[598]. Não é aqui o lugar adequado para apreciar a opção do legislador português, mas não podia deixar de ser assinalada, particularmente porque nos parece que *não terá sido imune às técnicas bancárias,* hipótese que só poderá ser inteiramente comprovada depois de analisado todo o regime jurídico instituído.

IV. Por tudo o que acaba de ser dito, podemos dizer que *o regime de registo dos valores escriturais segue caminhos próprios, de acordo com a nossa melhor tradição registral, afastando-se de eventuais modelos estrangeiros em aspectos importantes,* ao contrário do que aconteceu noutros aspectos, nomeadamente quanto ao sistema de registo e controlo de valores mobiliários escriturais, em que o modelo francês é transposto, embora com alterações. Neste aspecto o *modelo que, quanto a alguns elementos, mais se aproxima do português é o modelo criado pelo legislador espanhol,* o que não poderá deixar de ser tido em conta na nossa análise.

2. AUTORIZAÇÃO PARA REGISTAR E DEVERES DO REGISTADOR

2.1. Entidades autorizadas a registar valores escriturais

I. O novo sistema não terá a confiança do público e das entidades emitentes de valores escriturais caso essa confiança não se estenda às entidades registadoras. A confiança é essencial para que todo o mercado financeiro funcione, aí incluído o mercado de valores mobiliários[599]. Ela

---

[597] Deve lembrar-se que as instituições bancárias ganharam, ao longo dos anos, um capital de confiança junto do público, de capacidade e competência técnica assinaláveis, de grande importância para suportar o sistema instituído.

[598] Assim aconteceu em todos os países, com particular destaque para a Alemanha, onde, na expressão de ZÖLLNER (1974, 252), o legislador só "deu a benção" a essas práticas com a publicação da *DepotG* de 1937, o mesmo acontecendo mais tarde com a alteração dessa lei em 24/5/72 para reconhecer o chamado documento global (*Globalurkunde*) pelo acrescento do § 9a (253). Por isso alguns autores, referindo-se à experiência alemã, falam no regime dos valores escriturais como tendo sido construído à margem do regime dos títulos de crédito, de acordo com o direito bancário e nas formas usadas pelos bancos. Vd. HUECK/CANARIS (1986, 24).

[599] Quanto à importância da confiança como princípio essencial do tráfico mercantil, vd. CORDEIRO (1988, 152-154).

não pode resultar apenas do sistema de controlo instituído, mas também das exigências colocadas às entidades encarregadas do registo. Essas exigências tanto são específicas desta actividade de intermediação em valores mobiliários, como gerais e respeitantes a todas as actividades desenvolvidas pelos intermediários em valores mobiliários[600]. Só as exigências específicas serão aqui tidas em conta.

II. Nesta ordem de ideias, o art. 59.° faz depender a atribuição da competência para prestar o serviço de registo de valores escriturais dos seguintes requisitos cumulativos:

– no aspecto subjectivo que se trate de instituições de crédito[601], sociedades de investimento[602], sociedades corretoras ou financeiras de corretagem[603];

---

[600] No respeitante às actividades de intermediação em valores mobiliários o CdMVM – no seguimento da Recomendação n.° 77/534, de 27/7, relativa ao Código de Conduta Europeu, a observar nas transacções de valores mobiliários – impôs a adopção de códigos de conduta (arts. 654.° a 665.°), ligando a sua aprovação aos objectivos essenciais a atingir nos mercados de valores mobiliários (vd. o art. 4.°/e e o art. 5.°, *maxime* al. e). Quanto aos códigos de conduta, vd. CONCEIÇÃO NUNES (1992/93, 89-100), ao que nos foi dado apurar o primeiro e único texto de natureza jurídica publicado sobre esta matéria entre nós, embora exclusivamente assente no CdMVM e limitando a análise à consideração do códigos de conduta como fontes de direito bancário. Entretanto, foi publicado o DL n.° 298/92, de 31/12 que, nos seus arts. 77.° e 195.°, prevê a elaboração de códigos de conduta quer pelas instituições de crédito quer pelas sociedades financeiras. Está ainda por analisar, entre nós, a importância dos códigos de conduta ao nível da actividade bancária. Sobre os códigos de conduta, em geral, vd. HANNOUN (1989, 417 ss.).

[601] O conceito de instituição de crédito é hoje distinto do que vigorava na altura em que foi aprovado o CdMVM dada a entrada em vigor do DL n.° 298/92, de 31/12. Apesar de o conceito de instituição de crédito ser hoje mais amplo, não faz sentido estender a todas as instituições hoje qualificadas como tais, a possibilidade de serem autorizadas a prestar o serviço de registo de valores mobiliários escriturais. Em concreto, tudo dependerá da legislação especial que regular cada um dos tipos de instituições de crédito. Duma maneira geral, porém, não terão quaisquer condições para prestar o serviço de valores escriturais as caixas de crédito agrícola mútuo, as sociedades financeiras para aquisições a crédito, as sociedades de locação financeira e as sociedades de "factoring". Quanto às restantes instituições enumeradas no art. 3.° daquele DL, não deve afastar-se a possibilidade de poderem prestar o serviço de valores escriturais, desde que preencham as restantes condições de que depende a autorização. FERREIRA DE ALMEIDA (1993, 30, nota 14), parece orientar-se em sentido coincidente com o aqui expresso, quando refere que o art. 59.°/2, "deve ser interpretado de modo actualizado e restritivo, abrangendo na expressão "instituições de crédito" apenas aquelas que, na nova nomenclatura, são designadas por bancos e outras que, estando autorizadas a captar depósitos, lhe estão total ou parcialmente equiparadas". Quanto ao conceito de instituição de crédito no DL n.° 298/92, de 31/12, vd. CONCEIÇÃO NUNES (1992/93, 155 ss.).

– do ponto de vista objectivo, que essas instituições possuam determinados meios técnicos, nomeadamente informáticos e capacidade financeira;
– integração no sistema de registo e controlo de valores escriturais através da filiação na Central;
– integração no sistema de liquidação e compensação de operações de bolsa.

A verificação destes requisitos é controlada pela CMVM, entidade com poderes para autorizar a prestação do serviço de registo de valores escriturais e junto da qual funciona um registo especial das entidades autorizadas[604].

III. Quanto à exigência de determinados meios técnicos e capacidade financeira, pensamos que apontam no sentido de se tratar de uma *autorização "intuitu personae"*. Porém, tal não impede que certas tarefas possam ser delegadas noutras entidades ou que possa ser celebrado contrato de mandato, desde que seja com outro intermediário financeiro autorizado[605] e sempre com a concordância dos interessados. Os meios técnicos exigidos respeitam às necessidades de integração no sistema de registo e controlo, que está interligado[606] através de um sistema informático[607].

---

[602] Hoje são qualificadas por lei como instituições de crédito (art. 3.º do DL n.º 298/92, de 31/12), embora no regime anterior fossem qualificadas como parabancárias. Por isso, hoje em dia, podem considerar-se incluídas na previsão genérica das instituições de crédito. As sociedades de investimento são reguladas pelo DL n.º 260/94, de 22 de Outubro.

[603] Estas sociedades foram criadas, entre nós, pelo DL n.º 229-I/88, de 4/7 (alterado pelo DL n.º 39/91, de 21/1, DL n.º 142-A/91, de 10/4 e DL n.º 417/91, de 26/10), e substituiram os antigos corretores de bolsa. Da enumeração legal estão excluídas outras instituições anteriormente consideradas como parabancárias e que de acordo com o art. 6.º do DL n.º 298/92, de 31/12, são qualificadas como sociedades financeiras. Porém, mesmo que tais sociedades sejam consideradas como intermediários financeiros em valores mobiliários para outros efeitos, como é o caso das sociedades gestoras de fundos de investimento mobiliário e das sociedades gestoras de patrimónios, elas não podem ser autorizadas a prestar o serviço de registo de valores escriturais.

[604] Quanto ao registo das entidades autorizadas a prestar o serviço de valores escriturais, vd. o RgCMVM n.º 91/11, de 5/9 e o RgCMVM n.º 91/15, de 19/11, relativos à entrega de elementos à CMVM para instrução de pedidos de registo ou autorização.

[605] No sentido do texto, para o caso francês, apontam RIPERT/ROBLOT (1992, 51-52). Que saibamos, não está fixado qualquer critério que permita determinar a capacidade financeira exigida para a prestação do serviço de valores escriturais.

[606] Dizemos "interligado" porque o sistema de registo e controlo de valores escriturais não é apenas composto pelo sistema informático, mas todo um conjunto de entidades e técnicas, como acentuámos acima (vd. pp. 101 ss.).

[607] Vd. o art. 3.º/2 do RgCentral, transcrito na p. 101 (nota 1). De acordo com o n.º 3 do mesmo preceito, a comunicação dentro do sistema é assegurada em contínuo.

IV. A exigência de filiação na Central[608] decorre do sistema de controlo instituido que, como já vimos, tem essa entidade como elemento central[609].

Por sua vez, a exigência de filiação no sistema de liquidação e compensação de operações de bolsa[610] decorre do facto de os valores serem sobretudo destinados à negociação em bolsa e às particulares exigências de celeridade que tal negociação exige e que, como observámos, foi uma das razões da criação dos valores escriturais. Esta exigência é uma das mais importantes garantias do sistema e, simultaneamente, uma das suas principais limitações. Indicia, igualmente, as preocupações do legislador ao instituir o sistema de valores escriturais nos termos em que o fez, isto é, resolver os problemas da negociação em bolsa e da liquidação das operações.

---

[608] O art. 188.º/3 declara que é obrigatória a filiação na Central: para os intermediários financeiros que exerçam as actividades referidas no art. 59.º e no art. 87.º/1; para os intermediários financeiros que sejam associados membros ou não membros das associações de bolsa (vd. o art. 206.º). O art. 2.º/a do RgCMVM n.º 93/3, publicado no DR-II série, de 14/7/93 (que fixou o preçário da INTERBOLSA – Associação Prestadora de Serviços às Bolsas de Valores) refere-se à filiação de intermediários financeiros na INTERBOLSA. Pensamos que deve tratar-se de lapso, uma vez que a lei fala em filiação na Central e não naquela entidade gestora (art. 188.º/3). Com efeito, a filiação na Central em nada é impedida pelo facto de a Central não ter personalidade jurídica assim como, por idênticas razões, nada impede um corretor de ser membro de uma bolsa de valores (vd. o art. 206.º). No mesmo sentido, vd. os arts. 13.º e 14.º do RgCentral.

[609] Também em França, os intermediários financeiros habilitados a deter contas de valores ao portador e nominativos administrados ficam automaticamente filiados na SICOVAM. Vd. RIPERT/ROBLOT (1992, 51).

[610] Vd. o art. 459.º/2/a onde se exige que todas as operações sobre valores mobiliários escriturais sejam, obrigatoriamente, liquidadas através do sistema de liquidação e compensação "quer se encontrem quer não admitidos à negociação em bolsa". Porém, torna-se de difícil compreensão a al. a) do n.º 4 do mesmo art.: "Exceptuam-se do disposto no n.º 2 (...): as operações efectuadas por intermediários financeiros que não satisfaçam as condições estabelecidas no art. 59.º (...)". Ora, tratando-se de operações efectuadas por intermediários financeiros, devem ser consideradas como realizadas em mercado de balcão (art. 181.º e 499.º ss). Embora ao mercado de balcão não se aplique o art. 425.º (vd. o art. 502.º/2), os intermediários financeiros aí autorizados a operar apenas podem receber e executar ordens sobre valores escriturais que estejam registados junto deles (art. 502.º/3). Assim, torna-se difícil conjugar o art. 459.º/4/a com o referido art. 502.º/3. O art. 67.º/1/b, com carácter de generalidade, exige que a venda dos valores escriturais em qualquer mercado secundário seja obrigatoriamente efectuada através do intermediário financeiro que tenha a seu cargo a respectiva conta de registo, salvo se esse intermediário financeiro for um corretor. O mesmo valerá para o exercício de direitos (art. 67.º/2).

É sobretudo criticável esta última exigência do legislador, pois apenas encara os valores escriturais ligados à negociação em bolsa, afastando-se, assim, da noção dada por ele próprio no art. 3.°/1/a, onde apenas exige a negociabilidade e não a negociação efectiva em mercado secundário organizado. *Estas exigências apenas deviam, coerentemente, ser feitas caso os valores mobiliários fossem negociados em bolsa ou a partir do momento da sua admissão em bolsa. Fora desses casos, devia ter sido instituído um sistema mais simples, menos burocrático e dispendioso*[611] *e em que fosse salvaguardada a necessária segurança.*

O legislador limitou o regime jurídico instituído, mesmo quanto às entidades autorizadas a registar, à obtenção dos objectivos que tinha em vista, isto é, a reforma do mercado de valores mobiliários. Deixou, pois, aberto o caminho para que *outra legislação sobre a matéria venha completar o sistema instituído pelo CdMVM, nomeadamente quanto aos valores escriturais não admitidos à negociação em bolsa*. Esta é uma conclusão que pode ser retirada da experiência estrangeira [612] dos valores escriturais, como já entre nós tinha sido realçado pelo Prof. Pessoa Jorge [613]. Esta situação configura-se como *um verdadeiro entrave ao desenvolvimento dos valores escriturais, dificultando que esses valores sejam emitidos por pequenas e médias empresas e por sociedades que não sejam de subscrição pública.*

V. De acordo com as considerações anteriores, são de aplaudir soluções como as que foram consagradas para as obrigações de caixa e o chamado papel comercial, em que o registo está centralizado na entidade emitente [614]. É certo que tais valores mobiliários apenas podem ser emitidos por determinadas instituições [615]. Porém, pensamos que o sistema

---

[611] Para se ter uma ideia dos preços dos vários serviços prestados pela INTER-BOLSA, através da Central, preço que acaba quase sempre por se repercutir sobre os titulares dos valores ou as entidades emitentes, vd. o RgCMVM n.° 93/3, de 14/7.

[612] É, nomeadamente o caso da França (vd. supra, p. 102 (nota 325), 104 (nota 328) e da Espanha (vd. o art. 7.° da LMV e supra, p. 89 (notas 288-290).

[613] Vd. supra, p. 104 (nota 330).

[614] Apenas se exige a integração no sistema de registo e controlo de valores mobiliários caso eles venham a ser negociados em bolsa. É nesse sentido que deve ser entendida a aplicação do CdMVM, prevista pelo art. 14.°/1 do DL n.° 181/92 de 22/8, relativamente ao papel comercial, e pelo art. 10.° do DL n.° 408/91, de 17/10, relativamente às obrigações de caixa (vd pp. 131 ss.).

[615] Segundo o art. 1.° do DL n.° 181/92, de 22/8 todas as entidades públicas ou privadas com sede ou direcção efectiva em território nacional poderão emitir papel

poderia ser alargado a todo o tipo de entidades emitentes de valores. Estamos sobretudo a pensar nas pequenas e médias empresas que não querem ou não podem ter os seus valores negociados em bolsa, mas que também não deveriam ser obrigadas a suportar os custos da emissão dos títulos de valores mobiliários. É certo que, entre nós, não é obrigatória a emissão de valores mobiliários sob a forma escritural, mas o sistema instituido em nada facilita a evolução nesse sentido como parece ser vontade do legislador [616]. Deve, no entanto, acentuar-se que o regime do papel comercial e das obrigações de caixa que revistam a forma escritural apenas é exemplar pela sua simplicidade. Porém, é pouco adequado à circulação dos valores escriturais, dadas as lacunas que contém e, caso fosse generalizado, seria fonte de inúmeros problemas. Neste aspecto, seria melhor exemplo o regime do revogado DL n.º 229-D/88, de 4/7, com algumas adaptações e desenvolvimentos. Em conclusão, a questão permanece em aberto.

Uma competência especial é atribuída para o registo das unidades de participação nos fundos de investimento, quando são emitidas sob a forma escritural [617]. O mesmo acontece em relação à dívida do Estado emitida sob forma escritural [618].

2.2. Autorização para registar e contrato para registo e administração de valores escriturais

I. A autorização administrativa para a prestação do serviço de registo de valores escriturais funciona como pressuposto para que os titulares dos valores escriturais possam celebrar com as entidades auto-

---

comercial, desde que evidenciem "no último balanço aprovado um capital próprio não inferior a 1 milhão de contos" e apresentem "resultados positivos nos três últimos exercícios anteriores àquele em que ocorrer a oferta", salvo se "as obrigações de pagamento inerentes aos títulos sejam garantidas perante os tomadores por alguma das instituições de crédito mencionadas no artigo 6.º". Por sua vez, as obrigações de caixa apenas podem ser emitidas por "instituições de crédito, as sociedades de investimento, as sociedades de locação financeira, as sociedades de *factoring* e as sociedades financeiras para aquisições a crédito" (art. 2.º/1 do DL n.º 408/91, de 17/10).

[616] Vd. o Preâmbulo do diploma legal que aprovou o CdMVM, em que se refere expressamente (ponto 14): "Procura-se, todavia, através de várias disposições (arts. 48.º, n.ᵒˢ 4 e 5, 51.º, n.º 5 e 705.º) facilitar e incentivar a emissão de valores escriturais, bem como a conversão em escriturais dos valores titulados em circulação".

[617] Vd. supra, pp. 134 ss..
[618] Vd. supra, pp. 136.

rizadas o *contrato de registo*[619] *e administração dos valores escriturais*[620]. Com efeito, é aos titulares dos valores escriturais que cabe a opção quanto ao intermediário financeiro que deve prestar o serviço de registo desses valores. Por força deste contrato, o intermediário financeiro obriga-se a efectuar todos os registos exigidos por lei ou por indicação do titular dos valores, bem como a prestar-lhe todos os serviços que, de alguma forma, têm conexão com o registo: o exercício de direitos inerentes aos valores registados, a recepção de ordens de compra ou venda e a respectiva execução ou transmissão quando não esteja autorizado a executá-las, a liquidação das operações realizadas sobre os valores e a transferência dos mesmos para outras contas do titular, de aquirentes dos valores ou de quem o titular ordenar, etc. Em contrapartida dos serviços prestados, o titular da conta deve pagar ao intermediário financeiro uma comissão pelo serviço prestado, em geral, ou comissões por cada serviço específico (art. 647.°).

II. Enquanto actividade de intermediação em valores mobiliários, não pode haver dúvidas de que *a prestação do serviço de registo e administração de valores escriturais tem natureza contratual* (art. 608.°/g).

---

[619] Pensamos que, à falta de designação expressa da lei (pois não se trata de um contrato nominado embora esteja tipificado por lei quanto a alguns aspectos do seu regime), a expressão "contrato de registo" exprime razoavelmente a realidade em presença. Com efeito, não poderá aqui falar-se em contrato de depósito, pois o próprio legislador evita essa qualificação. FORTSMOSER/LORTSCHER (1987, 60), a propósito do registo das acções nominativas com impressão adiada, falam em "contrato de lançamento" (*Verbuchungsvertrag*). De acordo com os autores o banco registador encarrega-se, como prestação principal, de fazer o lançamento informático das existências individuais de acções por cliente e accionista. Juntam-se a essa prestação principal, actos de administração com prestações laterais, como a cobrança de dividendos, direitos de subscrição de novas acções, etc. Ainda de acordo com os autores o referido contrato é um contrato de prestação de serviços, sujeito, em geral, às regras do mandato, nos termos do § 394 ss do Cód. (Suíço) das Obrigações. Vd., ainda, o que já foi dito na nota 453.

[620] Este contrato não se confunde com o contrato de gestão de carteiras de valores mobiliários (vd. os arts. 608.°/h, 611.° e 445.° do CdMVM). Essa é uma actividade para que estão particularmente vocacionadas as sociedades gestoras de patrimónios (vd. o art. 1.° do DL n.° 229-E/88, de 4/7, alterado pelo DL n.° 417/91, de 26/10), mas que pode ser igualmente desenvolvida pelos bancos e a Caixa Geral de Depósitos (art. 4.°/1/h e 2 do DL n.° 298/92, de 31/12), bem como pelas sociedades corretoras e financeiras de corretagem (arts. 2.°/2 e 3.°/2/a do DL n.° 229-I/88, de 4/7) e pelas sociedades de investimento (art. 6.°-A/1/a do DL n.° 77/86, de 2/5, na redacção que lhe foi dada pelo DL n.° 308/90, de 29/9). Ora, pelo menos as sociedades gestoras de patrimónios não podem, em caso algum, ser autorizadas a prestar o serviço de registo de valores escriturais.

Dada a amplitude da regulação legal, poucos aspectos são deixados à autonomia das partes. Porém, esta sempre poderá manifestar-se quanto à amplitude dos serviços a prestar que poderão ser apenas serviços de registo ou também serviços relacionados com a administração dos valores registados. De acordo com diversos aspectos já referidos e outros que não cabe aqui desenvolver, estamos perante um *contrato não sujeito a forma escrita (consensual), oneroso e bilateral.* Quanto à forma, porém, poderá vir a ser exigida a forma escrita se a CMVM considerar que ela é indispensável para proteger os interesses dos investidores (art. 644.º/a). A CMVM poderá, igualmente, definir "cláusulas que o contrato deva obrigatoriamente conter para explicitar ... a natureza e condições ... das actividades a desenvolver pelo intermediário financeiro e os direitos e obrigações das partes ..." (art. 644.º/b), bem como estabelecer "a obrigatoriedade de quaisquer documentos a fornecer pelo intermediário financeiro aos investidores, ou por estes àquele" (art. 644.º/c). A CMVM poderá, ainda, fixar modelos ou fórmulas-tipo para os contratos em causa (art. 644.º/d). Ora, o contrato para a prestação de serviços de registo de valores escriturais é um dos que está em causa no citado art. 644.º que, genericamente, se refere a todas as actividades de intermediação em valores mobiliários previstas no art. 608.º [621].

---

[621] A novidade deste contrato exigiria aqui uma mais aprofundada reflexão, mas este trabalho não comporta um grande desenvolvimento da matéria. Por tudo quanto temos dito podemos verificar que *o serviço de registo de valores escriturais se reveste de inúmeras dificuldades:* por um lado a lei é muito lacónica e, em muitos casos, pouco clara, dando azo a que os intermediários financeiros dela não façam uma interpretação uniforme antes nela fazendo assentar práticas diversificadas; por outro lado, a realidade dos valores escriturais é muito recente entre nós, pois o anterior regime das acções escriturais nunca teve grande aplicação prática; deve ainda ter-se em conta que o registo de valores escriturais pode ser fonte de conflitos com os interesses dos clientes, na medida em que a actividade de registo de valores escriturais pode colidir com outras actividades de intermediação desenvolvidas pelo intermediário financeiro. Todos estes aspectos e outros levam-nos a concluir que *a prestação do serviço de registo de valores escriturais,* para além do disposto em lei ou nos diversos regulamentos, *carece de ser desenvolvido e clarificado através da fixação de cláusulas contratuais gerais* que obedeçam a regras mínimas, fixadas administrativamente. O mesmo valerá para a prestação do serviço de depósito de valores titulados fungíveis.

São nomeadamente importantes dois aspectos referidos por lei: os direitos e obrigações das partes e a informação a prestar entre si. A tendência dos intermediários financeiros será para reduzir ao mínimo os custos com a prestação do serviço em causa, até porque daí deriva a possibilidade de poderem cobrar mais baixas comissões. Por isso, aqueles aspectos só poderão ser inteiramente levados à prática se constarem de clausulado

III. Da particular configuração deste serviço e da sua amplitude pode dizer-se que o registo de valores escriturais é fonte de inúmeros negócios para o intermediário financeiro. Tal significa que *o intermediário financeiro é parte interessada na prestação do serviço de registo*, podendo surgir contradições entre a prestação desse serviço e outros negócios realizados sobre os valores escriturais. Essas contradições podem levar a um entravamento burocrático de certos actos de registo obrigatório e, consequentemente, serem um desincentivo a que o titular ordene a realização de operações a outro intermediário financeiro que não tem a cargo a sua conta de registo de valores escriturais [622]. Por último, não deve esquecer-se que o intermediário financeiro regista os seus próprios valores mobiliários, o que pode ser fonte de conflitos de interesses entre os seus clientes. Porém, todos estes aspectos não põem em causa o sistema instituído antes exigem a sujeição das entidades autorizadas a registar a um controlo de actividade e ao cumprimento de determinados deveres impostos por lei (vd., por ex., os arts. 660.º e 661.º).

2.3. Deveres da entidade registadora

São vários os deveres da entidade registadora [623], mas deles salientaremos dois que nos parecem assumir maior importância em relação ao tema que nos ocupa: o dever de controlar a legalidade dos registos; o dever de segredo em relação às contas de registo.

---

contratual. Este clausulado, por vezes extremamente desenvolvido, já existe em muitos outros países.

A necessidade de fixar as cláusulas obrigatórias deste contrato são sobretudo prementes em relação aos *valores mobiliários admitidos à negociação em bolsa,* sujeitos a frequentes vicissitudes de que os titulares devem ser informados: admissão, suspensão ou exclusão da negociação; pagamento ou não de determinados direitos, nomeadamente juros ou dividendos, etc. O contrato de registo de valores escriturais é muitas vezes o suporte de toda uma actividade posterior relacionada com esses valores, exercidos os direitos a eles inerentes, etc. Ora, também esses aspectos deveriam ou poderiam ser abordados em tal clausulado tipo, nomeadamente as relações que podem estabelecer-se entre as várias actividades em causa.

[622] Sublinha, criticamente, este aspecto, quanto ao sistema espanhol, FERNANDEZ DEL POZO (1989, 1227).

[623] Enquanto intermediários financeiros, as entidades autorizadas a prestar o serviço de registo de valores escriturais estão sujeitas, entre outras, às obrigações gerais consagradas no art. 184.º. Além disso, estão sujeitas às obrigações derivadas do contrato celebrado com o titular dos valores, nomeadamente as derivadas da boa fé.

O primeiro dever respeita aos actos de registo propriamente ditos e devemos interrogar-nos se os intermediários financeiros autorizados a registar estão ou não sujeitos ao princípio da legalidade e em que termos, no que respeita aos actos de registo. Trata-se de uma questão central uma vez que se prende com a segurança jurídica dos registos.

O segundo dever prende-se com o acesso de terceiros aos registos e, genericamente, com o problema da publicidade do registo de valores escriturais. Ora, a publicidade é função fundamental desempenhada pelos registos tradicionais[624]. Devemos verificar se essa função se verifica ou não no registo de valores escriturais.

2.3.1. *Princípio da legalidade*

I. É sabido que os registadores tradicionais estão sujeitos ao princípio da legalidade. Pela sua extensão, tomaremos o art. 68.º do CdRP como ponto de referência para abordar o problema da legalidade a que estão sujeitos os intermediários financeiros relativamente ao registo de valores escriturais. Por isso, deixaremos de lado o entendimento do princípio em sentido amplo, isto é, de legalidade no sentido de sujeição à lei, uma vez que essa sujeição existe em qualquer circunstância[625].

A doutrina que se tem debruçado sobre o registo predial costuma distinguir entre legalidade formal e legalidade material[626]. De acordo com o chamado *princípio da legalidade formal* o legislador limita-se a verificar a regularidade formal dos actos e a legitimidade dos requerentes. Portanto, a entidade competente regista o que for regularmente requerido. Caso haja contradições entre os registos ou entre estes e a realidade substantiva são as partes que têm de se desembaraçar, recorrendo aos tribunais[627].

De acordo com o chamado *princípio da legalidade material* (consagrado no art. 68.º do CdRP) o registador deve apreciar a viabilidade do

---

[624] Usamos a expressão sem qualquer outro significado que não seja a sua maior antiguidade em relação ao registo de valores escriturais. Em particular, temos em conta o registo predial.

[625] Vd. ASCENSÃO (1993b, 337-339).

[626] Vd., por todos, FERREIRA DE ALMEIDA (1966, 223-233). Este autor insere aquela classificação dentro do que considera como *legalidade intrínseca* (reguladora do próprio facto sujeito a registo) que distingue da *legalidade extrínseca* (observância dos requisitos de direito registral respeitantes quer ao processo registral quer à admissibilidade a registo, regulada pela lei civil) (218-219).

[627] Assim, ASCENSÃO (1993b, 337). É o que se verifica em França e na Itália.

registo, verificando especialmente: a identidade do prédio; a legitimidade dos interessados; a regularidade formal dos títulos; a validade dos actos dispositivos neles contidos. Se não achar o pedido legal o registador deve: recusar o registo nos casos taxativamente enunciados na lei (art. 69.° do CdRP) ou realizá-lo provisoriamente por dúvidas, nos restantes casos (art. 70.° do CdRP)[628].

Porém, as definições dadas acima devem ser vistas com cuidado dado que a realidade pode admitir vários graus de apreciação por parte dos registadores[629]. Vejamos, então, quais as obrigações a que estão sujeitas as entidades que prestam o serviço de registo de valores escriturais quanto à apreciação da legalidade.

II. Dada a inexistência de um preceito que expressamente consagre a sujeição dos intermediários financeiros autorizados a prestar o serviço de registo de valores escriturais ao princípio da legalidade, utilizaremos como método partir do regime de responsabilidade desses mesmos intermediários financeiros, consagrado no art. 73.°. De acordo com este preceito, o intermediário financeiro é responsável:

– por falta, irregularidades, erros, deficiências ou demoras na realização do registo;

– pela infracção de quaisquer preceitos legais ou regulamentares aplicáveis, em particular:

---

[628] ASCENSÃO (1993b, 337). Este autor critica a opção da nossa lei de registo predial neste termos: "O dinamismo da sociedade moderna não parece compatível com a sujeição de todo o acto relativo a imóveis a um julgamento burocrático. Cabe à lei definir as regras do jogo e deixar os particulares resolverem os seus litígios". Acrescenta o autor que a sujeição do registador a responsabilidade civil agrava as coisas pois ele passa a ter mais um incentivo para recusar ou retardar tudo o que sai da rotina e multiplicas as suas exigências. O princípio da legalidade, entendido em sentido material, é seguido na Alemanha. Porém aí, sublinha o Prof. O. ASCENSÃO, a legalidade é uma peça dentro de um sistema de registo constitutivo (339). Quanto ao princípio da legalidade vd. PEREIRA MENDES (1992, 136-138), GUERREIRO (1993, 24-25 e 82-86) e, com particular desenvolvimento, FERREIRA DE ALMEIDA (1966, 217-248).

[629] FERREIRA DE ALMEIDA (1966, 220-221), utiliza a expressão "círculos concêntricos", reduzindo a três os sistemas por ele analisados: os *sistemas menos exigentes* (registo comercial francês até 1953 e registo de invenções francês e italiano) em que o registador se limitava à verificação da competência da repartição, admissibilidade do objecto a registo e indicação dos dados necessários ao registo; *sistemas que,* além do anterior, *acrescentam a análise da veracidade do facto* ou da sua correspondência com a realidade (registo comercial francês desde 1953); *um terceiro tipo em que o juízo do registador se estende aos pressupostos e elementos não formais* do acto jurídico (registo comercial alemão e predial espanhol, entre outros).

– os artigos 68.° e 69.°, relativamente aos bloqueios;
– os artigos onde se regule a verificação da identidade e legitimidade dos comitentes e da situação dos valores a transaccionar, isto é, pela infracção, em particular, do art. 184.°.

Além do art. 73.° devemos prestar atenção aos preceitos que regulam a recusa do registo ou o registo provisório (art. 63.°/5). Por último devemos, ainda, atentar nos preceitos que exigem que os registos apenas sejam feitos com base na documentação legalmente exigível para a prova dos factos ou direitos a registar (art. 61.°/1) ou para a validade da transmissão dos valores a transferir (art. 65.°/2).

De acordo com as indicações anteriores, podemos agrupar assim os deveres dos intermediários financeiros a prestar o serviço de registo de valores escriturais:
– deveres de diligência quanto à realização do registo;
– deveres de verificar se os documentos que servem de base ao registo são os exigidos por lei;
– deveres de verificação da identidade e legitimidade dos comitentes;
– deveres de verificar a situação jurídica dos valores mobiliários.

III. Os *deveres de diligência* quanto à realização dos registos não têm a ver com o princípio da legalidade, no sentido atrás definido. São deveres gerais que não interessa aqui concretizar, embora sempre deva acentuar-se que se exige do intermediário financeiro um elevado grau de diligência (art. 658.°).

IV. Os *deveres de verificação* dos documentos que servem de base ao registo já têm a ver com o problema que nos ocupa. Com efeito, se os registos devem ser feitos com base nos documentos legalmente exigíveis, impõe-se que o intermediário financeiro verifique se os documentos que lhe foram apresentados reunem essas características. Porém, não tem de fazer qualquer análise intrínseca dos documentos, bastando uma análise externa. Em lado algum se exige que o registador de valores escriturais deva verificar a regularidade formal dos títulos e muito menos, a validade dos actos dispositivos neles contidos. Portanto, não está obrigado a realizar qualquer função de qualificação[630]. Assim, se lhe é enviada uma

---

[630] Tal seria impossível em muitos casos em que o intermediário financeiro deve efectuar registos com base em documentos abstractos em que é irrelevante o negócio que está na sua base. Tal é o caso das ordens de tranferência a que se refere o art. 64.°/3, entre outros. Também assim, para o caso espanhol, FERNANDEZ DEL POZO (1989, 1226).

nota de compra ou de venda de valores escriturais em bolsa, ao abrigo do art. 457.°, não tem que averiguar da legalidade do negócio nela documentado ou da própria regularidade formal da declaração. Deve bastar-se com o facto de se tratar de uma nota de compra ou de venda. Se dúvidas tiver deve proceder nos termos do art. 63.°/5, realizando o registo como provisório por dúvidas e pedindo esclarecimentos ao intermediário financeiro que lhe enviou a nota. O mesmo valerá para outros documentos legalmente exigíveis como os que têm a ver com o registo inicial dos valores mobiliários e procedem da entidade emitente ou os documentos a que se refere o art. 63.°/2 e 3.

V. Quanto aos *deveres de verificar a identidade e legitimidade dos comitentes* admite-se que possa ser feita com base em quaisquer elementos comummente aceitáveis com essa finalidade. Não se tratando do próprio titular deverá exigir procuração ou outro instrumento idóneo, conforme os casos. O problema não se colocará quando a solicitação para registar partir de um outro intermediário financeiro pois, então, é a esse intermediário financeiro que compete fornecer todos os elementos necessários à verificação daquela legitimidade.

VI. As *obrigações gerais* dos intermediários financeiros, consagradas no 184.°, revelam-se de grande importância nesta matéria que nos ocupa. Tais obrigações, embora referidas à actuação nos mercados secundários, em alguns casos respeitam directamente ao registo dos valores escriturais. É o que acontece com os deveres de certificação impostos nas als. a), b) e c) do n.° 1 daquele preceito.

O intermediário financeiro deve "Certificar-se da existência, autenticidade, validade e regularidade dos valores mobiliários que junto deles sejam depositados ou registados" (art. 184.°/1/a). Ora, este dever de certificação não se coloca apenas quando o intermediário financeiro recebe uma ordem para realizar operações sobre esses valores mas, desde logo, quando tais valores são registados em conta junto dele, como se conclui da conjugação do preceito citado como o art. 73.°, onde se impõe um dever de verificação em relação à situação dos valores a transaccionar.

Estes deveres de certificação pensamos que devem ser particularmente exercidos em três momentos: no momento em que os valores são registados; no momento em que é ordenada qualquer operação sobre esses valores e o intermediário financeiro deva proceder ao respectivo bloqueio; no momento em que é efectuada a transferência dos valores para outra conta. É sobretudo em relação a este momento que é fixada a responsabilidade do intermediário financeiro, no art. 184.º/2, quando entregar (neste caso transferir) "valores mobiliários falsos, extintos, irregulares, não negociáveis, deteriorados ou sem os direitos que lhes são inerentes". De acordo com esse mesmo preceito o intermediário financeiro está sujeito a responsabilidade (criminal, contra-ordenacional e disciplinar, conforme os casos), deve substituir aqueles valores por outros com as condições requeridas e responde pelos prejuízos causados aos interessados.

O legislador faz aqui prevalecer a óptica das operações, não se referindo aos registos, o que indica serem os interesses de terceiros com quem contrata que pretende acautelar. Os registos, tudo indica, permanecem, o que deve ser alterada é a realidade substancial subjacente ao registo. No entanto, poderá haver lugar a rectificações do registo ou à sua recusa quando os valores forem transferidos de outro intermediário financeiro sem as condições requeridas.

VII. Em conclusão, *não há uma sujeição ao princípio da legalidade em sentido material, tal como é tradicionalmente entendido*. O sistema previsto pelo legislador não pode deixar de ser inserido no sistema global de controlo dos valores mobiliários. Trata-se de um sistema menos rígido que o predial e mais apto a favorecer a rapidez do tráfico comercial, sem por em risco a segurança dos registos. Acolhe-se, assim, a crítica de Oliveira Ascensão ao sistema de legalidade instituído para o registo predial[631].

Porém, é criticável a forma pouco clara como a lei abordou esta questão, nomeadamente remetendo para os deveres gerais dos intermediários financeiros essencialmente redigidos na óptica das operações a realizar em mercado secundário. Devia ter sido mais preciso por forma a facilitar a tarefa do registador.

O controlo da legalidade deve ser, ainda, visto numa óptica global de todo o sistema e, nomeadamente, ter em conta as funções da CMVM e da Central quanto ao registo das emissões e ao controlo das quantidades de valores em circulação, aspecto essencial à segurança do sistema de valores escriturais.

---

[631] Em sentido contrário, GUERREIRO (1993, 83 e nota 1).

2.3.2. Segredo profissional e publicidade do registo

I. É proclamada como finalidade essencial dos registos tradicionais dar publicidade[632]. Porém, a publicidade não é um fim em si mesma, mas ordenada à segurança do comércio jurídico[633]. Ao contrário, o legislador não atribui qualquer fim de publicidade ao registo de valores escriturais. Apesar disso não deixa de sublinhar que o registo deve servir a segurança na circulação dos valores registados (art. 56.º/2/n). Tal poderá querer significar que esta segurança não é essencialmente obtida através da publicidade dos direitos e das situações jurídicas sobre eles constituídas. Ao contrário da publicidade, a lei prevê a sujeição dos intermediários financeiros a um dever de segredo profissional (art. 70.º).

II. O segredo não é absoluto, pois a lei prevê a publicidade dentro de um certo círculo de agentes:
– as pessoas e entidades referidas nos arts. 70.º[634] e 71.º[635], nos termos e para os fins ali especificados;
– a CMVM no exercício das funções de fiscalização que lhe são atribuídas nos arts. 16.º e 75.º;

---

[632] Vd. o art. 1.º/1 do CdRP (dar publicidade à situação jurídica dos prédios); art. 1.º/1 do CdRCm (dar publicidade à situação jurídica dos comerciantes individuais, das sociedades comerciais, das sociedades civis sob forma comercial e dos estabelecimentos individuais de responsabilidade limitada). Distigue-se entre *publicidade espontânea*, derivada da posse, e *publicidade racionalizada*, derivada do registo (vd. CORDEIRO, 1986/87, 126). Dentro da publicidade registral distingue-se, ainda, entre *publicidade formal* e *publicidade material*. Vd. PEREIRA MENDES (1992a, 65-66).

[633] Vd. o art. 1.º/1 do CdRP e art. 1.º/1 do CdRCm. O art. 104.º do CRP define o carácter público do registo, claramente contrário ao do segredo: "Qualquer pessoa pode pedir certidões dos actos de registo e dos documentos arquivados, bem como obter informações verbais ou escritas sobre o conteúdo de uns e de outros".

[634] O art. 70.º permite enumerar uma enorme lista de pessoas: os titulares (n.º 1, 3/a/b e 4); os beneficiários de quaisquer direitos de usufruto, ónus, encargos e outras limitações ou vinculações incidentes sobre os valores mobiliários inscritos nas contas (n.º 2, 3/c e 4). Os termos em que deve ser dado conhecimento é através da passagem de determinados documentos: avisos de lançamento, extractos de registo e certificados de registo. Dado que adiante abordamos expressamente estes documentos, remete-se para o tratamento aí feito (pp. 296 ss.).

[635] O art. 71.º prevê que as entidades emitentes possam ter conhecimento dos titulares e usufrutuários, mas apenas quanto aos valores escriturais que sigam o regime dos títulos nominativos (n.º 1/c). Fora desse caso apenas poderão tomar conhecimento dos registos independentemente da sua titularidade (vd., *supra*, pp. 175 ss.).

– outras pessoas ou entidades para tanto autorizadas pelo CMVM ou por legislação especial, pela forma e dentro dos limites que nas respectivas disposições se estabeleçam [636].

A este elenco devemos acrescentar a autorização do próprio titular da conta de valores escriturais. Dado que o dever de segredo é estabelecido em seu favor, também ele poderá tomar a iniciativa de o revelar (vd., por ex., o art. 650.º/2/c).

III. Uma sistema de publicidade formal [637] geral é incompatível com o sistema de registo disperso instituído. Nos registos tradicionais tal é facilitado pela organização territorial dos registos ou pela existência de registos únicos centralizados (por ex. o registo automóvel). Ora o registo central de valores mobiliários é anónimo, não documentando na íntegra a situação jurídica dos valores mobiliários, e o registo individualizado não está organizado numa base territorial, mas de acordo com a opção do titular [638]. Assim, o registo de valores escriturais está orientado no interesse do próprio titular dos valores registados e não no interesse de terceiros [639].

---

[636] É o caso da Central, não apenas devido às suas funções de controlo e fiscalização do sistema, mas também noutras situações (vd. o art. 71.º). Mas é, igualmente, o caso dos intermediários financeiros, nomeadamente os corretores, que tenham recebido ordem de venda dos valores registados e que devam solicitar o seu bloqueio e que estão sujeitos aos deveres de verificação impostos pelo art. 184.º/1/b/c. Assim, o *intermediário financeiro que tem a seu cargo a conta de registo não pode invocar o dever de segredo para recusar o bloqueio dos valores escriturais e a sua confirmação ou impedir outro intermediário financeiro de cumprir os deveres de certificação que lhe são impostos por lei.* Também o mesmo valerá para o Banco de Portugal nos termos do art. 650.º/2/a.

[637] Quanto ao princípio da publicidade formal dos registos, vd. FERREIRA DE ALMEIDA (1966, 172-175). Este princípio significa que os registos são públicos, embora varie o âmbito de conhecimento pelo público de sistema para sistema e de registo para registo (172). A regra geral das legislações modernas é a ausência completa de restrições (173), incluindo o direito português (174). Vd. também, GUERREIRO (1993, 275-276). Quanto aos meios de publicitar o conteúdo do registo, vd. GUERREIRO (1993, 277-282) e FERREIRA DE ALMEIDA (1966, 175).

[638] Assim, ANGULO RODRIGUEZ (1992, 8).

[639] Como refere FERREIRA DE ALMEIDA (1966, 254), "a publicidade é instituto de terceiros, criado para sua protecção". Quando no texto falamos em interesse de terceiros pretendemos apenas referir-nos a esses terceiros individualmente considerados. Isso porém não afasta a consideração do sistema de valores escriturais como de protecção de terceiros, em geral, através do mercado. Este, entre outros aspectos, caracteriza-se pelo massificação e pelo rigoroso anonimato das transações. Caso no mercado não vigorasse uma regra de segredo é óbvio que os investidores não recorreriam a esse mercado. Com efeito este perderia condições para concorrer com o mercado monetário. Daí que o segredo aqui em causa esteja moldado no segredo bancário.

Em conclusão, *a segurança do sistema e do comércio jurídico dos valores escriturais não resulta essencialmente da publicidade, mas do sistema de controlo instituído e das obrigações a que estão sujeitos os registadores.*

IV. Não prevê a lei qualquer possibilidade de acesso aos registos por parte do público. Note-se que esse acesso também não existe caso os valores estejam documentados em títulos. Ao contrário, prevê-se a existência de valores em que uma das características essenciais é o anonimato. Porém, no caso dos títulos, sempre a publicidade poderia fazer-se através da posse do documento. Ora, tal publicidade não é possível em relação aos valores escriturais. Há, no entanto, um meio de essa publicidade ser feita, através dos documentos a que se refere o art. 71.º. Por ex., se alguém quer dar de penhor valores escriturais, o futuro credor pignoratício não tem previamente acesso à conta para saber da situação dos valores mobiliários. Nada o impede, no entanto, de exigir ao titular dos valores um certificado de registo nos termos do art. 71.º/3/a, comprovativo da situação dos valores mobiliários, podendo esse certificado ser requerido com o pormenor desejável. Portanto, sob alguns pontos de vista, os certificados a que se refere o art. 71.º e outros documentos aí previstos podem desempenhar funções de publicidade [640].

2.4. Impugnação dos actos relativos ao registo de valores escriturais

I. A lei não prevê, de forma clara, os modos de os titulares dos valores registados ou outros interessados poderem reagir contra os actos ou omissões do registador com que não concordem ou que lesem os seus direitos. Porém, podem configurar-se duas vias fundamentais que não se excluem mas são complementares: por um lado actuar dentro do sistema de registo e controlo de valores escriturais ou actuar fora dele através dos tribunais.

II. A actuação dentro do sistema compreende, nomeadamente: utilizar os meios decorrentes da relação contratual estabelecida com o intermediário financeiro; ou a reclamação feita para a CMVM.

---

[640] Para efeitos de segurança também nada impede o futuro credor pignoratício de exigir o registo provisório do contrato de penhor e do mesmo obter certificado.

Quanto à resolução do problema entre o titular dos valores e o intermediário financeiro, estamos ao nível contratual[641]. Com efeito, o intermediário financeiro que não cumpra os deveres que lhe são impostos por lei, além da violação da lei, incorre em violação do contrato. Assim, o titular dos valores pode resolver o contrato de registo (e administração) celebrado com esse intermediário financeiro e ordenar-lhe a transferência dos valores para uma conta aberta em outro intermediário financeiro. Porém, o titular pode não estar interessado na resolução do contrato e sim na prática dos actos devidos por parte do intermediário financeiro. Daí que essa via tenha limitações. Além disso, apenas pode ser utilizada pelo titular dos valores mobiliários e não por outros interessados, como acontece com os titulares de direitos reais sobre os valores mobiliários ou outros direitos, ónus ou encargos.

A reclamação para a CMVM é sempre possível nos termos do art. 15.º/n e 16.º/3. Porém estas reclamações são de eficácia limitada, na medida em que a CMVM não está obrigada a tomar qualquer medida em consequência da reclamação feita, mas apenas a encaminhar o caso para a autoridade competente ou, se tal for da sua competência, a iniciar um processo de inspecção à entidade em causa, que poderá ou não culminar na tomadas de medidas. É que esta reclamação não é um recurso, em sentido administrativo, dado que os intermediários financeiros não são entes administrativos nem os seus actos são actos administrativos, ainda que apenas materialmente. Por isso, *dos actos dos intermediários autorizados a registar não há qualquer recurso para a CMVM*. É necessário ter igualmente em conta que a CMVM, enquanto entidade administrativa, não pode dirimir conflitos de interesses pois só os tribunais têm competência para tanto (art. 205.º/2 da Constituição da República).

III. Em qualquer caso *é sempre possível a interposição de acção junto dos tribunais comuns*[642]. Os tribunais administrativos não são competentes pois não estão em causa actos administrativos. Nesta matéria parece-nos fundamental o art. 63.º/2/f que, embora respeitando ao registo provisório, contém as normas essenciais nesta matéria. Aí se prevê o registo de acções directamente relacionadas com o registo de valores escriturais[643], expressamente se referindo a "acções judiciais", o

---

[641] Esta é uma distinção fundamental em relação aos registos tradicionais, como já atrás foi salientado.

[642] Assim, também, FERREIRA DE ALMEIDA (1993, 31).

[643] Dada a preocupação de tão minuciosamente enumerar os factos sujeitos a registo no art. 56.º/2 e atendendo ao facto de aí se não prever o registo de acções directa

que é claramente indicativo quanto aos tribunais que são competentes nesta matéria. Aí se distinguem três grupos de acções:
– as que "tenham por fim principal ou acessório o reconhecimento, constituição, modificação, extinção ou execução de quaisquer direitos, ónus, encargos, limitações ou vinculações sobre os valores inscritos";
– "a impugnação de recusa de registo anteriormente pedido";
– "a declaração de nulidade ou anulação de um registo anteriormente efectuado ou o seu cancelamento".

Ora os dois últimos tipos de situações estão directamente relacionadas com o registo de valores escriturais, embora o legislador não tenha previsto quais os casos de nulidade do registo, nem aqueles em que deve ser recusado pelo intermediário financeiro[644], o que pode trazer algumas dificuldades. Parece que o legislador terá querido deixar o máximo de liberdade à iniciativa dos registadores dentro das margens que são concedidas por lei. Porém, teria sido mais seguro que o legislador tivesse enunciado os princípios fundamentais nesta matéria.

3. LEGITIMIDADE

3.1. Registos obrigatórios e registos facultativos

I. Entre os registos a cargo dos intermediários financeiros devemos distinguir os que são obrigatórios e os facultativos. *A regra geral é a da obrigatoriedade dos registos.* Em regra, a lei liga a obrigatoriedade com a oficiosidade, mas nem sempre assim acontece e convém manter distintas as duas situações. Com efeito há registos obrigatórios que devem ser promovidos pelo próprio intermediário financeiro e outros que devem ser requeridos pelo titular dos valores ou por outras entidades.

A lei considera como obrigatórios todos os registos enumerados no art. 56.º/2. Embora a lei não utilize tal expressão, refere que as contas "*devem* conter e relevar as seguintes menções e factos". Mas nem todos

---

mente relacionadas com o registo dos valores mobiliários, tal poderá significar que, em regra, as acções não estarão obrigatoriamente sujeitas a registo, salvo se couberem na cláusula geral do art. 56.º/2/n.

[644] Note-se que o registo predial regula essas situações com todo o cuidado. Quanto à recusa do registo, vd. *infra*, p. 211 (nota 662).

devem ser realizados oficiosamente, como decorre do art. 61.º/3. Porém há outros registos que são considerados obrigatórios por lei e não constam do elenco do art. 56.º/2 [645].

II. Os registos facultativos estão dependentes de pedido do interessado ou seu representante e são em número muito reduzido. É facultativo, por exemplo, o registo provisório das transacções a que se refere o art. 69.º/2. Outros registos feitos ao abrigo da cláusula aberta inserida no art 56.º/2/n parece que devem considerar-se obrigatórios dados os objectivos que visados.

III. A obrigatoriedade do registo é reforçada pelo art. 64.º/5, pois exige que o titular só possa transmitir ou exercer os seus direitos sobre os valores escriturais desde que estes se encontrem inscritos em conta aberta a seu favor [646]. Trata-se de uma exigência indirecta, mas que não deixa de ser eficaz dadas as suas consequências.

3.2. Registos lavrados por iniciativa do intermediário financeiro (não dependentes de apresentação) ou a pedido do interessado (dependentes de apresentação)

I. *A regra geral é a da oficiosidade dos registos* (art. 61.º/3) [647]. Devem ser promovidos pelos intermediários financeiros os registos referidos no art. 56.º/2/a-g e no art. 57.º e, ainda, todos os registos respeitantes a alienações, aquisições e quaisquer outras operações sobre valores mobiliários inscritas ou a inscrever nas contas a seu cargo e que se realizem por seu intermédio (art. 61.º/3-1.ª parte), bem como os registos que resultem da conversão das contas de subscrição a que se refere o art. 57.º/1 ou da cessação da não negociabilidade dos valores referida no art. 57.º/2 (art. 64.º/1). Portanto *impõe-se o registo oficioso dos factos que sejam do conhecimento do intermediário financeiro devido a opera-*

---

[645] Vd. as referências feitas nas pp. 163-164.

[646] Voltaremos adiante a esta norma, embora já a tenhámos referido a propósito da função de legitimação dos registos em conta (vd. p. 129). Trata-se de um preceito inspirado no art. 9.º/1 do CdRP e que a generalidade dos autores considera como uma forma indirecta de tornar o registo obrigatório. Neste sentido, CORDEIRO (1986/87, 134), ASCENSÃO (1993b, 337 e 347-349).

[647] Trata-se de uma regra geral oposta à que vigora nos registos tradicionais (vd., por ex., o art. 41.º do CdRP, que consagra o princípio da instância).

ções que sejam realizadas por seu intermédio[648]. A lei faz ainda referência a outros registos que devem ser promovidos por iniciativa do intermediário financeiro, como acontece com a passagem do documento autónomo a que se refere o art. 54.º/3.

A consagração da oficiosidade do registo como regra geral tem importantes consequências para todo o regime dos valores escriturais. Está intimamente relacionado com a data do registo e a eficácia dos factos e direitos sujeitos a registo. Por isso, o alcance dessa regra só pode ser verdadeiramente entendido quando relacionado com essa eficácia. Além disso, a *oficiosidade do registo é elemento estruturante do funcionamento do próprio sistema de registo de valores escriturais*, nomeadamente quanto à determinação do modo de circulação do valores escriturais, questão que está no centro das preocupações deste trabalho. Por isso, nos limitamos, por agora, às sumárias indicações dadas, reservando um tratamento mais desenvolvido para o próximo capítulo.

II. São definidos por exclusão de partes os registos dependentes de apresentação[649], isto é, que devem ser promovidos pelos interessados, pelos seus representantes ou por determinação do tribunal (art. 61.º/3 "in fine"). São particularmente importantes os casos em que o registo deve ser solicitado por corretor que não tem a seu cargo a conta de registo dos valores mas realizou operações ordenadas directamente pelo titular.

O art. 61.º/5 considera como interessados, para efeitos de promoção do registo, "os titulares do direito ou sujeitos do facto a registar". Esta é uma noção que não nos ajuda muito, dado o seu carácter ambíguo. Em concreto, apenas o titular da conta pode promover o registo pois as restantes entidades legitimadas para esse efeito são determinadas por lei. Porém, não deve perder-se de vista que os registos são, muitas vezes,

---

[648] Referindo-se aos fundamentos da oficiosidade do registo diz FERREIRA DE ALMEIDA (1966, 168): "A oficiosidade do registo deriva duma sobreposição do interesse público ao interesse privado na publicidade das situações jurídicas, a qual se não compadece com a regra geral da autonomia privada". Como é dito no texto, esta fundamentação da oficiosidade não é válida para o registo de valores mobiliários escriturais.

[649] *O conceito de apresentação* para efeitos de registos relativos a valores mobiliários escriturais pode ser retirado do art. 61.º, nomeadamente do seu n.º 1, n.º 3 "in fine" e n.º 6 e consta de três elementos: pedido de registo feito por um interessado; acompanhamento do pedido com os documentos que devam servir de base ao registo; recepção do pedido pelo intermediário financeiro, constando essa recepção da anotação da data e hora do pedido. Quanto ao conceito de apresentação no registo predial vd. os arts. 60.º e 61.º do CRP e FERREIRA DE ALMEIDA (1966, 167).

efectuados junto de diversos intermediários financeiros. É o que acontece quando os valores são alienados: nesse caso ambos os intervenientes são interessados e, portanto, ambos devem promover o registo dos factos em causa junto dos intermediários financeiros que têm a seu cargo as respectivas contas de valores escriturais. É certo que, então, se colocam problemas de compatibilidade dos dois registos que se revelam difíceis de resolver quer em termos de conteúdo quer em termos de data. Essa é uma questão que só pode ser ultrapassada por um lado realizando sempre os registos com a base documental exigida por lei e, por outro, através da técnica das transferências entre contas [650].

III. A regra da oficiosidade dos registos ou a sua dependência de promoção dos interessados tem importantes consequências quanto a diversos aspectos do regime jurídicos dos valores escriturais, não se reduzindo, pois, a meros aspectos processuais. Adiante desenvolveremos essas consequências, nomeadamente a propósito da fixação da data dos registos [651].

4. OS ACTOS DE REGISTO

4.1. **As inscrições, lançamentos e anotações**

I. O legislador não presta grande atenção à técnica registral a seguir, o que bem se compreende dado que essa técnica é grandemente determinada pelo suporte informático [652] em que os registos são efectuados, tendo deixado alguma liberdade quanto à sua organização. Tradicionalmente, no registo predial, os registos são feitos através de inscrições e estas são completadas ou alteradas por averbamentos [653].

---

[650] Quanto às transferências entre contas, vd. pp. 247 ss.

[651] Vd. infra, pp. 227 ss..

[652] Deve notar-se, no entanto, que o suporte do registo dos valores escriturais não tem que ser necessariamente informático. No entanto, devido ao sistema operativo criado pela Central e consagrado no seu regulamento, não parece que reste outra alternativa para os valores mobiliários inseridos no sistema de registo e controlo de valores escriturais.

[653] O registo predial assenta na descrição do prédio, à qual se reportam as inscrições e os averbamentos (CdRP, art. 79.º e ss.). Vd. ASCENSÃO (1993b, 339-342). O chamado sistema de inscrição é o utilizado pelo registo predial francês, sendo a transcrição usada no sistema de registo predial alemão (vd. PEREIRA MENDES, 1992a, 23 ss). Também a LMV, espanhola, consagra um registo de inscrição. Assim, FERNANDEZ DEL POZO (1989, 1219).

Apesar de não desenvolver este aspecto, o legislador refere-se a três tipos de registos que devem ser feitos pelos intermediários financeiros: as inscrições, os lançamentos[654] e as anotações[655].

II. Como poderá concluir-se por tudo o que é dito neste capítulo e nos dois capítulos seguintes, o modelo de registo adoptado está configurado para os valores mobiliários circularem nas melhores condições de segurança e celeridade. No *entanto, nem todos os actos de registo estão ordenados à circulação,* pois deve dar-se a devida importância ao aspecto estático desse registo. Com efeito, há actos de registo que têm directamente a ver com a representação dos valores mobiliários (inscrição em conta), enquanto há outros que têm a ver com a circulção dos valores (as transferências), havendo ainda registos de segurança (o caso mais importante é o registo dos bloqueios). Assim, atendendo à finalidade que prosseguem, *podemos considerar como principais actos de registo:* a inscrição em conta, orientada à representação dos valores; os bloqueios, orientados à segurança e circulação; as transferências, que permitem a circulação dos valores mobiliários escriturais. Todos os actos de registo poderiam, de alguma forma, ser ordenados em função daqueles actos principais e das finalidades por eles prosseguidas. Não adoptaremos, porém, essa sistemática por não ser a que mais convém aos objectivos que nos propusemos.

III. A *inscrição* é o registo feito na abertura da conta e a que já acima nos referimos[656]. Os *lançamentos* são registos de quaisquer transformações ocorridas depois da abertura da conta e resultam quer de transmissões ou aquisições ou de outros negócios que tenham os valores registados como objecto. Os lançamentos correspondem, basicamente aos averbamentos referidos no registo predial. As *anotações* devem ser feitas nos documentos que servem de suporte ao registo ou nos próprios pedidos de registo e devem conter a data e hora do pedido de registo (art. 61.º/6). Mas também devem ser feitas anotações directamente na conta de registo com a função de remeter para a documentação de suporte, indicando o número de arquivo dessa documentação (art. 61.º/2). Trata-se, portanto, de registos de conteúdo meramente informativo e de

---

[654] Utilizam a expressão lançamentos os arts. 56.º/1, 58.º/3/c, 65.º, 70.º/1/c, 2/a e 5 e 71.º/1/a.
[655] Referem-se a anotações os arts. 56.º/1 e 61.º/6.
[656] Vd. *supra,* pp. 141 ss..

gestão da própria conta ou de ordenação dos lançamentos a efectuar e com referência documental directa ou por remissão.

Em qualquer caso todos os registos podem ser lavrados por forma resumida ou através de simples códigos (art. 61.º/2) e devem remeter para a documentação de suporte, indicando o número do arquivo dessa documentação (art. 61.º/2).

IV. Os actos de registo podem, por vezes, revestir-se de determinadas exigências, nomeadamente aqueles que estão relacionados com a circulação dos valores mobiliários, isto é, com as transferências entre contas, consequência do sistema de contas adoptado. As transferências[657] são *registos especiais* na medida em que envolvem sempre duas contas, a conta de origem e a conta de destino, devendo os registos em ambas as contas ser rigorosamente simétricos (art. 65.º/1). Não será assim com a maioria dos actos de registo que apenas envolvem uma conta e a que podemos chamar *registos normais*.

Apesar de estarem envolvidas duas contas, o legislador atribui a máxima importância aos registos efectuados na conta do alienante pois é nela que são efectuados os registos de segurança, como acontece com o registo dos bloqueios. Igualmente, as normas de certificação pelo intermediário financeiro referem-se à conta do alienante (art. 184.º): é a seu cargo que ficam todos os controlos e todos os registos prévios que devam ser feitos e estejam relacionados com a alienação dos valores mobiliários. *É a partir da conta do alienante que é possível controlar todo o processo de transmissão dos valores mobiliários* e é esse o único meio de assegurar a segurança e fiabilidade do sistema, pois só nessa conta é possível estabelecer uma conexão objectiva. Portanto, o paralelismo entre a conta do alienante e a conta do adquirente é apenas aparente. Este facto, como veremos, tem importância no estabelecimento do regime de transmissão dos valores mobiliários escriturais, facto que é controlado a partir da conta do alienante e não da conta do adquirente. Os registos na conta deste estão dependentes dos registos na conta daquele.

---

[657] Como desenvolveremos mais adiante, *as transferências são fenómenos meramente registrais,* expressão mais desenvolvida do aspecto dinâmico do registo, qualificação que tem enormes consequências no estabelecimento do regime de circulação dos valores escriturais (pp. 247 ss.).

4.2. Registos definitivos e provisórios

I. O legislador considera a existência de registos definitivos e provisórios[658], podendo estes sê-lo por natureza ou por dúvidas (art. 63.º). Neste aspecto, e mais uma vez, não apenas segue a mesma técnica utilizada pelo registo predial como retira do próprio Código de Registo Predial as situações que darão lugar aos registos provisórios por natureza (compare-se o art. 63.º/2 com o art. 92.º/1 do CdRP)[659] e utiliza a mesma cláusula geral para determinar os registos provisórios por dúvidas (compare-se o art. 63.º/5-1.ª parte, do CdMVM, com o art. 70.º do CdRP e o art. 49.º do CdRCm). Sem querer por em causa a distinção entre os registos provisórios e definitivos de valores escriturais, *parece-nos que este terá sido um dos casos em que a colagem ao registo predial mais problemas traz*. Nomeadamente, há duplicação em relação a outros registos colocando-se, então, sérios problemas de qualificação. Por outro lado sendo a principal razão dos registos provisórios a aquisição de lugar no registo definitivo, o legislador recorreu a outras técnicas (por ex. os bloqueios) para obter os mesmos efeitos. Os dois tipos de técnicas nem sempre são facilmente conciliáveis e noutros casos, temos uma duplicação desnecessária. Exigir-se-ia uma análise cuidada de cada uma das alíneas, mas concentrar-nos-emos naqueles casos que nos parecem paradigmáticos.

II. Os registos provisórios por natureza, "ou têm um carácter prévio ou cautelar (as chamadas pré-inscrições) ou respeitam a actos que

---

[658] O art. 57.º/1 refere-se à conta de subscrição como transitória. Qual a natureza dos registos feitos nessa conta: são provisórios ou definitivos? Embora o problema merecesse estudo mais atento, nomeadamente em sede de emissão de valores escriturais que neste trabalho não abordamos, *propendemos a considerar que esses registos têm uma natureza específica* e que devem reger-se pelas regras das emissões e não pelas regras das contas de valores escriturais. Com efeito estamos numa fase em que os próprios valores escriturais ainda não foram constituídos. Por isso a sua conversão em definitivos depende de factos que têm a ver com a regularidade da própria emissão. Sobretudo pensamos que não faria sentido que fossem considerados como registos provisórios e a sua data viesse a ser considerada como data do registo definitivo dos valores em conta. Mas emitimos esta opinião sob reserva de melhor estudo do problema.

[659] Efectuada a comparação entre os dois preceitos podemos estabelecer a seguinte correspondência, colocando entre parêntesis os preceitos correspondentes do CdRP: art. 63.º/1/a (art. 92.º/1g); art. 63.º/1/b (art. 92.º/1/h); art. 63.º/1/c (art. 92.º/1/i); art. 63.º/1/d (art. 92.º/1/n); art. 63.º/1/e (art. 92.º/1/o); art. 63.º/1/f (art. 92.º/1a); art. 63.º/1/g (art. 92.º/2/b). Igualmente pode ser estabelecida correspondência entre o art. 63.º/4 e o art. 92.º/5 do CdRP.

necessitam do cumprimento de alguma ulterior formalidade para que se considerem perfeitos e definitivos"[660]. Dado o paralelismo existente entre o regime de provisoriedade por natureza no registo predial e no registo de valores mobiliários também para este é válida aquela afirmação.

Tomando o caso do art. 63.º/2/a, será provisório por natureza o registo "De aquisição dos valores mobiliários em causa ou de constituição de qualquer direito, ónus, encargo, limitação ou vinculação sobre eles operados por acto entre vivos e extrajudicialmente, *antes de titulado o negócio*". Por sua vez o n.º 3/a do mesmo preceito exige, para que o registo possa ser feito como provisório por natureza, "declaração do titular do direito a transmitir ou onerar, com assinatura reconhecida por notário" ou "contrato-promessa, legalizado nos mesmos termos". Ora *este último preceito é claramente exorbitante* e não se vê que interesses possam ser tutelados com procedimentos tão burocráticos. Além de sujeitar a forma escrita o contrato, é exorbitante pois se exige mais em relação ao registo provisório do que ao registo definitivo. Este, muitas vezes, basta-se com a mera declaração do titular dos direitos registados (art. 65.º/3, "in fine").

Quando o que está em causa é a mera promessa de alienação, esta poderá ser registada através do mecanismo dos bloqueios no caso de se tratar de operações realizadas em bolsa. Só tratando-se de operações a realizar fora de mercado secundário deverá ser feito o registo provisório da transacção a efectuar nos termos do artigo 63.º (art. 69.º/2)[661]. Ora o

---

[660] PEREIRA MENDES (1992, 172) em comentário ao art. 92.º do CdRP.

[661] O art. 69.º/2, 1.ª parte, assenta expressamente na ideia de que é possível realizar operações sobre valores mobiliários escriturais fora de mercado secundário. As operações sobre valores mobiliários consideram-se realizadas em mercado secundário desde que nelas intervenha um intermediário financeiro (art. 181.º/1, 178.º e 499.º). Ora, pela sua própria natureza, os valores mobiliários escriturais exigem sempre que na sua transacção intervenha pelo menos o intermediário financeiro onde estão registados os valores.

Porém, a contradição é apenas aparente. Com efeito deve enterder-se correctamente o que significa a intervenção de um intermediário financeiro na operação: *deve tratar-se de uma intervenção na própria operação*. Esta intervenção tanto pode significar que a operação se realiza através do próprio intermediário financeiro ou que ele interveio no estabelecimento das condições da operação ou na negociação dessas condições ou na formalização da própria operação (art. 181.º/1, em particular al. c). Note-se que o conceito de intervenção é tão amplo que talvez aí possa caber a simples mediação. Esse tipo de intervenção pode configurar distintas actividades de intermediação, nomeadamente as referidas nas als. a) e b) do art. 608.º.

Ora, já não integra aquele conceito de intervenção o facto de o intermediário financeiro actuar ao abrigo de outras actividades de intermediação, como acontece com a

bloqueio em consequência de operações a realizar em bolsa tem, quanto à capacidade para "ganhar lugar" em termos de prioridade, o mesmo efeito que o registo provisório.

Os registos provisórios por natureza devem ser convertidos em definitivos nos prazos referidos no art. 63.°/4, sob pena de caducidade do registo.

III. O registo será feito como provisório por dúvidas quando existam motivos que obstem à inscrição do registo tal como é pedido. Devem excluir-se os casos em que o registo deva ser efectuado como provisório por natureza (por ex. o caso do art. 68.°/3) ou os casos em que o registo deva ser recusado. Embora seguindo a redacção do art. 70.° do CdRP, o legislador não faz qualquer enumeração dos casos em que o registo deva ser recusado[662], como acontece no art. 69.° daquele diploma[663]. Consideramos, no entanto, que *deve ser aplicado um regime análogo para a recusa de registo dos valores escriturais* na medida em que devem ser salvaguardados eventuais direitos do interessado a quem foi recusado o registo: o intermediário financeiro deve anotar e arquivar (provisoriamente) os documentos com base nos quais foi pedido o registo. Caso o interessado venha a impugnar o acto de recusa do registo e obtenha vencimento, o registo deve ser efectuado com a data que consta da anotação que foi feita nos documentos em que se baseou o pedido de registo o que terá importantes consequências no funcionamento do princípio da prioridade do registo.

As dúvidas devem ser supridas nos termos do art. 63.°/5-2.ª parte: o intermediário financeiro deve notificar os interessados através de carta registada com aviso de recepção para rectificarem o pedido, esclarecerem

---

gestão de carteiras (art. 608.°/i) e, no caso dos valores escriturais, a simples movimentação de contas de registo ainda que em consequência de operações realizadas sobre esses mesmos valores. Por isso, *tratando-se de operações de compra e venda de valores escriturais, a simples intervenção do intermediário financeiro na movimentação das contas envolvidas, não transforma aquelas operações em operações realizadas em mercado secundário.*

[662] Embora a lei nada diga, parece-nos que *o registo deve ser liminarmente recusado* em casos que podemos denominar como mais "flagrantes": violação de lei; manifesta incapacidade de gozo, proibição de titularidade dos valores em causa pelo titular da conta; casos de inexistência dos valores mobiliários, etc.

[663] Além disso, à recusa do registo predial estão ligados determinados efeitos, nomeadamente o que resulta do art. 6.°/4 em termos de prioridade do registo, que corresponderá à apresentação do acto recusado, que deve ser objecto de anotação (art. 69.°/3 do CdRP) devendo os documentos ser arquivados provisoriamente (art. 27.° do CdRP).

as dúvidas ou suprirem as deficiências apontadas pelo intermediário financeiro. Ao mesmo tempo o intermediário deve fixar-lhes um prazo razoável, findo o qual o registo caducará. É um processo de sanação das dúvidas distinto do utilizado no registo predial [664].

IV. O principal efeito do registo provisório tem a ver com o funcionamento do princípio da prioridade. Esta estabelece-se de acordo com a data do registo provisório pois, uma vez este convertido, a data do registo definitivo será a mesma do registo provisório (art. 64.º/4) [665].

V. Pode perguntar-se em que conta deve ser efectuado o registo provisório nos casos em que se pretenda assegurar uma transmissão do valor mobiliário, na conta do adquirente ou na conta do alienante? Tal registo só tem sentido ser feito na conta do alienante pois só aí é possível estabelecer a necessária conexão objectiva com os valores mobiliários que são objecto do negócio. Por outro lado, só na conta do adquirente se podem produzir os efeitos que se pretendem acautelar, funcionando o princípio da prioridade.

4.3. O suporte documental do registo

I. O legislador dedica uma particular atenção aos documentos que devem servir de suporte ao registo de valores escriturais. A importância de tais documentos traduz-se nas seguintes exigências: nenhum registo pode ser efectuado sem ser com base em um documento (art. 61.º/1) [666]; na conta deve ser anotado o número de arquivo da documentação (art. 61.º/2). Mas essa importância deriva ainda do facto de, em certos casos, a data do registo ser aquela que for anotada na documentação de suporte (pedido de registo ou outra) [667].

---

[664] Pode perguntar-se *se o intermediário financeiro pode encerrar a conta*, resolvendo o contrato, sem que haja transferência dos valores para outra conta. A resposta deve ser negativa pois tal implicaria a supressão dos próprios valores mobiliários escriturais.

[665] O art. 64.º/4, que estabelece a prioridade em função da data do registo provisório, é uma mera transcrição do art. 6.º/3 do CdRP.

[666] A exigência de suporte documental é comum aos registos tradicionais (vd., por ex., o art. 59.º do CdRP). Embora o art. 61.º/1 apenas exija expressamente uma base documental para os registos do art. 56.º, ela deve valer para todos os outros registos.

[667] Não existe qualquer preceito que consagre a importância dos documentos no caso de omissão ou deficiência do registo, como acontece com o art. 59.º/2 do CdRP. Porém, apesar de não existir norma expressa poderão retirar-se conclusões idênticas do registo de valores escriturais, como veremos.

A lei não é completamente clara quanto aos documentos exigidos em cada caso. Genericamente refere que são os documentos legalmente exigíveis para a prova dos direitos ou factos a registar[668]. Mas nem sempre é fácil saber que documentos são esses. Em regra, só caso a caso poderá ser obtida uma resposta.

II. No que respeita à inscrição dos valores escriturais, os documentos de suporte devem permitir registar todas as características dos valores mobiliários e da entidade emitente. Além disso, deve ser exigida documentação comprovativa da titularidade dos valores a registar.

Se a inscrição for na sequência da emissão dos valores mobiliários os documentos comprovativos da situação dos valores mobiliários e da entidade emitente constam das condições da emissão, por sua vez assentes na decisão da entidade emitente, nos seus estatutos ou em outros documentos. Estes documentos, apesar de terem sido apresentados na Central no momento do registo da emissão, devem ser também apresentados junto do intermediário financeiro que tem a seu cargo a conta dos valores em causa. Tal não oferecerá particulares dificuldades dado que a subscrição de valores mobiliários escriturais deve ser sempre feita através de intermediários autorizados a prestar o respectivo serviço de registo.

Se a inscrição resultar da aquisição dos valores em mercado secundário então a documentação fundamental de suporte deve ser enviada pelo intermediário financeiro que tinha a seu cargo a conta de registo onde os valores estavam inscritos. Por isso, a transferência entre contas de valores escriturais implica a movimentação de papéis que, por vezes, podem ser em grande quantidade.

Outras vezes a documentação deve ser fornecida pela Central aos intermediários financeiros, após ter recebido essa informação da entidade emitente, como acontece nos casos do art. 57.º (vd. art. 61.º/4).

III. Os lançamentos podem ser feitos com base em diversos documentos conforme os casos. Tratando-se de transmissões efectuadas em bolsa, a lei refere expressamente que os documentos exigidos são enviados pelo corretor que executou a operação (vd. os arts. 457.º/5 e 65.º/4). Noutros casos bastará a declaração do próprio interessado ou seu representante (art. 65.º/3), noutros casos será um documento judicial, noutros um documento passado por outro intermediário financeiro (art. 65.º/4).

---

[668] Nem sempre estaremos perante títulos em sentido formal. Quanto à distinção entre títulos em sentido formal e material, vd. GUERREIRO (1993, 124).

Porém, se os lançamentos a efectuar implicarem a transferência dos valores escriturais para outra conta, apenas podem ser feitos "com base nos documentos legalmente exigíveis para a validade da transmissão dos valores a transferir, de acordo com a sua natureza, condições de emissão e situação jurídica" (art. 65.º/2). Essa regra, porém, deve ser vista com reservas dadas as menores exigências consagradas no art. 65.º/3.

Em qualquer caso, os documentos podem ser transmitidos por via informática (art. 61.º/6). Estes documentos devem ser arquivados de acordo com a sua natureza.

A falta dos documentos exigíveis para servir de base ao registo, nem sempre é impeditivo do registo. Porém, este apenas pode ser lavrado como provisório por natureza (art. 63.º/2).

IV. *Os documentos* desempenham importantes funções, devendo ser *considerados como um elemento integrante do registo*.

Uma primeira função dos documentos respeita ao *controlo da regularidade dos próprios registos*. Com efeito, permitir a realização de registos sem suporte documental era dar azo a falsificações de registos em conta e mesmo ao registo de valores escriturais inexistentes. Com efeito, é relativamente fácil efectuar registos de valores em conta, realizar seguidamente operações sobre esses valores e, depois, realizar lançamentos de sinal contrário ficando a conta a zero, como se nada tivesse acontecido.

Por esta via poderiam multiplicar-se os registos em conta sem que correspondessem a valores efectivamente existentes[669]. Sendo o registo a inscrição de um direito, se este não existir nenhum direito fica inscrito. Há apenas forma sem qualquer realidade material subjacente, como acontece com os títulos falsos, a que não corresponde qualquer valor. Estaremos perante um *registo falso* de valores escriturais[670].

Porém, a falsificação das contas de registo de valores mobiliários escriturais é muito mais simples que a falsificação dos títulos. Além disso, é rápida, não exige quase dispêndio monetário, é dificilmente detectável e, acima de tudo, é reversível e pode ser temporária[671].

---

[669] Quanto ao problema geral da multiplicação artificial dos valores mobiliários em circulação, vd. o que foi dito na p. 111 (nota 356).

[670] Quanto à possibilidade de a falsificação do registo de valores escriturais poder integrar o crime de falsificação de documentos (e não de títulos de crédito), vd. p. 124, nota 399.

[671] Caso essa falsificação seja permanente colocar-se-ão graves problemas que tanto podem respeitar à entidade emitente desses valores como aos eventuais adquirentes

Uma segunda função prende-se com a técnica registral seguida, dado que os registos são lavrados em forma resumida ou codificada, remetendo para os documentos de suporte (art. 61.º/2). Porém, os códigos ou resumos devem permitir perceber por si próprios o significado que integram, enquanto meros significantes. Portanto, *os documentos são parte integrante do registo*. Por isso, deve considerar-se que *integram o conceito de transferência*, apesar de a prática não ser essa, ao que nos foi dado apurar.

Por último poderão ainda desempenhar funções relativas à *correcção dos erros do registo*[672] e *à reconstituição dos próprios registos* caso estes tenham sido inutilizados ou destruídos[673]. Essa é uma das funções dos documentos nos registos tradicionais[674]. Pensamos que será essa a melhor solução para os casos de destruição dos registos de valores escriturais[675]. Em qualquer caso, a possibilidade de estes eventos terem lugar deve ser reduzida ao mínimo, nomeadamente exigindo aos intermediários financeiros registadores mecanismos de segurança dos registos, nomeadamente informáticos, através da "gravação" informática desses registos em locais distintos para que não possam ser simultaneamente atingidos ou por outros meios igualmente seguros[676].

---

dos "valores" em causa. A entidade emitente, dada a natureza causal dos valores mobiliários, apenas está obrigada pelo número de valores registados na conta de emissão aberta na Central. Mas o problema pode complicar-se nos casos de exercício de direitos. Quanto aos adquirentes desses "valores" pensamos que não poderão ser protegidos por lei dado que nada adquiriram, sem prejuízo de poderem ver os seus prejuízos ressarcidos nos termos gerais, pela via da responsabilidade civil. Porém, tudo será difícil de resolver dada a fungibilidade dos valores escriturais e ao facto de não terem número de ordem. Só controlos apertados de todo o processo de registo e, nomeadamente, do respeito do princípio do trato sucessivo poderão permitir resolver estes problemas.

[672] Tal não significa, sem mais, que os documentos que suportam o registo prevaleçam sobre ele. Em regra assim será quando os registos sejam exclusivamente assentes nesses documentos. Porém, nada impede que seja apresentada prova em contrário.

[673] Nestes casos estaremos perante uma situação análoga à da reforma dos documentos, já acima abordada a propósito dos valores escriturais.

[674] Vd. o art. 133.º do CdRP.

[675] Em Espanha é esse o regime traçado pelo art. 28.º do Real Decreto 116/1992. Porém já não poderá haver recurso aos documentos que suportam o registo se estes forem igualmente destruídos. Nesses casos pensamos que a única via que resta é o recurso a um processo de reforma do próprio registo.

[676] As exigências a que nos referimos devem ser permanentemente observadas e controladas, nomeadamente no momento em que é concedida a autorização para que um determinado intermediário financeiro possa prestar o serviço de registo de valores mobiliários escriturais.

4.4. Prazo para registar

I. A lei não é clara quanto a esta matéria que nos parece ser de grande importância. Apenas é fixado um prazo quando se trate de registar operações realizadas em mercado secundário que envolvam transferências entre contas de diversos intermediários financeiros (art. 457.º/5 e art. 65.º/4). Porém, quanto a este aspecto podemos distinguir três situações: registo de operações realizadas em mercado secundário que envolvem transferências entre contas; registo de direitos e factos que dependem de apresentação; registo de direitos e factos que não dependem de apresentação nem envolvem transferências entre contas.

II. O registo de operações realizadas em mercado secundário e que envolve transferência entre contas deve ser efectuado "no prazo máximo estabelecido para a liquidação das transacções e, em qualquer caso, nunca mais de cinco dias depois da data destas" (art. 65.º/4). Este preceito comporta pelo menos duas interpretações diferentes: que o prazo estabelecido por lei é um prazo máximo, o que permite concluir que os registos poderão ser feito em qualquer altura dentro dessa data, mesmo antes da liquidação das operações, isto é, a partir do momento em que tenham sido executadas; que a lei estabelece dois prazos, a saber, um prazo máximo de 5 dias após a realização das operações e um prazo mínimo coincidente com o prazo máximo estabelecido para a liquidação das operações de bolsa.

Esta última interpretação parece receber conforto do art. 457.º/5 que aponta o registo para depois da liquidação da operação: "A comunicação exigida no número precedente deverá conter todas as indicações e ser acompanhada de todos os elementos legal e regularmente necessários *para, depois da liquidação das operações, o intermediário financeiro poder efectuar os adequados lançamentos* na conta do ordenador...".

Resta saber como conjugar as duas disposições. Pode acontecer que a operação realizada não tenha sido liquidada, por incumprimento das partes ou do corretor. Se o corretor não entregar o preço, os valores serão revendidos e o preço obtido será entregue ao primitivo vendedor. Se o corretor não entregar os valores, estes serão recomprados e registados na conta do comprador. Portanto, em qualquer caso, o comprador obtém os valores e o vendedor obtém o preço. Mas estas são situações especiais. Em situações normais a liquidação das operações de bolsa realizadas através da Central opera ao fim de três dias, sempre (vd. o art. 40.º do RgCentral).

O maior problema reside no facto de poder passar a haver valores registados em duas contas, quando numa delas já não deveriam estar registados pois devia ter sido feito um lançamento a débito. Este problema só pode ser controlado a partir do sistema de registo e controlo, isto é, com a intervenção da Central. *Provisoriamente adoptamos a seguinte posição: a operação deve ser registada a partir da sua realização.* Dado que estão envolvidas transferências entre contas e registos que têm a ver com transmissões de valores, aprofundaremos o problema e tomaremos uma posição definitiva quando abordarmos essas questões [677].

III. Quanto ao registo de operações realizadas fora de mercado e que envolvem transferência entre contas, o legislador não fixa qualquer prazo máximo ou mínimo. Aí, tendemos a considerar que *o registo deve ser efectuado no momento em que os interessados o requererem.* Porém, quanto às transferências colocam-se os mesmos problemas referidos anteriormente.

IV. Para as operações realizadas com intervenção de um só intermediário financeiro e que não implicam transferências entre contas de diferentes intermediários financeiros, também a lei não fixa qualquer prazo. Também aqui tendemos a considerar que os *registos devem ser feitos imediatamente no momento da realização da operação.* Nestes casos não se exige a intervenção da Central, salvo se estiver em jogo a conta de registo dos valores de que é titular o próprio intermediário financeiro.

4.5. Data do registo e ordem da sua realização

I. Quanto à data e ordem de efectivação dos registos a lei distingue consoante se trate de registos que devam ser promovidos oficiosamente pelo intermediário financeiro ou que devam ser requeridos pelo interessado ou seus representantes.

Tratando-se de *registos dependentes de requerimento (apresentação)* são feitos pela ordem e com data de apresentação dos respectivos pedidos (art. 62.°/1-1.ª parte) que deve ser anotada no pedido de registo (art. 61.°/6) [678].

---

[677] Vd. pp. 247 ss. e 256 ss.
[678] Trata-se de regra semelhante à que consta do art. 77.°/1-1.ª parte do CdRP.

Tratando-se de *registos que devam ser promovidos oficiosamente (não dependentes de apresentação)* pelo intermediário financeiro, serão lavrados com a data e de acordo com a ordem que lhes corresponda em função da data da ocorrência dos factos ou da constituição dos direitos a registar (art. 62.º/1-2.ª parte)[679], regra que pensamos ser de grande importância e consequências, como veremos mais adiante a propósito da eficácia dos direitos e factos sujeitos a registo[680]. Desde já, porém, impõem-se algumas considerações sobre esta regra do registo dos valores escriturais.

II. A data do registo é importante porque a ela estão ligados importantes efeitos jurídicos. Fazer coincidir a data do registo com a data da apresentação do pedido (art. 62.º/1) compreende-se, uma vez que a partir dessa data e em virtude das anotações efectuadas nos documentos apresentados o registador pode controlar com segurança essa data[681].

Já é mais difícil de perceber que a data dos registos que não dependam de apresentação seja aquela em ocorreram os factos ou direitos a registar. Mas essa dificuldade só existe se não se tiverem em conta as características do registo de valores escriturais. Senão vejamos.

O registo de valores escriturais não é uma tarefa isolada de um intermediário financeiro, mas é acompanhada por funções de administração dessa mesma conta de registo, de tal modo que muitas das operações sobre os valores escriturais devem ser feitas através do intermediário encarregado do registo. Isto é, o registador não se limita, um pouco de forma passiva e neutra, a registar algo que aconteceu fora do registo e de que ele tenha conhecimento apenas devido ao pedido dos interessados. Ao contrário, *o registador intervém activamente na produção dos factos e direitos sujeitos a registo*. É nesse sentido que a lei impõe o registo oficioso dos factos e direitos que tenham sido realizados por intermédio do intermediário financeiro.

Além disso, nas operações realizadas não intervém apenas o inter-

---

[679] O art. 71.º/1-2.ª parte do CdRP, quanto aos registos que não dependem de apresentação, considera como data do registo aquela em que este tenha sido lavrado. Há, portanto, *uma diferente solução* consagrada para os dois registos.

[680] No cap. IV será novamente abordada a data dos registos, mas na perspectiva da eficácia desses registos (pp. 227 ss.).

[681] O mesmo acontece no registo predial. Neste, o fundamento dessa regra reside no facto de a publicidade funcionar a partir daí, isto é, o partir da data da apresentação o público tem a possibilidade de conhecer o lugar que cada facto ou direito a registar ocupa na ordem pela qual o registo deve ser efectuado.

mediário financeiro que tem a seu cargo a conta de registo dos valores escriturais. É todo o sistema de registo e controlo que intervém, a vários títulos, o que é algo que não acontece com os restantes registos, que se mantêm distantes das operações realizadas sobre as coisas registadas. Assim, justifica-se perfeitamente o sistema instituído e parece-nos ser o único que, sem deixar de ser seguro, permite a circulação dos direitos com a necessária celeridade. Além disso, evita a manipulação registral de situações substanciais pelos intermediários financeiros. Adiante voltaremos, com maior desenvolvimento, a este aspecto que está directamente ligado com a eficácia dos registos.

III. Os bloqueios em conta são excepções ao princípio da data e ordem de efectivação dos registos, como resulta do art. 62.º/2/3/4, isto é, alteram o normal funcionamento da ordem de realização dos registos. Mas deve ter-se em atenção que apenas os valores objecto de bloqueio (bloqueio parcial) ficam sujeitos a este regime, aplicando-se o regime geral quanto aos restantes (art. 62.º/3). A lei distingue os efeitos conforme o tipo de bloqueio que tenha sido registado em conta[682].

Quanto aos *registos requeridos durante a vigência de bloqueio* derivado de ordem de bolsa sobre os valores mobiliários escriturais que deles são objecto, a lei prevê que as transacções resultantes da execução da ordem de bolsa prevalecem sobre os restantes, devendo ser registadas em primeiro lugar, como resulta do art. 68.º/2. Assim, os registos das transacções efectuadas antes ou durante o bloqueio podem seguir o seguinte destino:

– ou se tornam impossíveis por falta de objecto;
– ou são lavrados à medida que a cessação total ou parcial do bloqueio o permita (arts. 68.º/2 e 69.º/1). Neste caso serão lavrados com a data do primeiro dia útil imediato àquele em que termine o impedimento (art. 62.º/2, "in fine").

Quanto aos *registos de transmissões entre vivos apresentados durante a vigência do bloqueio* em consequência da passagem de documento para exercício de direitos, os registos apenas poderão ser efectuados com data do primeiro dia útil após a cessação do bloqueio (art. 62.º/3).

A lei prevê um *sistema de imputação das operações* aos valores mobiliários registados em conta nos casos de bloqueio parcial

---

[682] Os bloqueios são mais desenvolvidamente analisados no próximo capítulo (pp. 237 ss.)..

(art. 62.°/4). As operações efectuadas são imputadas pela seguinte forma:
– em primeiro lugar são imputadas aos valores que não são objecto de bloqueio;
– se a quantidade de valores objecto da operação em causa exceder a quantidade de valores não bloqueados, então considera-se que esse excedente deve incidir sobre os valores bloqueados. Então o registo será efectuado à medida que for cessando o bloqueio e com data do 1.° dia útil após a cessação do bloqueio.

5. TRATO SUCESSIVO

I. O princípio do trato sucessivo está consagrado para os registos tradicionais e de acordo com ele não deve haver saltos no registo. Assim, se alguém adquire de outrem apenas poderá registar o seu direito se este estiver previamente registado a favor de quem lho transmitiu exigindo-se, portanto, a continuidade das inscrições[683]. Porém, não há qualquer norma que consagre expressamente este princípio para o registo dos valores escriturais ao menos nos termos em que é consagrado tradicionalmente, isto é, como um dos pressupostos do registo a par da legitimidade e da representação[684].

II. Pode considerar-se que o *princípio do trato sucessivo está indirectamente consagrado no art. 64.°/5* pois, directamente, este preceito apenas consagra o princípio da legitimação. Desse preceito resulta que os titulares de direitos sobre os valores escriturais só podem transmiti-los ou onerá-los se os valores estiverem inscritos em conta a seu favor. Porém, daí não resulta necessariamente o trato sucessivo, mas apenas o registo como facto legitimador. Ora, esta legitimação deve ser entendida como legitimidade registral. Com efeito, nada parece impedir que o direito circule fora do registo, o que será possível se tal circulação ocorrer fora de mercado secundário[685]. É certo que haverá dificuldades para registar um direito adquirido de quem não está legitimado pelo registo. Mas tal será

---

[683] Vd. o art. 34.°/1 do CdRP. O princípio do trato sucessivo é distinto do chamado *princípio da legitimação de direitos* constante do art. 9.°/1 do mesmo diploma. Vd. PEREIRA MENDES (1992, 96 ss.).

[684] Vd. PEREIRA MENDES (1992, 96).

[685] Como veremos adiante, a circulação em mercado secundário (de bolsa ou balcão) exige sempre a intervenção de um intermediário financeiro e, por natureza, será sempre uma circulação registral. Vd. infra, pp. 279 ss..

possível recorrendo ao pseudo-titular que ainda tem o direito registado em conta aberta a seu favor. É evidente que uma tal forma de circulação extra-registral apenas pode entender-se de acordo com o regime da cessão de créditos em nada sendo oponível ao registo, para quem nenhuma circulação existiu. Tal procedimento é possível porque a transmissão de valores escriturais, ao contrário da transmissão de imóveis, não está sujeita a forma e, portanto, não é possível ao intermediário financeiro ou a quem quer que seja controlar a circulação dos valores escriturais fora do registo. Não se coloca, assim, o entrave que é possível no registo predial de imóveis em que o art. 9.º/1 obsta à titulação[686] da transmissão ou à constituição de encargos enquanto os bens não forem definitivamente inscritos a favor da pessoa de quem se adquiriu o direito ou contra a qual se constituiu o encargo.

III. Resta mesmo saber *se o princípio é compatível com as características do registo de valores escriturais*. Dado que o registo é efectuado numa base pessoal e não com base nos valores inscritos[687], não será fácil, através do registo, documentar a história dos valores (como acontece no registo predial com a história do prédio), como é imposto pelo trato sucessivo. Porém, *parece nada impedir a observância do trato sucessivo. Diremos até que ele é essencial e o intermediário financeiro está estritamente obrigado a respeitá-lo, na medida em que não pode efectuar qualquer registo em conta sem que o seu titular o tenha ordenado, directa ou indirectamente* (vd., por ex., o art. 65.º/3). Assim, o princípio do trato sucessivo é uma outra forma de exigir o controlo da regularidade da circulação dos valores registados, nomeadamente nas transferências entre contas a cargo de diferentes intermediários financeiros.

IV. A observância do princípio do trato sucessivo no registo dos valores escriturais deve verificar-se não apenas dentro de cada conta como através das diversas contas por onde os valores mobiliários circulem. Tal exige, nomeadamente, que cada conta de valores escriturais registe não apenas as transferências desses valores bem como o intermediário financeiro para onde sejam transferidos. Por sua vez, quando os valores são registados numa determinada conta deve anotar-se não ape-

---

[686] Devido à exigência legal de a transmissão de imóveis só poder ser realizada através de escritura pública.

[687] Também o registo predial francês é feito numa base pessoal e não se exige o trato sucessivo (PEREIRA MENDES, 24. Mas vd. nota 11, onde parece afirmar o contrário).

nas o facto que deu origem a esse registo como o intermediário financeiro de onde os valores vierem transferidos, se for o caso. *Estamos, pois, perante uma concepção muito peculiar do princípio do trato sucessivo exigido por duas ordens de razões:* o facto de as contas de registo de valores escriturais se organizarem em torno do titular e não em torno dos próprios valores; os registos serem dispersos por vários intermediários financeiros e não concentrados numa única entidade numa base territorial, como acontece com o registo predial.

As exigências registrais acabadas de referir não constam expressamente de qualquer preceito legal. Porém, são necessárias para assegurar a regularidade e segurança das transacções, resultando, portanto, da cláusula geral que consta da parte final do art. 56.°/2/n. O mesmo resulta, igualmente do *princípio da adequação das anotações e lançamentos* em conta das operações, referido no n.° 1 do mesmo preceito.

6. NATUREZA DA ACTIVIDADE REGISTRAL

I. É entendimento pacificamente aceite entre nós que os registos tradicionais, embora de interesse público, se inserem no âmbito do direito privado. No seguimento de Zanobini, considera-se que os conservadores são entes públicos ao serviço dos particulares, razão por que se classifica a sua actividade como *administração pública de interesses particulares*[688].

Quanto aos valores escriturais, por idênticas razões, não oferece dúvidas que os factos objecto do registo resultam da actividade privada. Os valores escriturais inserem-se no âmbito do direito privado[689]. Ainda quando se trate de fundos públicos, o que está em causa é que os titulares desses valores ou são entidades privadas ou entidades públicas no exercício de uma actividade privada, em nada relevando, para este efeito, o facto de terem sido emitidos pelo Estado ou outro ente público (sem prejuízo do disposto no art. 60.°).

---

[688] Assim, FERREIRA DE ALMEIDA (1966, 187 ss), ASCENSÃO (1993b, 336) e GUERREIRO (1993, 293). Refere Catarino NUNES, citado por MOUTA GUERREIRO (291), que "o registo predial é um instituto de direito privado e para o direito privado. Supõe as actividades económicas".

[689] O que é dito no texto em nada prejudica a qualificação que fizemos do direito dos valores mobiliários como direito económico. Com efeito apenas se utiliza a expressão "direito privado" por oposição a "direito público", com todas as limitações que a essa oposição são reconhecidas.

Que a actividade de registo é privada resulta do facto de a lei a qualificar como actividade de intermediação em valores mobiliários[690] e do facto de estar dependente de contrato a celebrar entre os interessados e os intermediários financeiros autorizados, como acima salientámos.

Em regra, são privadas as entidades autorizadas a prestar o serviço de registo de valores escriturais. Mas, mais importante, elas desempenham uma actividade de direito privado[691], como também acontece com os registos tradicionais. Embora o exercício da actividade registral de valores escriturais dependa de uma autorização administrativa, concedida por uma entidade administrativa – a CMVM – esse facto não a converte numa actividade pública. A supervisão e fiscalização a que as entidades encarregadas do registo de valores escriturais estão sujeitas por parte da CMVM e da Central (art. 75.°) também não descaracteriza a actividade como privada[692]. É o próprio preâmbulo (ponto 9) ao CdMVM que sublinha que à privatização levada a cabo deve corresponder um reforço da regulamentação bem como da supervisão e fiscalização. Como já vimos, não há recurso dos actos praticados pelas entidades encarregadas do registo para a CMVM ou a Central. Apenas para os tribunais cíveis e não para os tribunais administrativos.

Assim, pensamos que tem razão o Prof. Ferreira de Almeida quando considera que "a actividade registral de valores mobiliários escriturais assume assim a função de "administração *privada* do direito privado", réplica da tradicional "administração *pública* do direito privado, onde se inserem os registos públicos"[693] (subl. do autor).[694]

---

[690] Vd. o art. 608.°, al. g). Vd., ainda o art. 4.°/1 do DL n.° 298/92, de 31/12, onde pensamos que esta actividade só pode ser incluída na al. q). Vd., quanto a esta questão, CONCEIÇÃO NUNES (1992/93).

[691] Ainda que se trate de entes públicos, o importante é que a actividade por eles desenvolvida é uma actividade de direito privado. Não faria, por isso, qualquer sentido sujeitar essas entidades ao Código de Procedimento Administrativo. Com efeito não estamos perante o desempenho de uma "actividade administrativa de gestão pública", nem perante "funções materialmente administrativas" (art. 2.°/1 do CPA). Também não nos parece que esta actividade ou as entidades autorizadas a registar caibam dentro da enumeração feita nos n.ᵒˢ. 3-6 do art. 2.° do CPA.

[692] Quanto a este problema, face ao direito espanhol, vd. JIMENEZ-BLANCO (1989, maxime 111 ss.).

[693] FERREIRA DE ALMEIDA (1992, 30 e nota 15, onde o autor refere adoptar a expressão de Zanobini e remete para outra obra sua (1966, 187 ss.).

[694] FERNANDEZ DEL POZO (1991, 1219), distinguindo entre registos jurídicos ou de "segurança jurídica" e registos administrativos ou de "informação administrativa", inclui o registos de valores escriturais entre os primeiros, por três razões que considera

II. Embora as contas de registo de valores escriturais desempenhem funções e fins que devem ser considerados de interesse público[695], tais funções são exercidas por entidades públicas ou privadas, mas de forma privatística.

Além disso, os fins do registo não coincidem com os tradicionais. Falta-lhes o fim da publicidade formal como objectivo genérico. Portanto não estamos perante registos públicos, nem no sentido de que o público tem acesso a eles nem no sentido de que estão a cargo de entidades públicas. Esta conclusão[696] parece paradoxal dados os efeitos destes registos face a terceiros, terceiros estes que não têm acesso ao registo para conhecer o seu conteúdo. Tal significa que *se produzem os efeitos da publicidade material, sem que haja publicidade formal.*

---

essenciais: pela natureza do gestor, que não é um funcionário público; pelo duvidoso carácter público dos assentos e certificados; porque, apesar de o seu conteúdo ser oponível a terceiros (função da publicidade material), a publicidade formal foi tão descuidada que podemos perguntar-nos se existe realmente.

[695] Também assim, para o registo predial, PEREIRA MENDES (1992a, 71).
[696] DIAZ MORENO (1991, 383).

CAPÍTULO IV
CIRCULAÇÃO DOS VALORES ESCRITURAIS E TRANSMISSÃO DA TITULARIDADE

1. COLOCAÇÃO DO PROBLEMA E RAZÃO DE ORDEM

I. Entramos agora num dos aspectos decisivos e mais complexos do regime dos valores escriturais. É a propósito da eficácia dos registos na conta dos valores escriturais que se levantam alguns dos principais problemas colocados por aquele regime. A resposta a esses problemas permite pôr à prova a aptidão do sistema de valores escriturais criado pelo legislador para cumprir uma das principais funções para que foi criado – a rapidez e segurança de circulação dos direitos registados [697].

É tradicional distinguir os efeitos substantivos do registo dos restantes efeitos. Também essa distinção pode ser feita a propósito dos efeitos do registo de valores escriturais. Os *efeitos substantivos do registo* assumem uma particular importância para o nosso trabalho, por isso lhes dedicaremos este e o próximo capítulos, embora sem deixar de fazer referência aos restantes.

II. Sentimos alguma dificuldade em ordenar o tratamento desta matéria na medida em que os efeitos do registo não ressaltam sempre claramente da lei. De facto, deparamos com preceitos oriundos de várias proveniências, pensados para situações diversas, a que havia que dar um tratamento sistemático. Encontramos desde preceitos oriundos do registo predial até outros que são mera compilação de normas aplicáveis aos títulos de crédito, nomeadamente os sujeitos ao regime de registo e depósito, bem como preceitos integralmente novos. Acresce que, sobre questões importantes, a lei ou é lacunar ou pouco clara. Numa primeira

---

[697] Vimos acima (pp. 115 ss.) que esses eram dos principais objectivos visados pelo legislador e que inclusivamente, quanto à rapidez de circulação, estiveram na base da criação dos valores escriturais noutros países ou da desmaterialização da circulação dos valores titulados através de sistemas de depósito colectivo (vd., pp. 76 ss.).

abordagem pode dizer-se que *o legislador consagrou um regime com características próprias e cujas soluções, consideradas em conjunto, divergem substancialmente de outros ordenamentos jurídicos com legislação anterior sobre a matéria.*

Face a estas características, impunha-se definir uma metodologia de abordagem global do problema da eficácia do registo de valores escriturais. Na dúvida, optámos por reunir aqui todas as questões que, aparentemente, a lei relaciona com essa eficácia. Dada a grande interdependência entre todas essas questões optámos por partir das mais específicas para as mais gerais. Sendo estas condicionadas por aquelas, iniciar a análise pelos problemas gerais fazia-nos correr o risco de uma reflexão ora vazia e assente em puros conceitos ora exigindo uma antecipação constante das questões específicas.

III. De acordo com a metodologia definida, começamos por um primeiro grupo de questões que podemos considerar como *condicionantes da eficácia do registo*: em primeiro lugar a *data do registo*, momento *a quo* da produção de efeitos; a ordem de produção de efeitos dos registos, isto é, o chamado *princípio da prioridade* do registo; ainda integrado neste primeiro grupo abordaremos o problema dos *bloqueios* em conta de valores escriturais, dada a influência que têm naquela data e no princípio da prioridade do registo. Em geral o primeiro grupo de questões a abordar prende-se com o princípio da prioridade.

Num segundo grupo de questões abordaremos o problema da *circulação dos valores escriturais*, isto é, a problemática das transferências entre contas e a transmissão da titularidade sobre valores escriturais. Esta última questão será tratada distinguindo a transmissão entre vivos, dentro e fora do mercado secundário de valores mobiliários e a transmissão "mortis causa".

No capítulo seguinte, continuação deste, abordaremos os outros efeitos do registo de valores escriturais, a saber: a *legitimidade* conferida pelo registo, a *presunção de titularidade* derivada do registo e a *protecção de terceiros adquirentes de boa fé*. Estaremos, então, em condições de tratar a questão mais geral da eficácia do registo de valores escriturais e de tirar algumas conclusões quanto à natureza desse registo.

IV. Apesar dos registos em conta, a lei prevê a existência de documentos com funções diversas. Afinal, é caso para dizer, que os registos continuam a necessitar do papel. Em inúmeras situações os particulares necessitam de fazer prova ou dos seus direitos ou da situação dos valores mobiliários. Noutras, a legitimação para o exercício de direitos exige a apresentação de documentos pois, como é óbvio, o registo não pode ser objecto de apresentação. A lei atribui a alguns desses documentos eficácia por vezes paralela ou prevalente sobre os registos em conta. Por isso, não podemos deixar de os abordar nesta sede.

De fora fica um tratamento sistematizado de outros efeitos do registo, nomeadamente a sua eficácia probatória. Já em diversas ocasiões aludimos[698] a essa função dos registos e a ela voltaremos mas sempre de forma dispersa e em apoio de outras questões.

2. A DATA DO REGISTO: SUA DETERMINAÇÃO E IMPORTÂNCIA

I. *Estabelecer a data do registo é fundamental,* entre outras razões: para determinar o funcionamento do princípio da prioridade (art. 64.º/3, art 184.º/1/d e art. 659.º); é elemento de referência para determinar a eficácia e oponibilidade do registo face a terceiros (art. 64.º/1). Já atrás levantámos algumas questões a propósito da data do registo, mas apenas na óptica do registador[699]. Cabe agora desenvolver o que então foi dito, mas na óptica da prioridade e da eficácia dos factos e direitos sujeitos a registo. *A questão que se coloca é:* os factos e direitos sujeitos a registo produzem eficácia desde quando? E qual a amplitude desses efeitos de acordo com a data a que se referem?

II. Em abstracto, o legislador poderia ter seguido um de dois modelos: os factos e direitos sujeitos a registo produzem efeitos desde a data da sua constituição ou verificação determinando-se a prioridade desses factos ou direitos com base naquelas datas (modelo de registo declarativo)[700]; ou considerar que os factos e direitos sujeitos a registo apenas

---

[698] Vd., supra, pp. 126-127.
[699] Vd. pp. 217 ss..
[700] Dentro desse modelo podem estabelecer-se variantes que vão desde o registo considerado como mera notícia ou *registo enunciativo* (vd. ASCENSÃO, 1993b, 358), ao chamado *registo declarativo*, condicionante de eficácia face a terceiros. Vd. FERREIRA DE ALMEIDA (1966, 251 ss.). O prof. Oliveira ASCENSÃO fala ainda em *registo confirmativo ou consolidativo* quando o direito, mesmo sem registo, tem desde logo eficácia absoluta, mas é resolúvel pela produção de um facto complexo: aquisição a título oneroso por parte de terceiro de boa fé e registo dessa aquisição (1993b, 362).

produzem efeitos desde a data desse registo, estabelecendo-se a prioridade entre eles exclusivamente de acordo com essa data [701].

Em qualquer dos modelos *pressupõe-se a existência de um lapso de tempo entre a verificação dos factos ou a constituição dos direitos sujeitos a registo e a data do seu registo em conta*. De acordo com o segundo modelo, nesse lapso de tempo não se verifica a produção de quaisquer efeitos, nem mesmo entre as partes, porque o registo faz parte integrante da constituição dos direitos em causa ou condiciona em absoluto a produção de efeitos. De acordo com o primeiro modelo, os factos ou direitos produzirão a sua eficácia desde logo entre as partes e o seu registo será apenas relevante para a produção de efeitos face a terceiros e para serem oponíveis a estes.

Estes modelos, é evidente, não são aplicados na sua pureza, mas podem ser combinados entre si, isto é, o registo ser declarativo face a alguns direitos e constitutivo face a outros. Entre nós, no que respeita aos registos patrimoniais [702], tem sido seguido o modelo de registo declarativo [703], ressalvado o caso da hipoteca em que a maioria da doutrina considera o respectivo registo como constitutivo [704].

Deixemos para mais tarde a qualificação do registo de valores escriturais quanto à sua eficácia. Debrucemo-nos, por agora, sobre o modo como se estabelece a data do registo e a relação que esta mantém com a ocorrência dos factos ou a constituição dos direitos sujeitos a registo. O legislador trata esta questão no art. 62.º, nomeadamente no seu n.º 1, aí distinguindo entre registos que dependem de apresentação (ou de pedido) e registos que não dependem de apresentação (ou oficiosos).

---

[701] Também aqui com variantes que vão desde o *registo condicionante absoluto de eficácia* até ao *registo constitutivo*. O prof. FERREIRA DE ALMEIDA (1966, 251) equipara aquelas duas realidades. Já o Prof. Oliveira ASCENSÃO (1993b, 357-358) parece distingui-las (vd. nota 704).

[702] Retiramos a distinção entre registos patrimoniais e não patrimoniais de FERREIRA DE ALMEIDA (1966, 257). É óbvio que *o registo de valores escriturais apenas pode ser incluído dentro dos registos patrimoniais*.

[703] Assim, a maioria da doutrina. Vd., por todos, FERREIRA DE ALMEIDA (1966, 252). Contra, ASCENSÃO (1993b, 362) considera o modelo consagrado para o registo predial como consolidativo ou confirmativo.

[704] Em sentido contrário, vd, ASCENSÃO (1993b, 357-358), considera-o como condicionante absoluto de eficácia, distinto do registo constitutivo. Naquele, "a inscrição é necessária, não apenas para a eficácia para com terceiros, mas inclusivamente para a eficácia entre as próprias partes" (357). Ao contrário, "no registo constitutivo, o registo é um dos elementos do título substantivo de um direito". Este, por sua vez, distinguir-se-ia do registo atributivo (366).

2.1. Data dos registos que não dependem de apresentação

I. São registos que não dependem de apresentação[705] aqueles cuja realização deve ser promovida pelo próprio intermediário financeiro que tem a seu cargo a conta de registo dos valores escriturais. São os registos a que se refere o art. 61.º/3-1.ª parte. Vejamos o que há de comum entre os vários factos ou direitos sujeitos a registo não dependente de apresentação, que justifique a fixação de uma determinada data para o seu registo.

II. Devem ser promovidos pelo intermediário financeiro os registos referidos no art. 56.º/2/a-g (art. 61.º/3-1.ª parte). Já atrás nos referimos longamente a eles[706]. Então, qualificámos esses registos como definidores das características fundamentais dos valores escriturais e reveladores da sua situação jurídica. Dissemos, igualmente, que não eram registos específicos dos valores escriturais inscritos numa dada conta, mas respeitavam a todos os valores pertencentes a uma mesma emissão. A realização de tais registos está dependente do sistema de registo e controlo dos valores escriturais. Os documentos que lhe hão-de servir de base serão enviados ao intermediário financeiro pela Central (no caso de um primeiro registo a seguir a uma emissão[707]) ou por outro intermediário financeiro (no caso de aquisição derivada dos valores em causa).

Também devem ser promovidos oficiosamente os registos a que se refere o art. 57.º, isto é, a conversão em definitivos dos registos constantes das contas trasitórias de subscrição ou o registo da não negociabilidade dos valores registados. A realização destes registos depende de comunicação da Central, que enviará aos intermediários financeiros os documentos que devem servir de base a esse registo (art. 61.º/4)[708].

---

[705] O conceito de apresentação é importado do registo predial e ao seu regime é dedicado todo o Cap. IV do Título III (Do processo de registo) do CdRP. A apresentação assume aí grande importância e é regulada com algum detalhe, dado que a regra geral é a da instância e é de acordo com a apresentação que se determina, em regra, a data do registo e a ordem da sua realização. Quanto ao conceito de apresentação no registo de valores escriturais vd. 649.

[706] Vd. *supra*, pp. 142 ss. e 204 ss..

[707] A situação, quanto ao envio ou obtenção dos documentos necessários para suportar o registo, pode variar muito, de acordo com o processo de subscrição seguido. Vd. pp. 105 ss..

[708] Por sua vez a Central recebe tais documentos da entidade emitente quando lhe comunica a ocorrência dos factos ou a verificação das formalidades necessárias (vd. notas 348 e 349).

Todos os registos acima referidos dependem do funcionamento do próprio sistema de registo e controlo de valores escriturais na medida em que exigem a intervenção da Central, da entidade emitente ou de um intermediário financeiro inserido no sistema. Os titulares em nada contribuem para a verificação das situações a registar nem têm qualquer controlo sobre elas[709]. São *registos fundacionais* dos próprios valores escriturais e, portanto, apenas podem ser efectuados com a intervenção do sistema e na sua dependência. Acima[710] fizemos um paralelismo com os elementos que devem constar obrigatoriamente dos títulos para acentuar essa importância e mostrar como a verificação dos factos ou direitos em causa apenas pode respeitar à entidade emitente, enquanto emitente dos valores mobiliários[711].

III. São ainda promovidos oficiosamente pelo intermediário financeiro os registos respeitantes a aquisições e quaisquer outras operações sobre valores mobiliários inscritos ou a inscrever nas contas a seu cargo, que se realizem por seu intermédio (art. 61.º/3-1.ª parte). Esta expressão – *que se realizem por seu intermédio* – levanta algumas dificuldades. São realizadas por intermédio do intermediário financeiro, que tem a seu cargo as contas de registo, aquelas operações em que ele intervém em exclusivo. Mas esse parece-nos um entendimento demasiado restritivo pois deixa de fora todas as operações realizadas em bolsa, quando o intermediário financeiro não seja um corretor[712]. Ora, ainda nesses casos, apesar de não executar a operação, o intermediário financeiro intervém nela, obrigatoriamente, de diversas formas: ou porque lhe

---

[709] Referimo-nos apenas ao registo, não ignorando que existe sempre intervenção do titular, que desencadeia o registo quanto mais não seja através da subscrição de valores escriturais ou da sua aquisição posterior. Porém, tal não respeita directamente ao processo de registo. Por isso, como já atrás referimos, o *registo é indisponível para o titular* devido à situação substancial que não pode ser diferente ou manipulada.

[710] Vd. supra, p. 151 (notas 481 e 483).

[711] Quando os direitos são incorporados em títulos, a emissão desses direitos é distinta da emissão dos próprios títulos. Esta é integralmente controlada pela entidade emitente. Ora, tal não poderia valer para os valores escriturais. Porém, esse controlo por parte da entidade emitente continua a existir em relação à inscrição das características fundamentais dos valores constantes de cada emissão, sendo esse controlo efectuado através da conformação do conteúdo dos factos e direitos a registar com os elementos fornecidos à Central no momento de registo da emissão e constantes dos documentos exigidos (vd. art. 9.º do RgCentral).

[712] Dado que a execução das operações de bolsa é, ainda hoje, um exclusivo dos corretores (art. 404.º/1).

foi dada a ordem de bolsa para a transmitir ao corretor para execução (art. 425.º/2); ou porque lhe foi solicitado o bloqueio dos valores por corretor que recebeu directamente a ordem de bolsa (art. 68.º/3). Além disso, em qualquer caso, a liquidação das operações é directamente feita através das contas globais que esse intermediário financeiro detém na Central (vd. os arts. 39 ss do RgCentral).

Portanto, parece-nos aceitável formular o seguinte critério, quanto ao entendimento daquela expressão: *para efeitos de promoção do respectivo registo, são efectuados pelo intermediário financeiro que tem a seu cargo a conta de registos todos os actos de registo relativos a operações em que a sua intervenção se concretizou num registo em conta relacionado com essa operação e antes da sua execução.*

Neste segundo grupo de casos, ao contrário do anterior, a iniciativa e conteúdo a movimentação da conta dependem, directa ou indirectamente, do titular dos valores inscritos. Porém, esgota-se aí o seu papel. Ao fazer intervir o intermediário financeiro, este fica sujeito a procedimentos (registrais ou operativos) que lhe são impostos pelo próprio sistema. *Tais operações são sempre realizadas com a intervenção do sistema, integralmente no seu seio e de acordo com as regras que lhe são próprias, sem qualquer controlo do ordenador.*

IV. *A data de todos os registos que devam ser promovidos oficiosamente pelo intermediário financeiro é aquela que corresponde à constituição dos direitos ou à ocorrência dos factos a registar* (art. 62.º/1-2.ª parte)[713]. Quanto aos factos e direitos a que se referem o art. 56.º/2/a-g e o art. 57.º não se levantam dificuladades de maior dado que estamos perante factos ou direitos fundacionais dos próprios valores.

Mas o problema já se coloca quanto àquelas operações que, apesar de intermediadas, foram desencadeadas por iniciativa do titular dos valores em causa e, muitas vezes, fazem circular os valores escriturais entre contas, como acontece com os registos relativos a aquisições e alienações. Poderia, então, pensar-se que a data do registo deveria ser aquela em que fosse lavrado. *A explicação para aquela posição da lei só pode derivar do particular modo de circulação dos valores escriturais nestes*

---

[713] *Esta regra afasta-se, claramente, da que vigora no registo predial. Aí, de acordo com o art. 77.º/1, a data dos registos oficiosos é aquela em que forem lavrados.* Mas esta regra apenas é válida para os registos oficiosos independentes. Caso os registos oficiosos sejam dependentes, terão a data correspondente ao registo de que dependem. Vd. PEREIRA MENDES (1992b, 154).

casos. É uma circulação dentro do próprio sistema de registo e controlo, de acordo com as suas próprias regras. Mesmo quando, por exemplo, o corretor que executa uma venda em bolsa de valores escriturais não está autorizado a prestar o serviço de registo e controlo de valores escriturais, o sistema intervém quer através do bloqueio dos valores em conta (art. 68.°/3) quer através da liquidação e compensação de operações que, como já atrás foi observado, funciona em ligação com as contas globais dos intermediários financeiros, abertas na Central[714].

Em conclusão, *quando o facto a registar se verifica já o sistema interveio pelo que não estamos perante um facto alheio ao sistema* e, consequentemente ao intermediário financeiro que tem a seu cargo as contas de registo de valores escriturais. *Por isso não faria sentido estabelecer uma outra data para os registos não dependentes de apresentação.*

2.2. Data dos registos dependentes de apresentação

I. Os registos que dependem de pedido do interessado, são definidos por exclusão: são todos aqueles que não devam ser registados oficiosamente pelo intermediário financeiro. Estamos agora em condições de os definir de forma clara: *são todos os registos relativos a factos ou direitos em cuja verificação ou constituição o intermediário financeiro que tem a seu cargo a conta de registo dos valores e, consequentemente, o sistema de registo e controlo de valores escriturais, não intervieram por qualquer forma.*

O intermediário financeiro só toma conhecimento da ocorrência desses factos ou da constituição desses direitos quando tal lhe é comunicado pelo interessado através do pedido de registo. Estes factos apenas poderão respeitar aos registos a que se refere o art. 56.°/2/h e ss., isto é, os registos que não têm a ver com as características essenciais dos valores escriturais integrantes de uma determinada emissão. O facto de os valores estarem registados em conta não impede que o seu titular possa celebrar negócios de alienação desses valores ou constituir quaisquer direitos sobre eles. Tais negócios são válidos. Estão, porém, obrigatoriamente sujeitos a registo em conta. Enquanto tais negócios forem desconhecidos do intermediário financeiro que tem a seu cargo a conta de registo dos valores escriturais, apenas podem produzir eficácia fora do

---

[714] Vd. supra, pp. 101 ss..

sistema não se lhes aplicando as regras deste. Tal significa que, *nesses casos, os valores mobiliários apenas poderão circular fora do sistema de registo, de acordo com as regras gerais.* Não podem, nomeadamente, beneficiar da protecção conferida pelo registo. Saber se estamos perante uma verdadeira circulação dos valores, nestes casos, é um problema sobre que reflectiremos adiante.

II. Neste grupo de casos *a data do registo é a da apresentação do pedido de registo, isto é, a data em que o intermediário financeiro tomou conhecimento dos factos a registar.* Portanto a data do registo não vai retroagir ao momento em que os factos se verificaram ou em que os direitos foram constituidos. Note-se que, curiosamente, é nestes casos que o intermediário financeiro desempenha a função de mero registador de algo que se passou fora do registo e do sistema em que este se integra. O seu papel, quanto a este aspecto e ressalvadas as devidas diferenças, é em tudo idêntico ao de qualquer conservador do registo predial, por exemplo [715].

III. Em consequência do que fica dito, devemos colocar o seguinte problema: *e se o intermediário financeiro que tem a seu cargo a conta de registo dos valores não toma conhecimento da sua alienação porque, por exemplo, o corretor que recebeu directamente a ordem de venda não lhe solicitou o bloqueio desses valores?* Nesses casos, devemos considerar o registo como dependente de apresentação, para efeitos de eficácia do registo. Isto é, até ao momento em que a transacção foi comunicada ao intermediário financeiro que tem a seu cargo a conta de registo dos valores (por ex. através da nota de venda – vd. o art. 457.º/4) deve considerar-se que os valores circularam fora do sistema de registo. Portanto a data do registo deve ser a data da sua apresentação. Poderão, é certo, entrar em jogo outras regras de protecção do adquirente, nomeadamente as relativas à protecção e segurança das transacções efectuadas em bolsa ou outro mercado secundário. Porém, essas são regras que não derivam directamente do regime dos valores escriturais pelo que só afectarão o registo na medida em que estiverem a ele ligadas [716].

---

[715] Segue-se, pois, a regra geral consagrada na primeira parte do art. 77.º/1 do CdRP quanto à data dos registos dependentes de apresentação.

[716] Quanto à importância das normas de segurança da negociação dos valores em mercado e sua conexão com o registo dos valores escriturais (vd., infra, cap. I da 3.ª parte).

3. O PRINCÍPIO DA PRIORIDADE DO REGISTO

3.1. Regras gerais

I. O princípio da prioridade do registo de valores escriturais está consagrado no art. 64.º/3 [717]. Uma correcta interpretação deste preceito e a compreensão do princípio da prioridade exige tomar em conta o que acaba de ser dito quanto à data do registo. Além disso, devem ainda ter-se em conta os preceitos relativos aos registos provisórios e aos bloqueios em conta.

II. *Como regra geral* e quanto aos registos com diferentes datas, *a lei manda atender,* exclusivamente, *à data do registo, considerando como irrelevante a data da constituição do direito registado* [718]. Na sua aparente simplicidade e clareza, esta regra encerra algumas dificuldades, derivadas da parcial contradição entre o art. 64.º/3-1.ª parte e o art. 62.º/1. Esta contradição resulta de o legislador se ter afastado da regra consignada no registo predial para fixar a data do registo [719] e, aparentemente, por não se ter apercebido inteiramente das consequências dessa inflexão, ter optado por formular o princípio da prioridade do registo nos mesmos termos em que está consagrado para o registo predial. É certo que o art. 64.º/3 remete para o art. 62.º, mas teria sido preferível que o legislador tivesse formulado o princípio da prioridade independentemente dessa remissão.

A data a que se refere o art. 64.º/3 não é a data em que o registo foi lavrado pelo intermediário financeiro, mas a data do registo. Esta, como já vimos, não tem que coincidir com a data em que o registo foi lavrado. Ora, o art. 64.º/3, ao declarar a irrelevância da data da constituição do direito registado, é contraditório com o que no art. 62.º/1-2.ª parte se estabelece quanto à data do registo. Aí, considera-se que a data do

---

[717] A redacção é decalcada do art. 6.º/1 do CdRP.

[718] É uma regra geral consagrada no registo predial e em outros registos patrimoniais. A regra inversa vigora nos chamados registos pessoais (por ex. o registo civil). O fundamento daquela regra nos registos patrimoniais seria a defesa das expectativas de terceiros que não devem ser afastadas pela retroactividade do registo. Vd., FERREIRA DE ALMEIDA (1966, 255-257). Tal fundamento, porém, já não valerá para o registo de valores escriturais.

[719] No registo predial a data do registo oficioso é fixada de acordo com a data em que o registo tenha sido lavrado, sem prejuízo do disposto quanto ao registo provisório. Em qualquer caso, não tem qualquer relevância o momento em que se tenha verificado o facto ou constituído o direito a registar.

registo é exactamente a data da constituição do facto ou do direito a registar. Portanto, nestes casos, a constituição dos factos ou direito é relevante. Já acima vimos que essa disposição era inteiramente justificada e que o seu fundamento residia em aspectos essenciais do funcionamento do sistema dos valores escriturais. Assim, *a conjugação dos dois preceitos exige uma interpretação restritiva do art. 64.º/3-1.ª parte, considerando que a irrelevância da data da constituição dos direitos ou da verificação dos factos apenas se aplica aos registos dependentes de apresentação.* Porém, a regra do artigo 62.º/1 torna essa referência perfeitamente desnecessária. Assim, tal preceito deve ser lido nos seguintes termos: *os direitos registados sobre os mesmos valores mobiliários prevalecem uns sobre os outros pela ordem das datas dos respectivos registos*[720].

III. Para estabelecer a *prioridade entre os registos com a mesma data* deve atender-se à ordem por que tiverem sido lavrados, de acordo com o disposto no art. 62.º (art. 64.º/3-2.ª parte). Também nestes casos devemos determinar com rigor qual a ordem por que devem ser lavrados os registos, pois ela não resulta do arbítrio do registador.

O art. 61.º/6 determina o critério para ordenar os registos dependentes de pedido: os pedidos devem ser numerados sequencialmente[721] no momento da sua apresentação e neles ser colocada a data, através de anotação feita pelo intermediário financeiro; se o pedido for transmitido por via informática será tida em conta a data e hora da recepção do respectivo suporte ou da transmissão[722].

A lei nada diz quanto à ordem dos registos com a mesma data e cuja realização não depende de apresentação. Neste caso, pensamos deverá atender-se à data/hora da constituição do direito ou da ocorrência do facto[723].

---

[720] Como é óbvio, a formulação do princípio contém uma remissão implícita para o art. 62.º/1 e outros preceitos onde se estabelece a data do registo. Por isso é desnecessária qualquer referência expressa.

[721] Deve exigir-se um meio mecânico de numeração que seja fiável e dificulte a alteração da ordem numérica. Vd. o que acima foi dito quanto ao carácter relativamente informal da fase de apresentação do pedido de registo. Há outros elementos que podem ajudar a resolver o problema. É o caso, por exemplo, do registo de bloqueios em consequência de ordem de bolsa. Aí, poderá atender-se, em último caso, às regras da prioridade da própria ordem de bolsa (vd. o art. 429/1/g e 434.º/1).

[722] Pensamos que regra semelhante deve valer para os pedidos feitos por telefax, em que a data e hora constam do próprio documento.

[723] O art. 40.º/1/c do RgCentral estabelece um critério distinto para efectuar os lançamentos a crédito e a débito nas contas globais dos intermediários financeiros em

IV. O princípio da prioridade do registo funcionará em caso de *registos incompatíveis* efectuados sobre os mesmos valores escriturais. Caso os factos a registar sejam incompatíveis, apenas o primeiro (na ordem estabelecida) deve ser registado e sendo ambos registados prevalece o registado em primeiro lugar[724].

No entanto, parece-nos ser necessário ir um pouco mais longe, distinguindo entre incompatibilidade de direito e incompatibilidade de facto[725]. Havendo *incompatibilidade de direito*, os dois registos não podem subsistir. Com efeito não podem ser registadas duas alienações dos mesmos valores feitas sucessivamente pelo seu titular[726]. Havendo *incompatibilidade de facto* tudo dependerá do momento da efectivação desses direitos. Por exemplo parece nada impedir que tenham sido registados dois direitos de garantia sobre os mesmos valores escriturais. O primeiro, porém, caso seja efectivado prevalecerá sobre o segundo que poderá ficar sem objecto. Caso o primeiro não seja efectivado porque a garantia não foi accionada, extinguindo-se, então o segundo direito ganhará efectividade e eficácia com a data com que tiver sido registado.

3.2. Os bloqueios, em conta, de valores escriturais

3.2.1. *Questões gerais*

I. O bloqueio efectuado na conta individualizada de valores escriturais é uma técnica de segurança *cujo efeito é alterar o normal fun-*

---

consequência da liquidação física das operações de bolsa. Porém, parece-nos que esse critério não subverte as regras do princípio da prioridade dos registos nas contas individualizadas de valores escriturais.

[724] Vd. FERREIRA DE ALMEIDA (1993, 31).

[725] Seguimos, neste aspecto, FERREIRA DE ALMEIDA (1966, 258-258). Segundo este autor, "existe *incompatibilidade de direito*, sempre que a transmissão dum direito impede absolutamente a transmissão do mesmo ou de outro direito sobre a mesma coisa. Assim, por exemplo, a transmissão sucessiva do direito de propriedade sobre um prédio ou uma quota de sociedade. (...) Existe *incompatibilidade de facto* quando, sendo válida a constituição sobre a mesma coisa de direitos idênticos ou diferentes, puder, na prática, verificar-se a impossibilidade de realização de todos os direitos. É o que sucede quando se constituem diversos direitos reais de garantia sobre o mesmo prédio ou coisa, todos eles válidos, mas que, de facto, se mostrarão incompatíveis, na medida em que o valor da coisa é inferior ao da soma das dívidas que aqueles direitos reais garantem" (258).

[726] Partimos do pressuposto que é uma alienação de todos os valores registados. Se apenas uma parte for alienada, nada impedirá o registo de alienações sucessivas enquanto o saldo da conta o permitir.

cionamento da data de certos registos ou também da sua ordem e, nestes casos, do princípio da prioridade. Por isso, pensamos ser este o melhor local para os abordar, relacionando-os em particular com o princípio da prioridade e, em geral, com a eficácia dos registos.

A figura dos bloqueios não é nova. Era já prevista no art. 5.°/5 e 6 do DL n.° 229-D/88, de 4/7 [727], onde o legislador do CdMVM se poderá ter, eventualmente, inspirado [728]. A maior novidade reside no recurso generalizado a esta técnica e no regime consagrado [729]. Também em Espanha a lei prevê a utilização de uma técnica semelhante em relação às contas de valores escriturais [730]. A experiência bancária tem recorrido a diversas técnicas para garantir a segurança de determinadas operações e que, em regra, têm como efeito impedir a movimentação das contas de depósito [731]. Não se justifica aqui estabelecer qualquer comparação entre

---

[727] É o seguinte o teor dos preceitos referidos: "5. O corretor que tenha recebido uma ordem de venda de acções escriturais *pode*, antes de a executar, *requerer o bloqueio* da quantidade de acções a alienar, mediante a apresentação, no serviço de acções escriturais, de duplicado daquela ordem.

O bloqueio torna as acções indisponíveis, salvo quanto à alienação feita pelo corretor que a requereu, e cessa com a comunicação por este da identificação do adquirente ou da desistência da alienação e, no máximo, dentro de sessenta dias".

[728] Por sua vez, PESSOA JORGE (1989, 110), autor do projecto, declara ter-se inspirado na prática brasileira.

[729] Segundo FERREIRA DE ALMEIDA (1993, 29, nota 13), "o "bloqueio" é uma figura inovadora que decorre da desmaterialização. Nos títulos de papel o exercício dos direitos depende da sua posse. Na falta desta, o "bloqueio" – inscrição registral que evidencia indisponibilidade temporária – tem por finalidade prevenir duplicação de direitos sobre os mesmos valores mobiliários".

[730] Também se prevê a imobilização de saldos de valores escriturais para efeitos de constituição de penhor sobre os mesmos. Vd. SANCHEZ GUILARTE (1990, 666 ss.). Mas esta técnica não é seguida pela lei portuguesa que parece preferir, nesses casos, o registo dos valores em sub-contas autónomas.

[731] A terminologia utilizada varia. As contas podem ser "congeladas", "cativadas" ou "bloqueadas", quer por ordem do governo ou dos tribunais ou até do próprio (por ex. em caso de extravio de cheques ou cartão de débito). Também é "uso" os bancos, entre si, cativarem as importâncias de cheques sacados por clientes, para garantia de pagamento (Esta prática foi considerada legal pelo Ac. da RLCoimbra de 10/7/1964). Os DL n.ºs 32 677 e 32 678, de 20/2/1943, relativos ao pagamento de impostos por meio de cheques, obrigaram os bancos a reservar a provisão respeitante a cheques visados, o que esteve na origem da prática de transferir tais valores para nova conta, apenas movimentável pelo pagamento do próprio cheque visado. Algumas destas informações foram retiradas de CARVALHO (1992, 441 e 447). Hoje, o DL n.° 157/80, de 24/5 (alterado pelo DL n.° 481/82, de 24/12) e o DL n.° 14/89, de 10/1, mantêm as mesmas exigências daqueles DL, entretanto revogados.

as várias técnicas utilizadas. Limitamo-nos a chamar a atenção para elas, procurando dar uma ideia do recurso mais ou menos generalizado a técnicas semelhantes.

II. Um problema que pode colocar-se respeita a *saber se os bloqueios devem considerar-se taxativamente enumerados ou se pode haver outros* bloqueios criados pelo próprio sistema. Enquanto técnica ou operação material, parece-nos que nada impedirá a realização de outros bloqueios não previstos na lei, registados ao abrigo do art. 56.º/2/n. O que devem ser considerados como típicos são os efeitos produzidos pelos bloqueios legalmente previstos. Muitas vezes, *desde que se obtenha determinado efeito, pode ser indiferente a técnica utilizada.* Por ex., se os valores escriturais penhorados estão indisponíveis pelo seu titular, podem ser utilizadas diversas técnicas para assegurar essa indisponibilidade, desde o bloqueio em conta ao registo em subconta autónoma. Por isso, é importante distinguir entre o bloqueio e o seu registo em conta. Aqui, apenas esse registo nos interessa, devido aos efeitos que lhe estão associados por lei (art. 62.º/3).

III. Com base na lei, podemos distinguir entre bloqueios obrigatórios ou facultativos[732]. Em qualquer dos casos, os bloqueios estão obrigatoriamente sujeitos a registo em conta[733] (art. 56.º/2/m).

Os *bloqueios são obrigatórios* em dois tipos de situações: para exercício de direitos inerentes aos valores registados (art. 54.º/2); em consequência de ordem de venda dos valores registados, em bolsa ou outro mercado secundário (arts. 68.º/2 e 3, e 69.º/1).

Os *bloqueios facultativos*, são feitos a pedido do titular dos valores, referindo a lei dois grupos de casos (art. 69.º/2): transacções a efectuar fora de mercado secundário[734]; transacção de valores sobre os quais impendam quaisquer ónus ou encargos ou estejam sujeitos a outras limitações ou vinculações que afectem a disponibilidade e os direitos patrimoniais ou sociais inerentes a esses valores. Em qualquer desses casos, o bloqueio deve ser feito através de um registo provisório das transacções a efectuar. *Em rigor, aqui não estamos perante um verdadeiro bloqueio,*

---

[732] No DL n.º 229-D/88, de 4/7, os bloqueios eram sempre facultativos e feitos a pedido do corretor.

[733] O registo dos bloqueios facultativos torna-se obrigatório desde que o pedido de bloqueio tenha sido feito pelo titular ou seu representante.

[734] É criticável a epígrafe do art. 69.º, quer porque não corresponde ao conteúdo do n.º 2, quer porque aí se referem transacções fora do mercado secundário (1.ª parte) quer, ainda, situações que podem reportar-se ao mercado secundário ou não (2.ª parte).

pelo que o preceito é redundante em relação ao art. 63.º, mesmo quanto aos termos de efectuar o registo provisório[735]. Assim, na análise subsequente, não o consideraremos como um verdadeiro bloqueio.

Atendendo à variedade de bloqueios previstos na lei, deve ser registado o tipo de bloqueio em causa, a data do seu início, a duração, a quantidade de valores abrangida e a sua natureza provisória ou definitiva.

IV. Dar uma noção jurídica do que é o bloqueio de valores mobiliários não é fácil. Ela só é possível, no entanto, depois de analisado o regime e os efeitos de cada um dos bloqueios previstos por lei. É o que faremos nos pontos seguintes. Só depois disso estaremos em condições de dar uma noção jurídica de bloqueio e sublinhar a sua importância central no sistema de registo de valores escriturais[736].

3.2.2. *O bloqueio para exercício de direitos inerentes aos valores escriturais: diferimento do tempo dos registos de transmissão da titularidade*

I. O bloqueio para exercício de direitos inerentes aos valores registados será obrigatório quando se verifiquem, cumulativamente, três requisitos (art. 54.º/1 e 2):

– que, por imposição legal ou estatutária, o exercício desses direitos dependa ou da apresentação[737] ou de registo[738] ou depósito[739] dos valores junto de qualquer entidade[740];

– que o titular só possa exercer os direitos se os valores a que são inerentes se mantiverem na sua titularidade até à data do exercício;

– que o intermediário financeiro tenha emitido uma declaração a comprovar que os valores em causa estão inscritos em conta aberta junto dele.

---

[735] Por isso, o preceito deve ser sobretudo entendido como uma chamada de atenção, uma espécie de anotação ao art. 63.º, "técnica" de legislar repetidamente usada no CdMVM e que não é de aplaudir.

[736] Já atrás fizemos algumas referências gerais, quanto ao registo dos bloqueios, que agora devem ter-se presentes. Vd. pp. 218-219.

[737] Por natureza, os valores escriturais não podem ser objecto de apresentação.

[738] Trata-se apenas do regime de registo previsto no DL n.º 408/82 e no CSC, em nada respeitando ao registo de valores escriturais.

[739] Tratar-se-à dos casos previstos no DL n.º 408/82, para as acções nominativas.

[740] Os termos da aplicabilidade do art. 54.º/1 e 2 aos valores escriturais e as dificuldades levantadas por estes preceitos são discutidas adiante (pp. 301 ss.).

O bloqueio é efectuado simultaneamente com a emissão da declaração, deve ser registado em conta e vigorará pelo prazo limite indicado pelo interessado[741], devendo esse prazo constar da declaração[742].

Pensamos que o legislador tem em vista tanto o exercício de direitos de natureza patrimonial como social. Do art. 54.º/2, quando se refere à possibilidade de realizar operações que impliquem a transferência dos direitos de forma autónoma em relação aos valores a que são inerentes, parece concluir-se que apenas estão em causa os direitos patrimoniais. Mas não é assim, como veremos adiante.[743]

II. De acordo com o disposto no art. 54.º/2, são duas as inibições resultantes deste bloqueio:

– proibição de realizar, durante o prazo do bloqueio, qualquer operação que implique a transmissão da titularidade dos valores bloqueados ou dos direitos a exercer;

– proibição de registo das operações que tenham como efeito transmitir a titularidade dos valores ou direitos, quer tenham sido realizadas antes de efectuado o bloqueio quer durante a sua vigência.

O bloqueio tem a função de assegurar que os valores se mantêm na titularidade do interessado até ao exercício dos direitos. As operações que tenham como objecto os valores bloqueados, violando a proibição legal, devem considerar-se válidas? Genericamente, a resposta deve ser afirmativa. Aquelas proibições são dirigidas ao próprio intermediário financeiro e não ao titular dos valores[744]. Por outro lado, ainda que a operação tenha sido realizada por intermédio do regis-

---

[741] O bloqueio deve ser feito pelo o prazo limite indicado pelo interessado devendo tal prazo constar da declaração passada pelo intermediário financeiro, referida no ponto anterior. Portanto e dado que se trata de um prazo limite indicado pelo interessado, este poderá dar ordem para o bloqueio ser cancelado antes do fim desse prazo. Se tal acontecer, somos de opinião que o interessado deve entregar a declaração ao intermediário financeiro sob pena de poderem surgir conflitos de legitimação para o exercício dos direitos entre a declaração e o registo em conta (vd. o art. 61.º/1).

[742] Igualmente pode o interessado pedir a prorrogação do prazo, caso em que deverá ser passada nova declaração (ou alterado o seu prazo de validade) e alterado o prazo do bloqueio, desde que ainda se esteja dentro do prazo a que se refere a parte final do n.º 1 do art. 54.º. Se houver a passagem de nova declaração, a primeira, por razões de segurança, deve ser entregue ao intermediário financeiro ou destruída.

[743] Vd. 301 ss..

[744] Podendo o intermediário financeiro ser punido com contra-ordenação nos termos do art. 671.º/2.

tador[745], isto é, em mercado secundário, aquele intermediário responde pelo seu cumprimento[746]. Porém, o art. 62.º contém regras que resolvem esses problemas.

As operações efectuadas antes do bloqueio e as operações efectuadas fora de mercado secundário durante a vigência do bloqueio, com pedidos de registo apresentados[747] durante a vigência do bloqueio *apenas poderão ser registadas com data do primeiro dia útil após a cessação do bloqueio* (art. 62.º/2/b) e pela ordem estabelecida na lei. Trata-se, portanto, de uma excepção à regra geral sobre a data do registo e a produção de efeitos pelas operações antes do registo. Qualquer registo feito durante o bloqueio deve ser rectificado nesse sentido.

Portanto não estamos perante uma verdadeira indisponibilidade dos valores em causa. Estes continuam a ser disponíveis e as operações sobre eles realizadas são inteiramente válidas. Apenas se impede que essas operações transfiram a titularidade sobre os valores, o que é conseguido por uma ficção registral, isto é, considera-se que a data da transmissão só acontece no dia útil seguinte à cessação do bloqueio. A violação do preceito apenas é sancionada como contra-ordenação[748].

Em conclusão, o bloqueio a que se refere o art. 54.º/2 tem como efeito: paralizar a eficácia translativa dos negócios realizados sobre os valores bloqueados até à cessação do bloqueio. Este efeito é conseguido

---

[745] Ou se tiver realizado e confirmado novo bloqueio solicitado por corretor ou por outro intermediário financeiro (art. 68.º/2).

[746] Vd. o art. 184.º/2. O terceiro adquirente será protegido nos termos especiais previstos no próprio CdMVM. Como o intermediário financeiro não pode disponibilizar os valores bloqueados para a liquidação física da operação ou imputa a operação a valores próprios ou o sistema procede à sua recompra a expensas do intermediário financeiro (vd. o art. 463.º). Em qualquer caso, a operação deve ser considerada como de conta do próprio intermediário financeiro responsável. Na prática o problema tem pouca relevância caso os valores estejam admitidos à negociação em bolsa dada a interrupção técnica para exercício de direitos a que se refere o art. 447.º. O mesmo valerá para os valores escriturais não admitidos à negociação em bolsa por força do disposto no art. 51.º/1 do RgCentral, com as consequências do n.º 2. Porém, caso estejamos perante direitos não patrimoniais, como o direito de voto, já a mecânica dos bloqueios, tal como foi descrita, é essencial.

[747] De acordo com a própria letra da lei parecem estar em causa apenas registos que dependem de apresentação. Porém, a mesma regra deve valer para os registos não dependentes de apresentação, em que, por ex., tenha havido violação da proibição por parte do intermediário financeiro.

[748] Nos termos do art. 671.º/2, a não observância do disposto no art. 54.º pelos intermediários financeiros constitui contra-ordenação grave punível com coima entre 300 000$00 e 150 000 000$00.

através da alteração da data de registo de tais operações para o primeiro dia útil a seguir à cessação bloqueio, mantendo-se a respectiva ordem e, portanto, a actuação do princípio da prioridade.

3.2.3. Bloqueio em consequência de ordem de venda em mercado secundário

I. A lei distingue entre o bloqueio em consequência de ordem de venda dos valores em bolsa (art. 68.º/2 e 3) ou de ordem de venda em mercado de balcão ou em mercado secundário especial (art. 69.º/1). Estas duas últimas situações não oferecem qualquer especialidade uma vez que a lei remete para o regime dos bloqueios em consequência de ordem de bolsa. Portanto, o regime destes bloqueios é idêntico em qualquer mercado secundário.

II. O bloqueio deve ser efectuado pelo intermediário financeiro junto de quem está aberta a conta dos valores a alienar. Tal bloqueio é obrigatório e deverá ser feito oficiosamente (art. 68.º/2), salvo nos casos em deva ser solicitado[749] por corretor que tenha recebido directamente a ordem de bolsa[750] do titular dos valores (art. 68.º/3). Neste último caso, o intermediário financeiro deve confirmar, junto do corretor, que efectuou o bloqueio solicitado[751], só então podendo o corretor executar a ordem de bolsa[752] (art. 425.º/4/a).

O registo do bloqueio solicitado por corretor deve ser efectuado como provisório[753] só se tornando definitivo se o corretor entregar ao

---

[749] Não colocando a lei quaisquer exigências a esse respeito, a solicitação de bloqueio pelo corretor poderá ser feita por qualquer meio, nomeadamente por telefone. Aliás, parece ser essa a intenção pois se exige uma confirmação posterior através de documento.

[750] Os corretores podem sempre receber ordens de venda em bolsa de valores escriturais, mesmo que esses valores não estejam registados em conta junto deles (art. 425.º, n.º 1, al. a) e 67.º/1). Não sendo corretores, apenas podem receber aquelas ordens os intermediários financeiros que tenham a seu cargo as respectivas contas de registo (art. 425.º, n.º 1, al. b), conjugado com o n.º 3 "a contrario" e art. 67.º).

[751] A confirmação parece-nos que poderá ser feita por qualquer meio.

[752] Caso o corretor execute a ordem sem o bloqueio ter sido confirmado, poderá incorrer em responsabilidade contra-ordenacional e civil, o mesmo valendo para o intermediário financeiro que não confirmou o bloqueio. Em qualquer caso a operação realizada é válida. Além disso, caso o bloqueio não tenha sido confirmado devido a indisponibilidade, inexistência, etc., dos valores objecto da ordem, a operação é ainda válida, devendo o corretor responder pelo seu cumprimento, isto é, será considerada como operação realizada de conta do próprio corretor (arts. 183.º e 184.º).

[753] Tal é importante pois significa que, após a sua conversão em definitivo, o registo mantém a prioridade que tinha como provisório, isto é, a data da solicitação do bloqueio pelo corretor.

intermediário financeiro até ao 5.º dia posterior ao pedido de bloqueio documento comprovativo[754] da ordem de bolsa que lhe serve de base. Caso essa confirmação não seja feita dentro do prazo, é nulo o registo provisório do bloqueio devendo, em consequência, ser cancelado pelo intermediário financeiro (68.º/3).

O bloqueio terá um prazo de validade equivalente ao prazo de validade da ordem de bolsa[755] acrescido de cinco dias, cessando os seus efeitos no termo desse prazo. Porém, a validade do bloqueio poderá terminar antes dessa data, por quatro ordens de razões (art. 68.º/4)[756]: revogação da ordem de venda em bolsa; caducidade da ordem de venda por realização, pelo interessado, de operação anterior incompatível com ela, desde que a prova da realização dessa operação seja feita junto do intermediário financeiro que efectuou o bloqueio ou do corretor encarregado de executar a ordem de bolsa, só deixando de ter validade o bloqueio quando este último seja informado da realização daquela operação incompatível[757]; ou porque termine o prazo de validade da ordem sem ter

---

[754] O documento comprovativo da ordem de bolsa não exige requisitos particulares. Pensamos até que a exigência de comprovação da ordem deve ser entendida em sentido amplo e de modo flexível, sob pena de tornar os bloqueios ainda mais complicados. Assim, aquele documento tanto poderá ser cópia da ordem de bolsa, caso tenha sido dada por escrito, como cópia da redução a escrito da ordem de bolsa dada verbalmente, ou qualquer declaração em que o corretor confirme que recebeu a ordem de bolsa. A comprovação pelo corretor não será exigida caso este tenha solicitado, desde logo, o bloqueio através de documento que comprove a ordem de bolsa, nomeadamente por via informática, telex ou telefax pois a lei considera como escritas as ordens de bolsa dadas por esses meios (art. 426.º, n.º 2). Nesse caso o registo do bloqueio, deve ser logo feito como definitivo. Por último, caso a ordem de bolsa tenha sido, entretanto, executada, consideramos que deve valer como documento comprovativo a nota de venda que o corretor está obrigado a enviar ao intermediário financeiro nos termos do art. 457.º/4.

[755] O prazo de validade da ordem de bolsa deve contar-se em dias de bolsa. Quanto ao prazo das ordens de bolsa, vd. o art. 431.º.

[756] Tudo se resume num único grupo de situações: cessará o bloqueio quando, seja qual for a causa, deixar de existir o facto que lhe deu origem.

[757] Esta é uma situação deveras curiosa e que mereceria atenta análise, mas sai fora dos nossos objectivos. Não se diz se a operação incompatível é realizada em mercado secundário ou fora de mercado. Se foi realizada em mercado secundário, isto é, com a intervenção de intermediário financeiro, isso significa que ou essa operação não deu origem a qualquer bloqueio, o que permitiu efectuar o segundo bloqueio, ou então os valores foram sucessivamente bloqueados para venda. Em qualquer dos casos há violação da lei pelo intermediário financeiro, gerador de responsabilidade. Se a operação incompatível foi realizada fora de mercado, então o legislador tenta evitar a realização de nova operação, declarando a caducidade da ordem de bolsa e do bloqueio a que ela dera origem. Esta forma de pro-

sido executada; ou devido a cumprimento da ordem e realização dos correspondentes lançamentos na conta do ordenador.

O bloqueio e o seu registo em conta são factos distintos. Deve haver um registo com as características já referidas, mas o registo não equivale ao bloqueio. Este pode consistir num comando específico, dado informaticamente, que impeça a movimentação da conta através do sistema informático.

III. Descrito o mecanismo destes bloqueios, vejamos as consequências que lhes são associadas por lei. *São três essas consequências, de acordo com o art. 68.º/2*: não podem efectuar-se quaisquer operações sobre os valores bloqueados [758]; não podem registar-se quaisquer operações efectuadas sobre os valores bloqueados [759]; as operações realizadas em execução da ordem de bolsa que deu origem ao bloqueio, e efectuadas durante o período de validade desse bloqueio, prevalecem sobre todas as outras quer estas tenham sido indevidamente realizadas durante o período de validade do bloqueio quer tenham sido realizadas (mas não registadas) antes de efectuado o bloqueio.

Esta última consequência é a única que respeita à eficácia dos bloqueios. As restantes são meros comandos dirigidos ao intermediário financeiro para que se abstenha de práticas perturbadoras do bloqueio. A questão que, mais uma vez, se coloca respeita à validade das operações realizadas "indevidamente" durante o período de duração do bloqueio. Pensamos que a própria lei pretende salvaguardar a validade dessas ope-

---

ceder restringe muito a eficácia dos bloqueios. Esta, com efeito, só será efectiva se a execução da ordem que deu origem ao bloqueio já não puder ser paralisada. *Estão aqui em causa actuações fraudulentas do ordenador que o legislador procura afastar,* sujeitando-o, além disso, a responsabilidade civil e/ou criminal e ao pagamento de todas as despesas feitas pelo intermediário financeiro.

[758] Não se trata de uma verdadeira consequência do bloqueio, na medida em que não estamos perante uma proibição efectiva de realizar tais operações. Estas não só podem ser realizadas como são válidas e podem até levar à cessação do bloqueio, como foi referido na nota anterior. A proibição dirige-se exclusivamente ao intermediário financeiro, gerando a responsabilidade deste mas não afectando a validade da operação. Portanto, do registo do bloqueio resulta um *dever geral de abstenção a observar pelo intermediário financeiro.*

[759] Também aqui estamos perante uma proibição dirigida ao intermediário financeiro. Da própria letra da lei resulta que podem ser registadas operações, embora tais registos possam ter a sua data alterada por força do registo das operações realizadas em execução da ordem de bolsa que deu origem ao bloqueio. Em qualquer caso, parece-nos, poderão sempre ser registadas operações como provisórias por dúvidas.

rações, na medida em que não comina qualquer outra sanção que não seja a de que tais operações não prevaleçam sobre aquelas que resultem da execução da ordem de bolsa. Ora, a prevalência das operações só poderá afirmar-se através do registo, isto é, as operações realizadas em execução da ordem de bolsa têm prioridade, no registo, sobre todas as outras, independentemente de estas terem sido realizadas antes[760] ou durante o período de validade do bloqueio.

Portanto *o principal efeito deste bloqueio respeita ao modo de funcionamento do princípio da prioridade do registo.* As mesmas conclusões resultam do art. 62.°/2/a, expressamente referido a esta questão e apresentado como excepção à data e ordem dos registos: ou o registo das operações que não resultaram da execução da ordem de venda que deu origem ao bloqueio se torna impossível por falta de objecto; ou são registadas à medida que cessar o bloqueio e com data do primeiro dia útil a seguir a essa cessação. Há, portanto, uma graduação entre os registos a efectuar[761].

3.2.4. *Avaliação do sistema de bloqueios*

I. De acordo com o regime descrito, *os bloqueios desempenham uma função essencial na segurança das transacções de valores escriturais realizadas através ou com a intervenção do sistema de registo. O mesmo vale para o exercício de direitos com base em documentos assentes no registo.*

Passando por cima de aspectos práticos quanto à forma de efectuar os bloqueios solicitados por corretor que nos parecem envolver *procedimentos muito burocráticos e morosos,* sendo mesmo um desincentivo à sua realização, concentremo-nos nos aspectos jurídicos de fundo que estão em causa.

II. Reflectindo sobre a perda de importância da "corporização" dos direitos em títulos derivada da colocação dos títulos em depósito colec-

---

[760] Só será assim se o registo de tais operações estiver dependente de apresentação e o pedido de registo ainda não tiver sido apresentado. Se, ao invés, esse pedido de registo já tiver sido apresentado ou se o registo das operações não depender de apresentação, o seu registo não é afectado tendo prioridade sobre todas as operações que sejam consequência da ordem de bolsa que deu origem ao bloqueio. Com efeito, nestes casos, o bloqueio deve considerar-se inexistente e o seu registo nulo por falta de objecto, devendo o intermediário financeiro ser responsabilizado pelos prejuízos causados.

[761] Vd. GUERREIRO (1993, 66) quanto ao registo predial e em relação a outras situações.

tivo, ZÖLLNER considera suficiente a posse mediata ou indirecta dos títulos [762]. Deixando estes de ser documentos de apresentação, a legitimação do titular pode fazer-se através de certificados de depósito. Quando o titular possuía directamente o título, era ele que controlava essa posse. Já assim não acontece quando a entidade que tem a seu cargo o depósito dos títulos passa um certificado, pois não tem o controlo desse certificado. Então, há que regular com cuidado a emissão e validade desses certificados, exigindo que as transmissões efectuadas pelo titular não sejam confirmadas pelo depositário sem a devolução do certificado. Só então, considera o mesmo autor, está satisfeito o objectivo visado pela documentação do direito num título. Em suma, há que garantir a não utilização do certificado por outrem que não o titular ou evitar a eficácia dos negócios celebrados com base nele contra o depositário que, o mesmo é dizer, contra o registo [763].

Pensamos que algo de semelhante se passa com os bloqueios. *É necessário garantir que os valores em conta não serão alienados ou onerados e, se tal acontecer devido à prática de actos extra-registrais, estes não devem prevalecer sobre os actos que se constituiram com base no registo, isto é, no interior do sistema. Tal efeito consegue-se através da fixação da ordem dos registos.* Por isso, já acima considerámos que todos os actos que tenham sido praticados fora do sistema de registo, mesmo quando realizados por corretor que devia ter solicitado o bloqueio e não o fez, devem ser considerados actos fora do registo, actuando então as regras gerais da prioridade.

III. O sistema consagrado é essencial à segurança das operações e é imposto como consequência de os direitos estarem registados. Doutra forma, o funcionamento do princípio da prioridade torna-se selvagem e aleatório, nunca nenhum adquirente podendo ter a certeza de que adquiriu seja o que for. Com efeito, *não parece correcto transpôr para aqui o que acontece no registo predial,* por uma razão bem simples: os valores mobiliários podem ser objecto de negócios em massa, realizados com uma celeridade enorme. *Tendo deixado de existir documentos através de cuja apresentação possa ser controlada, pelo adquirente, a legitimidade do alienante e a existência dos próprios valores, exigia-se um procedimento alternativo assente no próprio sistema de registo e adequando à forma de representação dos valores.*

---

[762] Vd. ZÖLLNER (1974, 270).
[763] ZÖLLNER (1974, 271).

IV. Se o melhor sistema é o que foi consagrado na lei, é algo que não nos parece importante aqui discutir[764]. O essencial é que a segurança das transacções que tenham por objecto os valores registados, possa ser assegurada pelo próprio registo.

4. CIRCULAÇÃO DOS VALORES MOBILIÁRIOS ESCRITURAIS

4.1. Transferência de valores escriturais: noção e importância

I. Ao descrevermos o sistema de contas de valores escriturais verificámos tratar-se de um sistema disperso por vários intermediários financeiros. Vimos, igualmente, que às contas abertas junto dos diversos intermediários financeiros correspondiam contas globais abertas junto da Central e do próprio intermediário financeiro[765]. Ora, há factos que têm como consequência a inscrição dos valores escriturais em contas de outros titulares, isto é, factos que, transmitindo a titularidade sobre os valores escriturais, obrigam ao seu registo na conta dos novos titulares. É a esta circulação dos valores escriturais entre contas, pela realização de novos registos que chamamos transferências ou, dito de outro modo, *a transferência entre contas é o modo de circulação adaptado às características dos valores escriturais* e exigido pela sua própria estrutura "material", isto é, o registo[766]. *Partamos da ideia, ainda provisória, de que a circulação dos*

---

[764] Em qualquer caso, sempre se dirá que o sistema, por vezes, levanta dificuldades práticas que entram em choque com a celeridade exigida pelas transacções em mercado secundário, particularmente em bolsa. Seria possível encontrar um sistema que, respeitando a necessária segurança, estivesse mais de acordo com a celeridade exigida pela transacção de valores mobiliários. Porém, *sempre que não esteja em causa a circulação dos valores, mas apenas a sua segurança como acontece nos casos de oneração* (por ex. o penhor) *ou o exercício de direitos* (art. 54.º/2) *já o bloqueio nos parece adequado, devendo mesmo ser aperfeiçoado.* Assim, poderia ser adequado instituir um sistema misto. No que respeita às operações realizadas em bolsa o bloqueio poderia ser facultativo desde que se aperfeiçoassem os mecanismos de protecção do adquirente através das regras de funcionamento do próprio mercado. Quanto às transacções efectuadas fora de bolsa o bloqueio devia ser obrigatório sempre que, por outra forma, não fosse possível assegurar a protecção do adquirente.

[765] Quanto às relações entre os vários tipos de contas, vd. *supra*, pp. 105 ss..

[766] É algo de semelhante à circulação dos títulos de crédito. E dizemos semelhante porque o modo particular de circulação também é dependente da estrutura desses títulos, isto é, é dependente da sua incorporação em documentos, isto é, o seu modo particular de circulação há-de estar, de uma forma ou outra, ligada a esses documentos.

valores escriturais é determinada pela sua estrutura, isto é, pelo registo[767]. Para maior facilidade de exposição, falaremos em *circulação registral*.

II. Genericamente, quanto à conta onde são efectuados, podemos distinguir: factos que dão origem a registos na conta do titular dos valores escriturais; factos que dão origem à abertura de subcontas, dependentes da conta geral do titular; factos que dão origem a registos em outras contas, quer estas estejam abertas ou não no mesmo intermediário financeiro e quer pertençam ou não ao mesmo titular. *Só este último tipo de registos dá lugar à circulação dos valores* entre contas diferentes e essa circulação concretiza-se através de transferências entre as contas envolvidas. Os registos referidos em primeiro lugar nunca implicam uma alteração da titularidade dos valores em causa, mas constituem uma alteração da situação jurídica desses valores.

Os valores mobiliários, independentemente da sua forma de representação, são particularmente aptos à circulação, sendo através dessa circulação que se concretiza a função essencial por eles desempenhada, isto é, a mobilização da riqueza[768]. Também acima dissemos que a incorporação dos direitos em documentos tinha, entre outras, a função essencial de facilitar a circulação desses direitos através da circulação do próprio documento[769]. Assim, *ao prescindir do documento em papel, os valores escriturais deixam de circular dependentes desses documentos e passam a circular dependentes da nova forma de representação, o registo*. Tanto basta para podermos dizer que estamos perante um dos aspectos centrais do regime dos valores escriturais, senão mesmo perante o fulcro e a chave de todo o sistema.

III. *Devemos distinguir entre a transmissão da titularidade do direito e a transferência do valor escritural,* isto é, do registo que materializa

---

[767] Este expediente técnico resulta de uma *imitação feita pelos bancos em relação às transferências de numerário, sem este ser fisicamente movimentado,* referem HUECK/CANARIS (1986, 21) a propósito das transferências de valores em regime de depósito. Juridicamente, acrescentam, a transmissão produz-se mediante o acordo sobre a transferência, nos termos do § 929-I BGB.

[768] Sobre a questão vd. pp. 20 ss..

[769] O problema da circulação dos títulos tem sido tradicionalmente encarada no sentido de que o direito segue o documento. Hoje, porém, um importante sector da doutrina, sobretudo na Alemanha, defende também o inverso: *é possível a circulação do direito e o documento seguir o direito.* Para uma panorâmica desta evolução vd. MENDES (1989, 45 ss.). Esta tendência tem vindo a ser impulsionada pelos progressos da desmaterialização que mostram a não indispensabilidade do documento na circulação dos direitos. Vd. ZÖLLNER (1974, 267 ss.).

essa transmissão, enquanto negócio subordinado ao registo efectuado através do registo ou materializado no próprio registo. Como veremos adiante, trata-se de realidades jurídicas distintas. No entanto, estão de tal forma interligadas que acabam muitas vezes por se confundir. Embora a transmissão da titularidade dos direitos registados seja um pressuposto da transferência, é esta que materializa aquela transmissão. A não ser assim, os direitos deverão ficar sujeitos à lei geral da sua circulação, isto é, a cessão de créditos. Ora, o regime dos valores escriturais, como veremos, excepciona esse regime da cessão de créditos, o que só poderá ter fundamento na particular estrutura adoptada pela materialização dos direitos em causa.

Nos valores mobiliários titulados não se põe o problema da transferência dos documentos uma vez que, dada a sua "coisificação", actuam as regras da posse. Mas também aí a transmissão do direito acompanha a transmissão do documento. Tal é particularmente claro na transmissão dos títulos ao portador embora já não seja assim nos títulos à ordem ou nominativos. Porém, o problema já se coloca quando os documentos não circulam ou apenas circulam de modo restrito, isto é, quando estão sujeitos ao regime de depósito. Aí tudo se passa ao nível das contas de depósito ou, em certos tipos de depósito, há transferências entre vários depositários salvo quando tal não seja necessário por compensação, dada a fungibilidade dos títulos em sistema de depósito. Mas neste último caso, já não são as regras dos títulos de crédito que são aplicadas, dado que a sua imobilização impede que os documentos circulem e, com eles, os direitos incorporados.

4.2. Pressupostos da transferência de valores escriturais

I. Para se poder dizer que estamos perante uma transferência de valores escriturais exige-se o concurso de duas contas individualizadas quer pertençam a diferentes titulares (abertas no mesmo ou em diferentes intermediários financeiros) quer pertençam ao mesmo titular. Com efeito, nada impede que um determinado titular tenha contas de valores escriturais em vários intermediários financeiros e que transfira para a conta aberta junto de um deles os valores que tem registados na conta aberta junto do outro[770]. Mas esta última é uma *transferência em sentido*

---

[770] Podemos aceitar um *conceito amplo de transferência de valores,* incluindo aí as transferências entre contas dos mesmos ou de diferentes titulares. O modo de operar essa transferência será idêntico, isto é através de lançamentos a débito numa das contas e a crédito na outra (art. 65.º/1).

impróprio, que não exige a prática de qualquer negócio ligado com o registo, mas a prática de actos materiais ou de actos exteriores ao registo [771]. Por isso, não as teremos em conta.

O art. 65.°/1 dá-nos um conceito de *transferência em sentido próprio ou restrito*, isto é, de transferência resultante (ou associada [772]) à transmissão da titularidade de valores escriturais. O art. 65.°/1, conjugado com os n.° 2 e 3 do mesmo preceito, permite concluir que só pode ser realizada quando se verifiquem os seguintes pressupostos:
 – a existência de duas contas individualizadas de valores escriturais;
 – que essas contas pertençam a distintos titulares;
 – um negócio com eficácia translativa da titularidade dos valores escriturais.

Este último pressuposto é que permite fundamentar a transferência dos valores escriturais. Porém, tal não acontece espontaneamente mas exige a intervenção de diversas entidades, conforme os casos. Devemos distinguir duas situações já nossas conhecidas: *transferências dependentes de pedido dos interessados; transferências realizadas oficiosamente* pelos intermediários financeiros envolvidos. Antes, porém, de abordar cada uma dessas situações, vejamos como, em geral, são realizadas as transferências de valores escriturais.

II. *A transferência de valores escriturais é efectuada através da realização de dois registos em conta:*
 – registo da alienação na conta de onde são transferidos os valores (conta de origem);
 – registo da aquisição na conta para onde são transferidos os valores (conta de destino).

Ao registo da alienação corresponderá uma diminuição do saldo da conta de origem, de acordo com a quantidade de valores alienados. Ao registo da aquisição (que poderá exigir a abertura de uma nova conta) corresponderá um aumento do saldo da conta de destino, de acordo com a quantidade de valores adquiridos.

As transferências são um processo especial de registo de valores escriturais. E dizemos especial na medida em que são envolvidas duas

---

[771] Em regra, exigir-se-ão actos jurídicos exteriores ao registo, nomeadamente uma ordem dos interessados dada ao intermediário financeiro onde está aberta a conta e ordem ou abertura de conta no intermediário financeiro onde os valores devem ser registados.

[772] Usamos a disjuntiva porque entendemos deixar ainda em aberto o problema da transmissão da titularidade dos valores escriturais, que será abordada no ponto seguinte.

contas e dois registos realizados de forma integrada e na dependência um do outro. Este processo especial de registo é *exigido pelas características da organização do registo de valores escriturais*, isto é, pela existência de contas de valores escriturais em diversos intermediários financeiros[773].

Esse processo especial de registo consiste na realização de registos rigorosamente idênticos, mas de sinal contrário, em diferentes contas. Porém, ainda podemos estar perante duas situações distintas: registo em contas abertas junto do mesmo intermediário financeiro e registo em contas abertas em diferentes intermediários financeiros. É sobretudo neste último caso que se colocam os maiores problemas, nomeadamente quanto ao controlo desses registos pois, como já observámos, a sua eficácia é interdependente. No primeiro caso, tal problema não se coloca. Com efeito, o intermediário financeiro tem registados em conta aberta junto dele os valores escriturais adquiridos e, com base nesse registo, pode controlar se a transferência solicitada corresponde às características dos valores negociados.

Quando implicam movimentos entre distintos intermediários financeiros, as transferências exigem a intervenção da Central[774]. Esta deve ser notificada através do sistema para efectuar os lançamentos devidos nas contas globais dos intermediários financeiros envolvidos, movimentando os saldos dessas contas. Porém, *trata-se de lançamentos de controlo, pois as transferências só se devem considerar efectuadas com os registos nas contas de registo individualizado* a cargo dos intermediários financeiros envolvidos.

III. *As transferências que devem ser solicitadas pelos interessados* coincidem com os casos de registos dependentes de apresentação, já acima analisados. Nesse caso, o pedido pode ser feito de várias maneiras:

– a regra geral consta do art. 65.º/2: apresentação ao intermediário financeiro dos documentos legalmente exigíveis para a validade da transmissão dos valores a transferir;

---

[773] Por isso, em todos os sistemas de valores escriturais onde não existe tal dispersão de registos (Vd., por ex., o art. 5.º/1 do DL n.º 229-D/88, de 4/7) tudo se passa dentro do mesmo registo central e os actos são sempre praticados pela mesma entidade, não levantando as transferências problemas de maior.

[774] Este processo está regulado no RgCentral (arts. 34.º-38.º). Aí distingue-se entre transferências ordinárias e transferências especiais. A liquidação de operações de bolsa ou outras operações realizadas em mercado secundário também envolvem transferências de valores entre contas (vd. os arts. 39.º ss. do RgCentral), embora o RgCentral as não qualifique expressamente como tais dado obedecerem a regras específicas.

– uma regra especial consta do art. 65.º/3 e envolve apenas o intermediário financeiro que tem a seu cargo a conta do vendedor: apresentação de declaração de venda assinada pelo respectivo titular ou seu representante; apresentação de ordem escrita do titular ou seu representante ordenando a transferência dos valores para a conta do adquirente (*ordem de transferência*) [775].

Devem ser feitas oficiosamente as transferências em consequência de negócios realizados em mercado secundário (62.º/1 e 61.º/3). O registo, nesses casos, deve ser promovido pelos intermediários que tenham recebido as ordens de compra e de venda dos valores em causa (art. 65.º/4). Nestes casos, as transferências são processadas obrigatoriamente pelo sistema com a liquidação física das operações. Esta, nada mais é que um processo especial de transferência de valores negociados em mercado secundário. Embora o legislador não se refira expressamente a este aspecto, ele está subjacente ao art. 65.º/4, quando relaciona o prazo do registo com a liquidação das operações. Por outro lado, deve ter-se em conta que o regime dos valores escriturais, enquanto inserido no CdMVM, foi condicionado pela regulação estabelecida para os mercados secundários pelo que alguns aspectos relativos ao seu regime se encontrem dispersos por aquele diploma.

A lei não se refere à transferência (em sentido impróprio) entre contas do mesmo titular abertas em diferentes intermediários financeiros. Aí pensamos que o procedimento será idêntico ao exigido para as transferências cujos registos estão dependentes de pedido, bastando uma ordem do titular dos valores para que o intermediário financeiro desencadeie a transferência (art. 61.º/3 – 2.ª parte) [776].

---

[775] No ordenamento jurídico francês as transferências entre contas de valores escriturais não admitidos na SICOVAM são sempre desencadeadas por *"ordres de mouvement"*. Vd. RIPERT/ROBLOT (1992, 2, 59). Também assim acontece na Alemanha em relação às transferências de valores em depósito colectivo, com os chamados *Wertpapierschecks*. Quanto aos diversos tipos de ordens, vd. GUALANDI (1983, 14) e LENER (1989, 31 e nota 83).

[776] Dada a importância assumida pelas transferências no sistema instituído de registo de valores escriturais, é criticável que o legislador tivesse deixado a sua quase integral regulação para o RgCentral. Além disso, *o art. 65.º mistura questões relativas à transferência entre contas dos valores escriturais* (n.ᵒˢ 1 e 2) *e a transmissão da titularidade dos mesmos* (n.º 3), *bem como ao prazo para realizar o registo das transacções realizadas em bolsa ou em outros mercados secundários* (n.º 4).

4.3. A transferência de valores escriturais e a transmissão da titularidade como processos distintos

I. *Ao utilizar os termos "transferência" e "transmissão", o legislador não está a referir-se à mesma realidade jurídica.* Apesar da deficiente redacção da lei, esta dá-nos indicações suficientes nesse sentido. Enquanto o termo transferência respeita a uma realidade registral que pode ser identificada com a circulação dos valores escriturais dentro do sistema de registo consagrado, a transmissão é consequência de negócio celebrado sobre os valores escriturais (a transmissão é uma forma de aquisição derivada). As duas realidades podem coincidir temporalmente (o facto de a lei referir que a transferência dos valores entre contas é posterior à transmissão da titularidade dos mesmos, ainda poderia ser entendida não em termos temporais, mas em termos lógicos), mas isso não impede que seja importante distingui-las. Por isso lhe dedicamos as linhas seguintes.

II. A própria letra da lei nos permite fundamentar o pressuposto de que partimos.[777] Desde logo, a epígrafe do art. 65.º é "Transferência em conta de valores escriturais" o que, não sendo um elemento decisivo, deve ser tido em conta. O art. 65.º/2 refere-se à *"transmissão dos valores a transferir"*, utilizando os dois termos como processos distintos e em que a transferência se seguiria à transmissão. Por sua vez o art. 65.º/3 vai no mesmo sentido do anterior, pois também aí se distingue transmissão e transferência, seguindo-se temporalmente esta àquela.

O termo transmissão é utilizado pelo legislador em vários outros preceitos como referido à transmissão da titularidade dos valores ou dos direitos a eles inerentes, isto é, em sentido técnico. São os casos do art. 64.º/5 e 6 e do art. 66.º/5 (que distingue claramente entre a transmissão dos valores e o respectivo registo).

Porém, a letra do art. 89.º, que é um preceito paralelo ao art. 65.º para os valores titulados fungíveis, parece apontar em sentido diverso. Com efeito o n.º 1 desse preceito emprega o termo transmissão para os lançamentos entre contas de valores titulados fungíveis pertencentes a distintos titulares, exactamente em termos paralelos em que o faz para a transferência dos valores escriturais no art. 65.º/1. Daí, no entanto, não pode ser retirado um argumento decisivo contra a distinção acima enun-

---

[777] Ao menos assim o devemos presumir, de acordo com a regra do art. 9.º/3 do CCiv.

ciada, pois o legislador quanto ao regime de transferência dos valores titulados fungíveis remete para o regime traçado para os valores escriturais (art. 89.º/2).

III. *O processo de transferência permite seguir o caminho dos valores escriturais:* a inscrição a débito deve referir para onde os valores foram transferidos; a inscrição a crédito deve referir de onde os valores vieram transferidos (art. 56.º/2/n). Trata-se de elementos importantes para o controlo das inscrições e averiguar do respeito pelo princípio do trato sucessivo dos registos efectuados.

As duas realidades são distintas substancialmente. Com efeito, só o direito pode ser objecto autónomo de transmissão. Ao contrário do que acontece nos direitos documentados em papel, em que é admissível considerar o próprio título como coisa e, portanto, objecto de negócio jurídico[778], *não é possível considerar o registo como objecto de transmissão. O registo apenas pode ser objecto de transferência.* Assim, a transferência segue a transmissão no sentido de que, transmitido o direito registado, *o próprio registo deve seguir o direito, isto é, deve ser alterado e mesmo mudado fisicamente* (notamos, mais uma vez, que não usamos o termo "segue" em sentido temporal).

IV. O art. 65.º/1 distingue a transferência "a título gratuito ou oneroso". Ora, só os negócios podem ser gratuitos ou onerosos. Por isso, tais qualificações não devem entender-se como respeitando à transferência dos valores entre contas, na medida em que esta é um mero procedimento registal. Assim, o art. 65.º/1, deve ser lido nos seguintes termos: "A transferência, em consequência da transmissão a título gratuito ou oneroso, de valores mobiliários escriturais ...". Quando muito, e em sentido muito pouco preciso, poderíamos dizer que a transferência será a título gratuito ou oneroso, conforme a transmissão que está na sua base seja efeito de negócio jurídico oneroso ou gratuito.

V. A utilização do termo transferência tem conotações possessórias, o que parece ter subjacente a ideia de que o registo em conta equivale à entrega exigida para os valores titulados (ao portador). Nalguns casos, o legislador utiliza mesmo a palavra "entrega" em relação aos valores escriturais (art. 66.º/2).

---

[778] Embora se considere que, nos valores mobiliários, o centro da transmissão está no direito e não no documento. Objecto do tráfico é sempre o direito, não o direito puro e simples, mas o direito documentado. Vd. MENDES (1989, 62-63).

Essa ideia é confirmada pelo lugar paralelo constituído pelo art. 89.°/1, onde, por exemplo, se equipara a transferência dos valores titulados ao portador (inseridos no sistema de depósito e controlo de valores titulados fungíveis) à sua tradição[779]. É evidente que tais conotações possessórias do termo transferência são uma ficção e visam apenas relacionar o regime dos valores escriturais com o dos valores titulados. Porém essa ficção parece-nos vazia de conteúdo, uma vez que o regime está integralmente previsto na lei.

De acordo com este significado, não faz qualquer sentido retirar conclusões do termo transferência, nomeadamente do seu significado etimológico[780]. *Não há que falar em entrega dos valores mobiliários escriturais*, dado que isso contraria a sua natureza imaterial e, portanto, são insusceptíveis de posse. O importante é o regime jurídico das transferências, tal como o temos vindo a descrever. Apenas haveria que falar, quando muito, em transferência das inscrições ou dos registos. Mas tal seria também incorrecto, na medida em que os registos ou inscrições não se transferem: *o que há são novos registos de sinal contrário que "anulam" os registos anteriores. Não são os primitivos registos que se transferem*[781].

5. A TRANSMISSÃO "ENTRE VIVOS" DA TITULARIDADE DOS VALORES ESCRITURAIS

I. Esta matéria não é tratada de forma clara pelo legislador, pelo que a sua análise oferece múltiplas dificuldades[782]. Por um lado são as

---

[779] É uma equiparação presente no ordenamento jurídico espanhol, bem como no italiano, mas com o objectivo claro de aplicar aos valores escriturais certas regras estabelecidas para os valores titulados em que se exige a entrega, como acontece com a constituição do penhor.

[780] Etimologicamente, transferir vem do latim "trans-ferre", o que significa "levar de um lado para outro" ou "levar alguma coisa através de um determinado meio".

[781] Não estamos aqui sequer a sugerir que a circulação dos valores escriturais se caracteriza pela autonomia. Esse é um problema que analisamos noutra sede. Também devem ser rejeitadas as construções jurídicas assentes na "transferência" dos impulsos electrónicos num sistema informático, pois, independentemente da valia de tais construções, deve notar-se que o registo dos valores escriturais não tem que ser, necessariamente, electrónico. Mas, ainda que o fosse, a conclusão seria idêntica.

[782] As dificuldades são comuns a vários ordenamentos jurídicos. Por exemplo, CACHON BLANCO (1992, I, 147), considera que a transmissão dos valores negociáveis é,

flutuações de terminologia que lançam alguma confusão (transferência e transmissão); por outro é o facto de o legislador, ao menos aparentemente, não ter abordado a questão de forma sistematizada, subsistindo preceitos dispersos, como acontece com os arts. 405.º e 435.º/4 [783], que podem estar relacionados com esta problemática; o facto de subsistirem contradições na letra da lei que devem ser resolvidas ou compatibilizadas (art. 64.º/1 versus arts. 65.º/1 e 3, 405.º e 437.º/4); por fim, mas não menos importante, o não estabelecimento de procedimentos claros quanto aos registos em conta, em particular a relação entre os registos quando estão envolvidas contas abertas em diferentes intermediários financeiros. Esta situação pode estar na origem de graves problemas interpretativos e múltiplas dificuldades na aplicação da lei quer por parte dos titulares dos valores mobiliários quer por parte dos intermediários financeiros que têm a seu cargo as contas de registo. Tudo dependerá do tipo de relações que se estabeleçam entre a lei de circulação dos valores e a transmissão da titularidade desses valores [784].

II. *O regime de transmissão e o momento em que produz efeitos, estabelecido por lei, não é unitário* [785]. Devemos distinguir conforme o negócio translativo tenha sido celebrado em mercado secundário ou fora de mercado secundário [786]. Esta será, pois, uma distinção fundamental da

---

actualmente, uma matéria que oferece grandes dificuldades dada a diversidade de normas que a regulam e as diversas interpretações existentes. Em França, a jurisprudência e a doutrina parecem não coincidir, quanto a esta matéria. Vd. RIPERT/ROBLOT (1992, 43-46) que acentuam, sobretudo, as grandes dificuldades que têm surgido na prática.

[783] Alterado pelo DL n.º 89/94, de 2 de Abril.

[784] O problema da relação entre a lei de circulação dos valores e a transmissão da titularidade do direito não é um problema privativo dos valores escriturais. Também nos valores titulados e nos títulos de crédito em geral se tem sempre colocado o mesmo problema. Daí que as soluções sejam divergentes de autor para autor.

[785] Tal não constitui novidade. Com efeito, o regime de transmissão dos valores mobiliários titulados (títulos de crédito) nunca foi unitário. O regime sempre dependeu de vários factores, entre os quais se enumeram como mais relevantes: o tratar-se de valores mobiliários nominativos ou ao portador; o estarem ou não depositados ou registados; o serem negociados em bolsa ou fora de bolsa. Já quanto aos títulos de crédito, é clássica a discussão sobre o momento da transmissão da titularidade, ao ponto de um autor, referindo-se a essa discussão em Itália, a apresentar como um *"dissídio insanável"* (LENER, 1989, 51, nota 14). Para um ponto da discussão nesse país vd. DEVESCOVI (1991, 263 ss.) e COTTINO (1992, 256-258). Entre nós, vd. os autores citados nas pp. 172 ss.

[786] Utilizamos a expressão mercado secundário em sentido amplo, de acordo com a definição do art. 3.º/1/d, aí considerando incluído, para este efeito, o mercado de balcão não organizado, a que se referem os arts. 499.º ss. Já atrás estabelecemos uma distinção,

análise subsequente. Além disso, não poderemos deixar de ter em conta a existência de regimes excepcionais. Distinguiremos, ainda, entre a transmissão "entre vivos" e a trasmissão "mortis causa". Esta distinção, além de ser normalmente feita devido às diferenças de regime existentes, tem uma justificação adicional: o legislador é omisso quanto ao regime da transmissão por morte de valores escriturais.

III. Na análise desta problemática iremos prestar alguma atenção às soluções consagradas em direito comparado, nomeadamente nas ordens jurídicas que mais possam ter influenciado as soluções consagradas pelo legislador (França e Espanha)[787]. Porém e mais uma vez, *parece-nos que a matriz seguida pelo legislador para as soluções consagradas segue o que poderemos chamar a tradição nacional.* Daí a importância dada a soluções anteriormente consagradas (entretanto revogadas ou ainda vigentes).

A lei francesa considera que a transmissão se opera por transferência entre contas[788]. Porém, as dúvidas suscitadas pelo texto legal levaram à sua alteração recente pela lei n.° 93-1444, de 31/12/93 que teve como objectivo resolver os problemas relacionados com a transmissão da titularidade dos valores escriturais[789]. Ao consagrar que a propriedade dos

---

para efeitos de promoção do registo, que se reconduz à mesma situação: os registos dependentes de pedido e os registos que devem ser lavrados oficiosamente.

[787] Deve ter-se em atenção que os sistemas instituídos nesses países não coincidem inteiramente com o vigente em Portugal. Por isso, interessará sobretudo o regime estabelecido quando intervém um organismo central dado que essa é a única modalidade admitida pelo nosso ordenamento jurídico, como já acima observámos.

[788] Art. 2.° do Décret n.° 83/359, de 2/5/83: "Les titres inscrits en compte se transmettent par virement de compte a compte". Vd., a este respeito, a nota 912.

[789] Como referem GIZARD e VAUPLANE (1994, 66), "juristas e práticos debruçaram-se durante numerosos anos sobre o problema da data de transmissão da propriedade dos valores", todos estando de acordo quanto à existência de uma certa ambiguidade. Foi constituída uma comissão (*Comissão Cotte,* do nome do seu presidente) para estudar e propor uma solução para o problema. Dos trabalhos dessa comissão resultou uma proposta legislativa, cujo art. 10.° (aplicável a partir de 1/7/94) dá a seguinte redacção ao art. 47 bis da lei n.° 83-1 de 3 de Janeiro de 1983: "En cas de cession sur un marché réglementé de titres inscrits en compte chez l'émetteur ou chez un intermédiaire habilité, *le transfert de la propriété de ces titres résulte de leur inscription au compte de l'acheteur, a la date e dans les conditions définies par les règles de place.* Si le compte de titres de l'intermediaire habilité de l'acheteur n'a pas été crédité des titres dont il s'agit à la date et dans les conditions résultant des règles de place, *le transfert est résolu de plein droit...*".

valores se transmite por registo na conta do adquirente, a nova lei refere que esse registo é feito de acordo com as regras do mercado. Ora estas regras consagram a solução de que o registo é feito no próprio dia para as operações a contado[790].

De acordo com a lei espanhola, os valores escriturais transmitem-se por transferência em conta[791]. Sendo o registo equiparado à tradição nos valores representados por meio de títulos, há uma equiparação entre a transmissão de valores escriturais e a transmissão dos títulos ao portador[792].

IV. Ainda antes de entrarmos na análise do problema que nos ocupará, devemos rapidamente distinguir quando estamos perante uma operação realizada em bolsa ou em outro mercado secundário ou perante uma operação realizada fora de qualquer mercado secundário, dada a divisão fundamental que faremos quanto ao regime de transmissão dos valores escriturais.

Se os valores em causa não estiverem admitidos à negociação em bolsa ou em qualquer mercado secundário especial, poderão ser negociados no mercado de balcão, considerando-se como tais as operações de compra ou venda que tiverem sido feitas com a intervenção de um intermediário financeiro, isto é, as operações intermediadas. Todas as restantes operações, – isto é, as que sejam realizadas a título gratuito ou a título oneroso distinto da compra ou venda (troca, dacção em cumpri-

---

[790] A solução adoptada pretendeu afirmar sem ambiguidade a ligação entre a transmissão da titularidade dos valores e o registo em conta. No entanto, dadas as dificuldades que podem surgir na liquidação das operações e, em consequência, o registo efectuado não corresponder a qualquer transmissão, a lei considera tal facto como condição resolutiva da transmissão. Segundo aqueles autores (67), *a solução adoptada visou conciliar o melhor possível os imperativos jurídicos, a segurança e a liquidez do mercado de valores mobiliários*. Foi afastada a solução de apenas considerar como data da transmissão aquela em que os valores eram efectivamente transferidos para a conta do adquirente a partir do depositário central, pois esta transferência, funcionando como condição suspensiva, tornava sistematicamente aleatória a data de transmissão dos valores mobiliários.

[790] GIZARD e VAUPLANE (1994, 67). Refrem estes autores (73) que a reforma das condições de transmissão da propriedade dos valores se insere na lógica da desmaterialização e que esta lei *"ne constitue qu'un élément dans l'élaboration d'un nouveau droit des valeurs mobilières dématérialisées".*

[791] É o que dispõe o art. 9.º/1 da LMV: "La transmissión de los valores representados por medio de anotaciones en cuenta tendrá lugar por transferência contable. La inscripción de la transmissión a favor del adquirente producirá los mismos efectos que la tradición de los títulos". Vd. p. 274.

[792] Assim, FERNÁNDEZ-ARMESTO/CARLOS BERTRÁN (1992, 440).

mento, etc.) com ou sem intervenção de intermediário financeiro e, entre outras, as operações de compra ou venda realizadas directamente entre o alienante ou o adquirente sem intervenção de intermediário financeiro – devem ser consideradas como operações realizadas fora de um mercado secundário (arts. 180.º/1 e 2, 181.º 499.º e 402.º).

Se os valores a transmitir estiverem admitidos à negociação em bolsa ou em qualquer mercado secundário especial, a lei estabelece maiores limitações: tais valores devem ser obrigatoriamente negociados no mercado onde estão admitidos ou em mercado de balcão, sob pena de nulidade (art. 180.º/1)[793]; se forem realizadas a título gratuito (art. 180.º/2/a), tais operações consideram-se sempre como tendo sido realizadas fora de mercado secundário[794]; nos casos do art. 180.º/2/b/c/d/e[795], as operações também serão consideradas como realizadas fora de mercado

---

[793] Apesar da nulidade poderá salvar-se a operação através do instituto da conversão (art. 293.º do C.Civ.) se se verificarem os seus requisitos. A operação realizada fora de mercado secundário poderá valer como promessa de compra e venda e, posteriormente, a operação ser efectivamente realizada como operação de mercado de balcão através da sua formalização por um intermediário financeiro autorizado. Mas é criticável a redacção do preceito.

[794] Já acima referimos que as operações realizadas em mercado secundário devem ser operações de compra e venda salvo em determinados casos em que operações a título oneroso (como a troca) poderão ser consideradas como operações de bolsa (vd. o art. 402.º/b).

[795] As operações referidas nas alíneas indicadas, não consideradas como tendo sido realizadas em mercado secundário são:
– as transmissões a título oneroso diferente da compra e venda (al. b), o que vem confirmar o que é dito na nota anterior embora a norma deva ser interpretada em sentido restritivo de acordo com o "corpo" do n.º 2, uma vez que algumas dessas transmissões devem realizar-se em mercado secundário, nomeadamente através de sessão especial de bolsa, como decorre da al. b) do art. 402.º. Fora desses casos, tais operações devem ser sempre consideradas como realizadas fora de mercado secundário;
– as transmissões resultantes de uma convenção complexa que não se reconduza à simples venda dos valores mobiliários em causa e da qual a cessão destes, sejam quais forem o título e as condições em que se realize, comprovadamente constitua elemento essencial;
– as transmissões acordadas directamente entre comprador e vendedor, sendo um e outro pessoas singulares. Este será o caso típico de operação de compra e venda realizada fora de mercado secundário, em que não há intervenção de intermediário financeiro. Porém se um dos intervenientes for uma pessoa colectiva e a outra uma pessoa singular já a lei exige que a operação seja realizada em mercado secundário. Com efeito, dados os interesses tutelados serem de ordem pública, pois o legislador comina a sua violação com a nulidade, parece-nos que a norma não pode ser interpretada extensivamente ou integrada através de analogia. No entanto, parece-nos criticável a solução legal.

secundário, salvo se tiverem sido realizadas com intervenção de intermediário financeiro [796] (art. 181.º/1 [797]).

5.1. A transmissão da titularidade de valores escriturais fora de mercado secundário

5.1.1. *A regra geral quanto à transmissão de valores escriturais fora de mercado secundário*

I. A regra geral consta, expressamente, do art. 65.º/3-2.ª parte e podemos resumi-la assim: *a transmissão entre vivos de valores escriturais dá-se no momento em que o negócio de alienação chega ao conhecimento do intermediário financeiro que tem a seu cargo a conta de registo dos valores alienados.*

Porém, a primeira parte do mesmo preceito estabelece várias excepções, embora por mera remissão: "Salvo se o contrário resultar de legislação especial aplicável, dos estatutos ou lei orgânica da entidade emitente, das próprias condições da emissão ou de obrigações ou vinculações decorrentes dos factos jurídicos previstos nas alíneas i) a l), do n.º 2 do art. 56.ª ...". Delas trataremos posteriormente. Por agora procederemos a uma análise da regra geral acima definida, quanto aos pressupostos de que depende a transmissão de valores escriturais.

– efectuadas directamente entre pessoas colectivas, das quais uma possua 20%, pelo menos, do capital da outra. Se entre as pessoas colectivas em causa não houver qualquer relação de participação ou esta se situar abaixo dos 20% já a operação deve ser considerada como realizada em mercado secundário.

[796] *A intervenção de intermediário financeiro deve ser entendida em sentido restrito,* isto é, deve tratar-se de operações realizadas por intermédio de intermediário financeiro. Doutra forma nunca haveria transmissões de valores escriturais fora de mercado secundário. Com efeito os valores escriturais, quer estejam ou não cotados em qualquer mercado secundário, têm uma lei de circulação dependente do registo em conta e este deve ser sempre feito por intermediário financeiro. Porém, esta intervenção já respeita à prestação do serviço de valores escriturais e não à realização da operação, pelo que não deve considerar-se como uma operação intermediada. Vd. p. 210 nota 661.

[797] O art. 181.º/1 é ainda uma regra de qualificação, pelo que se aplicam a essas operações todas as normas relativas aos mercados secundários em causa. Já assim não acontece com as normas do n.º 2 do mesmo preceito que são meras normas de imputação das operações já realizadas pelo que elas devem seguir o regime da sua realização e não o regime resultante da imputação que venha a ser feita. Em termos práticos parece-nos que este preceito só terá uma efectiva vigência se vier a ser consagrada uma efectiva concentração das operações em bolsa, o que não é a situação actual.

II. Um primeiro problema a resolver prende-se com o *âmbito de aplicação do art. 65.º/3*, uma vez que a letra parece não restringir a sua aplicação às transmissões em consequência de operações realizadas fora de mercado secundário. Atentemos, porém, na redacção do preceito: a transmissão depende de ordem de transferência[798] dada ao intermediário financeiro que tem a seu cargo a conta dos valores mobiliários alienados para a conta do adquirente. Essa ordem de transferência deve provir do titular dos valores alienados (ou seu representante), expressamente ou através da apresentação de declaração de venda[799] dos valores, assinada por eles. Trata-se, portanto, de uma ordem para efectuar o registo especial de transferência dos valores em causa. Estamos, assim, perante aqueles casos de registo que acima designámos como dependentes de pedido ou apresentação. Também já acima concluímos que, em regra, esses casos se reconduzem a operações realizadas fora do mercado secundário[800]. Esta interpretação é reforçada pelo n.º 4 do mesmo art. 65.º que, expressamente, se refere aos registos que os intermediários financeiros devem efectuar em consequência de "transacções realizadas em bolsa ou em outros mercados secundários". Estes registos, ao contrário daqueles, devem ser feitos oficiosamente – ("... compete aos intermediários financeiros ... promover, oficiosa e obrigatoriamente...") –, tendo por base os documentos indicados naquele preceito.

---

[798] FERREIRA DE ALMEIDA (1993, 33-34, nota 20) considera que "A "ordem escrita de transferência" é um acto jurídico unilateral e abstracto, porque, sendo eficiente como acto gerador de transferência da titularidade, omite a causa da transmissão, adequando-se a qualquer negócio jurídico causal subjacente que justifique a transmissão".

[799] Sobre a declaração de venda como documento "ad probationem" que pressupõe um acto de compra e venda anteriormente celebrado, refere FERREIRA DE ALMEIDA (1993, 33, nota 20): "O seu interesse reside na compatibilização entre a suficiência da forma oral (ou outra não escrita) para a validade de certos contratos e a necessidade de um suporte escrito para efeitos registrais. Na prática a "declaração de venda" pode ser antecedida por um contrato translativo da titularidade que não seja de compra e venda (vg. doação ou dação em cumprimento), porque o seu efeito útil não se dirige à prova de todo o negócio mas apenas dos efeitos translativos. Por isso, embora na sua génese seja um documento causal, porque se refere à compra e venda como causa de transmissão, pode ser utilizado como meio indirecto de prova do efeito translativo de qualquer negócio".

[800] Vd. *supra,* cap. III. Dizemos, em regra, porque poderá haver operações realizadas em mercado secundário e em que o intermediário financeiro que tem a seu cargo a conta dos valores alienados não tomou conhecimento, como devia, dessas operações. Ora, aí estaremos perante operações realizadas em mercado secundário, mas cujo registo depende de pedido do intermediário financeiro envolvido.

Um segundo aspecto consiste em determinar se apenas estão em causa negócios onerosos ou se legislador quis contemplar tanto os negócios onerosos como os gratuitos. A letra do art. 65.º/3-2.ª parte, parece apontar no sentido de apenas estarem em causa negócios onerosos pois se refere à "declaração de *venda*" e ao "intermediário financeiro detentor da conta do *vendedor*". Porém, a "ordem escrita" do alienante, parece apontar em sentido diverso, na medida em que não se exige a especificação do negócio celebrado[801], embora a lei pareça pressupor que se trata de um negócio oneroso. Por isso, os termos "venda" e "vendedor" devem ser entendidos em sentido amplo, isto é, no sentido de "alienação" ou "alienante". Pela mesma razão, deve entender-se que o "adquirente" o é a título oneroso. As transmissões a título gratuito, porém, devem seguir um regime idêntico. Assim, nada impede que a ordem de transferência tenha por causa uma doação[802].

5.1.1.1. Pressupostos da transmissão fora de mercado secundário

I. De acordo com o art. 65.º/3, a transmissão depende, em primeiro lugar, de *um acto jurídico capaz de desencadear uma transferência, entre contas, dos valores escriturais*. Em regra, tratar-se-à de um negócio jurídico, a título oneroso, seja qual for a sua natureza. Em qualquer caso, a lei pressupõe que o intermediário financeiro que tem a seu cargo a conta de registo dos valores alienados não interveio na alienação. Pois, se assim não fosse, a transferência devia ser feita oficiosamente pelo intermediário financeiro (art. 65.º/4).

II. Exige-se, como segundo pressuposto, *que aquele acto jurídico seja comunicado ao intermediário financeiro* detentor da conta do vendedor. Essa comunicação deve preencher os seguintes requisitos:
– deve ser emanada do titular dos valores alienados ou seu representante;
– deve ser feita por escrito;[803]

---

[801] Mesmo no caso da compra e venda não se exige tal especificação. A ordem de transferência pode ter por base qualquer negócio de que resulte a transmissão dos valores mobiliários.

[802] A transmissão "mortis causa" dos valores mobiliários escriturais segue um regime com algumas especificidades e não pode considerar-se incluído no art. 65.º/3, como referimos adiante. Vd. pp. 287-8.

[803] Pode ser por via informática, fax, etc., mas não por telefone, por exemplo. Vd. o art. 61.º/6.

– deve conter todos os elementos essenciais que habilitem o intermediário financeiro, detentor da conta do vendedor, a concretizar a transferência dos valores para a conta do adquirente. Os elementos que devem constar da comunicação devem ser os imprescindíveis para efectuar a transferência. Assim, caso faltem alguns, deve o intermediário financeiro solicitar que lhe sejam fornecidos, efectuando o registo como provisório por dúvidas (art. 63.°/5). Parecem-nos elementos bastantes a identificação do intermediário financeiro onde o adquirente tem aberta (ou pretende abrir) a sua conta, no caso de ser diferente, o número da conta do adquirente e do alienante, a identificação dos valores a transferir e respectiva quantidade.

III. A lei não exige qualquer outro pressuposto. Com efeito, *a transmissão não depende da transferência que o intermediário financeiro, detentor da conta do vendedor, deve desencadear. A lei basta-se com a apresentação da declaração de venda ou da ordem de transferência.* Tudo o que acontece a partir daquela apresentação já não depende dos intervenientes, mas do intermediário financeiro a quem foi dada a ordem de transferência. Portanto, *os valores transmitiram-se para o adquirente ainda antes de ter sido efectuada a transferência para a sua conta,* isto é, mesmo que não tenha sido efectuado qualquer registo na sua conta. Com efeito, como resulta claramente do art. 65.°/1, a transferência só se opera pelos registos, tanto na conta do alienante como na conta do adquirente. Ora, se forem diferentes os intermediários financeiros envolvidos, parece óbvio que a transmissão dos valores alienados se realizou primeiro que a sua transferência em conta, isto é, antes e independentemente do registo em conta. Se as duas contas envolvidas estiverem abertas junto do mesmo intermediário financeiro, nada impede que os dois factos sejam simultâneos.

Verificamos, então, que *a transmissão da titularidade dos valores opera exactamente no momento em que o negócio celebrado é integrado no sistema de registo* e não, necessariamente, quando é registado na conta do adquirente. Este é desencadeado pela transmissão do direito ou, dito de outra forma, *o registo adapta-se ou segue o direito transmitido.*

Portanto, nestes casos, o registo na conta do adquirente não tem, como efeito, transmitir a titularidade dos valores registados. Também o registo na conta do alienante não tem esse efeito, uma vez que esse é um registo negativo, isto é, um registo a débito na conta do alienante e não um registo a favor do adquirente.

A transmissão da titularidade a favor do adquirente não significa que este tenha, desde logo, adquirido todas as faculdades que integram os valores mobiliários adquiridos. Nomeadamente, não adquiriu ainda a legitimidade quer para os alienar ou onerar quer para exercer os direitos a eles inerentes (art. 64.º/5), como no próximo capítulo veremos com mais pormenor.

5.1.1.2. Obrigações e procedimentos do intermediário financeiro

I. A partir do momento da recepção da comunicação referida anteriormente, *o intermediário financeiro detentor da conta do alienan*te, assume as seguintes obrigações:

– a obrigação de anotar os documentos com a data e a hora do seu recebimento, para efeitos de fixar a data do próprio registo e a sua prioridade (art. 61.º/6);

– o dever de registar o facto na conta do alienante (art. 61.º/3-2.ª parte);

– dever geral de abstenção em relação aos valores que foram alienados, não devendo sobre eles realizar quaisquer operações ordenadas pelo alienante[804], nem legitimá-lo para a prática de quaisquer actos relacionados com os valores alienados.

– se a conta do adquirente estiver também aberta junto dele, o intermediário financeiro tem, ainda, a obrigação de registar os valores nessa conta;

– se a conta do adquirente estiver aberta junto de outro intermediário financeiro, o intermediário financeiro que tem a seu cargo a conta do vendedor fica, ainda, sujeito a duas obrigações: informar a Central para que efectue os movimentos necessários nas contas globais, abertas junto dela pelos intermediários financeiros envolvidos; enviar os elementos necessários ao intermediário financeiro onde está aberta a conta do adquirente para que aí registe os valores (art. 65.º/3, "in fine").

Vejamos, com mais atenção, cada uma destas obrigações.

II. A anotação da data e da hora do recebimento dos documentos ou do pedido de transferência dá segurança ao registo da alienação pois este ganha prioridade sobre quaisquer outros que sejam apresentados pos-

---

[804] Aliás quaisquer operações que venham a realizar-se sobre os valores em causa apenas poderão ser qualificadas como venda de coisa alheia. Ainda que esta venha a validar-se não prevalecerá sobre a operação anterior dado que já foi registada (art. 185.º/d e 410.º/2).

teriormente (art. 62.º/1). Igualmente, *a data do registo será aquela que constar desses documentos e não a do dia em que se tiver realizado.*

III. Se estiverem envolvidas contas abertas em mais de um intermediário financeiro, o intermediário financeiro que tem a seu cargo os valores alienados, fica obrigado a pedir à Central que efectue a transferência dos valores da sua conta global para a conta global do intermediário financeiro que tem a seu cargo a conta do adquirente[805]. Como decorre do art. 58.º/3/b, a conta do intermediário financeiro junto da Central deve ser representativa dos valores que em cada momento se encontram registados nas contas a seu cargo. Portanto, parece seguro concluir que, no momento do pedido de transferência, o intermediário financeiro já efectuou, na conta individual, o registo da alienação. Igualmente deve considerar-se que a partir do momento em que o pedido de transferência é registado, o saldo correspondente da conta do intermediário financeiro em causa deve considerar-se como indisponível para outras transferências registadas posteriormente. Daí a necessidade de comunicar à Central o pedido de transferência.

Recebido o pedido de transferência, a Central informa o intermediário financeiro para onde devem ser transferidos os valores (intermediário financeiro de destino) do pedido de transferência para que o aceite ou recuse até ao dia útil seguinte[806]. A transferência poderá ser recusada sempre que os elementos constantes do pedido não coincidam com os elementos caracterizadores da operação em causa. Após a aceitação, o pedido torna-se irrevogável[807]. Ora, para que possa aceitar ou recusar o pedido, o intermediário financeiro deve conhecer as características da operação, isto é, deve ter registado a aquisição em conta.

Uma vez aceite o pedido de transferência, a Central, após verificar a existência de saldo, debita a conta global do intermediário financeiro de origem e credita a conta do intermediário financeiro de destino,

---

[805] De acordo com o art. 34.º do RgCentral, o intermediário financeiro de origem (isto é, aquele em cuja conta se encontram registados os valores a transferir) regista obrigatoriamente o pedido de transferência no Sistema devendo indicar: o tipo de transferência; os números das contas dos intermediários financeiros, na Central, envolvidas na operação em causa ou, caso a desconheça, deve indicar o número de conta para o efeito indicado pela Central.

[806] Art. 35.º do RgCentral.

[807] O pedido tanto pode ser aceite formal como tacitamente, isto é, caso o intermediário financeiro interessado não o recuse até ao dia útil seguinte ao seu registo no Sistema (art. 35.º/1 e 4 do RgCentral).

emitindo relatórios dessa operação para os intermediários financeiros envolvidos[808].

IV. De acordo com os procedimentos descritos podemos concluir que:
– o intermediário financeiro que tem a seu cargo a conta do alienante, regista a lienação dos valores nessa conta com base nos documentos apresentados ou na ordem de transferência;
– a data desse registo é a que for anotada naqueles documentos ou no pedido de transferência;
– a transmissão da titularidade dos valores para o adquirente se verifica nessa data;
– o registo na conta do adquirente é feito com base nos mesmos documentos que serviram de base ao registo na conta do alienante e com a mesma data daquele;
– o registo na conta do adquirente é feito imediatamente, se a conta estiver aberta junto do mesmo intermediário financeiro;
– o registo na conta do adquirente aberta junto de outro intermediário financeiro é feito após ter sido efectuado o processo de transferência dos valores, com intervenção da Central.

5.1.1.3. *Direitos e obrigações das partes*

I. Quanto aos deveres e obrigações das partes envolvidas, devemos distinguir dois momentos: desde a celebração do negócio até à transmissão da titularidade, isto é, até à apresentação dos documentos da alienação ou da ordem de transferência ao intermediário financeiro que tem a seu cargo a conta do alienante; a partir desse momento e até ao registo dos valores na conta do adquirente.

II. *No primeiro momento referido o alienante fica sujeito aos seguintes deveres:*
– promover o registo da alienação junto do intermediário financeiro onde tem aberta a sua conta;
– fornecer ao intermediário financeiro todos os elementos necessários para que este efectue a transferência dos valores alienados;

---

[808] Art. 36.º do RgCentral.

– abster-se de realizar quaisquer actos que impliquem a transmissão ou oneração dos valores em causa[809].

Por sua vez o adquirente obtém o direito ao registo da aquisição. Em que termos? Parece que a lei remete o adquirente a uma posição passiva, não podendo a comunicação ser feita por ele, salvo eventualmente a mandado do alienante. Tal significaria que o alienante tem o domínio do processo de transferência podendo paralizar a comunicação pelo tempo que entendesse. O adquirente nada poderia fazer, apesar de ser o principal interessado. Esta posição deve ser rejeitada. Ele tem legitimidade para promover o registo, na medida em que é um interessado, isto é, um dos sujeitos do facto a registar (art. 61.°/5). Seria deveras penalizante considerar que o negócio celebrado apenas lhe dá direito a obter o registo, impedindo-o de o promover. Essa promoção pode ser feita através do intermediário financeiro onde tem aberta a sua conta, quer esse intermediário seja o mesmo que detém a conta do alienante quer seja um outro.

III. *Após a transferência da titularidade os direitos e obrigações das partes colocam-se nos seguintes termos:*
– o alienante deixa de ter quaisquer direitos sobre os valores alienados, também sobre ele não recaindo quaisquer deveres, na medida em que todo o processo é agora conduzido pelo intermediário financeiro;
– o adquirente passa a ter o direito à transferência dos valores para a sua conta, isto é, que sejam registados na sua conta;
– além disso passa a ter o direito a receber o produto de todos os direitos patrimoniais que sejam atribuídos aos valores vendidos, sendo transferidos com os valores. Estes são direitos que ele pode exercer contra o intermediário financeiro em causa.

A partir do momento em que se deu a transmissão dos valores, deixa de ser possível qualquer aquisição *a non domino,* na medida em que o terceiro adquirente, ainda que de boa fé, não pode prevalecer-se do registo do alienante, uma vez que os valores já não estão registados em seu nome (art. 64.°/6). Por isso, qualquer transmissão que venha a ser efectuada não é oponível ao adquirente.

Porém, o adquirente ainda não adquiriu a legitimidade para alienar ou onerar os valores em causa, nem para exercer os direitos que lhes

---

[809] Se efectuar qualquer nova alienação dos valores antes de promover o registo junto do intermediário financeiro, o adquirente apenas poderá fazer valer o seu direito se o conseguir registar e estiver de boa fé.

são inerentes, como veremos no próximo capítulo, quando tratarmos expressamente dessas questões.

As conclusões a que acabamos de chegar, mostram que o registo é efectivamente encarado como um sistema. As contas não são estanques. Doutra forma, o sistema de registo perdia toda a segurança, nomeadamente nos casos em que estão envolvidas contas abertas em mais de um intermediário financeiro.

5.1.1.4. Avaliação do regime consagrado

I. *O sistema consagrado não difere em muito,* ao menos na sua letra, *de regimes consagrados em diplomas anteriores ou ainda em vigor.* Se percorrermos alguma legislação que regula a transmissão de valores mobiliários, nomeadamente os sujeitos ao regime de registo ou depósito, concluimos que a solução consagrada pelo legislador se enquadra dentro das soluções tradicionalmente admitidas entre nós. Daí que não encontremos paralelo em outras ordens jurídicas. Vejamos quatro casos: o DL 408/82, o CSC, a transmissão de valores fungíveis e a transmissão das acções escriturais.

O CSC, no seu art. 338.°/2 [810], consagra uma solução muito próxima para a transmissão de acções depositadas. Também aí o momento em que se considerada efectuada a transmissão é a data da recepção da declaração de venda das acções pelo intermediário financeiro que tem a seu cargo o depósito das acções alienadas.

Por sua vez, o DL n.° 408/82, de 29/9, consagra igualmente um regime semelhante para a transmissão das acções fora de bolsa, nomeadamente no art. 26.° [811] (relativo a acções registadas) e no art. 27.° [812] (rela-

---

[810] É o seguinte o texto do art. 338.°/2: *"os efeitos da transmissão produzem-se na data* do último reconhecimento notarial a que se refere o art. 337.°, no caso de acções em regime de registo, *ou na data* da recepção da declaração pela entidade depositária no caso de acções em regime de depósito".

[811] Art. 26.°/3: "Considera-se como *data da transmissão* a da apresentação da declaração na instituição de crédito, salvo prova em contrário, mediante documento com data certa".

[812] É o seguinte o texto do art. 27.° do DL referido: "1. Os titulares das acções depositadas nos termos do n.° 1 do artigo 1.° que em relação às mesmas efectuem qualquer transmissão fora de bolsa a título gratuito ou oneroso darão as necessárias instruções à instituição depositária, a qual providenciará no sentido de, nela ou em outra instituição, conforme essas instruções, os títulos serem depositados na conta do adquirente.

2. Considera-se como *data da transmissão a da apresentação* na instituição depositária das instruções a que se refere o n.° 1, salvo prova em contrário, mediante documento com data certa".

tivo à transmissão de acções nominativas sujeitas ao regime de depósito). Este regime foi ressalvado pelo art. 4.º/2 do DL n.º 59/88, de 27/2 (regula o processo de depósito dos títulos para efeitos de liquidação e compensação de operações de bolsa), que introduz uma importante alteração, ao dispensar as formalidades exigidas pelo n.º 1 do art. 326.º do CSC para a transmissão das acções nominativas sujeitas ao regime de depósito, instituído por aquele decreto-lei. É o que dispõe o 7.º/3 do referido diploma, na medida em que declara não aplicável "às acções nominativas depositadas no âmbito do sistema instituído pelo presente decreto-lei" o art. 336.º/1 do CSC. *Os arts. 26.º e 27.º do DL n.º 408/82 parecem-nos a "fonte" em que se baseou o art. 65.º/3, o que justifica a referência aqui feita.*

Por último, o DL n.º 229-D/88, de 4/7, estabelece um regime de transmissão e oneração das acções que operava exclusivamente através do registo em conta (art. 5.º [813]). Essa mesma conclusão parece retirar-se das notas publicadas pelo Prof. Pessoa Jorge a propósito do projecto de decreto-lei. A solução consagrada, porém, era adaptada ao registo das acções em contas da entidade emitente ou de um único intermediário financeiro. Evitavam-se, assim, os problemas derivados da dispersão das contas por diversos intermediários financeiros. Em conclusão, os registos em conta eram controlados por uma única entidade que, para os valores em causa, funcionava como registo central. São estas características do registo das acções escriturais que levaram o legislador do CdMVM a

---

Porém, note-se que o art. 336.º/1 do CSC ressalva a aplicabilidade do art. 226.º/1 do mesmo diploma legal, isto é, exige que a transmissão das acções nominativas apenas opere com o pertence lavrado no título pela sociedade emitente e o subsequente averbamento no livro de registo das acções.

[813] Art. 5.º, do DL n.º 229-D/88, de 4/7: "1. A transmissão de acções escriturais opera-se pela inscrição da alienação, na conta do alienante, e da aquisição, na conta do adquirente, a qual, no caso de este ainda não ser accionista, será para o efeito aberta.

2. A oneração das acções escriturais opera-se por inscrição na conta do titular.

3. As inscrições dos actos referidos nos números anteriores, ou de outros factos que alterem a situação das acções, são feitas pelo serviço de acções escriturais, à vista de documento hábil, que nele ficará arquivado.

4. Tratando-se de transmissão entre vivos, *bastará a declaração escrita do alienante*, com assinatura reconhecida pelo notário, em modelo oficialmente aprovado pelos Ministros das Finanças e da Justiça, donde conste a quantidade e categorias de acções alienadas, o número da conta do alienante e a identificação do adquirente, ou sendo a operação realizada na bolsa, a apresentação pelo corretor dos documentos legalmente exigidos para ela, com identificação do adquirente". Portanto tais documentos eram exigíveis para provar a transmissão que servia de base à transferência e não para efectuar essa transferência.

afastar-se daquela solução quanto à forma e à data da transmissão dos valores escriturais.

II. *Os regimes anteriormente expostos não envolviam transferências entre contas abertas em diferentes intermediários financeiros e eram adequados a valores titulados fora de qualquer sistema.* Porém, o legislador parece não ter atendido a esse aspecto. Por isso, o regime consagrado no CdMVM levanta graves dúvidas quando está em causa essa situação que o legislador quis também abranger, como resulta da parte final do art. 65.º/3 [814]. Quando não estão envolvidos diferentes intermediários financeiros os dois registos exigidos (da aquisição e da alienação) são simultâneos e, portanto, não se levantam problemas de maior. No regime do CdMVM, estando envolvidas contas abertas em diversos intermediários financeiros, só poderá ser adoptado um procedimento semelhante com intervenção da Central, para controlar as transferências entre as contas.

Apesar disso, *a solução adoptada no CdMVM é semelhante à preconizada para os valores em regime de depósito e não para as acções escriturais.* Naqueles preceitos, no entanto, o legislador é muito mais claro pois se refere expressamente à data da transmissão. Em todos os casos considera-se como data da transmissão a apresentação da declaração de venda na instituição de crédito onde os valores estão depositados (art. 338.º/2 do CSC e arts. 26.º/3 e 27.º/2 do DL n.º 408/82, de 29/9).

IV. Tentemos agora dar sentido à solução consagrada, isto é, encontrar o seu fundamento ou razão de ser. *O legislador, na regra estabelecida para a transmissão dos valores escriturais fora de mercado secundário afasta expressamente a regra geral consagrada no artigo 408.º do CCiv.* Esse afastamento pode ser justificado por várias razões. Desde logo, salvaguardar a devida segurança da transmissão o que, como vimos, apenas acontece no momento em que os documentos ou a ordem de transferência são recebidos pelo intermediário financeiro que tem a

---

[814] Já OPPO (1976b) advertia, em relação ao mesmo problema no sistema *Monte Titoli,* para a necessidade de regular com pormenor todos os passos da operação, os seus participantes, quem deve ter a iniciativa e em que termos e em que momento fica perfeita a operação. O mesmo autor (1988, 587) critica a lei italiana por falta de clareza: "... na verdade, o momento do aperfeiçoamento da transferência não aparece identificado com precisão nem na lei, nem nos textos normativos secundários ou terciários (regulamento de actuação e regulamento dos serviços *Monte Titoli*".

seu cargo a conta de registo dos valores escriturais e anota neles a data para efeitos de prioridade do registo em conta.

Uma segunda justificação, já acima enunciada, prende-se com o facto de só então se concretizar a obrigação de registo dos valores alienados. Trata-se de uma concretização não em geral, mas em relação aos valores registados em conta e que opera por mera determinação da quantidade. De facto, uma importante consequência da recepção da comunicação pelo intermediário financeiro tem a ver com a *concretização ou especificação dos valores alienados*. Basta lembrar que estamos perante valores fungíveis, que se caracterizam exclusivamente pelo seu género. Portanto, de acordo com as regras gerais, a determinação dentro do género é apenas uma determinação de quantidade. Só assim não acontecerá se todos os valores registados em conta tiverem sido alienados.

Resulta do que é dito anteriormente que *só há segurança, quanto ao registo, a partir do momento em que o intermediário financeiro anote a data e hora de apresentação dos documentos, isto é, a partir do momento em que possa funcionar o princípio da prioridade. Por isso, em consonância com o art. 65.º/3, deve considerar-se esse momento como aquele em que se transmite a titularidade, a título oneroso, dos valores escriturais negociados fora de mercado secundário*. Esta conclusão a que acabámos de chegar parece estar em flagrante contradição com o art. 64.º/1 que dá a entender que todos os efeitos entre as partes se produzem com a celebração do negócio jurídico. Adiante abordaremos essa questão e veremos que a conclusão é diversa.

5.1.2. *Excepções a que se refere o art. 65.º/3-1.ª parte*

I. O art. 65.º/3-1.ª parte estabelece algumas excepções à regra geral que dissemos estar consagrada na 2.ª parte do mesmo preceito: "Salvo se o contrário resultar de (1) legislação especial aplicável, (2) dos estatutos ou lei orgânica da entidade emitente, (3) das próprias condições da emissão (4) ou de obrigações ou vinculações decorrentes dos factos jurídicos previstos nas alíneas i) a l), do n.º 2 do art. 56.ª ...".

II. A determinação das excepções resultantes de legislação especial, de estatutos ou de lei orgânica, exigiria uma investigação que não cabe dentro deste trabalho nem seria essencial para os objectivos que nos propomos. As excepções expressamente ressalvadas pela lei, resultantes dos factos a que se refere o art. 56.º/2/i a l, respeitam aos direitos destacados para negociação ou exercício autónomo, usufruto constituído sobre os valores e outros direitos ou vinculações constituídos sobre os valores mobiliários. Cada uma dessas situações exigiria uma análise que aqui não pode ser sequer esboçada.

III. Façamos apenas uma breve referência à transmissão de valores escriturais penhorados como exemplo de uma das situações a que se refere a 1.ª parte do art. 65.º/3. Que obrigações ou vinculações podem decorrer da existência de um penhor sobre valores escriturais que exijam uma alteração da regra geral consagrada na 2.ª parte do art. 65.º/3? O regime consagrado no CdMVM para os valores escriturais não nos esclarece quanto a essa questão [815]. No entanto, o art. 88.º/3, relativo aos valores titulados dados de penhor, coloca duas condições para que esses valores possam ser transferidos: consentimento dos beneficiários do penhor; envio simultâneo ao novo depositário da documentação respeitante ao penhor a fim de aquele a fazer reflectir ou averbar na conta do interessado. Não havendo qualquer regra semelhante para os valores escriturais, defendemos que deve aplicar-se por analogia aquele art. 88.º/3. A ser assim, não bastará que seja dada uma ordem de transferência dos valores ou apresentada declaração de venda para que o intermediário esteja obrigado a transferir os valores (art. 65.º/3, 2.ª parte). O próprio contrato de penhor poderá estabelecer outras condições para a transmissibilidade dos valores em causa.

5.2. Transmissão de valores escriturais em mercado secundário

5.2.1. *Regime de transmissão dos direitos e obrigações inerentes aos valores transmitidos (o art. 405.º)*

I. O art. 405.º determina que a titularidade e o risco dos direitos e obrigações inerentes aos valores negociados passa para o comprador a

---

[815] São, no entanto, vários os preceitos que se referem ao penhor sobre valores escriturais, de que destacamos: art. 56.º/2/1 (a constituição e extinção do penhor é um facto sujeito a registo); art. 64.º/5 (só tem legitimidade para dar de penhor valores escriturais quem tiver os valores registados em conta a seu favor); art. 64.º/3 (caso existam vários direitos de penhor sobre os mesmos valores mobiliários eles prevalecem uns sobre os outros de acordo com o princípio da prioridade do registo); art. 64.º/6 (a presunção de titularidade dos valores inscritos definitivamente não pode ser elidida mediante prova em contrário contra terceiros de boa fé a quem esses valores tenham sido dados em penhor); art. 66.º/1 (podem ser dados de caução valores emprestados); art. 69.º/2 (a transmissão de valores escriturais penhorados pode ser objecto de bloqueio através de registo provisório da transacção).

partir do momento em que se efectua a operação de bolsa. Sendo esta a regra geral, admite a lei que as partes possam estipular em contrário ou que um regime diverso resulte da operação de bolsa em causa [816]. Impõe-se a análise deste preceito pois, além de a sua letra se referir à titularidade de direitos e obrigações, já tem sido considerado como a consagração do regime de transmissão da titularidade dos valores negociados em bolsa. Partindo da perspectiva anterior, mas com o objectivo de a afastar, já foi objecto de interpretação abrogante [817].

Uma particular aplicação do mesmo princípio subjacente ao art. 405.º está consagrada no art. 435.º/4 [818] quanto à titularidade dos "juros e outras remunerações de natureza similar correspondentes ao período que decorra entre a data do último vencimento e a data da transacção dos valores mobiliários em causa". Dispõe este preceito que os juros pertencem ao comprador apenas a partir da realização da operação de bolsa [819]. Ora, os juros nada mais são que direitos inerentes às obrigações, embora não susceptíveis de destaque para negociação autónoma em mercado secundário. Apesar de ainda não vencidos no momento de execução da operação de bolsa, quis-se evitar os prejuízos que, para o vendedor, poderiam advir com a aplicação do art. 405.º. Com efeito, deste preceito resultaria que os juros não vencidos pertenceriam integralmente ao comprador a partir da execução da operação de bolsa [820].

II. O art. 405.º não é um preceito recente. Além de ter história no ordenamento jurídico português, tem paralelos no direito comparado e

---

[816] O preceito está redigido para as operações a contado (vd. o art. 410.º). Porém, e pelas mesmas razões que daremos para as operações a contado, aplica-se também às operações a prazo (vd. arts. 411.º ss.), embora se preveja que a CMVM através do regulamento de normas gerais para essas operações possa dispor em contrário (vd. os arts. 409.º/5/a e 419.º). Os maiores problemas poderão surgir no âmbito das operações de bolsa de reporte (art. 415.º). No mesmo sentido, e perante semelhante preceito do C.Civil italiano, vd. MESSINEO (1952, 54 ss.)

[817] Assim, FERREIRA DE ALMEIDA (1993, 35-36, nota 22).

[818] Alterado pelo DL n.º 89/94, de 2 de Abril.

[819] O art. 40.º/3 do RgCentral, quanto à liquidação física das operações de bolsa, concretiza: "No caso de valores mobiliários de rendimento fixo, acrescerão sempre ao valor da operação, os juros e outras remunerações de natureza similar correspondentes ao período legalmente prescrito".

[820] Não nos interessa aqui discutir o acerto da solução consagrada ou se a data relevante para a contagem dos juros deve ser o momento da realização da operação de bolsa ou o da sua liquidação. De qualquer forma esta última parece uma falsa questão, particularmente se tivermos em conta a normal circulação dos valores negociados em bolsa, isto é, o que se perde em dias na compra poderá recuperar-se na venda.

concretiza princípios do nosso ordenamento jurídico relativos ao contrato de compra e venda. Com efeito, aquele artigo reproduz, quase integralmente, o art. 89.º [821] do DL n.º 8/74, de 14/1 que, por sua vez, está na mesma linha de soluções idênticas defendidas em outros ordenamentos jurídicos, nomeadamente no art. 62.º [822] do Regulamento Geral das Bolsas espanholas, de 1967 [823] e do art. 1531.º do C.Civil italiano [824].

Podemos, porém, ir mais longe e considerar que tal preceito nada mais é que uma aplicação, à negociação de valores mobiliários em bolsa das disposições do CCiv. que impõem ao vendedor a obrigação de entrega da coisa no estado e com as qualidades que tinha no momento em

[821] Dado tratar-se de um preceito revogado, transcreve-se na íntegra: "Art. 89.º (Risco das operações) – Salvo estipulação expressa em contrário, todos os direitos e obrigações inerentes aos valores negociados serão de conta e risco do comprador a partir do momento em que se efectuou a operação de bolsa". Há diferenças entre este preceito e o actual artigo 405.º: embora a epígrafe se mantenha (risco das operações), no corpo do preceito é agora acrescentada a "titularidade e o risco", parecendo entender-se que agora o legislador não está apenas a regular o risco dos direitos e obrigações, mas também a titularidade dos valores. Porém, uma correcta interpretação do preceito permite concluir sem margem para dúvidas que não é assim, pois a titularidade só se refere aos direitos inerentes e não aos valores mobiliários

[822] É do seguinte teor o art. 62.º do RGB: "Los benefícios, perjuicios, derechos y deberes inherentes a todo proprietário de títulos o valores negociados, serán de cuenta y provecho del comprador de los mismos desde que se realizó la compra". Este preceito, considera a doutrina espanhola, constitui uma aplicação particular do art. 1095.º do C.Civil espanhol. De acordo com o ordenamento jurídico espanhol *o vendedor só continua legitimado para exercer os direitos face à entidade emitente, embora esses direitos devam integrar o património do comprador, pois este deve receber a coisa com todos os seus frutos*. Tratando-se de valores escriturais, a propriedade apenas se adquire através e no momento da transferência dos valores entre contas, como resulta do art. 9.º da LMV, em que o registo é equiparado à "traditio" (trata-se de uma adaptação do art. 609.º do C.Civ. que regula a transmissão da propriedade). Sobre este aspecto vd. CACHON BLANCO (1992, I, 148-154). Vd. p. 258

[823] Vd. CACHON BLANCO (1993, II, 221-223). Note-se que a transmissão da titularidade no ordenamento jurídico espanhol apenas se verifica com a entrega da coisa ou com o registo em conta no caso de valores escriturais, uma vez que a celebração do contrato, por si só, apenas produz efeitos obrigacionais *(teoria do título e do modo)*. Vd., em geral, ASCENSÃO (1993, 71-72) onde refere que a Espanha é o único país da Europa latina a seguir esse sistema, oriundo do direito romano.

[824] Vd. MESSINEO (1954, 20 e 48, nota 61, 49 ss.). De acordo com o direito italiano o risco que incide sobre os próprios valores recai sobre o vendedor até à liquidação da operação (embora a propriedade se transmita para o comprador logo com a execução da operação de bolsa), pelo facto de o vendedor continuar a possuir os títulos em nome próprio. Porém, acrescenta o autor, os direitos acessórios pertencem ao comprador e tal pertença, acrescenta, justifica-se independentemente do momento em que se transmita a propriedade sobre os valores.

que o contrato de compra e venda foi celebrado (CCiv., art. 882.º)[825]. De acordo com o art. 882.º do CCiv., o vendedor tem a obrigação de entregar a coisa no estado em que estava no momento da venda (n.º1) abstendo-se da prática de quaisquer actos que alterem o seu estado. Além disso, deve colaborar na conservação da coisa no seu estado ao tempo da venda[826]. Ora, estes deveres compreendem-se ainda dentro dos deveres obrigacionais[827] resultantes do contrato de compra e venda, o que em nada lhe retira a natureza de contrato real ("quoad efectum"). De acordo com o n.º 2 do mesmo preceito, a obrigação de entrega abrange, salvo estipulação em contrário, as partes integrantes, os frutos pendentes e os documentos relativos à coisa ou direito vendido. Esta obrigação deve ser determinada no momento da venda[828]. Caso não sejam entregues, por ex., os frutos pendentes, é a própria obrigação de entrega que é violada, dado que a obrigação de entrega da coisa é uma obrigação com objecto complexo[829]. Dir-se-á que tudo quanto acaba de ser dito prova que o art. 405.º afinal se refere à transmissão da titularidade dos valores mobiliários, uma vez que invocámos o regime da compra e venda do CCiv. em que a propriedade se transmite com a realização do negócio. Mas não é assim. O que o CdMVM quis salvaguardar foi o mesmo regime para o risco e os direitos inerentes ainda que não se transmita a titularidade dos valores, o que foi uma forma de ultrapassar a diversidade de regimes de transmissão dos valores mobiliários. Com efeito se a titularidade se transmitisse sempre no momento da realização da operação então o art. 405.º limitava-se a consagrar a regra geral, isto é, era inútil.

Aplicando estes princípios à transmissão de valores mobiliários e tendo em conta a especificidade destes, podemos considerar que os direitos a eles inerentes podem ser equiparados, apenas para os efeitos que aqui temos em vista, a frutos civis[830]. Estes direitos, tal como os valores mobiliários, integram o objecto da operação de bolsa. Se os direitos forem desprendidos dos valores vendidos, já não estaremos perante o

---

[825] Deve notar-se que *a origem do art. 405.º indica que foi concebido para a negociação de títulos*. Daí a aplicação do art. 822.º do CCiv, relativo à compra e venda de coisas.

[826] Vd., ALBUQUERQUE (1991, 28 ss.)

[827] São considerados como efeitos obrigacionais do contrato de compra e venda: a obrigação de o vendedor entregar a coisa; a obrigação de o comprador pagar o preço.

[828] Vd., ALBUQUERQUE (1991, 31)

[829] Quanto à noção de obrigações complexas e sua distinção das obrigações de conteúdo complexo, vd. CORDEIRO (1987, I, 304-305).

[830] Já assim não acontecerá com os direitos pessoais ou sociais, que não devem considerar-se incluídos no art. 405.º. Também assim MESSINEO (1954, 49), face ao direito italiano.

mesmo objecto da operação de bolsa, isto é, os mesmos valores mobiliários. Portanto a obrigação de entrega dos valores que recai sobre o vendedor, desde o momento da venda, deve integrar aqueles direitos, sob pena de haver incumprimento da prestação devida. É esse o sentido da expressão *direitos inerentes* ao longo de todo o CdMVM, como já acima foi observado. Portanto, deve considerar-se que, também aqui, o legislador utiliza essa expressão em sentido técnico [831].

III. O facto de o art. 405.º se referir à titularidade *não é a titularidade dos valores mobiliários objecto da operação que está em causa.* Esse entendimento que resultaria da contraposição com a redacção do art. 89.º do DL n.º 8/74, de 14/1, não só não tem qualquer fundamento como não resiste sequer a uma análise perfunctória da letra do preceito. O que está em causa é a *"titularidade ... dos direitos e obrigações inerentes aos valores negociados"* e não a titularidade (propriedade) dos próprios valores. E não se diga que a titularidade (propriedade) dos valores é um direito inerente no sentido que o CdMVM atribui ao conceito de direitos inerentes, questão que já atrás pensamos ter deixado clara [832].

IV. Para melhor entendimento do art. 405.º, é importante indagar da sua razão de ser. Esta é compreensível no que respeita à negociação de valores mobiliários em bolsa. Como é sabido, a entrega dos valores negociados em bolsa efectua-se através da liquidação física, que é posterior em vários dias à realização da operação [833]. Tradicionalmente, a liquidação física das operações de bolsa podia demorar várias dias, como ainda acontece actualmente. Colocava-se, portanto, o problema de *saber a quem pertenciam os direitos inerentes aos valores negociados durante o período que medeia entre a realização da operação e a sua liquidação.* De acordo com a solução adoptada variaria o próprio objecto da liquidação. Em operações realizadas fora de bolsa, sempre seria mais fácil

---

[831] Esse era já o sentido da expressão no DL n.º 8/74, de 14/1. Assim, não nos parece ter fundamento legal o entendimento, da expressão "direitos inerentes", que subjaz à reflexão e conclusões do Prof. FERREIRA DE ALMEIDA (1993, 13, nota 22) e que aflora de maneira mais clara quando se refere à incorporação dos valores escriturais como inerência, citando em apoio o art. 64.º/5 (vd. 17, nota 26).

[832] Vd. pp. 50 ss., *maxime* nota 137.

[833] A operação será liquidada fisicamente em D+3 (sendo D o dia da celebração da operação em bolsa), caso a liquidação se processe através do sistema de liquidação e compensação de âmbito nacional (vd. o art. 40.º do RgCentral). Porém, a liquidação poderá prolongar-se caso seja realizada através do sistema de liquidação e compensação de cada uma das bolsas, dado que tal liquidação apenas se realiza duas vezes por mês.

um acordo entre o comprador e o vendedor nessa matéria. Porém, as características da negociação em bolsa (carácter massivo, impessoal e intermediado) não são muito propícias a acordos desse género. Daí, a consagração de uma solução por via legislativa, salvaguardando uma eventual manifestação de vontade das partes em sentido contrário.

V. *O preceito em análise contém normas gerais sobre a contratação em bolsa*[834]. Em princípio deve aplicar-se, independentemente de o objecto da operação em causa serem valores escriturais ou valores titulados depositados e seja qual for o regime de depósito[835] e, ainda, quer se trate de valores nominativos ou ao portador. É sabido que os valores mobiliários podem seguir regime diverso de transmissão por várias razões, nomeadamente devido ao sistema de depósito adoptado, caso sejam titulados. Esse tanto pode ser o regime de depósito de títulos fungíveis regulado nos arts. 77.º e ss. como o depósito regulado no DL n.º 408/82 ou no CSC. Como é sabido o CSC não é afastado pelo depósito dos valores (salvo ao abrigo do art. 77.º ss do CdMVM) pelo que, para as acções nominativas se continua a exigir o registo no livro de acções da sociedade, só nessa altura se transmitindo a titularidade. Ora, ainda que outras razões não houvesse, bastaria observar que estes últimos diplomas prevêm um regime de transmissão distinto quer do aplicável aos valores escriturais quer do aplicável aos valores titulados fungíveis. Tal significa que *o regime de transmissão dos valores negociados em nada influencia o princípio estabelecido no art. 405.º, sob pena de termos de concluir que a transmissão dos valores mobiliários em bolsa se operava sempre nos mesmos termos quer os valores fossem titulados ou escriturais quer estivessem inseridos no sistema de depósito e controlo ou noutro sistema de depósito ou circulassem fisicamente. Em qualquer caso, depois do que foi dito, é seguro concluir que o art. 405.º nunca visou resolver o problema da transmissão da titularidade dos valores*[836] *antes pressupõe vários e distintos regimes de transmissão da titularidade.*

---

[834] Na sistemática do CdMVM insere-se na subsecção I, relativa às disposições gerais sobre operações de bolsa (Secção VI, Cap. III, Tít. III).

[835] É obrigatório o depósito dos valores titulados para negociação em bolsa (art. 410.º/3/a). Porém, esse depósito não é necessariamente feito na central. Por isso, como já observámos, não é excepcionado o regime de transmissão das acções nominativas em que se exige o registo do adquirente no livro da sociedade quer as acções sejam negociadas em bolsa ou fora de bolsa. Vd., *supra*, pp. 82-83 e 269.

[836] Deve salientar-se que se adoptássemos a posição contrária, tal iria ao encontro da posição por nós defendida de que a transmissão em bolsa de valores mobiliários escri-

VI. O risco relativo aos valores negociados também passa para o comprador a partir da operação de bolsa, segundo o art. 405.º. Está em causa o risco de perda ou deterioração dos valores negociados, por ex., devido a falência da entidade emitente [837]. Assim, se a entidade emitente de obrigações declara falência e deixa de ter lugar o pagamento de juros ou o reembolso das obrigações, esse risco é suportado pelo comprador, desde que o facto se verifique após a realização da operação de bolsa [838]. Outro caso prende-se com a descida de cotações que é, desde então, suportada pelo comprador. Mas, em contrapartida, beneficia também dos aumentos havidos na cotação dos valores comprados. Este risco é a contrapartida dos direitos atribuídos. A ser de outro modo, haveria uma distribuição desequilibrada do risco entre os intervenientes. Aliás, não se percebe a base em que assenta a interpretação abrogante a que procede o Prof. Ferreira de Almeida, salvo por necessidade de compatibilização de normas (critério formal). Porém, como pensamos ter demonstrado, o preceito não visa resolver o problema da transmissão da titularidade dos valores negociados em bolsa e, portanto, toda a discussão tendo como ponto de referência a transmissão da titularidade dos valores, com base nesse preceito, perde sentido.

VII. Em conclusão, o legislador visou dar segurança às operações de bolsa no tocante à transmissão do risco e dos direitos inerentes, fixando o momento dessa transmissão independente da transmissão da titularidade dos valores. Com efeito o legislador tem presente que a transmisão da titularidade dos valores negociados em bolsa opera em momentos distintos: tratando-se de títulos ao portador ou de títulos nominativos têm regimes distintos que não se alteram por serem negociados em bolsa; se esses títulos estiverem registados ou depositados, também o regime é distinto etc. Caso o legislador tivesse querido resover o problema da titularidade então o preceito era inútil, por força das regras gerais, isto é, risco e os direitos inerentes seriam por conta do titular. Ora o que o legislador

---

turais se dá no momento da realização da operação, independentemente do registo em conta. Mas tal posição, apesar da sua comodidade, levar-nos-ia a inutilizar o art. 405.º.

[837] A situação será distinta se falir o comprador ou o vendedor. Aí tudo dependerá do momento em que se transmitiu a titularidade sobre os valores. Assim, por ex., se no momento em que é executada a operação de bolsa não se transmite a titularidade, então os valores negociados integrarão a massa falida, em caso de falência do vendedor. Se assim não for, tais valores já estão fora do alcance da massa falida.

[838] Assim, também, CACHON BLANCO (1993, II, 222), face ao art. 62.º do RGB.

pretende é acautelar que, ainda que os valores não se transmitam desde logo, tal não implica a não transmissão do risco e dos direitos inerentes.

5.2.2. *O regime da transmissão da titularidade dos valores escriturais negociados em mercado secundário*

I. Ao contrário do que acontece quanto à transmissão da titularidade dos valores escriturais negociados fora de mercado secundário, *o legislador não consagra qualquer regra expressa para a transmissão da titularidade dos valores escriturais negociados em bolsa ou outro mercado secundário*. Com efeito, vimos acima que o art. 65.°/1 não visa regular a transmissão da titularidade dos valores escriturais e o n.° 3 do mesmo preceito apenas se aplica às transacções efectuadas fora de mercado secundário. Igualmente o n.° 4 do mesmo preceito respeita ao tempo e ao modo de efectuar o registo da transferência de valores escriturais negociados em bolsa e não à transmissão da sua titularidade. Acabámos, igualmente, de mostrar que o art. 405.° não pretendeu estabelecer o regime de transmissão dos valores mobiliários em bolsa[839]. *Assim, deve aplicar-se o regime geral consagrado no art. 408.° do CCiv.*

Qualquer solução a adoptar, no entanto, deve procurar um fundamento no CdMVM ainda que não expresso. Tal fundamento deve adaptar-se, antes de mais, às características dos valores mobiliários escriturais e ao sistema de registo consagrado por lei. Mas não basta. Estando em causa a transmissão de valores escriturais em mercado secundário devem ser tidas em conta as exigências de tal mercado, nomeadamente dos mercados de bolsa, em particular quanto à segurança e celeridade das transacções e à liquidez dos próprios mercados.

II. *Em abstracto, podemos identificar quatro momentos possíveis para a transmissão da titularidade dos valores escriturais em mercado secundário:* o registo dos valores na conta do adquirente; a liquidação da operação; a celebração do negócio de alienação, puro e simples; a celebração do negócio de alienação, mas desde que respeitadas as regras do registo dos valores escriturais.

---

[839] A falta de norma expressa para a resolução deste problema é fonte de inúmeras dificuldades na transacção dos valores escriturais em mercado secundário, em nada favorecendo o desenvolvimento e a segurança dessas transacções. Portanto, era de toda a conveniência que esta matéria fosse resolvida expressamente pelo CdMVM.

Em rigor, as duas últimas posições são muito próximas e, por isso, tratá-las-emos em conjunto. Todos estes momentos poderiam igualmente ser discutidos a propósito das operações realizadas fora de mercado secundário, caso não existisse expressa solução legal. Mais tarde, porém, devemos reflectir sobre a possibilidade de harmonizar a solução encontrada para as transmissões em mercado secundário e as realizadas fora dele [840].

III. *Uma das posições possíveis é defender que os valores mobiliários escriturais se transmitem com o registo do negócio na conta do adquirente (a crédito)* [841]. Esta posição pode encontrar apoio no art. 65.º/1 e ser reforçada pelos preceitos que consagram a eficácia do registo, em particular os n.os 3, 5 e 6 do art. 64.º. Pode, ainda, encontrar apoio em algumas soluções de direito comparado e na aplicação aos valores escriturais da doutrina da incorporação retirada dos títulos de crédito. Além disso, é uma posição que tem em conta o registo embora não da melhor maneira, como veremos.

Quanto ao apoio no art. 65.º/1, ele deve ser afastado pois contraria a própria letra do preceito: este visa resolver o problema das transferências entre contas e não estabelecer o momento da transmissão da titularidade [842]. Assim, esta tese confunde duas realidades, ambas importantes, mas distintas e cuja distinção é essencial no âmbito do sistema criado pelo legislador. Com efeito, as transferências entre contas são um fenómeno exclusivamente registral derivado da particular configuração do sistema de registo, como registo disperso entre vários intermediários

---

[840] É o que faremos no cap. I da terceira parte, quando estabelecermos a lei de circulação dos valores escriturais tanto dentro como fora de mercado secundário.

[841] É a posição defendida entre nós e face ao regime do CdMVM pelo Prof. FERREIRA DE ALMEIDA (1993, 33-34): "A transmissão (*inter vivos*) e a constituição de direitos sobre valores mobiliários escriturais exige a sequência de *dois actos* de diferente natureza:

– o *negócio jurídico* em que se fundamenta a transmissão ou a constituição do direito, que tanto pode ser um negócio jurídico causal como uma ordem de transferência que é um negócio abstracto;

– o *registo* (inscrição a favor do novo titular) - cfr. arts. 61.º, n.º 1, e 65.º, n.º 1 – que, no caso de direitos derivados, deverá respeitar o princípio do trato sucessivo (art. 64.º, n.º 5).

A lei qualifica o registo relativo a valores mobiliários escriturais como requisito de *oponibilidade* em relação a terceiros (art. 64.º, n.º 1). Mas, na verdade, o registo é também, neste caso, *constitutivo* da titularidade" (sublinhados do autor).

[842] Vd. o que é dito atrás (ponto 4. deste cap.) a propósito da distinção entre as transferências de valores entre contas e a transmissão da titularidade.

financeiros e com base nas contas dos titulares dos valores. Além disso, o próprio preceito se refere ao "lançamento a débito na conta do anterior proprietário", pressupondo que no momento desse registo ele já não é proprietário.

O argumento retirado da consideração dos valores escriturais como incorporados no registo não pode proceder, pois, além de conceptualista, enferma de um vício lógico: dá como provado aquilo que pretende provar. Além disso, a incorporação, mais que à transmissão da titularidade refere-se à legitimação do titular, particularmente perante a entidade emitente [843].

Quanto ao argumento retirado do direito comparado, também não pode proceder: em Espanha, expressamente, a lei estende à transmissão dos valores escriturais a doutrina do título e do modo, de acordo com a regra geral de que a transmissão exige a entrega, sendo o registo expressamente equiparado a essa entrega [844]; em França, a própria evolução do direito nesse país é bem elucidativa: até à alteração legislativa de 31/12/1993, a doutrina e a jurisprudência consideravam como momento da transmissão a celebração do negócio; a partir daí, considera-se o momento do registo na conta do adquirente (não na do alienante), mas por solução expressa da lei, dadas as dúvidas anteriores [845].

Também não procedem os argumentos retirados dos preceitos relativos à eficácia do registo. De acordo com o art. 64.º/6, o registo não atribui titularidades, salvo nos casos de terceiros adquirentes de boa fé. Nesses casos devemos admitir que há titulares que não têm o seu direito registado pelo que, ao menos aí, o registo não seria constitutivo. Por sua vez, o art. 64.º/5 apenas se refere à eficácia legitimadora e não à transmissão da titularidade. São questões distintas: *a legitimidade não tem que circular nos mesmos termos que a titularidade*. Pode ainda citar-se o art. 66.º/5, onde o legislador é bem claro: refere-se à "efectivação das transmissões envolvidas e do respectivo registo". Aqui separa claramente a transmissão e o registo em conta.

Mas os argumentos mais fortes contra esta tese resultam das suas consequências, que contrariam o sistema criado pelo legislador e põem em causa a segurança da circulação dos valores escriturais. Com efeito,

---

[843] Essa é a posição tradicional em relação aos títulos de crédito. Vd. o que é dito adiante quando se relacionam os valores escriturais com os títulos de crédito (pp. 400-402.).
[844] Vd. o que é dito atrás p. 258 e 274.
[845] Vd. pp. 257-8.

podem surgir situações em que o valor mobiliário não está registado em qualquer conta: basta que a alienação já tenha sido registada na conta do alienante, mas ainda não tenha sido registada na conta do adquirente. Quem é, então, o titular dos valores escriturais: se o registo é constitutivo, o alienante já perdeu a titularidade, mas o adquirente ainda não adquiriu essa titularidade. Mais grave ainda: *há a possibilidade real de duplicação dos registos*. É possível que a aquisição já tenha sido registada na conta do adquirente e a alienação ainda não tenha sido registada na conta do alienante. Nesses casos, estaríamos perante dois registos de titularidade e de legitimação formal. Os controlos efectuados pela Central, dada a sua natureza meramente quantitativa e a dilação no tempo com que ocorrem (4 dias), não permitem resolver aqueles problemas, tendo em conta a celeridade da circulação dos valores escriturais. Além disso, esta tese não resolve, pelas razões apontadas, o problema que pretende resolver, isto é, fixar o momento da transmissão da titularidade.

A tese do registo constitutivo *deixaria facilmente o alienante defraudar a lei* pois os valores estariam na sua inteira disponibilidade até serem registados na conta do adquirente. Mas se analisarmos o sistema como um todo, veremos que essa possibilidade não é permitida. Se tivermos em conta os bloqueios, verificamos que este faz funcionar o princípio da prioridade, em nada dependendo de registo na conta do adquirente.

Por último, *esta posição ignora um dos aspectos essenciais do sistema de registo consagrado pelo legislador:* a importância da conta do alienante e do intermediário financeiro que tem a seu cargo essa conta através dos bloqueios realizados e aí registados. Deve ainda considerar-se que a tese do registo constitutivo não se adequa às necessidades do mercado, nomeadamente à liquidez.

IV. A tese que defende que a transmissão da titularidade se dá com a liquidação das operações não pode ser aceite. Além de não ter qualquer suporte na lei, contraria a própria natureza da liquidação. Com efeito, esta fica consumada a partir do momento em que os valores são postos à disposição do adquirente (art. 458.º/1), isto é, a partir do momento em que são creditados na conta global do intermediário financeiro na Central. Ora, esse crédito é global e não individualizado. Além disso o instituto das recompras e revendas (art. 463.º), mostra que não está em causa um adquirente ou alienante determinado. Por isso, a lei deixa a porta aberta à resolução do negócio, *funcionando a não liquidação como facto resolutivo da aquisição efectuada.*

V. É tempo de concluir, tomamdo posição. Vimos acima que todas as operações realizadas em bolsa ou outro mercado secundário são registadas oficiosamente pelo intermediário financeiro que tem a seu cargo a conta de registo individualizado dos valores escriturais (arts. 56.°/2/h, 61.°/3 e 65.°/4). Igualmente concluímos que a data desse registo é data da ocorrência do facto a registar. Ora, neste caso, o facto a registar é a compra (na conta do alienante) e a venda (na conta do adquirente). Esse facto ocorre no momento em que se encontram as declarações negociais das partes, emitidas através dos corretores (únicos intermediários financeiros autorizados a negociar em bolsa) ou outros intermediários financeiros se a operação for realizada em mercado de balcão. *A operação de compra e venda consuma-se através do simples consenso, independentemente da sua liquidação. O que é a regra no nosso direito* (art. 408.° e, quanto à compra e venda, 879.°/a do CCiv.). *Assim, parece devermos concluir que o momento em que ocorre a transmissão da titularidade dos valores escriturais negociados em bolsa ou outro mercado secundário é o da realização da operação*[846].

Esta conclusão, porém, não deve ser aceite se não puder conjugar--se com as regras acima referidas quer relativas ao registo dos valores escriturais quer relativas aos mercados secundários. Não basta, portanto, o simples consenso para que se verifique a transmissão dos valores mobiliários em mercado secundário, apesar de essa solução poder encontrar apoio no art. 64.°/1 e, segundo o entendimento de alguns, no art. 405.°, embora já tenhamos afastado a sua aplicabilidade à transmissão da titularidade de valores mobiliários. Quanto ao art. 64.°/1 apenas consagra a eficácia do negócio entre as partes antes do registo e a sua não oponibilidade a terceiros. Porém, não diz que eficácia é essa. Ora, pela análise de todo o regime jurídico de eficácia do registo, concluimos que com a celebração do negócio apenas surge na esfera do adquirente um direito de crédito, isto é, o direito a ver o negócio registado a seu favor[847].

Como já acima observámos a conjugação daquela solução com as regras do registo fica perfeitamente salvaguardada uma vez que a *data da realização da operação coincide com a data do registo.*

A segurança das transacções fica igualmente salvaguardada se os valores tiverem sido previamente bloqueados, como a lei exige

---

[846] Afinal, a solução é idêntica à que resultaria do regime do art. 405.° embora este preceito, como já vimos, não seja a fonte desse regime pois tal significaria inutilizar o preceito.

[847] Tratamos desenvolvidamente esta questão no próximo capítulo. Vd. pp. 330 ss.

(art. 68.º/2 e 3). Se porém o bloqueio não tiver sido efectuado, então aquela conclusão já não pode ser aceite pois seria completamente posta em causa a segurança das transacções em mercado secundário. Neste caso haverá que fazer prevalecer as regras do registo, as únicas que podem dar segurança à transacção. A transmissão da titularidade, em consequência, deve operar nos mesmos termos que para as operações realizadas fora de mercado secundário, isto é, nos termos do art. 65.º/3--2.ª parte [848].

VI. *Esta solução salvaguarda todos os interesses em presença e adequa-se perfeitamente ao regime estabelecido por lei:* salvaguarada os efeitos entre as partes a que se refere o art. 64.º/1: o direito do adquirente a ver registado o negócio a seu favor; há, desde logo, oponibilidade a terceiros adquirentes, pois funciona desde então o princípio da prioridade do registo (art. 64.º/3); conjuga-se com o art. 405.º quanto à titularidade e ao risco dos direitos e obrigações inerentes aos valores negociados; conjuga--se com o artigo 65.º/1, mantendo distintas a transmissão da titularidade e a transferência em conta; não cria vazios de titularidade; não permite situações de duplicação de registos; coloca todo o controlo da transmissão dependente do sistema de registo através da conta do alienante, pelo que este fica limitado quanto aos seus poderes, bem como o intermediário financeiro registador; permite considerar a ausência de registo na conta do adquirente (em consequência da não liquidação da operação) como facto resolutivo da transmissão caso aquele registo não se possa realizar.

Por último, esta solução é a que melhor se conjuga com as características do registo. Dissemos que a função de segurança do registo não

---

[848] Como dificuldade adicional à solução defendida poderia ainda dizer-se que a fungibilidade dos valores mobiliários levaria a considerar que estamos perante uma obrigação genérica. Assim, de acordo com o art. 448.º/2 do CCiv, os valores só se transmitiriam com a sua especificação. Poderá, então, dizer-se que a especificação só se dá no momento da liquidação física da operação. Mas tal argumento não procede. Por um lado não parece que estejamos perante uma verdadeira obrigação genérica, mas perante uma mera obrigação de quantidade que se concentra por mera contagem ou separação, na medida em que estão determinados tanto o género como a espécie de valores a entregar. Seja, porém, qual for o entendimento adoptado, nada há que impeça a transmissão da titularidade no momento da celebração da operação de bolsa. Com efeito, pode dizer-se que a especificação se dá no momento em que o intermediário financeiro recebe a ordem de bolsa ou dela toma conhecimento e efectua o bloqueio dos valores a transaccionar e regista esse bloqueio. Por outro lado, esse problema só se colocaria quando a ordem de bolsa incidisse sobre parte dos valores registados em conta, pois se incidisse sobre todos os valores a especificação dar-se-ia imediatamente. A consequência seria absurda uma vez que o regime de transmissão da titularidade dependeria apenas deste último facto.

derivava da publicidade como acontece, em geral, com os registos de valores escriturais. A segurança advém do próprio sistema de registo. Por isso, a desvalorização do registo na conta do adquirente nada de novo traz, mas resulta já dos termos em que analisámos o sistema de registo.

Em conclusão, os valores mobiliários escriturais transmitem-se, em mercado secundário, no momento da celebração da operação de bolsa, desde que tenham sido observadas as regras do registo desses valores. Os arts. 61.°/3 e 62.°/1, em conjugação com o art. 408.° do CCiv permitem fundamentar essa solução.

5.2.3. Avaliação do regime de transmissão dos valores escriturais em mercado secundário

I. Uma concreta avaliação do regime em todos os seus aspectos obrigar-nos-ia a analisar os diversos modos de transmissão em mercado secundário de valores escriturais. Porém, torna-se impossível aqui abordar todos esses aspectos nem tal abordagem traria grandes enriquecimentos ao tema do nosso trabalho, desviando-nos do objectivo traçado. Por isso vamos tomar como base a operação de bolsa tradicional, em relação à qual se ordena a maioria das regras do CdMVM: a operação de bolsa a contado (vd. o art. 410.°).

II. Os bloqueios em consequência de ordem de venda em mercado secundário são registados na conta do alienante. A partir desse momento não podem ser realizadas nem registadas outras operações sobre os mesmos valores. Como acima concluímos, o registo do bloqueio faz funcionar o princípio da prioridade do registo a favor das operações resultantes da execução da ordem de bolsa que deu origem a esse bloqueio. Este impede que os valores circulem através do sistema, isto é, que outras operações incompatíveis sejam registadas. Mas já o mesmo não acontecerá se os bloqueios não forem efectuados, hipótese possível dada a complexidade e a falta de operatividade prática, nomeadamente dos bloqueios que devam ser solicitados por corretor. Isto é, os intermediários financeiros podem, pura e simplesmente, não efectuar os bloqueios. "Quid iuris" se o bloqueio que deva ser pedido por corretor não for efectuado (ou porque não foi pedido ou porque não foi registado)? Pensamos que a resposta deve ser a mesma já atrás dada: deve considerar-se que a operação foi realizada fora do sistema de registo[849] e, portanto, a data do

---

[849] Trata-se de uma situação que não coincide com a das operações realizadas fora de mercado secundário.

registo será aquela em que for apresentada pelo corretor a nota de venda ao intermediário financeiro que tem a seu cargo a conta de registo dos valores escriturais. Então, a transmissão dar-se-à nos termos do art. 65.º/3-2.ª parte. A tutela do adquirente, nesse caso, apenas poderá resultar das regras do mercado e não do especial funcionamento do registo, como veremos mais tarde na 3.ª parte desta disseração.

III. *Quanto ao momento do registo da operação parece-nos que ele deve ser efectuado imediatamente após a realização da operação de bolsa.* Esta posição porém deve ser vista com a atenção, na medida em que a lei exige que as operações de bolsa sejam registadas com base na nota de compra ou venda enviada pelo corretor (art. 457.º/4 e 5). Além disso, exige-se, em geral, que os registos sejam feitos com base nos documentos legalmente exigíveis para a prova dos direitos ou factos a registar (art. 61.º/1). Porém o artigo 65.º/4, que respeita especialmente a esta matéria, não se refere a quaisquer documentos, devendo o registo ser oficiosamente promovido pelos intermediários financeiros que tenham recebido as correspondentes ordens de compra ou de venda.

Vejamos as várias situações possíveis, conforme a modalidade de intervenção na operação pelo intermediário financeiro que tem a seu cargo a conta de registo dos valores alienados:

– executa a operação directamente, intermediando tanto o lado da compra como o lado da venda: pode registar a operação imediatamente após a sua execução, pois não tem aqui aplicação o art. 457/4 e 5, isto é, não tem que receber qualquer nota de compra e venda, mas esta pode ser elaborada por ele imediatamente após a execução da operação (art. 456.º/1);

– recebe a ordem de bolsa e transmite-a a um corretor para execução: pode registar a operação imediatamente após a sua realização pois tem todos os elementos documentais para proceder esse registo, isto é, os elementos que constam da ordem de bolsa que deu origem a um bloqueio em conta (art. 68.º/2);

– não recebe a ordem de bolsa mas efectua o bloqueio em conta solicitado por corretor que recebeu directamente a ordem de bolsa (art. 68.º/3): regista a operação se o corretor, no pedido ou confirmação do bloqueio, lhe tiver fornecido os elementos documentais para esse registo, devendo aguardar o recebimento da nota de venda enviada pelo corretor se não dispuser desses elementos;

– não recebe a ordem de bolsa nem lhe é solicitado bloqueio pelo corretor a quem foi dada directamente a ordem de bolsa: deve aguardar a chegada da nota de venda (art. 457.°/4 e 5) e só depois registar a operação.

Como pode verificar-se pelos vários casos apresentados, o intermediário financeiro que tem a seu cargo a conta do vendedor pode registar a operação a partir do momento da sua execução com base nos documentos que estão em seu poder. Só assim não acontecerá se tiver havido qualquer irregularidade, nomeadamente não tenha sido solicitado o bloqueio dos valores vendidos.

Quanto ao intermediário financeiro que tem a seu cargo a conta do comprador pode também registar a compra uma vez realizada a operação e desde que lhe tenha sido dada directamente a ordem de venda, quer tenha sido sido executada por seu intermédio ou não. Se a ordem de venda não lhe foi dada directamente, deve aguardar o envio da nota de compra.

IV. A liquidação física da operação será automaticamente desencadeada pelo sistema de negociação em ligação com a Central. Através desta, serão acertados os saldos nas contas globais dos intermediários financeiros envolvidos, junto da Central. Se a operação foi intermediada por um só intermediário financeiro, o saldo mantém-se inalterado dado que, em termos quantitativos, as duas operações se compensam. A liquidação física, portanto, nada mais é que um processo especial de transferência dos valores negociados, previsto para as operações de bolsa (vd. o art. 459.°/2 e os arts. 39.° ss., do RgCentral). Quanto às operações realizadas em outros mercados secundários, são liquidadas através das transferências normais, já acima descritas (vd. os arts. 48.° e 49.° do RgCentral).

6. A TRANSMISSÃO "MORTIS CAUSA" DE VALORES ESCRITURAIS

I. A lei não contém qualquer preceito quanto a esta matéria, apesar de o problema se colocar a respeito dos valores escriturais. Porém, à transmissão "mortis causa" dos valores titulados fungíveis manda aplicar o regime consagrado no art. 339.°/1/b e 2 a 5 do CSC (art. 89.°/3).[850]

---

[850] É do seguinte teor o art. 89.°/3: "A transmissão por morte de valores mobiliários depositados nos termos dos artigos 78.°, 79.° e 80.°, ainda que se trate de acções e outros valores mobiliários nominativos, reger-se-à, com as adaptações que, relativamente

Pensamos que a lacuna da lei deve ser resolvida pela aplicação do mesmo regime à transmissão "mortis causa" dos valores escriturais. Com efeito, é o próprio legislador que, com frequência, manda aplicar aos valores titulados depositados o regime dos valores escriturais[851]. Quando assim não acontece estabelece regimes paralelos. Por isso pensamos que faz todo o sentido aplicar, neste caso, o regime consagrado para os valores titulados (consagrado nos preceitos do CSC, já citados) com as adaptações que se tornarem necessárias. Em rigor, seria possível resolver o problema conjugando as regras do direito das sucessões (que fixam o momento em que opera a transmissão) com as regras do registo de valores escriturais. Estas porém necessitariam, em qualquer caso, de concretização, nomeadamente quanto ao papel do cabeça de casal e à documentação a apresentar.

II. O regime concreto aplicável, feitas as necessárias adaptações, podemos resumi-lo assim[852]:

– quando os novos titulares dos valores mobiliários sejam conhecidos imediatamente após a morte devem promover a transferência dos valores mobiliários para nova conta aberta a seu favor;

– fora dos casos referidos anteriormente a transferência deve ser promovida pelo cabeça de casal, para conta aberta em seu nome, devendo indicar a quota ideal de cada um dos herdeiros ou legatários logo que seja conhecida (n.º 1 e 2 do art. 339.º do CSC)[853]. Após estarem determinados os herdeiros e legatários estes promoverão a transferência dos valores mobiliários nos termos referidos no travessão anterior.

Em qualquer dos casos referidos anteriormente, o registo é feito mediante a apresentação do documento que certifique o óbito e que habilite

---

a cada espécie de valores, se tornem necessárias, pelo disposto no n.º 1, alínea b), e nos n.ºˢ 2 a 5 do artigo 339.º do Código das Sociedades Comerciais". Note-se que o legislador exclui a aplicação da al. a) respeitante às acções nominativas e ao portador registadas e manda aplicar a al. b) respeitante às acções ao portador em regime de depósito, o quer bem se compreende pois os valores mobiliários a que se refere o art. 89.º/3 são valores mobiliários depositados. Embora não se preveja o regime para as acções nominativas depositadas ele deve ser idêntico ao da al. b). Assim LABAREDA (1988, 237, nota 1).

[851] Sobre a relação entre o regime dos valores titulados inseridos no regime de depósito e controlo e o regime dos valores escriturais, vd. pp. 409 ss..

[852] Sobre o regime consagrado no art. 339.º do CSC vd. LABAREDA (1988, 235-242).

[853] Assim, sendo vários os sucessíveis, a conta passa a ser uma conta em contitularidade. Mesmo que os herdeiros não sejam conhecidos, da conta deve sempre constar o nome do cabeça de casal que figurará como representante comum. Em qualquer caso, mal sejam conhecidas as quotas dos herdeiros elas devem ser registadas na conta (art. 56.º/2/b).

legalmente os herdeiros (art. 339/3). Além disso, a transferência dos valores para uma nova conta dos titulares dos valores mobiliários depende da apresentação de documentos que certifiquem a sua titularidade [854] e o pagamento do imposto sobre sucessões ou doacções ou que este está assegurado [855].

III. Bastamo-nos com esta rápida indicação, apenas motivada pelo facto de o legislador não prever expressamente um regime para a transmissão "mortis causa" dos valores escriturais. Por isso nos abstemos de desenvolver a solução encontrada que deriva das regras do próprio direito comercial e apenas apresenta pequenas particularidades derivadas da forma de representação dos valores. Apesar disso, as adaptações feitas ao regime consagrado no CSC são as mesmas que as que devem ser feitas caso estejam em causa valores titulados fungíveis desde que e enquanto se mantenham inseridos no sistema de depósito e controlo. Este é um caso em que tem aplicação o princípio da indiferença da forma de representação, como veremos adiante.

---

[854] Esta certificação da titularidade pode ser feita por vários meios embora o mais adequado seja a apresentação de escritura de habilitação de herdeiros e, se for o caso, documento de partilha ou outro donde conste a respectiva quota concretizada.

[855] O pagamento do imposto sobre sucessões e doações é um pressuposto da transferência dos valores em conta e não um requisito da sua transmissão para os herdeiros ou legatários.

CAPÍTULO V
LEGITIMIDADE DERIVADA DO REGISTO E PROTECÇÃO DE TERCEIROS ADQUIRENTES DE BOA FÉ

1. A EFICÁCIA LEGITIMADORA DO REGISTO EM CONTA

   1.1. Legitimidade registral e extra-registral

   I. O artigo 64.º/5 consagra um *princípio de legitimação pelo registo em conta*[856]. Deste depende a legitimidade para transmitir e onerar quaisquer direitos sobre os valores registados[857] e para exercer os direitos patrimoniais ou sociais inerentes a esses valores[858]. *Só é legitimadora a*

---

[856] A LMV consagra todo o art. 11.º ao problema da legitimidade pelo registo: § 1: "La persona que aparezca legitimada en los assientos del registro contable se presumirá titular legítimo y, en consequencia, podrá exigir de la entidade emissora que realice en su favor las prestaciones a que de derecho el valor representado por medio de anotaciones en cuenta". § 2.º – "La entidad emisora que realice de buena fe y sin culpa grave la prestación en favor del legitimado, se liberara aunque este no sea el titular del valor". § 3 – "Para la transmission y el exercicio de los derechos que correspondem al titular será precisa la previa inscriptión a su favor".
   Embora sem apoio em preceito expresso, também a doutrina francesa defende que a inscrição em conta, nas relações com a entidade emitente e com terceiros, tem um papel de legitimação comprável à inscrição no registo dos "transferts", no regime dos títulos nominativos. Assim, o titular dos valores escriturais não pode exercer os direitos ligados a esses valores se estes não estiverem inscritos em conta a seu favor. Vd. RIPERT/ROBLOT (1992, 2, 43-44).

[857] A expressão "direitos sobre os valores" tem um sentido muito amplo, reforçado pela palavra "quaisquer". Assim, não estamos perante os mesmos direitos constituídos sobre valores mobiliários a que se refere o art. 3.º/2, como se procurou demonstrar no cap. I, ponto 5.3.2.1 -I, da 1.ª parte.

[858] Trata-se de preceito muito distinto do art. 9.º/1 do CdRP: "Os factos de que resulte transmissão de direitos ou constituição de encargos sobre imóveis não podem ser titulados sem que os bens estejam definitivamente inscritos a favor da pessoa de quem se adquire o direito ou contra a qual se constitui o encargo". Trata-se claramente de um *preceito principalmente dirigido aos notários*, uma vez que tais negócios são titulados por escritura pública. Vd. PEREIRA MENDES (1992b, 55). Assim o registo predial não é um

inscrição nas contas a que se refere o art. 56.º, isto é, as contas de registo individualizado e desde que esse registo seja definitivo.
A legitimação consagrada no art. 65.º/4 é, claramente, uma *legitimação activa* do titular registado, nada se dizendo quanto à *legitimação passiva* nomeadamente desse titular perante a entidade emitente dos valores em causa. Por isso neste capítulo só abordaremos a primeira porque apenas ela está directamente relacionada com o registo em conta[859].

II. A legitimidade para alienar e onerar e, por outro, a legitimidade para exercer os direitos inerentes aos valores registados levantam distintos problemas pelo que, seguidamente, as abordaremos em separado. Além disso, em algumas situações, a lei confere legitimidade para o exercício de direitos inerentes aos valores escriturais com base em documentos[860] passados pelos intermediários financeiros. Importa, por isso, analisar a natureza desses documentos e a sua eficácia legitimadora e confrontá-la com a eficácia legitimadora derivada do registo. Com tais excepções o legislador mostra bem a importância que atribui a esse registo. Tal tem a ver, fundamentalmente, com a segurança na circulação desses valores, essencial para a protecção de terceiros nomeadamente para concluir se estamos perante uma legitimação extra-registral[861].

III. As regras da legitimidade desempenham um papel essencial no regime dos valores escriturais tal como a desempenham nos títulos de crédito. Por isso *a legitimidade é um dos elementos cujo controlo é exigido ao intermediário financeiro* que tem a seu cargo a conta de registo (art. 184.º). Porém, a legitimidade só pode ser controlada pelo intermediário financeiro se as operações em causa forem efectuadas por seu

---

registo de legtimação ao menos no mesmo sentido em que tal é afirmado para o registo dos valores mobiliários escriturais.

[859] A legitimidade passiva da entidade emitente será abordada mais adiante, Vd. 301 ss. e 353 ss..

[860] OPPO (1988, 594-595) considera que é impossível suprimir totalmente os documentos para desempenhar algumas funções cartulares. E dá o exemplo da França e da Alemanha relativamente a documentos semelhantes aos previstos na lei portuguesa. O autor refere-se a possíveis falhas técnicas do sistema informatizado (chama-lhe hipóteses apocalípticas!) ou de falhas menores que exigem um sistema pessoal de legitimação, casos em que os documentos deveriam substituir os registos. Porém, como veremos, não há quaisquer documentos relacionados com o registo de valores escriturais que desempenhem funções cartulares ou, mais em geral, funções que não possam ser desempenhadas pelo registo.

[861] OPPO (1988, 586), distingue as duas situações falando em "*prova* da legitimação" e "*fonte* da legitimação".

intermédio ou, por qualquer modo, forem efectuadas em contacto com a conta de registo. Tal significa que o controlo da legitimidade só pode ser aferida através do registo.

Na teoria geral dos títulos de crédito a função legitimadora do documento é também considerada como essencial. Em regra, a legitimação depende da aquisição da posse do documento, em conformidade com a lei de circulação do título [862]. Com efeito, considera-se que "os títulos de crédito são sempre documentos de legitimação", nisso estando de acordo todas as orientações [863]. *A legitimação passiva* permite ao devedor liberar-se se efectuar a prestação a quem lhe apresentar o documento, podendo recusar a prestação fora dessa apresentação [864]. *A legitimação activa* permite ao portador do documento exigir do devedor que efectue a prestação a que está obrigado [865]. Estas as regras gerais, apresentadas em termos muito simplistas. Com efeito, tudo dependerá das regras de circulação do título, isto é, conforme seja nominativo [866], ao portador [867] ou à ordem [868]. Ora nenhum destes processos de legitimação seria possível nos valores mobiliários escriturais uma vez que falta o documento em papel de que está dependente todo o processo de legitimação nos títulos de crédito. Além disso o registo não pode ser objecto de posse para efeitos

---

[862] Em geral, sobre a função de legitimação nos títulos de crédito, vd. MARTORANO (1992, 36 ss. 105 ss. e 130 ss.), COTTINO (1992, 258 ss.), LENER (1989, 42 ss.) e autores citados nas notas seguintes.

[863] Assim, ASCENSÃO (1992, 17), SERRA (1956 (61), 18 ss) e OLAVO (1978, 19-25). No entanto para a doutrina italiana dos títulos de crédito é essencial a sua função de circulação.

[864] Deve ter-se presente que *a legitimação, no caso das acções, assume uma configuração própria*. Basta pensar no exercício do direito de voto em que, é evidente, o problema não é o do cumprimento por parte de um devedor, pois não há aí qualquer devedor. O verdadeiro problema que, então, se coloca é o da validade de uma deliberação da assembleia geral, por ex. Portanto, não se trata só de definir as circunstâncias subjectivas para o exercício dos direitos sociais, mas definir objectivamente os requisitos de validade dos procedimentos em que se concretiza a actividade social. Vd. LENER (1989, 46-48, nota 7).

[865] Sobre os conceitos de legitimação activa e passiva, em geral, vd. HUECK/CANARIS (1986, 12 ss) e LENER (1989, 44-45).

[866] Nos títulos nominativos só estará legitimado quem tiver o seu nome registado no título (na forma exigida por lei) e nos livros da entidade emitente (vd. o art. 326.° do CSC).

[867] Em princípio a posse do título confere legitimidade, salvo prova em contrário (art. 483.° do CCm e 327.°/1 do CSC).

[868] Além da posse do título terá legitimidade aquele a quem estiver endossado regularmente (vd. o art. 16.° da LULL e art. 19.° da LUCh).

de apresentação como acontece com o título de crédito. Assim, *as regras de legitimação dos valores escriturais são completamente distintas das que vigoram para os títulos de crédito.*

IV. *A legitimidade registral tem como fundamento o facto de o registo identificar todas as características dos valores escriturais e a sua situação jurídica,* incluindo a titularidade dos valores e de quaisquer direitos com eles relacionados. Isto é, para efeitos de legitimidade não serão tidas em conta as situações ou factos que não estiverem registados. Porém, dado que os registos de valores escriturais não são públicos, não é possível a terceiros a quem seja transmitido o direito ou à entidade emitente que deva efectuar prestações à pessoa inscrita ter conhecimento de quem está legitimado pelo registo. Tal significa que *a legitimação pelo registo apenas funciona dentro do sistema de registo e controlo e nos termos imperativos em que a lei regula esse sistema.* Por isso, é essencial verificar como é que a legitimidade assente no registo é actuada em cada caso. É o que faremos a seguir, procurando atender a todos os preceitos que possam apoiar um melhor entendimento quer da legitimidade para transmitir e onerar quer para exercer os direitos inerentes aos valores registados.

1.2. Legitimidade para transmitir e onerar os valores escriturais

1.2.1. *Legitimidade directamente derivada do registo*

I. Regra geral a legitimidade resulta da titularidade, mas nem sempre as duas categorias coincidem havendo nesses casos uma extensão da legitimidade[869]. Assim e, em geral, como refere o Prof. Oliveira Ascensão, "a legitimidade não é novo poder. Pelo contrário, ela exprime um poder de agir, resultante genericamente da titularidade de uma situação genérica ou da própria esfera jurídica (não havendo regra proibitiva), ou ainda de uma concreta autorização legal, nos casos em que aquela titularidade falha"[870]. Nos valores escriturais a legitimidade está

---

[869] Assim, ASCENSÃO (1983/84, III, 72). Em geral, este autor analisa as dificuldades oferecidas pela categoria da legitimidade (63 ss.). Quanto aos títulos de crédito, refere LENER (1989, 48) que a legitimação cartular nada mais é que um índice de presunção de titularidade.

[870] ASCENSÃO (1983/84, III, 72-73).

inteiramente dependente do registo que apenas estabelece uma presunção de titularidade.

A coincidência entre a "titularidade" registral e a titularidade substantiva dos direitos sobre os valores escriturais registados é a regra. Presume-se que a pessoa em nome de quem está registado o direito é o seu titular (art. 64.º/6) e as contas são abertas e movimentadas em nome dos titulares dos valores (art. 56.º/1). Trata-se porém, de uma presunção ilidível, isto é, a legitimidade conferida pelo registo (*legitimidade registral*) pode não coincidir com a titularidade (*legitimidade substantiva*)[871]. Portanto, a aparência de titularidade que é conferida pelo registo leva o legislador a conferir legitimidade a quem tiver os direitos registados em seu nome *(legitimidade formal)*. Mas, cabe perguntar: é possível alienar ou onerar os valores escriturais com base, exclusivamente, na legitimidade substantiva conferida por negócio jurídico? Se alguém, por negócio jurídico[872] adquire valores escriturais, pode aliená-los sem que tenha registado a sua aquisição? Em suma, *a legitimidade registral para alienar ou onerar é absoluta, ao ponto de a lei não admitir outra circulação dos valores escriturais que não seja uma circulação registral?*[873]

II. Tidas em conta as regras resultantes da transmissão da titularidade, analisadas no capítulo anterior, vejamos dois casos. Se alguém celebra um negócio de alienação de valores escriturais que estão registados em conta aberta a seu favor, mas não promove o registo da alienação e a transferência dos valores para a conta do adquirente "quid iuris"? Tratando-se de um negócio celebrado fora de mercado secundário, a titularidade dos valores ainda não se terá transmitido. Os valores continuam registados a favor do alienante e, portanto, este tem não só legi-

---

[871] A própria lei admite essa possibilidade ao referir os casos de aquisição a "non domino" (art. 64.º/6-2.ª parte).

[872] Falamos em aquisição através de negócio jurídico para simplificar, sem que isso signifique qualquer alteração em relação à posição adoptada no capítulo anterior em relação à transmissão dos valores escriturais tanto fora como dentro de mercado secundário.

[873] Problema semelhante tem sido muito discutido a propósito dos títulos de crédito: pode o direito circular sem o documento ou a sua circulação está sempre vinculada à circulação do documento? Refere o Prof. Vaz SERRA (1956 (61) 18 ss): "A titularidade é irrelevante quanto à legitimação em face do devedor, mas é relevante quanto à legitimação nas relações entre portadores sucessivos do título" (19). E acrescenta: "Nos títulos de crédito, o direito está ligado ao documento, de sorte que só pode fazer valer aquele quem for legitimado segundo o documento. Mas pode não resultar daí que o documento se transfira com o direito ou que esse se transfira com aquele" (22, nota 666).

timidade formal como substancial. Nessa situação caso um terceiro tenha adquirido os mesmos valores não será um adquirente "a non domino". Se este conseguir que seja apresentada ordem de transferência a seu favor junto do intermediário financeiro que tem a seu cargo a conta do alienante, adquire a titularidade de acordo com as regras da prioridade do registo, nada podendo o primeiro adquirente contra ele (art. 64.º/1 e 3, não havendo qualquer necessidade de aplicar o art. 64.º/6-2.ª parte).

Vejamos agora a situação inversa. Alguém celebra um negócio de aquisição de valores escriturais (fora de mercado secundário) e esse negócio já foi objecto de apresentação junto do intermediário financeiro do alienante. Nesse caso já se transmitiu a titularidade dos valores para a esfera jurídica do adquirente. Porém, ainda não estão registados em nome deste pois, por hipótese, o intermediário financeiro que tem a seu cargo a conta do alienante ainda não promoveu a transferência dos valores para a conta do adquirente. Nesse caso o adquirente dos valores tem legitimidade substantiva mas não tem legitimidade registral. Pode alienar os valores antes de estarem registados na sua conta? De acordo com o princípio da legitimação pelo registo não pode, e se der ordem a um intermediário financeiro para alienar os valores este deve recusar a sua execução[874]. E se a alienação for feita fora de mercado secundário, sem qualquer contacto com o do sistema de registo, é válida? Pensamos que deve concluir-se pela afirmativa[875]. Porém, a titularidade do novo adquirente dependerá de apresentação do negócio de alienação junto do intermediário financeiro do alienante para que efectue a transferência dos valores em causa. Ora, se o alienante ainda nem sequer tem os valores registados em seu nome, podemos verificar que a posição do novo adquirente é fraca. Com efeito, ele adquiriu de um alienante que não estava legitimado de acordo com as regras do registo e, por isso, também não beneficia da sua protecção na medida em que só pode adquirir nos termos do registo, devendo aguardar que o adquirente tivesse os valores registados em conta aberta a seu favor[876]. Em qualquer caso, parece que

---

[874] Com efeito uma tal ordem não só não poderá passar o crivo das verificações exigidas pelo art. 184.º, como não poderão ser efectuados os bloqueios exigidos por lei (vd. as regras consagradas no art. 410.º/3/b).

[875] Tratando-se de uma operação realizada fora de mercado não está em causa qualquer controlo prévio por parte de um intermediário financeiro pois a operação é directamente acertada entre o alienante e o adquirente, salvo se decidirem recorrer ao mecanismo de bloqueio a que se refere o art. 69.º/2.

[876] Pode colocar-se o problema de saber se não poderia haver uma transferência directa da conta do primitivo alienante para a conta do último adquirente. A resposta

o segundo alienante tinha legitimidade para alienar os valores em causa apesar de não os ter registados a seu favor, só que essa era uma legitimidade substantiva e extra-registral[877]. Vejamos melhor este aspecto.

III. A legitimidade extra-registral a que acabámos de nos referir apenas pode ser exercida quando não implique prestações de terceiros (legitimidade passiva), por ex. da entidade emitente (art. 64.º/5). Nesse caso os terceiros podem validamente recusar-se a prestar sem que isso implique incumprimento ou mora da sua parte quanto à obrigação de efectuar qualquer prestação. Então estará sobretudo em causa a legitimidade para exercer direitos inerentes aos valores mobiliários, devendo a legitimidade activa e a legitimidade passiva ser harmonizadas com o registo[878].

Já para alienar ou onerar o problema poderá não se colocar nos mesmos termos. Para quem entenda que a titularidade sobre os valores escriturais apenas se transmite com o registo, qualquer alienação de valores por quem não tem registo a seu favor deve ser considerada como venda de bens alheios ou de coisa futura, sujeita às vicissitudes desta[879]. Mas já atrás concluímos que a titularidade dos valores escriturais não se transmite com o registo na conta do adquirente. Portanto, pode haver legitimidade substantiva antes do registo desde que tenha operado a transmissão da titularidade, não devendo qualquer alienação posterior ser considerada como de coisa alheia ou futura[880].

---

parece-nos que deve ser negativa, a não ser que o primeiro negócio fosse resolvido e o primeiro alienante contratasse directamente com o último. Mas nesse caso não se colocaria qualquer problema. Doutra forma estaria não apenas a ser violado o princípio do trato sucessivo como seria ignorada a existência da Central e o intermediário estaria a violar a obrigação de transferência resultante da apresentação do primeiro negócio e, em última instância, estariam a ser violadas as regras relativas ao pagamento das taxas de operações fora de bolsa (vd. o art. 408.º).

[877] A expressão *"legitimidade extra-registral"* deve ser correctamente entendida na medida em que ao pressupor a legitimidade exclusivamente substantiva, esta foi obtida não apenas com a celebração do negócio jurídico de alienação mas com o registo desse negócio ou de ordem de transferência na conta do alienante. O que não há é um registo na conta do adquirente, única fonte da legitimidade registral.

[878] Vd. o ponto 1.3. deste capítulo quanto ao exercício de direitos e, adiante, pp. 353 ss..

[879] Assim FERREIRA DE ALMEIDA (1993, 33, nota 20).

[880] O que se diz no texto não significa que os valores escriturais não possam estar sujeitos ao regime de venda de coisa futura, *desde que tal venda seja realizada fora de mercado secundário*. Porém, essa venda, como qualquer outra, deverá sempre respeitar as regras do registo para que possa operar a transmissão da titularidade. Com efeito consi-

1.2.2. *Pode haver legitimidade para alienar ou onerar derivada de documentos?*

I. Os intermediários financeiros podem passar certificados comprovativos da natureza, categoria, características e quantidade dos valores registados (art. 70.º/3/a e c). Estes documentos poderão (com o pormenor que se requeira) *certificar* os direitos de usufruto, ónus, encargos, limitações e outras vinculações que sobre tais valores se encontrem inscritos e quaisquer outros elementos constantes dessas contas. São enviados aos titulares dos valores mobiliários apenas quando por eles forem requeridos aos intermediários financeiros. Os beneficiários de direitos de usufruto, ónus, encargos, limitações ou outras vinculações poderão também solici-

---

deramos que *em mercado secundário não pode realizar-se qualquer venda de valores mobiliários como sujeita ao regime de bens futuros*, como resulta dos arts. 410.º/3 e 425.º/4/a para as operações de bolsa a contado e do art. 502.º/3 para o mercado de balcão. Mas se for realizada uma operação em mercado de bolsa sem que tenha havido entrega dos valores a alienar (porque, por ex., o intermediário financeiro não cumpriu os seus deveres de certificação), essa operação deve considerar-se válida embora não esteja sujeita àquele regime. Com efeito, os valores ainda poderão ser entregues pelo comitente após ter sido notificado nos termos do art. 457.º, desde que o faça a tempo de poder ser liquidada a operação de bolsa (art. 463.º/1). Note-se que a liquidação das operações de bolsa actua de acordo com regras rígidas quanto ao prazo pelo que, se os valores não forem atempadamente entregues, poderão ser recomprados pelo corretor encarregado da operação (art. 463.º/1) ou pelo próprio sistema de liquidação e compensação (n.º 2 do mesmo preceito). Tal significa que o primitivo comprador não receberá os valores do primitivo vendedor mas daquele a quem forem de novo (re)comprados. O primitivo vendedor apenas funcionará como comprador compulsivo dos valores com o objectivo de satisfazer a entrega ao primitivo comprador. Não vamos aqui discutir qual a natureza da recompra, isto é, se estamos perante uma verdadeira compra do primitivo vendedor que depois transfere os valores para o primitivo comprador ou se estamos perante um negócio celebrado pelo próprio corretor em seu nome ou perante um contrato a favor de terceiro ou, pura e simplesmente, perante um instituto com características próprias. Em qualquer caso, não nos parece que estejamos perante uma venda de bens alheios.

Já no que toca às operações a prazo a questão deve colocar-se em termos distintos, embora tais operações também não estejam sujeitas ao regime de compra e venda de bens futuros. Com efeito, nessas operações, a titularidade dos valores vendidos apenas se transmite no fim do prazo, independentemente de o vendedor ter registados na sua conta os valores no momento da celebração da operação (operação a descoberto) ou de os vir a registar em qualquer momento antes da liquidação dessa operação (operação coberta). Diferente é o regime de venda de bens alheios consagrado nos arts. 839.º e 408.º/2 do C.Civ. Não cabe, porém, nos propósitos deste trabalho fundamentar aquela ideia, que envolve alguma complexidade, nomeadamente porque nem todas as operações a prazo estão sujeitas ao mesmo regime jurídico (vd. os arts. 409.º e 411.º ss.), enquanto o acima referido respeita sobretudo às operações firmes a prazo.

tar *certificado comprovativo do seu registo*, natureza e condições, bem como da respectiva alteração ou extinção, com especificação da natureza, categoria, características, quantidade e titularidade dos valores que deles são objecto.

A *lei atribui a estes certificados, essencialmente, funções de prova em relação aos seguintes elementos*: existência e titularidade dos valores a que respeitam; existência e titularidade dos direitos de usufruto, ónus, encargos e limitações ou vinculações que especifiquem (art. 70.°/5). As funções assinaladas, apenas se referem à data em que os certificados foram emitidos (art. 70.°/5). Parece seguro concluir que tais certificados não poderão provar mais do que as contas de registo em que se basearam. Assim, *em caso de desconformidade entre esses documentos e os registos em conta, estes devem prevalecer*[881]. Dados os elementos que podem certificar, estes documentos têm eficácia probatória muito ampla embora limitada ao dia em que foram passados. Trata-se, portanto, de documentos que devem ser passados com todo o rigor e, porque podem ser apresentados a terceiros, devem conter todos os elementos para que esses terceiros não sejam induzidos em erro. Por isso, para evitar dúvidas e para informação tanto dos interessados como de terceiros, *esses certificados devem conter escrito de forma bem visível o aviso de que o documento apenas tem eficácia probatória em relação aos elementos objecto de certificação e em relação à data em que foram emitidos*[882].

A lei exige que estes documentos, seja qual for o processo de emissão ou a forma que revistam, devem ser sempre assinados por "representante autorizado do intermediário financeiro" (art. 70.°/6), apesar de poderem ser produzidos por meios informáticos[883]. Parece nada impedir que esses documentos sejam comunicados por qualquer meio incluindo fax.

A lei alerta (parte final do art. 70.°/5) que os certificados não poderão, "em qualquer caso, servir de base à transmissão desses valores ou de quaisquer direitos sobre eles". Tal significa que esses documentos não incorporam quaisquer direitos, isto é, *não são títulos de crédito e nem*

---

[881] Se do erro derivar algum dano, o intermediário financeiro pode responder nos termos gerais (arts. 483.° ss. do CCiv.) o mesmo valendo para o titular, quanto aos danos causados a terceiros, se tiver conhecimento do erro e nada fizer para o emendar.

[882] A exigência referida no texto não consta directamente da lei. Porém deve concluir-se que essa é a única forma de respeitar todas as cautelas colocadas pelo legislador quando às funções desses documentos.

[883] Apesar de serem produzidos por meios informáticos, estes documentos devem ser sempre documentos escritos.

sequer são títulos de legitimação. A legitimação, tanto para transmitir ou onerar os valores como para exercer os direitos a eles inerentes, continua a depender exclusivamente do registo em conta [884].

II. Também a lei francesa, para os valores admitidos na SICOVAM [885], prevê que as instituições que têm a seu cargo as contas de valores (intermediários financeiros e entidades emitentes) possam passar documentos semelhantes, a favor dos titulares desses valores. Também as funções desses documentos são exclusivamente probatórias.

A lei espanhola prevê a passagem de certificados dos registos em conta, mas com funções mais amplas. Ela própria [886] e a doutrina os consideram como certificados de legitimação [887]. Por isso a emissão desses documentos está pormenorizadamente regulada, para evitar conflitos de legitimação entre os documentos e o registo. Esses documentos

---

[884] Os documentos em causa devem conter sempre o nome do titular dos direitos que são objecto de certificação, tal como consta da conta. Por isso, a posse do documento só tem significado para o titular em nome de quem foi passado. Este, por sua vez, não pode endossar o documento a um terceiro ou, se o fizer, não valerá como endosso, isto é, como negócio jurídico de transmissão dos valores ou de quaisquer direitos sobre eles. Um tal negócio poderá ser válido, no entanto, nos mesmos termos em que o pode ser qualquer outro negócio jurídico sobre os valores em causa, realizado fora de mercado secundário, não assumindo o documento qualquer significado para esse negócio. Assim, a transmissão dos valores ou de quaisquer direitos sobre eles dependerá sempre da ligação do negócio celebrado com o registo em conta nos termos já referidos a propósito do art. 65.º/3.

[885] Embora tal não esteja expressamente previsto, admite-se que a entidade emitente possa passar documentos semelhantes aos referidos no texto para os valores não admitidos na SICOVAM. Assim, RIPERT/ROBLOT (1992, 2, 41).

[886] O art. 12.º da LMV também se refere a documentos a que chama "certificados", que permitem o exercício de direitos pela simples exibição (física ou informática). O mesmo art. 12.º declara nulos os actos de disposição que tenham por objecto os certificados. Tais documentos têm como funções: servir como instrumento para provar a titularidade para a transmissão dos valores e para o exercício dos direitos inerentes aos valores. A restituição de um certificado anterior é requisito legal para que as entidades encarregadas do registo efectuem as inscrições relativas a transmissões ou ónus ou encargos.

O Real Decreto de 14/2/92 vai um pouco mais longe, nomeadamente exigindo que dos certificados conste a finalidade para que foram passados e o prazo de vigência; os valores objecto dos certificados ficam imobilizados. As entidades aderentes ao sistema ou encarregadas do registo não podem efectuar transmissões enquanto tais certificados não tenham sido restituídos ou caducado por decurso do prazo (art. 20.º). O art. 18.º chama a esses chama-lhes "certificados de legitimação".

[887] Vd. CACHON BLANCO (1992, I, 139). ALONSO ESPINOSA (1992, 61) qualifica os extractos de inscrição do art. 12.º da LMV como títulos de legitimação ou títulos de crédito impróprios (nota 51) em que o direito não circula com o documento.

funcionam como extensões do próprio registo, cuja eficácia legitimadora fica paralizada enquanto os documentos não forem devolvidos. Porém, a sua função legitimadora limita-se ao exercício de direitos inerentes aos valores inscritos e nunca poderá servir de base à sua transmissão [888].

III. Em conclusão, *nunca os documentos passados pelos intermediários financeiros podem legitimar o seu possuidor para alienar ou onerar os valores escriturais que tenha registados em conta*. Assim, qualquer alienação feita com base em tais documentos, enquanto não for registada, não é oponível aos registos em conta nem ao intermediário financeiro registador.

1.3. Legitimidade para o exercício de direitos inerentes aos valores escriturais

1.3.1. *Legitimidade directamente derivada do registo*

I. Para concluirmos se o registo confere legitimidade passiva para o exercício dos direitos inerentes aos valores registados devemos responder à pergunta: *se a entidade emitente realizar as prestações a favor de quem está inscrito no registo, fica liberada, ainda que a pessoa inscrita não seja o titular do valor?* A resposta deve ser claramente afirmativa. Podemos é interrogar-nos se ela ficará liberada se, com um mínimo de diligência, poderia ter concluído que a pessoa inscrita não era o verdadeiro titular do valor. Mas esse problema só se colocará quando a legitimidade derivar de documento assente no registo pois quando o exercício dos direitos seja feito através do sistema de registo, o que é a regra, o problema não se põe [889].

II. Quanto à legitimidade activa para o exercício daqueles direitos: *quem aparece legitimado pelo registo pode exigir da entidade emitente que realize a seu favor as prestações a que está obrigada em relação aos direitos registados?* A resposta deve ser também afirmativa.

---

[888] São documentos que estão muito próximos das declarações a que se refere o art. 54.º/2 e a que nos referimos adiante.

[889] Com efeito nesse caso a entidade emitente deve contratar com um intermediário financeiro que realize o serviço de exercício dos direitos através do sistema, portanto em conjugação com a Central e os intermediários financeiros detentores das contas de valores e/ou direitos.

III. As duas conclusões acabadas de retirar assentam no art. 64.º/5. Porém este preceito não pode ser visto isoladamente. Há vários preceitos que, de alguma forma regulam o exercício dos direitos inerentes aos valores escriturais (vd. em particular os arts. 56.º/2/e/f/i, 67.º/2, 70.º/3/b, 71.º/1/b, 72.º/6 e 54.º). Importa pois atender ao regime traçado e prestar particular atenção aos documentos que conferem legitimidade para esse exercício. Desde logo, porém, importa ter presente que a *fonte da legitimação* é o registo como resulta do art. 64.º/5, respeitando os restantes preceitos (salvo quanto ao art. 72.º/6) à *forma de actuar a legitimidade*, isto é, à forma como é efectivado na prática esse exercício dos direitos. Assim, a fonte da legitimidade para o exercício de direitos é sempre o registo em conta ainda que ela só possa ser actuada através de documentos. Em conclusão, *para o exercício de direitos inerentes aos valores registados o registo em conta é constituinte da legitimidade dos seus titulares*[890].

IV. Nos pontos seguintes vamos tratar dos termos em que é feito o exercício dos direitos inerentes aos valores registados. Esse regime varia consoante a natureza dos direitos que devam ser exercidos. Distinguiremos portanto: os direitos destacáveis dos valores mobiliários e susceptíveis de negociação autónoma em mercado secundário; os direitos destacáveis dos valores mobiliários e não susceptíveis de negociação autónoma em mercado secundário; os direitos não destacáveis.

1.3.2. *Exercício de direitos destacáveis e susceptíveis de negociação autónoma*

I. *Os direitos destacáveis dos valores escriturais e autonomamente negociáveis em mercado secundário*, como os direitos de subscrição e de incorporação, devem ser objecto de registo na conta dos valores a que são inerentes, caso deles não sejam destacados (art. 56.º/2/f) ou em subconta autónoma se deles forem destacados (art. 56.º/2/i e 67.º/2). *Em qualquer caso, o exercício destes direitos deve ser obrigatoriamente feito através dos intermediários financeiros autorizados e da Central* (art. 67.º/2).

II. O exercício destes direitos deve assentar exclusivamente no registo em conta ou poderá ser mediado por documentos passados pelos intermediários financeiros, nos termos do art. 54.º/3, para onde remete o art. 70.º/3/b? A resposta deve ser negativa dado que o art. 54.º/3 não se

---

[890] Desenvolve-se esta ideia nas pp. 353 e ss..

aplica aos valores escriturais para efeitos de exercício de direitos que sejam susceptíveis de destaque e negociação autónoma, como resulta do n.º 4 do mesmo preceito. Portanto não é admitida a legitimidade conferida por quaisquer documentos passados pelos intermediários financeiros[891]. Deve igualmente concluir-se que as declarações a que se refere o art. 70.º/3/b apenas respeitam à transacção autónoma desses direitos e não ao seu exercício[892].

---

[891] Os direitos destacáveis dos valores mobiliários são exercidos nos termos dos arts. 54.º a 60.º do RgCentral.

[892] Portanto *a excepção a que se refere o art. 54.º/4 já não cobre a transacção autónoma desses direitos assente em documento autónomo passado para o efeito*, questão igualmente regulada no art. 54.º/3. É este o caminho para resolver a aparente contradição entre o disposto no art. 54.º/4 (que exclui a aplicação do art. 54.º/3 aos valores escriturais) e no art. 70.º/3/b (que manda aplicar o art. 54.º/3 aos valores escriturais). A contradição é aparente uma vez que a excepção do art. 54.º/4 é mais restrita que o âmbito do n.º 3 do mesmo preceito: este refere-se ao exercício e transacção; aquele apenas excepciona o exercício. Assim, o n.º 3 do art. 54.º apenas é aplicável à transacção dos direitos inerentes aos valores mobiliários e susceptíveis de negociação autónoma em mercado secundário sendo que o exercício desses direitos é apenas feito nos termos do art. 67.º/2. Apesar de este preceito se referir também à transacção daqueles direitos é possível a sua compatibilização nos seguintes termos: o art. 67.º/2 apenas exige que a transacção dos direitos seja feita através de intermediários financeiros autorizados; porém essa transacção poderá assentar numa conta autónoma ou em declaração autónoma, como se pode concluir da expressão "quando for o caso". Esta expressão pode ter um duplo significado: seria o caso (de abertura de conta autónoma), sempre que não fosse solicitada uma declaração autónoma para transacção; seria ainda o caso (de abertura de conta autónoma) sempre que essa obrigatoriedade resultasse do art. 56.º/2 quanto aos registos obrigatórios, estando nesse caso "os direitos eventualmente destacados dos valores inscritos, por cedência a terceiros ou para exercício ou negociação autónomos" (al. i). Por outro lado o documento autónomo a que se refere o art. 54.º/3 apenas será passado a solicitação do interessado pelo que, se tal solicitação não existir, se seguirá o regime normal de destaque do direito em conta ou subconta autónoma de direitos. Em conclusão: *estamos perante um regime geral para a transacção daqueles direitos que resulta do art. 67.º/2 e perante um regime especial para o mesmo efeito que resulta do art. 54.º/3.*

Os documentos autónomos a que se refere o art. 54.º/3 destinam-se a servir de base à transacção autónoma de direitos destacados dos valores mobiliários. Não estamos perante meros documentos de legitimação. Com efeito, os direitos deixam de constar do registo em conta, na medida em que, após a passagem desses documentos, os valores mobiliários apenas podem ser transaccionados sem aqueles direitos. Tal significa que os direitos foram destacados dos valores mobiliários a que eram inerentes. Ora, tratando-se de valores escriturais, esse destaque deveria ser registado em conta autónoma, sendo tais direitos destacados equiparados a valores mobiliários, também para efeitos do seu registo em conta. Porém não é feito tal registo em conta de direitos, passando estes a ser representados exclusivamente pelo documento autónomo passado pelo intermediário financeiro.

III. Os *direitos patrimoniais destacáveis mas não negociáveis autonomamente em mercado secundário* devem também ser registados em conta (art. 56.º/2/e) e, caso sejam destacados, esse destaque deve ser registado nos termos do art. 56.º/2/i. Quanto ao seu exercício pensamos que não se coloca qualquer especialidade a não ser a que resulta da sua não negociabilidade em mercado secundário. Assim, tirando esse aspecto devem seguir o regime já referido a propósito dos direitos destacáveis e susceptíveis de negociação autónoma em mercado secundário.

IV. art. 71.º/1/b não é claro quanto a esta matéria pois fala em "exercício pelos titulares" e nas obrigações que nessa matéria competem aos intermediários financeiros. Ora, quanto ao exercício destes direitos a única norma que descortinamos é o já referido art. 56.º/2/e. Sendo assim, tais normas nada mais são que remissões implícitas para o RgCentral que regula em pormenor esta matéria[893]. Mas a lei parece que não quis afastar a aplicação dos n.ºˢ 1 e 2 do art. 54.º ao exercício dos direitos a que nos estamos a referir, *ficando assim aberta a porta para um exercício desses direitos sem ser através do sistema* e não implicando obrigatoriamente a intervenção da Central. Ora, um tal exercício deverá assentar necessariamente em documentos passados pelos intermediários financeiros nos termos dos n.º 1 e 2 do art. 54.º.

1.3.3. *Exercício de direitos não destacáveis*

I. A legitimidade para o *exercício de direitos não destacáveis, sejam patrimoniais ou sociais, deriva também exclusivamente do registo (art. 64.º/5)*. Porém a lei não se refere expressamente ao modo de exercício desses direitos, nem tinha que o fazer. Com efeito trata-se de direitos cujo exercício apenas pode ser regulado pela lei especial dos valores mobiliários em causa. Portanto o único problema que se coloca respeita

---

A passagem do documento a que se refere o n.º 3 está obrigatoriamente sujeita a registo em conta. Porém esse registo não tem a natureza de um bloqueio, como acontece em relação ao registo dos documentos a que se refere o n.º 2. Ao contrário, trata-se de um verdadeiro destaque físico dos direitos, passando a circular por si próprios, através do documento autónomo. A questão que se coloca é a de saber se estaremos ou não perante *verdadeiros valores mobiliários titulados*. A resposta, por tudo o que foi dito, parece-nos que deve ser afirmativa. *Há uma autêntica incorporação dos direitos nestes documentos autónomos*. Assim sendo, estamos perante uma das duas excepções ao princípio da irreversibilidade da forma escritural, consagrado no n.º 1 do art. 48.º, constando a outra do art. 72.º. *Portanto os valores escriturais podem segregar valores titulados*.

[893] Vd. o RgCentral, arts. 50 ss., maxime art. 52.º.

à *forma de legitimação* perante a entidade emitente para exercer esses direitos, isto é, saber como é que a legitimidade é efectivada na prática.

II. *No que respeita aos direitos não patrimoniais* dois procedimentos são possíveis: ou o intermediário financeiro, directamente ou através da Central, entrega à entidade emitente relações dos titulares legitimados para exercer os direitos ou o intermediário financeiro emite uma declaração comprovativa de que os valores estão registados em conta aberta junto dele em nome de determinada pessoa. A primeira via parece-nos perfeitamente possível, mas apenas para os valores escriturais que sigam o regime dos títulos nominativos. Assim, a relação a que se refere o art. 71.°/1/c, pode desempenhar essa função. Já quanto aos valores escriturais que sigam o regime dos títulos ao portador não nos parece possível esse procedimento, dado que tais valores escriturais se caracterizam por os seus titulares serem desconhecidos da entidade emitente. Resta, então, o recurso à passagem de declaração pelo intermediário financeiro comprovativa de que os valores se encontram registados junto dele em nome de determinada pessoa, declaração essa que deve ser apresentada pelo titular no momento de exercer o seu direito. Essa declaração é aquela a que se refere o art. 54.°/1 e 2. Ora, é criticável que tal preceito tenha sido estendido aos valores escriturais quando o mesmo efeito poderia ter sido obtido através da atribuição das mesmas funções ao certificado a que se refere o art. 70.°/3/a e c. Concluindo, *os direitos não patrimoniais são exercidos directamente pelos titulares junto da entidade emitente, devidamente habilitados pelo sistema de registo ou com base em documentos passados pelos intermediários financeiros mas sem a intervenção directa desse sistema*[894].

III. No que respeita aos direitos patrimoniais não destacáveis eles poderão ser exercidos através do sistema de registo nos termos previstos no regulamento da Central (arts. 50.° ss. e 52.° ss.) ou através dos documentos a que se referem os n.° 1 e 2 do art. 54.°.

Do regulamento da Central parece dever concluir-se que estes direitos devem ser obrigatoriamente exercidos através do sistema. Porém nada na lei obriga a que assim seja. Parece nada impedir que a entidade emitente possa adoptar um modo de exercício distinto do previsto nesse Regulamento, desde que fiquem assegurados os direitos dos titulares e

---

[894] Note-se, no entanto, que em caso de conflito entre as duas formas de legitimação deve prevalecer aquela que assenta nos documentos passados ao abrigo do art. 54.°/1 e 2 pois a passagem de tais documentos exige o bloqueio da conta, que garante que a titularidade e a legitimidade se mantêm enquanto durar o bloqueio.

não seja posto em causa o funcionamento do sistema de registo de valores escriturais e os lançamentos devidos nas contas dos titulares. A isso não se opõe o disposto no art. 71.°/1/b, expressamente orientado ao exercício desses direitos.

IV. Que documentos são estes com base nos quais podem ser exercidos os direitos e qual a sua relação com a fonte de legitimação dos titulares que é o registo em conta? Já acima excluímos a aplicação aos valores escriturais do art. 54.°/3 no que se refere aos exercício de direitos[895], restando-nos os documentos a que se refere o art. 54.°/1 e 2, para onde remete o art. 70.°/3/b, isto é, *documentos de substituição* da apresentação, do depósito ou do registo

O art. 54.°/1 prevê a passagem de uma declaração cuja função é substituir certas formalidades exigidas (por lei ou pelos estatutos) para o exercício de direitos. Tais formalidades tanto poderão ser a apresentação dos próprios valores, o seu depósito ou o registo junto de qualquer entidade[896]. A declaração de substituição é emitida pelo intermediário financeiro que tem os valores inscritos em conta aberta junto dele e comprovará que os valores estão registados junto dele[897].

Para melhor compreender o disposto no art. 54.°/1 parece-nos importante fazer uma referência à sua "história". Trata-se de um preceito que praticamente transcreve o art. 6.°/1[898] do DL n.° 59/88, de 27/2. Este

---

[895] Também não se aplica aos valores titulados integrados no sistema de depósito e controlo de valores mobiliários titulados (arts. 77.° ss.), pois regem-se por disposições especiais (vd. o art. 90.°).

[896] Também quanto aos valores titulados não inseridos dentro do sistema de depósito e controlo o problema só se põe para os valores ao portador, uma vez que os titulares dos valores nominativos constam do registo da sociedade. Os valores ao portador, ao invés, não identificam o seu titular. Então, para exercer o direito de voto aquele deve provar a sua legitimidade, conforme o que estiver estabelecido por lei ou pelos estatutos: ou apresentam fisicamente os títulos no momento do exercício do direito; ou os depositam junto da entidade emitente; ou os depositam em intermediário financeiro designado pela entidade emitente, sendo aquele a enviar à sociedade a lista das pessoas legitimadas para o exercício do direito. Quanto ao problema do depósito de acções ao portador na sociedade para o exercício do direito de voto, vd. PINTO COELHO (1963, 276).

[897] Note-se que são, rigorosamente, as mesmas funções do certificado de registo a que se refere o art. 70.°/3/a. No entanto, a este último a lei não atribui qualquer eficácia legitimadora para exercício de direitos e, portanto, também não pode ser atribuído pelos intermediários financeiros ou as entidades emitentes ou os titulares dos valores.

[898] Dado tratar-se de um preceito revogado, transcreve-se na íntegra: "1. Sempre que disposições legais ou contratuais obriguem ou pressuponham, para efeito de exercício dos correspondentes direitos, o registo, a apresentação ou o depósito dos títulos, sob

diploma, como foi referido na primeira parte desta dissertação, regulou o progressivo processo de imobilização dos títulos para facilitar a liquidação das operações de bolsa[899]. Para evitar dificuldades derivadas da aplicação de disposições legais ou contratuais anteriores que não tinham podido tomar em conta o novo regime de depósito, surgiu a referida norma que, como é óbvio, apenas visava os valores mobiliários titulados, pois é anterior à criação das próprias acções escriturais. Esta história do preceito torna difícil a sua aplicação aos valores escriturais, dada a natureza destes e ao facto de a lei estabelecer um regime especial para o exercício de direitos a eles inerentes. Com efeito, o exercício de direitos inerentes aos valores escriturais nunca depende de apresentação, nem de registo ou depósito, mas da sua inscrição em nome do titular, de acordo com o art. 64.°/5. Trata-se, portanto de uma redacção lamentável do preceito no que respeita aos valores escriturais. Apesar disso, o preceito tem sentido útil, nomeadamente o seu n.° 2. *Este* regula com relativo pormenor a passagem da declaração quando o exercício dos direitos exige que a titularidade se mantenha inalterada durante o prazo desse exercício. *É essa regulação a vantagem da declaração do art. 54.°/2 em relação ao certificado do art. 70.°/3/a e às relações a que se refere o art. 71.°/1/b e c.*

Não vamos aqui repetir os termos em que essa declaração é passada, nem os efeitos do bloqueio efectuado em conta[900]. Assim sendo, *devemos questionar-nos se há, ao menos temporariamente e durante o período do bloqueio, perda da função de legitimação que é atribuída por lei aos registos em conta.* O problema tem particular importância se estivermos perante *conflitos de legitimação,* o que é difícil acontecer uma vez que o documento está sujeito a registo em conta e esta é obrigatoriamente bloqueada no momento da passagem do documento. Porém, o inter-

---

qualquer forma ou junto de qualquer entidade, a relação ou declaração de depósito da instituição depositária de títulos no âmbito do sistema instituído pelo presente decreto-lei será suficiente para o referido exercício de direitos, desde que aquela relação ou declaração seja entregue ou apresentada até ao montante (momento?) em que era exigido o registo, a apresentação ou a evidência do depósito dos títulos. 2. Para o exercício dos direitos de subscrição transaccionados na bolsa podem utilizar-se documentos, em modelo a aprovar pela comissão directiva da respectiva bolsa, passados pelas instituições depositárias". Por sua vez, o preceito citado teve como antecedente o art. 4.° do DL n.° 210-A/87, de 27/5 que permitia a substituição da apresentação física dos valores por uma relação dos mesmos.

[899] Vd. *supra,* cap. II da 1.ª parte.
[900] Vd. *supra,* cap. IV desta 2.ª parte.

mediário pode não ter registado o bloqueio e, em consequência, pode ter efectuado um registo anterior incompatível com aquele. Em qualquer caso, *a eficácia legitimadora do registo em conta fica paralisada para os efeitos em causa durante o período de validade da declaração*, para o exercício dos direitos em causa e para a sua alienação[901].

Mas note-se que, nos casos do art. 54.º/1 – isto é, quando o exercício dos direitos não depende de os valores se manterem na titularidade do interessado até à data desse exercício –, não se exige bloqueio dos valores em conta, mas apenas nos casos do n.º 2. A natureza da declaração, porém, não se altera. Esta mantém plenamente o seu efeito legitimador não tendo a conta de registo esse mesmo efeito, como resulta expressamente da lei.

1.3.4. *A interrupção técnica da negociação dos valores escriturais e a legitimidade para o exercício de direitos*

I. A interrupção técnica da negociação[902], que saibamos, é uma figura nova criada pelo CdMVM e está regulada no art. 447.º no que respeita aos valores admitidos à negociação em bolsa[903]. O seu objectivo é garantir a certeza quanto ao exercício de direitos de natureza patrimonial inerentes aos valores negociados quer quanto ao conteúdo desses

---

[901] Se surgirem conflitos de legitimação, o intermediário financeiro que não tenha efectuado o bloqueio será responsável por tal situação. Se estiver em causa o exercício de direitos distintos, o problema não se coloca.

[902] Pensamos que o legislador terá utilizado a expressão "interrupção técnica" da negociação para a distinguir das situações que o legislador denomina "suspensão da negociabilidade" (vd. o art. 177.º), provocadas pela necessidade de salvaguardar interesses relevantes do mercado de valores mobiliários. Na interrupção técnica os valores continuam a ser negociáveis pois não há qualquer vício ou interesse superior que afecte essa negociabilidade. Apenas razões de ordem técnica determinadas pelo exercício dos direitos de natureza patrimonial inerentes aos valores negociados. Note-se que se for declarada a suspensão geral de um valor mobiliário, quaisquer operações realizadas em mercado sobre esses valores serão nulas (arts. 177.º e 179.º). Entendemos que essa nulidade apenas existirá se a operação for realizada em qualquer mercado secundário. Ao invés, em nada serão afectadas as operações realizadas fora de mercado, isto é, sem a intervenção de qualquer intermediário financeiro. Esta interpretação tem assento na própria letra do art. 177.º/1. Com efeito e ao contrário do que se deduz da epígrafe do artigo em causa, apenas está em causa a suspensão geral da negociação nos mercados secundários de valores mobiliários, como decorre da inserção sistemática do preceito.

[903] Por força do art. 51.º do RgCentral o exercício de direitos inerentes aos valores escriturais, ainda que não admitidos à negociação em bolsa, levará sempre à interrupção técnica da negociação desses *valores*.

mesmos valores. Com efeito, mesmo apesar da regra do art. 405.°, torna--se muito difícil, na prática, saber se os valores foram alienados com ou sem os direitos que lhes são inerentes[904].

II. São três as consequências fundamentais da interrupção técnica da negociação:
– não pode ser registado qualquer pedido através do sistema sobre os valores que dela são objecto (art. 51.°/2 do RgCentral);
– qualquer pedido de transferência que haja sido registado no dia útil imediatamente anterior ao início do período de interrupção técnica deve ser recusado ou confirmado pelo intermediário financeiro para onde os valores devem ser transferidos, no próprio dia, considerando-se automaticamente aceite o pedido que não haja sido recusado (art. 51.°/4 do RgCentral);
– cessando a interrupção técnica os valores já só poderão ser negociados sem os direitos inerentes (art. 447.°/4).

Os prazos da interrupção técnica são os indicados no art. 477.° e verificam-se imediatamente antes do início do período de exercício dos direitos em causa.

III. Parece resultar dos preceitos referidos que só adquire a titularidade dos direitos cujo exercício deu origem à interrupção técnica quem adquiriu os valores até ao início desta. Tal significa que quem adquiriu os valores fora de mercado ou em mercado de balcão durante o período de interrupção técnica, ainda que tenha conseguido registar os direitos, não estará legitimado para exercer esses direitos. Mas não é assim. Como já observámos atrás, o exercício dos direitos faz-se através da Central de acordo com os valores creditados nas contas dos intermediários financeiros junto da Central. Os valores inscritos em conta até ao início do exercício dos direitos devem considerar-se com os direitos que lhes são inerentes pois transmitiram-se com os valores em causa. Além disso, o titular está legitimado pelo registo e pode opô-lo tanto à entidade emitente como ao intermediário financeiro que tem a seu cargo a conta. Portanto, quando o intermediário financeiro tiver de atribuir os direitos às contas individuais após o exercício dos mesmos através das contas

---

[904] O sistema consagrado não é o único que permite atingir aqueles objectivos. Temos mesmo dúvidas que seja esse o melhor sistema, nomeadamente para os valores admitidos à negociação em bolsa. Estes, com efeito, não podem ser negociados durante vários dias úteis o que poderá ser extremamente gravoso para os seus titulares e a entidade emitente.

Pensamos que a interrupção da negociação em nada impedirá a realização de quaisquer operações quer em mercado de balcão quer fora de mercado, embora daí possam resultar responsabilidades para os intermediários financeiros intervenientes.

globais deve atribuir os direitos à pessoa a favor de quem os valores estavam registados no início do período de exercício. Só assim não será se tiver havido, entre as partes, convenção em contrário. Portanto, a interrupção técnica não afecta a legitimidade para o exercício dos direitos, ainda que os valores apenas tenham sido transmitidos e registados durante o período de interrupção técnica.

2. PRESUNÇÃO DE TITULARIDADE DERIVADA DO REGISTO

I. *Um outro efeito do registo (definitivo) é a presunção de titularidade* de quaisquer direitos sobre os valores a favor da pessoa em nome de quem se encontrem inscritos, "nos precisos termos em que o registo o defina" (art. 64/6-1.ª parte). Esta é uma presunção ilidível[905], como se deduz "a contrario" da segunda parte do preceito, pois apenas se considera como inilidível tal presunção quando respeite a terceiro de boa fé, nos termos que veremos adiante. O mesmo resultaria do princípio geral, consagrado no art. 350.°/2 do CCiv., que considera as presunções legais como ilidíveis mediante prova em contrário, salvo se a lei o proibir.

II. Os registos tradicionais consagram um preceito semelhante ao do CdMVM, tendo-se este baseado no registo predial[906]. *Estas presunções têm a ver com o conceito de fé pública derivada do registo*[907],

---

[905] No mesmo sentido ASCENSÃO (1993b, 353), embora a propósito do art. 7.° do CdRP. Este preceito está na base da redacção do art. 64.°/1-1.ª parte do CdMVM.

[906] Mais uma vez, podemos verificar que o preceito do CdMVM (art. 64.°/1-1.ª parte) é quase uma transcrição do art. 7.° do CdRP (Presunções derivadas do registo): "O registo definitivo constitui presunção de que o direito existe e pertence ao titular inscrito, nos precisos termos em que o registo o define". A única diferença respeita à presunção de existência do direito registado, que não é afirmada pelo CdMVM. Aliás não se percebe o que terá levado o legislador a não consagrar de forma expressa tal presunção, uma vez que acaba por admiti-la indirectamente no art. 70.°/5, pois aí considera que os "certificados de registo" passados pelos intermediários financeiros "comprovam a existência e a titularidade dos valores a que respeitam" e dos direitos sobre eles constituídos. Ora, sendo esses certificados assentes no registo, não podem ser base para presunções que não resultem do próprio registo. Assim devemos concluir que *o registo de valores escriturais constitui, também, presunção de que o direito existe*.

[907] FERREIRA DE ALMEIDA (1966-304) distingue entre *fé pública em sentido negativo* (presunção de que o registo é integral) e *em sentido positivo* (presunção de que o registo é exacto), acrescentando que é para este sentido que é usualmente utilizado o conceito de fé pública registral (305). ASCENSÃO (1993b, 351) enquadra claramente o art. 7.° do CdRP dentro do conceito de fé pública.

embora esta não se resuma àquelas presunções. A fé pública registral derivaria segundo muitos autores de características do registo público, o qual concederia aos factos publicados uma aparência de serem verdadeiros e válidos[908]. Mas, como já acima notámos, os registos de valores escriturais não são registos públicos, nem visam a publicidade. No entanto também já observámos que a publicidade não é um fim em si mesma mas está ordenada à segurança. *A publicidade, porém, não é o único meio de dar segurança ao tráfico jurídico.* Com efeito, *através do registo de valores escriturais consegue-se um efeito semelhante ao da fé pública mas sem que haja publicidade em sentido formal.*

III. No que respeita aos valores mobiliários titulados, passa-se um fenómeno semelhante. Insiste a doutrina na necessidade de distinguir entre titularidade e legitimação[909]. Nos títulos ao portador, de acordo com a sua própria lei de circulação, presume-se titular o portador/possuidor do título. Como tal, está legitimado para exercer os direitos ligados ao título, elemento essencial que facilita a circulação do título, embora possa por em causa a sua segurança devido ao perigo de perda ou furto do documento. Essa forma de legitimação facilita a contratação em massa. Nos títulos nominativos, presume-se titular quem tiver o seu nome inscrito quer no título quer no registo da entidade emitente e "transfert" a seu favor. Em todos estes casos a segurança da circulação exige a presunção de titularidade a favor de determinadas pessoas que estão na posse do documento ou que têm registo a seu favor quer no próprio título quer nos livros da entidade emitente.

IV. Alguma doutrina francesa defende que do registo de valores escriturais deve resultar a presunção de titularidade da pessoa a favor de quem estão inscritos[910]. Há, porém, quem considere que a inscrição tem uma força probatória absoluta[911]. Existe, da parte da jurisprudência uma

---

[908] Assim, FERREIRA DE ALMEIDA (1966, 308).

[909] Vd., por ex. COTTINO (1992, 258).

[910] RIPERT/ROBLOT (1992, 44): "...devido às verificações a que estão sujeitas as inscrições em conta, é necessário admitir que uma inscrição feita regularmente constitui pelo menos presunção simples de propriedade a favor da pessoa inscrita". E acrescentam os mesmos autores: "É uma solução indispensável para a segurança do novo regime".

[911] JUGLART/IPPOLITO (1991, 575). Estes autores consideram que "a inscrição em conta constitui a prova da propriedade de um titular no conflito que o opõe a quem o reivindica, e no conflito entre dois eventuais adquirentes sucessivos: o que registar em primeiro lugar a "ordre de mouvement" a seu favor, é que se pode prevalecer da propriedade do título", citando jurisprudência de 1967, anterior à reforma (756). Tudo parece

tendência para minimizar o papel da inscrição em conta no que respeita ao exercício das prerrogativas ligadas à titularidade dos valores [912].

A lei espanhola também tem expressa uma regra relativa à presunção de titularidade resultante do registo (art. 11.º da LMV [913]). O preceito em causa liga a regra da presunção de titularidade à legitimidade activa para o exercício de direitos e à legitimação passiva da entidade emitente.

V. Se é ilidível, mediante prova em contrário, a titularidade resultante do registo, isso significa que a lei dá grande importância à relação substantiva que subjaz ao registo. Este, só por si, não é uma forma normal de adquirir, ao contrário do que se defende para os títulos ao portador, quanto à tradição. *O registo, só por si, não confere a titularidade, mas apenas a faz presumir*, o que significa que *devemos encontrar a fonte da titularidade não no registo mas na relação substantiva que deu origem a esse registo, ainda que as duas realidades devam ser conjugadas* em termos já por nós referidos. Isto é, *o registo não atribui titularidades apenas as manifesta*, salvo nos casos da parte final do art. 64.º/6.

A presunção de titularidade pode ser ilidida nos termos gerais por acordo entre os interessados ou, se necessário, propondo a competente acção judicial [914]. No caso que nos ocupa, deve ser interposta acção declarativa que vise o reconhecimento do direito ao registo e a impugnação de recusa de registo pelo intermediário financeiro, conjuntamente com o pedido de cancelamento do registo viciado.

VI. Pode colocar-se *o problema de saber se a presunção de titularidade pode ser ilidida na própria conta de registo, isto é, se os valores podem ser registados em nome de um não titular*, relevando a conta esse facto ou referindo mesmo a que título estão os valores registados naquela conta.

---

resultar de se atribuírem diferentes efeitos ao livro de registo dos sócios e aos registos em conta. Vd. LENER (1989, 76, nota 2).

[912] O primeiro acórdão sobre esta matéria, da Cour de Cassation de 22/11/88 refere expressamente: "As disposições do art. 94-II da lei de 30/12 de 1981 e as dos arts. 1 e 2 do decreto de 2 de Maio de 1983 limitam-se a fixar as novas modalidades segundo as quais são materializados e transferidos os títulos de valores mobiliários ... impondo uma inscrição em conta em nome do proprietário, aberta pela sociedade emitente ou um intermediário financeiro habilitado. *Estas disposições não têm qualquer alcance no que respeita à transferência da propriedade entre as partes numa venda de títulos, que se opera por efeito da convenção de cessão*". Citado em RIPERT/ROBLOT (1992, 43).

[913] Preceito transcrito na nota 856.

[914] Quanto ao problema geral da impugnação do registo, vd. *supra*, cap. III desta 2.ª parte.

O art. 66.º parece apontar um desses casos na medida em que não impede que os valores emprestados sejam registados numa conta do mutuário, distinta da conta do titular. Embora a lei não seja completamente clara, dá-nos indicações suficientes nesse sentido. O art. 56.º/2/l exige que a conta releve o facto que é o empréstimo mas não parece exigir que os valores continuem aí registados. Com efeito esse registo funciona como indicação de saída dos valores da conta do titular para uma conta do mutuário. Esta conta, por sua vez, deve referir o nome do mutuário e, simultaneamente, referir que os valores estão registados a título de mútuo. Havendo essa saída dos valores mobiliários da conta do titular, o intermediário financeiro que tem essa conta a seu cargo deve abater os valores mobiliários ao saldo da sua conta na Central caso esses valores sejam transferidos para uma conta aberta em outro intermediário financeiro. O facto de o art. 66.º e o art. 52.º/2/l apenas se referirem a empréstimo de valores para a realização ou caucionamento de operações de bolsa parece-nos que não impede o seu empréstimo nos termos gerais. O que se passa é que o legislador não pretendeu regular expressamente esta matéria. Além disso, o caso do empréstimo não levanta dificuldades de maior dado que existe uma conta em nome do titular, embora sem os valores registados. Em qualquer caso, *permite-nos concluir que a presunção de titularidade pode ser ilidida pelo próprio registo em conta.*

Situação distinta é aquela em que *a conta ilide a presunção de titularidade mas o titular dos valores mobiliários não só não é conhecido do intermediário financeiro como não consta de qualquer conta de registo de valores escriturais.* É admissível, também nestes casos, ilidir a presunção de titularidade através do registo em conta?

Pensamos que há casos em que a resposta à questão colocada deve ser afirmativa. É o caso do registo dos *valores mobiliários escriturais que integram as carteiras de fundos de investimento mobiliários.* Os valores são registados pela sociedade gestora por conta do fundo de investimento mobiliário. No entanto nem este nem a sociedade gestora são titulares dos valores mobiliários e sim os participantes desse fundo de investimento que, em qualquer caso, não constam da conta. Há, assim, uma remissão para os participantes do fundo que não são conhecidos. Também esta situação não pode deixar de ser considerada como legal apesar de não respeitar o requisito do art. 56.º/1 de inscrição em nome do titular.

Pode referir-se ainda outra situação mais complexa. Por vezes, por várias razões e sobretudo devido às características da negociação internacional de valores mobiliários, são várias as pessoas, em particular intermediários financeiros, que se interpõem entre o registador e o titular dos valores mobiliários *(multi-intermediação)*. Em regra todos esses intermediários financeiros internacionais actuam como mandatários e, portanto, contratam em nome próprio sendo os valores mobiliários adquiridos registados em conta aberta em seu nome, embora não sejam os verdadeiros titulares dos valores. Exigir-se que o registo seja feito em nome do titular dos valores pode impedir a negociação de valores mobiliários a nível internacional. No entanto, como resolver aqui o problema da titularidade, uma vez que se trata de situação muito distinta das referidas anteriormente?

Podemos encarar duas vias para resolver o problema: ou considerar essas contas como transitórias ou considerar o registo em nome do mandatário como remissão para o contrato de mandato e, consequentemente, para a contabilidade do intermediário financeiro. É possível encarar tais contas como provisórias, sendo aquela situação o fundamento da provisoriedade. Assim, passado um curto período de tempo essa situação deve ser regularizada. Considerar esse registo como remissão para o registo do intermediário financeiro através do qual pode ser, em qualquer momento, ilidida a presunção pode levantar maiores dificuldades. No entanto as maiores dificuldades parece-nos que só podem surgir quando estiverem em causa interesses de grande importância como, por exemplo, a obrigatoriedade de lançamento de uma OPA ou a ultrapassagem do número de acções de uma determinada sociedade que um só titular pode deter ou quando as acções dessa sociedade devem ser obrigatoriamente nominativas.

Dos casos que acabam de ser abreviadamente referidos *podemos retirar as seguintes conclusões*:

– a *conta de valores escriturais pode estar em nome de um não titular* quando esteja expressamente ilidida na conta a presunção de titularidade;

– *a presunção de titularidade pode ser ilidida na própria conta de valores escriturais pelo menos nas seguintes situações*: quando a conta em que estão registados os valores remeta para a conta do próprio titular (ex. o caso de empréstimo); quando seja impossível ou esteja claramente regulada na lei uma forma especial de titularidade (ex. o registo dos valores que pertencem aos fundos de investimento mobiliários); quando o registo esteja feito em nome de um mandatário e a conta seja provisória por natureza ou quando haja uma remissão expressa para as regras do contrato de mandato ou para a contabilidade do próprio manadatário. Deixamos estas questões meramente indicadas embora exijam maior aprofundamento. Para os objectivos deste trabalho bastam-se as referências feitas. Em qualquer caso talvez se exija uma maior clarificação na própria lei.

3. A PROTECÇÃO DE TERCEIROS DE BOA FÉ ADQUIRENTES DE VALORES ESCRITURAIS

3.1. O problema geral da tutela do terceiro adquirente de boa fé

I. A protecção de terceiros adquirentes de boa fé *a non domino* tem sido considerada como o problema central da teoria dos títulos de crédito[915]. Nesse princípio se tem alicerçado toda a segurança da circulação desses títulos[916]. Entre nós o princípio da protecção cartular de terceiro adquirente de boa fé, de títulos de crédito, *a non domino* foi sempre baseado no art. 16-II da LULL e relacionado com o princípio da autonomia dos títulos de crédito[917]. É na necessidade dessa protecção que a doutrina justifica o especial regime de transmissão dos títulos ao portador, através da simples tradição do título[918].

Há quem se interrogue se é admissível a aquisição de boa fé *a non domino* de um valor escritural, através de um registo em conta, embora o problema tenha sido colocado sobretudo a propósito dos valores mobiliários titulados em depósito centralizado, nomeadamente pela doutrina italiana e alemã[919]. Com efeito, consideram que a inexistência de título

---

[915] Vd., por todos, SERRA (1956, 126 ss.)

[916] O art. 16.º da LULL consagra *o princípio da autonomia* do direito do portador da letra: "Se uma pessoa foi por qualquer maneira desapossada de uma letra, o portador dela, desde que justifique o seu direito pela maneira indicada na alínea precedente, não é obrigado a restituí-la, salvo se a adquiriu de má fé ou se, adquirindo-a, cometeu uma falta grave" (art. 16.º-II da LULL). A alínea precedente diz que o portador da letra "é considerado portador legítimo se justifica o seu direito por uma série ininterrupta de endossos...". Sobre o problema, em geral, vd. SERRA (1956 (60), 148 e (61) 126 ss) e CORREIA (1975, 78 ss.).

[917] Quanto à autonomia do registo dos valores escriturais, vd. o cap. II da 3.ª parte.

[918] Vd., por ex., PINTO COELHO (1963, 257 ss.), interpretando o regime consagrado no art. 483.º do CCm.

[919] Assim, LENER (1989, 13), considerando *necessária uma "equiparação" legal* entre o registo e a posse do título para que "uma aquisição de boa fé nos termos do art. 1994.º CCiv. (italiano) seja concebível no interior do sistema de gestão centralizada" (29). Como refere DEVESCOVI (1991, 302): "É evidente que o novo sistema de circulação deverá permitir, se possível, pelo menos a mesma segurança que o precedente: ou melhor, uma segurança equivalente". PAVONE LA ROSA (1988, 317 ss.) *exclui, por definição, a possibilidade de uma aquisição de má fé ou com culpa grave no interior do sistema* de gestão centralizada.

Na doutrina espanhola, pelo menos ANGULO RODRIGUEZ (1992, 298) *considera que não existem situações de aquisição "a non domino"*: "para que se produza aquisição da propriedade do valor será preciso que se produza o registo do adquirente, (...) e essa anotação só é possível quando o transmitente seja o anterior titular registado, que é o

material elimina por completo a possibilidade de um empossamento de boa fé por parte de um terceiro e que não é possível estender a protecção cartular ao adquirente de valores escriturais. Para alguns autores a solução estaria na equiparação, feita expressamente por lei, do registo à tradição dos títulos[920]. Esta solução pressupõe, porém, a integral equiparação, para este efeito, dos valores escriturais aos títulos ao portador[921]. Problema semelhante poderia colocar-se, entre nós, quanto à tutela do adquirente de acções escriturais no regime do DL n.º 229-D/88, de 4/7, onde a questão não é expressamente resolvida. Porém alguma doutrina admitia a aplicação das regras da tutela do adquirente de boa fé[922].

único legitimado para dispor". Qualquer outra situação, conclui, será devida a erro do intermediário financeiro e este deve ser objectivamente responsabilizado. Esquece, porém, o autor que os erros do intermediário financeiro também podem levar a aquisições de boa fé, independentemente da sua responsabilidade.

O direito alemão não contém qualquer norma de protecção de terceiros adquirentes de boa fé de valores mobiliários em depósito centralizado. Defendem essa tutela, porém, HUECK/CANARIS (1986, 21) baseando-se em argumentos de natureza económica e na necessidade de funcionamento do sistema. Este é de resto um tema a que a doutrina de língua alemã tem dedicado grande atenção, tendo sido dedicadas diversas monografias ao tema ao ponto de LENER ter recentemente considerado (1995, 266-268, já depois de concluída a redacção deste trabalho) que a aquisição de boa fé de títulos de crédito desmaterializados em gestão centralizada tem sido um autêntico filão para a realização de dissertações em língua alemã nos últimos 15 anos.

[920] É essa a solução consagrada pela lei italiana, quanto aos valores mobiliários titulados em regime de depósito centralizado e cuja circulação se faz exclusivamente através de registos em conta. Assim, a tutela que é conferida ao possuidor de boa fé de um título, pelo art. 1994.º do C.Civil italiano, seria estendida a quem tivesse o direito registado em seu nome e estivesse de boa fé. Vd. PAVONE LA ROSA (1988, 317-318), LENER (1989, 28 ss.) e DEVESCOVI (1991, 86-87, 99 ss. e 285-288). Este último considera que "para conceder a protecção cartular a uma circulação informatizada não se poderá renunciar a estabelecer uma perfeita equiparação entre os bens móveis e o dado registado sobre o computador; entre a posse da coisa e a posse do documento electrónico; entre a entrega manual e a transmissão electrónica dos dados" (306).

[921] Note-se que *a protecção do terceiro adquirente possuidor do documento tem apenas aplicação integral para os títulos ao portador*. Com efeito tratando-se de títulos à ordem exige-se ainda o endosso e no caso dos títulos nominativos além da declaração de transmissão e o chamado *transfert*, o registo no livro da entidade emitente, embora segundo alguns autores estas duas últimas menções apenas sejam exigidas para efeitos de legitimação frente à sociedade.

Quanto aos títulos ao portador, referem HUECK/CANARIS (1986, 34): "Em muitos títulos de crédito o conteúdo do documento é a tal ponto decisivo para o direito que incorporam, que qualquer terceiro de boa fá pode confiar nele de modo absoluto. Diz-se, então, que se trata de títulos de crédito literais ou de fé pública".

[922] Assim, MENDES (1989, 196-197): "Seja como for, de acordo com a ideia de que a

A nossa lei consagra expressamente a protecção de terceiro de boa fé adquirente de valores mobiliários escriturais (art. 64.°/6). Por isso, não só a admissibilidade dessa tutela não levanta dúvidas como não se torna necessária qualquer equiparação legal, como exige a doutriuna italiana.

II. A doutrina francesa não tem dado relevância à protecção de terceiros adquirentes de boa fé *a non domino* de valores escriturais, o que tem merecido a crítica de alguns autores [923]. Já antes da desmaterialização total dos valores mobiliários, a doutrina francesa apenas estendia a protecção cartular aos *effets de commerce*. Nos valores mobiliários, nomeadamente nominativos, era dada pouca importância ao título. Por ex. o Décret de 7/12/1955, no seu art. 1.°, referia que "les droits du titulaire d'un titre nominatif sont établis par une inscription sur le registre de la persone morale émetrice", não se fazendo qualquer referência ao documento. Ora, as críticas da doutrina italiana assentam no pressuposto da necessidade do documento, pressuposto que não se verifica em relação aos valores escriturais.

Já a lei espanhola (LMV), regula esta matéria com cuidado, embora em termos diferentes do CdMVM, e a doutrina tem-lhe dedicado atenção [924].

III. O problema da aquisição da titularidade de coisas exclusivamente com base no registo, tem sido objecto de amplo tratamento doutrinário, também a propósito do registo predial [925]. Porém, no caso que nos ocupa, devemos ver as coisas em termos um pouco diversos do registo pre-

---

acção é um direito-valor – mas reservando uma opinião definitiva sobre o assunto para outra altura, já que é necessário ver se a segurança do tráfico o exige –, parece aplicável ao adquirente em cuja conta foram registadas as acções a regra da tutela do adquirente de boa fé".

[923] Por ex. LENER (1989, 14-15) e OPPO (1988, 593-594), pois, segundo eles, o terceiro adquirente de boa fé *a non domino* não está protegido.

[924] O art. 9.°/3 da LMV resolve o problema nos seguintes termos: "El tercero que adquiera a título oneroso valores representados mediante anotaciones en cuenta de persona que, según los asientos del registro contable, aparezca legitimada para trasmitir-los no estará sujeto a reivindicación, a no ser que en el momento de la adquisición haya obrado de mala fe o con culpa grave". Redacção próxima do art. 1194.° do CCiv italiano. Vd. CACHON BLANCO (1992, I, 138). ALONSO ESPINOSA (1992, 63), baseando-se nos arts. 9.°--11.° da LMV, refere que aos valores escriturais é aplicável a quintessência da teoria dos títulos de crédito, isto é, a protecção dos terceiros adquirentes de boa fé. A lei fala em má fé ou culpa grave, isto é, o terceiro conhece ou devia conhecer se actuasse com diligência mínima (conceito de boa fé subjectiva ética). Estamos, pois, perante um conceito idêntico ao que é referido no art. 16.°, II, da LULL, a que nos referimos em nota anterior. Vd., no entanto, a posição de Angulo Rodriguez, referida na nota 919.

[925] Vd., por todos, ASCENSÃO (1993b, 376-378).

dial. De facto, o que aqui está em causa, como veremos, é que o terceiro de boa fé tenha adquirido o direito segundo a lei de circulação desse direito [926].

IV. A protecção de terceiros adquirentes de boa fé coloca dois problemas fundamentais: o da segurança da circulação [927] dos valores e o da autonomia de aquisições derivadas face à posição dos anteriores titulares. Quanto ao primeiro será abordado no ponto seguinte quando nos debruçarmos sobre os fundamentos da aquisição por terceiro de boa fé de valores escriturais (3.3). O problema da autonomia da aquisição de valores escriturais apenas será abordada na terceira parte deste trabalho quando reflectirmos sobre todos os elementos retirados do regime jurídico desses valores e fizermos uma abordagem da sua relação com os títulos de crédito. Por agora limitamo-nos a abordar os pressupostos da aquisição de valores escriturais por terceiro de boa fé, de acordo com o regime consagrado no CdMVM (3.2.) e os fundamentos dessa aquisição (3.3).

3.2. Pressupostos da aquisição registral de valores escriturais por terceiro de boa fé

I. Segundo ao art. 64.°/6, a presunção de titularidade a favor da pessoa em nome de quem o direito se encontra registado não pode ser ilidida mediante prova em contrário contra terceiros de boa fé a quem tenham sido transmitidos por título oneroso ou dados em penhor, caução ou qualquer outra forma de garantia (art. 64.°/6-2.ª parte) [928]. Daqui resultam

---

[926] Este aspecto é também realçado, quanto à protecção de terceiros adquirentes de boa fé de títulos de crédito. Vd., por ex., o art. 1194.° do CCiv italiano, de acordo com o qual "quem adquiriu de boa fé a posse de um título de crédito, *em conformidade com as normas que disciplinam a sua circulação*, não está sujeito a reivindicação". Vd. SERRA (1956 (148 ss). O mesmo aspecto é realçado pela lei espanhola, supracitada, "según los asientos del registo contable" e pelo art. 16.°, II, da LULL.

[927] É essa segurança da circulação que é, em regra, invocada para justificar a tutela do terceiro adquirente de boa fé. O problema coloca-se porque a circulação da titularidade e a circulação da legitimidade não se dá nos mesmos termos. Com efeito, *enquanto a legitimidade circula de maneira formal (registral) já o mesmo não acontece com a titularidade.*

[928] Há diferenças significativas entre a forma como é prevista a aquisição por terceiro de boa fé no CdMVM e no art. 17.°/2 do CdRP: "A declaração de nulidade não prejudica os direitos adquiridos a título oneroso por terceiro de boa fé, se o registo dos correspondentes factos for anterior ao registo da acção de nulidade". *No registo predial tudo está dependente da acção de nulidade, ao passo que no CdMVM nunca se fala em acção de nulidade.* O art. 124.° daquele diploma trata o mesmo problema em caso de

como pressupostos essenciais para que se dê a aquisição por terceiro de boa fé:
– que tenha adquirido os valores a *título oneroso* ou que lhe tenham sido *dados por qualquer forma de garantia* (caução, penhor ou outra), isto é, que haja atribuições patrimoniais (ou com função patrimonial) a título não gratuito;
– que a aquisição tenha sido feita *de pessoa que se encontre legitimada pelo registo*;
– que o terceiro adquirente esteja de *boa fé*;
– que o terceiro adquirente *tenha registado o direito em conta a seu favor*;
– que esse *registo seja definitivo*.

II. O primeiro pressuposto é *que o terceiro tenha adquirido os valores a título oneroso ou que lhe tenham sido dados por qualquer forma de garantia* (caução, penhor ou outra). Exclui-se qualquer transmissão de valores a título gratuito[929] tal como se exclui a sucessão. A estes adquirentes, ainda que tenham registado o seu direito definitivamente, são oponíveis as mesmas excepções que seriam oponíveis ao "de cuius" ou ao doador. Portanto a sua posição pessoal é fraca e não pode ser defendida pelo registo. Assim, o verdadeiro titular pode pedir a rectificação do registo a seu favor, nos termos já atrás referidos. Porém, se aquele que está registado adquiriu por negócio gratuito os valores e, por ex., esse negócio é inválido e a seguir os transmite a título oneroso a um terceiro de boa fé, este deve ser protegido.

A exigência de aquisição a título oneroso contempla todas as hipóteses de aquisição em mercado secundário de valores escriturais[930]. Já quanto às restantes formas de aquisição, apenas podem verificar-se fora dos mercados de valores mobiliários. Podemos, assim, interrogar-nos se a razão que leva a lei a excluir os negócios a título gratuito tem a ver com a tutela do mercado ou, em termos mais gerais, com a circulação dos valores mobiliários, questão que abordaremos no próximo ponto.

---

rectificação do registo: "A rectificação do registo não prejudica os direitos adquiridos a título oneroso por terceiros de boa fé, se o registo dos factos correspondentes for anterior ao registo da rectificação ou da pendência do respectivo processo".

[929] Na protecção de terceiros adquirentes de títulos de crédito, não se distingue se a aquisição é a título oneroso ou gratuito. Vd. MADRID PARRA (1990a, 97).

[930] A transmissão a título oneroso tem a ver com o próprio mercado, para que os valores são vocacionados. Em mercado os valores são sempre transaccionados a título oneroso. Assim MADRID PARRA (1990a, 96).

III. O segundo requisito exige *que os valores tenham sido adquiridos de pessoa legitimada pelo registo*. Excluem-se, desde logo, duas situações:

– se o transmitente tiver legitimidade substantiva, em virtude de negócio jurídico, mas não tiver o seu direito registado, o terceiro não pode prevalecer-se do registo, pois nem sequer deve poder registar a sua aquisição. Mas, ainda que o conseguisse, esse registo não prevaleceria contra quem tivesse o direito registado a seu favor.

– se o transmitente tem o seu direito registado, mas como provisório, também não tem legitimidade registral. Então, o registo do terceiro adquirente apenas poderá ser feito como provisório por natureza (art. 63.º/2/g). Se o registo do transmitente se converter em definitivo, então não se coloca qualquer problema, pois o registo do direito do transmissário segue o mesmo destino.

Deve considerar-se irrelevante que o terceiro desconheça que o transmitente não tem o direito registado em seu nome. Com efeito, ele poderia ter conhecido esse facto se tivesse realizado a operação através do sistema, isto é, por meio de intermediário financeiro. Ou tendo sido realizada fora de mercado secundário podia ter exigido o bloqueio a que se refere o art. 69.º/2 ou pedido ao transmitente um certificado de registo dos valores. Não pode a lei apoiar a sua falta de diligência mínima. *Pressupõe-se que o transmitente está legitimado pelo registo, mas que a essa legitimidade registral não corresponde uma legitimidade substantiva (o transmitente é um "non domino")*[931]. Isto é, o transmitente não está em condições de transmitir qualquer direito, pois tal pressupõe a titularidade.

IV. O terceiro pressuposto exige *que a aquisição tenha sido feita de boa fé*. A principal questão que se coloca é saber qual a natureza da boa fé a que se refere a lei: é uma boa fé subjectiva[932] ou objec-

---

[931] Nos títulos de crédito exige-se como pressuposto, não escrito, que a aquisição seja "a non domino". Assim, MADRID PARRA (1990a, 96).

[932] O Prof. Menezes Cordeiro estudou aprofundadamente a boa fé no direito civil, socorrendo-nos aqui desse seu trabalho. Embora a visão tradicional da boa fé subjectiva a reduzisse à posição da pessoa que por pura ignorância desconhecesse estar a prejudicar outra pessoa (boa fé em sentido psicológico), aquele autor conclui que "está de boa fé (apenas) a pessoa que, tendo cumprido determinados deveres de cuidado, de informação ou de indagação, desconheça lesar direitos alheios (boa fé normativa ou ética) (1987/88, 384-385). O mesmo autor considera que "A boa fé traduz um estado de ignorância desculpável, no sentido de que, o sujeito, tendo cumprido com os deveres de cuidado impostos pelo caso, ignora determinadas eventualidades" (1984, I, 516) e que a "A boa-fé

tiva[933]? Neste caso estamos perante um caso de boa fé subjectiva, relativa ao estado do terceiro adquirente a "non domino". E essa será uma boa fé meramente psicológica ou uma boa fé ética?

De acordo com as referências já feitas atrás, o C. Civil Italiano (art. 1194.°) e o CdRP (arts. 17.°/2 e 124.°), referem-se apenas à boa fé. Já o art. 9.°/3 da LMV espanhola e o art. 16.°-II da LULL, referem-se à *má fé* ou *culpa grave* do terceiro. Neste último caso estaremos claramente perante uma boa fé em sentido ético[934]. Parece-nos que um aspecto decisivo que está em causa para determinar se estamos ou não perante uma concepção ética é ter em conta o fenómeno aqui em causa: a situação do verdadeiro titular dos valores mobiliários é afastada por um terceiro como numa "aquisição" de alguém que não é titular desses valores. Porém, parece que a boa fé será puramente psicológica, sempre que não existam quaisquer deveres de indagação, como acontece com o art. 119.°/3 do C.Civ., em que os sucessores do ausente se baseiam numa sentença[935].

---

subjectiva revela-se, afinal, como realidade afecta a regras de conduta, explicando-se, deste modo, o porquê da sua definibilidade normativa, expressão do conteúdo dito, na tradição, de ético" (1984, I, 524). No entanto o mesmo autor reconhece que pode haver uma boa fé puramente psicológica, sempre que não existam quaisquer deveres de indagação, como acontece com o art. 119.°/3 do C.Civ., em que os sucessores do ausente se baseiam numa sentença precedida das maiores cautelas, por forma a sossegar o mais escrupuloso" (1984, I, 512).

[933] Segundo CORDEIRO (1987/88, 369), "Na boa fé objectiva, há uma remissão para princípios, regras, ditames ou limites por ela comunicados ou, simplesmente, uma determinação de actuar de boa fé: artigos 3.°/1, 227.°/1, 239.° e 272.° e 334.° e 762.°/2, respectivamente. A boa fé surge como algo imposto do exterior e que as pessoas devem observar no seu dia a dia jurídico".

[934] CORDEIRO (1984, I, 512): "Quando o direito penalize a má fé, há uma efectiva tensão no sentido da concepção ética". Note-se, no entanto a posição de CORREIA (1975, 79): "O art. 16.°-II, exige apenas a má fé, ou seja: o conhecimento por parte do portador, no momento da aquisição da letra, de que um possuidor anterior foi dela indevidamente desapossado. Vai mais longe ainda esta disposição: o portador, embora na ignorância da emissão involuntária do título, poderá ser forçado a restituí-lo se tiver agido com "culpa grave". É equiparada desta forma, à má fé a culpa grave: a derivada da falta daquela diligência e cuidado que é razoável esperar mesmo de um homem de nível inferior ao médio (...). Assim, por exemplo, se o portador adquire de um indigente uma letra de alto valor, se adquire de quem é geralmente conhecido por ladrão".

[935] Assim, ASCENSÃO (1985, IV, 200) referindo-se a uma situação semelhante realça que "*a importância das consequências da boa fé*, que vão até à inversão da situação substantiva de base (aquisição da coisa em detrimento do verdadeiro proprietário, por exemplo) *só se compadece com uma concepção ética*. Doutra maneira, se se recompensasse uma ignorância culposa, as soluções seriam meramente casuais".

Em relação aos valores escriturais pode colocar-se o problema de saber se existe um dever de indagação. Por um lado deve ter-se em conta que há importantes limitações a essa indagação dado que os valores registados são objecto de segredo e portanto a ele não têm acesso os terceiros. Estes estão descansados nos rigorosos deveres que a lei impõe ao intermediário financeiro quer quanto ao controlo das contas de valores escriturais quer quanto às aquisições realizadas em mercado secundário e às regras de protecção da negociação, sobretudo em bolsa. Assim, do próprio sistema de valores mobiliários escriturais parece resultar que a boa fé a que se refere o art. 65.º/6 aponta mais no sentido de uma boa fé subjectiva de natureza psicológica. Já quando a aquisição se opera fora de mercado, o problema poderá não se colocar com tanta força apesar dos rigorosos deveres de verificação a que está sujeito o intermediário financeiro no momento em que efectua o registo dos valores, na medida em que se admite a possibilidade de os negócios poderem ser acertados directamente.

Tal não significa, contudo, que a boa fé a que se refere o artigo 64.º/6 não tenha conteúdo ético. Com efeito ela não se reduz a um mero estado de ignorância. Há deveres de conduta, de indagação, embora limitados, que podem ser levados a cabo pelo terceiro adquirente. Por uma lado deve observar determinados cuidados quando os valores são transaccionados fora de mercado secundário, ou pedindo um bloqueio da conta (art. 69.º/2) ou exigindo um certificado de registo dos valores. Por outro lado, sempre será mais seguro dar a ordem através de um intermediário financeiro que está sujeito a determinados deveres de verificação. Evita-se, assim, qualquer tutela desmedida da ignorância.

V. O quarto pressuposto exige *que o direito se encontre inscrito em conta em nome do terceiro adquirente de boa fé*. O terceiro de boa fé, antes de registar o seu direito, não beneficia de qualquer protecção. Esta é uma protecção que deriva exclusivamente do registo. Nem pode opor o seu direito seja a quem for pois, em regra, falta-lhe um negócio válido, base da oponibilidade. Deve concluir-se que *a titularidade deriva exclusivamente do registo que, nestes casos, assume natureza atributiva*.

VI. Por último exige-se que *a inscrição feita pelo terceiro adquirente de boa fé seja definitiva*. Portanto qualquer registo provisório seja por dúvidas seja por natureza não permite consolidar a aquisição através do registo. Há, portanto, uma desvalorização do registo provisório, o que não oferece dificuldade uma vez que a principal função desse registo consiste numa reserva de lugar do registo definitivo. Mas aquele depende da legalidade deste, pois caduca se não conseguir converter-se em definitivo.

Além disso, *a inscrição definitiva deve ter sido feita de acordo com as regras do próprio registo, nomeadamente o princípio da prioridade.* A não ser assim, abrir-se-ia a porta a todo o tipo de fraudes e estaríamos perante uma tutela excessiva que teria efeitos perversos, isto é, em vez de ser fonte de segurança do tráfico seria motivo de insegurança. Tal significa que devem respeitar-se integralmente as regras de circulação dos valores escriturais. Será que neste caso se exclui o erro de registo do intermediário financeiro que, por ex., registou os valores indevidamente numa determinada conta? Parece-nos que esse caso não é excluído e também se pode dar a aquisição por terceiro de boa fé, mesmo que o transmitente saiba que houve aquele erro. Tal facto pode constituí-lo ou ao intermediário financeiro em responsabilidade, mas não nos parece que possa afastar a aquisição por terceiro de boa fé.

3.3. Fundamento da aquisição registral por terceiro de boa fé

I. Muito se tem disticutido a propósito do fundamento da aquisição por terceiro de boa fé. Trata-se de questão que não faz sentido abordar aqui em geral, mas apenas fazer uma referência às posições que têm sido tomadas a propósito da tutela do adquirente de boa fé através do registo e da tutela do adquirente de boa fé de títulos de crédito [936].

Quanto ao fundamento da aquisição de imóvel através do registo, considera a doutrina que só pode ser a fé pública do registo [937], *pois não*

---

[936] Quanto *à inexistência no nosso ordenamento jurídico de um princípio geral de tutela da aparência*, que apenas se verifica em situações excepcionais, de acordo com fundamento legal expresso e não como tutela, em geral, da boa fé, vd. RITA CABRAL (1984, 638-639). A autora mostra que a teoria da tutela da aparência não fundamenta a aquisição de títulos de crédito por terceiro de boa fé, nomeadamente quando se trate de títulos de crédito causais (641).

[937] ASCENSÃO (1993b, 368), para quem "O fundamento do instituto está na própria fé pública do registo, e não em qualquer princípio da confiança, que não tem significado geral na ordem jurídica portuguesa" (376), embora refira, igualmente, que *os termos em que se dá a aquisição pelo registo é, dogmaticamente, de muito difícil explicação* (366).

existe, na lei portuguesa, um princípio geral da tutela do terceiro de boa fé. Estar-se-ia, então, perante um registo atributivo e não perante um registo sanante de quaisquer vícios da aquisição[938].

II. Vários autores defendem a ideia de que o fundamento da aquisição de valores escriturais por terceiro de boa fé reside na aparência de titularidade resultante do registo, uma vez que este faz presumir essa titularidade[939]. Esta aparência actuaria nomeadamente a partir do momento em que o terceiro consegue registar a sua aquisição. Com efeito, se consegue registar, isso significa que o transmitente estava inscrito e que essa inscrição era regular. Portanto, a aparência resulta não da força do registo em si mesmo, mas da prática do intermediário financeiro. Deve porém referir-se que esta aparência actua "a posteriori", o que não parece aceitável. Com efeito, a aparência nos títulos de crédito reporta-se ao presente, baseia-se na posse do próprio título. Não parece, pois, que seja possível considerar as duas situações como análogas.

III. Parece-nos que as explicações tradicionais, nomeadamente as relativas ao registo, não são aceitáveis ou são insuficientes. Torna-se necessário ter em conta a natureza do registo e do sistema onde se insere. Esse sistema não é acessível aos particulares e a sua correcção não depende deles em regra, isto é, não é um registo público, nem o seu objectivo é a publicidade. Então, há que fazer intervir a própria confiança que é transmitida pelo sistema de registo e controlo como um todo[940]. *O fundamento da tutela do terceiro adquirente de boa fé só pode residir no funcionamento sistema de registo.*

---

[938] ASCENSÃO (1993b, 367), considera importante a distinção pois no *registo sanante* a aquisição retroage à data do título inválido, enquanto no *registo atributivo* só há aquisição desde a data do registo. Neste, ao contrário do registo daquele, a aquisição não se dá por força do título, mas da conjugação de uma aquisição aparente com o registo.

[939] Por ex., DIAZ MORENO (1991, 384): "Os terceiros, com efeito, adquirem inatacavelmente, porque a aparência de titularidade do seu autor os faz confiar que adquirem eficazmente, e não porque pensam que vão adquirir eficazmente. Só são tutelados, repita-se, quando o processo aquisitivo foi completamente actuado (com o registo em conta). Assim, analisado deste modo, o art. 9.º/3 da LMV é consequente. *Os registos em conta não constituem um autêntico e verdadeiro sistema de publicidade, mas podem chegar a criar verdadeiras aparências dado que o seu conteúdo se torna, então, evidente para terceiros*. Explica-se assim como a inscrição num registo não público pode produzir efeitos materiais tão enérgicos".

[940] Assim, LENER, (1989, 28-29).

Desde logo não é possível fazer apelo à função de publicidade do registo para aí fundar a sua segurança pois, como concluímos atrás, o registo de valores mobiliários não é um registo com função de publicidade. *Não são assim aplicáveis as conclusões retiradas pela dogmática dos registos públicos para fundamentar a aquisição de valores escriturais por terceiros de boa fé.* Assim, *o fundamento da aquisição por terceiro de boa fé de valores escriturais só pode residir no próprio sistema de registo desses valores.*

Como sabemos, o sistema de registo é integrado pelas entidades emitentes, pelos intermediários financeiros autorizados a deter contas de valores escriturais e pela Central. Porém as contas de registo estão exclusivamente a cargo dos intermediários finnaceiros. Ora *a lei estabelece um conjunto de deveres a cargo dos intermediários financeiros* quer no momento do registo dos valores quer da sua transmissão quer da sua transferência entre contas. Assim, os adquirentes desses valores hão-de poder confiar que esses deveres são integralmente cumpridos sob pena de o sistema ser completamente posto em causa. Neste aspecto nada de semelhante se passa com os conservadores do registo predial, pois não é nos deveres a que estão sujeitos por lei que, fundamentalmente, assenta a fé pública desses registos, embora também esse seja um elemento importante. No caso do registo de valores escriturais parece que a lei tutela a aparência derivada do registo, rodeando esse registo de todos os cuidados para que essa aparência seja o mais fiável possível. Tal não deriva, portanto, de uma suposta regra geral de tutela da aparência, mas do facto de essa aparência ser consagrada e tutelada pelo art. 64.°/6.

A segurança da circulação dos valores mobiliários assente no sistema de registo pode ser fonte de conflitos entre os interesses dos intermediários financeiros e as exigências dessa mesma segurança. Com efeito, esses intermediários são sociedades financeiras orientadas ao lucro que, muitas vezes, não é fácil de conjugar com a observância estrita das regras de segurança. Estas, por vezes, podem obrigar a retardar as transacções e, consequentemente, podem levar a perder negócios ou, ainda, exigir importantes investimentos em sistemas de segurança e pessoal qualificado o que nem sempre está facilmente ao alcance de intermediários financeiros com uma estrutura mais débil.

4. CARACTERIZAÇÃO DO REGIME DE EFICÁCIA DO REGISTO EM CONTA DE VALORES ESCRITURAIS

4.1. Eficácia dos factos e direitos relativos a valores escriturais antes do registo: âmbito de aplicação do art. 64.º/1

I. De acordo com art. 64.º/1 os direitos e factos sujeitos a registo nas contas a que se refere o art. 56.º só produzem efeitos em relação a terceiros e só lhes são oponíveis a partir da data desse registo[941]. Na linha do regime de eficácia consagrado para o registo predial parece ter sido intenção do legislador consagrar um sistema de registo de eficácia declarativa dos direitos registados[942]. Analisado todo o regime de eficácia do registo em conta dos valores escriturais, em especial, pensamos estar agora em condições de reflectir sobre a problemática geral da eficácia e, assim, poder caracterizá-la como declarativa ou constituiva ou de outro modo. Será esse regime concretamente estabelecido que nos permitirá retirar conclusões gerais e não ao invés.

II. Convém recordar que, como atrás demonstrámos, o legislador do CdMVM se afastou do regime do registo predial quanto a aspectos essenciais que marcam decisivamente todo o regime dos valores escriturais:

Quanto à estrutura/organização do registo:

– a consagração de um sistema de registos dispersos por vários intermediários financeiros, de acordo com a opção dos titulares dos valores escriturais;

---

[941] Este preceito é inspirado no art. 5.º/1 do CdRP (cuja epígrafe é, "Oponibilidade a terceiros"): "Os factos sujeitos a registo só produzem efeitos contra terceiros depois da data do respectivo registo". Como pode verificar-se por simples comparação há duas diferenças a salientar em relação ao art. 64.º/1: este refere-se à eficácia não só dos factos, mas também dos direitos sujeitos a registo; incorporou na letra do preceito a oponibilidade a terceiros, constante da epígrafe do preceito do CdRP. Não se trata, portanto, de alterações de fundo, que desvirtuem o sentido do art. 5.º/1 do CdRP. Também não pode deixar de notar-se a ausência de um preceito como o art. 4.º/1 do CdRP que declara que os factos sujeitos a registo podem ser invocados entre as partes e seus herdeiros, ainda que não registados. Esta regra, porém, pode ser extraída por interpretação "a contrario" do art. 64.º/1.

[942] Esta terminologia não é uniforme, bem como o seu significado. Vd., por ex., ASCENSÃO (1993b, 357 e ss.). Este autor tem uma opinião não coincidente com a doutrina que pode ser considerada maioritária e com a jurisprudência (362 e ss.). Quanto à jurisprudência sobre esta matéria vd., PEREIRA MENDES (1992b, 45-46).

– a inserção dos registos individualizados num sistema de contas, comunicantes entre si;
– o centro de imputação estar não no objecto do registo, mas no titular dos valores registados [943].

Quanto às funções do registo:
– a função de materialização dos direitos;
– a função de circulação dos direitos dentro do sistema de registo através do mecanismo das transferências;
– a ausência quase total de publicidade formal, não sendo portanto registos públicos;
– a função de legitimação.

Quanto ao registo dos factos [944]:
– a prevalência da oficiosidade do registo sobre o princípio da promoção do registo pelos interessados (instância);
– a geral coincidência da data do registo com a data da constituição dos factos ou direitos a registar, quando relacionados com os mercados secundários.

Por tudo quanto se disse, pode ser redutor e perigoso interpretar o art. 64.º/1 atendendo apenas à sua semelhança literal com o art. 5.º/1 do CdRP. Com efeito, *apesar de os preceitos relativos ao registo de valores escriturais assentarem, em muitos casos, no registo predial eles constituem um sistema próprio que não se reconduz àquele e muitas vezes a semelhança é puramente verbal.*

III. Para avaliar, em geral, a eficácia do registo de valores escriturais devemos tomar em conta um aspecto fundamental do seu regime: *a data desse registo, momento "a quo" da produção de efeitos.*

Como já atrás observámos [945], nunca a data do registo na conta dos valores escriturais coincide, por definição, com a data em que esse registo é lavrado pelo intermediário financeiro. A regra geral, quanto aos negócios celebrados em mercados secundários, é a da coincidência entre a data do registo e a data da constituição do direito ou da ocorrência do facto a registar. Nos restantes casos a data do registo coincidirá com a data da apresentação do pedido de registo junto do intermediário finan-

---

[943] Embora não seja incorrecto dizer que a lei consagra uma dupla conexão, simultaneamente objectiva e subjectiva, mas em que esta é determinante.
[944] Também quanto à técnica registral há outros aspectos diferentes embora menos importantes, para além dos referidos no texto.
[945] Vd. o cap. III, ponto 4.5, e cap. IV, ponto 2, ambos desta 2.ª parte.

ceiro. Então, devemos ter em conta o seguinte, no que respeita ao *momento "a quo", da produção de efeitos*:

– tendo o negócio sido celebrado em mercado secundário a produção de todos os efeitos dos factos ou direitos sujeitos a registo dá-se, tanto entre as partes como face a terceiros, a partir do momento da verificação daqueles factos ou da constituição daqueles direitos ou, dito por outras palavras, a partir da data do registo dado que esta é coincidente com aquela [946];

– quando a data do registo é a data da apresentação do pedido, isto é, quando o negócio é celebrado fora de mercado secundário, coloca-se o problema da eficácia dos factos e direitos entre o momento da sua ocorrência ou constituição e a data do pedido de transferência, isto é, a data do registo (período de pendência) [947].

IV. Coloquemos, em primeiro lugar, o problema da relação entre o registo e a constituição da titularidade. De acordo com a distinção acima feita, *os direitos e factos que se produzem em ligação com o sistema de registo e controlo de valores escriturais têm eficácia imediata quer entre as partes quer face a terceiros*. Reconduzimos atrás essas situações aos casos em que o registo deve ser feito oficiosamente e, portanto, em regra, os factos se produziram em mercado secundário. É esse o significado do art. 64.º/1 quanto a esse tipo de registos. Com efeito, tais registos devem ser feitos oficiosamente e a partir do momento em que os factos se produzem ou os direitos se constituem ganham lugar na ordem por que deve ser efectuado o registo, transmitindo-se a titularidade para o adquirente.

Para a transmissão da titularidade, é irrelevante que tais situações tenham sido formalmente registadas pois, como já atrás concluímos, a função do registo de valores escriturais não é dar publicidade às situações jurídicas incidentes sobre os valores registados. Nestes casos, há apenas que ter em conta o seguinte: o registo é lavrado posteriormente à data da constituição dos factos, mas tem a data da produção desses factos. Porém, *durante o período que vai da produção do facto ao momento em que o registo é lavrado não são efectivos dois efeitos que a lei atribui exclusivamente ao registo definitivo, na conta do titular*: o efeito de circulação

---

[946] Embora nestes casos possa haver um *período de pendência* entre a data-valor do registo e a sua efectiva realização, tal não levanta quaisquer dificuldades dado que os efeitos se produzem a partir da data-valor do registo e não da data em que foi lavrado, salvo no que respeita à circulação dos valores e à legitimação registral.

[947] Quanto ao período que decorre entre a apresentação para registo e o registo efectivo o problema coloca-se nos mesmos termos que foram referidos na nota anterior.

dos valores entre contas – *eficácia circulatória* (art. 65.°/1) e o efeito de legitimação para alienar ou onerar e para exercer os direitos inerentes aos valores – *eficácia legitimadora* (art. 64.°/5).

O registo é o particular modo de existir dos próprios direitos, enquanto valores escriturais. Assim, nos casos acabados de referir não temos que estabelecer a relação entre um facto que se produziu fora do registo e o próprio registo como realidades distintas. Com efeito, os factos produziram-se conexão com o registo, de alguma forma "dentro" ou através dele e não fora dele. Ora *a aplicabilidade do art. 64.°/1 depende da verificação de um pressuposto essencial*: que o facto em causa se tenha produzido fora do registo, que seja completamente alheio ou ignorado pelo registo. Assim, existe a necessidade de estabelecer uma relação entre essa situação extra-registral e a posterior situação do facto registado ou conexionado com o registo. Com efeito a letra da lei refere-se a "direitos e factos sujeitos a registo", isto é, que ainda não foram registados, no sentido de que não tiveram qualquer contacto com o registo como se conclui da referência que é feita a seguir, "a partir da data do registo"[948].

De tudo quanto fica dito, podemos concluir que *o art. 64.°/1 apenas é integralmente aplicável aos registos de factos ou direitos que se constituiram sem qualquer relação com o sistema de registo e cuja promoção compete aos interessados ou seus representantes*. Será, portanto, só em relação a essas situações que se colocará o problema da eficácia de factos ainda não registados quer entre as partes quer face a terceiros, ao menos nos termos do art. 64.°/1, o que nos reconduz à consideração dos factos e direitos produzidos fora de mercado secundário.

Mais uma vez devemos concluir que a interpretação de preceitos em tudo semelhantes aos do registo predial nos afasta muito do modo como devem ser aí interpretados. Por isso uma leitura do art. 64.°/1 nos termos em que é feita tradicionalmente para o registo predial pode levar a equívocos e erros no estabelecimento do regime jurídico dos valores mobiliários escriturais. Fica igualmente claro que um tal preceito nada tem a ver com o regime de transmissão da titularidade dos valores escriturais, como já atrás deixámos dito.

---

[948] Remetemos para o que foi dito atrás quanto à polissemia da palavra registo, nomeadamente quanto à distinção do conceito de registo em sentido físico e em sentido normativo (nota 593). Neste sentido o registo não pode deixar de ser entendido como conjunto de actos conexinados através de um conjunto de princípios e técnicas registrais.

4.2. O registo de valores escriturais como condição de eficácia e de oponibilidade a terceiros

4.2.1. *O conceito de terceiro para efeitos do art. 64.º/1*

I. A determinação de quem é terceiro [949] pode ser feita negativa e positivamente. *Negativamente* não são terceiros os interessados, seus herdeiros ou representantes, nem os que, por qualquer título, tivessem obrigação de promover o registo dos factos ou direitos (art. 64.º/2) [950]. Resumidamente, podemos dizer que não são terceiros todos aqueles que, devido às suas relações com o titular conhecem o direito ou tomaram o seu lugar em relação a esse direito. Também não será terceiro quem for estranho aos direitos e factos sujeitos a registo [951]. *Positivamente*, não bastará dizer que são todos aqueles a quem os efeitos do negócio não são oponíveis, dado o carácter circular da noção [952].

II. Antes de mais, *não são terceiros os interessados* (art. 61.º/3 e 5), isto é, aqueles que celebraram o negócio objecto do registo ou fonte do direito que deve ser registado em conta. Tanto o alienante como o adquirente têm legitimidade para registar o direito ou facto em que são interessados, ainda que em intermediários financeiros distintos.

---

[949] É inúmera a doutrina e jurisprudência sobre o conceito de terceiro, no respeitante ao registo predial. FERREIRA DE ALMEIDA (1966, 260) é mesmo de opinião que tem sido exagerada a importância do conceito de terceiro por alguma doutrina. O mesmo autor denuncia também alguma propensão para construir o conceito não a partir da lei, mas de uma exagerada utilização do raciocínio dedutivo. Além do autor citado, vd., sobre o conceito de terceiro, no registo predial, PEREIRA MENDES (1992b, 45-46), com referência à jurisprudência (1992a, 46 ss. e 92 ss.).

[950] A redacção do art. 64.º/2 é muito próxima do art. 5.º/3 do CdRP. Acrescenta, quanto àqueles que têm a obrigação de promover o registo, a expressão "por qualquer título", dado o sistema instituído para a promoção do registo que diverge do consagrado no CdRP, baseado no princípio da instância.

[951] FERREIRA DE ALMEIDA (1966, 268), ASCENSÃO (1993b, 360), que acentua particularmente a necessidade de excluir os estranhos do conceito técnico de terceiros, a que se refere o art. 5.º/3 do CdRP.

[952] Refere FERREIRA DE ALMEIDA (1966, 268): "Na prática, em relação a factos relativos à constituição ou transmissão de direitos sobre coisas ou sobre outros direitos, a categoria de terceiro reduz-se *àquelas pessoas que tenham direito incompatível com o do titular e que tenham submetido a registo esse direito*" (subl. do autor). Segundo o mesmo autor, "o conceito técnico de terceiro deriva da vida jurídica real, que mostra que só em relação a um número limitado de pessoas se põe o problema da inoponibilidade" (262).

Também *não são terceiros os herdeiros* (entendidos em sentido amplo, isto é, aí englobados os legatários [953]) dos interessados pois a sua posição deve ser considerada idêntica à daquele a quem sucederam. Portanto é-lhes oponível quanto seja oponível ao "de cuius"[954].

Não são terceiros aqueles que tivessem a obrigação de promover o registo. Entre esses a lei refere, exemplificativamente, os "representantes dos interessados", mas acrescenta outros que, por qualquer título, tenham a mesma obrigação de promover o registo. Poderão estar abrangidos na previsão legal, fundamentalmente, três grupos de entidades: os intermediários financeiros que têm a seu cargo a conta de registo dos valores mobiliários escriturais [955]; os corretores que executaram a operação, caso esta tenha sido realizada em bolsa; os representantes dos interessados, em sentido estrito [956].

III. Delimitado negativamente o conceito de terceiro, podemos dizer que, *positivamente, terceiro é aquele que*:

– não se inclua em nenhum dos grupos referidos anteriormente (art. 64.º/2);

– tenha a seu favor a inscrição registral de um direito ou facto e, por isso, não possa ser afectado pela produção dos efeitos de um acto que esteja fora do registo e com ele seja incompatível ou que por qualquer forma afecte a sua posição (art. 64.º/1) [957].

4.2.2. *A produção de efeitos antes do registo*

I. Da leitura "a contrario" do art. 64.º/1, conjugado com o n.º 2 do mesmo preceito, podemos afirmar que a lei prevê que os factos ou direitos sujeitos a registo produzam efeitos mesmo antes de registados. Desde a sua verificação ou constituição tais factos ou direitos são oponíveis entre: os interessados; os seus representantes; os seus herdeiros; todas as entidades que tenham a obrigação de promover o registo desses factos ou direitos.

---

[953] Assim, em geral, FERREIRA DE ALMEIDA (1966, 262).

[954] Esta é uma regra geral do direito das sucessões. Vd. ASCENSÃO (1987a, 417 ss.).

[955] O intermediário financeiro não pode invocar a sua qualidade de terceiro quando seja ele o adquirente pois aos seus interesses deve fazer prevalecer os do cliente (vd. o art. 660.º).

[956] Estão aqui abrangidos todos os tipos de representação, abrangendo a tutela, o poder paternal ou o mandato sem representação.

[957] Vd. PEREIRA MENDES (1992, 47). Porém, esta autora, distingue o conceito de terceiro registral, apenas válido para a aplicação do princípio da fé pública e o conceito de terceiro substantivo, válido para a oponibilidade a terceiros.

II. Que efeitos podem ser esses? Pensamos que a melhor maneira de determinar esses efeitos, é vermos os vários momentos da produção dos diversos efeitos, tendo em conta o que foi dito nos capítulos anteriores. Relembramos que estamos apenas a ter em conta os casos de alienação de valores escriturais, de acordo com as situações atrás analisadas. Igualmente, devido à conclusão atrás retirada, só temos presentes os casos de negócios celebrados fora de qualquer contacto com o registo, isto é, negócios em regra celebrados fora de mercado secundário.

É possível *distinguir três momentos quanto à produção de efeitos desses negócios*:
– desde a celebração do negócio ao momento da apresentação do pedido de transferência dos valores;
– entre a data do pedido de transferência e o registo na conta do adquirente;
– a partir do registo na conta do adquirente.

III. *No primeiro momento, isto é, até à data da apresentação do pedido de transferência dos valores objecto de negócio de alienação*, concluímos atrás que ainda não se transmitiu a titularidade dos valores negociados. Portanto, as partes não podem opôr entre si quaisquer direitos derivados dessa titularidade. O adquirente apenas tem direito a exigir da outra parte a apresentação do pedido de transferência ou a fazer ele próprio esse pedido. Assim, concordamos parcialmente com o Prof. Ferreira de Almeida quanto aos efeitos que podem ser produzidos entre as partes após a celebração do negócio de alienação[958]. Porém, consideramos que a titularidade não se transmite com o registo em conta, mas a partir do momento em que o negócio de alienação entra em contacto com o sistema de registo, portanto antes de ser registado na conta do alienante como atrás pensamos que ficou demonstrado.

Durante este período estamos perante *factos exteriores ao sistema de registo que não produzem qualquer tipo de efeitos contra os factos registados*. Se houver um terceiro que tenha conseguido registar em primeiro lugar um facto incompatível com o do primeiro "adquirente", este não poderá ver satisfeita a ordem de transferência pois os valores a transferir já não estarão sequer registados na conta do alienante[959].

---

[958] Vd. FERREIRA DE ALMEIDA (1993, 33-35).

[959] É evidente que estamos a partir do pressuposto que foram transferidos todos os valores registados em conta, pois, caso contrário, as várias operações poderão ser imputadas aos valores registados em conta de acordo com a apresentação dos diversos pedidos de transferência.

Em consequência não se transmitirá a própria titularidade dos valores em causa[960].

IV. *Entre a data da apresentação do pedido de transferência e o registo na conta do alienante* produzem-se todos os efeitos derivados da transmissão da titularidade, nomeadamente o adquirente tem direito a que lhe sejam entregues os direitos patrimoniais inerentes aos valores adquiridos e que entretanto foram exercidos. Além disso, tem direito a que o intermediário financeiro do alienante promova a transferência dos valores para a conta de que é titular. Por fim a partir deste momento produzem-se todos os efeitos que dependem do princípio da prioridade.

V. *A partir do registo na conta do adquirente*, este adquire também a legitimidade para alienar os valores em causa ou para os onerar, bem como para exercer os direitos sociais e patrimoniais inerentes aos valores registados.

6. NATUREZA DO REGISTO QUANTO À EFICÁCIA

I. De tudo quanto foi dito até agora, podemos concluir que, *quanto à sua eficácia, a natureza do registo de valores escriturais não é uniforme*: devemos distinguir quanto aos factos ou direitos produzidos em mercado secundário ou fora dele; devemos distinguir conforme esses efeitos se refiram à legitimidade, à transmissão da titularidade ou à circulação dos valores mobiliários.

Quanto aos factos ou direitos constituídos em mercado secundário, os seus efeitos produzem-se a partir da verificação desses factos ou da constituição desses direitos. Só há dois efeitos que nesses casos se produzem apenas com o efectivo registo: a legitimidade e a transferência em conta. Nestes casos *o registo consolida* o efeito derivado do negócio celebrado em conexão com ele.

Quanto aos negócios celebrados fora de mercado secundário produzem-se efeitos entre as partes desde o momento da verificação desses factos ou da constituição dos direitos. Os efeitos face a terceiros apenas se desencadeiam a partir da apresentação do facto perante o

---

[960] Assim o registo da segunda alienação e a transferência em conta dos valores mobiliários funciona como facto resolutivo do primeiro negócio de alienação que não conseguiu ver efectivado o seu registo.

sistema de registo. Portanto, nestes casos, *o registo é mera condição de oponibilidade a terceiros.*

Quanto à legitimidade ela resulta sempre e integralmente do registo dos valores mobiliários em nome do titular. Portanto o registo tem uma natureza *constituinte da legitimidade.*

Quanto à transferência dos valores entre contas e a efectivação da circulação dos valores mobiliários só se dá com o registo na consta do adquirente. Assim, o registo tem uma *eficácia circulatória.*

II. Ao definir a natureza do registo mais que nunca devemos ter em conta que este não pode ser tomado em sentido físico, mas em sentido jurídico. Assim, *devemos analisar a produção de efeitos e a natureza desse registo tendo em conta toda a sequência de actos que o integram e não apenas o acto material de registar em conta.* Esse é apenas o momento final que culmina toda uma sequência de actos que se processam de acordo com determinadas técnicas e princípios. Estas considerações são ainda importantes porque muitos dos actos de registo relativos a um determinado negócio não são feitos na mesma conta, sendo antes divididos pela conta do alienante e pela conta do adquirente. Ora esses diversos actos devem ser considerados em conjunto independentemente da conta onde tenham sido efectuados.

Assim, para a produção de efeitos é necessários ter em conta os actos de apresentação, os actos de bloqueios se os houver e o registo na conta do alienante bem como na conta do adquirente. Por isso, dizer que o registo de valores escriturais tem natureza constitutiva é simplificar demasiado aquilo que é mais complexo e, consequentemente, não atender ao regime efectivamente estabelecido por lei. Com efeito a *dicotomia registo declarativo-registo constitutivo não é apta a traduzir a natureza do registo dos valores escriturais.* As conclusões a que chegamos resultam da análise que fizemos do regime legal, evitando qualquer transposição de esquemas ou a sua sujeição a conceitos incapazes de o abarcar.

TERCEIRA PARTE

CARACTERÍSTICAS GERAIS DOS VALORES ESCRITURAIS: MODO DE CIRCULAÇÃO, FUNÇÃO E ESTRUTURA

CAPÍTULO I

A CIRCULAÇÃO DA LEGITIMIDADE E A CIRCULAÇÃO DA TITULARIDADE DOS VALORES ESCRITURAIS

1. INDICAÇÃO DE SEQUÊNCIA

I. Analisámos, até agora, aspectos essenciais do regime jurídico dos valores escriturais. Não que outros não houvesse a merecer atenção. Porém, fizemos uma escolha com todos os perigos que ela encerra, como todas as escolhas. Nem sempre encontrámos respostas e muitas vezes hesitámos. Ora balanceando entre o entusiasmo e o receio ansioso que as novas realidades sempre despertam, fomos avançando. Nunca nos sentimos à porta de um admirável mundo novo, dando mesmo em pensar que, como diz o Eclesiastes, nada há de novo debaixo do sol [961]. Relendo o que outros escreveram há dezenas de anos, não pudemos deixar de sentir que as preocupações de hoje continuam a ser as mesmas de então [962]. Pelo facto de os meios de transporte terem mudado ao longo dos tempos, não mudou a ideia e a necessidade de viajar e quem diz viajar, diz comerciar, construir, etc. Enfim, há necessidades velhas que são sempre novas. Porque próprias do viver em sociedade, em épocas diferentes vão sendo satisfeitas por modos diversos, sem deixarem de ser as mesmas necessidades. Foram pensamentos deste género que nos foram repetidamente

---

[961] Eclesiastes, 1, 9: "O que é que foi até aqui? O mesmo que há-de ser. Não há nada de novo debaixo do sol". (Bíblia Sagrada, ed. Difusora Bíblica, 1971, 856).

[962] "E, no entanto, a circulação do crédito é exigida pela economia moderna, cujos primórdios remontam ao renascimento económico da idade das comunas. Circulação dos créditos, vale dizer – o máximo de rapidez e de simplicidade no transmiti-los a vários adquirentes sucessivos, com o mínimo de insegurança para cada adquirente que deve ser posto, não só em condições de conhecer pronta e eficazmente aquilo que adquire, mas, também, a salvo das excepções cuja existência não lhe fosse dado notar, facilmente, no acto de aquisição. A satisfação dessa exigência que se fez sentir profundamente no moderno mundo económico, constitui um factor do desenvolvimento deste" (ASCARELLI, 1943, 10).

assaltando à medida que nos íamos aventurando pela frieza dos conceitos e a complexidade dos processos e das técnicas que vão dos títulos de crédito aos valores escriturais. Tantas vezes sem o conforto de construções dogmáticas sedimentadas, de classificações exaustivas, de interlocutores para um diálogo que amenizasse a solidão da pesquisa, da reflexão, da tentativa de compreender e construir. Foi nosso principal interlocutor a lei, tomando-a, sempre que possível, enquanto prática, enquanto direito positivo. Muitas vezes sentimos que apenas tocávamos um aspecto ou parcela de uma realidade bem mais ampla e complexa, receando quer o perigo de tomar a parte pelo todo quer a tentação de tudo tocar, tudo abarcar, tantas vezes tendo sido obrigado a recuar. Quem se aventura pelo mundo do direito, não pode esperar outra sorte.

II. A descrição feita até agora foi essencial, ao contrário do que poderia parecer à primeira vista. Numa primeira abordagem desta matéria, não havia alternativa. Não o fazer teria como consequência limitar-nos a esgrimir com conceitos e a adoptar métodos que a nada de seguro nos poderiam conduzir[963]. Mas não nos limitámos a descrever. Ao mesmo tempo, fomos tirando conclusões parcelares em cada capítulo, sistematizando aspectos novos, qualificando novas figuras e processos, estabelecendo paralelos em termos de direito comparado, etc. Na análise feita deparámos com um linguagem ainda muito dependente de realidades antigas. É o caso de expressões ou conceitos como "entrega", "materialização", "mobiliário"[964]. Igualmente concluímos que o legislador recorreu a diversos regimes quer de direito nacional ou estrangeiro para construir o regime jurídico da nova realidade, tornando-se necessário um novo enquadramento que já nada tem a ver com os regimes em que o legislador se inspirou.

Importa agora ir mais longe, relacionar os aspectos analisados até agora, aprofundar ou colocar os problemas dogmáticos mais importantes que são colocados pela nova realidade dos valores mobiliários escriturais. É o que tentaremos fazer nesta 3.ª parte, que dividimos em dois capítulos.

III. No primeiro capítulo, dedicado à circulação da titularidade e da legitimidade, começaremos por situar em ternos dogmáticos os valores escriturais. Esta colocação vai antes de mais levar-nos a concluir que *os*

---

[963] Sobre o irrealismo metodológico, vd. CORDEIRO (1989a, XXIV ss.).
[964] Do ponto de vista da linguagem há ordens jurídicas que ficam muito aquém da nossa lei como é o caso da França, onde continua a ser usado o termo "titre" para referir os valores mobiliários escriturais.

valores escriturais surgem de necessidades práticas na circulação dos valores mobiliários e não porque tenha sido colcocado em causa o regime dos valores mobiliários titulados, enquanto títulos de crédito. Apesar disso, a nova realidade entra em choque com os títulos de crédito. Não é uma construção dogmática distinta que dá origem aos valores escriturais, mas são estes que dão origem àquela[965].

Em segundo lugar, faremos um sistematização das principais abordagens de que têm sido objecto em direito comparado levantando os principais problemas medológicos que dificultam um avanço maior na construção dogmática dos valores escritrurais e, ao mesmo tempo, definindo a metodologia que aqui iremos seguir. Esta abordagem permite-nos concluir como *o método de abordagem dos valores escriturais pode ser essencial na reflexão dogmática sobre essa realidade. Até agora tem imperado uma reflexão sob o signo dos títulos de crédito e dos direitos reais, o que condiciona as soluções a que se chega*. Em nossa opinião são preconceitos que importa ultrapassar. Mas para o fazer importa identifica essa metodologia errada.

Seguidamente trataremos do problema da circulação dos valores escriturais, prestando atenção aos negócios e processos que permitem essa circulação. Os valores mobiliários são destinados à circulação, nesta se concretizando a sua função económico-social. Ora, dizer circulação, é dizer negócios que tenham o valor escritural por objecto ou que lhe dão origem. Importa agora analisar as relações que esses negócios mantêm com o registo: como é que nele se reflectem, por um lado e como é que o registo os condiciona ou influencia, por outro. Estamos a falar em realidades jurídicas distintas: por um lado, a relação jurídica subjacente, que se concretiza na emissão dos valores mobiliários; por outro, os negócios jurídicos que têm o valor registado por objecto, nomeadamente aqueles negócios que permitem a circulação do direito entre sucessivos titulares.

Já acima caracterizámos a emissão de valores mobiliriários[966]. Genericamente, não há especialidades de monta, conforme se trate de valores que devem ser representados por meio de títulos ou através de registos. Dissemos, então, que as características fundamentais da emissão de valores mobiliários eram: o carácter massivo; a homogeneidade dos direitos emitidos; a negociabilidade em mercado. Não são estes aspectos que, agora, nos interessam. Serão sobretudo os seguintes aspectos que

---

[965] Vd. o cap. II da 1.ª parte.
[966] Vd. cap. I da 1.ª parte, quando nos referimos à evolução do conceito de valor mobiliário.

teremos em conta: natureza do registo dos valores ; as consequências, para a entidade emitente, do registo dos valores; as relações que se estabelecem entre os sucessivos titulares do direito registado e a relação substantiva que subjaz ao registo ou, dito de outro modo, como é que essa relação substativa condiciona as posições dos sucessivos adquirentes. Cada um dos aspectos focados será tratado em separado.

Os negócios jurídicos que têm o valor registado por objecto, nomeadamente aqueles negócios que permitem a circulação do direito entre sucessivos titulares, constituirão o segundo ponto de análise neste capítulo. Dado que esses negócios têm o próprio direito registado por objecto, é importante analisar as relações que esses negócios têm com o próprio registo. Saber até que ponto o registo condiciona, influencia, ou se reflete sobre esses negócios jurídicos ou os seus efeitos, é entrar num dos problemas centrais dos valores mobiliários escriturais. Até certo ponto, como vimos [967], são as necessidades da circulação dos direitos que estão na origem dos valores escriturais. Portanto, a mera intuição parece apontar no sentido de essa circulação ser influenciada pelo registo. Mas a intuição pode ser traiçoeira, pelo que importa submetê-la à prova do regime jurídico instituído. Na análise a que procederemos usaremos como método partir de grupos de casos que consideramos típicos das mais diversas situações de relação entre o registo e a transmissão dos direitos registados. Assim, abordaremos sucessivamente: os negócios jurídicos realizados através do registo; os negócios jurídicos celebrados fora do registo, mas registados; os negócios jurídicos celebrados fora do registo, mas não registados. O nosso objectivo é determinar dois aspectos: as características dos negócios celebrados através do registo; abordar o problema da segurança do tráfico, em particular a protecção de terceiros adquirentes de boa fé, em cada um desses casos.

IV. No segundo capítulo, analisaremos as funções e a estrutura dos valores escriturais. Ao analisar a função dos valores escriturais daremos particular realce ao princípio da indiferença da forma de representação, isto é, concluiremos que as funções dos valores mobiliários não se alteram com a forma de representação. Tal permitir-nos-à estabelecer um primeiro paralelo entre os valores escriturais e os valores mobiliários titulados em geral, como títulos de crédito. Analisaremos de seguida a estrutura dos valores escriturais nos seus aspectos mais salientes, estabelecendo que as diferenças entre os valores escriturais e os títulos de

---

[967] Vd. cap. II da 1.ª parte.

crédito são essencialmente de natureza estrutural. A partir daqui colocaremos os problemas que se levantam para a construção de um regime geral dos valores mobiliários, independentemente da forma de representação, nomeadamente no que concerne aos valores mobiliários depositados no sistema de registo e controlo de valores mobiliários titulados.

2. PROBLEMAS METODOLÓGICOS E DOGMÁTICOS LEVANTADOS PELOS VALORES MOBILIÁRIOS ESCRITURAIS

2.1. As soluções jurídicas e as soluções da prática

I. A circulação da riqueza mobiliária é uma necessidade económica e social. Esta é uma afirmação que não carece de demonstração. A circulação dos direitos de crédito e participação social venceu o espartilho dogmático da cessão de créditos a partir do momento em que os direitos perderam o seu cunho pessoal e se "objectivaram", se "coisificaram"[968]. Os direitos passaram a circular não como tais, isto é, de acordo com as regras da cessão de créditos, mas como direitos documentados de acordo com o regime próprio do direito das coisas, isto é, de acordo com as regras do documento[969]. As coisas corpóreas têm o seu próprio modo de circular. Ao serem ligados a títulos em papel os direitos ganharam o estatuto dos bens móveis, sem deixarem de ser direitos e de circular enquanto direitos[970].

---

[968] Todos os autores que se têm debruçado sobre os títulos de crédito acentuam este aspecto. Vd., por ex., MARTORANO (1992, 9-13) e HUECK/CANARIS (1986, 4): "... a finalidade da emissão de um título de crédito consiste, nesta perspectiva, em submeter o direito incorporado no título ao direito das coisas, especialmente no que se refere à transmissão, com base na estreita conexão entre o direito documentado e o título". Savigny falava em "corporização da obrigação", vd. ZÖLLNER (1974, 283).

[969] Daí a doutrina alemã dizer que o direito derivado do papel (*Recht aus dem Papier*) segue o direito sobre o título (*Recht am Papier*). Vd., HUECK/CANARIS (1986, 3-4). Como refere PELLIZI (1984, 11), é pacífico considerar que "o momento determinante da disciplina dos títulos de crédito é a aquisição do documento".

[970] Houve mesmo un certo exagero nesta perspectiva, assente numa ideia de incorporação demasiado realista. Porém essa concepção tem vindo a ser corrigida, sobretudo no seio da doutrina alemã, embora também autores italianos acentuem esse aspecto, ao ponto de alguns considerarem o título em papel como não necessário à existência de um título de crédito. DEVESCOVI (1991, 306), por ex., considera que " no título de crédito, a conjugação direito/coisa tangível não pode considerar-se natural, como se entre o direito

Compreender esta questão historicamente parece-nos essencial[971]. De facto, as necessidades de circulação de riqueza não poderiam, nos tempos passados, encontrar melhor veículo que o papel, capaz de suportar mensagens com perenidade, fácil de transportar, de guardar, de reproduzir. O titular podia exibir o seu direito exibindo o papel e servir-se do correio para o enviar para longas distâncias. Podia "possuir" o seu direito através da posse do papel, apresentá-lo apresentando o papel, provar a sua titularidade através da propriedade do papel, transmiti-lo transmitindo o papel, etc. O modo de circulação do direito era o modo de circulação do papel e os mercados em que se negociava eram locais onde se vendiam e trocavam papéis valiosos[972]. Assim, *construiu-se o regime jurídico do direito com base no regime jurídico do papel como coisa móvel*. Em suma, o papel tornou-se essencial.

II. Mas a própria ideia de circulação, em geral, se foi lentamente alterando ao longo deste século. O telefone tornou cada vez mais desnecessária a presença física. A carta foi sendo substituída pelo telex, pelo telefax. A telefonia, a televisão, os satélites, etc. tornaram as comunicações totalmente imateriais. Enfim, as comunicações prescindiram dos tradicionais suportes físicos, sem deixarem de ser isso mesmo: comunicações de mensagens. A telemática permitiu transmitir mensagens com segurança a grandes distâncias e à velocidade da luz. É um problema civilizacional, de cultura[973].

Ora, os papéis não são aptos a circular através dos modernos meios. As mensagens que contêm escritas podem circular sem eles desde que

---

e o suporte catárceo existisse uma relação de íntima e necessária correspondência (...). A correspondência entre coisa tangível e entidade abstracta constitui, na noção do direito de crédito tradicional, uma relação simbólica e um sinal convencional, definidos, sempre em termos metafóricos como incorporação".

[971] Vd. ZÖLLNER (1974, 250 e 282-283).

[972] Os mercados tradicionais de títulos eram locais físicos, as bolsas de valores. Porém, hoje tende a ser ultrapassada a noção de mercado como local físico e a ser mais entendido como sistema informático que liga os compradores e os vendedores através de intermediários financeiros habilitados a intervir nesse mercado. Já assim é entre nós com a utilização do sistema "Tradis", sistema de negociação informático a nível nacional e em que as operações aí realizadas apenas são atribuídas a cada uma das bolsas de acordo com o mecanismo previsto no art. 441.º/2, de acordo com o qual as operações "consideram-se efectuadas nas bolsas em que se tenham originado as correspondentes ordens de vendas" (vd. os arts. 438.º – 441.º e o Reg. da CMVM n.º 91/10).

[973] Vd, KOZOLCHYK (1992, 30-40), COSTA (1989, 601 ss.), DEVESCOVI (1991, 14 ss.), FERREIRA DE ALMEIDA (1993, 23 ss.).

ligadas a outros suportes esses sim, adaptados às novas realidades. E como não podiam circular de acordo com as novas técnicas, os papéis deixaram de circular perdendo a sua função de suportes físicos da circulação. Subsistiram, apesar de tudo, através do sistema de depósito colectivo de títulos. Por isso, *os papéis apenas perderam a sua função de suporte físico da circulação de direitos, mas não a função de suporte jurídico dessa mesma circulação*[974]. As construções dogmáticas em que estavam alicerçados e criadas a partir deles, subsistiram para além deles e continuam de pé[975]. À ficção da coisificação dos direitos sucede uma ficção ainda maior[976], a da subsistência de um regime jurídico alicerçado no direito das coisas mas já sem coisas[977]. O que revela bem a capacidade do direito como factor de segurança, mas também de resistência à mudança[978]. Enquanto metalinguagem, autoreproduz-se mesmo sem a linguagem em que primitivamente assentava[979]. É óbvio que o modo de circulação do direito entrou em contradição com a subsistência do papel e das construções dogmáticas assentes em torno da ligação entre o direito e o papel. Dá-se, assim, uma *fragmentação no tratamento*

---

[974] Vd. as várias experiências que referimos no cap. II da 2.ª parte..

[975] Como diz sugestivamente MAIER-HAYOZ (1987, 399), há que dizer adeus aos títulos de crédito, mas não ao direito dos títulos de crédito.

[976] MAIER-HAYOZ (1987, 397) refere, a propósito da discussão actual sobre os títulos de crédito, que os juristas continuam muito amarrados a ficções. Distingue dois graus de ficção: o 1.º grau é *a ficção do papel* e o 2.º grau seria *a ficção da quota ideal de compropriedade nos títulos de crédito depositados e administrados em conjunto*, defendida pela doutrina alemã. A este respeito, ironiza ZÖLLNER (1974, 258) que a cada depositante nem corresponderia um milionésimo do documento global. Por sua vez CANARIS (1974, 258) considera que o documento global representa um " compromisso podre" com a tradição.

[977] Esta orientação metodológica parece-nos que se deve ao facto de as principais reflexões até agora produzidas sobre a desmaterialização terem como pano de fundo ou ponto de referência os títulos em regime de depósito colectivo e em que apenas a circulação é desmaterializada. Como referem HUECK/CANARIS (1986, 21), os títulos de crédito em depósito colectivo perderam a sua função e "ao mesmo tempo, fica claro o que ocupa o seu lugar *de facto* (mas não ainda *de iure*): os registos na contabilidade dos bancos".

[978] O prof. OLIVENCIA (1987, 13) refere-se ao "conservadorismo"técnico que ... projecta a inércia dos esquemas, formas, modos ou modas de antigamente, sobre a interpretação do Direito de hoje". Por sua vez ZÖLLNER (1974, 255) refere que "Não há razões práticas nem dogmático-jurídicas para se manter o depósito colectivo". No mesmo sentido CANARIS (1981, 1032) considera que o documento já não tem qualquer função e podia ser substituido por um registo.

[979] Sobre o direito como "metalinguagem" vd. MACHADO (1989, 273 ss.).

dogmático da nova realidade, na medida em as leis de circulação da teoria dos títulos de crédito já não são aplicáveis, nos mesmos termos, ao novo modo de circulação.

III. Mas tudo tem limites e o Direito não é imune às necessidades do tráfico. Estas forçam soluções muitas vezes contra a lei instituida ou surgem à margem dela[980]. *A lei limita-se muitas vezes a reconhecer e regular o que a prática já criou e desenvolveu*[981], *como já tinha acontecido com os títulos de crédito. O mesmo aconteceu com a criação dos valores escriturais*[982]. Dada a inadequação das coisas corpóreas para circular nos modernos meios de comunicação, havia que encontrar outras técnicas que se lhes adaptassem. Essa foi a técnica dos registos. Muito simplesmente, os registos foram o meio técnico considerado mais adequado para resolver o problema da circulação dos direitos de acordo com os modernos meios de comunicação, tal como o título de crédito em papel foi o meio técnico que há mais de um século foi considerado mais adequado aos meios de comunicação da altura. Num caso e noutro o problema a resolver foi sempre o mesmo. Basta ver o que aconteceu com a moeda muito antes dos títulos de crédito. Mas, *assim como a teoria dos títulos de crédito se desenvolveu a partir da ligação estabelecida entre o direito e o papel, também a teoria dos valores escriturais deve desenvolver-se a partir da relação que se estabelece entre o direito e o registo.*

IV. A teoria dos títulos de crédito não surgiu de um dia para o outro. Um longo caminho foi sendo percorrido até se chegar ao edifício dogmático que essa teoria é[983]. Com diferenças assinaláveis entre vários

---

[980] Vd. o que foi dito no cap. II da 1.ª parte quanto à forma como surgiram os depósitos colectivos de títulos. Como refere ZÖLLNER (1974, 251), a necessidade prática faz irromper figuras "contra legem". A propósito da situação na Suíça em 1987, refere sugestivamente DALLÈVES (1987, 48): "A economia já não pode passar hoje sem instituições como a SEGA e meios informáticos que lhe permitam funcionar. Só os juristas estão aflitos (chagrinés) com o afastamento entre o direito e a realidade que daí resulta cada vez mais nitidamente".

[981] Na expressão sugestiva de MEIER-HAYOZ (1986, 396), referindo-se aos valores escriturais, o direito coxeia atrás do desenvolvimento da vida real e os juristas revelam dificuldade em fornecer a fundamentação jurídica e a justificação dogmática.

[982] Embora, neste caso a sua criação tenha sido feita por via legislativa, observa DALLÈVES (1987, 48) que o legislador francês não esperou pela resolução dos problemas dogmáticos, "metendo, até certo ponto, o carro à frente dos bois".

[983] Como refere OLIVENCIA (1987, 29), "Os mercadores medievais criaram os títulos de crédito e a ciência jurídica do séc. XIX dotou-os de uma maravilhosa teoria geral, uma das mais perfeitas construções da doutrina científica". No mesmo sentido considera

ordenamentos jurídicos, mas igualmente com pontos de contacto indesmentíveis[984]. *Os valores escriturais são jovens e não podem desprezar todo o capital dogmático acumulado*. Mas as construções dogmáticas em torno desta nova realidade ainda mal começaram e muitos aspectos do seu regime jurídico continuam à espera de ser clarificados e à espera de sinais da própria prática para avançar.

Quase todas as reflexões jurídicas relativas aos valores escriturais têm sido feitas sob o signo (ou o espectro) dos títulos de crédito, o que as tem condicionado[985]. Comparações entre as duas realidades exigem-se, sem dúvida. Porém, ainda não se avançou o suficiente na definição de um dos termos da comparação, isto é, os valores escriturais. Importa tomar os valores escriturais como objecto de reflexão por si mesmos e só depois comparar o que for comparável[986]. *Autonomizar o tratamento dos valores escriturais em nada prejudica as construções dogmáticas elaboradas para os títulos de crédito. Podem continuar a existir lado a lado como soluções igualmente válidas para um mesmo problema*. Só daí poderá resultar um cruzamento frutuoso[987].

V. A ordem jurídica não está presa a soluções. Pode inovar e propor novas soluções sem que tenha de ficar presa às soluções antigas. Ao

---

COTTINO (1992, 250) que "depois da grande revolução representada na Idade Média pela desmaterialização do dinheiro, dos créditos ... no e com o documento, uma segunda revolução parece estar à porta, consistente na desmaterialização do próprio documento".

[984] Não cabe aqui analisar essas diferenças. Têm-se sobretudo presentes as diferenças entre as concepções alemã e italiana. Vd., por todos, EIZAGUIRRE (1982, 1 ss) e PELLIZI (1984, 1 ss).

[985] Como refere OLIVENCIA (1987, 27), "É óbvio que a novidade do sistema não pode circunscrever-se, sem dúvida, à substituição técnica do título de crédito pelo novo suporte. Essa mudança reclama o estabelecimento de um regime jurídico adequado, consequente com a distinta natureza do instrumento que serve de suporte à relação obrigacional. Não se tratará já de títulos de crédito, nem sequer de uma espécie *sui generis* enquadrável dentro desta categoria".

[986] Como refere OLIVENCIA (1987, 29), "factos novos exigem um direito novo", reportando-se às "anotaciones en cuenta de deuda del Estado" criadas em 1987.

[987] As principais reflexões sobre esta matéria devem-se à doutrina alemã. Embora numa 1.ª fase a construção da chamada teoria do direito valor *(wertrechtslehre)*, elaborada por OPITZ esteja muito ligada aos títulos em depósito colectivo, tal teoria tem vindo a ser abandonada nos termos em que foi inicialmente formulada. CANARIS (1981, 1033) refere até que essa teoria foi unanimemente rejeitada pela doutrina. Porém o termo direito valor *(Wertrecht)* foi adoptado para caracterizar os direitos não documentados. Nomeadamente CANARIS, na op.cit., defende o tratamento jurídico do direito valor independentemente do documento.

ligar os valores escriturais à técnica dos registos tinha ao seu dispor técnicas registrais múltiplas e antigas. Também deste ponto de vista a solução encontrada não é nova. O direito registral tem vindo a assumir uma importância cada vez maior nas sociedades modernas. O legislador tinha pois à mão um conjunto de técnicas de que podia deitar mão e foi o que fez.

Mesmo no domínio dos valores mobiliários sempre existiu uma técnica registral adequada a esses valores: *o velho livro de registo das acções, em particular o livro de registo das acções nominativas.* Dispunha de uma dogmática do registo de bens particularmente desenvolvida, em particular *o registo predial que podia adoptar* [988]. Conhecia a já velha e desenvolvida prática bancária de registos em conta [989]. Tudo era uma questão de optar por uma dessas técnicas, a mais adequada, e adaptá-la à representação dos valores mobiliários, tornando-a, ela própria, em suporte da circulação desses valores ou antão combinar todas essas experiências. Entre nós foi consagrado um regime legal para os valores escriturais. Nele deve assentar toda a nossa reflexão.

2.2. A reflexão sobre os valores escriturais numa fase de transição

I. A actual fase de desenvolvimento dos valores escriturais coexiste com a subsistência dos títulos quer circulando individual e fisicamente [990] quer de forma desmaterializada, em depósito colectivo ou centralizado.

---

[988] SERRA (1956 (61), 7, nota) transcreve uma citação de Heck, em que este autor afirma que os títulos de crédito *"são sinais jurídicos,* como as inscrições no livro predial; criam uma aparência jurídica" (subl. autor). Segundo DRUEY (1987, 69), referindo-se à situação na Suíça e tendo em vista a legislação em preparação, tanto podem ser encarados os valores escriturais através da ampliação do conceito de documento aos dados electrónicos armazenados ou seguir o modelo do registo predial.

[989] Essa é a prática alemã, consagrada na *DepotG* e desenvolvida nas cláusulas gerais por que se regem os bancos de depósito colectivo de títulos. Vd. a sua transcrição em CANARIS (1981, 1040-1047). Por ex., a lei italiana sobre o depósito na *Monte Titoli,* e quanto à transferência dos valores para outro sujeito participante no sistema, remete para as "modalidades indicadas no contrato de depósito", isto é, para as operações de registo em conta. Vd. OPPO (1986a, 565) e DEVESCOVI (1991, 14), entre outros.

[990] No que respeita aos valores mobiliários ou títulos de investimento, esta é uma realidade que hoje se pode considerar como excepcional nos diversos países e mesmo entre nós. Por isso a reflexão sobre os valores mobiliários que sejam títulos de crédito não pode deixar de ter este aspecto em conta. Vd. EIZAGUIRRE (1982, 79-80) e supra, cap. II da 1.ª parte. Para a Alemanha, vd. HUECK/CANARIS (1986, 276 ss).

Os sistemas de valores escriturais e de depósito centralizado de títulos são alternativos como solução para o mesmo problema. Por isso, quando qualificamos a actual fase como de transição[991] não o fazemos no sentido de que os sistemas de depósito centralizado venham, a prazo maior ou menor, a ser substituídos por sistemas de valores escriturais[992]. O único sentido em que empregamos a expressão "fase de transição" refere-se ao *estado da doutrina jurídica sobre o tratamento dos valores escriturais*: esta tem sido orientada ou assente nos sistemas de depósito centralizado, nomeadamente na Alemanha e na Itália e, por arrastamento, noutros países. A razão última reside no facto de a lei apenas se ocupar desses valores mobiliários e, mais em geral, dos títulos de crédito. Por isso, está em plena evolução, não se tendo autonomizado face à teoria dos títulos de crédito. Este estado de coisas parece-nos que é induzido por metodologias de tratamento dos problemas que deve ser vista com reservas, tudo dependendo do estado de desenvolvimento do direito positivo sobre esta matéria. Assim, aquela dependência do tratamento dos valores escriturais face aos títulos de crédito pode justificar-se em países que não têm um regime legal para os valores escriturais ou em que esse regime relaciona expressamente os valores escriturais com os títulos de crédito. Já não assim em Portugal que possui um conjunto relativamente completo de normas sobre valores escriturais.

Os problemas metodológicos provocados pela reflexão sobre os valores escriturais assente nos títulos em regime de depósito colectivo ou centralizado, ou mais genericamente nos títulos de crédito podem resumir-se assim: fraccionamento no tratamento dogmático da realidade jurídica que é o valor escritural; aceitação, ainda que por analogia, das categorias e construções elaboradas para os títulos de crédito; tende a limitar as reflexões aos valores inseridos num sistema centralizado.

II. *O fraccionamento no tratamento dogmático da realidade jurídica que são os valores escriturais traduz-se, antes de mais, na consideração parcelar destes valores.* Com efeito a análise assenta ou reduz-se quase exclusivamente ao regime de circulação desses valores, nomea-

---

[991] Utiliza também a expressão EIZAGUIRRE (1982, 11 e 88). Para esse autor o momento de transição identifica-se com a chamada "crise dos títulos de crédito". OLIVENCIA (1987, 17) chama-lhe "crise da incorporação". Outros, como DEVESCOVI (1991, 14-18) preferem falar da crise do suporte catárceo e não de crise do título de crédito.

[992] Prognosticam uma evolução geral para os valores escriturais autores como DALLÈVES (1987, 48) e DRUEY (1987, 385).

damente em torno dos problemas de legitimação e de segurança do tráfico, em particular da protecção de terceiros adquirentes de boa fé[993]. Embora esses problemas sejam fundamentais, todos os restantes aspectos atinentes à tipologia do valor escritural, à sua estrutura[994], à sua emissão e constituição ou alteração, extinção, etc., são deixados de lado, o que bem se compreende. Com efeito, continuando a existir títulos, ainda que depositados, ou um mero título global, também depositado, é a eles que o tratamento legal e doutrinário se continua a referir.

Esta orientação não pode deixar de trazer limitações à construção dogmática dos valores escriturais e à elaboração de todo um sistema coerente com a sua estrutura. Se se considerar que a estrutura dos valores escriturais pode ser decisiva para o seu regime, como o é para os títulos de crédito, pode avaliar-se bem a importância de alargar o campo de reflexão. Portanto a *construção de uma teoria dos valores escriturais não pode assentar nos títulos em depósito colectivo*[995]. Além disso, nem as reflexões feitas a partir deles podem ser aplicadas integralmente aos valores escriturais sob pena de deixar de haver qualquer relação entre a construção dogmática e a realidade jurídica a que se refere[996].

III. *Em segundo lugar, há toda uma reflexão que assenta nos títulos de crédito.* Continuam a utilizar-se as categorias e construções dogmáticas elaboradas para os títulos de crédito[997] em vez de tomar o regime dos valores escriturais como objecto global de análise. Procuram, assim, encontrar-se princípios comuns às duas realidades, o que terá como consequência uma alteração ou alargamento do conceito de título

---

[993] Abordámos os problemas atinentes à protecção de terceiros adquirentes de boa fé no cap. V da 2.ª parte, onde salientámos a discussão em torno deste problema, as várias posições e a forma como a nossa lei o resolve.

[994] No sentido de que os "momentos" estrutural e circulatório são os mais característicos dos títulos de crédito, OPPO (1986a, 549).

[995] Esta situação, como bem salienta o Conselho de Estado espanhol a propósito da relação macrotítulo/anotaciones en cuenta é um sistema misto e já não pura e simplesmente assente nos títulos de crédito: assenta neles nuns aspectos mas afasta-se noutros (vd. AAVV, 1978, 356). É, pois, um sistema artificial que tenta salvar o que não pode ser salvo. O mesmo artificialismo estende-se às construções dogmáticas que têm vindo a tentar explicar esta nova realidade.

[996] Como refere CORDEIRO (1987, 211-212) a propósito do que chama irrealismo metodológico, há correntes do pensamento jurídico que incidem "num discurso pré-elaborado, abstraído já da realidade vivida que o Direito em cada sociedade é (...)".

[997] Nomeadamente conceitos como os de "posse" mediata ou imediata, "entrega" e "incorporação", etc.

de crédito, adaptando-a à nova realidade[998]. Porém, não pode ignorar-se que outro procedimento metodológico é dificultado pela inexistência de um regime legal desenvolvido para os valores escriturais ou pelo facto de estes valores estarem limitados aos títulos de dívida pública, como acontece na Itália e na Alemanha[999]. Parece-nos que *podemos resumir em dois os contributos mais importantes conseguidos até agora com este método:*

– Exclusão da necessidade de apresentar o documento em papel com base na ideia de que basta a posse mediata ou indirecta do documento pelo titular, mas de forma a que se garanta a impossibilidade prática de utilização por um titular anterior[1000];

– Abandono do recurso aos princípios do direito das coisas como instrumento de protecção do tráfico. Em seu lugar, a base de confiança para os terceiros de boa fé que adquiram *a non domino*, adviria da fiabilidade nas instituições bancárias[1001], entre as quais se desenvolve a circulação dos títulos, enquanto circulação bancária, de acordo com as regras dos bancos e já não de acordo com as regras dos títulos de crédito[1002].

Há, no entanto, metodologias mais radicais, como acontece em Itália, nomeadamente quanto a este último aspecto. Considera, em geral, a doutrina italiana a necessidade de uma equiparação legal entre a circulação desmaterializada e a circulação cartular, para que a disciplina dos títulos de crédito possa aplicar-se[1003]. Assim, essa doutrina é particularmente contrária à ideia de uma protecção dos terceiros de boa fé que não assente na aplicação do regime dos títulos de crédito[1004]. A equiparação

---

[998] É o caminho seguido particularmente por ZÖLLNER (1974, 259 ss. e 267 ss.).

[999] Vd. supra, cap. II da 2.ª parte. Com efeito, nos países em causa não existe um regime desse género nem na Alemanha nem na Itália.

[1000] Vd., em particular ZÖLLNER (1974, 271, 285) e HUECK/CANARIS (1986, 16). No sentido do texto EIZAGUIRRE (1982, 86). A teoria dos direitos-valor na Alemanha nasceu muito ligada ao direito das coisas, ao querer atribuir uma natureza "quase-real" aos valores desmaterializados. Vd. uma crítica em DALLÈVES (1987, 48-49).

[1001] Assim, ZÖLLNER (1974, 261 ss., 267.)

[1002] Vd. HUECK/CANARIS (1986, 18). Particularmente crítico, LENER (1989, 32). Deve porém salientar-se que a perspectiva de ZÖLLNER e CANARIS são distintas, pois enquanto este considera que as referidas conclusões devem ser limitadas ao domínio dos valores mobiliários, aquele entende aquelas conclusões de aplicação geral aos títulos de crédito. Vd. HUECK/CANARIS (1986, 9, 25 e 107) e ZÖLLNER (1974, 282 ss.).

[1003] A desmaterialização do título de crédito é definida como a "perda de correspondência entre a forma de circulação dos valores mobiliários e a forma de circulação das coisas móveis" (SPADA, 1986, 626).

[1004] Vd. LENER (1989, 32). Para um ponto da situação da discussão, vd. D'ALCONTRES (1992, 116-120).

legal foi consagrada nesse país através da consideração da circulação através de registos como *traditio*[1005]. Esta equiparação compreende-se num ordenamento jurídico como o italiano em que o CCiv contém uma regulação unitária dos títulos de crédito e, além disso, o legislador está a referir-se a títulos de crédito, embora em regime de depósito colectivo. Já a mesma equiparação é mais difícil de perceber em Espanha, onde nenhum daqueles pressupostos se verifica[1006].

IV. *Uma terceira orientação metodológica, tem a ver com a limitação das reflexões aos valores em sistema centralizado*[1007]. Porém, é hoje claro que a circulação ou existência dos valores escriturais não exige necessariamente a sua inserção num sistema[1008]. As referências feitas às

---

[1005] O art. 4.°/2c da lei n.° 289/86 estabelece que a transferência de títulos em gestão centralizada mediante operações de registo "*produce gli effetti propri del trasferimento secondo la disciplina legislativa della circolazione dei titolo*". Portanto, remete para o art. 1994.° do CCiv. que consagra a tutela do terceiro adquirente de boa fé. Vd. D'ALCONTRES (1992, 117-118). Como bem refere MARTORANO (1992, 193-194), "trata-se de uma aplicação directa da disciplina cartular, baseada não sobre a ficção da equiparação da operação de registo à investidura do adquirente na posse qualificada do título, mas sobre a extensão da regra de aquisição *a non domino* na circulação das coisas móveis a uma *fatispecie* diversa (a composse *pro quantitate*), mas sempre dentro da esfera dos direitos reais". No mesmo sentido GUALANDI (1983, 9) e PAVONE LA ROSA (1988, 317 ss.). Note-se que a construção aqui subjacente só é aplicável aos títulos em depósito colectivo enquanto objecto de compropriedade por todos os depositantes, na medida daquilo que o registo expressasse. Assim, a circulação é encarada não como circulação do título ou valor mobiliário, mas como circulação da quota ideal que cada um tem no depósito colectivo em compropriedade. É fácil concluir que este tipo de construções não têm qualquer sentido quando aplicadas aos valores escriturais.

[1006] Prescreve o art. 9.°/1-2.ª parte, da LMV: "*La inscripción de la transmissión a favor del adquirente producirá los mismos efectos que la tradición de los títulos*". A explicação dada pela doutrina reside no particular modo de transmissão consagrado no ordenamento jurídico do país vizinho, de acordo com a chamada teoria do "título e do modo" de acordo com a qual a transmissão apenas se verifica no momento da entrega da coisa, tornando-se necessário encontrar um equivalente a essa entrega. A construção, porém, é artificial e apenas deve entender-se quanto aos efeitos do registo, não se tratando de uma entrega em sentido próprio.

[1007] Em particular a doutrina alemã faz assentar a sua reflexão sobre a *DepotG*, cujos preceitos considera que devem ser aplicados analogicamente aos valores escriturais. Por sua vez a doutrina italiana apoia-se na lei que criou a *Monte Titoli*, por sua vez muito próxima da *DepotG*. Vd. OPPO (986a, 550-551).

[1008] Questão distinta é a exigência da máxima concentração dos valores que é exigida em qualquer caso, ou na entidade emitente ou num intermediário financeiro por ela escolhido. Vd. o que dissemos atrás a propósitos dos valores escriturais fora do sistema,

soluções consagradas em França e Espanha e a existência no nosso ordenamento jurídico de valores que não estão ligados a qualquer sistema centralizado, prova a afirmação anterior. O que já parece ser essencial é a existência desse sistema para que os valores escriturais possam circular de forma massiva e rápida, sobretudo por exigências de negociação em mercados organizados.

V. *Uma última referência tem a ver com uma certa forma de encarar os valores escriturais como realidades definidas por relação com os títulos de crédito.* São, em regra, definições negativas que nada ajudam a perceber o objecto definido porque se toma o título de crédito como elemento de referência da própria definição[1009]. Com efeito, dizer que os valores escriturais são direitos não documentados é quase como dizer que uma mulher é um ser humano que não é homem. E se definir é sempre comparar ou determinar uma espécie dentro de um género, não está provado que o título de crédito seja o género.

É um facto que, em termos histórico-culturais a característica mais saliente dos valores escriturais é a ausência de um título em papel. Este tornou-se de tal maneira importante que já quase não se concebe o direito sem o título. Na prática, tomam-se um pelo outro e o regime jurídico do direito é determinado pelo regime jurídico do título. Daí a tendência para definir negativamente o valor escritural. Este seria como uma excepção, como algo de irregular[1010]. E esta conclusão é inevitável se forem definidos em relação com os títulos de crédito[1011]. Porém, os valores mobiliários não são um *minus*, mas um *aliud* em relação aos títulos de crédito, como veremos adiante.

---

também eles centralizados num intermediário financeiro ou na entidade emitente. Vd. igualmente as várias modalidades de registo de valores escriturais admitidas em França

[1009] É conhecida a definição de Opitz, que considera o direito-valor (*Wertrechte*) como um direito que não foi incorporado num documento. Vd. ZÖLLNER (1974, 257) e HUECK/CANARIS (1986, 23).

[1010] A própria terminologia utilizada é negativa: des-materializados (no sentido de não materializados), não documentados, des-incorporação.

[1011] Assim HUECK/CANARIS (1986, 25): "Do ponto de vista dos títulos de crédito, trata-se de uma irregularidade que, portanto, não pode generalizar-se". Mas, como referem os mesmos autores as duas realidades devem ser colocadas lado a lado: "...é incontestável que no ordenamento jurídico actual existe a figura dos "direitos valor" juntamente com a dos "títulos valor" e isso não representa uma irregularidade, mas a fase final e superior da "desmaterialização" ou "desincorporação" *(Einstuckung)* no âmbito dos valores mobiliários" (24).

VI. Os principais problemas que têm sido suscitados pela doutrina quanto aos valores escriturais, respeitam à *protecção do tráfico* e à sua *relação com os títulos de crédito*. Há quem qualifique os problemas jurídicos colocados pela desmaterialização como uma aventura dogmático-jurídica [1012] ou quem considere que "nos encontramos perante um dos fenómenos de maior transcendência jurídica e económica do moderno Direito patrimonial" [1013]. Por sua vez Dallèves, considera que os valores escriturais já nada têm a ver com o direito das coisas e que os problemas que eles suscitam reclamam soluções originais, razão por que considera que a reflexão exigida é "nova e de grande fôlego" [1014]. Para alguns autores a questão central que se coloca prende-se com a natureza jurídica dos registos em conta [1015]. Porém, a maioria dos autores, colocando-se do ponto de vista dos títulos de crédito, considera que o principal problema que se coloca consiste em saber se os valores escriturais podem ainda dizer-se títulos de crédito, isto é, se ainda faz sentido considerar como cartulares, direitos que já não são materializados em papel [1016]. Mas, como Lener refere, a resposta depende em larga medida da solução que seja dada pelo legislador de cada país [1017]. Por isso a nossa reflexão assentará no regime jurídico dos valores escriturais consagrado pela nossa lei. Estamos certos que essa reflexão nos permitirá colocar correctamente os problemas, ir mais longe que a doutrina de outros países pois não estaremos condicionados pela lei, e ultrapassar as dificuldades que resultam de colocar a reflexão sobre os valores escriturais na dependência da teoria dos títulos de crédito.

[1012] Assim DRUEY (1987, 69).
[1013] OLIVENCIA (1987, 29).
[1014] DALLÈVES (1987, 49).
[1015] Assim, DRUEY (1987, 69). Acrescenta o autor, referindo-se ao direito suíço, que deve definir-se se esses registos são um mero fenómeno interno dentro de uma organização ou se, para ter efeitos externos a lei tem que atribuir essa eficácia aos registos. Defende que os registos não devem ser constitutivos, mas de prova. Por sua vez, salientam RIPERT/ROBLOT (1992, 44) que "As análises suscitadas pela incorporação do direito no título ao portador ou o valor jurídico do *transfert* dos títulos nominativos desaparecerão dos manuais e dos relatórios. Mas a natureza do direito do titular sobre o valor mobiliário novo, materializado por uma inscrição em conta ... alimentará novas controvérsias".
[1016] Assim, LENER (1989, 5).
[1017] LENER (1989, 6).

3. A EMISSÃO DE VALORES ESCRITURAIS E O SEU REGISTO EM CONTA: O DIREITO ANTES E DEPOIS DO REGISTO.

I. A emissão dos valores mobiliários determina o conteúdo desses valores em todos os seus aspectos. O registo, quanto a esse aspecto, não acrescenta nada de novo [1018]. Também este fica inteiramente dependente daquele conteúdo, da relação estabelecida entre a entidade emitente e o titular, nada podendo inovar em relação a ela [1019]. Em consequência, as divergências de conteúdo entre o registo e a relação substantiva subjacente que, através da emissão e respectiva subscrição, se estabeleceu entre a entidade emitente e o titular dos valores, devem ser resolvidas pela *prevalência da relação material subjacente ao registo* [1020]. Deste, não podem resultar situações divergentes face àquela relação e que sejam oponíveis à entidade emitente. Valerá, aqui, o princípio de só será oponível à entidade emitente o que também o seria se o direito estivesse representado por títulos [1021], conclusão que pode ser assente no que chamamos princípio de indeferença da forma de representação [1022]. Por isso, *do ponto de vista das relações com a entidade emitente, cada sucessivo titular dos valores registados vem ocupar exactamente a mesma posição do anterior. O seu direito não é autónomo,* mas dependente da relação substancial

---

[1018] FERREIRA DE ALMEIDA (1966, 211) considera que há uma diferença estrutural entre o registo e o facto sujeito a registo. Pensamos que tem razão. Isso, porém, não invalida o que é dito no texto na medida em que o registo se limita a reproduzir um conteúdo predeterminado.

[1019] O registo é uma reprodução que, neste caso, será em forma resumida. FERREIRA de ALMEIDA (1992, I, 318-321 e nota 179) qualifica nestes casos o *registo como "metatexto do texto negocial"*. O autor refere-se à relação entre texto e documento a propósito do negócio jurídico.

[1020] Aflorámos acima este aspecto a propósito do significado e importância da conta de emissão, aberta na Central e na entidade emitente. Esta conta, que está sujeita ao controlo da entidade emitente, é aberta com base nos documentos que titulam essa relação jurídica subjacente (escritura de aumento de capital, deliberação dos órgãos sociais, etc., conforme os casos).

[1021] O legislador espanhol consagrou expressamente este aspecto (art. 9.º/4 da LMV): "La entidad emisora solo podrá oponer, frente al adquirente de buena fe de valores representados por medio de anotaciones en cuenta, las excepciones que se desprendam de la inscripción en relación con la escritura prevista en el articulo 6 y las que hubiese podido esgrimir en el caso de que los valores hubiesen estado representados por medio de títulos".

[1022] Quanto ao princípio de indiferença da forma de representação vd. o próximo capítulo.

subjacente. A sua autonomia apenas pode entender-se em relação à posição do anterior titular, no que respeita às excepções pessoais [1023].

A relação substancial consta [1024] do registo e respeita aos aspectos essenciais do valor mobiliário [1025]. Por isso, os registos não podem ser modificados por simples intervenção do titular, mas apenas com o concurso da entidade emitente. Além disso, como já obsevamos atrás, o registo é dotado de literalidade, embora referida aos documentos de suporte, o que só com muito boa vontade se pode considerar literalidade. Em conclusão, quanto aos aspectos acabados de referir, o registo declara apenas o direito *quanto ao seu conteúdo. Mas ao ser registado passa a ser um valor mobiliário escritural. Só desse ponto de vista é que o registo é constitutivo* [1026].

II. Tudo quanto acaba de ser dito não nos afasta, no essencial, do que se verifica com os valores mobiliários que são representados por meio de títulos. Por isso, é habitual classificá-los como títulos causais, por contraposição aos títulos abstractos [1027]. Poderá, pois, dizer-se que *os registos não ganham autonomia* [1028] *perante a relação subjacente*. A lei impõe às entidades registadoras, deveres no sentido de os registos reflectirem fielmente o conteúdo da relação subjacente.

Nenhum dos aspectos focados é referido explicitamente pelo legislador. Com efeito, este está a pressupor todo um fundo jurídico-cultural que tem a ver com a dogmática dos títulos de crédito e do direito comercial, em particular das sociedades comerciais. São aspectos naturalmente

---

[1023] Quanto ao entendimento do conceito de autonomia, no sentido do texto, refere OLAVO (1978, 49-50): "... *o que não se verifica é a autonomia do título em relação ao negócio causal*, cujo conhecimento proporciona aos sucessivos portadores, aos quais por isso podem ser opostas as excepções *ex causa*" (subl. meu).

[1024] Quando dizemos "consta", não é no sentido de que o registo seja a fonte da relação substancial, mas apenas uma sua prova qualificada. Vd. supra, cap. I da 2.ª parte quanto à função probatória do registo.

[1025] Vd. cap. II da 2.ª parte.

[1026] Vd. o cap. I da 2.ª parte.

[1027] Sobre os títulos causais, referindo-se às acções vd., por todos, SERRA (1956 (60), 44 ss.).

[1028] A autonomia deve ser correctamente entendida. Antes de mais a autonomia significa que o direito de cada um dos sucessivos possuidores do título é independente do direito dos anteriores titulares. Vd. PINTO COELHO (1955, 164), referindo-se às acções como títulos de crédito: "O adquirente não é verdadeiramente o sucessor ou representante do transmitente, pelo que lhe não poderão ser opostas excepções que pessoalmente respeitavam a este ou a qualquer dos anteriores portadores da acção". Trata-se, portanto, de um conceito de autonomia distinto do que foi referido na nota 1023. Mais desenvolvidamente, vd. o próximo capítulo.

pressupostos pelo legislador. Também aqui o princípio da indiferença da forma de representação[1029] (art. 47.º/1) tem o seu reflexo[1030]. Mas como não traz nada de novo, é aspecto que não desenvolveremos.

III. Ao decidir[1031] emitir valores mobiliários sob a forma escritural de representação, a entidade emitente está, desde logo, a determinar[1032] o tipo de relações que pretende estabelecer com os titulares dos valores. Com efeito, ao determinar a forma de representação dos valores, a entidade emitente compromete-se a cumprir as obrigações derivadas do direito do titular apenas e na medida em que esse direito esteja representado por aquela forma. Assim, nas relações entre a entidade emitente e os titulares dos valores, o registo não dá conteúdo às obrigações e direitos derivados do valor, isto é, não conforma o seu conteúdo. Apenas determina *o processo de cumprimento* daquelas obrigações e de exercício daqueles direitos tal como determina o seu processo de circulação. *Pelo facto de serem registados, o conteúdo dos valores não se altera e, desse ponto de vista, o registo não constitui os direitos nem conforma o seu conteúdo*[1033]. Antes de mais, o registo materializa a decisão da entidade

---

[1029] Vd. o cap. II desta 3.ª parte.

[1030] Isso não significa que não possa haver excepções quer expressamente consagradas por lei ou pelos estatutos, no que respeita às obrigações, embora não quanto às acções. Vd., por ex., no direito alemão, HUECK/CANARIS (1986, 278).

[1031] Quando delibera fazer uma emissão de valores mobiliários, deve logo definida a forma de representação desses valores. Vd. art. 47.º/3.

[1032] Não no sentido de que tal resulte como um efeito da decisão de emissão, pois apenas pode resultar da lei. Porém, é a decisão de emissão que a concretiza.

[1033] Em sentido próximo do texto, e a propósito da acção como título de crédito, refere PINTO COELHO (1955, 181): "A acção, tem, pois, sem dúvida uma *função probatória;* mas também uma *função dispositiva,* expressão que os citados autores (refere-se a Garrigues e Uría) empregam para significar que ela é necessária para a disposição ou transmissão dos direitos sociais. *Não lhe compete, porém, uma função constitutiva, visto não ser a sua criação que faz nascer os referidos direitos".* Resumindo, conclui o autor que "a acção desempenha essencialmente um *função instrumental:* (...) é ... o instrumento ou veículo indispensável para a transmissão dessa condição (de sócio) e dos direitos que dela advêm" (subl. do autor). Em sentido contrário, vd., porém, OLAVO (1978, 17 e nota 15, 47). Considera este autor, aliás no seguimento da doutrina clássica italiana sobre a matéria, que também nestes casos é constitutiva a natureza da incorporação do direito no título. Em resposta a Ferri, sustenta aquele autor: "Só que o direito social anterior à emissão do título não se identifica exactamente com o direito social incorporado no título, e implica a reconstituição do título". Assim, distingue entre *"direito social só por si"* e *"direito social cartular".* E acrescenta: "Quanto aos títulos causais, a afirmação é menos evidente, porque pode pensar-se que o direito incorporado (v.g. o direito social que se insere na acção) foi criado pelo negócio subjacente (neste caso o contrato social) e, por

emitente de apenas se obrigar perante o registo e de acordo com os processos desse registo. Então, pode dizer-se que o *registo é constitutivo do tipo de relações que se estabelecem entre a entidade emitente e o titular dos direitos*. Constitutivo não do conteúdo da relação que entre eles se estabelece, mas constitutivo do processo através do qual essas relações devem ser estabelecidas [1034].

IV. As relações entre a entidade emitente e o titular dos valores registados concretizam-se através do exercício dos direitos por este e do correspondente cumprimento das obrigações por aquela. Em suma, exige-se legitimidade para esse exercício. A partir do registo, a legitimidade fica inteiramente dependente dele. É uma legitimação registral que em nada depende da titularidade da pessoa inscrita. Com efeito, à entidade emitente é indiferente que a pessoa registada seja ou não o titular dos valores em causa [1035]. Ela assumiu o compromisso de só cumprir a suas obrigações perante quem consta do registo e de acordo com os processos de registo [1036]. Por isso, não tem que indagar se as pessoas

---

tanto, é anterior à emissão do título. Mas, na realidade, os dois direitos não se identificam inteiramente, pois com o negócio causal nasce um direito sem as características próprias da circulabilidade, enquanto que só com o título surge o direito literal e autónomo, portanto circulável" (70. Vd. também, 74-75).

[1034] Em relação aos títulos de crédito discute a doutrina se o direito incorporado nos títulos causais, isto é, a criação do direito cartular é um negócio jurídico ou uma declaração de ciência (dado o direito social já existir). As opiniões variam. F. OLAVO (1978, 74-75), na sequência de ASCARELLI (1943, 158 ss.), refere que se trata de "uma declaração de vontade cujo conteúdo consiste em constituir o direito circulável nele incorporado, passando tal direito a existir nos termos que derivam do próprio título". O referido autor qualifica-o como um negócio declaratório.

[1035] Como sabemos, do registo, que tem efeitos plenamente legitimadores, resulta mera presunção de titularidade (art. 64.°/5-1.ª parte). Ou dito de outra forma, a legitimidade registral constitui mera presunção de titularidade. *O que pode perguntar-se é se o titular não registado pode provar o seu direito perante a entidade emitente e, dessa forma, ganhar legitimidade, obrigando-a a cumprir*. E, se esta o não fizer, se pode obrigá-la a pagar eventuais danos. Pensamos que a resposta deve ser negativa. Quanto ao mesmo problema e sua discussão, mas a propósito da legitimação cartular, vd. LENER (1989, 53--55). Somos de opinião que a entidade emitente não deve levar em conta essa prova. Com efeito, essa prova deve ser feita contra quem está legitimado pelo registo e a sua apreciação compete exclusivamente à entidade encarregada do registo (art. 61.°/1) ou ao tribunal.

[1036] A expressão, "de acordo com os processos do registo", não pretende negar a necessidade de determinar o *quantum* de legitimidade de acordo com os estatutos. Pense-se, por ex., nos casos em que os estatutos proibem que qualquer sócio detenha mais de *n*% dos votos ou cláusulas semelhantes.

registadas são igualmente os titulares dos direitos, em termos substantivos[1037], ou se são meros titulares aparentes.

Face ao que fica dito, compreende-se perfeitamente que o registo, nas relações entre o titular dos valores e a entidade emitente seja o meio exclusivo[1038] de legitimação tanto activo como passivo. Com efeito se a entidade emitente cumprir nos termos do registo cumpriu bem. Por outro lado, não pode recusar a prestação a quem apresentar registo a seu favor. Então, devemos concluir que, *do ponto de vista da legitimação para o exercício dos direitos patrimoniais e sociais inerentes aos valores registados, o registo é constitutivo dessa legitimidade.* Portanto, se alguém adquiriu o direito através de negócio jurídico mas não registou a sua aquisição, não tem qualquer legitimidade para exercer os direitos inerentes aos valores registados, na medida em que o negócio, só por si, não é meio de legitimação para esse exercício. Portanto, a única forma de o adquirente se legitimar é registar o seu direito. Um aspecto que não podemos deixar de anotar é a *perda do papel legitimador do livro de registo das acções nominativas,* como se deduz de quanto foi dito a propósito do regime dos valores escriturais nominativos[1039].

V. Determinada essa legitimidade a entidade emitente só pode recusar o cumprimento se houver divergências entre o conteúdo dos registos e o conteúdo da relação substantiva que está na base do registo (emissão, contrato ou outra) e que deve prevalecer sobre ele. Além disso, a entidade emitente só é obrigada a cumprir nos termos do registo. É este que determina o processo de legitimação para o de exercício dos

---

[1037] Em sentido semelhante, vd. SERRA (1956 (61), 18 ss.): "Para que, com a circulação da legitimação, se produza a circulação do direito, é preciso um negócio de transmissão do título, mas *a legitimação pode circular mesmo que não circule a titularidade do direito e este pode circular sem que circule a legitimação.* Em relação ao devedor, apenas a circulação da legitimação é eficaz. O legitimado pode exigir a prestação mesmo que não seja titular" (18-19). E acrescenta: *"A titularidade é irrelevante quanto à legitimação em face do devedor, mas é relevante quanto à legitimação nas relações entre portadores sucessivos do título"* (19).

[1038] Será, ainda, assim quando essa legitimidade depender de determinados documentos passados pelos intermediários que têm a seu cargo a conta de registo dos valores escriturais. Vd., supra, cap. V da 2.ª parte.

[1039] Vd. cap. II da 1.ª parte. Em Itália, quanto aos títulos nominativos em depósito centralizado, exige-se uma dupla legitimação, do registo e do livro dos sócios. Quanto aos problemas que daí podem advir, em particular discordâncias de legitimação, vd. LENER (1989, 70-74).

direitos[1040], como já vimos atrás e que pode variar com natureza patrimonial ou social dos valores.

4. O REGISTO EM CONTA E A CIRCULAÇÃO DOS VALORES ESCRITURAIS

4.1. Colocação do problema e indicação metodológica

I. Poderá haver quem considere que a transmissão de valores escriturais corresponde a uma especial forma de cessão de créditos, equiparando o pedido de registo da transacção a uma notificação ao devedor. O fundamento dessa equiparação residiria no facto de a entidade emitente ter delegado o recebimento dessa notificação na entidade encarregada do registo[1041]. Porém, esta é uma ficção que, face ao regime consagrado entre nós, não faz qualquer sentido.

O facto de os valores não estarem documentados em títulos de papel, não significa que se tenha regressado ao regime geral da transmissão de direitos. Podemos provar que não é assim mostrando que os negócios de transmissão que tenham por objecto valores escriturais seguem um regime distinto da cessão de créditos, que, embora com características próprias, visa os mesmos problemas que os títulos de crédito procuraram resolver, nomeadamente os relacionados com a segurança do tráfico.

[1040] *O processo de legitimação registral deve, porém, nalguns casos, ser entendido com cuidado.* Vejamos o seguinte exemplo: A. realiza um pedido de registo de um facto que o constitui como titular dos valores escriturais que foram alienados por B e estão registados na conta deste. Quando apresenta o pedido, o intermediário financeiro passa--lhe um recibo, referindo os documentos entregues e o tipo de registo solicitado. A partir do momento da apresentação do pedido, A. passa a ser titular pleno dos direitos em causa. Nesse mesmo dia, B. recebe do mesmo intermediário financeiro um declaração de registo para exercício de direito de voto com base nos mesmos valores (art. 54/1 e 2), ainda registados em seu nome. A assembleia geral está marcada para o dia seguinte. Pode A. apresentar-se na assembleia geral e exigir que lhe seja reconhecida legitimidade para participar na assembleia? Pensamos que a resposta deve ser negativa. Mas, imaginemos que, analisados os documentos, A. é admitido a votar na assembleia. Podem as deliberações tomadas ser impugnadas com base na ilegitimidade registral de A? Pensamos que não. Outra forma de proceder seria excessiva. Afinal, *a posteriori*, A. adquire a legitimidade com eficácia desde a data de apresentação do pedido de registo (art. 62.°/1, 64.°/3 e 5). A questão, porém, é merecedora de maior aprofundamento.

[1041] Levanta o problema ANGULO RODRIGUEZ (1992, 299).

Tomando como exemplo os títulos de crédito, devemos interrogar-nos se existe uma lei de circulação dos valores escriturais e se essa lei está dependente do registo em conta. Eis a questão a que, neste ponto, vamos tentar responder, tomando como base o regime jurídico analisado nos cap. IV e V da 2.ª parte.

II. O titular de valores escriturais pode celebrar vários tipos de negócios tendo por objecto os valores registados. Pode aliená-los a título oneroso ou gratuito, pode onerá-los, etc. Igualmente, os valores escriturais podem ser objecto de negócios sucessivos por parte dos diferentes titulares. Está em causa, como observámos acima, a característica da negociabilidade dos valores mobiliários que é independente da sua forma de representação.

Analisemos as relações que se estabelecem entre os sucessivos titulares dos valores escriturais, para determinar até que ponto a posição de cada um é autónoma face à posição do anterior titular. Já atrás afastámos essa autonomia ao nível da relação subjacente ao registo, isto é, da relação entre o titular dos valores e a entidade emitente. Trata-se, agora, de saber se os negócios que tenham por objecto valores escriturais assumem características próprias, quer na sua formação, quer na sua celebração, quer no modo de produção de efeitos, por força da relação que se pode estabelecer entre eles e o registo[1042]. Tomaremos como objecto da análise a situação típica e mais frequente de alienação a título oneroso dos valores registados.

III. Como metodologia de análise assentaremos em três grupos de casos, tendo como critério classificatório a relação que cada um deles mantém com a conta de registo:

– *negócios realizados através do registo* – aqueles em cuja concretização intervém a entidade que tem a seu cargo o registo;

– *negócios registados* – aqueles que são realizados sem qualquer intervenção da entidade que tem a seu cargo o registo, mas lhe são posteriormente comunicados para registo;

– *negócios não registados* – aqueles que são celebrados sem qualquer intervenção da entidade que tem a seu cargo o registo e não lhe são, posteriormente, comunicados para registo.

[1042] Nos títulos de crédito, a doutrina utiliza a expressão "negócios cartulares". É evidente que, nos valores escriturais, não pode haver qualquer paralelismo pois não estamos perante negócios que tenham por objecto o registo. O objecto é sempre o direito registado. Nos títulos de crédito, para além do direito incorporado no título, o próprio título é objecto de negócios.

Num primeiro momento, analisaremos cada um dos grupos de casos, tomados dinamicamente, considerando-os como realidades "in fieri" que, do ponto de vista da relação com o registo, podem ser decompostos em várias fases. Tomaremos, depois, o caminho inverso, isto é, procederemos à recomposição dos casos analisados, por forma a tentar responder aos problemas colocados.

4.2. Negócios realizados através do registo

4.2.1. *Casos típicos*

I. (caso I) O titular dos valores escriturais dá ao intermediário financeiro [1043], que tem a seu cargo a conta de registo, uma ordem de venda de determinada quantidade desses valores. O intermediário financeiro deve imediatamente registar essa ordem de venda, bloqueando a conta (art. 68.º/2 e 69.º/1).

Celebrado o negócio, o intermediário financeiro deve alterar o saldo da conta, isto é, deve registar a alienação feita (art. 56.º/2/h) e, em consequência desse registo, alterar a quantidade de valores que se mantêm na titularidade do seu cliente, registando o novo saldo da conta (art. 56.º/2/d).

Se o intermediário financeiro tem também a seu cargo a conta de registo dos valores do adquirente, deve limitar-se a registar os valores adquiridos, aumentando o saldo da conta exactamente nos mesmos termos em que o saldo da conta do alienante tinha sido diminuido (art. 56.º/2/h).

II. A operação anteriormente descrita, em grandes linhas, pode apresentar, ainda, *duas variantes*:

– 1.ª variante (**caso II**) – o intermediário financeiro que executa a operação não é aquele que tem a seu cargo a conta de registo dos valores [1044];

[1043] Sendo uma operação intermediada, considera-se realizada em mercado secundário. Vd. supra, cap. V da 2.ª parte.

[1044] Estes casos apenas respeitam à negociação em mercado de bolsa, pelo que o intermediário financeiro do caso II deve ser, obrigatoriamente, um corretor. Nos restantes mercados secundários a venda dos valores escriturais deve ser sempre feita através do intermediário financeiro que tem a seu cargo a conta de registo dos valores a alienar (arts. 67.º/2 e 425.º/1/a e b).

– 2.ª variante (**caso III**) – é o próprio titular dos valores que, directamente, celebra o negócio com o adquirente (operação realizada fora de mercado secundário).

Em qualquer das variantes, partimos sempre dos mesmo pressupostos, a saber:

– que a ordem (ou intenção) de venda é sempre do conhecimento do intermediário financeiro que tem a seu cargo a conta de registo dos valores: no caso II, em que a operação é executada por um outro intermediário financeiro, este é obrigado por lei a fazer essa comunicação (art. 68.°/3, 425.°/4/a, 410.°/3/b e 429.°/2/a e b); no caso III, o titular da conta pode fazer essa comunicação ao abrigo do art. 69.°/2, embora tudo indique que não seja obrigado a fazê-lo;

– que, depois da sua celebração, o negócio é comunicado ao intermediário financeiro que tem a seu cargo a conta de registo dos valores alienados, para registo em conta dessa alienação.

III. Em rigor onde reside a diferença entre a primeira situação (caso I) e as duas variantes (casos II e III)? Apenas no facto de o intermediário financeiro que tem a seu cargo a conta de registo não intervir na execução da operação propriamente dita, isto é, não intermediar a operação. No, entanto, desde já convém observar, que o caso III apresenta particularidades, por ser uma operação realizada fora de mercado. A nível do registo, não há qualquer diferença. Ora, as funções de intermediação das operações já nada têm a ver com o registo[1045]. Com efeito, um intermediário financeiro, ainda que tenha a seu cargo a conta de registo dos valores alienados, não está impedido de realizar operações sobre esses valores sem que isso tenha qualquer relação com a autorização para prestar o serviço de registo de valores escriturais. Nesses casos, ele tem uma intervenção exactamente igual a qualquer outro intermediário financeiro que recebe e executa ordens de venda de valores mobiliários. Podemos concluir, pois, que, *do ponto de vista do registo* dos valores escriturais, os três tipos de casos são idênticos ou, dito de outra forma, *todos os casos mantêm com o registo o mesmo tipo de relação*.

[1045] Vd. cap. III da 2.ª parte, onde distinguimos a actividade de registo de outras actividades de intermediação com ela relacionadas, mas a ela não se reconduzem. Embora possam estar ligados entre si, são dois contratos distintos: o contrato de registo e o contrato especial de comissão, consubstanciado na ordem de bolsa. Quanto a este último vd. FERREIRA (1992, 459 ss).

4.2.2. *Decomposição dos casos típicos: fases de desenvolvimento*

I. Analisando os três grupos de casos acima apontados, sob o ponto de vista da sua relação com o registo, podemos distinguir quatro fases no desenvolvimento dos negócios em causa:

A *primeira fase é uma fase preparatória, prévia à realização do negócio*. O seu desenrolar normal importa o preenchimento de três requisitos:
– a declaração negocial (ordem de venda) é sujeita a registo, sob a forma do registo dos bloqueios em conta;
– o conteúdo da declaração negocial deve conformar-se com o registo;
– a quantidade de valores objecto da declaração negocial fica afecto, desde logo, à execução dessa declaração negocial.

A *segunda fase coincide com a execução da operação*. Do ponto de vista do registo, não importa qualquer especialidade, nem se exigem quaisquer requisitos especiais. Portanto, *o registo é neutro face à execução da operação*.

A *terceira fase é posterior à realização da operação* e compreende:
– registo da operação na conta do alienante;
– registo da operação na conta do adquirente;
– consequente alteração do saldo de valores nas duas contas envolvidas.

A *quarta fase, também posterior à realização da operação, não se verifica sempre*. Apenas se exige quando as contas envolvidas, a do alienante e a do adquirente, estiverem abertas junto de diferentes intermediários financeiros. Neste caso, em regra, exige-se a intervenção da Central para ligar os registos dos dois intermediários financeiros. É uma *fase de controlo*, em dois momentos:
– alteração do saldo global da conta de cada intermediário financeiro junto da Central;
– confronto dos dois registos nas contas individuais através da Central.

II. Como podemos verificar, em cada fase há ou não uma intervenção do registo. E essa intervenção é sempre pressuposto da realização da fase seguinte[1046].

[1046] Dado tratar-se de casos típicos, não deixam de ser ideais. Afastaram-se, portanto, todos os eventuais "pontos de fricção" que possam existir na prática. São uma espécie de casos de laboratório.

Até agora, porém, apenas se poderá concluir que *o registo intervém na realização da operação*. Resta saber como intervém e que efeitos tem essa intervenção. Dito de outra forma, a intervenção do registo traduz-se na realização de meros actos materiais que se limitam a reproduzir o que se passa fora dele ou, ao invés, influi sobre o desenrolar da operação, induzindo efeitos que a operação só por si não teria ou melhor, não se produziriam nos mesmos termos? Tentaremos uma resposta, ligando cada uma das fases apontadas com a influência que o registo pode ter em cada uma delas. Esta já é, pois, uma outra perspectiva, embora ainda analítica.

4.2.3. *Decomposição dos casos típicos (cont.):*
níveis de influência do registo

I. Sistematizemos e qualifiquemos, então, as relações que se estabelecem entre o registo e o negócio celebrado com a sua intervenção, em cada uma das suas fases. Pensamos que podemos qualificar os *reflexos do registo sobre o negócio* em causa a *dois níveis*:

O primeiro, é um nível de controlo da operação. Esse controlo reveste-se de natureza processual e actua em dois momentos: na fase prévia e na fase do registo da operação (1.ª e 3.ª fase)

O segundo é um nível de eficácia substantiva. Actua, também, em dois momentos: na fase prévia e na fase de registo da operação (1.ª e 3.ª fase)

II. O estabelecimento destes dois níveis de influência, embora partindo do regime analisado nos caps. IV e V da 2.ª parte, é uma mera hipótese de trabalho que importa verificar. Importa, nomeadamente, verificar se a influência do registo sobre a operação é tal que se possa afirmar que, sem essa influência, a operação não é a mesma, ao menos quanto a alguns dos seus elementos ou quanto ao modo de produção dos seus efeitos. Em suma, saber se as operações que tenham por objecto valores escriturais e sejam realizadas em ligação com o registo têm características próprias que as distinguem de todas as outras.

4.2.4. *Controlo do registo sobre o negócio*

I. Comecemos por analisar em que consiste e quais as consequências do controlo do registo sobre o negócio que tenha os valores registados por objecto (1.º nível de influência), em relação a cada uma das fases acima identificadas.

II. *Na fase prévia da operação, o controlo do registo sobre o negócio opera em dois aspectos: por um lado a identidade e legitimidade do alienante; por outro lado, a existência e a situação jurídica dos valores objecto do negócio.* Este controlo é feito com base nos registos em conta ou nos documentos para onde essa conta remeta. Apresenta, porém, especialidades conforme estejamos perante os casos I, II ou III.

Existe legitimidade para alienar se os valores estiverem registados em nome do alienante (art. 64.°/5). O controlo será feito exclusivamente pelo intermediário financeiro que tem a seu cargo a conta de registo, quando receber directamente a ordem de venda (caso I) ou esta lhe seja comunicada pelo próprio titular (caso III). É um dever que lhe é imposto por lei (art. 73.°/1, "in fine" e 184.°/1/b). Igualmente, quando tome conhecimento da ordem de venda através de outro intermediário financeiro (art. 68.°/3), deve proceder a esse controlo da legitimidade do alienante (caso II).

Neste último caso a lei não é muito clara quanto à necessidade de ser o intermediário que tem a seu cargo a conta de registo dos valores a verificar a legitimidade do alienante. Com efeito, quer o art. 68.°/3, quer os arts. 425.°/4/a e 410.°/3/b devem ser conjugados com o art. 184.°/1/b que impõe ao intermediário financeiro o dever de se certificar da legitimidade dos seus comitentes. O intermediário financeiro em questão só pode cumprir o seu dever de certificação se puder ter acesso à conta de registo dos valores a alienar, uma vez que a legitimidade deve ser aferida por esse registo. Então, devemos entender que o pedido de bloqueio, feito nos termos do art. 68.°/3, implica a obrigatoriedade de o intermediário financeiro que tem a seu cargo a conta de registo realizar essa certificação da legitimidade[1047]. Só após essa certificação é que este intermediário financeiro poderá realizar o bloqueio e confirmar a disponibilidade dos valores (arts. 68.°/3, 425.°/4/a e 410.°/3/b). O mesmo dever resulta do art. 73.°/1 "in fine". Em conclusão, o bloqueio dos valores escriturais a alienar e o seu registo em conta pressupõem sempre a verificação da legitimidade do alienante por parte do intermediário que tem a seu cargo aquela conta[1048].

[1047] A letra do art. 410.°/3/b exige que o comitente forneça ao corretor "todos os elementos necessários para que ... proceda, junto desse intermediário, à verificação da disponibilidade dos valores...". Parece-nos evidente que o corretor não pode proceder à verificação. Apenas pode solicitar ao intermediário financeiro que tem a seu cargo a conta de registo que proceda à verificação em causa.

[1048] Há outros aspectos de verificação da legitimidade do alienante que são sempre da responsabilidade do intermediário financeiro que recebe a ordem de venda, quer tenha

A verificação da legitimidade do alienante de valores escriturais é meramente formal, porque assenta na presunção de titularidade derivada do registo em conta (art. 64.º/6-1.ª parte)[1049]. Portanto o intermediário financeiro não tem que indagar da efectiva titularidade dos valores em causa para além daquilo que resulta do próprio registo. Esta afirmação deve, porém, ser entendido com algum cuidado. Com efeito, o intermediário financeiro deve atender não apenas ao que resulta directamente do registo, mas também dos eventuais pedidos de registo já anotados e ordenados, mas ainda não registados na conta[1050].

Em consequência dos deveres de verificação da legitimidade do alienante de valores escriturais, impostos por lei aos intermediários financeiros envolvidos, *qualquer adquirente dos referidos valores, nos casos acima apontados, deve presumir que essa legitimidade existe.* Com efeito, a lei não dá, ao adquirente, qualquer possibilidade de ser ele próprio a verificar essa legitimidade, quer porque os valores escriturais não podem ser apresentados, quer porque ele não pode ter acesso à conta de registo desses valores[1051], quer porque todas as operações intermediadas são rigorosamente anónimas, salvo em casos excepcionais (art. 185.º/1/f)[1052]. Portanto, este último aspecto não se verifica nos casos do grupo III.

III. Ainda na primeira fase da operação, além da legitimidade do alienante, o intermediário financeiro que tem a seu cargo a conta de registo dos valores a alienar, deve certificar-se da existência e da situação

---

ou não os valores registados em conta junto dele. São todos os aspectos que não dependem do registo em conta, tais como a legitimidade do representante ou do mandatário. Mas, nesses casos, não há quaisquer especialidades, pelo que não debruçamos sobre eles.

[1049] Como pode verificar-se, a alienação de valores mobiliários titulados pressupõe outros meios de verificação da legitimidade do alienante. Essa verificação da legitimidade deve assentar no próprio título, variando conforme se trate de valores titulados nominativos ou ao portador.

[1050] Vd., supra, quanto a este aspecto, o cap. V da 2.ª parte.

[1051] Se o adquirente negociar directamente com o titular dos valores escriturais (caso III), sempre poderá exigir documento comprovativo do bloqueio a que se refere o art. 69.º/2 ou certificado passado pelo intermediário financeiro nos termos do art. 70.ª/3/a. Em qualquer caso, tais documentos pressupõem que o intermediário financeiro tenha verificado a titularidade e legitimidade do alienante. Porém, os mecanismos legais previstos para estes casos não dão tantas garantias como os anteriores.

[1052] Esta regra do anonimato é uma regra especial das transações em mercado secundário de valores mobiliários, aplicável tanto à negociação de valores escriturais como de valores titulados. Porém, ainda que não fossem anónimas, nunca o adquirente poderia verificar directamente a legitimidade do alienante.

jurídica desses valores. Esta exigência resulta das próprias características dos valores escriturais[1053]. Este é um controlo complexo na medida em que envolve a verificação da existência dos valores, a certificação da sua negociabilidade e da sua regularidade em geral, isto é, um controlo da situação jurídica dos valores escriturais a alienar (art. 73.º/1 e 184.º/1/a e b). É, pois, um controlo da existência do objecto do negócio. Por isso, se esse controlo for negativo o intermediário financeiro não deve executar a operação no caso de ter sido ele a receber a ordem de venda, ou não deve confirmar a disponibilidade dos valores e o seu bloqueio caso lhe tenha sido solicitado nos termos dos arts. 68.º/3 e 69.º/2[1054] (arts. 425.º/4/a e 410.º/3/b).

Se o controlo efectuado permitir concluir pela inexistência ou indisponibilidade dos valores e, mesmo assim, a operação for executada, ela fica sem objecto salvo se for contratada como negócio relativo a coisa futura ou alheia[1055]. Portanto, este controlo não é meramente formal. Actua ao nível da determinação ou especificação do objecto. Os valores objecto da operação depois de especificados através do registo do bloqueio (arts. 68.º/2 e 3, e 69.º/1) não podem ser objecto de novas ordens de venda enquanto durar esse bloqueio[1056]. Há uma reserva, uma afec-

---

[1053] Tratando-se de valores titulados o controlo da sua existência resolve-se através de simples apresentação, salvo se estiverem depositados caso em que esse controlo compete ao depositário.

[1054] Mais uma vez, devemos observar, se colocam algumas dificuldades quanto aos casos do grupo III. Nestes casos, a confirmação da disponibilidade dos valores e o seu bloqueio pode ser feito através do certificado a que se refere o art. 70.º/3/a.

[1055] O que é perfeitamente possível, como decorre do art. 467.º/2 e § único do CCm. Nesses casos, porém, o controlo da situação jurídica dos valores mobiliários registados em conta não se põe. Apenas se coloca o problema quanto à obrigatoriedade de transferir os valores para a conta do adquirente. Como os valores escriturais são fungíveis, não se levantam quaisquer problemas. Que estas operações são válidas, mesmo como operações de bolsa a contado, decorre directamente do art. 463.º/1. Aí se prevê que o comitente vendedor pode entregar os valores depois de realizada a operação, desde que esta lhe tenha sido comunicada ou tenha sido notificado para o efeito. Tratando-se de valores escriturais, não haverá entrega propriamente dita, mas a indicação da conta onde os valores estão registados. Portanto, a violação do art. 410.º/2 ou dos arts. 425.º/4/a e 410.º/3/b não tem como consequência a invalidade da operação, mas constitui o corretor em responsabilidade dado que a proibição se dirige ao intermediário financeiro.

[1056] Imaginemos que o titular dos valores, directamente ou através de um intermediário financeiro, dá uma nova ordem sobre os valores já bloqueados. Neste caso o intermediário financeiro que tem a seu cargo a conta dos valores deve recusar a execução ou informar o intermediário financeiro que não há saldo disponível. Não pode interpretar a segunda ordem como uma revogação da primeira. Com efeito a revogação, para ser

tação daqueles valores à realização daquela operação. Essa especificação é meramente quantitativa, isto é, traduz-se numa afectação de uma parte ou da totalidade do saldo da conta à operação que deu origem ao bloqueio, como é imposto pela fungibilidade dos valores escriturais.

Qualquer adquirente de valores escriturais através de um intermediário financeiro deve presumir que os valores objecto da operação estão definitivamente afectos a essa operação, tal como deve presumir que essa afectação pressupôs a verificação, pelos intermediários financeiros envolvidos, da existência, regularidade e negociabilidade dos valores escriturais em causa. A mesma presunção deve valer para os casos em que o negócio é celebrado directamente entre o titular e o adquirente, desde que tenha comprovado a certificação do bloqueio, feita pelo intermediário financeiro.

IV. *Na fase posterior à operação há um novo controlo*, isto é, no momento do registo da operação em conta. Esse controlo é feito através do confronto entre o registo prévio da ordem de alienação e o registo dos valores efectivamente alienados. Se a quantidade de valores alienados coincidir com a quantidade dos valores registados previamente, não se levantam quaisquer problemas. Se a quantidade de valores alienados for inferior ao número dos valores bloqueados também não se levantarão problemas, podendo, quando muito, haver lugar a um registo provisório por dúvidas (art. 63.º/5). Se os valores alienados ultrapassarem o número daqueles que foram registados previamente e a conta tiver saldo, o excedente poderá ser imputado no restante saldo da conta. Porém, essa imputação não deve ser feita à ordem de venda inicial, o que terá implicações a nível substantivo, isto é, apenas poderão ser registados com a data da comunicação da alienação (art. 62.º/1-1.ª parte). Portanto, tudo se passa como se estivéssemos perante duas ordens de venda: uma que foi registada antes da execução e uma outra de que o registo só teve conhecimento após a sua execução.

4.2.5. *Efeitos substantivos do registo sobre o negócio*

I. Vejamos agora os efeitos substantivos do registo sobre o negócio de alienação dos valores escriturais, nos casos atrás referidos. Não nos

---

eficaz, deve ser feita através do intermediário financeiro que recebeu a primeira ordem, pois essa é a única maneira de garantir que a sua execução ficará paralisada. Portanto, também nestes casos se verifica que toda a segurança da operação depende da intervenção do intermediário financeiro que tem a seu cargo a conta de registo dos valores (do alienante).

referiremos a todos os efeitos substantivos do registo, mas apenas àqueles que se produzirão em condições normais.

A partir do momento em que seja registada a ordem de venda (bloqueio) nenhum outro negócio poderá ser registado antes daquele que resultar da execução da ordem de venda. Portanto, o negócio ganha prioridade na ordem do registo, mesmo antes de ter sido celebrado (art. 62.º/2 e 64.º/3 e 4)[1057]. Os negócios já celebrados mas que não tenham sido registados apenas o poderão ser depois de registada a operação cuja ordem de venda deu origem ao bloqueio e ao seu registo em conta (art. 62.º/2-4). Em consequência, os negócios realizados fora do registo, mas ainda não registados, podem não chegar a ser registados devido a impossibilidade por falta de objecto, como resulta da própria lei (art. 62.º/2/a).

A lei prevê três consequências quanto às operações realizadas fora do registo quando, no momento do pedido de registo, os valores registados em conta estejam bloqueados: em primeiro lugar tais operações devem ser imputadas aos valores não bloqueados (art. 62.º/4); se não houver valores disponíveis serão registadas à medida que o bloqueio cessar e na medida em que este o permitir, isto é, de acordo com a execução da ordem de venda que deu origem ao bloqueio (art. 62.º/2/a "in fine" e 3); se após o registo das operações resultantes da execução da ordem de venda que deu origem ao bloqueio não houver saldo na conta, então as operações não registadas e cujo pedido de registo foi apresentado durante a vigência do bloqueio não poderão ser registadas devido a impossibilidade por falta de objecto (art. 62.º/2/a).

Em qualquer caso, a operação cuja ordem de venda tenha dado origem a um bloqueio em conta nunca será afectada nem perderá prioridade em relação a qualquer outra que tenha os mesmos valores como objecto e não tenha sido registada até ao momento do registo do bloqueio.

A mesma conclusão pode ser fundamentada, para além do art. 62.º/2/a, no art. 73.º/1 e 184.º/1/c, conjugados com os arts. 68.º/2 e 3 e 69.º/1. Como já vimos, destes artigos resulta a obrigação de o intermediário financeiro se certificar da existência dos valores a alienar, sendo essa certificação um pressuposto do registo do bloqueio na conta do titular dos valores a alienar.

[1057] Ao falarmos em prioridade na ordem do registo chamamos a atenção para o que foi dito atrás quanto à data do registo que nunca coincide com a data do bloqueio pois, como então observámos, o registo do bloqueio não deve ser confundido com o registo provisório.

II. Realizada a operação, é alterado o saldo da conta do alienante, perdendo este a legitimidade em relação aos valores alienados. Igualmente, os valores são registados na conta do adquirente, passando este a estar plenamente legitimado (art. 64.°/5).

4.2.6. Avaliação do regime das operações realizadas através do registo.

I. Tudo quanto foi dito, até agora, permite-nos retirar duas conclusões:

– Toda a segurança do desenrolar das operações realizadas através do registo e, consequentemente, do adquirente de valores escriturais, reside na intervenção do intermediário financeiro que tem a seu cargo a conta de registo dos valores a alienar;

– As *operações* realizadas através do registo vêm os seus efeitos condicionadas pelo próprio registo.

Estas duas conclusões estão orientadas à preocupação essencial do tráfico de valores mobiliários em geral: a segurança desse tráfico, em particular de terceiros adquirentes de boa fé.

II. Uma segunda observação que deve ser feita tem a ver com o facto de *o legislador atribuir a máxima segurança às operações sobre valores escriturais realizadas em mercado secundário* (tanto o mercado de bolsa como o mercado de balcão). Poderá dizer-se que estas características resultam mais da tutela que é exigida para assegurar a confiança dos investidores nos mercados de valores mobiliários que do particular modo de circulação dos valores escriturais. Porém não é assim, por várias razões, de que destacamos três.

Em primeiro lugar há um alargamento da noção de mercado secundário de valores mobiliários (art. 3.°/1/d). A tal ponto que o legislador considera como realizada em mercado secundário qualquer operação de alienação de valores mobiliários desde que tenha havido, nessa operação, a intervenção de um intermediário financeiro (art. 181.° e 499.°). Hoje pode dizer-se que as operações em mercado são a regra e não o contrário[1058]. Por isso, limitar esse mercado à bolsa ou minimizar a sua

---

[1058] Quanto às preocupações e objectivos que levaram o legislador a consagrar uma tão ampla noção de mercado secundário, vd. o Preâmbulo ao DL n.° 142-A/91, de 10/4 (que aprovou o CdMVM), em particular o ponto 20. Vd., também, os arts. 4.° e 5.°. Pensamos que um tão grande alargamento da noção de mercado secundário não é vantajosa, nomeadamente quanto à consideração do chamado mercado de balcão como mercado

amplitude ou as consequências daí derivadas, é não atender quer à realidade quer à lei. É não atender à lei porque é esta que estalece esta conexão. É, ainda, não atender à realidade porque são essas as operações mais comuns sobre valores mobiliários.

Uma segunda razão prende-se com o facto de o próprio regime dos valores escriturais variar conforme esses valores sejam negociados em mercado ou fora dele, como observámos atrás. Portanto, essas não são normas alheias ao regime dos valores escriturais, mas são dele parte integrante. Com efeito, encontramos normas especialmente aplicáveis aos valores escriturais dispersas por todo o CdMVM.

Uma terceira razão tem a ver com o facto de uma tutela semelhante poder ser obtida mesmo quando o negócio tenha sido realizado fora do mercado secundário de valores mobiliários. Também nesses casos é possível fazer intervir o registo antes da consumação do negócio, nos termos do art. 69.º/2, desde que haja um pedido do titular nesse sentido. Com efeito, nesses casos, a lei não pode obrigar os particulares a fazer intervir o registo desde a primeira fase do negócio. Agora, tudo se passa entre particulares e a lei não tem que intervir para tutelar interesses que está ao alcance dos interessados tutelar directamente, nomeadamente no que respeita, por ex., à legitimidade do alienante ou à disponibilidade dos valores mobiliários[1059]. Nestes casos, porém, os mecanismos de tutela proporcionados pelo registo são bem mais débeis. Com efeito, não é possível, nomeadamente, accionar os mecanismos previstos no art. 463.º, em caso de incumprimento das obrigações resultantes do negócio. Devemos, pois, concluir que *uma protecção completa na negociação de valores escriturais só se verifica em conjugação com os mecanismos específicos de tutela da negociação em mercado*[1060]. Fora destas situações, apenas se obtém uma tutela semelhante, embora não igualmente eficaz, através do registo dos bloqueios a que se refere o art. 69.º/2, isto é, de um registo provisório dos negócios.

---

secundário organizado. Sendo correctas as preocupações do legislador que estiveram na base da sua criação, não parece que a solução tenha sido a melhor

[1059] Assim, não poder ser totalmente aceite a crítica de OPPO (1986a, 550) à desmaterialização, na medida em que levaria a "uma deseducação dos particulares na autotutela".

[1060] Assim, também, para o ordenamento jurídico espanhol, ALONSO ESPINOSA (1992, 35 ss.).

4.3. Negócios realizados fora do registo, mas registados

I. Vejamos agora uma segunda situação: o negócio é concretizado sem qualquer intervenção da entidade que tem a seu cargo o registo, mas é-lhe posteriormente comunicado para ser registado.

Configuremos um primeiro caso (**caso IV**). O alienante dá uma ordem de venda a um intermediário financeiro, corretor, que não tem a seu cargo a conta de registo dos valores a alienar. O intermediário financeiro confia exclusivamente na palavra do presumível titular, porque é um cliente em quem tem muita confiança[1061] e tem necessidade de excutar imediatamente a ordem recebida. Uma vez executada a operação, o intermediário financeiro elabora a nota de venda e envia-a ao cliente e ao intermediário financeiro que tem a seu cargo a conta de registo dos valores, para ela ser registada em conta (art. 457.º/1, 2, 4 e 5).

Vejamos um segundo caso (**caso IV**). O titular de uma conta de registo de valores escriturais recebeu há pouco tempo o extracto da sua conta (art. 70.º/1/b) e sabe que tem aí registados *n* valores mobiliários. Tem oportunidade de alienar esses valores por um bom preço e procede em conformidade, sem que tenha dado conhecimento prévio da operação ao intermediário financeiro onde estão registados os valores de que é titular. Porém, uma vez realizado o negócio, informa o intermediário financeiro, dando-lhe ordem de transferência para a conta do adquirente (art. 65.º/3).

II. Quanto ao aspecto que agora nos interessa, isto é, da relação que de facto se estabelece com o registo dos valores alienados, os dois casos são análogos[1062]. Com efeito, em ambos os casos o intermediário finan-

---

[1061] Além disso, suponhamos que recebeu a ordem de venda directamente no decurso da sessão de bolsa (art. 428.º, "in fine") e tem ocasião de fechar imediatamente o negócio. Se perder uns minutos que seja a entrar em contacto com o intermediário que tem a seu cargo a conta de registo, poderá não executar a operação. Ou, por ex., a sessão está a fechar e o cliente deu a ordem de bolsa para ser executada no próprio dia (art. 431.º/a).

[1062] É evidente que tomados por outro ângulo, os dois casos são diferentes. Com efeito o intermediário financeiro ao proceder nos termos em que o fez, está a agir em violação da lei e dos seus deveres como intermediário financeiro (art. 425.º/1/a e b, 425.º/4/a, 429.º/2/a e b e art. 68.º/3). Além disso, enquanto agente do mercado, está a violar a confiança que os particulares depositam no seu funcionamento. Com efeito, a confiança é um elemento essencial para que o mercado de valores mobiliários funcione. É, podemos dizer, um elemento estrutural ou constituinte do mercado, uma vez que sem confiança o mercado pura e simplesmente não existe. Então, deverão actuar aí as regras do mercado na protecção do adquirente que confiou nos mecanismos do mercado. Este mecanismos traduzem-se no accionar da recompra dos valores para poder ser satifeita a sua aquisição (art. 463.º).

ceiro que tem a seu cargo a conta de registo apenas toma conhecimento do negócio após a sua realização. Utilizando como ponto de referência as quatro fases em que, acima, decompusemos o negócio, verificamos que só há conexão entre essa operação e o registo nas fases terceira e quarta, caso esta última seja necessária.

Vejamos então qual o reflexo do registo sobre esta operação. Como não houve o controlo prévio, nomeadamente da legitimidade do alienante e da existência dos valores a alienar, ele será feito no momento do registo da operação por confronto com todos os elementos registados em conta (art. 184.º/1/a). Assim, se a conta não tiver saldo suficiente, o registo ficará prejudicado apenas podendo ser feito parcialmente, na parte em que houver saldo, se o adquirente assim o desejar. Ou, então, a parte em que não houver saldo será considerada como venda de bens futuros, devendo o titular adquirir valores que lhe permitam transferir a totalidade dos valores alienados. Mas, consideremos que o saldo é bastante e não há quaisquer obstáculos a que a operação seja registada. Nesse caso, o negócio apenas produzirá alguns dos seus efeitos a partir desse momento, aqueles efeitos que estão dependentes do registo. Igualmente, essa deve ser considerada a data do registo, pelo que os efeitos não se produzirão *ex tunc*, mas *ex nunc*, isto é, a partir da data de apresentação do pedido de transferência. Poderá dizer-se que não não faz muito sentido o adquirente ser penalizado pelo facto de o intermediário financeiro não ter cumprido os deveres que lhe são impostos por lei. Com efeito, basta que alguém tenha dado uma ordem ao intermediário financeiro que tem a seu cargo a conta de registo dos valores alienados e que essa ordem dê origem a um bloqueio em conta para que aquela operação não possa ser registada ou, mesmo podendo sê-lo, apenas o será com data posterior. O que não faria sentido era registar operações com data anterior ao controlo que o registo pode exercer sobre elas. Pois aí é que a confiança no registo e no intermediário financeiro, em suma no próprio sistema de registo, deixava de existir.

Nestes casos não se produzem os efeitos que resultam do controlo prévio da operação pelo intermediário que tem a seu cargo a conta de registo dos valores. Assim, até ao momento do registo, não está assegurada a segurança da operação.

III. *Nestes casos, verificamos que o registo não tem parte activa no desenrolar da operação.* O intermediário financeiro limita-se a registar alterações que resultam de negócios celebrados sem a sua intervenção. São casos em que há uma separação entre o registo de valores escriturais, como actividade autónoma, e as operações realizadas sobre os valores registados. O registo é alterado de acordo com os negócios realizados, se nada impedir essa alteração. Usando uma linguagem próxima dos títulos de crédito *diremos que não é o direito que segue o registo, mas este que segue o direito*. E bem se compreende uma vez que o objecto do negócio são os direitos e não o registo.

Neste caso, o alienante dos valores não deixa de ter legitimidade pelo facto de a conta de registo não intervir no controlo dessa legitimidade. Basta que ele tenha os valores registados em seu nome para ter legitimidade para os alienar. Então, dizemos que há aqui uma legitimidade com características próprias e muito diferente da legitimidade para o exercício dos direitos. Nestes casos, a legitimidade resulta do registo e só pode ser reconhecida pelos meios e processos designados pela própria lei do registo. Ao passo que na alienação essa forma de exercer a legitimidade só é exigida para as operações realizadas em mercado secundário, como vimos no ponto anterior[1063]. Nada impede que o adquirente queira controlar a legitimidade do alienante e tem meios para o fazer, nomeadamente através da exigência de prova do bloqueio a que se refere o art. 69.º/2[1064]. Mas também nada exige que assim seja. É um pouco o que se passa nas contas bancárias – se alguém vai promover uma transferência de numerário a favor de outrem, em regra não se exige que prove antecipadamente a sua legitimidade e que esse numerário existe na sua conta. Basta que essa legitimidade exista no momento em que a transferência se efectua.

IV. De tudo o que fica dito, verificamos que *o registo tem essencialmente uma função legitimadora* que pode nem ser necessário demonstrar, isto é, que não se exerce através dos processos do registo. Basta que, formalmente, os valores estejam registados em nome do alienante no momento em que é pedido o registo. Portanto, a *dependência da legitimidade para a alienação do direito em relação ao registo é uma dependência fraca, dado que não se exige a intervenção do registo*. O controlo que este pode efectuar é "a posteriori", isto é, no momento em que o negócio é registado.

Só após o registo ser efectuado é que o adquirente tem segurança quanto à sua aquisição. Com efeito, imaginemos que o alienante não tem

---

[1063] Estamos a pressupor que se trata de uma operação a contado, isto é, em que o alienante é efectivamente titular dos valores e está em condições de os transferir imediatamente para o adquirente.

[1064] Nesse caso, já estaríamos perante um negócio que deve ser integrado no caso III, referido no ponto anterior.

os valores registados. É evidente que o adquirente não poderá obter registo a seu favor dado que adquiriu de alguém que não está legitimado pelo registo. Ele próprio terá sido pouco diligente ao não exigir a prova da titularidade dos valores por parte do alienante. Então, não poderá ver satisfeita a sua pretensão através do registo, devendo recorrer a outros meios exteriores ao registo. Com efeito, o negócio celebrado não pode ser oposto ao intermediário financeiro que tem a seu cargo a conta de registo. A lei não se opõe a este tipo de negócios, isto é, sem a intervenção do registo na sua fase de formação, prevendo-os mesmo expressamente (art. 69.º/2-1.ª parte).

V. Mas o adquirente também não está a coberto de outros problemas. Nomeadamente, será prejudicado por todos os registos que sejam realizados entre a celebração do negócio e o seu pedido de registo. E a sua boa fé não lhe aproveitará de nada, uma vez que só terá a protecção do registo se conseguir registar definitivamente a sua aquisição (art. 64.º/6).

Imaginemos o seguinte caso (**caso VI**): no momento do registo do negócio, o adquirente não consegue efectuar esse registo, porque o alienante não tem saldo na sua conta, isto é, não tem os valores registados em seu nome. Que pode o adquirente fazer? Desde logo, uma hipótese deve ser afastada: ele não pode exigir ao intermediário financeiro que registe os valores a seu favor, pois este não pode "dar" aquilo que não tem, isto é, não pode registar a alienação de valores que não estão registados a favor do alienante e de que, para a conta de registo, ele não é titular, tal como não pode, em consequência, promover a transferência de valores que a conta não tem registados. Portanto, o único recurso que resta ao adquirente é o tribunal e essa acção nem sequer pode ser dirigida contra o registo, salvo para impugnar a recusa do registo pelo intermediário financeiro. Porém, fora deste caso, o negócio deverá ser tratado como um negócio alheio ao registo e, portanto, resolvido nos termos gerais.

VI. Imaginemos, agora, (**caso VII**) que o alienante tem os valores registados a seu favor no momento da alienação e faz essa prova perante o adquirente. Porém, quando o adquirente pretende registar os valores a seu favor, vê a sua pretensão recusada porque o alienante fez, entretanto, registar uma ordem de venda que deu origem a um bloqueio em conta desses valores. É evidente que, num caso destes, o adquirente verá igualmente a sua pretensão recusada e o seu registo, na melhor das hipóteses, apenas poderá ser efectuado após o registo da operação que resultar da ordem de venda que deu origem ao bloqueio (art. 62.º/2). Mas será que o adquirente nada pode fazer? Pensamos que pode recorrer ao *mecanismo previsto no art. 68.º/4/b*. Isto é, deve comprovar perante o intermediário financeiro que tem a seu cargo a conta de registo – no caso de a ordem de venda que deu origem ao bloqueio lhe ter sido dada –, que o alienante realizou anteriormente uma operação incompatível com aquela que resulta da execução da ordem de venda. Então, se a ordem de venda ainda não tiver sido executada, total ou parcialmente, caduca, não devendo ser executada. Se a ordem de venda não tiver sido dada ao intermediário que tem a seu cargo a conta de registos dos valores mas directamente ao corrector que a deva executar, é junto deste que deve ser feita a prova da realização, pelo alienante, de operação incompatível com aquela que resulta da ordem de venda. Então esses elementos devem ser fornecidos ao interessado pelo intermediário financeiro que tem a seu cargo a conta de registo, configurando-se aqui uma revogação ao dever de segredo profissional. Este parece-nos ser *um caso particular de eficácia do negócio antes do registo (art. 64.º/1)*. Nestes casos, como podemos verificar, o negócio é oponível tanto entre as partes como aos intermediários financeiros envolvidos.[1065]

4.4. Negócios realizados fora do registo, mas não registados

I. Passemos à terceira situação (**caso VIII**): o titular dos valores, dado que estão registados em seu nome, aliena esses valores celebrando o negócio directamente com o adquirente. A celebração do negócio não é comunicada ao intermediário financeiro que tem a seu cargo a conta de registo dos valores alienados. Em consequência, nada se altera na conta de registo do titular. Há, portanto, uma situação de discrepância entre a realidade substantiva e o registo. Nem o adquirente nem o alienante tomam a iniciativa de registar o negócio.

Para o registo, os valores continuam a presumir-se da titularidade da pessoa em nome de quem estão registados (art. 64.º/6-1.ª parte). Com efeito, o negócio celebrado é inteiramente estranho ao registo. Portanto, não pode ter qualquer reflexo sobre ele. Nem o adquirente pode reivindicar quaisquer direitos que dependam exclusivamente desse registo. Com efeito não adquiriu qualquer legitimidade quer para exercer os

---

[1065] Vd. o que foi dito acima a propósito do art. 64.º/1, pp. 326 ss..

direitos inerentes a esses valores nem para os alienar e fazer refletir posteriormente essa alienação sobre o registo. Além disso, ele nem sequer adquiriu a titularidade plena dos valores pois, como vimos acima, esta só se adquire na data da apresentação do pedido de registo da alienação ou quando é dada ordem de transferência ao intermediário financeiro que tem a seu cargo a conta de registo dos valores (art. 65.°/3). Portanto, até à data do registo, o adquirente tem apenas um direito de crédito sobre o alienante, que se traduz no seu direito a que os valores sejam tranferidos para a sua conta (direito ao registo).

II. Imaginemos, agora, um novo caso (**caso IX**) na continuidade do anterior. Passados alguns meses, o ainda titular dos valores recebe o extracto de conta semestral (art. 70.°/1/b). Verifica apenas o saldo sem se preocupar com os diversos movimentos registados. A seguir, dá uma ordem de venda ao intermediário financeiro pela totalidade dos valores registados em conta pois esquecera-se completamente de mandar abater ao saldo os valores anteriormente alienados. O intermediário financeiro executa a ordem de venda depois de ter verificado a totalidade do saldo e bloqueado o saldo da conta.

Vejamos agora o que acontece do lado do adquirente, neste último negócio. Este tinha dado uma ordem de compra ao mesmo intermediário financeiro do alienante, que regista a aquisição nos termos já atrás descritos. O adquirente tem todas as razões para confiar que o intermediário financeiro tinha controlado o saldo da conta do alienante. Se houvesse algum problema teria sido informado. O seu objectivo era adquirir uma determinada quantidade de valores, independentemente de quem fosse o alienante. No momento em que recebe o aviso de lançamento enviado pelo intermediário financeiro (art. 70.°/1/a) conclui que a operação correu bem. Com efeito, se algo não tivesse corrido bem o intermediário financeiro nem sequer tinha registado os valores na sua conta. Mas, se o fez, é porque havia registos na conta do alienante que davam fundamento ao registo que efectuara na sua conta. Em suma, toda a operação decorreu sob o controlo do intermediário financeiro que tem a seu cargo a conta de registo e com a intervenção da própria conta do alienante.

Se virmos bem, o alienante ainda não tinha perdido a legitimidade para alienar os valores. Ele dispunha de legitimidade registral, mas a esta falta um pressuposto essencial – a legitimidade substantiva. Ora, a legitimidade registral deve pressupor a legitimidade substantiva. Cada uma delas, porém, só por si não basta como vimos atrás. A titularidade só se transmite, nestes casos, com a apresentação da ordem de transferência ao intermediário financeiro que tem a seu cargo a conta de registo do alienante. Não se tinha transmitido a titularidade, também o adquirente não tinha obtido a legitimidade que só pode derivar do registo. Portanto, devemos considerar que o adquirente estava de boa fé, adquiriu a título oneroso de quem estava legitimado pelo registo e registou a sua aquisição. Então, a sua posição é inatacável e não pode ser destruída (art. 64.º/6-2.ª parte). Ele adquiriu conforme o registo e nos termos do registo, portanto deve ser considerado como adquirente. Se a sua posição não merecesse qualquer tutela o sistema paralizava completamente na medida em que era impossível ter confiança no sistema fundado no registo dos valores escriturais.

5. CONCLUSÕES: A CIRCULAÇÃO DA TITULARIDADE E A CIRCULAÇÃO DA LEGITIMIDADE

I. Da análise efectuada ao longo deste capítulo, podemos concluir que toda a segurança na transmissão de valores escriturais repousa na confiança derivada dos controlos efectuados pelo intermediário financeiro que tem a seu cargo a conta de registo dos valores que são objecto de alienação. Esta conta, por sua vez, não existe isolada mas está inserida num sistema de contas. Este facto permite que *a operação se torne absolutamente segura mesmo sem a intervenção da conta do adquirente*. Com efeito, basta que a ordem de transferência dos valores alienados seja dada ao intermediário financeiro do alienante para que se transmita a titularidade dos valores escriturais alienados. Após essa transmissão os valores podem circular entre as contas envolvidas, através do mecanismo das transferências, como também vimos atrás.

Assim, esquematizando, podemos dizer que os valores escriturais inseridos no sistema de registo e controlo, circulam nos seguintes termos:

1) *Circulação derivada de negócios celebrados com intervenção do intermediário que tem a seu cargo a conta de registo dos valores alienados*: registo da ordem de venda ⇒ bloqueio + negócio jurídico (constituição do facto) ⇒ transmissão da titularidade + transferência entre contas ⇒ registo em conta do adquirente ⇒ legitimidade plena.

2) *Circulação derivada de negócios celebrados sem a intervenção do intermediário financeiro que tem a seu cargo a conta de registo dos valores alienados*: negócio jurídico + ordem de transferência = transmis-

são da titularidade + transferência entre contas ⇒ registo na conta do adquirente ⇒ legitimação plena.

II. *Embora a circulação dos valores escriturais deva ser encarada como um todo, a lei permite distinguir dois momento diferentes:* a circulação da titularidade e a circulação da legitimidade

Quanto à *circulação da titularidade*, isto é, à transmissão do direito para a esfera jurídica do adquirente, ela é independente de um efectivo registo na conta do adquirente. Ao contrário, depende da integração, no sistema de registo, do facto que fundamenta aquela transmissão. *São essencialmente razões de segurança, isto é, de controlo pelo sistema de registo através do intermediário financeiro que tem a seu cargo a conta do alienante, que determinam o momento da produção dos efeitos dos factos que fundamentam a transferência da titularidade.* Em qualquer caso, a circulação da titularidade dos valores escriturais é sempre uma circulação registral, no sentido de que é *controlada pelo sistema de registo*, entendido como um todo. Assim, no que respeita à transmissão da titularidade, o registo é condicionante de eficácia dos negócios em conta. Poderá dizer-se que este registo é constitutivo? Pensamos que o termo não é o mais adquado, uma vez que o registo não é elemento do negócio nem os efeitos referidos dependem de um efectivo registo, mas apenas do controlo dos registos sobre o negócio, controlo esse que poderá ser prévio à própria realização desse negócio. Portanto preferimos dizer que o sistema de registo é condição de circulação da titularidade dos valores escriturais. Atenta, porém, a terminologia tradicional, a qualificação que mais se aproxima do processo descrito é a de que *o sistema de registo*, entendido como tal, e não o específico registo em conta é constitutivo de titularidade. Neste aspecto *pensamos que a própria terminologia deve evoluir para se adptar às novas realidades.* O importante, para já, é que tenha ficado o regime jurídico.

III. *A circulação da legitimidade* só se verifica com o efectivo registo na conta do adquirente, isto é, com a transferência dos valores entre as diferentes contas envolvidas na circulação dos valores. Neste caso, não há dúvida que *o registo em conta é constitutivo da legitimidade pelo que, esta, é sempre uma legitimidade registral.* Ainda que tal legitimidade dependa da apresentação de determinados documentos, estes devem ter sido passados de acordo com o registo.

IV. De todos os casos analisados e do regime jurídico estabelecido, podemos ainda concluir que o *instituto da tutela de terceiros*

adquirentes de boa fé é desnecessário em condições normais de funcionamento do sistema de registo, isto é, nas operações ligadas ao registo, que atrás descrevemos como típicas. Só muito dificilmente aí encontraremos situações em que terceiros adquirentes *a non domino* devam ser tutelados[1066]. Tal deriva da grande segurança oferecida pela situação registral. Podemos até dizer que existe uma maior segurança que em relação à situação tradicional dos direitos representados documentalmente. Se o terceiro adquirente de boa fé conseguir registar a sua aquisição nos termos prescritos (art. 64.º/6) ele será tutelado. O maior problema porém reside na dificuldade em conseguir registar o direito, caso os controlos registrais funcionem convenientemente.

De acordo com os casos analisados podemos dizer que a tutela do terceiro adquirente de boa fé coloca-se sobretudo em relação aos casos atrás referidos em 3.3 e em 3.4. A sua tutela é essencialmente assegurada pelo instituto da prioridade do registo e pelo funcionamento dos meios normais do registo. Com efeito, um anterior adquirente só o será se tiver conseguido consolidar a sua posição através do registo. Antes disso ele não será, como vimos, sequer um titular.

[1066] Não pode aceitar-se a posição de ANGULO RODRIGUEZ (1992, 298) que considera não existirem situações de aquisição *a non domino*. Com efeito, considera "para que se produza aquisição da propriedade do valor será preciso que se produza o registo do adquirente, (...) e essa anotação só é possível quando o transmitente seja o anterior titular registado, que é o único legitimado para dispor". Qualquer outra situação, conclui, será devida a erro do intermediário financeiro e este deve ser objectivamente responsabilizado. Embora a posição do autor seja defensável à luz do ordenamento jurídico espanhol que equipara a inscrição à tradição e desta depende a transmição da propriedade, não faz sentido à luz da lei portuguesa.

CAPÍTULO II
FUNÇÕES E ESTRUTURA
DO VALOR MOBILIÁRIO ESCRITURAL

1. A FUNÇÃO DO VALOR MOBILIÁRIO ESCRITURAL E O PRINCÍPIO DA INDIFERENÇA DA FORMA DE REPRESENTAÇÃO

I. Tanto os valores mobiliários titulados como escriturais se referem originariamente às mesmas realidades: direitos de crédito, direitos de participação social ou outros. Como refere o art. 47.º/1, estamos perante *duas formas de representação dos mesmos direitos*. Estes podem assumir, em abstracto, qualquer dessas formas de representação [1067].

Além disso, também em geral, a lei admite a conversão de uma forma de representação na outra (art. 48.º/1). Este princípio do nosso direito dos valores mobiliários não é desmentido pelo facto de a conversão dos valores escriturais em titulados apenas ser admitida para negociação no estrangeiro (art. 48.º/1 e 72.º) [1068]. O importante não é, para este efeito, realçar a medida de política legislativa que privilegia a forma escritural de representação [1069], mas considerar a convertibilidade de uma forma de representação na outra. Esse *princípio da convertibilidade é mais uma manifestação de que a mesma realidade jurídica subjaz tanto aos valores escriturais como aos valores titulados*. Igualmente permite concluir que *do ponto de vista do legislador, e também em abstracto,*

[1067] Realçámos já este aspecto quando analisámos a noção de valor mobiliário por referência ao art. 3.º/1/a. Vd. pp. 41 ss..

[1068] Também os documentos para transacção autónoma de direitos, quando emitidos com base numa conta de valores escriturais, são um outro caso de conversão de valores escriturais em valores titulados, embora em sentido diferente do que é referida no texto. Vd. nota 892.

[1069] Este privilegiamento da forma escritural resulta claramente das normas que dificultam a conversão dos valores escriturais em valores titulados (arts. 72.º e 48.º/1). Portanto o privilégio é de natureza económica e não de natureza jurídica.

ambas as formas de representação de direitos são igualmente aptas a favorecer a realização e circulação daqueles direitos, em condições de segurança [1070]. É o que poderíamos chamar o *princípio da indiferença da forma de representação de direitos*. Com efeito, uma coisa é a preferência manifestada por lei pelos valores escriturais, outra coisa é considerar as duas formas de representação do ponto de vista funcional dos valores e da segurança da sua circulação.

II. A consagração do princípio da indiferença das formas de representação significa que *o legislador sobrepôs os aspectos funcionais aos estruturais*. Aliás, se tivermos em conta *as razões que levaram ao surgimento dos valores escriturais, concluiremos que a causa fundamental residiu na contradição entre a estrutura tradicional (o direito documentado em papel) e a função dos valores mobiliários. A solução do problema passou por uma alteração da estrutura da forma de representação, para poder manter a mesma função*. É uma solução pragmática, não só por (historicamente) ter sido seguida pela prática, como era a forma mais simples de resolver o problema [1071]. Assim, a solução encontrada desmentiu todos aqueles que, exagerando o papel da estrutura (a incorporação no documento), colocaram a função estritamente dependente daquela. Igualmente, a solução encontrada é uma crítica a quantos consideram o momento estrutural como constituinte, em absoluto, dos próprios valores mobiliários.

III. Do princípio da indiferença podemos retirar importantes corolários, todos eles assentes no regime jurídico analisado.

Desde logo aquele princípio pode fundar *a possibilidade de construir um regime geral dos valores mobiliários não dependente da sua forma de representação*. É o que podemos chamar o subprincípio da irrelevância da forma de representação. A construção desse regime geral tem as suas bases já assentes na própria lei, mas deve ser desenvolvido e clarificado. Com efeito, um regime geral dos valores mobiliários que não dependa da forma de representação é possível a partir do momento

---

[1070] Isso mesmo é confirmado pela prática de negociação de valores mobiliários em mercado. Com efeito, quando alguém dá uma ordem de compra de *n* valores mobiliários, a um intermediário financeiro, não está preocupado em saber se esses valores são escriturais ou titulados, nem a sua decisão de compra terá sido minimamente influenciada pela forma de representação desses valores.

[1071] Tínhamos já retirado essa conclusão no final do 2.º capítulo da 1.ª parte.

em que o legislador obriga a que os valores titulados circulem através de registo em conta[1072]. Esta possibilidade é de extrema importância dado que não existe entre nós um regime jurídico geral, consagrado por lei, para os títulos de crédito.

Também podemos concluir que ambas as formas de representação têm igual aptidão para resolver os problemas de legitimação e circulação dos direitos que estão na base da sua representação, isto é, igual aptidão para ambas as formas de representação desempenharem as funções que são tradicionalmente atribuídas aos títulos de crédito. É o que podemos chamar o subprincípio da *equivalência (funcional) das formas de representação*. Em ambos os casos os valores mobiliários devem poder circular com idêntica segurança[1073].

O princípio da indiferença da forma de representação não dá razão às concepções que recusam a construção de uma dogmática dos valores escriturais assente na sua própria estrutura, isto é, nos próprios registos. Com efeito deve ser recusada a construção dessa dogmática com base na analogia com a dogmática dos títulos de crédito. Essas concepções assentam no preconceito da superioridade da forma de representação titulada e são responsáveis pelas dificuldades sentidas pela dogmática dos valores escriturais ir mais longe. Assim, podemos concluir pela existência de um subprincípio que postula a *idêntica aptidão dogmática de ambas as formas de representação*[1074].

Aquele princípio da indiferença permite que se mantenha a possibilidade de as entidades emitentes optarem entre a forma de representação titulada e a forma de representação escritural. Essa opção implica a necessidade de permitir a conversão de uma forma na outra ou de forma ampla ou restrita, como faz a nossa lei. Assim fica formulado o subprincípio da *liberdade de escolha da forma de representação*[1075].

[1072] Vd. adiante pp. 402 ss..

[1073] No entanto está claramente provado que a forma de representação titulada levanta dificuldades quanto à sua circulação em mercado secundário, como repetidamente temos afirmado ao longo deste trabalho, dificuldades essas que estiveram na génese do seu abandono. Tal nada contradiz, no entanto, o que é afirmado no texto quanto à igual segurança na circulação dos valores mobiliários.

[1074] Esta conclusão condiciona e retira muito do significado à questão de saber se os valores mobiliários escriturais são títulos de crédito.

[1075] Não é assim em França, como sabemos, onde é obrigatória a forma de representação escritural.

IV. A consagração de um princípio de indiferença da forma de representação dos valores mobiliários significa que *o legislador manteve todo o respeito pelo regime jurídico que resulta da forma de representação adoptada*. No entanto, preocupado com a circulação desses valores reconheceu igualmente que a forma de representação escritural é a mais apta e adequada aos princípios da circulação em mercado secundário de valores. Por isso, para efeitos de circulação em mercado, obrigou a que os valores mobiliários titulados estivessem obrigatoriamente sujeitos a um regime de depósito que, em muitos dos seus aspectos, afastou o regime jurídico derivado dos próprios títulos pois passam a circular de acordo com o regime dos registos em conta. Tal significa poder adoptar uniformemente as regras do mercado de valores mobiliários como elemento fundamental na segurança da circulação dos valores mobiliários em geral, independentemente da sua forma de representação. Assim, concluímos que *em mercado secundário a circulação dos valores mobiliários se faz de acordo com o regime dos registos e não de acordo com o regime dos títulos. Este é um aspecto importante quanto à possibilidade de construção de um regime geral dos valores mobiliários.*

Estas observações condicionam a construção de um regime jurídico geral para os valores mobiliários. Com efeito, considerando que esse regime não depende da forma de representação ele está sobretudo limitado aos valores mobiliários escriturais e aos valores titulados fungíveis sujeitos ao regime de depósito e controlo. No entanto deve ser estendido, quanto a alguns aspectos, a todos os valores mobiliários.

2. A ESTRUTURA DO VALOR MOBILIÁRIO ESCRITURAL

2.1. O fenómeno geral da representação de direitos

I. Quer estejamos perante direitos representados por títulos ou por meros registos, esses direitos são anteriores à forma de representação adoptada e existem independentemente dela. Por isso é correcto afirmar que *o direito não é criado pelo título* [1076] *nem pelo registo enquanto forma*

[1076] É tradicional a distinção entre *títulos constitutivos* e *títulos declarativos*, de acordo com o significado da emissão do título para o nascimento do direito documentado. Vd. HUECK/CANARIS (1986, 34-35). Porém, OLAVO (1978, 17 nota 15 e 47) considera que os títulos são sempre constitutivos. Em resposta a Ferri, sustenta que "o direito social

de representação. O registo não cria o direito, limita-se a declará-lo, nos mesmos termos em que se considera que é declarado pelo título, no caso de valores que assumem a forma de representação titulada. Quer num caso quer no outro, *a criação do direito distingue-se da emissão dos respectivos títulos ou da realização dos correspondentes registos*[1077]. Sendo anteriores e independentes da sua forma de representação, os direitos podem não ser representados por qualquer forma[1078].

II. Tradicionalmente *a representação dos direitos através de documentos teve como objectivo central ultrapassar as dificuldades derivadas da sua imaterialidade e permitir a sua circulação com segurança e rapidez*. Particularmente no caso dos valores mobiliários, era essencial a sua aptidão à circulação, em ordem à mobilização e circulação da riqueza. A imaterialidade dos direitos tornava-os extremamente dependentes da relação pessoal originária, estabelecida entre o emitente e adquirente do direito (credor/devedor). A documentação foi uma das formas encontradas de ultrapassar essas dificuldades.

Mas, por força da sua documentação, os direitos ficam sujeitos a um regime de circulação especial. Este passa também a estar dependente da circulação do documento. Cria-se, assim, uma circulação do direito vinculada ao documento e de acordo com as regras deste. Portanto, *em consequência da documentação, o direito documentado não se altera nem modifica o seu conteúdo. Passa apenas a estar sujeito a regras próprias de circulação e legitimação*[1079]. Aliás, mesmos os autores que defendem

---

anterior à emissão do título não se identifica exactamente com o direito social incorporado no título, e o direito constante do título só subsiste após a destruição deste se e quando ele for reformado, o que implica a reconstituição do título". Em consequência, o autor distingue entre "direito social só por si" e "direito cartular". Quanto ao facto constitutivo do direito cartular, distinto do documento propriamente dito, vd. OPPO (1951, 198 ss.). Este autor duvida que possa falar-se, nos títulos causais "de função constitutiva no sentido de criação de um direito não preexistente ao documento" (198 e nota 9).

[1077] O facto de poder haver um razoável lapso de tempo entre a criação dos direitos e a emissão dos títulos, o que já não acontece nos valores escriturais em que esse lapso de tempo pode ser muito reduzido, não altera a validade da afirmação.

[1078] Tal é nomeadamente verdade para as acções nominativas. A não ser que se entenda o registo no livro da sociedade (mas sem a existência de qualquer documento) como uma forma de representação. É, sem dúvida, mas é uma forma de representação não cartular e que, portanto, não pode ter os efeitos desta.

[1079] Daí que a função principal do título de crédito (além da legitimação) seja a protecção do tráfico, isto é, assegurar a protecção de terceiros adquirentes de boa fé. Vd. SERRA (1956 (60), 13-14).

que estamos perante um direito diferente, o direito social cartular, por exemplo, não querem significar outra coisa que o afirmado no texto.

III. O regime legal instituído permite retirar a mesma conclusão para a representação escritural dos valores mobiliários. Pelo facto de serem representados através de registos, os direitos registados não perdem a sua natureza original. Porém, *enquanto direitos aptos à circulação e que só através desta podem cumprir plenamente a sua função, a sua representação através de registos permite submeter esses direitos a um especial regime de circulação dependente desses registos*. Cria-se, assim, uma nova forma de circulação vinculada, distinta tanto da forma de circulação dependente de documentos, como da forma de circulação que lhes corresponde se não houver qualquer tipo de representação. Em qualquer caso, a função dos direitos documentados ou registados mantém-se. Portanto, também o registo é um problema de representação ordenada à circulação.

IV. Assim, os direitos de crédito ou de participação social podem estar, genericamente, sujeitos a *três distintas leis de circulação*: a lei de circulação que lhes corresponde se não estiverem representados por qualquer forma (cessão de créditos); a lei de circulação que deriva de estarem representados por meio de títulos[1080]; a lei de circulação adveniente da sua representação por meio de registos. Por sua vez, os valores mobiliários titulados[1081] poderão circular de acordo com o próprio título, variando consoante sejam nominativos ou ao portador, ou circular através de registos se estiverem inseridos num sistema de depósito centralizado. Os valores mobiliários escriturais, embora circulem sempre através de registos, essa circulação pode variar conforme os valores estejam inseridos dentro de um sistema de registo (que pressupõe a sua dispersão por várias entidades entre si interligadas) ou estejam apenas registados junto de uma única entidade.

Tal não significa que os direitos, mesmo que documentados ou registados, não possam circular sem ligação com os documentos, circulação extra-cartular ou imprópria[1082] ou circulação extra-registral. Tal

---

[1080] Com as particularidades já nossas conhecidas, se os títulos estiverem sujeitos a um regime de depósito e que variarão conforme os casos.

[1081] Pois, como vimos acima (cap. II da 1.ª parte) aos valores escriturais nominativos ou ao portador não corresponde um distinto regime de circulação.

[1082] A doutrina italiana considera que essa forma de circulação só é possível para os casos em que a transferência da legitimação cartular não se esgota na entrega material do documento. Vd. MARTORANO (1992, 85-87).

circulação, porém, está sujeita a fortes limitações e levanta inúmeros problemas a ponto de se poder considerar que pouca efectividade prática pode ter, como já observámos a propósito dos valores escriturais[1083].

V. *A representação dos valores mobiliários, enquanto direitos emitidos em massa, nunca esteve tão dependente de uma forma de representação para poderem circular com segurança como os restantes direitos de crédito objecto de emissão individual.* Daí que, nesses casos, a forma de representação titulada, enquanto forma de representação tradicional, não fosse nunca considerada como essencial[1084]. Com efeito, nomeadamente no que respeita às acções das sociedades anónimas sempre se admitiu a sua circulação exclusivamente com base nos registos em livro da entidade emitente. Nestes casos, foi até posta em dúvida a sua consideração como títulos de crédito, dada a dependência dos registos no livro da sociedade emitente, para sua circulação e para a legitimação do titular[1085].

Uma coisa é certa, *a representação dos direitos emitidos em massa através de um documento nunca assumiu a importância que este tinha nos restantes títulos de crédito*. E esse aspecto não pode deixar de ser considerado importante para a nossa análise. Ao invés, devemos assumir como um dado o facto de o registo dos direitos junto da entidade emitente sempre ter assumido uma importância fundamental, ao menos para as acções nominativas[1086]. Alguma doutrina considerou as acções nominativas como *títulos necessariamente registáveis* para os distinguir dos títu-

---

[1083] Vd. supra, pp. 291 ss..

[1084] Vd., quanto a este aspecto e em termos históricos, EIZAGUIRRE (1982, 26 ss.). Com efeito, a teoria dos títulos de crédito, que foi criada tendo por paradigma a letra de câmbio, só mais tarde integrou os títulos de participação social, colocando-se particulares problemas em relação às acções nominativas.

[1085] A natureza das acções, mais complexa que os tradicionais títulos de crédito, entrava em choque com determinadas construções da teoria dos títulos de crédito, devido à sua necessária ligação à entidade emitente e estatutos desta, que punha em causa o seu carácter abstracto e a sua literalidade. Daí que *a documentação da acção nominativa tenha apenas uma relativa importância na sua construção dogmática como título de crédito*. Quanto à origem histórica da consideração da acção nominativa como título de crédito e ao equívoco que esteve na origem das conclusões de Vivante ao assimilar os *Namenpapiere* alemães ao títulos nominativos italianos, vd. PELLIZI (1984, 4 ss.).

[1086] Foram elaboradas construções no sentido de considerar que a posse da acção nominativa documentada constitui uma *legitimação prévia*, isto é, o meio legitimador exclusivo para obter a *legitimação propriamente dita* derivada do registo junto da entidade emitente. Vd. EIZAGUIRRE (1982, 29 e 38).

los à ordem, *isto é, títulos em que é necessária a cooperação do emitente para que o seu processo de transmissão possa considerar-se concluído.*

Quanto acaba de ser dito permite-nos concluir: que sempre existiu uma certa relativização da representação através de documentos nos chamados valores mobiliários; que sempre existiram registos junto da entidade emitente como elementos essenciais da lei de circulação desses valores sob a forma nominativa.

Poderá com efeito considerar-se que a evolução havida – dos valores titulados aos valores escriturais – foi no sentido de retirar toda a importância aos documentos em papel, passando em exclusivo tais valores a depender do registo junto da entidade emitente. Mas esta conclusão deve ser vista com reservas. Com efeito, *nunca ao registo da entidade emitente foram atribuidos os mesmos efeitos que ao registo das acções escriturais.* Com efeito parece-nos *que os registos de direitos apenas valerão como valores escriturais por determinação da lei, nada impedindo, porém, que esses registos sejam feitos junto da entidade emitente dos valores em causa.* Há, portanto, uma diferença qualitativa entre o registo dos valores escriturais e os registos na entidade emitente.

V. Podemos, portanto, *inserir os valores escriturais dentro do fenómeno geral da representação de direitos, em particular de valores mobiliários*[1087]. Seria descabido, depois da experiência recolhida com os títulos de crédito e sublinhada pela doutrina, absolutizar agora a representação através de registos em conta. Mas não é menos de rejeitar a tendência contrária que anula quase completamente a importância de cada particular forma de representação. Devemos, por isso, dedicar alguma atenção aos elementos estruturais dos valores mobiliários escriturais dado que, como já concluímos, do ponto de vista funcional o legislador consagra um princípio de indiferença entre as diversas formas de representação. Sendo a estrutura do valor mobiliário escritural o seu elemento distintivo dedicamos-lhe o próximo ponto.

Há pois que levar em conta as formas de representação pois elas determinam distintos regimes jurídicos aplicáveis. Mas e estrutura dos valores mobiliários não se esgota na forma de representação, como veremos.

[1087] No mesmo sentido, VALENZUELA CARACH (1993, 107) e ANGULO RODRIGUEZ (1992, 305).

2.2. A estrutura dos valores escriturais enquanto direitos registados

I. *Os valores escriturais são, antes de mais, direitos registados.* Parece-nos essencial defini-los pela positiva e não pela negativa, isto é, como direitos não documentados[1088] em papel. Esse registo deve ser a sua única forma de representação[1089]. Porém, não se trata de um qualquer registo. Atendendo ao princípio da indiferença da forma de representação, podemos apontar algumas das características estruturais desse registo: (1) *deve ser um registo que, em relação aos direitos que dele são objecto, tenha efeitos equivalentes à sua representação por meio de títulos*. Ora, dada a diferente forma de representação e sendo esses efeitos dependentes da forma de representação, há que atender à particular forma de representação do valor mobiliário escritural.

(2) *Do registo de valores escriturais deve resultar a sua sujeição a um regime jurídico próprio, especialmente dependente desse registo.* O registo, enquanto forma de representação, obedece a regras próprias capazes de permitir que o valor mobiliário escritural desempenhe as suas funções como valor mobiliário.

(3) *É de um registo particularmente qualificado por lei.* Não pode ser considerado como valor escritural um qualquer registo. Assim, deve ser excluída a qualificação de valores escriturais em relação aos valores titulados depositados que circulam através de registos em conta. Esses registos não alteram a estrutura do valor mobiliário que continua a ser titulado, mas apenas influenciam a sua forma de circulação. Encaramos, no entanto, a possibilidade de uma outra construção dogmática sobre essa realidade.

(4) Em alguns casos esse registo há-de estar inserido num sistema, conforme o que for determinado por lei. A consideração do sistema é essencial para determinar a estrutura dos valores mobiliários nele integrados.

[1088] É certo que a expressão "valores escriturais" é sinónima de valores registados e, portanto, não adiantará muito. Mas algo adianta, na medida em que se liga o valor mobiliário ao registo, ao passo que defini-los como direitos não documentados ainda os liga apesar da formulação negativa, ao documento em papel.

[1089] Vd. o que foi dito no cap. I da 2.ª parte. Deve ter-se em conta que os valores mobiliários titulados depositados circulam através de registos, mas esses registos não têm a natureza de forma de representação desses valores mobiliários, apenas se orientando à sua circulação. Porém, não parece que sejam os próprios valores a circular, mas uma outra realidade que alguns consideram como uma quota ideal do direito de compropriedade sobre os valores depositados. Vd., porém, o que é dito na nota 1130.

II. Pode o registo ser a mera afirmação da existência do direito e limitar-se a enunciar o que se passa fora dele. Esse tipo de registo não terá, em regra, qualquer influência no regime jurídico do direito registado. Este reger-se-á por leis próprias, limitando-se o registo a reflectir as situações jurídicas incidentes sobre esse direito, as suas vicissitudes, mas sem as condicionar ou ter qualquer influência sobre elas. Porém, não é isso que se passa com o registo dos valores escriturais. Este assenta sobre toda a centenária cultura da documentação de direitos, que atribui a essa documentação, em certas circunstâncias, uma função essencial quanto ao regime jurídico a que fica sujeito o direito documentado. Ora, não há dúvidas que *o legislador, ao criar os valores escriturais, teve em conta toda a cultura derivada dos títulos de crédito*, por duas razões fundamentais de carácter geral: pela consagração do princípio da indiferença das formas de representação dos valores mobiliários; por se ter apoiado na experiência francesa que passou directamente duma experiência de valores mobiliários titulados em regime de depósito centralizado para um regime de valores escriturais em que, simplificando um pouco as coisas, quase bastou destruir os títulos e manter os registos já existentes.

Da tradicional cultura dos títulos de crédito ressalta particularmente uma ideia central: a sujeição do direito, em maior ou menor medida, ao regime jurídico a que está sujeito o próprio documento, enquanto coisa móvel. *Esta operação de "travestir" o direito, realidade imaterial, como se de coisa se tratasse, materializando-o, faz parte do património que pode considerar-se como um dado adquirido da nossa cultura jurídica.* Estamos no domínio, riquíssimo, da importância das ficções em direito. Sem essa operação o direito continuaria a seguir as suas regras, próprias do direito das obrigações, avultando a sua transmissão nos termos da cessão de créditos.

Com a consideração do registo como forma de representação de direitos e tendo em conta toda a cultura referida, o legislador quis alcançar um objectivo idêntico: deixando o direito de estar documentado por um papel, evitar que voltasse a ficar submetido ao direito das obrigações, mas submetê-lo a um regime jurídico próprio dependente do registo. Por isso, *ao considerar que o valor escritural é um direito registado, deve acrescentar-se que esse facto determina a sujeição desse direito a um regime jurídico dependente desse registo.* Esta afirmação pode ser comprovada por toda a análise que fizemos do regime jurídico dos valores escriturais e por quanto ainda diremos sobre esta matéria.

III. Alguns autores vêm no valor escritural, e com alguma razão, uma espécie de regresso às origens[1090]. Isto é, estar-se-ia na mesma situação em que foi construída a teoria dos títulos de crédito, com base na representação dos direitos através de documentos e na descoberta de uma lei de circulação própria para esses direitos documentados. Agora, faltando o documento, haveria que encontrar uma nova lei de circulação, uma vez que é um dado adquirido historicamente que a circulação dos direitos, de acordo com a sua própria lei, não é adequada às necessidades modernas do tráfico.

Porém, só parcialmente há um regresso às origens. Com efeito, e como já referimos, é aproveitada toda a experiência recolhida com os títulos de crédito. Esta permitiu isolar o principal problema que se coloca no tráfico de direitos: o problema da segurança desse tráfico, nomeadamente tendo por referência a tutela de terceiros adquirentes de boa fé. Mas, tratando-se de direitos emitidos em massa e destinados, em regra, a ter uma longa duração, também foram isolados e resolvidos os problemas ligados ao exercício dos direitos a eles inerentes, isto é, os problemas ligados com o exercício desses direitos e a legitimação para esse exercício. Ora, a nova forma de representação, não podia ignorar essa experiência. É uma questão de bom senso.

Em suma, *o legislador tinha perfeitamente identificados os problemas a que a documentação de direitos visou dar resposta.* Além disso, confrontava-se com mais um problema sobretudo de ordem prática, isto é, a inadequação dos documentos ao próprio tráfico, de acordo com as exigências modernas de celeridade e perante grandes quantidades de documentos.

IV. Esta transição não se deu de um dia para o outro. Com efeito, é já longa a experiência de circulação dos direitos sem dependência dos documentos. *As experiências de depósito colectivo provaram, na prática, que os direitos podem circular sem os documentos. Provou-se, também, que essa circulação oferece pelo menos tanta segurança como a circulação cartular.* É certo que essa experiência era relativamente escassa entre nós e nunca foi objecto de particular atenção por parte da doutrina.

[1090] Assim, OLIVENCIA (1987, 29): "Penso que é necessário voltar ao direito das obrigações, a um regime de transmissão e de exercício dos direitos que já não se apoia na entrega e na apresentação física de coisas móveis corporais. *O retorno à teoria do título de crédito, longe de ser um apoio dogmático para facilitar a introdução e assimilação do novo sistema, será sempre um travão à lógica evolutiva do direito*".

Porém, nalguns países tinha dezenas de anos, a tal ponto que, na prática desses países se, deixou, em muitos casos, de contar com os próprios documentos[1091]. *Continuando a existir os documentos, apesar de depositados, a tendência da doutrina foi sempre no sentido de fazer evoluir as explicações dogmáticas a partir da matriz original, isto é, a teoria dos títulos de crédito.*

Porém, parece-nos que é posta em causa a base real em que assenta essa teoria[1092]. Só por considerações que devem ter-se como artificiais (de acordo com o nosso direito) se pode entender um registo (informático ou não) como uma coisa, susceptível de posse. *Há, pois, que elaborar novas explicações dogmáticas que têm a ver com a nova forma de representação, isto é, os registos em conta.*

V. A prática provou que os registos são aptos a permitir a circulação dos direitos em segurança acautelando os interesses do tráfico. *Ao serem registados, os direitos estão sujeitos a uma forma própria que revela o direito e lhe dá uma determinada configuração.* Desse ponto de vista o registo possui virtualidades que o documento não possuía, que podem ser também uma das suas fraquezas: não tem um carácter de imutabilidade tão forte como o próprio documento. Este, em regra, a partir da sua emissão, apenas pode ser parcialmente alterado, sendo essas alterações mínimas no casos do títulos ao portador, em que a principal alteração consistia no destaque dos cupões para exercício de direitos. Já *o registo tem uma capacidade de adaptação às vicissitudes do direito quase infinita.* Trata-se, por assim dizer, de um instrumento de representação muito mais plástico. Daí que *os aspectos formais tenham muito menor importância que nos títulos de crédito.*

VI. Do ponto de vista estrutural os registos exigem uma alteração essencial: *quebra-se a relação biunívoca que é possível estabelecer entre o direito e o seu titular através da posse do documento.* Com o registo é sempre necessária a interposição de uma terceira entidade, o registador, ou da própria entidade emitente. *Deve, pois, ser considerada como*

[1091] Há documentos que nunca deixaram de estar em depósito e cujos titulares nunca os viram, apenas sendo vistos pelos olhos dos controladores das caixas fortes dos bancos, como expressivamente refere ZÖLLNER (1974, 283).

[1092] Vd. a crítica de CANARIS (1981, 1032-1037) à consideração do direito valor como um direito real ou "quase-real".

característica estrutural do direito registado a perda de relação imediata do titular com o direito representado pelo registo[1093].

Esta característica exige que a circulação do direito registado seja sempre feita com a intermediação de uma distinta pessoa, para além dos sujeitos que se sucedem como titulares do direito em causa. Já assim podia acontecer com os direitos documentados depositados, mesmo por vontade das partes. Porém, aí, o depositário limita-se a cumprir um contrato celebrado com um ou com ambos os intervenientes. Agora é a própria lei que impõe ao registador um conjunto de deveres em ordem à segurança do tráfego. Isto é, *a segurança que anteriormente resultava da simples circulação do documento como coisa, resulta agora da intervenção de uma terceira entidade*. Esta, intervindo embora por conta dos interessados, tem a seu cargo, por força da lei, assegurar a circulação dos direitos registados em condições adequadas de segurança[1094].

Não poderia, aliás ser de outra forma. *Deixando o titular de poder ter uma relação directa e imediata com o direito representado através de um registo, não podia a lei deixar a tutela do tráfico dependente dessa relação.* Nomeadamente, deixou também de poder haver qualquer relação directa e imediata com um eventual não titular que, por qualquer forma, tenha usurpado essa titularidade. Daí que já se tenha dito que, por natureza, está excluída qualquer aquisição de má fé por adquirente a *non domino*[1095].

VII. *Um aspecto estrutural do valor mobiliário, não enquanto escritural, mas enquanto direito, é a sua destinação a um mercado.* Este aspecto estrutural permite distingui-lo de outros direitos considerados como títulos de crédito[1096]. Ora, no valor mobiliário escritural, essa destinação funcional é particularmente acentuada[1097]. Com efeito, ao

---

[1093] Este aspecto tem sido particularmente salientado pela doutrina alemã com base na experiência dos títulos em depósito colectivo. Vd. ZÖLLNER (1974, 283). OPPO (1986a, 550), referindo ao sistema *Monte Titoli* considera um risco da desmaterialização a "subtracção, a certas posições subjectivas, de poderes com elas naturalmente ligados ...com a consequência por um lado da deseducação dos particulares na autotutela e, por outro, na criação, directa ou indirecta, entre as partes e mesmo para com terceiros ou sobre o mercado, de posições de poder desproporcionadas às situações de interesses".

[1094] Vd. quanto se disse acima (cap. III e IV da 2.ª parte) sobre a oficiosidade dos registos como regra geral.

[1095] Vd. D'ALCONTRES (1993, 118) e nota 919.

[1096] Questão que é particularmente acentuada por CHIOMENTI, em Itália e pela doutrina alemã, em particular ZÖLLNER (1974).

[1097] Outra coisa não significa a tradicional consideração dos valores mobiliários como os títulos do mercado de capitais. Vd. HUECK/CANARIS (1986, cit.).

desaparecer a relação directa entre o titular e o documento tornou-se essencial o papel do registador na transmissão do próprio direito. Este funciona como ponto natural de encontro entre titulares dos direitos registados, pelo simples facto de ter a seu cargo esses registos. Assim, a sua importância na transmissão dos direitos registados pode ter influência na segurança desse tráfico. Este, por natureza, é um tráfico que se realiza em mercado. Tendo o mercado deixado de ser entendido como um local físico onde se encontram os compradores e os vendedores, mas como um conjunto de relações que se estabelecem entre compradores e devedores, *torna-se essencial disciplinar o tráfico, isto é, a circulação dos direitos registados, através da disciplina do mercado onde esse tráfico se desenrola, como elemento decisivo da segurança dessa circulação.*

Por isso, *os valores escriturais estão estruturalmente mais dependentes da disciplina do mercado que os valores titulados.* A tal ponto que se pode dizer que essa disciplina é essencial. Com efeito, sendo os valores escriturais particularmente adaptados a um tráfico de massa, em que o anonimato dos intervenientes é essencial e as sucessivas transmissões se sucedem com uma grande rapidez, não basta uma tutela estritamente ligada ao valor escritural, individualmente considerado. *Exige-se uma tutela adaptada a uma circulação rápida e massificada e essa só pode ser uma tutela obtida través dos mecanismos do mercado onde esses valores são negociados e, afinal, circulam.*

VIII. Em resumo, podemos salientar, *do ponto de vista estrutural, como aspectos mais característicos dos valores escriturais:*

– são direitos registados;

– esses registos têm efeitos equivalentes à representação dos direitos por títulos, isto é, os direitos registados ficam sujeitos a uma lei de circulação dependente dos registos;

– ao serem representados por registos, perde-se a relação imediata entre o titular e o direito representado pelo registo, isto é, o direito circula por intermediação de uma terceira entidade que tem a seu cargo o registo;

– a segurança da circulação dos direitos registados depende do intermediário que tem a seu cargo o registo e do sistema como um todo;

– os valores escriturais são destinados ao mercado, sendo a disciplina deste essencial à segurança da sua circulação.

– a sua inserção num sistema, em certos casos.

2.3. A relação entre o registo e o direito registado

I. Ao definir os valores escriturais como registos que permitem subordinar os direitos a um regime próprio, estamos a atribuir ao registo funções e características que normalmente não tem. Cabe perguntar: *que relação se estabelece entre o direito registado e o próprio registo?* É sabido, como tradicionalmente se dizia, que a relação entre o direito e o documento se traduzia numa incorporação do direito no documento, de tal forma que o direito seguia o documento ficando integralmente depende dele. Passa-se com o registo algo de semelhante? Nomeadamente na doutrina italiana toda a teoria dos títulos de crédito parte da ideia de incorporação documental, a ponto de se considerar o documento como essencial para que se possa dizer que estamos perante um título de crédito.

Recentemente, porém, como já salientámos, a dependência do título de crédito em relação ao documento veio a perder terreno, por influência das experiências de desmaterialização dos valores mobiliários. Além disso, como também já observámos, a dependência do regime jurídico dos valores mobiliários em relação ao documento, foi sempre considerada menor, ao ponto de quase perder o significado com as acções nominativas em que o documento está dependente do registo no livro de registo da sociedade emitente para desempenhar as suas funções. Seja como for, sempre se deu grande importância ao documento e a teoria da incorporação, construída para os títulos de crédito em sentido estrito, estendeu-se aos próprios valores mobiliários titulados.

Cabe não cair no mesmo erro quanto ao registo não o considerando como imprescindível a uma segura circulação do direito. Se outras razões não houvesse – e para quê precisar de mais! – basta considerar que igual segurança se consegue com a representação dos direitos através de títulos. Tanto basta para considerar que, em geral, a forma de representação do direito é irrelevante desde que adequada a cumprir as mesmas funções. É admissível que outras formas de representação venham no futuro a ser encontradas para os direitos de crédito e participação social. Mas esta irrelevância da forma de representação apenas se manifesta ao nível funcional. Ora, essas funções podem ser atingidas por meios diversos e através de um regime jurídico diverso. Senão, vejamos.

II. Ao ser registado, o direito fica subordinado a um regime jurídico próprio. Manter-se-á sujeito a esse regime jurídico enquanto estiver registado. A partir do registo, passa a haver uma dependência do direito em relação ao registo de tal forma que aquele não pode circular, com segurança, fora deste registo. Se a segurança, como dissemos, é assegurada pelas entidades registadoras através da observância de regras especiais vinculadas ao registo e pelas regras do mercado em que tem lugar essa circulação, então aquelas entidades não podem assegurar aquilo que não conhecem nem o mercado pode proteger as transacções que se realizaram fora dele ou não respeitaram as suas regras. Isto é, o que se passa fora do registo não existe para ele a não ser na medida em que venha a tomar contacto com essas realidades extra-registrais. Se tudo isso era verdade para os direitos documentados, passa a ser ainda mais verdade para os registos que respeitam aos direitos registados. Com efeito, e embora referindo coisas que já foram ditas atrás, pensamos ser importante acentuar alguns aspectos.

— *A maior plasticidade do registo permite "documentar", passe a expressão, com maior rigor e detalhe o conteúdo do direito, adaptando-se mais facilmente a todos os aspectos que têm a ver com a relação substancial que lhe subjaz e com as vicissitudes do direito registado.* Com efeito, enquanto o contacto do documento com aquela relação substancial é mediata, *no registo essa relação é imediata na medida em que ele próprio assenta nos documentos que titulam essa relação substancial e estes fazem parte integrante do processo registral.* Deste ponto de vista poderá haver uma maior segurança nas transmissões do direito.

— *A relação do titular com a entidade emitente e entre os sucessivos titulares passa a ser mediatizada pelo registo* nos casos em que o registo seja feito junto de uma entidade independente, como acontece, em regra, entre nós [1098]. Assim, está completamente posta de lado qualquer relação directa entre o titular do direito e a entidade emitente [1099]. Essa relação é sempre mediatizada pelo registo. Como acima observámos, isso acontece mesmo no caso das acções nominativas [1100]. *Tal significa que, fora de determinados casos especiais* [1101], *a entidade emitente não tem interesse*

[1098] As reflexões que fazemos sobre os valores escriturais têm como suporte a nossa própria lei, não tendo qualquer pretenção de retirar quaisquer conclusões para além dela.

[1099] Como acontece com os valores titulados, em que a relação se estabelece através da apresentação do título ou, ainda, do registo em livro da sociedade, tratando-se de valores nominativos.

[1100] Vd. pp. 175 ss..

[1101] Referimo-nos acima aos casos em que há limites à titularidade de determinadas percentagens do capital social por parte de determinadas entidades.

em controlar ou conhecer os titulares dos direitos por ela emitidos. Mesmo no caso das acções que devem ser obrigatoriamente nominativas o próprio registo revela essas situações e, portanto, por força das próprias características dos valores escriturais, essas acções circularão nos termos do conteúdo que lhes for dado pelo registo, deixando de ser necessário um controlo por parte da entidade emitente uma vez que esse controlo se faz naturalmente através da circulação registral. Em conclusão, *muitas das funções que anteriormente cabiam à entidade emitente ou são assumidas pelo registador ou são naturalmente asseguradas pelas características do próprio registo.*

III. Ora o direito não tem um conteúdo abstracto, mas concretizado pelo registo, não podendo circular em condições distintas das que constam do registo. Por isso, qualquer circulação extra-registral há-de ceder perante o conteúdo do registo. Esta questão é essencial para a segurança da circulação. Por isso, não tem sentido colocar fora do registo o problema da segurança na circulação do direito.

Igualmente não tem sentido falar em legitimação fora do registo sempre que essa legitimação seja entendida em sentido próprio, isto é, legitimação perante a entidade emitente. Esta deixou, em regra, de ter qualquer contacto com o direito materializado no registo, ignorando todas as vicissitudes sofridas desde a sua emissão. Só as pode conhecer através do registo. Por isso, se efectuar prestações fora do registo sujeita-se a que essa prestação não seja liberatória. Tal significa que o registo faz fé quer perante a entidade emitente quer perante terceiros. Essa fé só pode derivar da segurança que é dada ao registo pelas entidades que o têm a seu cargo.

IV. A segurança que o direito e a sua circulação obtêm a partir das entidades encarregadas do registo é essencial e sem ela não há sistema registo de valores escriturais que possa funcionar. Portanto, *em boa medida, as entidades emitentes e os titulares dos direitos estão nas mãos das entidades registadoras.*

A característica de plasticidade do registo que acima referimos tem o inconveniente de permitir introduzir, com facilidade, modificações nesse mesmo registo. Este é, sem dúvida, um factor de insegurança no tráfico. Por isso, deve ser devidamente acautelado. *Daí a importância que assumem os meios de controlo sobre os mesmos registos por diversas entidades a começar pelo titular, particular interessado nesse controlo.* Uma boa parte da segurança dos valores escriturais reside na eficácia dos sistemas de controlo instituídos. Este é um problema novo que não se colocava nos mesmos termos para os valores titulados.

Podemos conceber diversos meios de controlo, inclusivamente administrativos (*controlo externo*). Porém, não podemos deixar de considerar como essencial o controlo feito pelos próprios interessados: a entidade emitente e os titulares dos direitos registados. Além disso, exige-se um sistema de auto-controlo por parte das entidades que têm a seu cargo o registo. No seu conjunto, formam aquilo que pode ser considerado como o *controlo interno*. *Ora, este sistema de controlos – controlo pelos interessados e controlo pelo registador – deriva da própria estrutura da representação dos direitos através de registos e é algo de novo em relação à representação de direitos através de títulos*[1102].

V. Do que fica dito concluimos que o regime dos direitos representados por registos está inteiramente depende desses registos. Daí que a sua lei de circulação seja imposta pela estrutura dos direitos registados. *Os direitos, pelo simples facto de serem registados, ficam sujeitos a um regime jurídico registral*. Tal significa que os negócios celebrados com a intervenção do registo estão sujeitos a formalidades essenciais. Deles resultam sempre modificações no registo ou surgem registos novos. Por isso, tais negócios deles são dependentes, pelo menos quanto à produção de certos efeitos.

Mas *a relação que o direito mantém com o registo é distinta da relação que o mesmo direito mantém quando incorporado num documento em papel*. A tal ponto que não se pode dizer que o direito circula com o registo como circula com o documento. Este, com efeito, pode ser objecto de negócios jurídicos ao passo que não parece aceitável dizer que o registo é objecto desses negócios. Enquanto não custa admitir que o documento em papel que incorpora o direito é objecto de, por ex., compra e venda, já o mesmo não poderá dizer-se do registo. Aqui, o objecto dos negócios jurídicos só pode ser o direito e nunca o registo. O titular não tem um direito sobre o registo. Tal como não se pode aplicar a expressão alemã *"Recht aus dem Papier e Recht am Papier"*. O titular tem direito ao registo e nos termos do registo. O registo é indisponível tanto para o titular como o intermediário financeiro ou para a entidade emitente.

[1102] Vd. os arts. 184.º/2, 58.º/3 "adequada movimentação", 638.º e 662.º.

O registo não tem autonomia física no mesmo sentido em que essa autonomia pode ser atribuída ao papel. Quando muito, essa autonomia pode conceber-se dentro de um sistema fechado. Porém, a ideia de sistema, como já vimos, não é essencial ao conceito de valor escritural [1103].

2.4. Valores mobiliários escriturais e títulos de crédito [1104]

I. Definidas as características do valor mobiliário escritural, vamos agora estabelecer uma comparação sumária dessas características com as dos títulos de crédito. Trata-se de um tema cuja importância não se compadece com um tratamento sumário como o que aqui podemos levar a cabo. Já atrás afirmámos que esta questão não tem a importância que por vezes lhe tem sido atribuída [1105] salientando as razões dessa afirmação: a necessidade de dar toda a importância à fixação do regime jurídico dos valores escriturais; a inexistência, entre nós, de um regime geral dos títulos de crédito; a necessidade de orientar esforços para a construção de um regime geral dos valores mobiliários; mas, acima de tudo e como já acima deixámos dito, que a perspectiva do título de crédito é micro-jurídica, individual ao passo que a valor mobiliário é macro-jurídica, impessoal, de massa.

No entanto, a questão não pode deixar de ser colocada ainda que em traços muitos largos, necessariamente superficial e ainda indicativa. Ao longo deste trabalho fomos deixando indicações, sublinhando diferenças, realçando continuidades e, até, destacando a identidade de funções.

A abordagem terá como ponto de referência as características gerais que são apontadas aos títulos de crédito: incorporação, autonomia,

---

[1103] Vd. o caso dos valores escriturais fora do sistema, a que nos referimos atrás (pp. 129 ss).

[1104] Este ponto foi introduzido após a discussão desta dissertação, embora tenha sido escrito no âmbito da sua preparação. Como o problema foi aí levantado e discutido considerámos adequado fazer-lhe aqui esta referência sumária.

[1105] Refere FERREIRA DE ALMEIDA (1993, 38): "Se a desmaterialização, obstando a uma incorporação material, exclui a qualificação dos valores mobiliários escriturais como títulos de crédito ou se determina apenas uma parcial revisão do conceito e características destes é questão que dependerá mais dos usos linguísticos do que das escolhas teóricas e ainda menos de diferenças de regime jurídico". Assim, para o autor tudo não passa de uma questão linguística, embora dê a entender que é aplicável o regime dos títulos de crédito, pois parece negar as diferenças de regime jurídico entre as duas realidades. Em qualquer caso, a sua posição não é muito clara.

literalidade, e transmissibilidade [1106]. Mas essas características não nos podem levar muito longe. Há que acrescentar outros aspectos: a lei de circulação conforme os valores sejam nominativos ou ao portador; a legitimação; o modo de transmissão. Um outro aspecto a referir prende-se com a análise da importância do documento na determinação do seu regime jurídico. Há ainda aspectos do regime geral dos títulos de crédito que devem ser referidos e de que realçamos: o regime penal; a reforma dos títulos de crédito ou, mais em geral, a reforma dos documentos; o regime dos títulos perdidos a favor do Estado.

Para efeitos desta análise tomaremos como títulos de crédito os valores mobiliários titulados, afirmação que merece discussão dada a amplitude do conceito de valor mobiliário. Mas não nos podemos limitar a essa consideração, pois são muitos os títulos de crédito que não são valores mobiliários.

II. Embora se possa falar de *incorporação* [1107] do direito no registo, dissemos que daí nenhuma conclusão se pode retirar sob pena de conceptualismo, pois essa característica assume feições próprias para os valores escriturais.

Os valores documentados em papéis circulam com o documento e na medida em que o documento circula. A circulação concretiza-se através de negócios jurídicos que têm por objecto tanto o direito como o título, melhor dito, o direito documentado, a ponto de ser falar em negócios cartulares. Ora, o registo não circula como circulam os documentos, não circulando igualmente o suporte do registo, seja qual for a sua natureza. Também o direito registado não circula com o registo. Quando muito, pode dizer-se que circula através dele [1108].

Por isso, *o conceito de incorporação tal como é tradicionalmente entendido para os títulos de crédito, não é adequado a exprimir a relação entre o registo e o direito registado*. O conceito de incorporação é orde-

---

[1106] Faz essa abordagem FERREIRA DE ALMEIDA (1993, 36-38). Pensamos, no entanto, que esse tipo de abordagem pode ser posta em causa. Com efeito não nos parece indiscutível a consideração dos próprios valores mobiliários titulados como títulos de crédito. Com efeito *está por construir uma teoria geral dos valores mobiliários titulados pois a doutrina tem-se limitado a equipará-los aos títulos de crédito abstractos, procedimento que, no mínimo, é discutível*.

[1107] Vd. pp. 116 ss. e 124.

[1108] Mas também essa afirmação não é correcta e apenas faria sentido relativamente a um sistema informático inteiramente fechado, funcionando em rede e sempre *on line*.

nado à circulação, no sentido de que o direito circula com o documento, ligado a ele. É certo que a incorporação não deve ser entendida em sentido físico, mas como uma imagem. Mas, apesar de imagem, não pode negar-se que o documento circula fisicamente. E se não circula fisicamente, porque, por ex., está depositado, então já não são as regras da circulação do documento que se aplicam, não estando em causa as normas dos títulos de crédito. Dir-se-á que se aplicam, embora com adaptações: fala-se em posse mediata em vez de posse imediata, em quase-direito real em vez de direito real, equipara-se o registo à entrega do documento e à sua posse, etc. Mas isso são puras ficções, isto é, construções jurídicas em função de um concreto regime jurídico que se pretende aplicar. Ora, *havendo apenas um registo, e tendo desaparecido o documento em papel mesmo depositado, não tem qualquer sentido utilizar aquelas categorias jurídicas:* não faz sentido falar em posse mediata porque falta o próprio objecto da posse imediata, o documento; falar em direito quase-real, entre nós, não é nada, em termos de direito constituído; para quê equiparar o registo à entrega se não há qualquer realidade que o registo substitua e seja susceptível de entrega? Em suma, o regime jurídico consagrado entre nós e assente na inexistência de documento sob qualquer forma, ainda que depositado, permite ultrapassar todas essas construções dogmáticas tornando o direito registado mais diáfano dum ponto de vista jurídico.

Se a incorporação for entendida como uma mera imagem [1109], isto é, como vínculo jurídico entre o direito e uma outra realidade, verificamos que nos valores ecriturais não há incorporação numa coisa corpórea, susceptível de posse e de ser objecto de negócios jurídicos. Ela só pode ser a incorporação em algo imaterial que é o registo, não susceptível de posse ou de ser objecto de negócios jurídicos, dado não haver um direito sobre o registo como existe um direito sobre o título [1110].

Porém, nos valores escriturais em sistema de registo, verificámos que o vínculo jurídico (incorporação) não se estabelece apenas com o registo na conta do titular (incorporação em sentido próprio), mas com o sistema de registo (incorporação imperfeita), só sendo possível falar de incorporação em sentido próprio caso o registo na conta do adquirente fosse considerado como constitutivo a todos os níveis. *Assim a incorpo-*

[1109] Quanto aos vários sentidos em que é tomado o conceito de incorporação vd., supra, pp. 118 ss..

[1110] Afirmámos acima a indisponibilidade do registo, tanto pelo titular como pelo intermediário financeiro.

ração referida aos valores escriturais e a incorporação referida aos títulos de crédito não são realidades comparáveis.

Que traz de novo, ao regime dos valores escriturais, dizermos que o direito está incorporado no registo, que não resulte já do regime jurídico dos valores mobiliários escriturais? Pensamos que nada de novo se acrescenta. Assim qualquer referência à incorporação dos valores escriturais é vazia.

III. A *autonomia* dos títulos de crédito tem a ver com a tutela do terceiro adquirente de boa fé e a oponibilidade entre os sucessivos transmitentes. Podemos afirmar a mesma ideia a partir do regime dos valores mobiliários escriturais? Desde logo convém ter presentes os vários sentidos de autonomia referida aos títulos de crédito consoante sejam nominativos ou ao portador e conforme estejamos perante títulos causais ou títulos abstractos [1111].

Desde logo a autonomia dos valores escriturais apenas respeita às relações entre os sucessivos titulares e não às relações com a entidade emitente dada a natureza causal dos valores escriturais. Além disso, essa autonomia não depende da posse do documento mas do registo definitivo em conta (insusceptível de posse) e de acordo com as regras do próprio registo.

Então qual o significado da afirmação da autonomia para os valores escriturais? Ela verifica-se apenas entre os sucessivos adquirentes.

IV. *Os registos em conta são literais*, porém em sentido distinto do que é entendido para os valores titulados. Dado que os particulares não têm acesso aos registos, essa literalidade só pode ser apreendida, parcialmente, através dos intermediários financeiros registadores e não através do título. Além disso, a literalidade dos registos deve ser completada com os documentos de suporte do próprio registo, documentos que não existem no caso dos títulos de crédito [1112].

Além disso, a literalidade nos títulos de crédito depende também de eles serem causais ou abstractos. Já em vários locais nos referimos a este aspecto devendo agora concluir que os títulos causais, como é o caso dos valores mobiliários não são literais. Mesmo falar em literalidade *per relationem* é uma forma de reconhecer que não há literalidade. Assim, por uma dupla razão não se pode afirmar a literalidade em relação aos valores

---

[1111] Vd., *supra*, p. 354.
[1112] Vd., *supra*, p. 354.

escriturais: não o são pelas mesmas razões apontadas para os valores mobiliários titulados; não o são ainda porque os sucessivos adquirentes não têm acesso ao conteúdo dos registos.

V. *Os valores escriturais são transmissíveis*, mas essa transmissibilidade não pode ser encarada como nos títulos de crédito[1113]. Nos valores titulados transmite-se também o direito sobre o papel e este pode ser objecto de negócios, ao passo que no valor escritural não há qualquer transmissão do documento ou do registo, pois este está sujeito a um regime de indisponibilidade quer pelo titular quer pelo intermediário financeiro. Além disso a transmissão dos valores escriturais exige um fenómeno puramente registral que são as transferências em contra.

VI. No que toca ao *regime penal*, já atrás concluímos que é *distinto o regime conforme estejámos perante valores escriturais ou perante títulos de crédito*. Isso no que respeita à falsificação de documentos. Já quanto aos crimes específicos do direito penal dos valores mobiliários, apenas releva o conceito de valor mobiliário (arts. 666.º e 667.º). Nos casos em que os valores escriturais constam de registo informático é possível a prática do crime de burla informática (art. 221.º do C.P.), facto não possível em relação aos títulos de crédito[1114].

VII. Também já atrás nos referimos à aplicabilidade do regime de *reforma dos títulos de crédito*[1115]. Esse regime careceria de reforma para melhor se adaptar a todas as formas de representação ou documentação de valores. Em particular estará em causa a reforma dos registos e a sua reconstituição quando for o caso. Já acima dissemos, porém, que essa reconstituição pode ser muito facilitada pelos documentos de suporte dos registo. Em qualquer caso a reforma depende da distinta natureza dos documentos.

VIII. No que toca ao *abandono de valores a favor do Estado*, é aplicável o Decreto-Lei n.º 187/70, de 30 de Abril. Com efeito a aplicação do regime constante desse diploma não está dependente da forma de representação dos valores em causa. Daí que seja também aplicável aos valores mobiliários que assumam a forma escritural.

[1113] Sobre a diferença entre negociabilidade e transmissibilidade. Vd. pp. 47 ss..
[1114] Vd., p. 124, nota 399.
[1115] Vd. p. 124, nota 398 e p. 215.

IX. Em conclusão, *estabelecer que os valores escriturais são títulos de crédito em nada adianta à sua compreensão ou ao seu regime.* É puro nominalismo que traz mais problemas que resolve. Nomeadamente, nesta fase, não ajuda na reflexão sobre os valores escriturais dados os preconceitos derivados da teoria dos títulos de crédito.

Os valores escriturais têm entre nós um regime jurídico desenvolvido ao contrário do que acontece com os títulos de crédito, apesar de a lei por vezes afirmar o contrário e a doutrina não realçar suficientemente esse aspecto. Segundo O. Ascensão, "Não há uma disciplina genérica dos títulos de crédito"[1116].

Apesar disso, nada impede a qualificação dos valores escriturais como documentos, desempenhando as funções gerais dos documentos, seguindo o seu regime jurídico, nomeadamente para efeitos probatórios, para efeitos penais, podendo, eventualmente, ser-lhes aplicável o regime processual relativo à reforma dos documentos.

X. *Saber se é necessário ou importante construir um novo e mais amplo conceito de título de crédito que englobasse tantos os direitos representados através de registos como através de documentos em papel, parece-nos que, neste momento, não tem grande importância. Duvidamos mesmo que, na actual fase, tal seja possível ou que tenha qualquer utilidade do ponto de vista do desenvolvimento do direito.* Com efeito,

---

[1116] ASCENSÃO (1992, 7-8). O mesmo autor acrescenta: "Nos trabalhos preparatórios do Código Civil Vaz Serra, a quem se devem estudos de muito valor sobre a matéria, projectou a inclusão de princípios gerais sobre os títulos de crédito. Injustificadamente, a proposta não teve seguimento. *Assim, só esporadicamente nos surgem disposições gerais sobre os títulos de crédito* (...)", de que autor refere os arts. 483.° e 484.° do C.Comercial, os arts. 857.° e 1069 ss. do CPC e os arts. 1466.° e 2262.° do CCiv. E conclui: "Para a construção dos princípios gerais temos de recorrer sobretudo às figuras singulares de títulos de crédito, com a grande dificuldade que surge em cada caso, de determinar se estamos ou não, verdadeiramente, perante um genuíno título de crédito". (...) Quanto à importância das leis uniformes sobre letras, livranças e cheques, conclui: "Estas leis uniformes, pelo seu carácter unitário, oferecem base para uma construção dos títulos de crédito. Apresentam porém a dificuldade particular do seu carácter transnacional entre vários sistemas jurídicos, o que obriga a acomodar aos nossos princípios jurídicos manifestações que nos são estranhas" (9). Em conclusão, para o autor a teoria geral dos títulos de crédito só pode resultar, entre nós, de uma construção dogmática. Devemos, no entanto, fazer duas observações: por um lado a doutrina não é uma fonte de direito, apesar da sua grande importância (vd. o próprio ASCENSÃO, 1987a, 189-191); por outro lado, as dificuldades a que se refere o autor agravam-se porque aqui estamos a falar em valores mobiliários que, mesmo sendo titulados, têm características próprias em relação aos títulos de crédito em geral.

em qualquer caso sempre seria necessário continuar a postular um diferente regime jurídico para os direitos documentados que circulam enquanto tais e os direitos registados. Neste momento não nos parece que seja possível encontrar conceitos que permitam unir as duas realidades.

XI. A grande questão que se coloca não consiste em determinar se os valores mobiliários escriturais são títulos de crédito mas na construção de um regime geral dos valores mobiliários sejam titulados ou escriturais, apenas distinguindo em relação a eles as diferenças que resultam da sua diferente estrutura.

Esse regime, por ora, deve sobretudo respeitar aos valores mobiliários titulados inseridos no sistema de depósito e controlo de valores fungíveis. Devem igualmente ser abrangidos os valores mobiliários escriturais fora do sistema de registo e controlo.

Assim, *o conceito de valor mobiliário deve ser autonomizado do conceito de título de crédito e deve ser construído um regime jurídico autónomo para esses valores*. Esse é o caminho que a nossa lei aponta. Trata-se de operar claramente uma cisão em muitos aspectos já presente na teoria dos títulos de crédito e só terá vantagens em ser desenvolvida. *Hoje está claramente afirmado um regime jurídico dos valores escriturais que já pouco ou nada tem a ver com os títulos de crédito*. Isto não implica, como demonstrámos, a rejeição da cultura dos títulos de crédito. A definição, por ex., das acções e obrigações a partir do CSC como valores mobiliários seria assim uma remissão para esse regime, retirando daí muitos preceitos hoje sediados no CSC. Com efeito, não faz muito sentido o CSC conter preceitos sobre as acções e obrigações tituladas e não conter sobre as acções e obrigações escriturais[1117].

3. VALORES ESCRITURAIS E REGIME GERAL DOS VALORES MOBILIÁRIOS

3.1. Os problemas que se colocam

I. Começámos por aproximar as duas formas de representação, escritural e titulada, concluindo que essa aproximação se traduzia num

---

[1117] Como é óbvio, numa dissertação sobre valores mibiliários escriturais e limitada a alguns aspectos destes, não tem cabimento a construção de uma teoria geral dos valores mobiliários e desenhar o seu regime. Esse é um trabalho que está por fazer, ao menos entre nós.

princípio de indiferença do modo de representação de direitos, com expressão sobretudo no art. 47.º/1. Verificámos, igualmente, que essa aproximação tinha a ver com a identidade de funções dos direitos representados e era orientada à resolução dos mesmos problemas colocados pela circulação dos valores mobiliários.

Procedemos, depois, a um movimento inverso de afastamento, com base na estrutura de cada uma das formas de representação. Concluímos, então, que cada uma das formas de representação obedecia a uma estrutura própria, determinante do regime jurídico a que ficam sujeitos os direitos representados. *Enquanto num caso estamos perante direitos registados, no outro estamos perante direitos documentados em papel. Portanto, as duas formas de representação não podem ser, igualmente e nos mesmos termos, consideradas como duas formas de documentação. Isto é, não estamos apenas perante dois documentos com características distintas, mas perante realidades que não se deixam reconduzir uma à outra.* Vejamos com maior atenção as consequências que resultam da distinção entre as duas formas de representação.

II. *Devemos partir, para tal análise, do regime jurídico consagrado entre nós.* Este aspecto é decisivo. Com efeito, a maioria dos autores não parte para uma análise entre as duas realidades em termos que possam ser aceites à luz do nosso ordenamento jurídico. Tal é consequência de a análise por eles feita se basear no regime jurídico consagrado nos respectivos países [1118].

Ao longo da nossa exposição, fomos salientando diferenças entre os diversos regimes jurídicos. Com efeito, como verificámos, em França todos os valores mobiliários assumem a forma escritural não se colocando o problema da relação entre as duas formas de representação a não ser em termos históricos. Em Itália e na Alemanha apenas existem valores titulados sendo o regime traçado para esses valores enquanto sujeitos a um regime de depósito centralizado. Há diferenças importantes entre os dois países, mas a irrelevância dos valores escriturais é idêntica em ambos [1119]. A Espanha é o país cuja situação mais se aproxima do nosso,

---

[1118] Esta observação vale, particularmente para todos os autores que assentam a sua análise em regimes criados e desenvolvidos para títulos em depósito colectivo, como é, nomeadamente, o caso da Alemanha e da Itália, muitos dos quais muito dos quais fomos referindo ao longo desta dissertação.

[1119] Do ponto de vista que nos ocupa, não é decisivo que tanto num como noutro desses países esteja desmaterializada a dívida do Estado, pois não é tida em consideração na construção de um regime geral dos valores mobiliários.

embora com diferenças importantes: não existe um sistema único de valores escriturais; todos os valores negociados em bolsa devem assumir a forma escritural; e, mais importante, o próprio regime traçado para os valores escriturais remete para o regime dos próprios títulos de crédito ao equiparar os dois modos de transmissão, isto é, o registo e a tradição.

Assim, uma significativa parte da doutrina alemã não toma como objecto de análise os títulos de crédito em papel, circulando como tal, mas esses mesmos títulos inseridos em sistema de depósito centralizado e administrados em conjunto, isto é, títulos que perderam a sua função como instrumentos de circulação. Acresce que a mesma perspectiva é reforçada pela introdução do chamado documento global (*Globalurkunde*), nomeadamente quando se trata de um documento duradoiro, isto é, não susceptível de ser dividido e transformado em títulos individuais (*Dauerglogalurkunde*) [1120]. Por sua vez, também o regime dos títulos em depósito colectivo, que é aplicado à dívida do Estado desmaterializada e inscrita no *Schuldbuch*, reforçaria aquela ideia, pois aí não estamos perante qualquer documento [1121].

Entre nós nada disso acontece. Ao invés, *o regime jurídico dos valores escriturais tem plena autonomia, não estando dependente de qualquer regime aplicável aos direitos documentados em papel em depósito centralizado. O que se verifica é exactamente o inverso, isto é, uma aproximação do regime dos títulos em depósito ao regime dos valores escriturais*, o que bem se compreende dada a desmaterialização da sua circulação. *A importância da inversão metodológica parece-nos decisiva para avançar na nossa reflexão sem quaisquer preconceitos*. Qualquer outra forma de proceder significa não atender à realidade e forçar as explicações dogmáticas. Por isso, devemos entender aquelas reflexões quer numa perspectiva histórica quer de direito constituído em cada país.

III. Nos arts. 47.° a 55.° o legislador consagrou o que considera como "disposições gerais" aplicáveis aos valores mobiliários. Porém, não parece que tenha havido a pretensão de consagrar um regime geral para os valores mobiliários. Com efeito, desde logo, tais disposições gerais apenas se aplicam aos valores mobiliários que adoptem uma forma de

---

[1120] Vd. DELORME (1981, 433) e KUMPEL (1984, 621-623).

[1121] No entanto, os créditos inscritos no *Sculdbuch* são tratados como coisas móveis – no sentido de documentos de subscrição de dívida pública susceptíveis de depósito colectivo – pelos regulamentos emitidos em 1940 ao abrigo do § 42.° da *DepotG*. Vd., DELORME (1981, 435).

representação, como se conclui pelo disposto no artigo 47.º. Ora parece que nem todos os valores mobiliários e realidades a eles equiparadas devam adoptar uma forma de representação em sentido estrito, isto é, forma de representação enquanto determinante do regime de circulação desses valores[1122]. Parece que o legislador apenas teve em vista os valores mobiliários a que se refere o art. 3.º/1/a pois parece que só para esses valores é exigida, como essencial, uma forma de representação.

Algumas das regras aí consagradas não são verdadeiras regras gerais dos valores mobiliários, antes são regras de direito das sociedades como é o caso dos arts. 50.º e 55.º.

As referidas regras gerais não serão aplicáveis aos valores mobiliários a que se refere o artigo 2.º/2/a. Já quanto aos valores mobiliários a que se refere o artigo 2.º/2/b tais regras serão aplicáveis se não forem excepcionadas pelo regime especial desses valores mobiliários ou forem com ele incompatíveis.

As regras gerais aqui em causa não respeitam apenas aos valores mobiliários inseridos no regime de registo de valores escriturais ou de depósito de valores titulados fungíveis. Pelo menos o art. 54.º, relativo ao exercício de direitos, respeita a todos os valores mobiliários estejam ou não inseridos naquele sistema.

Há outras regras gerais aplicáveis aos valores mobiliários dispersas por vários diplomas, a que já fizémos referência. Portanto um qualquer regime geral dos valores mobiliários deve tê-las em conta, pois não foi propósito do legislador afastá-las.

Assim, a construção de um regime geral dos valores mobiliários deve fazer apelo a vários diplomas e a regras traçadas com propósitos específicos. A dispersão das regras em causa exigiria uma intervenção legislativa coerente e unificadora. Feito este reparo, fique claro que *não é nosso propósito reflectir sobre esse regime geral pois tal não cabe nos objectivos deste trabalho.* Apenas, e tal como consta da epígrafe deste ponto 3., *vamos situar o regime dos valores escriturais relativamente a esse regime geral,* no que concerne aos valores mobiliários inseridos num sistema centralizado de registo ou de depósito, isto é, quer esses valores sejam escriturais ou titulados.

[1122] É, nomeadamente, o caso dos instrumentos financeiros equiparados a valores mobiliários, os futuros e opções.

3.2. Valores escriturais e valores titulados em sistema centralizado de depósito e controlo

I. Para alguns autores, o registo em conta seria um documento exactamente nos mesmos termos em que os títulos em papel são um documento. Faltar-lhe-ia apenas a capacidade de circulação. Mas isso, dizem, não constitui nada de novo, uma vez que o mesmo acontece com os títulos em depósito colectivo[1123]. Portanto, concluem, os registos de valores escriturais são documentos idênticos aos títulos de crédito em depósito colectivo.

Esta maneira de ver, à luz do nosso direito, deve ser rejeitada. Desde logo, no depósito colectivo estamos perante um efectivo depósito de documentos ou de apenas um só, no caso do *Globalurkunde*. O facto de não circularem não é decisivo[1124]. O decisivo, é a sua existência. Com efeito, é essa existência, ainda que sem qualquer função ao nível da circulação dos direitos incorporados, que suporta todas as construções dogmáticas que fundamentam o regime jurídico consagrado. E tanto é assim que, até agora, a maioria da doutrina alemã os considera como imprescindíveis, não estando disposta a abdicar da sua impressão, mesmo que nunca mais vejam a luz do dia, enterrados nas cofres fortes dos *Kassenverein*. É contraditório considerar tais documentos como imprescindíveis e logo a seguir defender que os valores escriturais, que rejeitam, afinal são a mesma coisa, isto é, documentos idênticos. Esta perspectiva poderá, ainda, aceitar-se relativamente aos valores escriturais que estão inscritos no *Scuhldbuch*, porém apenas valerá internamente para o direito alemão e por expressa indicação da *DepotG*[1125].

[1123] Por ex. KUMPEL (1984, 577 ss.). Segundo este autor apenas estaríamos perante a troca de documentos antigos por documentos novos, referindo-se à experiência francesa, considerando que não há qualquer desmaterialização dos direitos titulados pela passagem para um sistema sem suporte de papel (577-580). A própria folha de registo no *Shuldbuch* seria o documento do direito (582). No entanto o argumento deve ser rejeitado pois aí o documento não desempenha qualquer papel na circulação.

[1124] Nesse sentido, KUMPEL (1984, 579-580), considerando que a capacidade de circulação não é característica essencial do conceito de título. Esta é, de facto, uma característica da doutrina alemã dos títulos de crédito para quem os títulos de crédito são, essencialmente, documentos de legitimação. Já para a doutrina italiana a circulação é uma característica essencial dos títulos de crédito. Seja como for, a conclusão é sempre a mesma: os títulos em depósito já não desempenham qualquer função quer ao nível da legitimação quer ao nível da circulação.

[1125] Aliás, KUMPEL (1984, 614-615), acaba por reduzir a sua análise a essa perspectiva. O seu objectivo parece, aliás, consistir em mostrar que o sistema alemão tem

Tais qualificações não são meras palavras. Têm a ver com o regime jurídico por um lado e com as construções dogmáticas que estão subjacentes a esse regime. O objectivo essencial dos autores que defendem essa perspectiva é concluir que continua a ser aplicável o regime dos direitos reais e, na opinião de alguns, os próprios direitos registados revestiriam essa natureza[1126]. Afinal, trata-se de um desenvolvimento da teoria original do *Wertrecht* de Opitz. Tais construções, defendem, seriam essenciais, nomeadamente para fundamentar a aquisição por terceiros de boa-fé "a non domino"[1127].

II. Devemos considerar que a natureza jurídica do direito não se altera pelo facto de ser registado. Continuamos a estar perante direitos de crédito, direitos de participação social ou outros, conforme os casos, tanto antes como depois do registo. A nossa lei não recorre ao regime dos direitos reais para fundamentar o regime dos valores escriturais. Essa mesma ideia parece-nos que terá ficado clara na análise a que submetemos o regime jurídico dos valores escriturais.

De facto, nada há na nossa lei que imponha a consideração do direito registado como um direito real, como um direito coisificado susceptível de depósito. Já atrás, embora sumariamente, nos referimos às características essenciais do contrato de registo de valores mobiliários, distinto do contrato de depósito[1128]. Note-se que o próprio legislador usa terminologia diversa em ambos os casos: quanto aos valores escriturais utiliza a expressão "*sistema de registo* e controlo" (art. 58.º); a respeito dos valores mobiliários titulados emprega a expressão "*sistema de depósito* e controlo" (arts. 85.º e 86.º).

Por outro lado, para o legislador o essencial não é o suporte do registo, isto é, não importa que o registo seja suportado por um papel

---

vantagem face ao sistema francês, daí que tenha uma visão deste muito na óptica da lei alemã. É assim, que acaba por considerar o documento global duradoiro como a forma de documentação mais adequada para os valores mobiliários. Salvo o devido respeito, parece-nos uma reflexão cujo conservadorismo assenta em puros preconceitos.

[1126] Esta era a perspectiva de Opitz, que considerava o direito valor como "quase direito real". Segundo CANARIS (1981, 1033 e nota 266) essa perspectiva teria sido rejeitada unanimemente pela doutrina.

[1127] Vd. KOLLER (1972, 1857 ss., maxime 1859-1860). Este autor defende o abandono da posse no âmbito do § 366 I HGB. Esta é hoje a posição maioritária na doutrina alemã. Já acima dissemos o essencial sobre essa questão.

[1128] Vd., supra, onde concluímos que essa construção nada tem a ver com a nossa lei pp. 191 ss..

(livro em sentido tradicional) ou por um sistema informático. O essencial é o registo em si mesmo, o suporte do registo não tem qualquer relevância em termos das consequências jurídicas. Portanto, as características dos valores escriturais não se alteram de acordo com o suporte do registo [1129].

Também não é essencial entre nós que os valores escriturais, enquanto tais, estejam inseridos dentro de um sistema de registo e controlo centralizado, como já acima referimos. Esse sistema não integra o conceito de valor escritural, nomeadamente nada tem a ver com a sua estrutura essencial.

III. *Não é o regime dos títulos depositados que serve de modelo ao regime dos valores escriturais, mas o inverso.* Com efeito, tendo os títulos depositados perdido toda a sua função, passam a circular não de acordo com a sua própria lei de circulação mas de acordo com a lei de circulação derivada dos registos efectuados em conta. Portanto o que problema que deve colocar-se é: *se os títulos depositados circulam de forma desmaterializada, ainda faz qualquer sentido ligar essa circulação ao papel que está depositado?* Pensamos que não. A aproximação que ainda pode fazer-se ao regime dos documentos em papel tem mais a ver com a necessidade de integrar o regime dos títulos quando circulam fora do depósito, como acontece entre nós, do que de necessidades estruturais dos próprios registos. Em suma, *após a sua inserção no sistema de depósito e controlo, os valores mobiliários titulados estão sujeitos à mesma lei de circulação dos valores escriturais.* Para esse efeito devem ser tratados em termos idênticos [1130].

[1129] Embora, entre nós, o sistema de registo de valores escriturais seja um sistema informático, nada exige que esse suporte seja necessário quanto ao registo dos valores escriturais, em geral.

[1130] Já acima fizemos referência às construções dogmáticas relativas aos termos da circulação dos valores titulados quando inseridos em sistema de depósito centralizado. Essas construções andam em torno da compropriedade e consideram que o que circula é uma quota ideal dessa compropriedade, orientação que ficou consagrada no § 9, I da *DepotG* [vd., supra, p. 76 (nota 68)]. Essa ficção tem sido criticada por vários autores [vd., p. 341 (nota 16)]. Embora não tenhamos aprofundado essa questão temos muitas dúvidas quanto à bondade e operacionalidade daquela construção. Pensamos que o problema merece maior reflexão, nomeadamente tendo em conta o regime consagrado entre nós. Por ora limitamo-nos a deixar as seguintes perguntas: não seria preferível considerar que há uma conversão automática "ex lege" dos valores mobiliários titulados em valores mobiliários escriturais sempre que são integrados no sistema de depósito e controlo? E que se dá uma conversão de sentido inverso caso os títulos sejam retirados do depósito?

Tendo em conta o que acaba de ser dito, é possível construir um regime geral dos valores mobiliários que circulam sob a forma escritural, isto é, inseridos num sistema centralizado de registo ou de depósito.

3.3. Regime geral dos valores mobiliários em sistema centralizado de registo ou de depósito

I. A partir da lei pode ser construído um regime jurídico unitário para os valores escriturais e para os valores mobiliários titulados em regime de depósito centralizado. Esse regime não resulta de uma expressa equiparação legal pelo que deve ser objecto de construção a partir dos preceitos legais. A existir, tal equiparação deveria traduzir-se no seguinte regime: *os valores mobiliários titulados, desde que estejam inseridos num sistema de depósito e enquanto permanecerem nessa situação, serão tratados, quanto ao seu regime jurídico, como valores escriturais*. Portanto, devia ficar bem claro que tal equiparação apenas se justificaria estando os títulos depositados em sistema de registo e depósito centralizado. Fora de um sistema desse género cada direito seguiria o regime determinado pela forma de representação. Fora desse regime geral e como aspectos específicos, haveria que regular: quanto aos valores titulados a sua inserção no sistema de depósito e a sua saída desse sistema; quanto aos valores escriturais haveria que regular sobretudo a sua constituição; haveria igualmente que regular a conversão de uma forma de representação na outra, conforme os casos.

Esta já é, praticamente, a situação existente entre nós, embora se justificasse uma maior aproximação. Trata-se, portanto, de um caminho inverso ao que é preconizado por muitos autores que defendem uma aproximação dos valores escriturais aos valores mobiliários titulados, ainda que em regime de depósito. Entre nós o desenvolvimento do regime legal aponta em noutro sentido, na medida em que não existe entre nós uma longa tradição de aplicação de um regime jurídico de valores mobiliários titulados em regime de depósito centralizado, como na Alemanha, nem estamos condicionados por um regime geral legal para os títulos de crédito, como na Itália.

Ao remeter, em muitos casos, o regime da circulação dos valores mobiliários titulados inseridos no sistema de depósito e controlo para o

---

O facto de o regime dos valores titulados depois inseridos no sistema de depósito terem um regime idêntico ao dos valores escriturais, como veremos, não aponta nesse sentido?

regime de circulação dos valores escriturais, *o legislador considera o regime dos valores escriturais como o regime regra*. Para atingir directamente o objectivo que preconizamos bastaria que o legislador tivesse levado a mesma orientação até às últimas consequências. Que o mesmo pode ser atingido por via da construção doutrinária é o que procuramos demonstrar a seguir.

II. Do princípio da indiferença da forma de representação decorre uma regra geral quanto ao regime dos valores mobiliários: *um regime é comum a todos os valores mobiliários sempre que não dependa da estrutura dos valores mobiliários em causa, isto é, da sua forma de representação.*

Desta regra geral pode concluir-se, como corolário, que apenas restam, como especiais, as regras relativas à estrutura, isto é, ao registo e aos títulos propriamente ditos, bem como ao depósito destes.

III. O regime dos valores escriturais é aplicável aos valores titulados, de acordo com a seguinte regra: *o regime dos valores escriturais é aplicável aos valores titulados desde que respeitado o pressuposto enunciado acima, como resulta expressamente da lei que manda aplicar múltiplos aspectos do regime dos valores escriturais aos valores titulados inseridos no sistema de depósito e controlo.*

A regra enunciada pode ser documentada através de uma comparação entre o regime dos valores mobiliários titulados inseridos no sistema de depósito e controlo e o regime dos valores escriturais inseridos no sistema de registo e controlo.

São as seguintes as principais remissões que são feitas do regime dos valores titulados inseridos no sistema de depósito e controlo para o regime dos valores escriturais: quanto às menções e factos a registar nas contas de depósito, a lei remete para o art. 56.°/2 e art. 57.°/2 (art. 88.°/1); as regras relativas ao registos nas contas de depósitos são as que constam dos arts. 61.° a 64.° e 70.° (art. 88.°/2); a transmissão dos valores titulados depositados é feita de acordo com o disposto no art. 65.°/2-5 (art. 89.°/2); é semelhante o empréstimo de valores escriturais ou titulados em regime de depósito, aplicando-se o art. 66.° (art. 91.°); os bloqueios são feitos nos termos do art. 68.°/2-7 (art. 93.°/3); o regime de responsabilidade dos intermediários autorizados, de segredo profissional e fiscalização é o que consta, respectivamente, dos arts. 73.°, 74.° e 75.° (art. 95.°); quanto à regulamentação necessária à estruturação do sistema de depósito e controlo remete-se para o art. 76.°/1 (art. 96.°/2); o próprio sistema de depósito e controlo de valores mobiliários titulados é concebido em termos idênticos ao sistema de registo e controlo de valores escriturais (vd. os arts. 85.º e 58.º, respectivamente); aos intermediários financeiros autorizados a prestar o serviço de depósito de valores titulados, não são colocadas tantas exigências como aos intermediários financeiros que são autorizados a prestar o serviço de registo de valores escriturais (vd. os arts. 87.º e 59.º, respectivamente), diferença que, atenta a proximidade do regime, não se compreende completamente.

A abundância e natureza das remissões não deixa lugar a quaisquer dúvidas. Tais remissões seriam desnecessárias se fossem expressamente adoptadas regras como as que referimos mais acima. Assim deixaria de fazer sentido um regime para os valores escriturais ou para os valores titulados, antes estaríamos perante um verdadeiro regime geral dos valores mobiliários inseridos em sistema centralizado.

Se atendermos ao RgCentral ainda reforçamos a ideia que ressalta dos artigos anteriores, na medida em que é estabelecido um só regime para as transferências de valores mobiliários, para a liquidação das operações de bolsa e para o exercício dos direitos patrimoniais inerentes aos valores mobiliários, independentemente de assumirem a forma de representação titulada ou escritural.

IV. Mas há regras gerais que constam do regime dos valores titulados fungíveis, e não do regime dos valores escriturais. Com efeito, *há preceitos relativos aos valores titulados integrados no sistema de registo e controlo que devem aplicar-se aos valores escriturais*. Nesses casos, ao contrário do habitual, o legislador não previu normas para os valores escriturais e sim para os valores titulados. Pensamos que o lapso do legislador tem a ver com o facto de se ter baseado em regimes de direito comparado que, em geral, são mais desenvolvidos que para os valores escriturais.

A aplicação de tais preceitos apenas acontecerá nos casos em que o regime jurídico consagrado não esteja estreitamente dependente da estrutura titulada dos valores. Apesar de titulados, estando os títulos depositados, os valores são inscritos em registos, processando-se a sua circulação e todos os aspectos essenciais do seu regime jurídico de acordo com o registo.

De acordo com o que fica dito, podemos estabelecer a seguinte regra: *é aplicável aos valores escriturais o regime dos valores titulados inseridos no sistema de depósito e controlo, sempre que esse regime não esteja dependente da estrutura dos valores mobiliários, isto é, dos títulos*. Afinal, trata-se de uma regra que apenas concretiza as que já foram enunciadas atrás em II. e III.

Mais uma vez, vejamos quais as concretas normas que estão em causa. O primeiro caso que cabe referir é o mais simples, pois trata-se de uma mera remissão: o art. 89.º/3 que remete para o art. 339.º/1/b e 2-5, do CSC quanto à transmissão "mortis causa" de valores mobiliários titulados[1131]. Não estando previsto qualquer regime para a transmissão "mortis causa" dos valores escriturais quanto a essa matéria, deve aplicar-se analogicamente o regime do art. 89.º/3. Nesse caso não tem qualquer relevância a forma de representação.

O segundo caso respeita à transferência entre contas de valores onerados. Quanto a essa matéria o art. 88.º/3 estabelece duas regras: a transmissão dos valores penhorados deve ser feita com o consentimento do beneficiário do penhor; deve enviar-se, simultaneamente, ao novo depositário a documentação respeitante ao penhor a fim de aquele a fazer reflectir ou averbar na conta do interessado. Estas mesmas regras devem ser aplicadas à transmissão de valores escriturais dados em penhor, com as devidas adaptações, isto é, adaptando a expressão depositário aos valores escriturais. Quanto à segunda regra, deve ser genericamente aplicada a todas as transferências de valores mobiliários.

O art. 94.º/3 (que erradamente remete para o art. 85.º/3/b, quando a remissão deve ser para o art. 85.º/3/a pois a conta a que se refere o art. anterior não pode ser movimentada pela Central), refere-se às informações a prestar à entidade emitente, para esta poder respeitar as exigências do art. 55.º quanto ao limite de capital que pode ser detido por um determinado accionista. Ora, também o art. 55.º é aplicável aos valores escriturais. Parece-nos que tal matéria cabe no disposto no art. 71.º/1/c, embora só valha para os valores escriturais nominativos, pois pensamos que só esses são abrangidos pelo art. 55.º. Note-se, porém, que o art. 94.º/3 e o art. 55.º estão redigidos na óptica dos valores titulados, daí que a redacção respeite à estrutura desses valores, que deve ser adaptada à estrutura dos valores escriturais. Porém, o regime jurídico, em si mesmo, nada tem a ver a ver com a estrutura dos valores, mas apenas a forma de o legislador se exprimir. Por isso, melhor seria que o problema fosse claramente resolvido através de alteração legislativa. Em qualquer caso não pode haver dúvidas quanto à aplicação do mesmo regime aos valores escriturais e aos valores titulados.

[1131] Vd., supra, cap. V. da 2.ª parte a aplicação concreta dessa norma aos valores escriturais.

Um outro caso tem a ver com os arts. 89.º/1/a e 94.º/1, intimamente ligados, relativamente às obrigações de comunicação às entidades emitentes e ao registo no livro das acções nominativas. Ambos os preceitos são aplicáveis aos valores escriturais por força do disposto no art. 52.º/2 [1132]. Aqui não estamos perante uma aplicação analógica mas, eventualmente, perante uma extensão legal do regime dos valores titulados nominativos e ao portador.

O disposto no art. 84.º, aparentemente, também não tem uma correspondência directa no regime dos valores escriturais. Aí se refere nomeadamente: que a propriedade dos valores titulados fungíveis nunca se transfere para o depositário; que em caso de falência do depositário assiste aos seus titulares reclamar a separação dos valores depositados; que, caso não haja valores depositados para satisfazer todos os titulares, os seus pedidos serão proporcionalmente satisfeitos de acordo com os valores encontrados, podendo exigir, quanto aos restantes, que lhe sejam pagos em dação em cumprimento ou pela venda de outros títulos que se encontrem em excesso no falido e, não existindo estes, reclamar para a massa falida como credor comum. Este preceito não inova quanto à presunção de titularidade dos valores nem quanto à possibilidade de reclamar para a massa falida, o mesmo acontecendo quanto ao direito de separação em caso de falência. Apenas inova quanto aos termos em que o titular pode ser pago no caso de não existirem títulos em depósito. As primeiras regras valem inteiramente para os valores escriturais e isso decorre do seu regime, nomeadamente quanto à titularidade das contas e à presunção de titularidade dos valores. Portanto, não há qualquer aplicação analógica dado que se prevê um regime idêntico para os valores escriturais, apesar de a lei não ser tão expressa. A última regra não tem qualquer sentido para os valores escriturais, salvo se os registos se perderem irremediavelmente, mas tal situação não é típica da falência. Com efeito, dada a estrutura registral dos valores escriturais estes apenas deixarão de constar da conta se o intermediário financeiro os alienar indevidamente, sendo tal venda considerada como venda de coisa alheia e, portanto, nula. Porém, poderá haver alguma dificuldade em achar o paradeiro desses valores, além de que poderá funcionar o disposto na parte final do art. 64.º/6 quanto aos terceiros de boa-fé a favor de quem tenham sido registados definitivamente os valores.

[1132] Vd. supra, cap. II da 2.ª parte.

Também o art. 92.º/1 e 2, aparentemente, não tem paralelo no regime dos valores escriturais. Mas não é assim, pois tal paralelo encontra-se no art. 67.º. Ambos, de forma diferenciada de acordo com a respectiva estrutura, exigem uma determinada relação entre a alienação ou subscrição dos valores e os intermediários autorizados. A principal diferença reside na maior exigência que é colocada quanto aos valores escriturais, dado que eles não podem existir, como tais, fora do sistema de registo. O mesmo já não acontece com os valores titulados.

Em conclusão, *as regras acabadas de referir devem considerar-se de aplicação geral aos valores escriturais e aos valores titulados inseridos no sistema de depósito e controlo.* Mais uma vez verificamos que a aplicação dessas regras não depende de aspectos de estrutura dos valores mobiliários.

V. *Há preceitos que são apenas aplicáveis aos valores escriturais. Esses preceitos são relativos à estrutura desses valores.*

O art. 56.º/1 é relativo à materialização dos valores escriturais. Assim, não faz sentido a sua aplicação aos valores titulados uma vez que lhe corresponde o regime da emissão dos títulos. Trata-se, portanto, de um preceito específico dos valores escriturais porque relativo à sua estrutura. O mesmo valerá para o art. 57.º/1, relativo às contas provisórias de subscrição, e que não fará qualquer sentido para os valores titulados onde esse regime é substituído pelo regime das chamadas cautelas.

Também o art. 71.º/1-8, relativo à conversão de valores escriturais em valores titulados é específico dos valores escriturais pois respeita à sua estrutura. Já não se percebe que o regime de conversão de valores titulados em escriturais esteja incluído entre as disposições gerais, quando se trata de um regime específico dos valores titulados (art. 48.º).

O art. 59.º/2 não tem paralelo para os valores titulados. Porém, parece-nos que não tem sentido uma menor exigência para estes valores. Aí está um preceito cuja aplicação não nos parece depender da estrutura dos valores escriturais devendo, portanto, aplicar-se aos valores titulados, o que é impedido por regra expressa em contrário.

O art. 60.º é limitado à dívida pública emitida sob a forma escritural. Porém, também neste caso não tem sentido a limitação aos valores escriturais, salvo se o legislador partiu do princípio que a dívida pública assume sempre a forma escritural, o que não é o caso como se conclui do art. 87.º/3, muito mais restritivo que o art. 60.º.

Também o art. 69.º/2 não tem paralelo para os valores titulados. Porém, também a estes deve aplicar-se um idêntico regime. Este resultará do recurso às regras dos registos provisórios. Tal recurso, porém, era perfeitamente escusado.

VI. Por fim, *há preceitos que são de aplicação exclusiva aos valores titulados em regime de depósito*. Da sua análise podemos concluir que respeitam á estrutura desses valores.

Os arts. 78.º a 81.º regulam a fungibilidade dos valores titulados de acordo com especificidades de estrutura desses valores, nomeadamente conforme sejam nominativos ou ao portador. Não tem, por isso, qualquer sentido a sua aplicação aos valores escriturais. O mesmo é válido para o art. 82.º, relativo à anotação de entrada e saída de títulos do regime de depósito e para o art. 83.º relativo à cessação da fungibilidade.

O art. 87.º/2, relativo ao depósito em intermediários financeiros não integrados no sistema de depósito e controlo teria todo o sentido entre as regras gerais relativas ao sistema. Note-se que quando o CdMVM entrou em vigor não existiam nem eram previstos valores mobiliários escriturais fora do sistema de registo e controlo.

O art. 88.º/4 em que o registo é equiparado à entrega, para efeitos de penhor, é um preceito bem curioso. Outras legislações como a espanhola optaram por considerar essa regra como aplicável aos valores escriturais. Parece-nos que bem andou o nosso legislador ao não seguir essa via. Assim, deverá considerar-se um preceito específico dos valores titulados que depende claramente da sua estrutura.

Por fim, também o art. 90.º, relativo ao exercício de direitos, não tem paralelo para os valores escriturais.

3.4. Conclusão

Está consagrado um regime geral dos valores mobiliários. Esse regime geral é particularmente desenvolvido no que tange aos valores mobiliários inseridos em sistema centralizado de registo ou de depósito e deve ser estabelecido de acordo com a seguinte regra: *é geral o regime que não dependa da estrutura dos valores mobiliários, independentemente de a lei o prever para os valores escriturais ou para os valores titulados.*

CONCLUSÕES FINAIS

O estudo a que procedemos, permitiu-nos chegar a diversas conclusões. Parcelarmente, a maioria delas foram sendo apresentadas ao longo do texto. Chamamos, agora, a atenção para algumas das mais significativas em relação ao objecto central deste trabalho sem pretender, portanto, apresentar aqui todas as conclusões retiradas remetendo-se para o que foi sendo dito ao longo do texto.

1. Os valores mobiliários escriturais são uma forma de representação de direitos de crédito, de participação social ou outros análogos, representados através de registos em conta, em nome dos seus titulares e cujo regime jurídico é determinado por aquela forma de representação.

2. Os valores mobiliários escriturais surgiram de necessidades da prática e para resolver problemas da prática e não porque o regime jurídico derivado da forma de representação titulada não fosse apto a permitir a circulação dos direitos documentados em condições de segurança.

3. A nossa lei consagra um princípio de indiferença da forma de representação dos valores mobiliários, pelo que os valores escriturais se integram, funcionalmente, dentro do fenómeno geral da representação de direitos, sendo as formas de representação admitidas por lei, titulada ou escritural, igualmente aptas a permitir a mobilização da riqueza e a circulação dos direitos com segurança.

4. A existência de um sistema centralizado de registo de valores mobiliários escriturais não é elemento constituinte nem necessário da forma de representação escritural, mas deriva exclusivamente das necessidades de negociação em mercado secundário e da dispersão dos registos por diversos intermediários financeiros.

5. Os direitos de crédito, de participação social ou outros sujeitos a uma forma de representação escritural existem, como direitos, antes do registo em conta, mas este determina a sua sujeição a um regime jurídico próprio, distinto daquele a que estavam sujeitos antes de assumirem aquela forma de representação.

6. O registo de valores escriturais não é um registo público, nem a segurança do tráfico assenta, essencialmente, na publicidade, mas na confiança no sistema de registo, no seu regime jurídico e nas entidades que asseguram o funcionamento daquele sistema.

7. Os valores mobiliários escriturais transmitem-se, a título oneroso, desde que o negócio jurídico de transmissão entre em conexão com o sistema de registo:

7.1. Em negócios jurídicos celebrados sem qualquer conexão com o sistema de registo, a titularidade transmite-se a partir do momento em que seja dada ordem de transferência ao intermediário frinanceiro que tem a seu cargo a conta do alienante, para a conta do adquirente;

7.2. Em negócios celebrados em mercado secundário e em que, antes da celebração do negócio, o intermediário financeiro tenha controlado os elementos essenciais do negócio a realizar e registado o bloqueio dos valores a alienar, a titularidade transmite-se no momento da celebração do negócio.

8. Antes de estabelecerem qualquer conexão com o sistema de registo, os negócios jurídicos que tenham valores escriturais como objecto apenas atribuem o direito a que os valores em causa sejam transferidos para a conta do adquirente.

9. Os valores mobiliários escriturais transferem-se entre as várias contas através de registo nessas contas e desde que tenha havido a prévia transmissão da titularidade do direito, identificando-se aquela transferência com a circulação da legitimidade.

10. A legitimidade para alienar ou onerar os valores escriturais e para exercer os direitos a eles inerentes é, exclusivamente, uma legitimidade registral, sendo o próprio registo, na conta do titular, constituinte dessa legitimidade.

11. A tutela de terceiros adquirentes de boa fé está intimamente dependente do sistema de registo, concretizando-se através do funcionamento dos princípios do registo e tendo por fundamento a confiança no próprio sistema de registo e nas entidades que o integram.

12. As relações entre os titulares dos valores mobiliários escriturais e a entidade emitente ou entre os sucessivos adquirentes desses valores, colocam-se nos mesmos termos que para os valores titulados em regime de depósito centralizado, isto é, não dependem da forma de representação. As únicas diferenças de regime são as que dependem da estrutura dos próprios valores mobiliários.

13. Ao traçar o regime jurídico dos valores mobiliários escriturais, o legislador teve em conta a cultura jurídica adquirida com os títulos de crédito, particularmente a dois níveis: procurou resolver o principal problema a que os títulos de crédito deram resposta – a segurança do tráfico dos direitos, afastando-se do regime da cessão de créditos; manteve como comuns todo o regime que não está estritamente dependente da forma de representação.

14. As características de plasticidade da forma de representação dos registos em conta, por um lado, e o facto de as relações entre o direito registado e os sujeitos da relação jurídica subjacente serem sempre mediatizados por uma terceira entidade, exige um apertado sistema de controlos sobre o sistema de registo dos valores escriturais.

15. O regime de circulação dos valores escriturais é o regime regra para todos os valores mobiliários que circulam de forma desmaterializada, nomeadamente os valores mobiliários titulados fungíveis, em regime de depósito centralizado.

16. Os valores mobiliários escriturais, em suma, não são apenas uma nova forma de representação de direitos, mas, em especial, um novo modo de circulação de direitos, distinto, quer do modo de circulação dos valores mobiliários documentados em títulos, quer do modo de circulação dos direitos que não assumem qualquer forma de representação.

17. O maior desafio que actualmente se coloca tem a ver com a construção de um regime geral dos valores mobiliários.

ÍNDICE BIBLIOGRÁFICO

AA. VV.
1988 *Anotaciones en Cuenta de Deuda del Estado,* Madrid, Centro de Formacion del Banco de España.

AA. VV.
1990 *Nuevas Entidades, Figuras Contratuales y Garantias en el Mercado Financiario,* Madrid.

AA. VV.
1988 *Le Operazioni della Banca tra Norme e Prassi,* Milano, Giuffrè.

AA.VV.
1983 *Scritti in Memoria di Giacomo Mole,* Milano, Giuffrè.

AA.VV.
1992 *Il Mercato Finanziario,* Padova, CEDAM.

ABADESSA, Pietro
1978 "Gli obblighi di amministrazione nel deposito di titoli" in PORTALE, Giuseppe B., *Le Operazioni Bancarie,* I, 453-475, Milano, Giuffrè.

ADEGAS, Helena
1989 "Mercados Monetários e de Capitais em Portugal. Caracterização e principais produtos", in *RB,* 10, 77-89.

AGUIAR, Adelino Lopes
1990 *O Dinheiro de Plástico,* Lisboa, Rei dos Livros.

ALBUQUERQUE, Pedro
1991 "Contrato de Compra e Venda – Introdução, efeitos essenciais e modalidades", in *Direito das Obrigações,* 3.° vol., sob a orientação do Prof. Doutor António Menezes Cordeiro, Lisboa, AAFDL.
1993 *Direito de Preferência dos Sócios em Aumentos de Capital nas Sociedades Anónimas e por Quotas,* Coimbra, Almedina.

ALMEIDA, António Pereira de
1988 *Direito comercial. Títulos de crédito.* Lisboa, AAFDL.

ALONSO ESPINOSA, Francisco José
1988 "Títulos obligaciones "Bull and Bear". Naturaleza y admissibilidad en derecho Español", in *RDBB,* 31, 619-637.
1992 "Problemas de documentación y transmissión de acciones", in *RDBB,* 45, 35-81.

ALPA, Guido (a cura di)
1991   *I Valori Mobiliari,* Padova, CEDAM.

AMORY, Bernard
1988   vd. POULET, Y.

AMORY Bernard et THUNIS, Xavier
1987   "Authentication de l'origine et du contenu des transactions sans papier et questions de responsabilitè en droit continental" in *BBTC*, VI, 684-720.

ANDREAS, K. Semitgall
1972   "Rationalisierung des Wertpapierverehrs I", in *ZKW*, 2, 819-862.

ANGELICI, Carlo
1988   "La legitimazione dell'azionista nel sistema Monte Titoli", in *RivDC*, 2 249-265.
1989   "Profili otganizativi della circolazione delle azioni", in *RivDC*, LXXXVII, 3-4, 133-160.

ANGULO RODRÍGUES, Luis de
1992a   "Derechos de credito representados mediante anotaciones en cuenta y negocios juridicos sobre los mismos", in JIMÉNEZ-SÁNCHEZ, G. J. (coord.), *Negocios sobre Derechos no Incorporados a Títulos-Valores y sobre Relaciones Jurídicas Especiales*, 261-308.
1992b   "La representación de valores por anotaciones en cuenta en el Real Decreto 16/1992, de 14 de Febrero", in *DN*, 19, 1-12.

APARICIO, M. L.
1987   "Reflexiones sobre la tutela de los obligacionistas en las situaciones de crisis económica de la sociedad emisora", in *RCDI,* 58, 1045-1057.

ARAGÃO, Paulo César
1985   "Novos aspectos dos valores mobiliários na lei das sociadades por acções", in *RDCL-B*, 4, 198, S. Paulo.

ARONSTEIN, Martin J.
1988   "The Disappearing Stock Certificate" in *Abschied vom Wertpapier? Dokumentelose Wertbewegungen im Effekten – Gutertransport – und Zahlungsverkeher,* 43-46, Frankfurt, A. Metzner Verlag.

AROSTEGUI, José Maria Endemaño
1993   *Las Operaciones Bursatiles a Credito en las Bolsas Espanholas,* Madrid, Marcial Pons.

ASCARELLI, Tulio
1943   *Teoria Geral dos Títulos de Crédito* (Tradução do italiano por Nicolau Nazo, de quatro estudos publicados pelo autor em 1932, na Riv.DC) São Paulo, Livraria Academica.
1954   "Sul concetto di titolo di credito e sulla disciplina del Titolo IV, del nostro Codice", in *BBTC*, I, 367-388.
1956   "Ancora sul concetto di titolo di credito e sulle distinzione tra tipologia della realtà e normativa", in BBTC, 461.

1957 "Tipologia della realtà, disciplina normativa e titoli di credito", in BBTC, 357.
1959 "Varietà di titoli di credito e investimento" in BBTC, 1 ss.

ASCENSÃO, José de Oliveira
1985 *Teoria Geral do Direito Civil*, 4 vols. Lisboa
1987a *O Direito. Introdução e Teoria Geral. Uma perspectiva Luso-Brasileira*, 4.ª ed. revista, Lisboa, Verbo.
1987b *Direito Civil. Sucessões*, Coimbra, Coimbra Editora.
1988 *Direito Comercial, vol. I (Parte Geral) e II (Direito Industrial)*, Lisboa.
1992 *Direito Comercial, vol. III – Títulos de Crédito*, Lições ao 4.º ano, FDL, Lisboa.
1993a *Direito Comercial, vol IV – Sociedades Comerciais*, Lições ao 4.º ano, FDL, Lisboa.
1993b *Direito Civil – Reais*, 4.ª ed. revista e ampliada, Coimbra, Coimbra Editora.

AULETTA, Giuseppe e SALANITRO, Nicolo
1987 "La gestione accentrata dei Valori Mobiliari" in *BBTC*, VI, 721-726.

BALLEY, Pierre
vd. DÉFOSSÉ, Gaston

BARBIÉRI, Jean-Jacques
1988 vd. HUBRECHT, Georges

BARRE, Xavier
1990 "Le placement privé de valeurs mobilières aux Etats-Unis" in *RTDC*, 43 (2).

BASEDOW, Jurgen
1988 "Dokumentelose Wertbewegungen im Gutertransport", in *Abschied vom Wertpapier? Dokumentelose Wertbewegungen im Effekten – Gutertransport – und Zahlungsverkeher,* 67-114, Frankfurt, A. Metzner Verlag.

BEAUPAN, L.
1988 "Compte courrant et valeurs mobilières", in *RB*, 273.

BERCOVITZ, Alberto
1988 "El Derecho del Mercado de Capitales", in *RDBB*, 29, 67-101.

BERMOND, Marie-Laure
1990 *Droit du Crédit*, 2.ª ed., Paris, Economica.

BIONE, Massimo e BUONAURA, Vincenzo Calandra
"Titoli azionari ed obligazionari", in *NvDI*, Apendice, VII, 771-784, Torino, UTET.

BLAUROCK, Uwe
1988 "Dokumentelose Wertbewegungen im Zahlungsverkeher" in *Abschied vom Wertpapier? Dokumentelose Wertbewegungen im Effekten – Gutertransport – und Zahlungsverkeher,* 119-150, Frankfurt, A. Metzner Verlag.

BOCHICCHIO, Francesco
1992 "Il pegno di valori mobiliari. Servizi finanziari e garanzie reali", in *Contratto e Impresa*, 1, ottavo anno, 199-248, Padova, CEDAM.

BONNEAU, Thierry
1988 "La diversification des valeurs mobilières: ses implications en droit des societés", in *RTDC*, 4, 535-607.

BOULOC
1983 "Les nouvelles valeurs mobilières: les certificats d'investissement et les titres participatifs", in *RS*, 501 ss.

BREEDEN, Richard C.
1992 "Mercati dei titoli: fonte di capitale per gli anni 90 e altri", in *RivS*, 1992-5 e 6, 1527-1539.

BRINK, U.
1976 *Rechstsbeziehung und Rechtsubertragung im nationalen und internationalen Effektengiroverkeher*, 60-106. Berlin, Duneker & Humblot.

BRITO CORREIA, Luís
1989 *Direito Comercial*, vol. II, Lisboa, AAFDL.

BRUNS, G.
1972 "Die Computer-Revolution im Effektenbereich", in *ZKW*, 760-762.

BULGARELLI, Waldírio
1983 "Os valores mobiliários como títulos de crédito e as sociedades anónimas", in *Questões de Direito Societário*, 42-63, São Paulo.

BUONAURA, Vincenzo Calandra
vd. BIONE, Massimo.

BUSSOLETTI, Mario
1988 "Obligazioni convertibili, con warrant, con partecipazione agli utili", in *RivDC*, 5-6, 260-292.

CABRAL, Rita Amaral
1984 "A teoria da aparência e a relação jurídica cambiária", in *ROA*, 44, 627-654.

CACHÓN BLANCO, Jose Hentique
1990 *Estudio Juridico y Bursatil de los Valores Negociables en Bolsa*, Madrid, Actualidad Editorial.
1992 "Regimen Juridico de los Warrants-Valores mobiliarios", in *RDBB*, 373-406.
1992/93 *Derecho del Mercado de Valores*, 1.º vol. (1992), 2.º vol. (1993), Madrid, Dykinson.

CAEIRO, António
1986 "As acções no Projecto de Código das Sociedades", in *RN*, 2, 219-234.

CANARIS, C.-W.
1981 *Bankvertragsrecht*, 2 Bearbeitung, in *Handelsgesetzbuch Grosskommentar*, 3. Band, 3.Teil, Anm. 2040-2066, Berlin-N. York, W. de G.
1986 vd. HUECK, A.

CAPRIGLIONE, Francesco
1991 "Gli SWAPS come valori mobiliari", in *BBTC*, XLIV-VI, 792-796

CARBONETTI, Francesco
1989 "Che cos'e un valore mobiliare?", in *GC*, 16.2, 280-303.
1992 *I Contratti di Intermediazione Mobiliare*, Milano, Giuffrè.

CARCANO, Giuseppe
1984 "Il diritto dei valori mobiliari in Argentina", in *RivS*, 1-2, 175-189.

CARLOS BERTRÁN, Luís de
1992 vd. FERNANDEZ-ARMESTO, Juan

CARRIERO, G.
1987 "Dematerializazzione dei valori mobiliari: l'esperienza francesa", in *FI*, IV-C, 142 ss..

CARVALHO, Carlos Manuel Ferreira de
1992 *Prontuário do Bancário*, 5.ª ed., Castelo Branco, Liv. Narciso.

CASTELLANO, Gaetano
1987 "I titoli di massa" in *BBTC*, I, 23-37.

CASTELNUOVO, Renzo Azelio
1990 "In tema di teoria dell'innovazione financiaria" in *RDC.*, 6, 83-111.

CAUSSE, Hervé
1993 *Les Titres Negociables,* Paris, LITEC.

CLARIZIA, Renato
1985 *Informatica e Conclusione del Contratto,* Milano, Giuffrè.

COELHO, José Gabriel Pinto
1955 "Estudo sobre as acções das sociedades anónimas", in *RLJ*, ano 88.° ss.
1963 "A transmissão de acções ao portador", in *RLJ*, ano 96.°.

CONTAMINE-RAYNAUD, Monique
vd. RIVES-LANGE, Jean Louis

CORDEIRO, António Menezes
1979 *Direitos Reais.* Lisboa, ed. Lex (*reprint* 1993).
1980 *Direito das obrigações,* 2 vols. Lisboa, AAFDL.
1984 *Da Boa Fé no Direito Civil,* 2 vols. Coimbra, ed. Almedina.
1986/87 *Direitos Reais – Sumários* (policopiado), Lisboa.
1986 *Direito da Economia,* 1.° vol. Lisboa, AAFDL.
1987/88 *Teoria Geral do Direito Civil,* 1.° vol. Lisboa, AAFDL.
1988 "Das publicações obrigatórias nos boletins de cotações das bolsas de valores: aspectos do regime do aumento de capital das sociedades anónimas por subscrição de novas acções", in *Banca, Bolsa e Crédito – Estudos de Direito Comercial e de Direito da Economia,* I, 103-133 (Também in *O Direito,* 120, III-IV, 341-370), Coimbra, Almedina.
1989 "Da transmissão em bolsa das acções depositadas", in *Banca, Bolsa e*

Crédito – Estudos de Direito Comercial e de Direito da Economia, I, 135-150 (também in O Direito, 121, I, 75-90), Coimbra, Almedina.

1989a Introdução à edição portuguesa de "Pensamento Sistemático e conceito de sistema na Ciência do Direito" de C.-W. Canaris, Lisboa, Fundação Calouste Gulbenkian.

1990 "Da preferência dos accionistas na subscrição de novas acções: exclusão e violação", in Banca, Bolsa e Crédito – Estudos de Direito Comercial e de Direito da Economia, I, 135-150 (também in ROA, 1990), Coimbra, Almedina

CORREIA, Ferrer
1975 Lições de Direito Comercial. Vol. III – Letra de Câmbio, Universidade de Coimbra (dact.).

COSTA, G.
1989 "Il credito documentario nell'era dei computers e della "smaterializzazione" dei titoli rappresentativi delle merci nel commercio internazionale", in BBTC, I, 601-627.

COSTA, Mário Júlio de Almeida
1994 Direito das obrigações, 6.ª ed., Coimbra, Almedina.

COTTINO, Gastone
1992 Diritto Commerciale, 2.° vol., tomo I, 2.ª ed., Padova, CEDAM.

COURET, Alain
1988 vd. HUBRECHT, Georges

CRUZ BLANCO, Antonio Perez de la
1992 "La negociación de acciones antes de la inscripción de la sociedad en el Registro Mercantil y antes de la impressión y entrega de los títulos", in JIMÉNEZ-SANCHEZ, G. J. (coord.), Negocios sobre derechos no incorporados a títulos-valores y sobre relaciones jurídicas especiales, 242-259, Madrid, Civitas

CUNHA, Paulo Miguel Olavo de Pitta e
1989 Os Direitos Especiais nas Sociedades Anónimas: as Acções Privilegiadas, dissertação de mestrado (pol.), Lisboa, UCP.

D'ALCONTRES, Alberto Stagno
1990 "Le ricevute di versamento in conto corrente sono titoli di credito e, perciò, ammortizzabili?", in RivDC, LXXXVIII, 1-2, 107-111.
1992 Tipicità e Atipicità nei Titoli di Credito, Milano, Giuffrè.

DALLÈVES, Louis
1987 "La dématérialisation des papiers-valeurs: un décalage croissant entre droit et réalité", in ZHW, 59, 43-49.

DALMARTELLO, Arturo
1983 "Per una corretta posizione del problema della natura giuridica delle cedole azionarie", in AA.VV. Scriti in Memoria di Giacomo Mole, Milano, Giuffrè.

DEFOSSÉ, Gaston et BALLEY, Pierre
1987	*Les Valeurs Mobilières,* Paris, PUF.

DEKEUWER-DÉFOSSEZ, Francoise
1992	*Droit Bancaire,* 4.ª ed. Paris, Dalloz.

DELORME, H.
1980	"Zur Rationalisierung des Wertpapierverkerhrs", in *ZKW*, II, 604-612.
1981	"Vom Wertpapier zum Wertrecht", in *DieB*, 9, 431-437.

DEMOGUE, Jean
1971	"Obligation", in *R.Dalloz, Rep. Societés.*

DEVESCOVI, Fabrizio
1991	*Titoli di Credito e Informatica,* Padova, CEDAM.

DÍAZ-CAÑABATE
1991	vd. GARRIGUES, Joaquin

DÍAZ GOMEZ, Maria Angustias
1990	"La transmission de las acciones en el texto refundido de la Ley de Sociedades Anónimas de 22 Deciembre de 1989", in *La Ley*, 4, 1058 e ss.

DÍAZ MORENO, Alberto
1991	"La prenda de anotaciones en cuenta", In *RCDI*, 603, 355-439.

DÍAZ MORENO, Alberto e PRÍES PICARDO, Adolfo
1992	"Negocios sobre acciones representadas por anotaciones en cuenta", in JIMÉNEZ-SÁNCHEZ, G. J. (coord.), *Negocios Sobre Derechos no Incorporador a Titolos-Valores y Sobre Relaciones Juridicas Especiales*, 309-349.

DÍAZ RUIZ, Emilio
1993	*Contratos sobre tipos de interes a plazo (FRAs) y futuros financieros sobre interesses,* Madrid, Civitas.

DROBNIG, U.
1981	"Vergleichend und kollisionrechtliche Probleme der Girosammelverwahrung von Wertpapieren im Verhaltnis Deutschland-Frankreich", in *Festschrift fur Konrad Zweigert,* 73-92, Tubingen.
1988	"Dokumenteloser Effektenverkehr", in *Abschied vom Wertpapier? Dokumentelose Wertbewegungen im Effekten-Gutertransport-und Zahlungsverkehr,* 11-41. Frankfurt, A. Metzner Verlag.

DRUEY, Jean Nicolas
1987	"Die entmaterialisierung des Wertpapiers", in *ZHW*, 65-70.

EIZAGUIRRE, José Maria
1982	"Bases para una reelaboración de la teoria de los títulos-valores", in *RDM(e)*, 162, 7-112.

FARRANDO, Ignacio
1991	"La riforma del mercato spagnolo dei valori mobiliari", in *RivS*, 818-865.

FELSANI, Fabiana Massa
1991 "Tra legitimazione e titolarità del diritto cartolare. Alcune questioni in tema di ammortamento", in *RivDC*, LXXXIX, 5-6, 269-313.

FERNANDEZ-ARMESTO, Juan e CARLOS BERTRÁN, Luis de
1992 *El Derecho del Mercado Financiero,* Madrid, Civitas.

FERNANDEZ del POZO
1990 "Un nuevo registro jurídico de bienes: el sistema de anotaciones en cuenta de valores" in *RCDI*, 593, 1213 ss.

FERNANDEZ-RIO, Angel Rojo
1987 "El sistema español de anotaciones en cuenta (análisis del Real Decreto Regulador)", in AA. VV., *Anotaciones en Cuenta de Deuda del Estado,* 83-131.

FERRARINI, G.
1989 "Inuovi confini del valore mobiliare", in *GC*, I, 741-758.
1991 "I modi di sollecitazione del risparmio", in *BBTC*, I, 15 ss.

FERREIRA, Amadeu José
1992 "Ordem de Bolsa", Separata da *ROA*, ano 52, II.

FERREIRA de ALMEIDA, Carlos
1966 *Publicidade e Teoria dos Registos,* Coimbra, Almedina
1992 *Texto e Enunciado na Teoria do Negócio Jurídico,* 2 vols. Coimbra, Almedina.
1993 "Desmaterialização dos títulos de crédito: valores mobiliários scriturais", Separata da *RB*, n.º 26 (abril/Junho), 1993.

FERRI, Giuseppe
1951 "Progressi e regressi nella teoria dei titoli di credito", in *BBTC*, 267 ss.
1957 "Ancora sul concetto di titolo di credito", in *BBTC*, 66 ss.
1964 "La necessità del documento nell'esercizio del diritto cartolare", in *BBTC*, I, 1-17.
1988 "La immissione dei valori mobiliari nel sistema di amministrazione accentrata e i suoi effetti giuridici", in *RirDC*, LXXXVI, 5-6, 251-260.
1993 *Manuale di Diritto Commerciale,* 9.ª ed. (a cura di Carlo Angelici e Giovanni B. Ferri), Torino, UTET.

FIGUEIREDO, Mário
1919 *Caracteres Gerais dos Títulos de Crédito e seu Fundamento Jurídico,* Coimbra, Arménio Amado.

FONTINHA, Elísio Rodrigues
1991 *Código do Registo Comercial. Anotado e Comentado,* Porto, ELCLA.

FORMSTER, P. e LORTSCHER
1987 "Namenkatien mit aufgeschobenem Titeldruck. Ein Konzept zur Rationalisierung der Verwaltung und des Handels von Schweizer Nemenaktien" in *Schweiz.Akt.*, 50-64.

FRANCO, António L. Sousa
1982/83   Noções de Direito da Economia, 1.° vol. Lisboa, AAFDL.

GAAL, Ariadna Bohomoletz
"A caracterização de emissão pública e privada de valores mobiliários no direito americano", in *RDirM*, 48-70, São Paulo.

GALGANO, Francesco
1990   *Diritto Civile e Commerciale*, Vol. II – *Le Obligazioni e i Contrati*, tomo II, Padova, CEDAM.

GAMBINO, Agostino
1988   "Intermediazione finanziaria e gestioni patrimoniali mobiliari: confini e collegamenti", in *RivDC*, LXXXVI, 1-2, 33-50.

GANDINI, Carla
1992   "La nozione di intermediazione mobiliare", in *Contratto e Impresa*, 1, ottavo anno, 131-198, Padova, CEDAM.

GARCÍA VILLAVERDE, Rafael
1990   "Tipicidad contractual y contratos de financiación", in AA. VV., *Nuevas Entidades, Figuras y Garantias en el Mercado Financiario*, 3-19. Madrid.

GARRIGUES, Joaquin
1982   *Contratos Bancários*, 2.ª ed. (corregida e puesta al dia por Sebastián Moll), Madrid.

GARRIGUES, Joaquin e DIAZ-CAÑABATE
1991   *Negocios Fiduciarios en Derecho Mercantil*, 2.° ed. (reimpressão) Madrid, Civitas.

GAVALDA, C.
1992   *Droit Bancaire*, Paris, LITEC.

GAVALDA, C. et STOUFFLET, J.
1988   *Droit des Affaires*, Paris.

GIANNANTONIO, Etore
1986   *Trasferimenti Electtronici dei Fondi e Autonomia Privata*, Milano, Giuffrè.

GRAZIADEI, Gianfranco
1991a   "Note a margine del "mito" della circolazione reale dei titoli di credito", in *RivDC*, LXXXIX, 321-329.
1991b   "Tra legitimazione e titolatita del diritto cartolare. Alcune questioni in tema di ammortamento", in *RivDC*, LXXXIX, 269 ss..

GRUA, François
1990   *Contrats Bancaires. Tomo I – Contrats de Services*, Paris, Economica.

GUALANDI, Laura
1983   *Il Monte Titoli. Le Operazioni*, Milano, Guiuffrè.

GUERREIRO, J. A. Mouteira
1993   *Noções de Direito Registral (Predial e Comercial),* Coimbra, Coimbra Editora.

GUILHOT, Bernard
1992   "Le risque informatique. Les dangers de l'informatisation", in *Bancatique,* 86, 475-480.

GIULANI, FEDERICO MARID
1993   "Brevi Note in Tema di *comercial papers* (Titoli di credito, valori mobiliari, legge SIM e regime tributario)", in Riv S 1.° -2.°, 224-230.

GUYENOT, J.
1961   "La constitution et la realisation du gage des valeurs mobilières", in *RTDC,* 169 ss.

GUYON, Yves
1984   "Les aspects juridiques de la dématérialisation des valeurs mobilières", in *RS,* 451-462.

HANNOUN
1989   "La déontologie des activités financières: contribuition aux recherches actuelles sur le néo-corporativisme", in *RTDC,* 3, 417 ss.

HERBEL, Peter
1978   "Inhaberpapiere", in *Werpapierrecht/Droit des Titres,* 64-81, Huitième Séminaire Commun des Facultés de Droit de Montpellier et Heidelberg, Montpellier.

HUBRECHT, Georges, COURET, Alain e BARBIÉRI, Jean-Jacques
1988   *Droit Commercial,* 11.ª ed., Paris, Sirey.

HUECK, Alfred e CANARIS, Claus-W.
1986   *Recht der Wertpapiere,* 12.ª ed., Munchen, Verlag Franz Vahlen, (ed. ut.: *Derecho de los Títulos-Valores,* Tradução da 12.ª ed. alemã, Madrid, Ariel Derecho, 1988).

INZITARI, Bruno
1992   "La formazione del contrato nella vendita porta a porta dei valori mobiliari", in *Il Mercato Finanziario,* 75-106.

IZQUIERDO, Mirian
1992   *Los Mercados de Valores en la CEE (Derecho Comunitario e Adaptación al Derecho Español),* Madrid, Civitas.

JEANTIN, Michel
1983   "La loi du 3 Janvier 1983 sur le developement des investissements et la protection de l'épargne", in *RevS,* 108 ss.
1992   "Les prêts de titres", in *RevS,* 110-3, 465-483.

JIMENES-BLANCO, António
1989   *Derecho Público del Mercado de Valores,* Madrid, Ed. Centro de Estudios Ramon Areces.

JIMÉNEZ-SANCHEZ, Guillermo J.
1987 "La experiencia de los pagarés", in AA.VV., *Anotaciones en Cuenta de Deuda del Estado, 35-61*.
1992a *Derecho Mercantil* (coord.), II, 3-14 e 25-38, Barcelona, Ariel.
1992b "Recapitulación y reflexiones en torno al contenido de unas jornadas de estudio", in *Negocios sobre Derechos no Incorporados a Títulos-Valores y sobre Relaciones Jurídicas Especiales* (coord.), 419-437, Madrid, Civitas.

JORGE, Fernando Pessoa
1989 "Acções Escriturais", in *O Direito*, ano 121, I, 93-114.

JUGLART, Michel de et IPPOLITO, Benjamim
1991 *Banques et Bourses*, 7.° vol. do *Traité de Droit Commercial*, 3.ª ed. par LUCIEN M. MARTIN, Paris, Montchrestien.

KESSLER, K.
1987 "Kassenvereine im Gemeinsame Markt", in *KM*, 845-847.

KOCH, Ulrich
1992 "L'evoluzione del diritto societario negli anni 1987-1988 in Germania", in *RivS*, 4, 1048-1065.

KOLLER, I
1972 "Der gutglaubige Erwerb von Sammeldepotanteilen an Wertpapieren im Effektngiroverkher", in *DB*, 1857-1861 (1. Teil) e 1905-1909 (2. Teil).

KOZOLCHYK, Boris
1992 "The Paperless letter of credit and related documents ot tittle", in *Law and Contemporary Problems*, 3, 39-101.

KUMPEL, Siegfried
1980 "Der Bestimmtheitsgrundsatz bei Verfugungen uber Sammeldepotguthaben" in *WM*, 422-438.
1984 "Zur Umstellung des franzosischen Effektenwesens auf Bucheffekten", in *WM*, 18, 577-584 e 19, 613-625.

LACAVE, Michel
1978 "Esquisse d'une histoire de la lettre de change", in *Wertpapirrecht/Droit des Titres*, 190-220 Huitième Seminaire Commun des Facultés de Droit de Montpellier et Heidelberg, Montpellier.

LA ROSA, Pavone
1982 "Titoli "atipici" e libertà di emissione nell'ambito delle struture organizzative delle grande impresa", in *RivS*, 705 ss.
1988 "La gestione accentrata di valori mobiliari: sua incidenza sulla circolazione cartolare dei titoli", in *BBTC*, I, 293-324.

LABAREDA, João
1988 *Das Acções das Sociedades Anónimas,* Lisboa, AAFDL.

LENER, Raffaele
1989 La "dematerializzazione" dei titoli azionari e il Sistema Monte Titoli, Milano, Giuffrè.
1990 Dalla formazione alla forma dei contratti su valori mobiliari (prime note sul "neoformalismo" negoziale), in *BBTC*, VI, 777-804.

LENZANO, Rafael Bonardell
1992 "Negocios sobre derechos de participación social no representados en acciones. Consideración especial de las transmissiones" intervivos" de participaciones de sociedades de responsabilidad limitada", in JIMÉNEZ--SÁNCHEZ, G. J. (coord.), *Negócios sobre Derechos no Incorporados a Títulos-Valores y sobre RElaciones Juridicas Especiales*, 191-241.

LEPELTIER, D.
1984 "Dematerialisation: inscription en compte et circulation des titres non admis en SICOVAM", in *JCP*, ed. E, II, 14275.

LIBERTINI, M.
1972 "Premesse a una revisione della teoria unitaria dei titoli di credito", in *BBTC*, I, 192-265.

LOBUONO, Michele
1992 "Intermediazione mobiliare e mercati a termine: l'esperienza italiana e tedesca", in *Il Mercato Financiario*, 249-297, Padova, CEDAM.

LÓPEZ-ARCAS, José Maria
1991 *La Bolsa de Europa*, Madrid, DEUSTO.

LOTUFO, Renan
1982 "Os modernos contratos mercantis e os títulos de crédito", in *RevDPu*, 242, São Paulo.

LUMINOSO, Angelo
1984 "Responsabilita civile della banca per false o inesate informazione", in *RivDC*, LXXXII, 5-6/7-8, 189-215.

MACCARONE, S.
1988a "Anche in Italia vi è spazio per l'assegno bancario electtronico", in *Bancaria*, Nov., 17 ss.
1988b "Elletronica e titoli di credito bancari", in AA.VV., *Le Operazione della Banca tra norme e prassi*, 377-400.

MADRID PARRA, Augustín
1990a "La circulación de valores al portador y de los anotados en cuenta", in *RDBB*, 37, 23-103.
1990b "La transmissión de valores", in *DN*, 2, 8-14.
1992 "Los contratos de futuros y opciones", in *DN*, 17, 1-15.

MAIER, Arno
1986 "Neuere Entwicklungen in franzosischen Wertpapierrecht", in *RIW* (Recht der Internationalen Wirtschaft), Set.-Heft 9., 677-685.

MATOS FILHO, Ary Osvaldo
"O conceito de valor mobiliário", in *RDM(b)*, 59, 30-55, São Paulo.

MARIN, Xavier
1970 "Action" in *Enc. Dalloz*, Rep. Societés (com actualização até 1982).
1971 "Valeurs Mobilières", in *Enc. Dalloz*, Rep. Societés.

MARTINS, Ives Gandra da Silva
vd. VIDIGAL, Geraldo Camargo.

MARTORANO, Frederico
1973 "Titoli di Credito. Diritto Privato", in *NvDI*, XIX, 322-361.
1992 *Titoli di Credito,* Milano, Giuffrè.

MASI, P.
1989 "In tema di forma e circolazione nel titolo di credito", in *BBTC*, II, 378.

MASTROPAOLO, Fulvio
"Deposito di titoli a custodia o in amministrazione", in *DigDP*, sez.com., IV, 263-275.

MEIER-HAYOZ, Artur
1986 "Abschied vom Wertpapier?", in *ZBJ*, 385-401.

MEJÍAS GOMEZ, Javier e MELLADO RODRÍGUEZ, Manuel
1993 *Negocios Jurídicos sobre acciones no cotizadas en Bolsa,* Madrid, Dykinson.

MELLADO RODRÍGUES, Manuel
vd. MEJÍAS GOMEZ, Javier

MENDES, Evaristo
1989 *A transmissibilidade das Acções, 2 vol.* Dissertação de mestrado (dactil., não publicada), Lisboa, Universidade Católica Portuguesa.

MEO, Giorgio
1992 "Decartolarizzazione dei valori mobiliari e liquidazione e compensazzione delle operazioni de borsa nella nuova disciplina spagnola", in *RivS*, 4, 1066-1079.

MESSINEO, Francesco
1957 *Operaciones de Bolsa y de Banca – Etudios Jurídicos*
(tradução espanhola de Operazioni di Borsa e di Banca, 1954, Milano, Giuffré), Barcelona, BOSCH.

MINERVINI, Gustavo
1973 "Le origini della nominatività obligatoria dei titoli azionari", in *RivS*, 1125 ss.
1989 *La Consob. Lezioni di Diritto del Mercato Financiario,* 113-149 (La Consob e la sollecitazione al publico risparmio), Napoli, Liguori Editore.
1990 "Sistema Monte Titoli e pegno di titoli di credito", in *BBTC*, I, 145 ss.

MINISTÉRIO DAS FINANÇAS
1988   *Reestruturação do Mercado de Capitais e outros textos,* ed. do Ministério das Finanças.

MONTEIRO, Manuel Fernando Alves
1987   *O Mercado de Capitais-Legislação Anotada* Porto, Porto Editora, 1987.

MUORY, Jacques
1989   "Des causes restritives de la libre négociabilité des actions", in *RTDC*, 2, 187-210.

MUÑOZ CERVERA, Miguel
1992   "Negocios con finalidad de garantia sobre derechos de crédito no representados mediante títulos-valores", in JIMÉNEZ-SÁNCHEZ, G. L. (coord.), *Negocios sobre Derechos no Incorporados a Títulos-Valores y sobre Relaciones Jurídicas Especiales,* 351-415.

NUNES, Fernando da Conceição
1992/93   *Direito Bancário,* 1.º vol. Lisboa, AAFDL.

OLAVO, Fernando
1977   *Direito Comercial,* vol II, 2.ª parte, fasc. I – *Títulos de Crédito em Geral,* Coimbra, Coimbra Editora.

OLIVENCIA, Manuel
1987   "La incorporación del derecho al título e su desincorporación (Análisis histórico y dogmático)", in AA. VV. *Anotaciones en Cuenta de Deuda del Estado,* 11-23.

OPPO, Giorgio
1979   "Diritto cambiario, diritto cartolare, diritto comune: una discussione sul titolo di credito", in *RivDC,* 1979-II, 185 ss. e também in *Banca e Titoli di Credito-Scritti Iuridici,* 174-191.
1986a   "Una svolta dei titoli di massa (Il progetto Monte Titoli)", in *RivDC,* 1986-I, 15 ss e também in *Banca e Titoli di Credito-Scritti Iuridici,* 548-575.
1986b   "Dal Progetto alla legge Monte Titoli", in *Banca e Titoli di Credito-Scritti Iuridici,* 576-583.
1992   *Banca e Titoli di Credito – Scritti Iuridici,* IV, Padova, CEDAM.

PANTALEÓN PRIETO, A. Fernando
1992   *Las Acciones. Copropriedad, Usufructo, Prenda y Embargo,* in *Comentário al Regimen Legal de las Sociedades Mercantiles,* Madrid, Civitas.

PAPA, Alfonso
1993   "Titoli di debito publico", in *BBTC,* II, 219-223.

PARICIO SERRANO
1988   "La evolución del título valor y el artículo 1.384 del Código Civil", in *RDBB,* 31, 673 ss.

PARLAMENTO, Giovanni
           "Valori mobiliari atipici", in *NvDI-Apendice,* VII, 1100-1106.

PARTESOTTI, Giulio
1983 "Il trasferimento del titolo di credito e l'oponibilità ai creditore", in AA.VV., *Scritti in Memoria di Giacomo Mole*, 508-524.
1987 "Profili cartolari del sistema Monte Titoli" in *BBTC*, I, 601 ss.

PASS, David
1980 "Royaume-Uni de Grande-Bretagne et d'Irlande du Nord. Bourse, II partie – Exposé Juridique", in *Recueils Pratiques du Droit des Affaires*, Paris, Jupiter.

PAZ FERREIRA, Eduardo Manuel Hintze da
1995 *Da Dívida Pública e das Garantias dos Credores do Estado*, Coimbra, Almedina.

PELLIZI, G. L.
1984 "Panorama dei titoli di credito", in *BBTC*, I, 1-13

PÉREZ ESCOBAR, R.
1991 "El Derecho Bancário en el siglo XXI (Derecho y Tecnologia)", in *La Ley*, 2671, 1 ss.

PEREIRA MENDES, Isabel
1992a *O Registo Predial e a Segurança Jurídica nos Negócios Imobiliários*, Coimbra, Almedina.
1992b *Código do Registo Predial, Anotado, Legislação Complementar, Formulário*, 5.ª ed. Coimbra, Almedina.

PERROT, Annick
1993 "La vente à réméré de valeurs mobilières", in *RTDC*, 1, 1-54.

PETERS, Klaus
1975 *Wertpapierfreies Effektensystem*, Gottingen (dactil.).
1976 "Bucheffekten – eine Alternative zum Wertpapier? Moglichkeiten einer Weiterentwiclung des Effektenwesens", in *WM*, 2, 890-897.

PETTITI, Domenico
1973 "Titoli Obligazionari", in *NvDI*, XIX, 365-375.

PIÑEL, Enrique
1987 "Las entidades gestoras en el sistema de anotaciones en cuenta", in AA.VV., *Anotaciones en Cuenta de Deuda del Estado*, 151-175.)

PORFÍRIO CARPIO, Leopoldo José
1991a *Las acciones sin voto en la Sociedad Anónima*, Madrid, La Ley.
1991b "Las acciones sin voto en Bélgica, Holanda, Portugal y Suiza", in *RevDM*, 199/200, 91-104.

PORTALE, G. B. (a cura di)
1978 *Le Operazioni Bancarie*, 2 vols. Milano, Giuffrè.

POULET, Y. e AMORY, B.
1988 "Les relations contractuelles banques-entreprises entourant la mise à disposition de services télematiques bancaires", in *BBTC,* I, 360-385.

PRÍES PICARDO, Adolfo
           vd. DÌAZ MORENO, Alberto.

PUGLIATTI,
1958   "Acquisto del diritto (teoria generale), in *ED*, I, 512 ss.

QUINTANA CARLO
           "Banca, Informatica y letra de cambio", in RDBB, 19, 859-867.

RABITTI, Gian Luca
1992   "Valore Mobiliare ed "investiment contract", in *Il Mercato Finanziario*, 107-130, Padova, CEDAM.

RABUT, A.
1983   *Droit des Valeurs Mobilières et des Agents de Change*, Paris, LITEC.

REDER, W.
1988   "Vergleichendes Handels-und Wirtschaftsrecht", in *JZ*, 399 ss.

REIGNE, Philippe
1988   "Les valeurs mobilières emises par les associations", in *RevS*, I, 1 ss.

REIS, Alcindo Ferreira dos
1990   *As publicações e o Registo no Novo Código das Sociedades Comerciais. A sua Natureza e os seus Fins*, Porto, ELCLA.

RIBEIRO MENDES, Armindo
1990   "Um novo instrumento financeiro: as obrigações hipotecárias" in *RB*, 15, 59-100.
1991   "Valor probatório dos documentos emitidos por computador", in *Colóquio Informática e Tribunais*, 487-527, Lisboa, Gabinete de Documentação e Direito Comparado.

RIGHINI, Elisabetta
1990   "Cedole azionarie rapprasantative del diritto di opzione: funzione e natura iuridica", in *GC*, II, 415-432.
1992   "Ruolo e funzione del depositario-amministratore di valori mobiliari nella solecitazione del publico risparmio", in *BBTC*, II, 196-207.
1993   *I Valori Mobiliari*, Milano, Guiffrè.

RINGSMUTH, N.
1987   "La experiencia americana en el sistema de anotaciones en cuenta de la deuda del Gobierno", in AA.VV., *Anotaciones en Cuenta de Deuda del Estado*, 63-81.

RIPERT, Georges et ROBLOT, René
1992   *Traité de Droit Commercial*, tome 2, 13.ª ed., Paris, Librairie Géneralee de Droit et de Jurisprudence.

RIVES-LANGE, Jean Louis et CONTAMINE-RAYNAUD, Monique
1986   *Droit Bancaire*, 4.ª ed., Paris, Dalloz.

ROBLOT, René
1992   vd. RIPERT, Georges

ROPPO, Enzo
1992 "SIM di distribuzione e promotori finanziari nel regime dell'atività di sollecitazione del publico risparmio", in *Il Mercato Finanziario*, 47-73.

SALANITRO, Nicolo
vd. AULETTA, Giuseppe.

SÁNCHEZ CALERO, Fernando
1987 "La bolsa y el sistema de anotaciones en cuenta", in AA.VV., *Anotaciones en Cuenta de Deuda del Estado*, 177-201 (Também in *RDBB*, 26, 247-262).

SÁNCHEZ GUILARTE, Juan
1990 "Pignoración de saldos de depósitos bancarios e inmovilización de saldos de anotaciones en cuenta", in AA. VV., *Nuevas Entidades, Figuras Contratuales y Garantias en el Mercado Financiario*, 647-674.

SANTOS, Mário Leite
1991 *Obrigações Convertíveis. Alguns aspectos do seu regime jurídico*, Separata da Revista da Banca, 19.

SENDIM, Paulo
1980/82 *Letra de Câmbio. LU Genebra*. 1.° vol. (Circulação cambiária), 2.° vol. (Obrigações e garantias cambiárias), Coimbra, Almedina.

SERRA, Adriano Paes da Silva Vaz
1956 *Títulos de Crédito*, in *BMJ*, 60 e 61.
1968 "Acções nominativas e acções ao Portador" in *BMJ*, 175 (5-43), 176 (11-81), 177(5-94) e 178 (17-85).

SKELTON, Peter
1990 "L'impacte de la negociation electronique sur les marchés tradicionels", in *Bancatique*, 58, 152-153.

SPADA, Paolo
1976 "Carte di credito: "terza generazione" dei mezzi di pagamento", in PORTALE, Giuseppe B. (a cura di), *Le operazione bancarie*, II, 897-934 (também in *RivDC*, I, 483 ss).
1986 "Titoli di credito (1977-1986). I – Esperienze, legislazione e dottrina", in *RivDC*, II, 617-631.
1987 "La Monte Titoli s.p.a. tra lege ed autonomia", in *RivDC*, I, 549.

SPOLIDORO, Marco Saverio
1993 "Valutazioni critiche sul nuovo diritto azionario suizzero" in *Riv S*, 1.°-2.° 213-223

STASIO, Vincenzo
1993 "Buoni cassa e titoli di credito", in *BBTC*, I, 48-68.

STEUER, Stephan
1984 "Zum neuen stuckelosen Wertpapierrecht in Frankreich", in *WM*, 43, 1385-1391.

STOUFFLET, J.
"Bourses et opérations de bourse en droit international comparé", in *Juris Classeur Commercial*, anexe bourse, fasc. 38.
1988   vd. GAVALDA, C.

TAPIA HERMIDA, Alberto Xavier
1992   "El desarrollo reglementario del régimen de representación de valores por medio de anotaciones en cuenta y compensación y liquidación de operaciones bursátiles", in *RDBB*, 45, 267-276.

TELES, Inocêncio Galvão
1989   *Direito das obrigações*, 6.ª ed., Coimbra Editora.

TÉLLEZ, Angel Olavarria
1992   "Singularidad negocial de las propriedades especiales e de los derechos de crédito y participación social no representados documentalmente", in JIMÉNEZ-SÁNCHEZ, G. J. (coord.), *Negocios sobre Derechos no Incor-porados a Títulos-Valores y sobre Relaciones juridicas especiales*, 19-59.

TERRAY, J.
1987   "Pour une nouvelle classification juridique des instruments financiers", in *RevDB*, 20 ss.

TEYSSIÉ, Bernard
1978   "Les titres au porteur", in *Wertpapierrecht/Droit des Titres*, 234-241, Huitième Séminaire Commun des Facultés de Droit de Montpellier et Heidelberg, Montpellier.

THUNIS, Xavier
1987   vd. AMORY, Bernard

TONELLI, Enrico
1993   "L'offerta al pubblico di "swap" e l'attività di intermediazione mobiliare", in *BBTC*, III, 342-347.

TORRES ESCAMEZ, Salvador
1992   *La Emission de Obligaciones por Sociedades Anonimas (Estudio de legislación mercantil y del mercado de valores)*, Madrid, Civitas.

ULRICH, Ruy Enes
1906   Da Bolsa e suas Operações, Coimbra, Imprensa da Universidade.

URÍA, Rodrigo
1987   "Conclusiones", in AA.VV., *Anotaciones en Cuenta de Deuda del Estado*, 261-277.

VALENZUELA CARACH, Fernando
1993   *La información en la Sociedad Anónima y el Mercado de Valores*, Madrid, Civitas.

VARA DE PAZ, Memesio
1986   *Perdida Sustracción y Destrucción de los Títulos-Valores,* Madrid, Editorial Montecorvo.

VARELA, João de Matos Antunes
1986   *Das Obrigações em Geral,* vol. I, 5.ª ed.., Coimbra, Almedina.

VASCONCELOS, Pedro Pais
1990   *Direito Comercial. Títulos de Crédito,* Lisboa, AAFDL.

VASSEUR, Michel
1976   *La Lettre de Change-Relevé. De l'Influence de l'Informatique sur le Droit,* Paris, Sirey.
1987/88   *Droit des Affaires. Fasc. IV – Valeurs Mobilières,* 19-177. Paris, Les Cours de Droit.
1988/89   *Droit et Économie Bancaires. Fasc. IV – Les Opérations de Banque,* 1725-1765, Paris, Les Cours de Droit.

VENTURA, Raul
1987   *Dissolução e Liquidação de Sociedades,* Coimbra, Almedina.
1988   *Alterações do Contrato Social,* Coimbra, Almedina.
1990   *Fusão, Cisão, Transformação de Sociedades,* Coimbra, Almedina.
1992   *Estudos Vários sobre Sociedades Anónimas,* Coimbra, Almedina.

VERÇOSA, Haroldo Malheiros Duclerc
1986   "O que é a "ordem escrita do alienante" na venda de acções escriturais e consequências do seu incumprimento", in *RDM(B),* 60, 39-53, São Paulo.

VICENTE Y GELLA, Augustín
1933   *Los Títulos de Credito en la Doctrina y en el Derecho Positivo,* (utilizada a edição fac-similada de 1986, publicada pela Institutión Fernando el Católico) Zaragoza.

VIDIGAL, Geraldo de C. e MARTINS, Ives G. da Silva (coord.)
1980   *Comentário à Lei das Sociedades por Acções (Lei 6404/76), vol. III – Mercado de Valores Mobiliários e Comissão de Valores Mobiliários*: comentários à lei 6.385/76. São Paulo, instituto dos advogados de São Paulo e Editora Resenha Universitária.

VIEIRA PIRES, J. J.
1988   "Acções preferenciais sem voto", in *RDES,* 4, 329-399.

VISENTINI, G.
1983   "Emissione e collocamento di valori mobiliari: prime note di commento agli artt. 11-14 della legge 23 Marzo 1983, n. 77", in *RivS,* 860.

VIVANT, Michel
1978   "Les obligations abstraites et le problème du motif juridique", in *Wertpierrecht/Droit des Titres,* 210-221, Huitième Séminaire Commun des Facultés de Droit de Montpellier et Heidelberg, Montpellier.

XAVIER, Vasco da Gama Lobo
"Acção", in *Pólis*, I, 62-72.

WAHL, Eduard
1978 "Einfuhrung in das Recht der Wertpapiere", in *Wertpapierrecht/Droit des Titres*, 1-14, Huitième Séminaire Commun des Facultés de Droit de Montpellier et Heidelberg, Montpellier.

WALD, Arnoldo
"O mercado de futuro de índices e os valores mobiliários", in *RDM(B)*, 57, 5-18, São Paulo.

WEITNAUER, Herman
1978 "Die abstrakten Verpsflichtungen und das Problem das Rechtsgund", in *Wertpapierrecht/Droit des Titres*, 24-44, Huitième Séminaire Commun des Facultés de Droit de Montpellier et Heidelberg, Montpellier.

WITZ, Claude
1988 "Die Entmaterialisierung des Effektenwesens in Franreich", in *Abschied von Wertpapier? Dokumentelose Wertbewegungen in Effekten – Gutertransport – und Zahlungsverkehr*, 47-55, Frankfurt, A. Metzner.

ZIGANKE, H.
1971 "Nortwendige Modernisierungen des Wertpapierrechts", in *WM*, 2, 983-986.

ZOLLNER, Wolfgang
1974 "Die Zuruckdrangung des vertkoperungs-elements bei den Wertpapieren", in *Funktionswandel der Privatrechtsinstitutionem, Festschrift fur Ludwig Raiser zum 70. Getburtstag*, 249-285, Tubingen, J. C. B. Mohr.

ZUBIZARRETA, Sebastián Ubiria
1987 "La Central de Anotaciones y su operativa", in AA.VV., *Anotaciones en Cuenta de Deuda del Estado*, 133-149.

ÍNDICE ANALÍTICO [1]

Acções
- como valores mobiliários, 18, 40-1
- como títulos de crédito, 387
- escriturais, 95
- livro de registo das – nominativas, vd. Livro de registo
- nominativas e ao portador, 168 ss., 175 ss.
- nominativas como necessariamente registáveis, 387
- registo e depósito de – no CSC, 82-3
- registo e depósito de – no DL 408/82, 81-2
- sujeitas a controlo legal e estatutário, 179 ss.
  vd., também, Nominativos (valores) e Portador (valores)

Acções (judiciais)
- registo de –, 643
- de nulidade, 928
- para impugnação dos actos de registo, 202-03

Actos (de registo)
- impugnação dos – 201 ss.
- ordenados à circulação, 207, 208
- ordenados à representação, 207
- ordenados á segurança, 207

Anotações (na conta de registo), 206

Aparência (princípio da tutela da –), 936-37, 323 ss.

Apresentação
- conceito de –, 649
- no registo predial, 705, 715
- no registo de valores escriturais, 205, 228

Aquisição
- *a non domino*, 315 ss., 379
- do documento e regime dos títulos de crédito, 921

Arresto (de valores escriturais), 521-22

Autonomia (do direito)
- do portador da letra de câmbio, 916
- noção, 1023, 1028
- nos valores escriturais, 781, 917, 318, 402
- nos títulos de crédito, 916, 315
- face à relação subjacente, 353-54
- face aos anteriores titulares, 353-54

Bloqueio (de valores em conta)
- carácter taxativo, 238
- confirmação do –, 242
- consequências do –, 219, 368
- crítica ao –, 245, 247, 764, 285
- e data do registo, 219, 236-37
- e determinação do objecto das operações, 848, 366-67
- em Espanha, 237
- obrigatório/facultativo, 238, 239
- e operações incompatíveis, 757, 375

---

[1] Os números em tipo maior remetem para as páginas e os números em tipo menor remetem para as notas de pé de página. Este índice não é exaustivo.

– origem, 237
– para exercício de direitos, 239 ss.
– para realização de operações, 242 ss.
– prática bancária do –, 731
– prazo de validade do –, 741, 243
– e prioridade do registo, 236 ss., 285, 368
– e registo provisório, 1057
– registo provisório do –, 242
– e segurança do registo, 246
– tipos de –, 239
Boa fé, 924, 320 ss., 374, 377
Burla (informática), 403
Categoria (de valores mobiliários)
– a fungibilidade como essencial ao conceito de – 167
– e homogeneidade, 47
– registo em conta da –, 152
– relação com a emissão e a série, 490, 537
Central (de Valores Mobiliários)
– como gestora do sistema de registo e controlo de valores escriturais, 96, 102 ss.
– contas na –, 103 ss.
– e controlo da legalidade dos registos, 198
– e controlo dos valores em circulação, 110 ss., 356
– criação, gestão e fins, 251, 101 ss., 324
– depósito na –, 80, 84-5
– filiação das entidades autorizadas a registar valores escriturais, 187, 188 ss.
– Interbolsa, 251, 313, 611
– possível evolução do sistema de contas da –, 463
– presunção de validade dos registos na –, 513

– valores integrados na –, 2
Certificados
– de aforro, 123
– de depósito, 132
– de participação, vd. Unidades de participação
– de registo, 298 ss.
Certificats (de droit de vote et d'investissemment), 75, 220
Cessão de créditos, 419, 358, 385, 386, 390
Circulação
– extra-registral, 128, 233, 386, 397
– função de – das contas de registo, 127-29
– da legitimidade, 927, 1037, 378
– lei de – dos valores escriturais, 295, 377-79
– leis de – dos direitos, 385 ss.
– modernos meios de –, 341-43
– registral, como – regular dos valores escriturais, 128
– suporte físico/jurídico da –, 343
– da titularidade, 927, 1037, 378
– dos valores escriturais como imanente ao registo, 129, 358 ss., 386
CMVM
– autorização para prestar o serviço de registo, 187, 223
– e conflitos entre particulares, 202
– e controlo da legalidade dos registos, 198
– e exigência da forma escrita para os contratos, 192
– e reclamação dos actos de registo, 202
– relatório da –, 2
Código do Mercado de Valores Mobiliários
– críticas ao –, 776, 225

– e legislação anterior, 56, 575-77, 225-26
Confiança
– como estruturante do mercado, 185-86, 1062
– como fundamento da aquisição *a non domino* por terceiro de boa fé, 379
– no sistema de registo, 372
Conflitos de interesses
– entre o IF que registou os valores e os clientes, 193
Conhecimento de carga, 10, 67
Contas (globais)
– funções, 106 ss.
– de emissão, 105 ss.
  – características e funções, 114--15 ss.
  – na Central, 107-11
  – na entidade emitente, 106-07, 353
  – especiais, 334, 340, 523
  – como registos centrais, 112
– nos intermediários financeiros, 112 ss.
  – especiais, 113, 360
  – funções, 113 ss.
Contas (de registo individualizado),
– abertura das –, 144 ss.
– no âmbito do sistema de contas, 103
– características gerais do registo nas –, 164-65
– colectivas de valores escriturais, 145
– função de circulação, 127-29
– função de legitimação, 129
– função de materialização do direito, 116 ss.
– função de prova, 126-27
– importância da – do alienante, 208, 1056

Contas (transitórias de subscrição), 110, 465, 480, 658
Contrato
– entre as entidades emitentes e a Central, 459
– de gestão de carteiras, 620
– de intermediação, 453
– de registo/administração de valores escriturais, 453, 144, 191-92
  – relação com a autorização administrativa, 461
  – e impugnação dos actos de registo, 202
– resolução do – de registo de valores escriturais, 664
Controlo (do registo)
– e cláusulas contratuais gerais, 192, 621
– interno e externo, 398
– vd., também, Sistema
Conversão
– conceito e modalidades, 510
– do registo provisório em definitivo, 212
– de valores titulados em escriturais, 351
– de valores escriturais em titulados, 347, 892, 1068
– em valores mobiliários de natureza diferente e registo em conta, 158
Corretor (es)
– e exclusivo da execução de operações de bolsa, 712
– Regimento do ofício de –, 28
vd. Sociedades corretoras e financeiras de corretagem,
Cupão, 501
Data (do registo)
– bloqueio e –, 219-20
– importância da determinação da –, 218-19, 227

– dos registos oficiosos, 218, 229 ss.
– dos registos a pedido, 217, 232 ss.
Depósito
  – centralizado de títulos
    – na Alemanha, 76-8
    – na Bélgica, 79
    – na Espanha, 79
    – na França, 78
    – na Itália, 79
    – na Suíça, 79
    – facultativo, no DL n.º 210-A/ /87, 83
    – no CdMVM, 84-5
  – direitos sobre os títulos em – centralizado, 228, 230, 1005, 1089, 1130
  – experiências de – centralizado, 76 ss.
  – obrigatório para realizar operações de bolsa, 835
  – perda de função do documento no – centralizado de títulos, 343
  – no DL n.º 408/82, 81-2
Derivados
  – vd., direitos, futuros, opções, valor mobiliário equiparado
Desdobramento
  – de títulos múltiplos, 75, 220-21
  – e valores escriturais, 494
Desmaterialização
  – das acções, 95
  – no Brasil, 92
  – causas da –, 64 ss.
  – no CdMVM, 96
  – do cheque, 71
  – da circulação, 74 ss., 343
  – na Dinamarca, 89
  – da dívida pública na Alemanha, 86
  – da dívida pública em Portugal, 93-4
  – em Espanha, 88-9
  – de facto, 76, 243
  – como fenómeno comum aos títulos de crédito, 69 ss.
  – em França, 87-8
  – graus de –, 72 ss.
  – na Itália, 89
  – da letra, 70
  – na Suíça, 90
  – dos títulos de mercadorias, 67, 69
  – total, 86 ss.
  – nos USA, 90-2
Direito
  – antes e depois do registo, 353 ss.
  – ao registo, 122, 376
  – relação do – com o registo, 353 ss., 395ss.
  – ao título, 225, 292
  – dos valores mobiliários como – económico, 4, 689
Direito(s)
  – constituídos sobre valores mobiliários, 56 ss., 857
  – conteúdo patrimonial do – de voto, 139
  – destacáveis, 52 ss., 138, 302 ss.
  – distinção em relação aos valores mobiliários, 55
  – ao dividendo, 139, 499, 158
  – emissão de –, 45, 51
  – equiparados a valores mobiliários, 50 ss.
  – forma de representação, 54
  – inerentes, 137, 54, 500, 275-76, 301 ss.
  – não negociáveis em mercado secundário, 53, 139-40, 304 ss.
  – de subscrição e incorporação, 54, 502-03
Dívida (do Estado), 136 ss., 190
Documento (s)
  – como base das inscrições, 213

– como base dos lançamentos, 213--14
– e controlo da regularidade dos registos, 214
– global, 77
– e lei de circulação, 385
– como parte integrante do registo, 214
– problemas colocados pela circulação dos – em papel, 63 ss., 342--43
– valores escriturais como –, 43, 124

Efeitos
– circulatórios do registo, 334
– comerciais, 26
– de controlo do registo sobre o negócio, 363 ss.
– do negócio antes do registo, 326 ss., 331-33, 375
– substantivos do registo, 225, 367-69

Emissão
– em conjuntos homogéneos, 46-7
– individual de títulos de crédito, 44
– inscrição da – na Central, 348-49
– em massa, 44 ss.
– dos direitos e dos títulos, 711
– finalidade da – do título, 384-85
– dos valores escriturais e registo na Central, 109, 353-54

Emitente (entidade)
– identificação em conta da –, 150--51
– papel da – no sistema de registo e controlo de valores escriturais, 102
– registo efectuado na entidade emitente, 325
– relação da – com o titular dos valores escriturais, mediatizada pelo registo, 178, 396-97

– tipicidade das –, 45

Empréstimo (de valores escriturais), 162, 313

Entrega
– equiparação da – ao registo, 572, 316
– nos títulos ao portador, 173
– não faz sentido falar em – de valores escriturais, 175, 255

Exercício (dos direitos inerentes), 498, 502-03, 302 ss.

Falsificação (das contas de registo), 214, 399

Fé pública
– derivada do registo, 310
– em sentido negativo/positivo, 907

Forma (de representação)
– princípio da indiferença da –, 107, 353, 382 ss.
– obrigatória nos valores mobiliários, 43

Fundos de investimento, 27-8, 134-36
Fundos reembolsáveis, 119
Fungibilidade (dos valores escriturais), 165 ss.
Futuros, 23, 38, 57, 58-0
Incorporação
– do direito no título, 119-21, 341--42, 395
– como conceito não adequado a exprimir a relação registo/direito registado, 121, 395 ss., 400-02
– função da – do direito no título, 381
– informática, 382

Informação privilegiada, 31, 39
Inscrição
– como constituinte do valor escritural, 147
– na conta de registo, 142 ss., 207
– e registos subsequentes, 141

Instância, vd. Apresentação
Instituições de crédito
– autorizadas a registar valores escriturais, 186, 601
Instrumentos financeiros, 20 ss., 130
Interbolsa, vd. Central (de Valores Mobiliários)
Intermediação (em valores mobiliários)
– não se confunde com a intermediação relativa a operações sobre valores escriturais, 661, 796, 361
– natureza da actividade de registo de valores escriturais, 222 ss.
– registo de valores escriturais como –, 185 ss.
Intermediários financeiros
– autorizados a prestar o serviço de registo, 406, 185 ss.
– e conflitos de interesses, 193
– deveres dos – em relação ao registo, 193 ss., 196 ss.
– e obrigação de contratar, 462
– obrigações gerais dos – autorizados a registar, 197-98
– e segurança das operações realizadas através do registo, 363 ss., 392-93
Investment contract, 22
Junta de Crédito Público, 266, 432
Lançamento (s)
– na conta de registo, 206
Legalidade
– a que estão sujeitos os registadores de valores escriturais, 194 ss.
– controlo da – do sistema de registo de valores escriturais, 198
– diferentes graus de apreciação da –, 195
– intrínseca/extrínseca, 626
– princípio da – formal/material, 194

– princípio da – no registo predial, 194-95
Legitimidade/ Legitimação
– activa e passiva, 293, 301 ss., 353 ss.
– nas acções, 864, 866
– cartular, 293
– e certificados de registo, 300
– circulação da –, 1037
– conflitos de –, 894, 307-08
– controlo da –, 293
– derivada de documentos, 298 ss.
– dever de verificação pelos registadores da – dos comitentes, 292, 296, 364-65
– extra-registral, 291 ss., 297, 877, 397
– formal, 295
– função de – nos títulos de crédito, 293, 1049
– fundamento da – registral, 294
– e interrupção técnica da negociação, 308 ss.
– para transmitir e onerar, 292, 294 ss., 373
– para alienar ou onerar valores escriturais, derivada de documentos, 298 ss.
– para exercício de direitos, 297, 301 ss., 373
– para registar, 203 ss.
– perante a entidade emitente, 356 ss., 1035
– perda da função de – pelo registo, 307
– e posse do título de crédito, 867, 873
– princípio da –, 291
– prova da – e fonte da – 292, 302
– o registo como constitutivo da –, 357
– registral, 291 ss., 294 ss., 301 ss., 356, 1040

– substantiva e – registral, 295--96
– e titularidade, 294-95, 311-12
Liquidação (física das operações de bolsa)
– conceito de –, 531, 282
– e intervenção da Central, 364, 819, 833, 283, 287
– prazo da –, 276-77, 833
Literalidade
– dos valores escriturais, 354, 402-03
– dos títulos de crédito, 402
Livro de registo (das acções)
– e factos sujeitos a registo em conta, 447
– como forma de representação, 1078, 388
– funções do –, 174, 387
– perda do seu papel legitimador, 357
– como técnica registral, 346
– relação do – com a conta de valores escriturais, 106-07
– e transmissão dos valores escriturais nominativos, 176 ss.
– e valores escriturais, 346
Mercado
– de balcão, 48, 786
– monetário, 47
– organizado e controlado, 48
– secundário em sentido amplo, 786, 369
– os valores mobiliários são emitidos em função do –, 45, 393-94
Metodologia
– no tratamento dos valores escriturais, 341 ss.
Negociabilidade (dos valores mobiliários), 359 ss.
Negociação
– interrupção técnica da – 308 ss.
– vd. sistema de –

Negócio(s)
– e circulação, 359 ss.
– realizados através do registo, 360 ss.
– realizados fora do registo mas registados, 371 ss.
– realizados fora do registo e não registados, 375 ss.
– cartulares, 359, 1042
Negotiable instruments, 10, 17
Nominativos (valores)
– aplicabilidade da qualificação às acções escriturais, 169 ss.
– características gerais dos – escriturais, 180-82
– a distinção portador/nominativos, não existe nas obrigações de caixa e papel comercial, 542
– finalidade das acções –, 172, 592
– regime aplicável aos – escriturais, 175 ss.
– regime dos –, 172 ss., 387-88
– registos em conta dos –, 152
– transferência da titularidade dos –, 174, 179
Notas (de compra e venda), 517
Nulidade
– do registo, 203
– do registo do bloqueio, 243, 76
Obrigações
– de caixa, 131-33, 542, 189-90
– convertíveis em acções, 511
– hipotecárias, 411
– do Tesouro, 93-4
– como valores mobiliários, 40-1
– com *warrants*, 154, 157
vd. papel comercial
Oficiosidade (princípio da)
– no registo de valores escriturais, 204 ss., 218, 228
– no registo predial, 713

Opções, 23, 38, 57, 58, 60 ss.
Oponibilidade (dos negócios sobre valores escriturais)
– e eficácia face a terceiros, 334
– entidade emitente, 353 ss.
– entre as partes, 333
vd. Terceiros
Papel (comercial), 97, 101, 132, 133-34
Penhor
– equiparação do – a valor mobiliário, 56-7
– protecção de terceiro a quem os valores foram dados em –, 319
– e publicidade, 201
– e registo em conta, 360, 365
– de títulos de crédito, 43, 45
– transmissão de valores penhorados, 272
– de valores escriturais, 162, 779, 815
Penhora (de valores escriturais), 162
Portador (valores ao)
– acções ao – sujeitas ao regime de registo, 81
– e aquisição *a non domino*, 921
– características essenciais dos –, 173
– e exercício do direito de voto, 896
– perda de importância dos –, 172
– perda de características nos – registados, 257, 559
– problemas levantados pelos –, 172
– substituição dos – por certificados globais, 253
– transmissão da propriedade dos –, 565, 179
Posse
– mediata do título, 349
– o valor escritural como insusceptível de –, 148, 174, 571-72, 293
– e transmissão dos títulos, 175

– necessidade de equiparação da – do título ao registo, 919, 350
Prazo
– para registar operações realizadas em mercado secundário e envolvendo transferências, 216
– para registar operações realizadas fora de mercado, 217
Prioridade
– e bloqueios em conta, 236 ss., 285, 368
– em caso de registos incompatíveis, 236
– entre registos com a mesma data, 235
– princípio da – do registo, 234 ss.
Prova
– função de – dos certificados de registo, 299
– função de – dos registos em conta, 126-27
Publicidade
– e acesso do público aos registos, 201
– e dever de segredo, 199 ss.
– espontânea e racionalizada, 632
– e fé pública, 310-11
– não à finalidade do registo de valores escriturais, 199 ss., 939, 311, 325
– formal e material, 200, 224
– no registo predial, 199, 310-11
Recompras, 1062
Reforma
– de documentos, 124
– de registos de valores escriturais, 398, 138, 215, 673, 403
– de títulos de crédito, 398, 138, 215
Registo (s)
– de acções judiciais, 202
– atributivo, 704, 938

– características do – nas contas individualizadas de valores escriturais, 164-65
– certificados de -, 298 ss.
– como condição de circulação da titularidade, 378
– condicionante absoluto de eficácia, 701, 704
– consolidativo, 700, 703, 333
– constitutivo, 701, 704, 334, 354
– como constituinte da legitimidade, 302, 334, 378
– como constitutivo do tipo de relações entre o emitente e o titular dos valores, 354 ss.
– conta corrente e – em conta de valores, 164-65
– em conta e presunção de titularidade, 310 ss.
– em contas bancárias, 184-85, 346
– declarativo, 700, 334
– definidores das características fundamentais dos valores escriturais, 230
– dependente de pedido, 204
– direito ao -, 122
– eficácia do – de valores escriturais, 328 ss.
– eficácia circulatória do -, 334
– enunciativo, 700
– falso, 399, 214, 671
– funções do – de valores escriturais, 327, 389 ss.
– indisponibilidade do –, 165, 709, 398
– informático, 123
– inicial e – subsequentes, 141, 207
– natureza do – de valores escriturais, 333-34
– obrigatório/facultativo, 163, 203, 204
– oficioso, 204

– de oponibilidade a terceiros, 330 ss., 334
– patrimoniais/não patrimoniais, 228
– período de pendência do -, 328
– plasticidade do -, 396
– prazo do – das operações de bolsa, 286-87
– predial, 129, 450, 525, 184, 226, 858, 310-11, 317, 928, 325, 326-27, 329, 330, 346
– provisório por natureza, 209-11, 234
– provisório por dúvidas, 211-12, 759
– reconstituição do –, 215
– recusa do –, 203, 211, 312, 374
– rectificação, 215, 319
– relação do direito com o –, 353 ss.
– sanante, 938
– de valores escriturais, como – qualificado, 389
– vários sentidos do termo –, 593, 948, 334

Representação
– de direitos como fenómeno geral, 384 ss., 388
– forma de – e novas explicações dogmáticas, 341ss.
– forma de – como constitutiva do valor mobiliário, 354 ss.
– função de – dos documentos, 108, 375
– princípio da unidade de –, 105
– princípio da indiferença da forma de –, 107, 375, 543, 182, 289, 353, 381 ss.

Risco (nas operações de bolsa), 278
Security, 8, 10, 14, 22, 28, 68, 80
– uncertificated secutities, 297

Segredo profissional
– e publicidade do registo, 199 ss.
– a quem pode ser revelado, 199--200, 375
– e segredo bancário, 639

Segurança
– do sistema de valores escriturais, 201
– e publicidade formal, 200
– na aquisição de valores escriturais, 377

Serviço de registo (de valores escriturais)
– natureza contratual, 453, 191-92, 202

Sistema
– de depósito e controlo de valores titulados, 320
– de liquidação e compensação, 320
  – filiação no –, 188
  – operações liquidadas através do –, 610
– de negociação, 313, 320
– de registo e controlo de valores escriturais, 101 ss.
  – com características próprias, – 226
  – crítica, 189
  – funções, 115 ss., 225,
  – para pequenas e médias empresas, 190
  – unitário e de duplo escalão, 104-05

Sociedades corretoras e soc. financeiras de corretagem, 187, 603

Swaps, 23, 106

Telemática, 71, 342

Terceiro,
– adquirente de boa fé *a non domino*, 315 ss., 379
– conceito de – 330-31

– fundamento da aquisição registral por – de boa fé, 317, 323 ss.
– necessidade de aplicação do direito das coisas para a tutela de – 236, 314 ss., 349
– pressupostos da aquisição de valores escriturais por – de boa fé, 318 ss.

Titoli di massa, 8, 21, 24, 55, 122

Titularidade
– da conta de valores escriturais, 142 ss.
– presunção de – dos valores registados, 452, 310 ss.

Titularização, 21

Títulos (de crédito)
– atípicos, 22
– causais, 354
– e certificados de registo, 299-00
– circulação dos –, 769, 343
– como constitutivo do direito, 471, 477
– constitutivos e declarativos, 401, 1076
– crise do – de crédito, 65, 347
– em depósito colectivo – vd. depósito
– desdobramento de –, 220
– e direito penal, 399, 440, 403
– função do –, 385
– global, 77
– importância do seu surgimento, 63, 341-42
– impróprios, 887
– informáticos, 382
– múltiplos, 75, 494-95
– nominativos – vd. Nominativos (valores)
– em papel como entrave à circulação, 63 ss.
– perdidos, roubados ou destruídos, 391, 138

– portador – vd. Portador (valores)
– regime geral dos –, 36, 383, 1106, 1116
– representativos de mercadorias – vd. Conhecimento de carga
– segregados por valores escriturais, 892
– tipicidade dos –, 34
Título (executivo)
– as obrigações escriturais não são – 520
Títulos de participação, 103
Transferência (s),
– na Central, 113-14, 251
– e circulação dos valores escriturais, 247
– conotações possessórias da –, 254-55
– electrónica de fundos, 318
– entre contas no mesmo intermediário, 251
– entre contas em diferentes intermediários, 251
– entre contas do mesmo titular, 349
– entre contas de diferentes titulares, 250
– e experiência bancária, 231, 767
– noção de –, 247
– oficiosas, 252
– ordem de –, 252, 261
– e registos em conta, 208, 250
– dos registos e documentos, 215, 249
– solicitadas pelos interessados, 251
– e transmissão do direito, 248 ss., 253 ss., 265, 280
Transmissão,
– de acções nominativas tituladas depositadas ao abrigo do CSC, 82-3, 174 ss., 269, 277

– de acções ao portador tituladas, 173 ss.
– e conta do alienante, 264 ss., 280
– de direitos inerentes aos valores negociados em bolsa, 272 ss.
– e especificação dos valores alienados, 271, 848
– da legitimidade e da titularidade, 267, 281, 378
– momento em que opera a – da titularidade nas operações realizadas fora de mercado, 263, 271
– momento em que opera a – da titularidade nas operações realizadas em mercado secundário, 279 ss.
– registral e – substantiva, 295
– e teoria do título e do modo, 823
– de títulos de crédito, 785
– de valores escriturais
    – entre vivos
        – fora de mercado, 260 ss.
        – excepções, 271-72
        – fundamento, 270-71
        – em mercado secundário, 272 ss., 279 ss.
        – e regimes anteriores ao CdMVM, 268-70
    – de valores penhorados, 272
    – "mortis causa", 287-89
    – em Espanha, 782, 258
    – em França, 782, 257-58, 789, 912
    – em Itália, 814
Trato sucessivo (princípio do), 220 ss., 254, 876
Unidades de participação, 38, 49, 104, 134-36, 491, 190
Usufruto
– equiparação do direito de – a valor mobiliário, 56-7
Valeurs mobilières, 8, 10, 12, 173

Valor mobiliário
– características antes do CdMVM, 29
– concepção tradicional de –, 52
– como forma de representação de direitos, 41 ss.
– conceito de – no direito comunitário, 30 ss.
– em França, 22, 33-4
– na Bélgica, 69
– na Itália, 34-5
– na Espanha, 35-6
– no CdMVM, 29, 30, 37 ss.
– e defesa do investidor, 37
– dispersão do regime dos –, 20, 19, 85
– emissão de –, 339
– equiparados, 23, 50 ss.
– evolução do conceito de –, 17 ss.
– formas de representação, 41
– funções do –, 36-37
– ideias comuns ao conceito amplo e ao conceito restrito de –, 36-7
– influências estrangeiras no conceito de –, 19, 14-6
– monetários, 47, 49-0
– e negociabilidade em mercado, 47 ss., 359
– no DL n.º 298/92, 57
– polissemia do conceito de –, 17, 38
– regime geral dos –, 382-83
– sentido amplo do –, 38, 49 ss.
– sentido restrito de –, 38, 39 ss.
– tipicidade dos –, 24, 36
– utilização do termo – na legislação portuguesa, 18-9, 24 ss.

Valores mobiliários (escriturais)
– constituição dos –, 121 ss., 147-50
– características do surgimento dos –, 339
– e conta de registos bancários, 346
– e construções dogmáticas sobre os títulos de crédito, 118 ss., 598, 339, 344 ss., 354, 390 ss.
– como documentos, 43, 371, 383, 124
– definição negativa, 351
– e desafios à dogmática jurídica, 346 ss., 352
– emissão de –, 353 ss.
– estrutura do –, 125, 160-61, 382, 384 ss., 389ss.
– falsificação dos –, 399, 440
– fora do sistema de registo e controlo, 129
– função do –, 126, 381 ss.
– fungibilidade dos –, 165
– influências estrangeiras no sistema de -, 101, 185
– com limitações à sua transmissibilidade, 493
– natureza causal dos –, 350, 159, 353
– não liberados, 166
– nem todos os valores desmaterializados são –, 137 ss.
– noção de –, 389 ss.
– nominativos administrados, 549
– nominativos puros, 549
– como insusceptíveis de posse, 148, 255
– perda do – 440
– perigo da sua multiplicação artificial, 356, 241
– ao portador, 154
– regime dos – como regime regra, 139, 411 ss.
– regime unitário para os – e para os valores mobiliários titulados em depósito centralizado, 412
– e registos bancários, 346
– e registo predial, 346

– e sistema de registo e controlo, 350-51, 411
– situação da doutrina sobre os –, 347 ss.
– tipo do –, 153
– e títulos de crédito, 399 ss.

Valores mobiliários (titulados)
– e relativização da representação através de documentos, 387, 395
– com circulação escritural, 138-39

Warrants, 31, 65, 105, 44, 135, 482, 505, 389, 1089, 1130

ÍNDICE

INTRODUÇÃO 9

PRIMEIRA PARTE
OS VALORES MOBILIÁRIOS
– EVOLUÇÃO DO CONCEITO E DAS FORMAS DE REPRESENTAÇÃO

CAPÍTULO I
EVOLUÇÃO DO CONCEITO DE VALOR MOBILIÁRIO

1. RAZÃO DE ORDEM 17
2. A DIVERSIFICAÇÃO DOS VALORES MOBILIÁRIOS 20
3. SURGIMENTO E EVOLUÇÃO DO CONCEITO DE VALOR MOBILIÁRIO EM PORTUGAL 24
4. O CONCEITO DE VALOR MOBILIÁRIO NO DIREITO COMUNITÁRIO E NOUTROS ORDENAMENTOS JURÍDICOS 30
5. CONCEITO DE VALOR MOBILIÁRIO NO CÓDIGO DO MERCADO DE VALORES MOBILIÁRIOS 37
   5.1. *Os diversos conceitos subjacentes à actual lei* 37
   5.2. *O conceito de valor mobiliário em sentido restrito* 39
   5.3. *O conceito de valor mobiliário em sentido amplo* 49
      5.3.1. *Valores mobiliários monetários e não monetários* 49
      5.3.2. *Os valores mobiliários por equiparação ou direitos equiparados a valores mobiliários* 50
         5.3.2.1. *Os direitos destacáveis de valores mobiliários* 52
         5.3.2.2. *Os direitos constituídos sobre valores mobiliários* 56
6. CONCLUSÕES 62

CAPÍTULO II
DA DOCUMENTAÇÃO DOS DIREITOS EM PAPEL
AOS VALORES MOBILIÁRIOS ESCRITURAIS

1. OS PROBLEMAS DERIVADOS DA DOCUMENTAÇÃO DOS DIREITOS EM PAPEL 63

2. A DESMATERIALIZAÇÃO COMO TENDÊNCIA OU FENÓMENO COMUM AOS TÍTULOS DE CRÉDITO 69
3. AS VÁRIAS EXPERIÊNCIAS E GRAUS DE DESMATERIALIZAÇÃO DOS VALORES MOBILIÁRIOS 72
4. EXPERIÊNCIAS QUE ASSENTAM NA SUBSISTÊNCIA DO TÍTULO: A DESMATERIALIZAÇÃO DA CIRCULAÇÃO 74
   4.1. Primeiras manifestações da perda de função do título 74
   4.2. O depósito colectivo ou centralizado de valores mobiliários 76
      4.2.1. *As várias experiências em direito comparado* 76
      4.2.2. *O depósito de valores mobiliários em Portugal* 80
      4.2.3. *Balanço da experiência de depósito centralizado de títulos* ... 85
5. EXPERIÊNCIAS DE DESMATERIALIZAÇÃO QUE IMPLICAM O ABANDONO DO PAPEL: OS VALORES ESCRITURAIS 86
   5.1. Experiências estrangeiras de desmaterialização 86
   5.2. A experiência portuguesa 93
      5.2.1. *A desmaterialização dos títulos representativos da dívida pública* 93
      5.2.2. *As acções escriturais* 95
      5.2.3. *O Código do Mercado de Valores Mobiliários e os valores escriturais* ... 96
6. PERSPECTIVAS DE EVOLUÇÃO 97

SEGUNDA PARTE
DO REGIME DE REPRESENTAÇÃO E CIRCULAÇÃO DOS VALORES ESCRITURAIS

CAPÍTULO I
O SISTEMA DE REGISTO E CONTROLO DE VALORES MOBILIÁRIOS ESCRITURAIS

1. CARACTERIZAÇÃO GERAL DO SISTEMA 101
2. AS CONTAS GLOBAIS 105
   2.1. As contas de emissão 105
   2.2. As contas de intermediários financeiros 112
   2.3. Principais características e funções das contas globais 114
3. AS CONTAS DE REGISTO INDIVIDUALIZADO: FUNÇÕES E CARACTERÍSTICAS 115
   3.1. Função de materialização do direito 116
      3.1.1. *A materialização dos valores escriturais como incorporação do direito no registo em conta* 118
      3.1.2. *A materialização através da inscrição na conta de titular como constituição do valor escritural* 121

3.1.3. *A materialização nos registos como mera representação dos valores escriturais* 123
3.1.4. *Posição adoptada e indicação metodológica* 125
3.2. **Função de prova** 126
3.3. **Função de circulação** 127
3.4. **Função de legitimação** 129

4. VALORES MOBILIÁRIOS ESCRITURAIS FORA DO SISTEMA DE REGISTO E CONTROLO 129
   4.1. **As obrigações de caixa e o papel comercial** 131
   4.2. **As unidades de participação dos fundos de investimento** 134
   4.3. **Valores mobiliários representativos de dívida do Estado** 136
5. VALORES DESMATERIALIZADOS QUE NÃO SÃO VALORES MOBILIÁRIOS 137

CAPÍTULO II
CARACTERÍSTICAS DO VALOR ESCRITURAL
E OBJECTO DO REGISTO NA CONTA DO TITULAR

1. A INSCRIÇÃO EM NOME DO TITULAR DOS VALORES: SITUAÇÕES OBRIGATORIAMENTE SUJEITAS A REGISTO 141
   1.1. **A inscrição dos valores escriturais em nome do titular** 142
      1.1.1. *A abertura da conta de valores escriturais* 144
      1.1.2. *A titularidade da conta* 145
      1.1.3. *A identificação da entidade emitente dos valores escriturais* 150
      1.1.4. *A identificação dos valores inscritos e da sua situação jurídica* 152
         1.1.4.1. *A inscrição inicial* 152
         1.1.4.2. *Alterações nas características dos valores inscritos* 154
         1.1.4.3. *As características básicas dos valores inscritos na conta do titular devem coincidir com as que constam das contas de emissão abertas na Central e na entidade emitente* 159
         1.1.4.4. *Registos em conta, estrutura dos valores escriturais e transferências entre contas* 160
   1.2. **Registos especialmente respeitantes aos concretos valores registados em conta** 161
2. CARACTERÍSTICAS GERAIS DO REGISTO DE VALORES ESCRITURAIS NAS CONTAS INDIVIDUALIZADAS 164
3. A FUNGIBILIDADE DOS VALORES ESCRITURAIS 165
4. VALORES MOBILIÁRIOS NOMINATIVOS E AO PORTADOR 168
   4.1. **Colocação do problema** 168
   4.2. **O regime dos títulos nominativos e ao portador** 172
   4.3. **O regime legal dos valores escriturais nominativos e ao portador** 175
   4.4. **O regime especial das acções escriturais sujeitas a controlo legal e estatutário** 179

4.5. Características gerais do regime dos valores escriturais conforme sejam nominativos ou ao portador 180

CAPÍTULO III
O PROCESSO E OS ACTOS DE REGISTO DOS VALORES ESCRITURAIS

1. RAZÃO DE ORDEM 183
2. AUTORIZAÇÃO PARA REGISTAR E DEVERES DO REGISTADOR 185
   2.1. Entidades autorizadas a registar valores escriturais 185
   2.2. Autorização para registar e contrato para registo e administração de valores escriturais 190
   2.3. Deveres da entidade registadora 193
      2.3.1. *Princípio da legalidade* 194
      2.3.2. *Segredo profissional e publicidade do registo* 199
   2.4. Impugnação dos actos relativos ao registo de valores escriturais 201
3. LEGITIMIDADE 203
   3.1. Registos obrigatórios e registos facultativos 203
   3.2. Registos lavrados por iniciativa do intermediário financeiro (não dependentes de apresentação) ou a pedido do interessado (dependentes de apresentação) 204
4. OS ACTOS DE REGISTO 206
   4.1. As inscrições, lançamentos e anotações 206
   4.2. Registos definitivos e provisórios 209
   4.3. O suporte documental do registo 212
   4.4. Prazo para registar 216
   4.5. Data do registo e ordem da sua realização 217
5. TRATO SUCESSIVO 220
6. NATUREZA DA ACTIVIDADE REGISTRAL 222

CAPÍTULO IV
CIRCULAÇÃO DOS VALORES ESCRITURAIS E TRANSMISSÃO DA TITULARIDADE

1. COLOCAÇÃO DO PROBLEMA E RAZÃO DE ORDEM 225
2. A DATA DO REGISTO: SUA DETERMINAÇÃO E IMPORTÂNCIA 227
   2.1. **Data dos registos que não dependem de apresentação** 229
   2.2. **Data dos registos dependentes de apresentação** 232
3. O PRINCÍPIO DA PRIORIDADE DO REGISTO 234
   3.1. **Regras gerais** 234
   3.2. **Os bloqueios, em conta, de valores escriturais** 236
      3.2.1. *Questões gerais* 236

3.2.2. *O bloqueio para exercício de direitos inerentes aos valores escriturais: diferimento do tempo dos registos de transmissão da titularidade* 239
3.2.3. **Bloqueio em consequência de ordem de venda em mercado secundário** 242
3.2.4. **Avaliação do sistema de bloqueios** 245

4. CIRCULAÇÃO DOS VALORES MOBILIÁRIOS ESCRITURAIS 247
   4.1. **Transferência de valores escriturais: noção e importância** 247
   4.2. **Pressupostos da transferência de valores escriturais** 249
   4.3. **A transferência de valores escriturais e a transmissão da titularidade como processos distintos** 253

5. A TRANSMISSÃO "ENTRE VIVOS" DA TITULARIDADE DOS VALORES ESCRITURAIS 255
   5.1. **A transmissão da titularidade de valores escriturais fora de mercado secundário** 260
      5.1.1. *A regra geral quanto à transmissão de valores escriturais fora de mercado secundário* 260
         5.1.1.1. *Pressupostos da transmissão fora de mercado secundário* 262
         5.1.1.2. *Obrigações e procedimentos do intermediário financeiro* 264
         5.1.1.3. *Direitos e obrigações das partes* 266
         5.1.1.4. *Avaliação do regime consagrado* 268
      5.1.2. *Excepções a que se refere o art. 65°/3-1ª parte* 271
   5.2. **Transmissão de valores escriturais em mercado secundário** 272
      5.2.1. *Regime de transmissão dos direitos e obrigações inerentes aos valores transmitidos (art. 405°)* 272
      5.2.2. *Regime de transmissão da titularidade dos valores escriturais negociados em mercado secundário* 279
      5.2.3. *Avaliação do sistema de transmissão dos valores escriturais em mercado secundário* 285

6. A TRANSMISSÃO "MORTIS CAUSA" DE VALORES ESCRITURAIS 287

CAPÍTULO V

LEGITIMIDADE DERIVADA DO REGISTO E PROTECÇÃO DE TERCEIROS ADQUIRENTES DE BOA FÉ

1. A EFICÁCIA LEGITIMADORA DO REGISTO EM CONTA 291
   1.1. **Legitimidade registral e extra-registral** 291
   1.2. **Legitimidade para transmitir e onerar os valores escriturais** 294
      1.2.1. *Legitimidade directamente derivada do registo* 294
      1.2.2. *Pode haver legitimidade para alienar ou onerar derivada de documentos?* 298
   1.3. **Legitimidade para o exercício de direitos inerentes aos valores escriturais** 301
      1.3.1. *Legitimidade directamente derivada do registo* 301
      1.3.2. *Exercício de direitos destacáveis e susceptíveis de negociação autónoma* 302

1.3.3. *Exercício de direitos não destacáveis* 304
1.3.4. *A interrupção técnica da negociação dos valores escriturais e a legitimidade para o exercício de direitos* 308
2. PRESUNÇÃO DE TITULARIDADE DERIVADA DO REGISTO 310
3. A PROTECÇÃO DE TERCEIROS DE BOA FÉ ADQUIRENTES DE VALORES ESCRITURAIS 315
   3.1. O problema geral da tutela do terceiro adquirente de boa fé 315
   3.2. Pressupostos da aquisição registral de valores escriturais por terceiro de boa fé 318
   3.3. Fundamento da aquisição registral por terceiro de boa fé 323
4. CARACTERIZAÇÃO DO REGIME DE EFICÁCIA DO REGISTO EM CONTA DE VALORES ESCRITURAIS 326
   4.1. Eficácia dos factos e direitos relativos a valores escriturais antes do registo: âmbito de aplicação do art. 64º/1 326
   4.2. O registo de valores escriturais como condição de eficácia e de oponibilidade a terceiros 330
      4.2.1. *O conceito de terceiro para efeitos do art. 64º/1* 330
      4.2.2. *A produção de efeitos antes do registo* 331
5. NATUREZA DO REGISTO QUANTO À SUA EFICÁCIA 333

TERCEIRA PARTE

**CARACTERÍSTICAS GERAIS DOS VALORES ESCRITURAIS:
MODO DE CIRCULAÇÃO, FUNÇÃO E ESTRUTURA**

CAPÍTULO I

**A CIRCULAÇÃO DA LEGITIMIDADE
E A CIRCULAÇÃO DA TITULARIDADE DOS VALORES ESCRITURAIS**

1. INDICAÇÃO DE SEQUÊNCIA 337
2. PROBLEMAS METODOLÓGICOS E DOGMÁTICOS LEVANTADOS PELOS VALORES MOBILIÁRIOS ESCRITURAIS 341
   2.1. As soluções jurídicas e as soluções da prática 341
   2.2. A reflexão sobre os valores escriturais numa fase de transição 346
3. A EMISSÃO DE VALORES ESCRITURAIS E O SEU REGISTO EM CONTA: O DIREITO ANTES E DEPOIS DO REGISTO 353
4. O REGISTO EM CONTA E A CIRCULAÇÃO DOS VALORES ESCRITURAIS
   4.1. Colocação do problema e indicação metodológica 358
   4.2. Negócios realizados através do registo 360
      4.2.1. *Casos típicos* 360
      4.2.2. *Decomposição dos casos típicos: fases de desenvolvimento* 362

4.2.3. *Decomposição dos casos típicos (cont.): níveis de influência do registo* 363
4.2.4. *Controlo do registo sobre o negócio* 363
4.2.5. *Efeitos substantivos do registo sobre o negócio* 367
4.2.6. *Avaliação do regime das operações realizadas através do registo* 369
4.3. **Negócios realizados fora do registo, mas registados** 371
4.4. **Negócios realizados fora do registo, mas não registados** 375
5. CONCLUSÕES: A CIRCULAÇÃO DA TITULARIDADE E A CIRCULAÇÃO DA LEGITIMIDADE 377

CAPÍTULO II
FUNÇÕES E ESTRUTURA DO VALOR MOBILIÁRIO ESCRITURAL

1. A FUNÇÃO DOS VALORES MOBILIÁRIOS ESCRITURAIS E O PRINCÍPIO DA INDIFERENÇA DA FORMA DE REPRESENTAÇÃO 381
2. A ESTRUTURA DO VALOR MOBILIÁRIO ESCRITURAL 384
   2.1. O fenómeno geral da representação de direitos 384
   2.2. A estrutura dos valores escriturais enquanto valores registados 389
   2.3. A relação entre o registo e o direito registado 395
   2.4. Valores mobiliários escriturais e títulos de crédito 399
3. VALORES MOBILIÁRIOS ESCRITURAIS E REGIME GERAL DOS VALORES MOBILIÁRIOS 405
   3.1. Os problemas que se colocam 405
   3.2. Valores escriturais e valores titulados em sistema centralizado de depósito e controlo 409
   3.3. Regime geral dos valores mobiliários em sistema centralizado de registo ou de depósito 412
   3.4. Conclusão 418

CONCLUSÕES FINAIS 419

ÍNDICE BIBLIOGRÁFICO 425

ÍNDICE ANALÍTICO 445